（原书第12版）

战略管理

竞争与全球化（概念）

迈克尔·A. 希特（Michael A. Hitt）
得克萨斯 A&M 大学

[美]   R. 杜安·爱尔兰（R. Duane Ireland）   著
得克萨斯 A&M 大学

罗伯特·E. 霍斯基森（Robert E. Hoskisson）
莱斯大学

焦豪 等译 魏江 审校

Strategic Management: Competitiveness & Globalization(Concepts)

12th Edition

U0361972

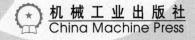

机械工业出版社
China Machine Press

图书在版编目（CIP）数据

战略管理：竞争与全球化（概念）（原书第 12 版）/（美）迈克尔·A. 希特（Michael A. Hitt），
（美）R. 杜安·爱尔兰（R. Duane Ireland），（美）罗伯特·E. 霍斯基森（Robert E. Hoskisson）
著；焦豪等译 . —北京：机械工业出版社，2018.10（2023.3 重印）
（管理教材译丛）
书名原文：Strategic Management: Competitiveness and Globalization: Concepts, 12th
Edition

ISBN 978-7-111-61134-9

I. 战… II. ①迈… ② R… ③罗… ④焦… III. 企业管理 – 战略管理 – 高等学校 – 教材
IV. F272.1

中国版本图书馆 CIP 数据核字（2018）第 228303 号

北京市版权局著作权合同登记　图字：01-2017-2471 号。

本书全面涵盖了战略管理课程的教学内容，加入了作者最新的研究成果，更换了全部的"开篇案
例"和"战略聚焦"专栏，极力贴近管理实践的最新动态；囊括了大量企业案例，揭示了企业在当今市
场环境中应如何有效地进行战略管理。本书详细介绍了如何运用战略管理的工具和技术，实践性强，向
读者展示了战略管理的全貌。

本书适用于管理类专业本科生、硕士生、MBA、EMBA，也可以作为企业管理人员和相关学者的
参考书。

出版发行：机械工业出版社（北京市西城区百万庄大街 22 号　邮政编码：100037）
责任编辑：岳晓月　　　　　　　　　　　责任校对：殷　虹
印　　刷：保定市中画美凯印刷有限公司　版　　次：2023 年 3 月第 1 版第 11 次印刷
开　　本：185mm×260mm　1/16　　　　印　　张：23.75
书　　号：ISBN 978-7-111-61134-9　　　定　　价：59.00 元

客服电话：（010）88361066　68326294

在经营过程中，企业面临的市场环境不同，自身拥有的资源和能力也有所差异，因此导致了不同的企业在市场中不同的竞争地位。同样地，不同的企业面对复杂多变的竞争环境该如何生存、如何发展，也面临着多种发展路径的取舍和组合。从战略管理的视角来看，企业需要持续重组其内外部资源以构建适应新环境的能力体系，这将有助于企业抓住发展环境中存在的机会，同时规避环境中存在的威胁。在此基础上，选择适合自身资源和能力的战略路径并将其贯彻实施，则是将战略规划落地的重要过程。全球战略管理大师迈克尔·A.希特教授在战略管理领域形成了一整套完善的思想，他多年积淀的理论成果为我们学习战略管理奠定了坚实的基础。在迈克尔·A.希特教授的战略管理框架下了解战略管理，大有"不畏浮云遮望眼，自缘身在最高层"的意味。希特等教授的《战略管理：竞争与全球化》不仅在理论上至臻至善，其中丰富而前沿的案例也能够为企业提供战略指导和借鉴。

《战略管理：竞争与全球化》第12版基本上沿袭了第11版的逻辑框架，不同之处在于，第12版不仅在理论知识上融入了战略管理的最新成果，而且还对"开篇案例"和"战略聚焦"进行了更新，融入了充分反映当前热点的案例素材，这样既能够让读者了解到最前沿的实践动态，也充分体现了理论和案例与时俱进的特点。

《战略管理：竞争与全球化》第12版分为三篇：第一篇为战略管理的输入，主要介绍了企业的战略管理与竞争力的联系，以及内外部环境对企业战略管理的影响；第二篇为制定战略，主要介绍了不同层次的战略类型，在竞争与全球化的视角下剖析了企业竞争的战略格局；第三篇为实施战略，主要介绍了企业的公司治理问题，从组织结构与控制、战略领导力、战略创业等方面探讨了战略落地实施的相关条件。全书逻辑结构清晰，理论与实际紧密结合，行文简洁易懂，适合读者阅读学习。

《战略管理：竞争与全球化》第12版的翻译原则是严格遵从原作者的战略管理思想框架，同时在语句表达上尽量本土化、顺畅化、简洁化。为了提升此次的翻译效果，我们也收集了多方的意见，力求实现翻译用语的精准性和生动化。但由于时间紧迫，其中可能还存在一些需要完善的地方，恳请各位同行、读者批评指正。

《战略管理：竞争与全球化》第12版的翻译工作得到了很多学生的支持。一些学生参与了初译，具体分工是：张楚韵（第1～4、11章）、方嘉慧（第5～8章）、赵晟宇（第9、10、12、13章）。此外，为了保证文字的可读性和准确性，也请学生参与了校译，具体分工是：吴越（第 1、2 章）、潘琴琴（第 3、4 章）、张月遥（前言、第 5 ～ 7 章）、马迪馨（第 8 ～ 10 章）、杨莉（第 11 ～ 13 章）。同时，我们对全书进行了反复的编辑和修订，最终定稿。

在《战略管理：竞争与全球化》第 12 版的翻译过程中，我们也得到了同行学者和出版社的大力支持。北京大学光华管理学院武亚军教授为本教材的翻译提供了富有洞察力的真知灼见，机械工业出版社的编辑多次参与翻译的讨论和校对，为我们提供建设性意见，为翻译工作的顺利进行提供了强有力的支持。在此，我们表示衷心的感谢。

最后，衷心地希望此书不仅能够指导企业可持续发展以实现基业长青，还能够使得每一位读者能从这本战略管理的经典教材中汲取知识并由此受益，从优秀走向卓越。

焦　豪

于北京师范大学

我们不断更新《战略管理：竞争与全球化》的每个版本，致力于呈现给读者最新最前沿的知识，用以阐述战略管理的过程。为达此目的，作为占据市场主导地位的优秀教材，第 12 版再次将战略管理领域的学术和实践进展专业且详尽地呈现给大家。

本书的每个新版本都旨在用简单易懂的语言讲解战略管理的相关知识，我们始终热衷于此并为之不懈努力。我们仔细分析最前沿的学术研究，以保证第 12 版的内容紧跟时代且是精确、准确的。除此之外，我们持续关注各大流行商业出版物（如《华尔街日报》《商业周刊》《财富》《金融时报》《快公司》和《福布斯》）上的优秀文章，以及社交媒体（如博客）上发表的文帖。作为信息传播的一个主要途径，这些社交媒体正在被越来越多的人使用。通过收集整理大量资料，我们找出了能说明企业是如何使用（或不使用）战略管理过程的有价值的例子。尽管本书中所讨论的公司大部分都被读者所熟知，但是也有一些较为陌生，原因之一是我们选取的公司来自世界各地，以说明企业运营的全球化特性。为了使读者在阅读、思考企业究竟如何运用战略管理工具、技术和概念（基于最新研究）的过程中收效最大，我们注重使用最为生动、最易理解的编写方式。为了便于学习，我们使用了环境分析—战略制定—绩效表现的框架。该框架在第 1 章中进行了详细解释，其应用贯穿于全书。

为了提高你的学习体验，第 12 版有以下三个优点：

- 首先，本书为你呈现的战略管理知识，在编写方式方面是市场上最易于理解的，在内容上是市场上最为全面的。
- 本书所选的战略管理文献不仅囊括了经典著作，还包含了前沿研究。具有重要历史意义的经典著作提供了战略管理领域的基础知识，而前沿研究则揭示了如何在当今这个复杂多变的全球化环境中有效运用战略管理知识。本书还呈现了许多关于企业如何运用战略管理工具、技术和概念的最新案例。尽管本书基于相关理论和研究，但它同时也具有很强的实用导向性，包含了大量运用战略管理工具、技术和概念的案例。例如，在第 12 版中，我们通过分析 600 多家企业来描述战略管理的应用。总的来看，再也没有第二本战略管理教材能像本书一样将富有洞察力的理论与丰富且多样化的现实相结合，使理论与实践融为一体。

在本书中，选取的企业既有总部设在美国的大型公司，如苹果、亚马逊、麦当劳、星巴克、沃尔玛、迪士尼、通用电气、英特尔、美国运通、可口可乐、谷歌、塔吉特、联合科技、家乐氏、杜邦、万豪和全食超市等，也有总部设在美国之外的商业巨头，如索尼、阿尔迪、本田、塔塔咨询、阿里巴巴、宜家、联想、陆逊梯卡和三星等。由此可知，本书所选的这些企业活跃在各大行业与领域，并提供着多种多样的产品和服务。

■ 我们也引用了著名学者的观点来讨论何谓战略管理，这些学者包括 Ron Adner、Rajshree Agarwal、Gautam Ahuja、Raffi Amit、Africa Arino、Jay Barney、Paul Beamish、Peter Buckley、Ming-Jer Chen、Russ Coff、Rich D´Aveni、Kathy Eisenhardt、Gerry George、Javier Gimeno、Luis Gomez-Mejia、Melissa Graebner、Ranjay Gulati、Don Hambrick、Connie Helfat、Amy Hillman、Tomas Hult、Dave Ketchen、Dovev Lavie、Yadong Luo、Shige Makino、Costas Markides、Anita McGahan、Danny Miller、Will Mitchell、Margie Peteraf、Michael Porter、Nandini Rajagopalan、Jeff Reuer、Joan Ricart、Richard Rumelt、David Sirmon、Ken Smith、Steve Tallman、David Teece、Michael Tushman、Margarethe Wiersema、Oliver Williamson、Mike Wright、Anthea Zhang 和 Ed Zajac。同时，我们也借鉴了著名高管及从业者（如 Mary Barra、Jack Ma、Reed Hastings、Howard Schultz、John Mackey、Yang Yuanqing、Angela Ahrendt、Marilyn Hewson、Jeff Immelt、Ellen Kullman、Elon Musk、Paul Pullman、Li Ka-Shing、Karen Patz 等）的实践经历，来说明战略管理是如何在不同的组织中发挥作用的。

本书的作者也是活跃的学者，我们研究战略管理方向的各式课题，以此为战略管理学科的发展做出贡献，并更好地理解如何有效地运用战略管理工具、技术和概念，最终提升组织绩效。因此，我们将自己的研究与上述诸多著名学者的研究有机地结合在了一起，这些有机的结合会在本书中得以体现。

本书除了上述优点外，第 12 版还具有以下特点：

■ 全新的"开篇案例"和"战略聚焦"专栏。我们保持了一贯的传统，更新了所有"开篇案例"和"战略聚焦"的内容。许多案例中涉及的企业都不位于北美洲；另外，每章中的企业特定案例都是全新或更新过的。由此，你能接触到大量丰富的案例，并从中看出这些同时在美国本土及国际市场上竞争的组织，是如何运用战略管理提升绩效、超越竞争对手的。

■ 全新的讨论案例。增加了新的讨论案例（微案例），以展示企业如何处理本书中突出强调的主要问题。这些案例共有 13 个（每章一个），尽管其中一些会与其他章节的内容产生重叠，但是相信学习者会喜欢这些简洁的案例。这些微案例同样提供了丰富的内容，可以帮助个人或小组分析以及进行课堂讨论，并且每个讨论案例后面都有一组问题来指导分析和讨论。

■ 1 200 多个前沿参考资料。这些是 2014 年和 2015 年的前沿参考文献。这些参考文献是本书加入的新材料和最新战略管理概念的来源。除了展示来自这些文献的经典的和最新的研究来构建本书的内容框架外，大量的参考文献也使本书能够将前沿的研究和思想融入战略管理工具、技术和概念的演示中。

■ 新内容。例如，第 1、4 章中的苹果公司使用的"应用程序开发者的战略生态系统"；第 3 章中的基于可持续发展的自然环境；第 12 章中的如何指导 CEO 以及家族企业的战略领导力；第 4、13 章中的收购与创新、开放创新与管理创新的组合。

■ 更新信息与数据。例如，第 1 章提到的股东社区；第 2 章中描述经济环境的最新人口统计数据（包括种族构成、地理分布等），以及经济环境的相关数据；第 7 章中的私人直接投资公司的一般合伙人战略；第 8 章中的《世界经济论坛竞争力报告》中所涉及的关于国际投资政治风险的相关信息；第 10 章中有关不同国家的公司治理的新资讯；第 12 章中对当前发生在公司中有关于内部和外部 CEO 选拔的数据；第 13 章中对国家在创业活动数量方面的排名以及企业创新产出总量的排名。

■ 当前研究与世界范围内组织对战略管理概念最新实际应用的平衡。本书内容不仅涵盖了最优秀的研究成果，还包括了大量有效的真实案例，以帮助积极主动的学习者理解不同类型的战略，这些战略也是组织为完成愿景和使命而使用的。

■ 20 个典型案例。书中案例选材于总部设于北美洲或其他几个国家的组织，这些案例涉及的话题非常贴合当代且十分重要。这些最新案例使积极的学习者有机会运用战略管理过程，理解组织情况及所处环境，做出合适的建议来应对重大事件。

迈克尔·A. 希特

R. 杜安·爱尔兰

罗伯特·E. 霍斯基森

迈克尔·A. 希特

美国得克萨斯 A&M 大学荣誉退休教授和得克萨斯基督教大学杰出研究员，博士毕业于科罗拉多大学。他与人合著或合编了 27 本著作，撰写或共同撰写了许多论文。近期的一篇文章将他列为过去 25 年里文章被引用次数最多的 10 位管理学学者之一。2010 年，《泰晤士高等教育》因其文章的高引用量，将他列为经济学、金融和管理学方向的顶尖学者之一。结合其在学术界内部（如学术期刊引用量）与外部的综合影响，*Academy of Management Perspective* 在最近的一篇文章中将他列为管理学界最顶尖的两名学者之一。他还是多种期刊的编辑委员会成员，曾任 *Academy of Management Journal* 主编和 *Strategic Entrepreneurship Journal* 的共同主编。1996 年，他获得"竞争力杰出学术贡献奖"；1999 年，他获得对美国社会竞争问题研究的"竞争力研究杰出智力贡献奖"。他是美国战略管理协会及管理学会的会员、全球企业家联合会会员，并获得了马德里卡洛斯三世大学荣誉博士。他还是美国战略管理协会和管理学会前主席以及 *Academy of Management Journal* 名人堂的成员。他获得了 *Academy of Management Executive*（1999）、*Academy of Management Journal*（2000）、*Journal of Management*（2006）和 *Family Business Review*（2012）的"最佳论文奖"。2001 年，他获得"欧文杰出教育家奖"和美国管理学会的"杰出服务奖"。2004 年，他获得了战略管理协会的"最佳论文奖"。2006 年，他获得了锡拉丘兹大学的"法尔科内杰出企业家学者奖"。除此之外，在 2014 年和 2015 年，希特博士入选汤森路透"高被引科学家"（世界上最具影响力的研究人员名单），还被列为"世界上最具影响力的科学头脑"（全球科学界最受欢迎的研究人员名单）之一。

R. 杜安·爱尔兰

美国得克萨斯 A&M 大学梅斯商学院杰出教授，并担任新创企业领导力的主席职务。他教授本科生、硕士、博士和高级主管人员等各层次学生的战略管理课程。他发表的出版物有 200 多种，其中包括 25 本专著。研究重点集中于多元化、创新、公司创业、战略创业以及非正式经济，研究结果已经发表在多种期刊上。他是多种期刊的编辑委员会成员，曾任 *Academy of Management Journal* 主编，还是 12 个特刊的客座主编。他是美国管理学会的前主席，也是美国管理学会和战略管理协会的研究员。1999 年，他获得了"竞争力研究杰出智力贡献奖"，奖励他对美国社会竞争问题研究做出的贡献；2004 年，他获得了 USASBE 颁发的"USASBE

公司创业奖";2014 年，他获得了俄克拉何马州州立大学的"杰出创业学者奖"。他还获得 *Academy of Management Executive*（1999）、*Academy of Management Journal*（2000） 和 *Journal of Applied Management and Entrepreneurship*（2010）的"最佳论文奖"。由于出色的研究，他获得了得克萨斯 A&M 大学的"杰出校友奖"。除此之外，在 2014 年和 2015 年，爱尔兰博士入选汤森路透"高被引科学家"，还被列为"世界上最具影响力的科学头脑"之一。

罗伯特·E. 霍斯基森

美国莱斯大学杰西·琼斯商学院战略管理系主任。他在加州大学欧文分校获得博士学位，主要研究方向是公司管理、并购和剥离，公司多元化和国际多元化，以及合作战略。他教授的课程包括"公司和国际战略管理""合作战略和战略咨询"等。霍斯基森教授出版了 26 本专著，内容包括企业战略和竞争优势。他是多种期刊的编辑委员会成员，如 *Strategic Management Journal*（副主编）、*Academy of Management Journal*（顾问主编）、*Journal of International Business Studies*（顾问主编）、*Journal of Management*（副主编）和 *Organization Science*。他的研究成果发表在 130 多种刊物上，其中包括 *Strategic Management Journal*、*Academy of Management Journal*、*Academy of Management Review*、*Organization Science*、*Journal of Management*、*Academy of Management Perspectives*、*Academy of Management Executive*、*Journal of Management Studies*、*Journal of International Business Studies*、*Journal of Business Venturing*、*Entrepreneurship Theory and Practice*、*California Management Review* 和 *Journal of World Business*。他是美国管理学会的研究员和 *Academy of Management Journal* 名人堂的成员。他获得对美国社会竞争问题研究的"竞争力研究杰出智力贡献奖"，还获得了杨百翰大学万豪管理学院授予的"William G.Dyer 杰出校友奖"。他已经完成在管理学会管理委员会三年的任职，当前在战略管理协会理事会任职。

目 录 | Contents

Part1 | 第一篇

战略管理的输入

第1章 | Chapter1

战略管理与竞争力

1. 定义战略竞争力、战略、竞争优势、超额利润和战略管理过程。

2. 描述竞争环境和条件，并解释全球化和技术进步如何促使竞争格局的形成。

3. 利用行业组织模型（输入 / 输出模型）解释公司如何获取超额利润。

4. 利用资源基础模型解释公司如何获取超额利润。

5. 描述愿景和使命，并讨论其价值。

6. 定义利益相关者，并描述其影响组织的能力。

7. 描述战略领导者的工作。

8. 解释战略管理过程。

开篇案例

阿里巴巴：中国电子商务巨头站上国际舞台

目前，中国网民数量位列世界第一，而阿里巴巴则是中国位列第一的电子商务公司（雅虎控股 23%，日本软银集团控股 36%）。2014 年，阿里巴巴在纽约证券交易所挂牌上市，初次公开发行（IPO）之后，它的市值一举超过亚马逊与 eBay 之和以及沃尔玛。2012年，阿里巴巴网站商品交易额超过中国 GDP 的 2%，相比之下，沃尔玛同年的交易额只占到美国 GDP 的 0.03%。阿里巴巴的出现使中国一跃成为继美国之后世界第二大的电子商务市场。很多中国消费者在天猫（Tmall）上购物，天猫是阿里巴巴旗下一个类似于百货商场的网上购物平台，就像亚马逊一样。中国消费市场规模庞大且发展尚不完备，本土的大型购物商场或实体百货商业链为数不多，这使得阿里巴巴有机会激发原本无法发生在中国本土的消费。而且，阿里巴巴的出现改变了消费者的消费习惯，这对三四线城市（如小城市和偏远城市）消费者来说尤为明显，因为他们能在阿里巴巴上买到以前买不到的商品。

淘宝是阿里巴巴旗下的又一网上购物平台，能够比肩美国 eBay，它不是用来囤积售卖阿里巴巴自己商品的，而是给制造商、经销商和其他中间商提供的线上商店平台。较大的品牌更加倾向于在天猫上开店，因为天猫不仅获得了阿里巴巴在政策上的倾斜，还在一定程度上杜绝了假冒伪劣商品。例如，颇受消费者喜爱的手提包品牌普拉达（Prada），如果想要在天猫上开店，就必须提供证据证明自己是授权的经销商。淘宝则主要是面向小型品牌和商店的。如今，淘宝大大小小的注册商户已达 600 万家。

考虑到天猫和淘宝的巨大影响力，阿里巴巴是国外零售商打入中国市场的最为便捷的通道。2014 年，中国市场线上消费额已经占到全年总市场消费额的 90%，相比之下，美国线上消费额只占到了总额的 24%。由此可见，阿里巴巴在中国接触到了庞大的顾客群体，并因此成为国外零售商打开中国市场大门的金钥匙。阿里巴巴对于中国消费者市场的深远影响不仅惠及外商，更为本土的小型制造商带来了机会。例如，曾为 Bed Bath & Beyond 提供家用及工业用秤的供应商衡器集团，2009 年在淘宝上设立了自己的线上商店，到 2014 年，这家线上商店的销售额已达到了集团国内总销售额的 1/5，衡器集团由此摆脱了只能作为其他品牌产品供应商的身份。

阿里巴巴的阿里支付系统（Alipay）正与苹果公司合作，计划合资为苹果支付系统（Apple Pay）推出一项后端服务，这项服务能使中国的 iPhone 用户以阿里支付的账号在苹果支付系统上付款，这项举措不仅促进了阿里巴巴移动线上战略的发展，还为乐于在阿里巴巴网络平台购物的中国 iPhone 用户提供了便捷。

因为先前发生过销往美国市场的商品被召回或禁销的产品责任诉讼事件。因此，阿里巴巴正与美国消费者产品安全委员会合作，协助召回或禁销假冒伪劣商品，以提升自己在美国消费者心中的信誉，这也促进了阿里巴巴的全球市场战略。

阿里巴巴同时还涉足线上媒体内容和流媒体服务。2014 年，它宣布收购华视传媒公司，这家公司曾监制或联合制作了一系列包括《卧虎藏龙》和《漂亮妈妈》在内的电影。阿里巴巴双线并进，在与腾讯、百度等其他服务提供商就中国网络通信与广播市场互相竞争的同时，还像亚马逊和网飞公司（Netflix）一样，制造自己的媒体内容。阿里巴巴成功的关键就在于其战略同时着眼于中国本土市场和国际市场。

资料来源：D. Tsuruoka, 2015, Alibaba blocks sale of unsafe goods to U.S. shoppers, *Investor's Business Daily*, www.investorsbusinessdaily.com, Jan 13; S. Cendrowski, 2014, Alibaba's Maggie Wu and Lucy Peng: The dynamic duo behind the IPO, *Fortune*, www.fortune.com, September 17; R. Flannery, 2014, China media entrepreneur's fortune soars on Alibaba investment, *Forbes*, www.forbes.com, March 12; C. Larson, 2014, In China its meet me at Tmall, *Bloomberg Businessweek*, www.bloombergbusinessweek.com, September 11.

从"开篇案例"中可以看出，阿里巴巴的巨大成功归功于其在中国市场选择了正确的战略，合适的战略使它在这个庞大新兴经济体的线上销售领域产生了不可小觑的影响力。如今，阿里巴巴仍在努力，2014 年它在纽约证券交易所成功进行 IPO，希望通过上市来推动其在全球市场的销售增长，并使它的品牌影响力能够辐射全球。这些努力确实提高了阿里巴巴在全球网上市场的竞争力。因此，我们得出结论，阿里巴巴取得了战略竞争力。显然，它至少能够在本土市场获得超额利润，尽管人们认为阿里巴巴为假冒伪劣产品的销售提供了机会，并因此为人们所诟病，但它正通过与美国消费者产品安全委员会合作来解决这一问题。阿里巴巴高层使用了战略管理过程作为承诺、决策和行动的基础，这将用来帮助阿里巴巴获得战略竞争力和中上等的竞争地位。在接下来的内容中，本书将向您详尽地解释战略管理过程。

战略竞争力（strategic competitiveness），当一个公司成功地制定和执行了价值创造的战略时能够获得战略竞争力。**战略**（strategy）就是设计用来开发核心竞争力、获取竞争优势的一系列综合的、协调的承诺和行动。当选择了一种战略，公司即在不同的竞争性选择方案中决定了选择何种途径获得战略竞争力。从这个意义上来说，战略选择表明了这家公司打算做什么以及不做什么。

就像"开篇案例"表明的一样，阿里巴巴作为中国线上销售领域最为成功的服务商之一，已经成为行业的领头羊，并同时向着成为国际化大企业不断努力。这也意味着，阿里巴巴必须灵活地应对不断变化的环境。实际上，为了适应当地环境，阿里巴巴有时会做出巨大的改变。例如，它正与苹果支付合作，旨在为广大中国 iPhone 用户提供支付上的便捷服务。

"当一家公司实施的战略能为顾客提供独特的价值，而且竞争对手不能复制或者因成本太高而无法模仿时"，[1] 它就获得了**竞争优势**（competitive advantage）。[5] 只有当竞争对手模仿公司战略的努力停止或失败后，一个组织才能确信其战略产生了一个或多个有效的比较竞争优势。此外，公司也必须了解，没有任何竞争优势是永恒的。[2] 竞争对手获得用于复制该公司价值创造战略技能的速度，决定了该公司的竞争优势能够持续多久。[3]

超额利润（above-average returns）是指一项投资获得的利润超过投资者预期能从其他相同风险的投资项目获得利润的部分。**风险**（risk）是指一项特定投资盈亏的不确定性。最成功的企业懂得如何有效地管理风险。[4] 有效地管理风险能够降低投资者投资结果的不确定性。[5] 利润通常用会计数据来计量，如资产收益率、股本收益率、销售回报等；或者，利润也可以以股票市场的收益为基础来衡量，如月收益率（期末股价减期初股价，再除以期初股价得到的百分比）。[6] 在较小的新成立的风险投资公司中，有时候会以增长的规模和速度而不是传统的利润指标来衡量公司业绩（如年销售额），[7] 因为对它们而言，要获得投资者可接受的回报和盈利水平（以资产收益率和其他形式表示）尚需时日。[8]

公司要想获得超额利润，了解如何培养竞争优势是很重要的。[9] 那些不具备竞争优势的公司或者未能在有吸引力的产业中竞争的公司，充其量只能赚取平均利润。**平均利润**（average return）是指一项投资的盈利水平与投资者预期从其他相同风险的项目获得利润相同的情况下产生的利润。从长期来看，公司无法获取平均利润将会导致其逐渐减产并最终面临失败。[10] 因为投资者会撤出资金转向其他公司，以希望至少获取平均利润。

正如我们指出的，没有人能够保证永远获得成功。繁荣昌盛的公司切勿自负，研究表明，自负可能招致更多风险。[11] 对苹果公司而言，即使它现在的业绩非常优异，也应小心谨慎，不要变得过于自满，同时要继续保持市场领导者的地位。

战略管理过程（strategic management process）是一家公司为了获取战略竞争力和超额利润而采用的一整套承诺、决策和行动。[12] 这个过程包含分析、战略和业绩（A-S-P 模型，见图 1-1）。在此过程中，这家公司第一步要对自己所在的内外部环境进行分析，以决定资源、能力和核心竞争力——战略输入要素的来源。阿里巴巴一直精于应用战略管理过程，由此在市场中获得了主导地位。该模型中的战略包括战略制定和战略执行两部分。

借助通过内外部环境分析所得到的信息，公司能够形成愿景和使命，并制定战略。执行战略的过程就是公司为了获得战略竞争力和超额利润（业绩）而采取行动的过程。有效的战略行动整合了战略规划和执行，并且存在有期望的产出。这是一个动态的过程，因为不断变化的市场和竞争结构与公司持续发展的战略输入是一致的。[13]

在本书接下来的章节里，我们会通过战略管理过程来解释公司应如何获得战略竞争力以及赚取超额利润。这将说明为什么一些公司能成为常胜将军，而另一些则不能。[14]正如你将会看到的，全球竞争的现实是战略管理过程的一个关键部分，并将极大地影响公司的表现。[15]实际上，对于当代的公司而言，学习如何成功地在全球化的世界里竞争是一个重大的挑战。[16]

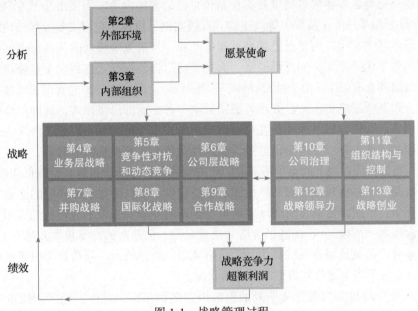

图 1-1　战略管理过程

　　本章将讨论几个主题。首先，我们将描述当前竞争的全景。这幅极具挑战性的画面主要源自全球经济的兴起，即经济和技术快速变化引发的全球化浪潮。其次，我们将研究公司为了选择和执行战略而收集信息和知识所需要使用的两个模型。同样，通过这些模型获得的见识和判断也是公司形成愿景和使命的基础。第一个模型（行业组织模型或 I/O 模型）认为，外部环境是影响一个公司战略行动的决定性因素。这个模型的关键在于确定一个有吸引力的（比如有利可图的）行业，在这个行业中竞争并获得成功。[17]第二个模型（资源基础模型）认为，公司独有的资源和能力是决定公司战略竞争力的关键。[18]第一个模型主要关注的是公司的外部环境，而第二个模型则主要关注的是公司的内部环境。在讨论了愿景、使命和发展方向陈述等影响组织战略选择和执行的因素后，我们接下来讨论的是组织服务的对象——股东（或利益相关者）。当公司获得战略竞争力和超额利润之后，股东的需求才能得到更好的满足。在本章的最后将介绍战略领导者和战略管理过程的要素。

1.1　竞争格局

　　当前，全球众多行业的竞争正在发生本质上的变化。尽管经济大衰退使得金融资本不再稀缺，但市场波动在日益加大，[19]这种变化的步伐是无情的，而且速度在不断加快，甚至连界定行业的边界也变得具有挑战性了。想想看，交互式计算机网络和电子通信的发展是如何使娱乐产业的边界变得模糊的。今天，不仅有线电视公司和卫星网络公司在为电视娱乐产业的收入而竞争，就连通信公司也通过取得瞩目进步的光纤线路进入娱乐产业。[20]最近，互联网流媒体服务开始与有线、卫星以及电信节目竞争了。"科技、电信和媒体公司计划在未来几年开发多项新型服务，Sling 电视就是其中一部分，这将对每年收入 1 700 亿美元的传统电视产业产生威胁。与此同时，流媒体服务商亚马逊、葫芦（Hulu）和网飞公司还在投入大量资源开发更强有力的产品。索尼、CBS 和 HBO 等其他公司也开始推出仅限于互联网的订阅产品。"[21] 有意思的是，网飞和亚马逊等流媒体内容提供商正在制作自己的媒体内容，网飞出品了系列作品《纸牌屋》《女子监狱》和《马可·波罗》等。正如"开篇案例"所说，在网飞等流媒体内容出品和发行商进军国际市场的时候，阿里巴巴瞄准了娱乐产业。当前竞争格局的其他特点同样值得我们关注。传统的竞争优势来源，如规模经济、大规模的广告预算投入在帮助企业赚取超额利润方面已不再像以前那么有效了（由于社交媒体广告等因素）。而且，传统的管理思维模式已经不太可能使一家公司获得战略竞争力。管理者必须采取一种全新的思维模式，这种思维模式珍视灵活、速度、创新、全面，以及由不断变化着的环境条件带来的挑战。[23] 竞争格局的现状导致了一个充满危险的商业世界，在这个世界里，全球性竞争要求的投资额非常大，一旦失败，后果非常严重。[24] 当公司面对当下的竞争格局时，有效地利用战略管理过程将会降低失败的概率。

超级竞争是指那些极度激烈以致产生固有不稳定性，而且为竞争格局中的企业带来持续干扰性变化的竞争。[25] 超级竞争是由全球各地勇于创新的竞争者采取的战略行动而引起的。[26] 这是一场愈演愈烈的"战役"，一场基于价格 – 质量定位、创造新的专有技术并建立先行者优势、保护或侵入现有产品或地域市场的竞争。[27] 在超级竞争的市场上，公司经常积极地挑战竞争对手，以期改进自身的竞争地位并最终改善经营状况。[28]

造成超级竞争环境和当前竞争格局的影响因素多种多样。其中，经济和技术的全球化发展，特别是技术的快速变化，是导致超级竞争环境和当前竞争格局的两大主要动因。

1.1.1　全球经济

全球经济（global economy）是指货物、服务、人员、技术和观念超越地理界限自由流通的经济。由于一定程度上从关税等人为因素的限制中解放出来，全球经济迅速扩张，商业竞争环境由此变得越来越复杂。[29]

全球经济的出现也带来了我们感兴趣的机会和挑战。[30] 例如，欧盟（由部分欧洲国家组成，以一个经济单元的身份参与世界经济，通过官方货币欧元运转）现在已经成为世界最大的单一市场，拥有 7 亿潜在顾客。"在过去，中国一般被看作是一个低竞争水平的市场和低成本地区。今天，中国已是一个高度竞争的市场，在这个市场中寻求机会的跨国公司（MNC）必须面对来自其他跨国公司以及成本效率更高、产品开发速度更快的本土公司的激烈竞争。尽管中国被视为低成本产品的制造地，近年来，许多跨国公司（如宝洁）实际上是本土管理人才的净输出者：它们将中国的人才派遣到国外的数量比它们从国外引进到中国的外国人还要多。"[31] 中国已经超过日本成为世界第二大经济体。印度，也拥有快速发展的经济实力，如今已位列世界第四大经济体。[32] 许多大型跨国公司也从这些新兴经济体中应运而生，成为全球市场中的主要竞争者。华为的案例证明了这个事实。华为是一家已经进入美国市场的中国企业，但市场壁垒让华为碰到了一些阻碍，例如，未能获得美国政府的收购许可。重要的是，华为必须在美国市场上建立信誉，尤其要与其利益相关者（如美国政府）建立良好的关系。

全球经济的本质反映了超级竞争环境下的现实状况，并促使每个公司对将要身处其中并参与竞争的市场进行认真思考。通用汽车公司（GM）的行为和业绩就印证了这一点，通用汽车在中国的销售量是 354 万辆，在韩国则是 340 万辆。中国成为最大的销售市场的后果之一，就是通用汽车在中国市场面临着日渐激烈的竞争。想想通用电气（GE）的案例，尽管总部在美国，通用电气期望到 2015 年，其 60% 的收入增长来自高速发展的经济体（如中国和印度）。这个决策将收入增长的希望寄托于发展中国家，而不是像美国和欧洲各国这样的发达国家，在全球经济的背景下，这看起来相当合理。通用电气的业绩在 2010 年实现了显著的增长，而这在一定程度上是由于其在中国和俄罗斯签订的大型基础设施建设项目。通用电气总裁杰夫·伊梅尔特（Jeffrey Immelt）认为，我们已经进入一个新的经济时代，全球经济将会更加变幻莫测，大部分的增长将从新兴经济体（如巴西、中国和印度）获得。[34] 因此，通用电气大量投资这些新兴经济体来提高自己在至关重要的地理资源中的竞争地位，这些资源对企业收益和盈利能力具有重大意义。

例如，流媒体视频订阅服务商网飞公司在美国本土的业务增量正逐年下降，2014 年第四季度，其美国订阅户数增量为 190 万，而 2013 年第四季度增量则为 230 万。虽然如此，网飞公司 2014 年全球订阅户数增量却高达 430 万，这是因为其国外市场正以超乎预期的速度快速发展着。当这些数据公之于众，网飞公司的股价在盘后交易时段暴涨 16%。目前网飞公司业务覆盖 50 个国家，并计划于 2017 年扩展至 200 多个国家，且同时保持盈利状态。网飞公司在加拿大、北欧及拉丁美洲的业绩让 CEO 里德·哈斯廷斯（Reed Hastings）十分欣慰，要知道为这些国家提供流媒体服务需要巨额的投资。2015 年上半年，网飞公司还计划进军澳大利亚和新西兰，并探索着进入中国市场。总的来说，网飞公司新增国外用户超过了 243 万，超出了预期的 215 万。除了国际扩张外，网飞公司还制作了数量可观的自制剧，如《纸牌屋》《女子监狱》和《马可·波罗》。网飞公司发现，考虑到观众支持的问题，原创内容与得到大工作室许可播放的内容相比成本更低。原创剧不仅自己拥有所有权，而且获得许可的范围正在逐步扩大，越来越多的观众已经被原创剧吸引而放弃了有线电视和卫星电视的节目。网飞公司优越的技术能力，精确地满足了每一位观众随时随地点播自己喜爱的节目的需求，由此产生的本土市场的竞争优势，也将为其国际市场的扩张带来源源不断的动力（网飞公司国际战略扩张可参见第 8 章的"开篇案例"）。[35]

全球化进程

全球化是指反映在商品、服务、金融资本和知识跨国界流动中的国家间日益增长的经济相互依赖。[36] 全球化是众多公司在日趋增长的全球经济中竞争而形成的产物。

在全球化的市场和行业里，公司可以从一个国家获取金融资本，然后在另一个国家购买原材料，利用从第三国购买的生产设备进行生产，产品在第四个国家销售。因此，全球化为在当前竞争格局下竞争的公司增加了机会。[37]

那些参与了全球化经营的公司，在采用战略管理的过程中必须制定文化敏感性决策，正如星巴克在欧洲国家的经营一样。另外，高度全球化的公司必须预见其经营过程中不断增长的复杂性，如产品、服务、人员等穿越地理边界，能够在不同的经济市场中自由流动。

总的来说，全球化已经在许多维度上使评判公司业绩的标准变得更高了，理解这一点非常重要，这些维度包括质量、成本、产量、产品上市时间以及运营效率等。除了在全球经济中的竞争，这些标准也会影响国内市场竞争的基础。原因在于，消费者会从一家全球性厂商而不是国内公司那里购买产品和服务，因为前者的产品和服务更好。这是因为现在员工在全球经济中的流动比过去更自由，而员工又是公司竞争优势的关键来源。[38] 如今，世界呈现多极化，很多重要的国家拥有自己的独特兴趣和环境，因此管理者必须学会如何在这样的环境里有效运营。[39]

公司必须学会应对21世纪竞争格局的现实，只有至少能够达到（即使不能超越）全球标准的公司才有获取超额利润的能力。

虽然全球化创造了很多机会，但这并非没有风险。一般来说，在公司所属国之外参与全球经济的风险被贴上了"海外负债"的标签。[40]公司要进入全球市场需要面临的一个风险是，对于一个全新的市场，需要花一段时间来学习如何在这个市场竞争。公司的业绩将受到影响，直到相应的知识通过实践积累起来，或者将以往的经验转化为当前市场适用的知识。[41]另外，公司业绩可能受到大量全球化措施的影响。在这种情况下，公司可能过度多元化，以至于超越了自身管理业务的能力。[42]过度多元化的结果会给公司的整体业绩带来极大的负面影响。

最近几年全球经济的一个重要特点就是新兴经济体的成长。重要的新兴经济体不仅包括"金砖四国"（巴西、俄罗斯、印度和中国），还包括"远景五国"（越南、印度尼西亚、南非、土耳其和阿根廷）。墨西哥和泰国也逐渐成为重要的市场。[43]显然，这些经济体的成长使它们的市场成为大型跨国公司的目标。新兴经济体的公司也开始在全球市场参与竞争，其中有一些已崭露头角。[44]例如，如今在新兴经济体起家的年销售额过10亿美元的跨国公司已超过1 000家。[44]实际上，这些新兴市场的跨国公司在国际市场上的出现，促使建立在发达市场的大型跨国公司丰富自己的能力，以便能在国际市场上有效竞争。[46]

因此，即便是对拥有丰富全球化经验的公司来说，要进入国际市场，也需要有效地应用战略管理过程。还应注意到，对一些公司而言，尽管全球市场是一个颇具吸引力的战略选择，但这不是战略竞争力的唯一来源。实际上，致力于国际和国内两个市场，协调由于创新导致的技术机会和不确定的竞争性突破，在两个市场保持竞争力，对于绝大多数公司，甚至那些在全球市场上具备竞争能力的公司来说，都是非常重要的。[47]正如"战略聚焦1-1"中阐明的，星巴克除了国际扩张之外，还通过强调创新提升了单店收入。

| 战略聚焦 1-1 | 技术创新给星巴克带来了超额的单店收入

谁被选为新一任的CEO对一个企业来说是十分重要的信号。星巴克前任CEO霍华德·舒尔茨十分强调成功的战略实施，他已经带领星巴克走过了很长的光辉岁月。2015年，瞻博网络（Juniper Networks）前任CEO、微软老牌干将凯文·约翰逊接手了星巴克，他忙于建立起数字化运营体系，并将监管信息技术和供应链的运作。

许多美国星巴克实体店的销量都有所下降，相反，线上销量有所上升。有意思的是，星巴克2014年第四季度的销售额上升了5%，这5%来自增长的线上销量（2%来自销售增长，3%来自票面大小的增长），而技术应用是主要的驱动力。

为促进单店销量，星巴克正在推广移动支付平台等数字工具，此外，它还通过线上销售礼品卡提升收益。2014年12月，俄勒冈州波特兰地区的顾客可以在线下单，然后在附近150家星巴克实体店中任选一家取杯。星巴克拥有优秀的领导团队，而且着重强调技术，除此之外还广泛听取员工的建议，采纳他们的观点并进行试验，这一群被称为"咖啡师"的员工亲手混合、熏蒸并制作了星巴克的品牌咖啡，在全世界的21 000多家商店销售给顾客。舒尔茨说，星巴克的咖啡师是创造收益的中坚力量。

为了进一步调动员工的积极性，星巴克是第一家为兼职员工提供全面保健福利金以及职工认股权的企业之一。到目前为止，员工通过认股项目获得的收入已经超过 10 亿美元。星巴克的美国员工还有一项额外福利。舒尔茨提出一项资助计划，员工可在美国亚利桑那州州立大学获得学位，而星巴克将为他们资助 100% 的学费。目前，已有 1 000 名员工参与到此项目中。

星巴克还因创新商店类型而著称。例如，它正在纽约试运营一种更小型的快速商店，以此减少顾客等待的时间。正如上文所提到的，星巴克强调以在线支付方式加快交易速度，如今已拥有 120 万活跃用户，这为星巴克带来了回报。有趣的是，从用户数量上来看，星巴克在线支付平台已经超过了 iTunes 和美国运通（American Express Serve）。

为了进一步展现自己的创新精神，星巴克第一家"烘焙品尝体验店"开张了，这是一个占地 15 000 平方英尺⊖的咖啡烘焙机构，也是一家面向顾客的零售商店。按照舒尔茨的话说，这就像一家咖啡零售剧院，在这里"你可以看着咖啡豆被烘焙，与研磨师聊天，看着你的咖啡在眼前发酵，发酵形式还能多种多样，在咖啡图书馆里小憩，享受一杯精心制作的饮料和一份当地的特色美食"。舒

尔茨把这家开在纽约的创新店叫作"Willie Wonka Factory of Coffee"。基于这个理念，星巴克计划于 2015 年将以这家烘焙概念旗舰店为标杆的小型体验店开遍纽约。

这些先进技术和产品多元化的特点在星巴克的国际市场上也有所体现。例如，星巴克正在印度尝试一种新型的商店理念，并在印度的小型城镇和郊区地带登台首秀，这些小型商店只有普通星巴克商店面积的一半大小。

资料来源：I. Brat & T. Stynes, 2015, Earnings: Starbucks picks a president from technology industry, *Wall Street Journal*, www.wsj.com, January 23; A. Adamczyk, 2014, The next big caffeine craze? Starbucks testing cold-brewed coffee, *Forbes*, www.forbes.com, August 18; R. Foroohr, 2014, Go inside Starbucks' wild new "Willie Wonka Factory of coffee", *Time*, www.time.com, December 8; FRPT-Retail Snapshot, 2014, Starbucks' strategy of expansion with profitability: to debut in towns and suburbs with half the size of the new stores, *FRPT-Retail Snapshot*, September 28, 9–10; L. Lorenzetti, 2014, Fortune's world most admired companies: Starbucks where innovation is always brewing, *Fortune*, www.fortune.com, October 30; P. Wahba, 2014, Starbucks to offer delivery in 2015 in some key markets, *Fortune*, www.fortune. com, November 4; V. Wong, 2014, Your boss will love the new Starbucks delivery service, *Bloomberg Businessweek*, www.businessweek.com, November 3.

1.1.2 技术和技术进步

技术改变竞争的本质并形成动态的竞争环境。这可以分为三种趋势和状况：技术扩散及突破性技术、信息时代和不断增加的知识密度。其中，高新技术正极大地改变着竞争的自然规律，也由此带来了一个高度活跃的竞争环境。

1. 技术扩散和突破性技术

在过去的 15 ～ 20 年，技术进步和技术应用的速度都大大加快了。可参考以下技术扩散速度：电话进入 25% 的美国家庭花了 35 年的时间，电视只花了 26 年，收音机花了 22 年，个人计算机花了 16 年，互联网花了 7 年。[48]

技术变革给单个公司和整个产业带来的冲击已经变得十分显著。例如，在不远的过去，人们还从零售店租影碟来看电影，现在的电影租赁几乎已经全部电子化了。出版业（图书、杂志、报纸）正在迅速从纸质版向电子版过渡，许多还在以传统商业模式运转的出版公司都在苦苦挣

⊖ 1 平方英尺 = 0.092 9 平方米。

扎。这些变革也影响着从货运到邮件服务（公开或隐私）的其他产业。

"持续创新"这个词被用来形容信息密集型的新技术如何快速和持续地替代旧技术。新技术的快速扩散使得产品生命周期大大缩短，这给那些能够快速推出新产品和新服务的公司带来了竞争优势。[49]

事实上，技术的迅速扩散使得产品同质化，因而进入市场的速度便几乎成为最主要的竞争优势来源（见第 5 章）。[50]确实，一些人认为全球经济正在被不断的创新所驱动。意料之中的是，这些创新必定源于对全球标准和产品功能的预期的准确理解。尽管一些人认为，如今那些大型的老字号公司也许在创新方面有困难，但是证据显示，这些公司正在开发全新的技术，使旧产业转型或者创造新产业。[51]苹果公司就是一个擅长突破式创新的大型经典品牌的典范。同样，为了使技术扩散，并提高创新方案的价值，公司需要在使用新技术的方式上创新，使新技术融进它们的产品中去。[52]

技术的快速扩散还有其他一些标志。只要 12 ～ 18 个月，同行企业就会收集到竞争者的研发和产品决策信息。[53]在全球经济中，企业的成功可能在短短几天内就被竞争者模仿。从这个角度来说，技术传播速度已经损害了专利的竞争利益。[54]现在只有在少数行业，如医药行业，专利权才是保护技术的有效手段。事实上，为防止技术知识在专利申请过程中被竞争对手窃取，很多电子公司经常不申请专利。

技术进步的另一因素是突破性技术的发展，它们破坏了原有技术的价值并产生了新的市场，[55]这在当今的竞争市场非常普遍。想想那些基于产品开发的技术而形成的新市场，比如 iPod、iPad、Wi-Fi 以及网页浏览器。这些产品被一些人认为是颠覆式、突破性创新的代表（我们将在第 13 章讨论更多关于突破式创新的内容）。[56]突破性和颠覆式的技术可以创造一个新的产业，也可能损害行业的现有企业。尽管如此，有些企业却能够借助自身更优的资源、经验和能力，通过多种途径获取新技术（如联盟、收购和进行中的内部研究）。[57]

显然，苹果公司已经研发并推出了 iPod 等"突破性技术"，并因此而改变了一些行业。例如，iPhone 戏剧性地改变了现有的手机产业，iPod 及其免费软件 iTunes 变革了消费者购买和使用音乐的方式。通过与其他互补品和替代品（如亚马逊的 Kindle）的合作，iPad 促成并加速了出版业由纸质书向电子书的转变。苹果的新技术和新产品也为新"信息时代"做出了贡献。因此，苹果公司是新兴技术跨越多个行业的企业典范。[58]

2. 信息时代

最近几年，信息技术（IT）发生了翻天覆地的变化。电脑、手机、人工智能（AI）、虚拟现实（VR）、大数据（big data）和令人眼花缭乱的社交网站，只是因技术发展而带来的对于信息的不同应用的几个例子。这些变化的一个重要结果是，正确而高效地获取并使用信息的能力几乎成为所有行业的重要竞争优势来源。如果能够高效地使用这些技术，信息技术的发展将给予小企业在与大企业竞争时更多的灵活性。[59]

技术进步和技术扩散的速度将继续加快。例如，电脑在全世界的使用量有望在 2015 年超过 23 亿台，2011 年全球电脑的销量超过 3.72 亿台，这个数字有望在 2015 年增长到 5.18 亿台。[60]低廉的价格使得电脑在全球的数量大大增加，再加上全球的网络系统，更大大加快了信息技术的发展和扩散速度。因此，当今信息技术的竞争潜力已被世界各地大大小小的企业所拥有，包括那些新兴经济体的企业。[61]

3. 不断增加的知识密度

知识（信息、智能、经验等）是技术及技术应用的基础。在 21 世纪的竞争格局中，知识是一项关键的组织资源，并且越来越成为竞争优势的重要价值来源。[62]

实际上，从 20 世纪 80 年代开始，竞争的基础已经从有形资产向无形的资源转变。举例而言，"沃尔玛通过独有的供应链管理方案以及与顾客和供应商的信息联系改变了零售业"。[63] 这种联系，比如与消费者和供应商之间的联系，就是无形资源的一个例子。[64]

知识是通过经验、观察和推论得到的，是一种无形资源（有形资源和无形资源将在第 3 章完整地讲述）。无形资源的价值（包括知识），在如今的竞争格局中正成长为股东价值的一部分。[65] 实际上，美国布鲁金斯学会估计，无形资源大约占到股东价值的 85%。[66] 要想提高获得战略竞争力的可能性，企业必须学会获取情报，懂得将其转化为有用的知识，并将知识迅速在企业内进行传播。[67] 因此，企业必须培育（如通过培训项目）和获取（如雇用受过良好教育和有经验的员工）知识，将知识整合到组织中以创造能力，并应用这些知识来获得竞争优势。[68]

培养创新能力必须建立强大的知识库。实际上，缺乏恰当内部知识资源的企业也不太会投资于研发活动。[69] 企业必须不断地学习（建立自己的知识储备），因为知识外溢给竞争对手的情况是非常常见的。很多情况都可能导致知识外溢的发生，如竞争对手聘用专业员工和管理人员。[70] 由于存在知识外溢的可能性，企业必须快速地将知识应用于企业的产出。此外，企业必须建立能够推动组织内部知识传播的程序，使这些知识能够应用到任何能产生价值的地方。[71] 企业最好在拥有战略柔性的时候就做这些事情。

战略柔性（strategic flexibility）是指公司用来应对不断变化的竞争环境所带来的各种需求和机会的一系列能力。因此，战略柔性涉及处理各种不确定性及其伴随的风险。[72] 企业在运营的各个领域，都应该尽力发展战略柔性。然而，那些在企业内部发展战略柔性的人必须明白，这不是一件容易的工作，很大程度上是因为惯性影响的时间很长，一个企业的关注点和以往的核心竞争力也许会减慢变化和战略柔性的形成。[73]

要想长期保持战略的柔性并获得其带来的竞争利益，企业必须发展学习的能力。持续地学习可以为企业提供一系列最新的技巧，让企业在遇到环境变化时可以更好地适应环境。[74] 那些能够将所学更快、更广泛地应用的企业，其展示的战略柔性和应对变化的能力，能够有效提高企业在不确定和超级竞争环境中成功的可能性。

1.2　超额利润的产业组织模型

20 世纪 60 ～ 80 年代，人们始终认为外部环境是公司选取成功战略的主要决定因素。[75] 超额利润的产业组织（I/O）模型揭示了外部环境对公司战略行为的决定性影响。同时，模型还指出，与管理者做出的组织内部决定相比，一家公司所在的行业对公司的业绩影响更大。[76] 它认为，公司业绩主要取决于所在行业的特性，包括规模经济、市场进入壁垒、多元化、产品差异化以及行业中的企业集群。[77] 这些行业特性将在第 2 章做进一步阐述。

基于经济基础，产业组织模型有四个基本假设。首先，外部环境表现为影响超额利润战略决定的压力和限制；其次，大多数在同一行业或行业内相同领域竞争的公司，掌握着类似的相关战略资源，并由此采取相似的战略；再次，实施战略所需的资源在公司间具有高度的流动性，因此公司间的任何资源差异都不会维持太久；最后，组织的决策者都是理性的，并致力于为公司谋取最大利益，正如他们追求利润最大化的行为。[78] 因此，产业组织模型要求公司必须选择进入最具吸引力的行业来竞争。因为大多数公司拥有类似的战略资源，而且这些资源的流动性又极强，所以只有当公司在潜在利润最高的行业中运营，并学会如何根据行业的结构特点来利用这些资源实施公司战略时，公司业绩才会得到提高。要达到这样的目的，它们必须相互模仿。[79]

竞争的五力模型可以帮助公司分析这一问题。这一模型（见第 2 章）包含了几个变量，并试图以此来抓住竞争的复杂性本质。五力模型指出，一个行业的收益性（比如投资资本收益与资本成本之比）是五种力量（供应商、购买者、现有竞争者、替代品和新进入者）相互作用的结果。[80]

企业能够应用五力模型在给定行业结构特征的条件下，确定一个行业的吸引力（通过利润潜力来度量），以及进入该行业能获得的最佳优势地位。[81] 这一模型认为，一般而言，公司可以通过以低于竞争者的成本制造标准化的产品和服务来获取超额利润（成本领先战略），公司也可生产顾客愿意支付高价的差异化产品（差异化战略）（成本领先战略和差异化战略都将在第 4 章阐述）。事实上，"竞争对手为了抢夺相同消费群体，使得快餐食品行业正逐步成为零和行业"，[82] 因此麦当劳是在一个相对不具有吸引力的行业中与对手进行竞争。如图 1-2 所示，产业组织模型指出，公司只有将外部环境作为确定有吸引力行业的基础仔细研究，并且实施了合适的战略时才能获得超额利润。例如，在某些行业，公司通过组成合资企业来减少竞争对手的数量和建立进入壁垒。由于这些原因，合资企业在这个行业中增强了盈利能力。[83] 企业实施外部环境所需的战略时需要用到内部技能，那些发展或获得这些技能的公司更有可能获得成功；反之，则可能招致失败。[84] 因此，模型认为，外部环境特征而非企业独特的内部资源或能力，决定了企业利润的大小。

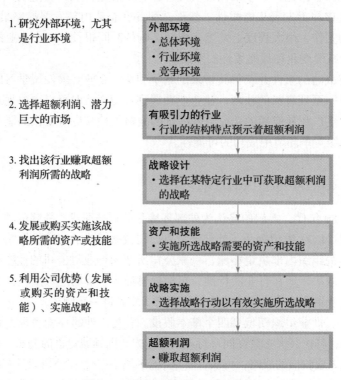

图 1-2　超额利润的产业组织模型

研究发现，约 20% 的企业利润可以从企业竞争的行业中得到解释。然而，研究还表明，36% 的利润变化可以归功于企业的特点及其采取的行动。[85] 因此，除了外部环境外，管理者的战略行为也或者与它一起影响公司的业绩。[86] 这些研究表明，环境因素和公司资源、能力、核心竞争力和竞争优势（见第 3 章），共同决定了公司获取战略竞争力和超额利润的能力。

大多数航空公司在服务和业绩上的表现都十分相似，它们互相模仿，在过去的几年里都表现得不尽如人意。然而，有少数几家航空公司（以西南航空为首）摆脱了互相模仿的传统模式，不落窠臼地发展出了自己独特的资源和能力，由此，这几家航空公司因提供更优质的产品（物更美、价更廉）而脱颖而出。

正如图 1-2 所示，产业组织模型认为，一家企业的战略是一套由此行业特征而决定的承诺和行动的体现。接下来谈到的资源基础模型，则在影响企业战略选择的主要因素这个问题上有不同的理解。

1.3　超额利润的资源基础模型

资源基础模型认为，任何一个组织都是独特的资源和能力的组合。这些资源和能力的独特性是企业战略和超额利润的基础。[87]

资源（resources）是指企业生产过程的投入部分，如资本、设备、员工技能、专利技术、融资以及有才干的管理人员。总的来说，公司的资源可分为三类：实物资源、人力资源和组织资本。在第 3 章我们会对资源进行详细解释，从本质上看，资源有有形和无形之分。

单个资源可能无法创造竞争优势。[88] 一般来说，当资源相互配合形成能力时，资源会更有可能成为竞争优势。能力（capability）是指将众多资源结合运用，以完成一项任务或活动的才能。随着时间的推移，公司的能力得到发展，并实施动态的管理以追求超额利润。[89] 核心竞争力（core competencies）是指为企业战胜竞争者提供竞争优势来源的资源和能力。[90] 核心竞争力通常通过组织职能的形式来体现。例如，苹果公司的研发能力就是它的核心竞争力之一，因为它创造市场认为有价值的新产品的能力是苹果公司成功的关键因素。根据资源基础模型，随着时间的推移，企业间经营业绩的差异主要来源于其资源和能力，而不是行业结构特征。这个模型同时也假设，企业获取各种资源、发展独有能力的过程，是基于它如何整合和使用这些资源的；资源和能力在企业之间没有高度的流动性；资源和能力的差异是竞争优势的基础。[91] 通过持续不断的运用，企业的能力会变得越来越强，同时竞争者也更加难以掌握和复制这种竞争优势。作为竞争优势的来源之一，能力既不能简单得易于被人模仿，也不能复杂得在企业内部难以把握和控制。[92]

超额利润的资源基础模型如图 1-3 所示。资源基础模型认为，企业选择的战略必须能够使其在一个有吸引力的行业中充分发挥自身的竞争优势（产业组织模型则用于鉴别有吸引力的行业）。

并非一个公司所有的资源和能力都能成为竞争优势的基础，只有当这种资源和能力是有价值的、稀缺的、难以模仿的并无法替代的时候，这种资源和能力才是有价值的。[93] 当公司可以借助某种资源或能力，利用外部机会或者化解危机时，这种资源或能力便是有价值的；当资源和能力只有少数现有或潜在的竞争者拥有时，它就是稀缺的；当其他公司无法获取这种资源或能力，或者是需要付出很高的成本才能得到时，它便是难以模仿的；当没有与其相类似的资源或能力时，它便是无法替代的。随着时间的推移，很多资源在一段时期后可能被模仿或替代，因此，竞争优势如果仅仅建立在资源的基础上就很难长久维持。单个资源经常整合起来组成结构以形成能力。[94] 当资源和能力达到上述四个标准时，它们便成为企业的核心竞争力。

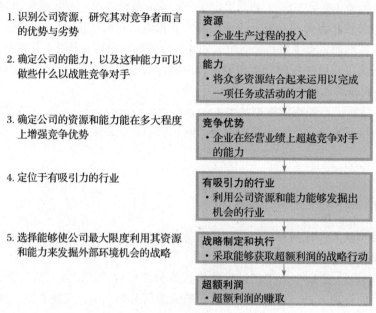

图 1-3　超额利润的资源基础模型

正如前面指出的，从长期来看，行业环境和企业内部资源都影响着企业的经营业绩。[95] 因此，为了形成企业的愿景和使命，明确随之而来的战略选择和执行过程，企业必须同时运用产业组织模型和资源基础模型。[96] 实际上，两者是相互补充的，产业组织模型关注企业外部环境，而资源基础模型聚焦于企业内部。接下来，我们讨论企业的愿景和使命，以及企业对所处外部环境（见第 2 章）和内部环境（见第 3 章）的实际情况有所了解之后采取的行动。

1.4　愿景和使命

通过分析企业内外部环境，企业可以获得形成愿景和使命的信息（见图 1-1）。利益相关者（那些能够影响或者被企业经营业绩影响的人，将在本章稍后讨论）可以从企业的愿景和使命中获得许多信息。实际上，愿景和使命宣言的根本目的是告诉利益相关者，这家企业是什么、希望实现什么，以及为谁服务。

1.4.1　愿景

愿景（vision）是描绘企业期望成为什么样子的一幅画面，从广义上来讲，就是企业最终想实现什么。[97] 因此，愿景宣言清晰地表达了对组织理想状况的描述，使组织的未来更加具体化。换言之，愿景指明了企业在未来数年想要前进的方向。一个好的愿景也会给人带来压力和挑战。卡迈恩·加洛（Carmine Gallo）在她的有关成就辉煌的苹果公司 CEO 史蒂夫·乔布斯的书中指出，乔布斯对苹果公司的愿景是苹果公司极富创新精神的原因之一。加洛认为，乔布斯比大多数人想的更加宏远且不同，形容他"改变了世界"。她认为一个人要想具有创新能力，就要从不同的角度考虑他们的产品和客户（"出售梦想而不是产品"），并从不同的视角考虑"构建宏伟蓝图"的故事。[98] 在乔布斯去世后，苹果公司的高度创新能力能否维持下去将受到挑战。有趣的是，很多新的创业者在创建自己的企业时都非常乐观。[99] 然而，很少有人能够将企业发展并像乔布斯那样成功地实现愿景。

需要指出的是，愿景反映了企业的价值观和渴望，并且希望借助愿景抓住每一位员工的心，最好还有许多其他利益相关者的心。一家企业的愿景比较持久，而企业的使命会根据不断变化的外部条件而发生变化。愿景的表述最好相对简短和精确，而且容易记忆。以下是一些企业愿景的例子：

> 我们的愿景是成为世界上服务最快、最好的餐厅。（麦当劳）
> 让每个美国人都能拥有汽车。（亨利·福特成立福特汽车公司时的企业愿景）

作为一家企业最重要和最卓越的战略领导者，CEO 负责与其他人员一道工作以形成企业的愿景。经验表明，只有当 CEO 让大多数人（如其他高层经理、组织中不同部门的员工、供应商和客户）都参与进来时，愿景才会发生作用。简而言之，他们必须发展一个共享的愿景才能让它成功。[100] 此外，为了使企业能够达到其期望的未来状态，愿景的表述必须清晰地与企业的内外部环境条件紧密联系。而且，在愿景形成的决定和行动过程中，CEO 和高层经理尤其必须与愿景保持一致。

1.4.2　使命

企业的愿景是其使命的基础。使命（mission）指明了一家企业意图参与竞争的一个或多个业务，以及所要服务的顾客。[101] 企业的使命比愿景更加具体。然而，和愿景一样，使命要建立企业的个性，与所有的利益相关者有关，并且能够鼓舞人心。[102] 使命和愿景一道，为企业选择和执行一个或多个战略提供了坚实的基础。当员工能够强烈感受到引导他们努力工作以帮助企业实现愿景的道德标准时，企业更有可能形成有效的使命。[103] 因此，当一家企业决定想要成为什么（愿景）、为谁服务以及怎样服务于那些个人和群体（使命）时，商业伦理是企业需要讨论的关键部分。[104]

即使企业形成使命的责任最终在于 CEO，CEO 和高层经理也倾向于更多的人参与到企业使命的形成过程中。其中，主要的原因在于企业的使命直接涉及产品市场和顾客，而中层和基层经理以及其他员工与他们正在服务的顾客和市场有更直接的接触。企业使命有以下一些例子：

> 世界上任何一个社区都成为我们员工的最佳雇主，在每一家餐厅为我们的顾客提供专业、优秀的服务。（麦当劳）
> 我们的使命是成为顾客心中应用工程方面的领导者。我们总是关注于顾客的期望；我们积极努力地提升我们关于材料、零件设计以及制造技术方面的知识。（LNP，通用电气的一家塑料公司）

麦当劳的使命宣言与它成为世界上服务最快、最好的餐厅的愿景相一致。LNP 的使命宣言说明了它的业务领域（材料、零件设计、制造技术），它将在这些领域内进行竞争。

显然，未经过精心制定的愿景和使命宣言不能够为企业采取恰当的战略行动指明方向。正如图 1-1 所示，企业的愿景和使命是战略导入的关键部分，它需要融入战略行动中，成为获得战略竞争力和获取超额收益的基础。企业必须接受制定有效的愿景和使命宣言的挑战。

1.5 利益相关者

任何组织都是一个包含主要利益相关者群体的系统，由此组织得以确立，并管理着各种关系。[105] 利益相关者（stakeholders）是指能够影响企业的愿景和使命，同时也受企业战略产出影响，并对企业经营业绩拥有可实施的主张权的个人或群体。[106] 企业经营业绩的主张权可以通过利益相关者停止向企业投入关乎其生存、竞争和盈利性的重要资源来实现。[107] 如果公司业绩达到或超出利益相关者的期望，他们就会继续支持公司。[108] 最新研究也表明，能够有效处理与利益相关者之间关系的公司，经营业绩比其他公司要好。因此，利益相关者关系也可以成为竞争优势的一个来源。[109] 这也可以从黑莓公司（BlackBerry）和苹果公司的案例中得到印证。这两家企业都希望实施一种从战略角度出发的强有力的利益相关者战略，但是与苹果公司的应用程序供应商生态系统相比，黑莓公司就不能像它的竞争对手那样建立起强大的应用程序供应商系统了。[110]

虽然组织与利益相关者相互依存，但企业并非在任何时候都与任何利益相关者都有同等的依存关系，因此每个利益相关者能对企业施加的影响也不尽相同。[111] 一个利益相关者参与企业的程度越重要、越有价值，企业对其依赖就越强；反过来，更强的依赖性又会使利益相关者产生对公司业务、决策和行动更强的影响力。管理者必须找到方法，要么与那些控制着关键资源的利益相关者和谐相处，要么将组织与这些利益相关者的需求隔离开来。[112]

| 战略聚焦 1-2 | 黑莓公司开发利益相关者生态系统的失败经历

2007 年，苹果 iPhone 手机作为消费品进入了公众的视野，这就是智能手机。那时，这一行业的老大是 RIM（Research in Motion），即后来的黑莓集团。直到 2010 年，黑莓在商业及政府通信部门中的占有率仍然高达 43%。但是，当包括商务及政府通信部门在内的消费者发现，智能手机的功能如此多种多样，黑莓手机的市场占有率开始陡降。尽管黑莓的技术使得其手机能成为接发邮件及通话的优秀通信设备，但是手机 iPhone 堪称优秀的掌上电脑，除了通话和收发信息之外，它更加"多才多艺"。

黑莓手机的衰落为我们提供了一个颇具说服力的案例，它说明了在实行成功商业模式这方面，竞争格局是如何变化的。以前，产品或服务优良、经营细心、成本效益良好、资本结构合理的公司就能取得胜利，脱颖而出。然而，有了新的商业模式之后，拥有能管控供应商及顾客生态系统或网络的有效战略就显得更为重要了。由于黑莓的顾客忠诚度颇高且产品优秀，它没能认识到苹果生态系统创新的重要意义，然而正是这个关于生态系统的创新，极大开拓和丰富了苹果掌上电脑（智能手机）应用程序（App）的范围和种类。尤其是，互补者（将在第 2 章中学到）对于这个行业来说起到了关键作用。苹果公司的这项创新主要就是提出了 App 开发者生态系统。苹果所关注的不仅仅在于制造 iPhone 和 iPad 的价值链，还有管控研发优秀 App 的生态系统。因此，一支软件研发大军投入了 iPhone App 的开发之中，这就是苹果手机大众版和商务专业版开发背后的强大力量。苹果集团建立起了利益相关者之间的网络，使在苹果手机上安装 App 变得十分便捷。App 开发者一呼百应，当 2008 年推出应用程序商店时，有将近 500 款 App，然而在不到一年的时间里，App 的数量已经达到 55 000 款，下载量达 10 亿多次。由此可见，黑莓手机小型研发社区和 iPhone 庞大的 App 研发大军之间有着很明显的差距。谷歌在打造安卓系统时使用了"开放"系统战略，这种战略使竞争性生态系统能够逐步发展起来，成为苹果利益相关者生态系统的对手，然而在这个方面，黑莓至今也无法与谷歌和苹果匹敌。

2010 年至今，黑莓已经换过两任 CEO，尽管业绩有所提高，但再也难回当年的盛况。虽然它尝试聚焦于商务及政府通信部门，推销自己附带物理键盘的经典款机型，但是 2014 年第四季度的收益仍然下跌了 34%。关于黑莓最新款"黑莓经典"（BlackBerry Classic）的报告显示，尽管消费者出于怀旧仍然喜欢完美的物理键盘和鼠标形状的触控板，但是预安装的 App 运行速度太缓慢了，且设计不佳。黑莓 App 的情况不容乐观，因为它并没有像苹果或谷歌那样的 App 研发者生态系统，它的很多 App 的确存在下载困难或与经典款的方形屏幕不契合等问题，总结来说，你确实可以使用黑莓手机完美的物理键盘来收发邮件、管理日程、浏览网页，但是除此之外，似乎再也没有别的称心的应用了。虽然黑莓经典款是它推出的最优秀机型，但是由于缺乏优质 App，它似乎只能在衰落的路上越走越远了。

对于苹果来说，将创新外包给程序研发者比直接聘用他们更为划算，创意外包也保证了能源源不断地向顾客提供优秀精致的 App 及商品内容。对于 App 研发者来说，透明的收益共享政策以及来自几个早期靠研发 App 致富的前辈的鼓励，都为他们提供了充足的动力。苹果以微不足道的成本组建起了一支研发大军。然而，黑莓对研发团队限制诸多，并且与 iPhone 的正反馈环相比，研发速度也无法企及。正反馈环为顾客、创意提供者和内容供应商带来了价值增值，由此得到了有利可图的市场占有率，吸引了资本市场的投资人。

总的来说，黑莓犯下的最大的错误就是，它没有给予其他生态体系中已经可用的互补性软件足够的重视。由此我们得到一个重大的启示，管理供应商和利益相关者的价值创造也会带来顾客的强大支持，因为这样做是为所有利益相关者创造了价值，同时吸引了金融资本，提高了相关的股价。

资料来源：S. Cojocaru & C. Cojocaru, 2014, New trends in mobile technology leadership, *Manager*, 19(1): 79–89; M. Cording, J. S. Harrison, R. E. Hoskisson, & K. Jonsen, 2014, "Walking the talk": A multi-stakeholder exploration of organizational authenticity, employee productivity and post-merger performance, *Academy of Management Perspectives*, 28(1): 38–56; B. Dummit, 2014, BlackBerry's revenue falls 34%; decline underscores challenges smartphone maker faces, even as it cuts costs, *Wall Street Journal*, www.wsj.com, Dec 20; M. Freer, 2014, Four success strategies from failed business models, *Forbes*, www.forbes.com, Jul 21; D. Gallagher, 2014, BlackBerry's new plan could bear fruit; attempt at revival is showing signs of life, *Wall Street Journal*, www.wsj.com, Nov 16; D. Reisinger, 2014, Why BlackBerry is showing signs of stability under CEO John Chin, *eWeek*, www.eweek.com, Dec 22; M. G. Jacobides, 2013, BlackBerry forgot to manage the ecosystem, *Business Strategy Review*, 24(4), 8; B. Matichuk, 2013, BlackBerry's business model led to its failure, *Troy Media*, www.troymedia.com, Oct 1.

利益相关者的分类

参与企业运作的利益相关者至少可以分为三类群体。[113] 如图 1-4 所示，这些群体分别是：资本市场利益相关者（企业股东和主要的资金提供者）、产品市场利益相关者（企业的主要客户、供应商、所在社区、工会）和组织内部的利益相关者（企业所有的员工，包括非管理人员和管理层）。

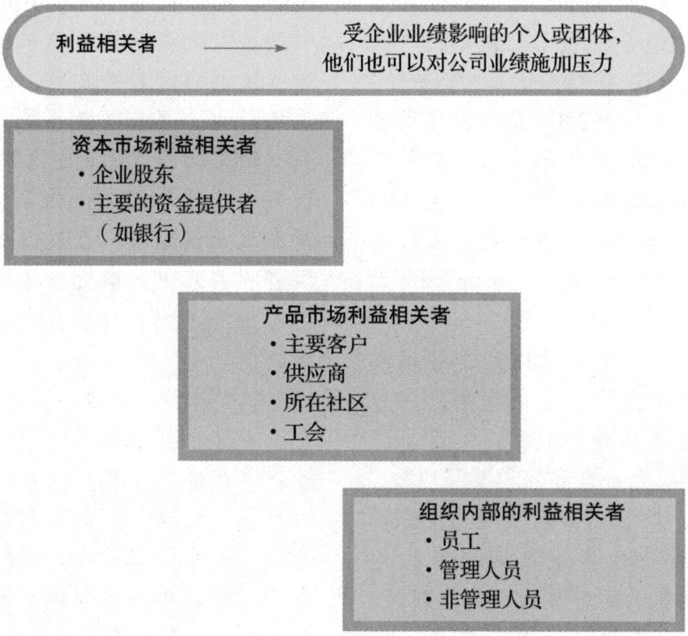

图 1-4　三类利益相关者

每一利益相关者集团都希望有利于自己目标实现的领导方式能够被企业的战略决策者采纳实施。[114] 然而，不同利益集团的目标通常各不相同，有时管理者不得不做出妥协和平衡。股东是企业最显而易见的利益相关者，至少对于美国企业而言是如此，他们由那些向企业投入资本，期望为此获得积极投资回报的个人或团体组成。企业股东的权益受私人财产法和私人企业法方面的法律保护。

与股东形成鲜明的对比，企业的另一类利益相关者——客户则希望投资者获得最小化的收益。如果企业产品的质量和性能提高，而价格不上涨，客户的利益将最大化。客户利益增加了，资本市场上股东的利益就可能减少。

由于潜在利益冲突的存在，每家公司都面临着管理好利益相关者的挑战。首先，公司必须识别所有重要的利益相关者；其次，一旦公司无法满足所有利益相关者的要求，就要对他们排定优先级。实力是公司判别利益相关者优先级的最关键指标，其他标准还包括某利益相关者需求满足的紧急程度及其对公司的重要程度等。[115]

如果公司能够赚取超额利润，有效管理利益相关者的难度便会大大下降。有了超额利润带来的能力和灵活性，公司更容易同时满足多个利益相关者的需求。如果公司只能获取平均利润，就很难实现所有利益相关者利益最大化，公司的目标会变成最低限度地满足所有利益相关者。

这种平衡的做法也要看利益相关者对公司提供的支持的重要性。例如，外部集团对于能源行业的公司来说可能非常重要，但对提供专业服务的公司来说重要程度就低一些。一家连平均利润也赚不到的公司，就是最低限度地满足所有利益相关者也做不到。这种情况下，管理者遇到的问题就成了如何将利益相关者的损失最小化。在给图 1-4 显示的三个相关利益集团分配权重时，社会价值也会起影响作用。尽管在主要的工业化国家，公司都为这三大群体提供服务，但是由于文化差异的存在，三者孰轻孰重有所不同。接下来，我们将对三类利益相关者进行更详细的探讨。

1. 资本市场利益相关者

股东和贷方都期待公司能使其投资保值甚至升值。预期收益与风险程度成正比（也就是说，低风险带来低收益，高风险带来高收益）。假如贷方对公司不满，他们就会对以后的资本借贷提出更严格的要求，股东也可以通过多种方式表达不满，包括抛售股票。机构投资者（如养老基金、共同基金）经常会出售那些无法达到其预期利润的股票，或者采取一些提高企业绩效的行动，例如，给高层管理者施加压力以提高公司董事会的管理监督能力。[116] 那些拥有公司大部分股份的机构投资者可能会对需要采取的行动持有不同的观点，这就给管理者带来了挑战。这是因为，一些机构投资者可能希望在短期内增加利润，而另一些机构投资者可能希望企业专注于提高其长期竞争能力。[117] 管理者不得不平衡机构投资者与其他股东之间的需求，或者按照重要性对目标不同的机构投资者进行排序。显然，那些拥有公司大量股票的股东（有时也称为大股东，详见第 10 章）非常具有影响力，尤其是在企业资本结构决策上（例如，债权和股权的比例）。大股东通常更倾向于缩减公司债务，因为债务存在风险和成本，并且在破产情况下，与股东相比，债权人拥有公司资产的第一求偿权。[118]

一旦公司意识到资本市场利益相关者存在潜在的或实际的不满，它就会对此做出反应。公司对利益相关者的不满做出的反应会受到它们之间依赖关系的影响（如前面所说的，同样也受到社会价值的影响）。依赖关系越紧密、越显著，公司的反应就会越直接、越重视。例如，在破产清算之前，电路城采取了很多行动来取悦资本市场的利益相关者。有些时候，公司无法满足关键利益相关者（如债权人）的要求，因而不得不申请破产。

2. 产品市场利益相关者

一些人也许会认为产品市场利益相关者（客户、供应商、所在社区、工会）之间没有太多的共同利益。然而，这四类利益相关者团体都会从企业的竞争中获得利益。例如，基于产品和行业特性，市场竞争将导致公司向客户提供价格低廉的产品，向供应商支付较高的价格（因为公司愿意向供应商支付高价，以换取能够帮助其获得竞争成功的商品或服务）。[119]

作为利益相关者，客户往往要求物美价廉，供应商则希望找到愿意一直出高价的忠诚客户。尽管产品市场的所有利益相关者都很重要，但是如果没有了客户，其他利益相关者就没有多大价值了。因此，公司必须努力了解和理解现有和潜在的客户。[120]

社区由全国（海内外）、州 / 省和地方政府代表，公司必须与它们打交道。这些利益相关者通过法律法规影响着公司。政府希望公司是一个长期稳定的雇主，在提供税收收入的同时，不要要求过多公共服务的支持。实际上，公司必须与国家、州和地方层面上（这种影响是多极的——多种层面的权利与影响）发展与实施的法律法规打交道。[121]

工会人员关注的是其所代表员工的稳定工作和良好工作条件。因此，当公司的边际利润回报平衡了资本市场利益相关者利益（即债权人和股东能够接受并使其继续对公司保持兴趣的回报）和产品市场利益相关者利益的时候，产品市场利益相关者的需求就基本得到满足了。

3. 组织内部的利益相关者

员工——作为企业的组织利益相关者，总希望企业能够提供一个充满活力、充满激励、有益的工作环境。作为员工，我们通常愿意在不断成长的并能够积极提升我们工作能力和技能的公司工作，尤其是那些高效团队成员所应具备，以及为使工作达到或超越国际标准所应获取的技能。能够有效地学习新知识的员工对组织的成功非常关键。从整体而言，劳动力的受教育程度和工作技能是影响企业战略执行和业绩表现的竞争性武器。[122] 战略领导者在日常工作的基础上对满足组织利益相关者的需求负有最终的责任。实际上，战略领导者要想取得成功，必须有效地利用企业的人力资源。[123] 正是因为人力资源对企业成功非常重要，因此相对于内部战略领导者，外部董事倾向于提出裁员，而内部人士更倾向于用预防性的成本削减来保护现有员工。[124] 在全球化竞争格局下提高员工技能的一个重要手段是进行国际派遣。管理外籍员工，帮助他们学习知识的过程将对企业在国际市场获得竞争力产生深远影响。[125]

1.6 战略领导者

战略领导者（strategic leaders）是指那些存在于企业不同位置，利用战略管理过程帮助企业达成愿景和使命的人。无论身处在企业的什么位置，一个成功的战略领导者必须有决断力，并且能够帮助周围的人成长，帮助企业为利益相关者创造价值。[126] 根据这种观点，研究结果显示，企业员工视 CEO 为卓越的领导者，这样的领导者应该重视所有利益相关者的利益，而不是仅重视那些确定现任 CEO 地位的利益相关者的利益。反过来，卓越的领导与员工额外的努力是息息相关的，员工的努力能为企业带来更好的绩效。

在确定战略领导者时，我们中的大多数人倾向于认定战略领导者是 CEO 和其他高层管理者。显然，这些人士的确是战略领导者。归根到底，CEO 的责任是确保企业的战略管理过程是有效的。实际上，现在 CEO 在战略管理方面的压力超过了以往任何时期。[127] 然而，在今天的组织里，CEO 和高层管理者以外的很多人也在帮助企业选择战略，并且决定成功执行战略的行动。[128] 一个主要的原因在于我们在本章前面讨论的 21 世纪竞争的现实情况（如全球经济、全球化、快速的技术革新，以及知识和人力作为竞争优势源泉的重要性在不断增加），这种情况创造了我们对于那些"最接近行动的人"的需要，那就是他们要成为做出决策并且决定采取何种行动的人。实际上，所有（作为战略领导者的）管理人员必须具有全球化的思想，从而做出能适应本地化的行为。[129] 因此，最有效的 CEO 和高层管理人员懂得如何将战略责任授权给整个公司中影响组织资源使用的人。授权也有助于防止企业高层在管理上过于专断，并避免由此引发的问题，尤其是存在极大管理自由性的情况下。[130]

组织文化也会影响战略领导者以及他们所做的工作；反过来，战略领导者的决策和行动也会塑造企业的组织文化。组织文化（organizational culture）是指整个企业共有的一套复杂的意识形态、符号象征、核心价值的系统，这套系统同时也会影响企业如何进行商业活动。在这方面，社会力量是企业的推动力，不管成功与否。[131] 例如，取得极大成功的美国西南航空公司，众所周知，它拥有独特而富有价值的文化。公司的组织文化鼓励员工努力工作，并在工作中获得乐趣。而且，组织文化强调对他人的尊重，如员工和客户。公司还为其服务提供了一个价值的增值，正如公司做出的承诺，为每位客户提供非常服务（positively outrageous service，POS）。

卓有成效战略领导者的工作

或许不难理解，工作勤奋、思维缜密、诚实可信、追求公司及员工的不断进步以及具备常识，这些都是成为成功的战略领导者的前提。顶尖的战略管理者都是根据他们的能力（多年来积累的人力资源）选出来的。强有力的高层管理团队（有更好的人力资本、管理技能和认知能力）能做出更优的战略决策。[132] 此外，战略领导者必须在拥有坚定的战略导向的同时，及时将我们曾讨论过的动态竞争环境中的各种变量包含进去。[133] 为了有效地应对这些变化，战略领导者必须具有创新精神，同时在组织中激发这种创新精神。[134] 一个拥有不同领域专业知识，能充分利用与外部团体之间关系的多元化高层领导团队，将有利于激发创新精神。[135] 当组织非常灵活多变的时候，战略领导者能够最好地利用与外部团体之间的关系，即组织既能促进不断探索新知识的探索性学习，又能促进以现有知识库为基础不断扩展其知识范围、更好地理解和使用现有产品的开发性学习。[136] 此外，战略管理者应当具有国际化思维，或者说拥有多元文化的管理方法。[137]

战略领导者，不管存在于企业的哪个位置，经常工作很长时间。他们的工作处于不确定的决策环境中，在这里有效的解决方案并不容易获得。然而，这项工作赋予的机会充满吸引力，并且还提供了激动人心的梦想和行动的机会。以下文字来自已故的时代华纳主席兼联席 CEO 斯蒂芬·罗斯（Steven J. Ross）的父亲给予他的忠告，其中描述了战略领导者工作中的机会：

世上有三种人：第一种人走进办公室，把脚跷到办公桌上，然后做上 12 小时的美梦；第二种人早上 5 点钟就到了，工作 16 小时，从不停下来想一想；第三种人跷起二郎腿，做 1 小时的美梦，然后开始实践他的梦想。[138]

从操作角度看，不断挑战和激发企业的梦想就是其愿景。最卓有成效的战略领导者会为其他人提供一个愿景，作为企业的使命以及一个或多个战略选择和应用的基础。[139]

1.7 战略管理过程

如图 1-1 所表明的，战略管理过程是企业用于获得战略竞争力，赢取超额利润的理性途径。图 1-1 也列出了我们在本书中将要审视的主题的概要，向读者展示了战略管理过程的全貌。

本书分为三篇。第 1 章一开始介绍了 A-S-P 过程。在第一篇，我们描述了分析在发展战略中的必要性。我们尤其解释了企业在分析其所处的外部环境（第 2 章）和内部环境（第 3 章）时应该做些什么。完成这些分析是为了鉴别市场机会和外部环境的威胁（第 2 章），以及如何应用企业内部组织的资源、能力和核心竞争力来抓住机会，消除威胁（第 3 章）。在第 2 和 3 章中介绍的是著名的 SWOT 分析（优势、劣势、机会和威胁）。[140] 利用企业内外部分析所获得的知识，企业可以形成愿景和使命。

企业的内外部环境分析（见图 1-1）提供了战略选择—一项或多项战略（S）选择与执行的基础。图 1-1 中连接两种战略行动的横箭头说明，如果企业想成功地应用战略管理过程，其战略的制定和执行必须是相辅相成的。决策者在选择战略时，应该同时考虑如何实施。在实施当前战略的过程中，决策者还要思考企业战略可能的变化。只有如此，战略的设计和实施才能完美地结合在一起。

在第二篇，我们将探讨企业可能选择的不同战略。首先，我们研究业务层战略（第 4 章）。业务层战略描述的是企业如何设计行动，以发掘相对于竞争对手的竞争优势。一个在单一产品市场竞争的公司（如一家只在同一地区运营的本地百货店）只有一个业务层战略。然而，正如你将要看到的，一家在多个产品市场竞争的多元化公司（如通用电气）会为其每个业务单元制定业务层战略。在第5章，我们将讲述不同的企业应用其战略在市场中竞争时，它们的行动以及对彼此行动的反应。正如我们将要看到的，竞争者之间会相互猜测对方的行动，并做出相应的反应。竞争的动态性影响了企业的战略选择，以及如何执行这些战略。[141]

对多元化公司而言，公司层战略（第6章）关注的是如何确定参与竞争的业务，以及资源、能力和核心竞争力如何在不同的业务之间分配。其他一些对战略设计尤其是多元化公司的战略设计至关重要的话题，还包括公司并购、公司业务重组（第7章），以及国际化战略的选择（第8章）。通过合作战略（第9章），不同公司间形成合作关系，共享资源和能力，以获取竞争优势。合作战略正变得越来越重要，因为企业都在全球经济的不同市场中努力寻找竞争的机会。[142]

在第三篇讨论的几个话题与成功实施战略需要采取的行动有关。首先，我们审视了公司治理的不同机制（第10章）。当前，由于各类利益相关者关于提升公司治理水平的要求，公司在同时满足利益相关者的不同利益需求上面临极大的挑战。[143]最后，我们还将谈到公司运营所需的组织结构和行动（第11章），适合当今企业和竞争环境的战略领导力（第12章），以及作为持续创新路径的战略创业（第13章）。

几乎所有战略管理过程决策都包含伦理的维度，在本章结束之前强调这个主要是因为它与企业及其利益相关者的互动息息相关。[144]组织伦理通过组织文化反映出来，也就是说，企业的决策都是其核心价值观的产物，而这个核心价值观正是企业中大多数管理者和员工共同拥有的。尤其是在21世纪激烈变化和不明朗的竞争环境中，那些做出关于战略管理过程决策的人面临的挑战就是，他们必须意识到自己的每个决策对资本市场、产品市场和组织的利益相关者会产生不同的影响，并且需要在日常工作基础上评估其决策涉及的伦理问题。[145]决策者如果没有意识到以上现实，那么在伦理的商业实践中，他们的公司将有在竞争中处于劣势的风险。[146]

你将发现，本书所研究的战略管理过程要求以规范的方法来创造竞争优势。因此，它对公司的业绩（P）有很大影响。[147]业绩是公司获得战略竞争力和赚取超额利润能力的反应。掌握这一战略管理过程，将会有效地帮助读者及其所在组织的发展。

小结

- 企业通过应用战略管理过程获得战略竞争力和超额利润。企业分析内外部环境，然后指定执行一项战略来达到想要的业绩水平（A-S-P）。业绩反映企业的战略竞争力水平和赚取超额利润的程度。当企业学会制定并执行一项价值增值的战略时，它便会获得战略竞争力。超额利润（投资者期望获得的超出从其他具有同样风险的投资项目中可获取的利润部分）使企业具备了能同时满足所有利益相关者需求的基础。

- 在如今的竞争格局下，竞争的本质发生了根本的变化。这一格局要求战略决策者转变思维方式，树立全球竞争的观念，唯有如此，公司才能学会如何在动荡和混乱的环境中竞争。产业和市场的全球化，以及迅速而彻底的技术发展，是产生迅速变化的竞争环境的两大主要原因。

- 有两个主要模型可以用来帮助企业形成愿景和使命，并使其选择一个或多个追逐竞争力和超额利润的战略。产业组织模型的核心假设是，与企业内部的资源、能力和核心竞争力对比，企业外部环境对企业的战略选择影响更大。因此，产业组织模型可用于理解外部环境特征对于企业竞争战略的影响。产业组织模型的逻辑认为，如果企业处于一个有吸引力的行业，而且成功地执行了与行业特征相匹配的战略，那么它就可以获得超额利润。资源基础模型的核心假设是，相对于企业的外部环境，企业独有的资源、能力和核心竞争力对企业战略的选择和应用有更大的影响。当企业利用有价值的、独有的、难以模仿的和不可替代的资源和能力，与竞争对手在一个或者多个行业内竞争时，它即可获得超额利润。证据显示，两个模型提出的观点都与成功地选择和执行战略相联系。因此，企业希望利用独有的资源、能力和核心竞争力作为战略选择的基础，以便这个战略能够让它在一个充分了解的行业内竞争。

- 在研究企业内外部环境而获得信息和经验的基础上，企业设计出愿景和使命。愿景是描绘企业期望成为什么样子的一幅画面，从广义上讲，就是企业最终想实现什么。跟随愿景，使命指明了一家企业意图参与竞争的一个或多个业务，以及所要服务的客户。愿景和使命为企业指明了前进的方向，并为利益相关者提供了重要的描述性信息。

- 利益相关者是指那些能够影响企业战略产出，并受其影响的个人或群体。由于企业依赖于利益相关者（股东、客户、供应商、员工、所在社区等）的不断支持，因此利益相关者有权对企业的表现施加影响。当企业获取超额利润后，它就获得了至少能够满足所有利益相关者最低利益需求的资源。然而，当只获得了平均利润时，企业的战略决策者就必须小心管理所有的利益相关者，以获得他们的继续支持；那些连平均利润都无法赚取的企业，决策者必须尽量将从不满意的利益相关者那里失去的支持减小到最少。

- 战略领导者是指那些存在于企业不同位置，利用战略管理过程帮助企业达成愿景和使命的人。然而，在最终的分析中，CEO 必须负责确认公司已经正确地应用了战略管理过程。今天，当企业的目的和行为建立在伦理道德基础之上时，其战略管理过程的有效性会增加。战略领导者的工作常常要求在都具吸引力的选择中做出取舍。对于所有的战略领导者，尤其是 CEO 和高层管理团队的其他成员而言，努力工作、全面分析环境、保持忠诚，以及懂得在适当的时间向适当的人问适当的问题，这些都是非常重要的。

关键术语

超额利润	战略竞争力	使命
能力	战略领导者	资源
核心竞争力	战略	利益相关者
超级竞争	平均利润	战略柔性
组织文化	竞争优势	战略管理过程
风险	全球经济	愿景

复习思考题

1. 什么是战略竞争力、战略、竞争优势、超 额利润以及战略管理过程？

2. 当前竞争格局的特点是什么？导致这种竞争格局最主要的两个因素是什么？

3. 产业组织模型认为企业怎样才能获得超额利润？

4. 资源基础模型认为企业怎样才能获得超额利润？

5. 什么是企业的愿景和使命？对于企业的战略管理过程，它们的价值是什么？

6. 利益相关者是指哪些人？三种类型的利益相关者如何对组织产生影响？

7. 你如何描述组织战略决策者的工作？

8. 战略管理过程的要素有哪些？它们之间的关系如何？

讨论案例

航空业的竞争

许多年来，航空业的高度管制导致了许多航空公司正在行动上彼此效仿。然而，在30多年前产业管制部分解除后，这些大型航空公司之间依然保留了相似之处，服务、航线、表现上的相似甚至持续到了现在。例如，航空公司经常提供一项新的服务（如飞行中可连接 Wi-Fi），但是这些服务都很容易被模仿。因此，任何服务提供上的差异都只是暂时的。

近些年来，欧洲和美国的航空业都出现了合并的情况，特别是不良业绩导致全美航空公司和美国西部航空公司的合并。此外，基本出于相似的原因，西北航空公司与达美航空公司也发生合并。类似地，联合航空公司和大陆航空公司的合并创造了这个行业最大的公司。更近些时候，美国航空公司和全美航空公司的合并得到批准。大多数合并得到批准是因为它们中的少数经历了破产的过程（例如，大陆航空和联合航空在各自的合并前都经历了破产）。然而，所有这些合并都并没有创造高度差异的服务（或价格）。所有航空公司大规模地提供同样类型的服务，价格也没有在这些大型"全方位服务"载体间产生巨大差异。

事实上看起来最初级的竞争是尽力犯更少的错误。实际上行业统计部门是这样宣布行业成果的：丢失包裹在减少、取消航班数有所减小；更少的航班延误。这暗示着所有这些地方依然是问题多发领域。当一个人对

工作做出的最佳总结是近些日子包裹丢失数量降低时，感觉就很糟糕了。尽管最近利润一直在提升，但这基本归功于更低的燃料费用，以及由于经济增长带来的更高需求，而这些都不是由战略掌管的因素所控制的。

显而易见，不同时代的航空公司是存在差别的。联合航空公司与大陆航空公司合并创造了更高的金融效率，为消费者提供了更棒的旅行选择。然而，它遇到了如何让两个系统的合并有效合作的重大问题。事实上，由于这个问题，2012 年它宣布了一项巨大损失。2012 年 11 月，计算机故障（软件问题）导致联合航空公司 250 趟国际航班延误了接近两个小时。2012 年，它的机票预订系统崩溃两次，导致网站关闭，并由于航班延误或取消造成了乘客滞留。联合航空准时起飞的形象大受损伤，并一度成为 2012 年行业最差的案例，对联合航空产生抱怨的消费者数量明显比以前增加。简而言之，判定为什么在2012 年航空公司遭受了严重的净损失是相对很容易的。然而，几年前表现很差的达美航空公司，在 2014 年却表现更佳，它连续第三年实现净利润。它准时起飞的表现比联合航空高了大约 10 个百分点。与此同时，当联合航空还在减少航班并给员工休假以削减费用的时候（目的是尽力获取利润），达美航空已于 2012 年买下了维珍航空 49% 的股份，在两个地点均获得了极具价值的纽约—伦敦航线。达美航空也是最先在航行中将 Wi-Fi 引

入给乘客的航空公司之一，尽管大多数其他公司后来都效仿了这项服务。有趣的是，大多数公司用以创建差异性的项目是它们的忠诚度项目。然而，由于更低的可用性、更多里程数的扣除，通过这些忠诚度项目获得的收益随着时间的推移正在减少。除此之外，研究表明，航空公司能够吸引品牌转换消费者——那些在选择时倾向于转向给他们更多优惠补贴品牌的消费者。

当然，一些减少服务的航空公司在上面提到的大多数品类上（如利润、航班准时、消费者投诉等方面）都进展得更好一些，其中之一就是西南航空公司。有趣的是，尽管西南航空以低价航班起家（并且保留了这个特点），它却通常能够提供相较那些全服务航空公司更优质的服务。很多大型航空公司都尽力了，却无法模仿西南航空。实际上，西南航空公司发展了自己的资源和能力，这让公司随着时间的推移有能力比它的全服务竞争对手以更高的效率、更低的价格提供服务。然而，捷蓝航空公司复制了很多的西南航空公司的战略，尽管它聚焦于商务乘客。

讨论题：

1. 环境对航空业的绩效表现有多重要？这意味着应该如何利用产业组织模型来解释企业如何获得高于平均水平的回报？

2. 为什么航空业存在大量彼此效仿？这对航空公司绩效产生怎样的影响？

3. 关于解释航空公司绩效表现如何，基于资源基础的模型有多重要？

4. 在像航空业这样的行业中，战略领导者如何实现成功？

外部环境：机会、威胁、产业竞争与竞争对手分析

 学习目标

1. 解释分析和理解企业外部环境的重要性。
2. 定义并描述企业面临的总体环境和行业环境。
3. 研讨外部环境分析过程中的四项活动。
4. 指出并描述企业总体环境的七个方面。
5. 识别五种竞争力，并且解释它们如何决定行业盈利潜力。
6. 定义战略群组，并描述它们对企业的影响。
7. 说明企业应了解竞争对手的哪些情况，以及收集竞争对手信息的几种不同方法（包括道德标准）。

 开篇案例

金拱门上是否有裂痕

　　麦当劳是世界最大的连锁餐厅。它在美国有 14 350 家餐厅，占有同类连锁餐厅中最大的市场份额（7.3%）。合计起来，它在全世界有超过 36 000 家餐厅。多年来，麦当劳一直是行业领先者，不仅在市场份额方面，同时也正在将新食谱引入快餐市场。例如，麦当劳率先将早餐引入这一市场，而且它的早餐食品现在占到其销售总额的 25%。它成功地将麦克鸡块引入市场，现在麦当劳是泰森食品公司的单一最大餐厅顾客，鸡肉产品最大的经销商。在更近这些年，麦当劳成功引入极品咖啡并且开始与星巴克竞争。虽然麦当劳获得了这些成功，但近年来它也遇到了一些困难，那么问题出在哪里呢？

　　问题主要围绕着竞争对手和不断改变的消费者口味与需求等两个方面。消费者变得越来越重视健康，而竞争对手更加迎合消费者的需求。结果就是，2014 年麦当劳遭受了销售总利润 2.4% 的损失与净收入 15% 的滑坡，这是 33 年来两项数据首次同时下降。看起来麦

当劳在分析外部市场环境，尤其是消费者和竞争者上做得很差。与此同时，麦当劳的很多竞争者也成长起来了。例如，索尼克（Sonic，汽车快餐连锁餐厅）实现了销售额 7% 的增长，墨西哥风味快餐店（Chipotle）实现创纪录的 20% 的巨额增长。其他专门的汉堡餐厅，如 Smashburger，也从麦当劳抢来了业务，尽管它们的汉堡比麦当劳汉堡的价格甚至要高一些。这些竞争对手产品的质量感觉起来要更高一些，并且很多都是根据顾客需求"定制化的"。同时，由于麦当劳菜的菜品与复杂性的增加，顾客获取有效服务所需要的时间也增加了。这一情况在免下车服务车道时更为明显，那里的顾客等待时间在近年来增长了约 20%。

由于对市场变化和竞争格局缺乏了解，麦当劳不能够先发制人，因此现在处于一种被动状态。例如，2013 年，它决定在菜单中加入鸡翅。在香港的麦当劳店，鸡翅销售得十分成功，并且进口了"红辣椒粉"加以使用。在亚特兰大，鸡翅的市场测试很成功，所以公司执行了在全美所有餐厅销售的巨大计划。然而，这场八周的试验是一次惨痛的失败（有些人把它叫作"麦辣鸡翅之灾"）。可能对更广阔的市场而言，鸡翅太辣了。也有顾客认为，每个鸡翅 1 美元的价格太贵了，每盒里面有五个售价 1 美元的鸡翅，比肯德基相似数量的产品要贵。由于这些问题，麦当劳在 2015 年雇用了新的 CEO，希望能够度过这次危机。

新的 CEO 必须迅速采取行动。麦当劳更加注重顾客的健康，它最近宣布开始只使用未经抗生素养殖的鸡肉。同时，它在澳大利亚定制汉堡的市场测试也取得了成功。事实上，澳大利亚是麦当劳全球销售的亮点。当它在美国、欧洲和亚洲的业绩下降时，澳大利亚的销量却在增加。对麦当劳菜单进行改变富有挑战性，部分原因是它的规模和供应链。麦当劳每年订下数亿磅[⊖]的鸡肉，所以要完全执行无抗生素鸡肉需要花上几年的时间。更换开心乐园餐里面的蔬菜（如加入小胡萝卜），更换新蔬菜（如黄瓜）的新包装都需要时间，因为这些需要获得能在合适地点以适当价格提供必要数量与质量的供应商。

麦当劳曾经是领先者，现在它从落后者进行追击，以走出低迷期。它需要对外部环境做出快速有效的回应，尤其是顾客和竞争对手。

资料来源：A. Gasparro, 2015, For McDonald's, a minor menu change takes planning, MSN, www.msn.com/en-us/money, March 5; A. Gasparro, 2015, McDonald's new chief plots counter attack, *Wall Street Journal*, www.wsj.com, March 1; M. Hefferman, 2015, It's still a happy meal in Australia for McDonald's, *Sidney Times Herald*, www.smh.com.au, March 10; J. Kell, 2015, McDonald's sales still down as a new CEO takes the helm, *Fortune*, www.Fortune.com, March 9; D. Shanker, 2015, Dear McDonald's new CEO: Happy first day. Here's some (unsolicited) advice, *Fortune*, www.Fortune.com, March 2; S. Strom, 2015, McDonald's seeks its fast-food soul, *New York Times*, www.nytimes.com, March 7; S. Strom, 2015, McDonald's tests custom burgers and other new concepts as sales drop, *New York Times*, www.nytimes.com, January 23; B. Kowitt, 2014, Fallen Arches, *Fortune*, December, 106–116.

正如"开篇案例"所描述和所显示的，外部环境（包括在产业中竞争的这家公司以及与它竞争的公司）会影响公司采取的竞争性行为和竞争性反应，以此来使企业胜过对手并赚取超额利润。[1] 例如，由于不断变化的顾客口味和日益激烈的竞争环境，麦当劳近段时间的收益一直在下滑，面对这种外部环境的威胁，麦当劳正尝试通过更换菜单和购入物资的类型来化解危机。宏观环境（本章将会讨论）的社会文化因素是这种饮食健康至上的不断变化的社会价值观的源泉。"开篇案例"中也提到，麦当劳正采取措施回应消费者对饮食健康的诉求，例如，拒

⊖ 1 磅 = 0.453 6 千克。

绝购买打过抗生素的鸡肉等。

　　第 1 章已经讲过，企业在当前全球经济中所面临的环境条件与过去大不相同。例如，技术进步和信息收集与处理能力的持续提高，要求企业的竞争行动和反应要更加及时有效（我们将在第 5 章详细讨论竞争性行为与竞争性反应）。[2] 此外，发生在许多国家的快速社会变迁影响着劳工状况，以及越来越多样化的消费者对产品本质的要求。政府政策和法律也影响企业选择竞争地点和竞争方式。[3] 另外，2010 年及之后的立法改变了各国的金融监管体制，从而增加了组织间金融业务的复杂性。[4]

　　企业通常会通过收集竞争对手、客户以及其他利益相关者的信息来了解外部环境，从而建立起自身知识和能力的基础。[5] 基于这些新信息，企业可以采取行动，形成新的能力和核心竞争力以缓冲负面环境影响，寻求机会以更好地为利益相关者服务。[6]

　　总体上看，企业的战略行动受到外部环境三个部分（总体环境、行业环境和竞争环境）以及企业对所处情况理解的影响（见图 2-1）。接下来我们将详细描述企业外部环境的各个组成部分。

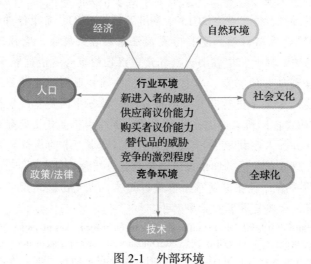

图 2-1　外部环境

2.1　总体环境、行业环境和竞争环境

　　总体环境（general environment）包括那些在广阔的社会环境中影响一个行业和行业内企业的各种因素。[7] 我们把这些因素细分为七个方面：人口、经济、政策 / 法律、社会文化、技术、全球化和自然环境。表 2-1 举例分析了这七个方面所包含的具体环境要素。

表 2-1　总体环境：细分与具体要素

人口因素	• 人口数量 • 年龄结构 • 地理分布	• 种族构成 • 收入分配
经济因素	• 通胀率 • 利率 • 贸易赤字和盈余 • 预算赤字和盈余	• 个人存款率 • 商业存款率 • 国内生产总值

（续）

政策 / 法律因素	• 反托拉斯法 • 税法 • 放松管制的态度	• 劳工培训法 • 教育哲学和政策
社会文化因素	• 劳动力中的女性 • 劳动力的多样性 • 有关工作、生活质量的特征	• 工作和职业偏好的转变 • 产品和服务特点偏好的转变
技术因素	• 产品创新 • 知识应用	• 私人和政府支持的研发支出焦点 • 新的沟通技术
全球化因素	• 重要政治事件 • 关键的全球市场	• 新兴工业化国家 • 不同文化和制度属性
自然环境因素	• 能源消费 • 开发能源的实践 • 可再生能源的利用 • 最小化企业的生态烙印	• 可用的水资源 • 环境友好型产品生产 • 对自然或人为灾害的反应

　　企业不可能直接控制这些总体环境因素。相应地，企业希望做的是认清每一个外部环境因素的趋势，并预测每一个趋势对自己的影响。例如，有些人相信在接下来的 10 ～ 20 年中，新兴经济体的几百万居民将进入中产阶级。实际上，据预测，到 2030 年，世界上 2/3 的中产阶级，大约 5.25 亿人口，将会居住在亚太地区。显然没有任何一家企业，包括大型的跨国企业，能够掌控接下来的一个 10 年或两个 10 年里，什么地方的潜在顾客数量会增长。尽管如此，企业也必须认真研究预期的趋势来选择建立何种战略能力，这些战略将会使企业在变化的市场环境中保持成功。[8]

　　行业环境（industry environment）是一系列能够直接影响企业及其竞争行为和反应的因素，包括新进入者的威胁、供应商的议价能力、购买者的议价能力、替代品的威胁以及当前竞争对手之间竞争的激烈程度。[9] 总的来说，这五个因素之间的互动关系决定了一个行业的盈利潜力，转而行业盈利潜力也会影响企业的战略选择。企业面临的挑战在于，它需要在行业中找到一个位置，使其能够顺利地影响这些因素，或者能够成功地防御这些因素带来的影响。一个企业影响行业环境的力量越大，它获得高于平均收益的可能性也就越大。

　　企业收集并解读相关竞争对手信息的过程称为竞争对手分析（competitor analysis）。企业对竞争环境的了解是对总体环境和行业环境研究的必要补充。[10] 这意味着，例如，当可口可乐和百事可乐同时都希望了解所处的总体环境和行业环境时，它们会想尽可能多地了解对方的情况。

　　对总体环境的分析应着眼于环境趋势和它们的含义；对行业环境的分析重点在于了解影响企业在行业内盈利能力的条件和要素；对竞争对手的分析主要是为了预测竞争对手的行动、反应和意图。总的来说，企业利用这三种分析的结果是为了理解外部环境如何影响其愿景、使命和战略行动。尽管我们把每种分析分开来进行讨论，但企业只有把总体环境、行业环境和竞争环境分析的结果有效地结合起来，才能提升经营业绩。

2.2 外部环境分析

　　大部分企业正面临着一个高度动荡、复杂和全球化的外部环境，这使得要将这些环境表述清楚愈发困难。[11] 为了处理那些模糊且不完全的环境信息以增进对总体环境的了解，企业需要进行外部环境分析。这种分析是连续的过程，包括四个活动：扫描、监测、预测和评估（见表 2-2）。

表 2-2 外部环境分析的构成

扫描	确认环境变化和趋势的早期信号
监测	持续观察环境的变化和趋势，探索其中的含义
预测	根据所跟踪的变化和趋势，形成结果预期
评估	据环境变化或趋势的时间点和重要程度，决定企业的战略和管理

研究总体环境的一个重要目的在于确认企业的机会和威胁。机会（opportunity）是指那些存在于总体环境中的情形和条件。如果能够将它们开发出来，便能帮助企业获得竞争优势。大多数企业尤其是大型企业，都始终同时面临着机会与威胁。

在谈到机会时，我们可以注意到文化、政策和经济因素的融合正在使非洲、中东和拉丁美洲的零售业迅速成长。因此，沃尔玛，全球最大的零售商，和紧随其后的全球三大巨人（法国的家乐福、英国的特易购和德国的麦德龙）正计划在这些区域扩张。沃尔玛正将它的视野扩展到智利（404 个零售单位）、印度（20 个零售单位）和南非（360 个零售单位）。有趣的是，4 年后（2014 年），家乐福撤出了印度市场，而在同一年，特易购却进入了印度市场。当麦德隆从埃及市场撤出后，它的店面已经开到了中国、俄罗斯、日本、越南、印度以及诸多东欧国家。[12]

威胁（threat）是那些存在于总体环境中，可能妨碍企业获得竞争优势的情形和条件。[13] 总部设在芬兰的诺基亚公司正面临很多威胁，其中一项涉及知识产权。大约在 2013 年年中，诺基亚对 HTC 公司追加了两项投诉，宣称中国台湾智能手机制造商已经侵犯了它的九项专利。不过这项专利争端以双方在 2014 年签订合作协议而告终。[14] 这项威胁显然与政策／法规因素有关。

通过扫描、监测、预测和评估，企业运用多种原始资料来分析总体环境。这些资料的来源可以是：各式印刷材料（如贸易出版物、报纸、商业出版物、学术研究成果和公众调查结果等）、贸易展览、供应商、客户以及公共组织的员工。当然，互联网信息资源对一家公司研究总体环境来说，正起着越来越重要的作用。

2.2.1　扫描

扫描（scanning）包含对总体环境各方面的研究。尽管这个步骤充满挑战，但是扫描对公司理解总体环境中的趋势及预测其含义至关重要，尤其是那些在高度不稳定的环境中竞争的企业。[15]

通过扫描，企业能够辨别出总体环境中潜在变化的早期信号，探测到正在发生的变化。[16] 扫描活动应当和组织的情况相协调，为处在动荡环境中的企业设计的扫描系统并不适用于处在相对稳定环境中的企业。[17] 扫描常常能够揭示需要仔细研究的、模糊的、不完整的以及无关联的数据和信息。

许多公司利用专门设计的软件来帮助其识别环境中正在发生的以及公开宣布的事件。例如，新闻事件探测用到了基于文本分类系统的信息，这个系统还必须降低重大事件的遗漏与虚假警报的比率。这些系统作为信息源，被越来越多地运用到研究社交媒体渠道上。[18]

一般来说，互联网为扫描提供了大量的机会。举例而言，与许多互联网公司一样，亚马逊网站记录了大量访问其网站的个人信息，尤其是当此人购买了它的产品时。于是，当这些顾客再次造访其网站时，亚马逊可以显示顾客的名字对其表示欢迎。亚马逊甚至会把顾客以前购买产品类似新产品的相关信息发送给他们。其他公司（如网飞公司），也通过收集用户的统计数据，试图确定用户的独特偏好（人口因素是总体环境成分之一）。

互联网用户已经超过 24 亿，其中北美 78.6% 的人口是网民，而这个比例在欧洲也达到了63.2%。因此，互联网带来了收集用户信息的良好机会。[19]

2.2.2　监测

企业进行监测（monitoring）时，分析师通过观察环境变化，看是否有某种重要的趋势从环境扫描的成果中浮现出来。[20]成功监测的关键在于企业探查不同环境事件和趋势含义的能力。例如，那些检测美国退休趋势的人在 2013 年发现，被调查的 57% 的美国工作者说，除去他们房子的价值，他们只有不多于 25 000 美元的资金用来为退休储蓄或投资。这份调查还发现，"28% 的美国人没有自信拥有足够的钱来舒适地养老——这是 23 年以来的最高水平"。[21]严重的经济衰退和较低的工薪涨幅在一定程度上对人们的生活产生了影响，最近的一项社会调查显示，67% 的受访者表示自己的储蓄仅供支撑 6 个月及以下的生活费；28% 的受访者则表示，自己根本没有储蓄。[22]那些力图满足退休人员金钱需要的公司，将会以继续监测工作者储蓄与投资的模式来观测这个趋势是否有所改变。一旦这些公司相信为退休储蓄更少的资金已经真正成为一种趋势时，他们将会尝试理解其中的竞争含义。

有效的监测要求公司能够识别重要的利益相关者，并且弄清自己在这些利益相关者中的声誉如何，这是满足他们独特需求的基础（利益相关者的独特需求已在第 1 章中讲到）。[23]监督主要利益相关者的手段之一，就是启用其他董事会的主管（指连锁董事）进行监督工作。他们能促进外部资源中信息和知识的传递。[24]对于处在高科技的不稳定竞争环境中的公司而言，扫描和监测尤为重要。[25]扫描和监测不仅为公司提供信息，也能够作为引进信息的手段，这些信息能够帮助公司了解市场，了解如何将公司开发的新技术成功地商业化。[26]

2.2.3　预测

扫描和监测关注的是某个时间节点上总体环境中的事件和趋势。所谓预测（forecasting），是指分析师通过扫描和监测探知变化和趋势，对将来可能发生的事情及其形成的速度进行可行性推断。[27]例如，分析师可能要预测一种新技术市场化所需的时间；或者不同公司的培训程序需要多长时间来应对劳动力构成可能会出现的变化；或者政府税收政策的改变多久后会影响到消费者的购买模式。

准确预测事件和结果充满挑战。对新技术产品的需求预测非常困难，因为技术的发展正不断缩短产品的生命周期。对英特尔这样的公司进行预测更加困难，很多消费者的技术产品都使用英特尔的产品，而且这些产品在不断地升级。英特尔公司每一代芯片产品的新晶片制造或对芯片技术产品生产工厂的投资额都变得越来越高，这进一步增加了预测的难度。在这种情况下，对于英特尔这样的公司研究外部环境情况来说，如果能够用上更好的工具来预测电子产品的需求，将具有十分重要的意义。[28]

2.2.4 评估

评估（assessing）的目的，是要判断环境变化和趋势对企业战略管理影响的时间点和显著程度。[29] 通过扫描、监测和预测，分析师应该能够理解总体环境。作为下一步，评估的目的是要明确指出这些理解对企业的意义。没有评估，企业得到的只不过是一些数据，或许有趣，但对竞争又有什么帮助呢？即使正式的评估不够充分，对信息进行适当的解读仍然显得非常重要。

在战略和相应的组织变革方面，对于高级经理人而言，解读环境发展趋势实际上比准确理解竞争环境状况更为重要。换句话说，尽管收集和组织信息很重要，但是对这些情报进行正确的解读，以确定外部环境中的某种趋势代表着机会还是威胁，这更为重要。[30]

2.3 总体环境的细分

总体环境由企业外部的许多方面组成（见表2-1）。虽然影响的程度不同，但每个行业以及行业中的企业都受到总体环境各个方面因素的影响。这些因素对企业非常重要，因此扫描、监测、预测和评估对企业来说是一种挑战。企业所做的这些努力最终应当转化为对环境变化、趋势、机会和威胁的正确认识。

2.3.1 人口统计因素

人口统计因素（demographic segment）与人口数量、年龄结构、地理分布、各民族构成以及收入分布有关。[31] 由于很多公司在全球市场竞争，人口因素的潜在影响超越了国界，因此应在全球的基础上分析人口因素。

1. 人口数量

世界人口在1959～1999年的40年间翻了一番（从30亿到60亿）。人口在21世纪还会继续增长，只不过增长速度变慢了一些。2015年世界人口总量达到73亿，预计到2042年将达到90亿，到2050年将达到约92.5亿。[32]2012年，中国以超过13亿的人口成为世界第一人口大国。然而，2050年，印度有望成为世界上人口最多的国家（预计人口将达到大约16.9亿）。中国（14亿）、美国（4.39亿）、印度尼西亚（3.13亿）和巴基斯坦（2.76亿）在2050年将成为人口仅次于印度的四个国家。[33] 寻求成长市场的企业要在这五个国家找到适合的潜在市场，从而出售产品和服务。

在关注世界上不同国家和地区的人口的同时，企业也想研究在不同的人口条件下发生的变化以评估其战略启示。例如，23%的日本公民达到或超过65岁，而美国和中国在2036年才能达到这个水平。[34] 人口老龄化对国家来说是一个重大的问题，因为这涉及劳动力的需求和退休金的负担。在日本和其他一些国家，员工被鼓励工作更长的时间以克服这些问题。

2. 年龄结构

此方面最值得注意的是世界人口正在快速老龄化。例如，人们的预测是，"到2050年，将会有超过1/5的美国人口达到或超过65岁，比如今（2012年）的比例——1/7要高。2023年全世界百岁老人的数量将翻一番，2035年将再翻一番。预测显示，在21世纪下半段，在一些工业化国家，人口的预期寿命将超过 100 岁——这大致是人类历史上普遍寿命的三倍"。[35] 在中国，到 2050 年，达到或超过 65 岁的人口数量将会达到 3.3 亿，这几乎是全国人口总数的 1/4。[36] 在 20 世纪 50 年代，日本的人口是世界上最年轻的人口之一。然而，日本现今的中位数年龄是 45 岁，预测在 2040 年，这个值将会变成 55 岁。因为其出生率低于死亡率，另一项预测是，在 2040 年，日本百岁老人的数量将与新生儿的数量相等。[37] 到 2050 年，世界上将近 25% 人口的年龄达到 65 岁及以上。世界人口的年龄变化对可用合格劳动力、医保退休政策以及商业机会都有重要的影响。[38]

在日本，一项预测显示，正值工作年龄的人口数量将从 2012 年的 8 100 万缩减到 2040 年的 5 700 万，这项预测似乎威胁到了企业的营运能力。另一方面，日本公司是否有机会找到方法提升工作人员的生产力，又或者是否有机会在国外建立起另一家公司？从机会视角来看，那些被美国（也许其他国家也一样）期望的"婴儿潮"人口（1947～1965 年出生的人口）的推迟退休，为帮助企业"避免或推迟日渐逼近的'婴儿潮'人口人才流失"创造了可能。在这个层面上说，"组织现在拥有一个全新的机会来处理由市场上关键技术短缺引起的人才缺口，以及由于过去 10 年间多重裁员浪潮引起的经验缺口"。[39] 建议公司考虑年龄结构因素的另一个机会是：推迟退休人员可以运用自己的知识，帮助年轻员工快速获得有价值的技能，企业也可借此机会有效利用劳动人才。例如，将女性职员安排在更具专业性或管理性的岗位上，可以抵消总体人才可用性下降带来的危机，并且研究表明，这种安排甚至可以提高总体业绩。[40]

3. 地理分布

人口在国家和地区的分布有随着时间变化而变化的趋势。例如，过去几十年以来，美国人口不断从东北部和五大湖区向西部（加利福尼亚州）、南部（佛罗里达州）和东南部（得克萨斯州）转移。加利福尼亚州人口自 2000 年以来大致增长了 500 万，得克萨斯州同期增长了 610 万，佛罗里达州增长了 390 万。[41] 这些变化可以看作由北部"霜冻地带"向"阳光地带"的转移。其结果包括加利福尼亚州 2011 年的国民生产总值（GDP）直逼 2 万亿美元，加利福尼亚州也因此成为世界第九大经济体。同年，得克萨斯州以 1.3 万亿美元的 GDP 紧随其后。[42]

近几年人口迁出数据显示，最不受欢迎的州包括伊利诺伊州、新泽西州、纽约州、密歇根州、缅因州、康涅狄格州和威斯康星州。21 世纪的第一个 10 年见证了这种迁徙模式，2012 年华盛顿成为最受欢迎的目的地。华盛顿成熟的高科技部门和联邦政府提供的工作带来了一种类似于抗衰退的经济机会，这似乎是它受欢迎的原因。尤其是，波特兰似乎用经济增长、前沿城市规划和优美的风景成就了俄勒冈州的魅力。[43]

企业想要仔细研究人口在国家和地区分布的模式来确定机会与威胁。因此在美国，现今的模式显示华盛顿可能拥有机会，西海岸（包括俄勒冈）、南部和西南部的一些州也值得考虑。相反，在东北部和五大湖区的企业也许更加关注盈利能力会受到威胁。

当然，地理分布模式在全世界都不一样。例如，在中国，大部分人口依然居住在农村，然而，如今人们越来越多地向大城市（如上海和北京）迁移。[44] 在最近的欧洲人口迁移中，法国、德国和英国的人口呈现小幅增长，而希腊却小幅下降。总的来说，欧洲地理分布模式已经比较稳定。[45]

4. 种族构成

各国人口的种族构成一直在变化，因此给很多企业带来了机会与威胁。例如，西班牙裔美国人现在成为美国最大的少数族裔。[46]事实上，美国的西班牙裔市场已经成为第三大拉美经济体，排在巴西和墨西哥之后。现在西班牙语在美国的一些州（如得克萨斯州、加利福尼亚州、佛罗里达州和新墨西哥州）已经成为第一大语言。考虑到这些事实，企业也许要评估需要在多大程度上调整提供给西班牙裔美国人的产品和服务。有趣的是，据预测，到2020年，美国将有半数以上的儿童来自少数族群；到2044年，美国的大量人口都将来自少数族群。[47]保证种族的多样性是十分重要的，这不仅是出于消费者需求的考虑，还因为它影响了劳动力的构成。研究表明，管理阶层种族多样性越高的企业越可能创造更高的业绩。[48]

当研究这个因素时，对公司来说另外的证据也很有趣。例如，非洲国家是世界上种族最多样化的，乌干达的种族多样性等级最高，利比里亚排名第二；相反，日本和韩国是最低的。欧洲国家一般是单一种族的，而美国则经常是多样化的。"从美国穿过中部向南到巴西，'新世界'国家都趋向于呈现丰富的多样性，这也许一定程度上是由于他们历史上相对开放的移民文化（并且，有些情况下还存在本地人与新来者的通婚）。"[49]

5. 收入分布

了解收入在不同人群中的分布，能够帮助企业了解不同人群的购买力和可供自由支配的收入。企业感兴趣的是家庭平均收入和个人平均收入。例如，夫妻双方都工作的情况增加，将对平均收入有明显的影响。尽管总体上真实收入在减少，此类家庭却在提高他们的家庭收入，尤其是在美国。这些数字为企业提供了与战略相关的信息。例如，研究表明，一个员工是否来自双职工家庭，将极大地影响其接受外派任命的意愿。但是，由于全球经济的下滑，很多公司仍会追求国际化项目，但会通过雇用海外侨民来避免一些额外的成本。[50]

中国经济的增长吸引了很多企业，不仅是因为较低的生产成本，还因为庞大的人口基数对产品巨大的潜在需求。然而最近，中国国内消费品的消费量在国内生产总值（GDP）中所占的比重是所有主要经济体中最低的，不到GDP的1/3。相比较而言，印度国内消费品的消费量占其经济的2/3，是中国的两倍。因此，很多西方的跨国公司正在考虑，随着印度中产阶级的大量增加而进入印度的消费市场。尽管印度这个国家的基础设施非常落后，但是消费者更愿意花钱。由于这些原因，了解不同市场间收入的差异变得非常重要。[51]这些国际市场上的差异说明，能识别出最有可能出现收入增长和市场机会的经济系统对企业来说十分重要。[52]因此，在企业环境分析中需要给予经济环境充分的重视。

2.3.2　经济环境

经济环境（economic environment）指的是一个企业所属的或可能会参与其中竞争的经济体的经济特征和发展方向。[53]一般情况下，企业寻求在相对稳定的、具有强劲增长潜力的经济环境下竞争。由于经济全球化所带来的国家之间经济上的相互依赖，企业尤其需要扫描、监测、预测和评估本国以外的国家的经济状况。

公司对当前经济环境的研究，既要预测经济环境中的可能趋势，又要分析这些趋势对自己的影响，但形势并不明朗且充满挑战。造成这一现象的原因至少有两个：第一，发生在2008～2009年的全球经济危机给全世界的企业带来了很多问题，包括消费需求下降、存货水平上升、政府额外规定的制定，以及日渐收紧的金融资源；第二，2008～2009年经济危机的全球复苏速度较慢，并且与以前的复苏速度相比显得较为虚弱。企业不仅要适应经济冲击并尽快恢复元气，还要应对这场看起来似乎不可预测的复苏。例如，部分欧洲国家（如希腊和西班牙）的经济还在巨大的衰退漩涡中挣扎。那些关注当前经济环境的公司可能担忧的是：历史上，经济的高不确定性都与低增长同时发生。并且，根据一些研究，"（经济）不确定性最近更加严重，这是很明显的"。[54] 这预示着，在可以预知的未来，低增长将有可能出现。

当面临经济不确定性时，企业都想去研究世界各国家和地区的经济环境。尽管欧洲的经济增长依然相对较慢，经济不确定性也一直很强，但在美国经济增长已经有所好转。例如，据预测，欧洲 2015 ～ 2017 年平均年经济增长率为 1.4%，美国则为 2.9%，而中国高达 7.0%，印度 6.8%，巴西 2.6%，墨西哥 3.6%。估测都注重对正在持续发展的新兴经济体的预测。[55] 理想的情况是，企业将能够在当地抓住增长的机会，而在其他地方则能避免低增长时期的威胁。

2.3.3　政治 / 法律因素

政治 / 法律因素（political/legal segment）是这样一个舞台：其中的各种组织和利益团体相互竞争，吸引法律和国际规则制定机构的注意力，以寻求发言权甚至控制某些资源。[56] 本质上，这些因素反映了各种组织和政府之间如何试图相互影响，以及如何理解政府对其战略行动（目前和预计）的影响。通常，企业通过发展政治策略来确定他们如何研究政策 / 法律因素，以及它们也许会采取的方法（如游说），这些方法将帮助它们成功地处理将来在不同的时间点将遇见的机会和威胁。[57]

根据国家、地区、州和地方颁布的法律而建立起来的新规定，通常会影响一家企业的竞争性行为和竞争性反应。[58] 例如，美国内华达州最近将在线扑克 / 赌博合法化。新泽西州和特拉华州随即迅速采取了相同的行动。为了回应内华达的新规定，像米高梅国际度假酒店（MGM Resort International）这样的企业正试图确定这些决定在多大程度上代表了一个可行的机会。一位米高梅官方工作人员表示，他们对内华达州行为的第一反应是担忧"这个州也许太小了，以至于不能在一个标准化的基础上提供有利可图的网络市场"。[59]

从地区角度来说，欧洲仍在热烈地讨论有关规范欧洲银行的法律修正案。[60] 相应地，像 Facebook、谷歌和亚马逊这样的技术公司也有所反应，"欧洲正努力采用世界上最强劲的数据保护法，这吸引了很多美国技术和广告公司的注意"。[61] 对消费者隐私约束性很高的法律，能够威慑这些公司在欧盟做生意的方式。最后，近期很多企业完成了从国有制到私有制的转变，这发生在很多国家，对许多产业的竞争格局具有实质性的意义。[62]

2.3.4　社会文化因素

社会文化因素（sociocultural segment）与一个社会的态度和价值观取向有关。因为态度和价值观是构建社会的基石，它们通常是人口、经济、政治 / 法律、技术条件及其变化的动力。

个人的社会态度和文化取向总是不稳定的，这意味着公司必须仔细扫描、监测、预测和评估这些因素，来识别和研究与此相关联的机会和威胁。思考这个问题的另一种方式是，公司并不是处在一个与世隔绝的环境中。因此，尽管是成功的公司也要意识到发生在社会和关联文化中的变化。的确，社会和文化的变化不断挑战着企业寻找方法来"走在竞争对手前列，并保持在消费者心中的重要地位"。[63] 研究表明，社会文化因素可影响市场进入以及新企业的发展。[64]

全世界的国家和地区都正考虑着该如何对待医疗保健，怎样实施医疗保健。在欧洲，欧洲委员会已经制定出一项面向全欧洲的医疗保健战略，旨在预防疾病以及调整影响健康生活方式的因素，如营养、工作条件和体育运动。欧洲委员会强调，加强医疗保健意识在如今的欧洲老龄化背景下是十分重要的，预测显示，欧洲达到或超过 65 岁老人的比例将会从 2010 年的 17% 上升到 2060 年的近 30%。[65] 对于企业来说，现在的问题是，对于医疗保健的态度及价值观会影响到它们，因此，它们必须仔细分析医疗保健的趋势，预测企业运营可能遭受的影响。

随着美国劳动力的增加，劳动力也变得越来越多样化，因为大量来自不同文化背景的妇女和少数族裔进入了工作岗位。1993 年，美国总劳动力近 1.3 亿；2005 年，已经超过了 1.48 亿。据预测，2050 年，这个数字将超过 1.92 亿。

然而，美国劳动力增长率在过去 20 年有所下降，这很大程度上是由于这个国家逐渐减慢的人口增长率和劳动力参与率的下降。更具体地说，数据显示，"在近 50 年的稳定增长后，总参与率$^\ominus$将达到巅峰，1997 ～ 2000 年每年平均水平 67.1%……到 2012 年 9 月，这个比例下降到 63.6%"，[66] 并且预测到 2050 年，将下滑至 58.5%。2010 ～ 2050 年，美国劳动力可能还有其他变化。在这段时期内，亚洲劳动力预测将超过现有规模的两倍，但是与其他种族相比，白人劳动力的增长将会慢很多。相反，西班牙裔人口将占总劳动力增长的 80% 左右。最后，"女性劳动力增长率高于男性的局面将在 2020 年结束，2020 ～ 2050 年，男性与女性劳动力增长率将处于相当的水平。"[67]

劳动力多样化程度的加深创造了机会与挑战，包括将传统的最佳男性领导方式与最佳女性领导方式的融合。尽管劳动力多样化具有提高企业业绩的潜能，研究显示，这必须建立在成功管控多元化项目的基础上。

尽管前面指出的生活方式和劳动力的变化，体现了它们在美国人口因素方面的价值，但任一国家和文化都有不同的价值取向和趋势。国家文化会影响组织的行为，进而影响到组织的绩效和产出，如 CEO 报酬的差异。[68] 同样地，国家文化在很大程度上影响着公司实施的与本国相关的国际化战略。[69] 知识共享非常重要，因为组织内新知识的传播增加了变革执行的速度。在中国做生意，理解关系的重要性对于外国公司来说是至关重要的。[70]

2.3.5 技术因素

技术进步以不同的深度和广度影响着社会的很多方面，其影响主要来源于新产品、新流程和新材料。技术因素（technological segment）包括所有参与创造新知识以及将新知识转化为新的产出、产品、流程和材料的组织机构及行为。

由于技术进步很快，迅速而全面地研究技术因素对企业而言非常重要。[71] 人们发现，最先选用新技术的企业通常能够获得更高的市场份额和更高的回报。因此，企业应当持续地扫描外部环境，辨别潜在的当前所用技术的替代品，以及能给企业带来竞争优势的新兴技术。[72]

作为一个显著的技术发展，互联网给企业提供了绝佳的扫描、监测、预测和评估总体环境的能力。企业应持续地研究互联网的作用，从而能够预测如何通过互联网为顾客创造更多价值以及未来的趋势。

除此之外，互联网为全世界的企业带来了大量的机会与威胁。对接下来几年互联网使用的预测是原因之一。到 2016 年，全球估计有 30 亿互联网用户。总的来说，企业可以预测到，未来将是一个互联网"会拥有更多用户（尤其是在发展中国家）、更多移动用户、更多全天使用着

$\ominus$　定义为劳动力中民用非机构人口的比例。

各种各样设备的用户、更多人参与到越来越吸引人的媒体"的时代。[73] 考虑到目前全世界每天有 1 440 亿封电子邮件被发出，而且手机联网的需求呈爆炸式增长，这些激增的网络用户可能带来的影响对企业来说具有重大的启示意义。[74]

虽然互联网作为主要的技术进步对企业产生了深远的影响，但无线通信技术仍然被预测是下一个关键的技术机会。手持设备和其他无线通信设备已被用于获取基于网络的服务。拥有无线网络连接功能的笔记本电脑、能够浏览网页的手机，以及其他一些新兴的平台（例如，用户互联网接入装置，如 iPhone、iPad 和 Kindle）有望大量增加，并迅速成为沟通和商业贸易的主流模式。实际上，通过这些产品的每个更新版本、新增功能和软件应用，就能为各种各样的公司制造出多样的机会（和潜在的威胁）。

2.3.6　全球化因素

全球化因素（global segment）包括相关的新的全球市场、变化中的现有市场、重要的国际政治事件，以及全球市场重要的文化和制度特征。[75] 例如，在汽车行业竞争的企业必须研究全球化因素。多个国家的消费者愿意购买"来自世界上任何地区"的汽车和卡车，[76] 这个事实支持了这个定位。

商业市场的全球化不仅因企业（包括汽车制造企业）进入新市场而创造了机会，也因外部新竞争者的进入而带来了挑战。[77] 从汽车制造商的机会层面来说，能够将产品销往本国以外的市场看起来很有吸引力。但是，企业会选择进入什么样的市场呢？目前，巴西、俄罗斯、印度、中国以及印度尼西亚和马来西亚是汽车和卡车销售有望增长的地区；相反，至少在近期内，欧洲和日本的销售情况将会下滑。对想要向外拓展市场的汽车制造商来说，这些预测显示了最具吸引力和最不具备吸引力的市场。同时，从威胁层面来说，日本、德国、韩国、西班牙、法国和美国这些国家似乎有汽车制造产业产能过剩的问题。反过来，产能过剩标志着，在这些产业中的企业将同时力求出口以及国内市场销量的提升。[78] 因此，全球汽车制造商应该仔细研究全球化因素，准确判断所有的机会与威胁。

全球化市场机会与风险并存，因此一些企业在国际市场竞争中采取了理性的方式。这些企业进入的是一个被称为全球聚焦（global focusing）的领域。全球聚焦经常被拥有中等国际化运营程度的企业所采用，通过聚焦于全球利基市场来增加其国际化程度。[79] 通过这种方式，它们可以建立和利用其特殊的能力和资源，并在利基市场中控制风险。企业在国际市场中控制风险的另一种方式是将自己的运营和销售局限在全球市场的某一地区。[80] 这样，它们就能与当地市场建立强有力的联系，并能获取关于当地市场的知识。建立起这些优势之后，竞争对手将会发现难以进入它们的市场或是在竞争中获得成功。

在任何情况下，企业都必须对全球市场的各种文化和制度特征有所理解。例如，韩国的意识形态强调群体观念，这是许多亚洲国家的共同特点。然而，韩国的方式与日本不同。相比较而言，日本强调集体的和谐以及团体的凝聚力。[81, 82] 因此，外国公司在寻求海外合作和建立合资企业时，分析自己战略意图是非常重要的。[83]

非正式经济在整个世界范围内都存在，并已成为全球化因素中越来越值得研究的方面。非正式经济正在逐渐壮大，它已经拥有了竞争性行为和竞争性反应的内涵，因为在正式经济中竞争的企业越来越多地发现，它们同时也在与非正式经济竞争。

2.3.7 自然环境因素

自然环境因素（physical environment segment）是指自然环境的潜在变化和实际变化，以及应对这些变化的积极商业实践。[84] 为了维护世界环境可持续发展的趋势，企业认识到生态系统、社会和经济体系之间的相互影响。[85]

全世界的企业都很关心自然环境问题，很多企业在报告中以"可持续性"和"企业社会责任"等词汇记录下它们将要为此采取的行动。另外，从理解层面上说，越来越多的企业对可持续发展产生了兴趣，可持续发展是指"既满足当代人的需求，又不损害后代人满足其需求的发展"。[86]

企业确定自然因素的趋势时，应该考虑到自然环境具有多重属性。[87] 由于企业可持续发展的重要性，各项认证项目应运而生，以帮助它们理解如何成为一个可持续发展的组织。[88] 作为世界上最大的零售商，沃尔玛的环境足迹是很明显的，这意味着自然环境的趋势能极大地影响这家公司及其营运方式。也许，根据自然环境中发生的趋势，沃尔玛宣布了它的目标是零浪费，并 100% 使用可再生能源供给日常经营所需的能源。[89]

正如我们在自然环境中所讨论的那样，分析总体环境的一个关键目标是辨别外部因素中预期的变化和趋势。关注未来，总体环境分析能够让企业识别机会与威胁。这样看来，拥有一支具备有效分析环境因素所需的经验、知识和敏感度的高层管理团队是必要的。同样，对行业环境和竞争对手的理解，对于企业的未来经营也是非常关键的。[90] 实际上，塔吉特集团公司前任CEO似乎对企业环境的分析并不深入（见"战略聚焦 2-1"），但是新任 CEO 布莱恩·康奈尔（Brian Cornell）对此则很有见解，他将自己的办公室设在了数据收集部中心附近，每天早上他都要访问这个部门，以获取最新信息。

| 战略聚焦 2-1 | 塔吉特失去了它的统治地位

塔吉特（Target）作为一家出售"低价时髦"产品的零售店被消费者所熟知。公司以比折扣零售商（如沃尔玛）稍高一些的价格，在提供高质量产品上更上一层，但是定位得比大多数一线零售商（如梅西百货和诺德斯特龙）要低。此外，它为自己的商铺宣传提供包含服装、玩具、健康产品、食品以及其他产品的一站式购物。许多年来，"正中靶心"并且在为这一市场缺口提供服务上表现完美。但是，公司忽视了它的目标服务对象，开始失去市场份额（伴随其他糟糕的战略行动）。

这艘大船的第一个主要裂缝随着塔吉特公司用以获取顾客个人信息的计算机系统遭到大型网络攻击的宣布出现。由于信用卡诈骗，这次攻击把顾客（7 000 万顾客的数据）暴露于重大损失的潜在风险中。这不仅是一场公关灾难，更是聚焦于塔吉特公司发现了其他问题。塔吉特公司身上的"聚光灯"表明拼尽全力进入加拿大市场（遍及大量地理区域的 133 家店面）的战略决策失败了。最终，详细的分析表明，塔吉特的顾客正流向其已有的竞争者和新出现的竞争者，尤其是互联网零售商（如亚马逊）。

塔吉特的营销总监声称，"不是我们变得封闭了，我们本来就是封闭的"，这表明公司没有分析自己所处的环境。在让竞争对手，尤其是新兴互联网竞争者招揽公司顾客时，塔吉特丢掉了销量、市场份额和利润。它明显没有对来自互联网的重大竞争进行预测和准备，竞争者为顾客提供了更高的价值（如线上销售的种类繁多和便利性）。再加上由于大规模网络攻击导致顾客个人数据泄露而带来的顾客信任丧失，塔吉特的声誉和市场份额同时受到影响。短期内（两年时间）在加拿大运营的空前失误也表明了大概源自分析市场失败的市场了解缺失。可能塔吉特正在经历的所有问题也都被转移到了加拿大区的运作方面。此外，它没有做到从它主要的加拿大零售商吸引顾客，如罗布劳公司——加拿大最大的杂货商，最近引入了低价的精品服装。特易购和沃尔玛也在加拿大市场根深蒂固。塔吉特在加拿大市场也经历了供应链上的问题，这再次表明它在进入市场前对加拿大的商业市场没有充分了解。

由于所有这些经历过的问题，塔吉特的首席执行官于2014年5月辞职。新任首席执行官布莱恩·康奈尔于三个月后上任。他是百事卓越的执行官，同时也有为沃尔玛领导山姆会员店仓库的经验。康奈尔是塔吉特集团公司在公司外聘用的第一位首席执行官，他的大多数经历也都是在这一行业之外的。自从2014年8月就任以来，他竭力通过聚焦时尚、婴儿、儿童以及卫生部重构塔吉特公司"别致的"图景，以增加客流量和销量。对事物的聚焦更加高档，更多的有机食物，特色的即食麦片、咖啡、茶、果酒和啤酒。2014年第一季度的销量超过了预测，实现三年来最高增长。2015年1月，康奈尔也关掉了加拿大的商铺，因此解雇了17 600名员工，走出痛苦却必要的一步。最后，他于2015年3月宣布了另外接近2 000名员工的裁员。这些员工中的大多数来自总公司大会办公处，怀着把塔吉特公司变得更灵活轻快的意图。

有趣的是，康奈尔没有与以前的首席执行官保持一致选择角落套房，取而代之的是选择了靠近公司市场数据收集站的一间小办公室。在那里，10名员工从社交媒体（如Pinterest、Facebook、Twitter）或电视新闻中收集信息。这位首席执行官每天早上都会了解最新消息。单是这些举动就显示了他对收集和分析市场与竞争者行动数据给予的重视程度。

资料来源：2015, What your new CEO is reading: Smell ya later; targets new CEO, *CIO Journal/Wall Street Journal*, www.wsj.com/cio, March 6; I. Austen & H. Tabuchi, 2015, Target's red ink runs out in Canada, *New York Times*, www.ntimes.com, January 15; H. Tabuchi, 2015, Target plans to cut jobs to help save $2 billion, *New York Times*, www. ntimes.com, March 3; P. Ziobro & C. Delaney, 2015, Target sales grow at fastest rate in three years, *Wall Street Journal*, www.wsj.com, February 25; J. Reingold, 2014, Can Target's new CEO get the struggling retailer back on target? *Fortune*, www. fortune.com, July 31; G. Smith, 2014, Target turns to PepsiCo's Brian Cornell to restore its fortunes, *Fortune*, www.fortune.com, July 31; P. Ziobro, M. Langley, & J. S. Lublin, 2014, Target's problem: Tar-zhey isn't working. *Wall Street Journal*, www.wsj.com, May 5.

正如在"战略聚焦2-1"中提到的，塔吉特集团没能对这个行业有良好的认识，因此，新兴互联网企业和其他已颇具规模的竞争对手抢走了它的市场份额。塔吉特没能彻底弄明白它在加拿大的市场、竞争对手和供应商，从而它进入加拿大市场的计划惨遭失败。由此可知，对企业战略计划的选择、竞争性行为和反应起着至关重要作用的是对行业和竞争对手的良好认识。一个国家的总体环境影响着行业和竞争环境。[91] 接下来，我们就来探讨企业为获得良好的认识所需要完成的分析。

2.4 行业环境分析

行业（industry）是由这样一组企业组成的，它们生产几乎可以相互替代的产品。在竞争过程中，这些企业相互影响。一般来说，每个行业都会有很多种竞争战略组合，企业运用这些战略以获得竞争优势和超额利润。这些战略之所以被采纳，很大程度上是由行业的特征所决定的。[92]

与总体环境相比，行业环境（主要以特征的形式测量）对企业的战略竞争力和超额利润的影响更为直接。[93] 研究一个行业时，企业必须分析影响给定行业中所有企业盈利能力的五种竞争力。如图 2-2 所示，这五种竞争力分别是：新进入者的威胁、供应商的议价能力、购买者的议价能力、替代品的威胁，以及现有竞争者之间竞争的激烈程度。

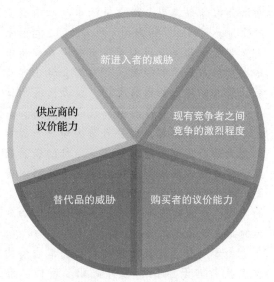

图 2-2　五力竞争模型

竞争的五力模型扩展了竞争分析的领域。过去，企业研究竞争环境时，往往只着眼于那些与它直接竞争的企业。然而，企业必须搜寻更广的范围，鉴别潜在的客户以及为其提供服务的企业，以此识别当前的和潜在的竞争对手。例如，现在通信行业广泛地包括了媒体、电信、娱乐公司和生产手机等设备的企业。[86] 在这种情况下，企业通过研究许多其他行业来识别具有潜在能力（特别是基于技术的能力）的竞争对手，它们的产品或服务会与其生产的产品相竞争。

当研究行业环境时，企业还必须意识到，供应商可能会变成竞争对手（通过前向整合），购买者也是如此（通过后向整合）。例如，在制药行业，一些公司通过并购分销商或批发商，实现前向整合。此外，进入新市场的企业和那些生产的产品对现有产品有着很强替代性的企业，也很可能变成竞争对手。

接下来，通过研究和分析五种竞争力来了解该公司在其行业（或行业的细分市场）中的盈利潜力。

2.4.1　新进入者的威胁

鉴别新进入者对企业来说非常重要，因为它们可能威胁到现有竞争者的市场份额。[95] 新进入者带来威胁的原因之一是，它们增加了行业的总产能。除非产品和服务的需求增长，否则额外的产能必然会降低消费者的成本，从而导致竞争企业收入和回报的下降。而且，新进入者通常对占领更大的市场份额具有无比的兴趣和热情。因此，新的竞争对手可能迫使现有企业提高效率，学习如何在新的领域展开竞争（比如使用基于互联网的分销渠道）。

企业进入新行业的可能性由两个因素决定：进入壁垒；对行业内现有企业报复行为的预期。进入壁垒使新的企业很难进入某一行业，而且就算它们能够进入也会处于不利的竞争地位。这样，高进入壁垒增加了行业内现有竞争者的利润，也可能使为数不多的企业形成对整个行业的控制。[96] 因此，为了阻止潜在竞争者的进入，业内成功的企业希望维持高进入壁垒。

1.进入壁垒

现有竞争者（特别是赚取超额利润的企业）总是设法给行业制造进入壁垒。总的来说，人们对工业化国家（如南美和西欧国家）的进入壁垒（关于壁垒是如何形成的，以及企业能克服它们的方法）知道得较多；相反，人们对快速兴起的市场（如中国市场）的进入壁垒了解得相对较少。然而，最近的研究显示，中国的高管们认为，对中国来说，广告效应是七大壁垒中最重要的，而资本需求被认为是最不重要的。[97]

当研究一个行业的环境时，进入企业研究的市场有很多种不同的壁垒。在特定行业中竞争的企业通过研究这些壁垒，来判定它们的竞争地位在多大程度上减小了新的竞争者能够进入市场与它们竞争的可能性。考虑进入某一行业的企业要通过研究进入壁垒来判定自己找到具有吸引力的竞争地位的可能性。接下来，我们讨论几种重要的进入壁垒，这些壁垒也许会挫败试图进入该行业的竞争者，从而促进正在市场中竞争的企业保持竞争力的能力。

（1）规模经济。规模经济源于企业规模增长过程中通过经验积累导致的效率的不断提升。因此，当企业在一定时期内生产的产品增加，单位产品的制造成本就会下降。新进入者往往不太可能快速发展起足以发展规模经济的产品需求水平。

规模经济可以通过很多商业功能实现，如市场营销、产品制造、研发和采购等。[98] 企业有时通过结成战略联盟或合资企业来获得规模经济。三菱重工有限公司和日立有限公司就是这样，这两家公司"将化石燃料供能系统合并成了联营体，从而形成规模经济以与全球的对手竞争"。[99]

能够足够灵活地满足消费者变化的需求，是另一项现有行业的能力优势，也是另一个可能的行业进入壁垒。例如，企业可以通过降低价格获得更大的市场份额；反之，企业也可以保持价格不变增加利润，这样一来，企业很可能增加了其自由现金流，这在面临财务挑战时非常有效。

某些竞争条件也会削弱规模经济，由此产生进入壁垒，例如对规模无限制的资源的利用。[100] 现在，许多公司为大量的小客户群体定制产品。定制化的产品无须在达到规模经济的数量上进行生产。通过新的柔性制造系统，定制能得以实现。实际上，在先进信息系统的推动下，新的制造技术已经使大规模定制在越来越多的行业成为可能。在线订购能够帮顾客更容易地定制产品。生产定制化产品的企业最应该学习的是如何快速响应客户需求，而不是发展规模经济。

（2）产品差异化。随着时间的推移，顾客可能会逐渐相信某企业的产品是独特的。这种认知可能来自企业对顾客的服务、成功的广告活动，或是第一个提供某种产品或服务的行为。[101] 对品牌独特性更大程度上的认知能创造出一批始终购买公司产品的消费者。为了与独特性观念竞争，新进入者通常会以更低的价格提供商品，然而，这项决策也许会导致低收益甚至亏损。

可口可乐公司和百事可乐公司已经在软饮料市场上建立起了强大的品牌网，两品牌在美国和全世界范围内相互竞争。由于两家公司都投入了大量资源来建立自己的品牌，所以客户的忠诚度非常高。当一家公司打算进入软饮料市场时，它需要停下来想一想该如何打破这两大商业巨头在全球软饮料行业中建立起来的品牌形象和客户忠诚度。

（3）资本要求。进入新的行业竞争，要求企业有足够的资源投入。除了厂房设施和设备之外，库存、市场营销活动以及其他的重要职能，都需要大量的资本投入。即使新的行业很有吸引力，企业也可能没有足够的资本成功进入市场，寻求合适的市场机会。[102] 例如，企业要进入国防行业就十分困难，因为要想获得竞争力就必须投入大量的资源。此外，由于国防行业对知识和科技的高要求，企业也可能通过兼并行业内现有企业进入该行业。但是，它必须有足够的资源来做这件事。

（4）转换成本。转换成本是指由于顾客转向新的供应商所引起的一次性成本的发生。购买新的辅助设备、重新培训员工，甚至是结束原有购买关系所引起的精神损失，这些都会导致转换成本的产生。有时转换成本很低，例如，消费者改喝一种新的软饮料。转换成本也会随时间而变化，例如，就毕业所需的学分而言，新生从一所大学转学到另一所大学的成本，就要比高年级学生低得多。

有时制造商做出的生产更新、更具创意产品的决定，会给最终消费者带来很高的转换成本。客户忠诚计划，如航空公司的常客飞行里程，其目的就在于有意地增加客户的转换成本。在转换成本很高的情况下，新进入者要么提供足够低的价格，要么提供足够好的产品来吸引购买者。一般来说，各方建立的关系越紧密，转换到其他产品的成本就越高。

（5）分销渠道的获得。随着时间的推移，行业中的参与者都会发展出自己有效分销产品的方式。一旦和分销商的关系建立起来，企业就会细心培育这种关系，以增加分销商的转换成本。分销渠道的获得对于新进入者来说可能是一个很大的进入壁垒，尤其是对于非耐用消费品行业（比如在杂货店，货架的空间是有限的）和国际市场。[103] 新进入者必须说服分销商经销其产品，要么在原有产品的基础上增加产品，要么代替原有的产品。降价和广告费用补贴的做法可能可以帮助其达到目的，但是新进入者的利润也会因此减少。有趣的是，对于那些能够在互联网上销售的产品而言，分销渠道的获得不再是一个壁垒。

（6）与规模无关的成本劣势。有时候，现有的竞争者可能具有新进入者无法仿效的成本优势，比如某种独有的产品技术、获得原材料的最佳途径、地理位置优势以及政府资助等。成功的竞争需新进入者设法减少或消除这些因素的战略相关性。直接送货至购买者那里可以抵消地理位置的劣势，比如在偏僻地段开的食品店。印地纺集团（Inditex）是世界上最大的时装零售商，拥有 Zara 品牌。[104] 自从 Zara 进入市场，这家西班牙服装企业依靠优秀的剪裁和相对较便宜的价格，秉持道德实践生产及销售，最终进入了竞争激烈的全球服装市场，并且攻克了市场的进入壁垒。[105]

（7）政府政策。政府可能通过执照和许可证要求对企业进入特定行业进行控制。在酒类零售业、广播和电视业、银行业、卡车运输业等行业，政府的决定和做法影响着企业进入的可能性。另外，政府出于保证服务质量和保护就业的需要，通常会限制某些行业的进入；相反，政府也会放松对特定行业的管制，以美国的航空业和公用事业为例，则允许更多的企业进入。[106] 政府试图规范外企的进入也并不罕见，尤其是在掌握国家经济命脉或重要市场的行业中。[107] 此外，国家反垄断的政策和决定也会影响进入壁垒。例如，在美国，通常当一项合并计划使得一家公司在某一行业过于强大，可能造成不公平竞争时，美国司法部反垄断部门或联邦贸易委员会就会否决这一合并计划。[108] 很显然，这种消极裁决成了收购公司的进入壁垒。

2. 预期的报复

意图进入某个行业的企业还要估计行业中现有企业的反应。如果预计反应将会是迅速而强烈的竞争行动，则该企业进入的可能就较小。现有企业如果与该行业利益攸关（比如专用的固定资产，几乎不能用于其他行业），或者拥有大量的资源，或者行业的增长缓慢或受到限制，则该现有企业采取激烈报复的可能性会很大。[109] 例如，目前想要进入航空业的任何公司，都将受到行业内现有企业的激烈报复，因为这个行业的产能已经过剩。

定位于行业内现有企业还未能提供服务的利基市场，新进入者就能避开进入壁垒。小的创业企业最好是寻找并服务于那些被忽视的细分市场。本田进入美国摩托车市场时，专注于小排量的摩托车市场，这个市场一直被哈雷－戴维森等企业所忽视。通过定位于被忽视的利基市场，本田避开了竞争。在市场地位稳定后，本田通过推出更大排量的摩托车，向竞争对手发起攻击，在更广泛的市场上与对手展开竞争。

2.4.2　供应商的议价能力

供应商可能会通过提高价格或者降低产品质量来战胜行业内的竞争者。如果企业无法通过自身的价格结构消化来自供应商的成本增长，其利润就会由于供应商的行为而降低。[110] 供应商在以下几种情况下将更具议价能力：

- 供应掌握在少数几个大公司手中，其所在行业与其销售对象所在的行业比起来行业集中度更高。
- 供应商的产品没有很好的替代品。
- 对整个供应商行业而言，该行业中的企业不是其重要客户。
- 供应商的产品对购买者而言非常关键。
- 供应商的产品已经给行业企业制造了很高的转换成本。
- 供应商前向整合，进入购买者企业所在行业的威胁。如果供应商掌握着充足的资源并能供应高度差异化的产品，这种可能性将会更大。[111]

有些购买者试图通过发展长期合作关系来管控或削弱供应商的议价能力。虽然这也会相应削弱购买者的能力，但是这样能激励供应商更加积极配合地与之合作（销售保障），尤其是当双方之间已经建立起信任关系之后。[112]

航空业是供应商议价能力变化的一个例子。尽管供应商很少，但是干线客机的需求量相对也少。波音和空中客车争夺大型客机的绝大部分订单，在这个过程中给购买者创造了更大的议价能力。当一家大型航空公司发出信号，表明自己需要一批宽体客机，而这笔订单空中客车和波音都能生产时，这两家公司很有可能会为这笔业务大打出手并安排融资，这强调了在这场潜在交易中购买者的议价能力。并且，在中国即将进入这个巨大的航空业市场的大背景下，购买者议价能力将进一步提高。

2.4.3　购买者的议价能力

企业总是寻求投资回报的最大化。换句话说，购买者（企业或行业客户）希望用尽可能低的价格购买产品，在这个价格上，供应商行业能够获得可接受的最低投资回报率。为了降低成本，购买者通常会讨价还价，要求更高的质量、更好的服务以及更低的价格。[113] 行业内企业之间的竞争也会使购买者获利。客户（由购买者组成的集团）在以下情况下拥有更强的议价能力：

- 其购买量占行业产出的很大比例。
- 购买产品产生的销售收入占供应商年收入的大部分。
- 能够不花费很大代价就转换到其他产品。
- 行业产品差别不大或者说标准化，并且存在购买者后向整合进入供应商行业的可能性。

消费者在制造商的成本方面掌握了更大量的信息，并且互联网为销售及分销方式提供了更多选择，所以在很多行业消费者的议价能力都有所提高。

2.4.4　替代品的威胁

替代品是指那些来自特定行业以外的产品和服务，而且这些产品和服务与现有行业提供的产品和服务类似或相同。例如，作为食糖的替代品，纽特公司及其他食糖替代品生产商给食糖产品的价格设置了上限——尽管产品特性不同，但甜味剂和食糖的功能相同。其他替代品的例子包括电子邮件和传真机替代隔夜快递业务，塑料容器替代玻璃瓶，以及茶叶替代咖啡等。

在过去的 15 年，报社经历着销量的下降，导致销量下降的原因在于新闻传播的替代途径，包括互联网资源、有线电视的新闻频道、电子邮件和手机信息。而且，卫星电视、有线电视以及电信公司也能够提供电视、网络、电话等基础媒体服务的替代服务。像 iPad 这样的平板电脑正在使个人电脑的销量减少，从 2010 年开始，全球个人电脑装运量一直都在逐年下降。[114]

一般来说，如果客户面临的转换成本很低甚至为零，或者当替代品的价格更低或质量更好、性能接近甚至超过竞争产品时，替代品的威胁就会很强。在顾客认为有价值的方面（如价格、质量、售后服务、选址等）进行差异化，可以降低替代品的吸引力。

2.4.5 现有竞争者之间竞争的激烈程度

因为一个行业内的企业是相互制约的，企业的行为通常会引发竞争反应。在许多行业，企业都会积极展开竞争。如果企业受到来自竞争者的挑战，或者认识到一个显著改善其市场地位的机会，竞争者间的竞争行为就会加剧。[115]

同一行业中的企业很少完全相同，它们在资源和能力方面各有不同，并努力使自己与竞争者不同。通常，企业会在顾客认为有价值的方面努力使自己的产品与竞争者提供的不同，并以此获得竞争优势。竞争一般都会基于价格、售后服务和创新等维度展开。最近，企业开始通过快速反应（加速新产品进入市场）来获得竞争优势。[116]

接下来，我们将分别讨论经过经验证明，影响企业间竞争强度的最主要因素。

1. 有大量或旗鼓相当的竞争者

有很多公司参与竞争的行业，竞争通常很激烈。如果有众多的竞争者，总会有人设想是否可以采取不致引发竞争者反应的行动。然而，有证据表明，其他企业通常都能注意到竞争的举动，并且通常会做出反应。另一种极端情况，一个行业如果只有少数几个规模和力量相当的企业，竞争也会非常激烈。这些企业拥有大量且规模类似的资源基础，允许企业采取强有力的竞争行动和反应。空中客车和波音、可口可乐和百事可乐之间的竞争战就是旗鼓相当的企业之间激烈竞争的典型例子。

2. 行业增长缓慢

当市场处于成长阶段时，企业会将资源尽量用在有效满足不断扩充的顾客基数上。在成长的市场中，企业很少会有从竞争对手那里争夺顾客的压力。但是，在不增长或增长缓慢的市场，企业会投入战斗并试图吸引竞争对手的顾客来扩大自己的市场份额，这样竞争将会非常激烈。毫无疑问，快餐业就一直是这样的例子，正如"开篇案例"中提到的，麦当劳、温蒂和汉堡王都努力去赢得其他企业的顾客。竞争引起的市场不稳定使行业中所有企业的利润均有不同程度的下降，麦当劳在这场对抗中就损失惨重。

3. 高额固定成本或库存成本

如果固定成本占了总成本的一大部分，企业就会想办法最大化地利用其生产能力，这样就可以用更大的产出量来分摊成本。但是，当众多企业都试图将产能最大化时，整个行业将会出现产能过剩。为了减少库存，某些企业就会开始降低产品价格，给顾客提供回扣或其他特别的折扣。然而，这种在汽车制造业中非常普遍的做法，经常引发激烈的竞争。行业的剩余产能引发企业激烈竞争的情形，经常可以在那些具有高库存成本的行业看到。例如，那些容易腐烂变质的产品，其价值随时间的推移迅速降低。当库存增加时，生产者通常会使用灵活的定价策略，使产品能够更快销售出去。

4. 缺少差异化或低转换成本

当购买者找到一个能够满足其需求的差异化产品之后，他会一直忠诚地购买同样的产品。行业中如果企业的产品能够成功地实现差异化，则行业内的对抗程度更低，因此企业间的竞争程度也更低。能够开发并保持竞争者难以模仿的差异化产品的企业，往往容易赚取更高的利润。然而，当购买者认为产品同质化严重（即产品缺乏差异化特征和能力）时，竞争程度就会很高。这时，购买者的购买决策主要基于价格，然后考虑服务。个人电脑越来越成为同质化商品，因此戴尔、惠普和其他电脑生产商之间的竞争非常激烈，这些企业总会努力使其产品差异化。

5. 高额战略利益

如果在某个行业获得成功对数家企业都非常关键，那么该行业竞争程度也会很高。三星在多个业务领域参与竞争（如半导体、石化、时装、医药和建筑施工等）。如今，三星已经在全球智能手机市场上成为苹果公司的头号对手。它调用大量的资源来开发创新型产品，这是其试图超越苹果所做出的努力。几年前，三星有全球智能手机市场 33% 的占有率，而苹果公司只占18%，但是在 2014 年第四季度，这两家公司的市场占有率已几乎持平，iPhone 6 的推出似乎给苹果公司的收益带来了不小的提升。[117] 然而，这个市场对苹果公司来说也极其的重要，这说明这两家公司之间（还有与其他公司之间）的智能手机对抗将会越来越激烈。

高额战略利益也可能存在于地理位置因素。例如，一些汽车制造商已经承诺或者正在做出承诺，将在中国建立起生产基地，自 2009 年以来，中国已经成为世界上最大的汽车市场。[118]由于通用汽车和其他生产豪华汽车的公司（如奥迪、宝马和奔驰）都在中国下了大赌注，所以这些公司之间的竞争非常激烈。

6. 退出壁垒高

有时尽管一个行业投资回报很低甚至为负数，但企业仍然坚持参与竞争。这种情况是由于，企业可能面临着很高的退出壁垒，包括各种经济的、战略的和情感的因素，导致企业仍决定留在该行业，尽管这样做的盈利性存在很大的疑问。

航空业的退出成本尤其高。从最近一场全球金融危机开始，这个行业就很难实现盈利。但是，在 2013 ～ 2014 年情况已有所好转，航空业收益已有所增长。产业联合和航空联盟整合活动效率的提高在改善某些国家经济环境的同时，也降低了航空公司的成本。这带来了更多的旅行需求。对于这些公司来说，这至少在短期内是积极的信号，考虑到如果它们退出航空业的话，将会面临非常高的退出壁垒。[119] 常见的退出壁垒包括：

- 专门化的资本（只有在特定的产业或地区有价值的资产）。
- 退出的固定成本（如劳工合同）。
- 战略相关性（公司一种业务与其他业务之间有着相互依存的某种关系，如共享的设施、融资渠道等）。
- 情感障碍（由于担心自己的前途、忠诚于员工等原因，不愿采取激烈的经济调整措施）。
- 政府和社会约束（一般基于政府对失业和地区经济影响的关注，在美国以外的地区更为常见）。

2.5 解读行业分析

有效的行业分析来源于对各种数据和信息进行仔细的研究和解读。人们通常可以找到大量与行业相关的数据用于分析。由于全球化的深入影响，国际市场及其竞争状况也应当包括在企业的分析之中。实际上，研究表明，在某些行业国际的变化因素比国内的因素对战略竞争力的影响更大。而且，随着全球化市场的形成，国家的界限已经不能限制行业的结构。实际上，进入国际市场，为新的合资企业和已有的企业增加了成功的机会。[120]

经过对五种行业力量的分析，企业应当能够对所在行业的吸引力做出判断，看是否有机会获得足够的甚至超额的投资回报。一般来说，竞争力越强，行业中的企业能够获得的回报就会越低。一个缺乏吸引力的行业往往进入壁垒很低，供应商和购买者有很强的议价能力，替代品的竞争力也很强，而且行业内竞争对手之间的竞争程度很高。这些行业特征使得企业很难在其中获得战略竞争力和超额回报。相反，有吸引力的行业通常具有较高的进入壁垒，供应商和买方没有什么讨价还价能力，替代品的竞争很弱，竞争对手之间的竞争程度相对缓和。[121]接下来，我们将讨论行业中竞争的另一方面——战略群组。

2.6 战略群组

战略群组（strategic group）是指某一行业内强调相似战略维度并采用相似战略的一组企业。[122]战略群组内部企业间的竞争比企业与战略群组外其他企业之间的竞争更为激烈。换言之，战略群组内部的竞争比群组之间的竞争要激烈。实际上，战略群组内企业业绩与群组之间的比较，明显有更多异质性。战略群组内的绩效领头企业能够在坚持与群组内其他企业采取相似战略的同时，维持自身战略的独特性以获取并维持竞争优势。[123]

同一战略群组内的企业会有相似的战略要素，包括技术领先程度、产品质量标准、价格策略、分销渠道的选择以及客户服务等。因此，企业隶属于某个特定的战略群组，就决定了其企业战略的本质特征。

战略群组的概念对于分析行业竞争结构是非常有用的，这样的分析有助于判断竞争状况、定位以及行业内企业的盈利情况。高流动壁垒、高竞争性和企业的资源不足将限制战略群组的形成。[124]然而，研究表明，战略群组一旦形成，在以后的一段时间内稳定性相对较高，使得对它的分析更为容易也更为有用。应用战略群组理解行业的竞争结构，要求企业在某些战略维度预先计划其竞争行动和竞争反应，包括定价策略、产品质量和分销渠道等。这类分析表明，根据特定企业如何利用相似的战略维度，可以明确企业间如何进行相似的竞争。

战略群组有以下几点含义。第一，由于同一战略群组内的企业向相似的顾客群销售相似的产品，它们之间的竞争会非常激烈。竞争越激烈，每个企业的利润受到的威胁就越大。第二，行业五种竞争力的强度在不同的战略群组中各不相同。第三，战略群组之间采取的战略越接近，产生竞争的可能性就越大。

正如"战略聚焦 2-2"谈到的，亚马逊似乎在与有力对手谷歌和沃尔玛的竞争中取得了胜利，然而它绝对不可松懈，因为新兴竞争对手 Jet.com 已经紧随其后、兵临城下了。因此，就算是像亚马逊这样成功的企业也必须持续关注并分析竞争对手，才能保持住目前在行业中的领先地位。

|战略聚焦 2-2| 江山代有才人出，亚马逊还能独领风骚多少年

2014 年，亚马逊的销售额为 889.9 亿美元，比 2013 年增长了 19.4%。事实上，在短短 4 年间，亚马逊的销售额增幅巨大，2014 年的销售量已经超过了 2010 年的 160%。通过提供高品质的、快速的且相对便宜的（与其他竞争者相比）服务，亚马逊在销售方面取得了令人瞩目的成功。在这场销售战争中，亚马逊从其他难以对付的竞争者（如沃尔玛、谷歌、巴诺公司和其他公司）中脱颖而出，被认为是获胜的一方，这种胜利在最近四五年尤其明显。

在在线销售领域，沃尔玛正在不断进步。2014 年，沃尔玛投入大约 30 亿美元使得其在线销售额增加了 30%，尽管这与亚马逊 2014～2015 年增长的利润 145 亿美元相比显得有些少。事实上，2014 年的在线市场销售总量是 3 000 亿美元，这意味着对于沃尔玛和亚马逊来说，仍存在许多机会去完善其在线销售。

在信息搜索市场，占领 88% 市场份额的谷歌毫无疑问是该行业的巨人。然而，当消费者在购买商品时，亚马逊则成了行业的领军人。在 2014 年第三季度，美国有 39% 的网购者在亚马逊上搜索相关商品信息，与此相对的是，只有 11% 的消费者使用谷歌。有趣的是，在 2009 年，使用谷歌和亚马逊的消费者分别是 24% 和 18%。因此，我们可以看到，胜利的天平正在向亚马逊倾斜。

巴诺公司曾经因为忽视谷歌带来的威胁而输给了谷歌。如今，巴诺公司已经重新定义了其市场定位并且尽量避免与谷歌竞争。举个例子，巴诺公司负责学院市场销售的部门主要通过大学的书店来销售书籍，并且已经获得了被学校认可的垄断地位。然而，亚马逊正试着通过与大学签署相关协议，同意与学校联名经营出售课本、学校文化衫等产品的网页，拓展亚马逊在大学的市场。并且，由于大多数学生已经开始使用亚马逊购物，这就使得亚马逊能够更容易地把东西卖给大学生，其在大学市场里的品牌推广也会更加简单。

几年前，亚马逊还被人称为"网上的沃尔玛"。但是，如今亚马逊产品和服务的多样化已经远远超过沃尔玛。例如，亚马逊在视频娱乐产业方面已经能够与网飞公司及其他公司竞争，这是沃尔玛的产品和服务中不曾涉猎的领域。事实上，亚马逊凭着其制造的剧集在 2015 年获得了两项金球奖。在最近，亚马逊又开始致力于打入男士和女士的时尚时装市场。作为亚马逊的创始人和 CEO，杰夫·贝佐斯的目标是将亚马逊打造成一家价值 2 000 亿美元的公司，为了达到这个目标，公司必须学会如何出售衣服和食品。

看起来亚马逊正在打败它所有的对手，甚至是强如谷歌和沃尔玛这样的公司都无法与亚马逊匹敌。但是，亚马逊仍旧需要小心它的竞争者。这里有一家新的公司——Jet.com，它正在试图动摇亚马逊的领军地位。Jet.com 的创始人马克·洛尔（Marc Lore）曾经建立了一个很成功的网站 Diaper.com，而亚马逊以前的竞争者之一 Quidsi，也是由他创建的。亚马逊通过一场价格战让 Quidsi 遭到了重创，并且最终以 5.5 亿美元的价格收购了 Quidsi。而洛尔也在这之后进入了亚

马逊工作。两年后，洛尔选择离开亚马逊并建立了 Jet.com。Jet.com 计划在市场上销售 1 000 万件产品并且保证产品以最低价格售出。与亚马逊 99 美元的会员年费相比，Jet.com 的会员年费仅 50 美元。对 Jet.com 来说，与亚马逊的竞争是其主要的挑战。另外不得不提的是，Jet.com 已经获得了约 2.4 亿美元的风险投资，这些资金主要来自贝恩资本（Bain Capital Ventures）、谷歌投资（Google Ventures）、高盛（Goldman Sachs）和西北银行风险投资（Norwest Venture partners）。Jet.com 现今的市值估计已经达到 6 亿美元。可以想象，未来亚马逊与 Jet.com 的竞争应该会很有趣。

资料来源：G. Bensiger, 2015, Amazon makes a push on college campuses, *Wall Street Journal*, www.wsj.com, February 1; K. Bhasin & L. Sherman, 2015, Amazon Coutre: Jeff Bezos wants to sell fancy clothes, *Bloomberg*, www.bloomberg.com, February 18; L. Dormehl, 2015, Amazon and Netflix score big at the Golden Globe, *Fast Company*, www.fastcomany.com, January 12; S. Soper, 2015, Amazon.com rival Jet.com raises $140 million in new funding, *Bloomberg*, www.bloomberg.com, February 11; B. Stone, 2015, Amazon bought this man's company. Now he is coming for him, *Bloomberg*, www.bloomberg.com, January 7; M. Kwatinetz, 2014, In online sales, could Walmart ever top Amazon? *Fortune*, www.fortune.com, October 23; R. Winkler & A. Barr, 2014, Google shopping to counter Amazon, *Wall Street Journal*, www.wsj.com, December 15.

2.7 竞争对手分析

竞争者环境是外部环境中最后一个需要研究的部分。对竞争对手的分析应聚焦于与某公司进行直接竞争的一些公司。例如，可口可乐和百事可乐、家得宝和劳氏、家乐福和特易购，以及波音和空中客车，它们都对彼此的目标、战略、假设和能力等有高度的兴趣。此外，激烈的竞争也使企业需要了解竞争对手。[125] 通过对竞争对手的分析，企业想要了解如下内容：

- 是什么驱动着竞争对手，也就是说它未来的目标是什么。
- 竞争对手正在做什么、能够做什么，正如其当前战略所揭示的。
- 竞争对手对行业是怎么看的，即它的假设。
- 竞争对手的能力是什么，其强项和弱点在哪里。[126]

这四个维度的信息，将帮助企业建立起针对每一个竞争者的预期反应档案（见图 2-3）。有效的竞争对手分析有助于企业了解、解读和预测竞争对手的行为和反应。理解竞争对手的行为，显然对企业在行业内实现成功的竞争有所帮助。[127] 有趣的是，研究表明，当竞争对手对企业的竞争行为做出反应时，企业高层往往无法正确预测对方可能的反应，[128] 反而将自己置于潜在的竞争劣势之中。

有效的竞争对手分析的关键是收集相关的数据和信息，使企业了解竞争对手的意图以及其中的战略含义。[129] 有效的数据和信息结合在一起就形成了竞争情报（competitor intelligence）：这是企业收集的一组数据和信息，借以更好地了解和预测竞争对手的目标、战略、假设和能力。进行竞争对手分析的时候，企业不仅要收集有关竞争对手的情报，还要收集世界上其他国家相关的公共政策信息，这些情报有助于形成对国外竞争对手战略态势的理解。通过有效的竞争情报和公共政策情报，企业能够获得创造出竞争优势所需的知识，提高战略决策的质量，并在竞争中战胜对手。

描述竞争情报时，许多人的反应是"竞争间谍活动"或"企业间谍活动"，这些词语指出了竞争情报是涉及商业的活动。[130] 因此，这表明"在一个国家合乎伦理不等于在另一个国家也合乎伦理"，在不同的情境下收集竞争情报，要遵守的规则也不同。[131] 然而，企业的竞争情报收集方法只有在严格的法律和伦理准则监督下才能够避免陷入法律纠纷和伦理困境。[132] 这意味着伦理行为和活动以及相关法律法规的授权，应成为企业竞争情报收集过程的基础。

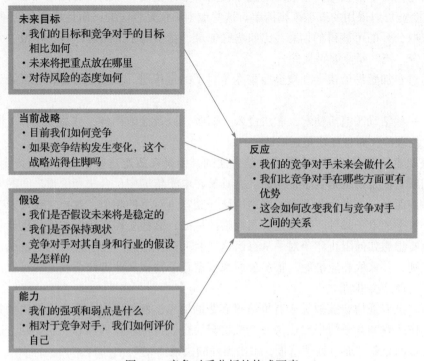

图 2-3　竞争对手分析的构成要素

收集竞争情报时，企业必须关注其产品和战略的互补者。[133] 互补者（complementor）是指那些销售互补产品和服务，或者与核心企业的产品和服务兼容的企业或网络。如果一个互补者的产品或服务能够为核心企业的产品或服务的销售增加价值，那么它就很容易为核心企业创造价值。

下面给出了一些企业之间的产品和服务互补的实例。例如，生产相片打印机的企业和出售数码相机的企业互补。英特尔和微软可能是广为人知的互补型公司。微软的广告口号是"Intel Inside"，从而充分地说明了两家企业的关系；它们之间并不存在直接的买卖关系，但是其产品具有很强的互补性。

航空公司联盟（如寰宇一家与星空联盟）找到了企业互补的方法，即它们的共享线路以及忠诚计划可以作为运营的互补方式之一（联盟和其他合作战略将在第 9 章讲到）。在这个例子中，这两家联盟都是互补者形成的网络。美国航空、英国航空、芬兰航空、日本航空和皇家约旦航空属于寰宇一家联盟，加拿大航空、布鲁塞尔航空、克罗地亚航空、德国汉莎航空和联合航空属于星空联盟，这两家联盟都会不断地调整它们的成员和服务，以更好地满足顾客的需求。

正如前面讨论的那样，互补扩大了企业竞争分析时要评价的竞争对手，从这个层面上说，美国航空公司与联合航空公司互相研究，既是以在多条航线上的直接竞争者的身份，又是以不同联盟成员的互补者的身份（美国航空属于寰宇一家，联合航空属于星空联盟）进行的。但是在一切情况下，竞争对手分析的开展基础应该是伦理承诺和道德行为。

2.8 伦理思考

在收集竞争对手情报时，企业应该遵守相关的法律法规和普遍接受的伦理准则。行业协会通常会形成企业可以采用的三项准则清单。这些准则不仅是合法的，而且是符合伦理的，包括：

（1）获取公开的可获得的信息（比如法庭记录、竞争对手的招聘广告、年报、公众持股公司的财务报告、统一商业编码文件）。

（2）通过参加贸易洽谈会和展会得到竞争对手的宣传册，参观其展台，聆听关于其产品的讨论。

此外，一些活动（包括勒索、非法侵入、窃听，以及偷取图样、样品和文件）被广泛地认为是不符合伦理的，而且往往是违法的。

某些获取竞争对手情报的方式或许是合法的，但是在假定这些企业愿意成为企业公民时，企业必须判断它们是否也是合乎伦理的。尤其是在电子传输中，合法和伦理之间的界限非常难以判断。举例而言，一家企业开发的网站网址与其竞争对手的相似，这样它就可以时常收到本该发至竞争对手的电子邮件。这就是公司面临的挑战，这些公司在决定如何收集竞争对手情报的同时，也要想想如何阻止竞争对手从自己这里获取过多信息。为了应对这些挑战，企业应该制定一些准则，并采取相应措施。很多公司都依据竞争情报从业者协会制定的行业行为规范和道德准则来处理这类事情。

企业可以从专业协会获取关于竞争情报实践的信息。例如，当企业决策如何收集竞争情报时，一个叫作战略和竞争情报专业协会的机构会为企业提供职业惯例和职业守则，这个协会追求的使命是帮助企业"通过竞争情报，做出更好的决策"。[134]

针对情报收集技术的公开讨论能够帮助企业确信，其员工、客户、供应商甚至潜在的竞争对手已经理解它在竞争对手情报的收集中遵守伦理准则的信念。关于竞争对手情报的收集，一个合适的指导方针就是尊重一般的道德准则，以及竞争对手的产品、运营和战略意图等信息不被泄露的权利。

小结

- 企业的外部环境充满挑战且错综复杂。由于外部环境对企业业绩的影响，企业必须具备一定的技能去分析且发现外部环境中的机会与威胁。

- 外部环境有三个主要部分：①总体环境（广泛的社会环境中影响到行业及其企业的要素）；②行业环境（对一个企业及其竞争的行为和反应，以及对行业的盈利潜力有影响的因素）；③竞争环境（其中，企业需要研究每个主要竞争对手的未来目标、当前战略、假设和能力）。

- 有效的外部环境分析过程应包括四个步骤：扫描、监测、预测和评估。通过外部环境分析，企业可以识别机会与威胁。

- 总体环境有七个方面的因素：人口、经济、政治/法律、社会文化、技术、全球化和自然环境因素。对每个方面的因素，企业均须确定环境变化及其趋势与战略的相关性。

- 与总体环境相比，行业环境对企业的战略行动有更直接的影响。竞争的五力模型包括：新进入者的威胁、供应商的议价能力、购买者的议价能力、替代品的威胁和现有竞争者之间竞争的激烈程度。通过研究这些力量，企业在行业中找到这样一个位置，要么能以对自己有利的方式影响这些因素，要么能保护自己免受这些因素的冲击，从而增强获得超额利润的能力。

- 一个行业通常存在不同的战略群组。战略群组是一组在同一战略维度上采取相似战略的企业。战略群组内竞争的激烈程度比战略群组之间的竞争激烈程度更高。
- 竞争对手分析使企业了解直接竞争对手的未来目标、当前战略、假设和能力。一个完整的分析会审视那些维持竞争者战略的互补

者，以及竞争对手参与其中网络的联盟。

- 有多种方法可以用来收集竞争情报：一系列数据、信息和知识，能帮助企业更好地了解其竞争对手并预测它们可能采取的战略和战术行动。企业只能使用符合法律和伦理要求的方法来收集情报。互联网的使用提升了企业迅速了解竞争者及其战略意图的能力。

关键术语

竞争对手分析	可持续的自然环境因素	机会
互补者	威胁	社会文化因素
经济环境	竞争情报	战略群组
全球化因素	人口统计因素	技术因素
行业	总体环境	
政治 / 法律因素	行业环境	

复习思考题

1. 为什么企业研究和了解外部环境很重要？
2. 总体环境和行业环境有什么区别？为什么这些区别很重要？
3. 外部环境分析过程（四个步骤）是怎样的？企业在这些过程中想要了解些什么？
4. 总体环境的七个方面有哪些？解释它们之间的不同。
5. 行业中的五种竞争力如何影响企业的盈利潜力？请说明。
6. 什么是战略群组？战略群组的概念对企业战略规划有何价值？
7. 收集和解读竞争对手信息的重要性何在？企业在收集竞争情报时应遵守哪些准则？为什么？

讨论案例

非正式经济：是什么，为什么重要

非正式经济（informal economy）指的是至少有部分行为发生在政府观察、征税和制度之外的商业活动。换句话说，社会学家曼纽尔·卡斯特尔（Manuel Castells）和亚历杭德罗·波特斯（Alejandro Ports）认为，"非正式经济有一个主要的特点，即在一个合法的社会环境下，它不受社会机构的约束，而其他与之类似的活动则会被约束"。非正式经济下的企业通常会被认为是其业务未经注册但

却在持续地进行生产和销售（也就是说，它们销售与你在合法业务中购买的相同的产品，但其标价更低，因为它们不需要支付相关的政府费用和税收）。与非正式经济相反，组成正式经济的商业活动由政府征税，并且因社会利益受政府监管，同时其活动的产出会计入 GDP。

对一些人来说，在非正式经济体制下工作是一种选择。例如，个人决定通过在非正

式经济下做第二份工作，来补充他们通过在正式经济下做第一份工作而获得的收入。然而，对大多数人来说，在非正式经济体制下工作是一种需要而不是一种选择，而是在现实的情况下，这会对非正式经济的规模和重要性做出贡献。尽管对非正式雇用的归纳概括是困难的，证据表明，对工作者来说这通常意味着恶劣的工作环境和程度更深的贫困。

对非正式经济的评估在不同的国家和地区是不同的。在发展中国家，非正式经济占所有非农业雇用的3/4，在南亚和非洲撒哈拉沙漠以南的部分国家和地区，这个比例可以达到90%。但其实在发达国家，非正式经济也十分突出，如芬兰、德国和法国（非正式经济的估计占比分别为其本国经济活动总量的18.3%、16.3%和15.3%）。在美国，近期的估测表明，当前非正式经济能够在每年的经济活动基础上形成2万亿美元的产出，而这个规模已经是美国2009年非正式经济的两倍了。当谈到在非正式经济下工作的人员数量时，据研究表明，"印度的非正式经济……（包括）成千上万的店主、农民、建筑工人、出租车司机、地摊商贩、拾荒者、裁缝、修理工、中介、黑市商人等"。

关于推动非正式经济发展的原因多种多样，其中就包括当前国家的经济环境无法为有效劳动力提供足够多的工作岗位。由于近期全球经济衰退，这种现象已经成为尤其严重和尖锐的问题。用一位住在西班牙的人的话说："如果没有非正式经济，我们可能会生活在一个充满剧烈动荡的社会里。"除此之外，政府无法有效地促进本国经济的发展与成长也是一个问题。对此，另外一个西班牙人认为："政府现在应该关注的是，改革正式经济以让其更加高效和有竞争力。"

通常认为，非正式经济给正式经济体制下的企业带来了威胁与机会。一个威胁是非正式业务也许拥有费用（成本）优势，因为与正式经济相比，非正式经济不需要交税和相关制度的费用。但是，非正式经济同样也带来了机会。研究表明，非正式经济给消费者带来满意，正式经济下的企业能够试着去理解消费者的需求并且寻求方法去更好地满足这些需求。另外一个有价值的机会则是企业可以吸引非正式经济中有天赋的人力资源，使其接受公司的雇用。

资料来源：A. Picchi, 2013, A shadow economy may be keeping the U.S. afloat, *MSN Money*, www.msn.com, May 3; 2013, Meeting on informal economy statistics: Country experience, international recommendations, and application, *United Nations Economic Commission for Africa*, www.uneca.org, April; 2013, About the informal economy, Women in informal employment: Globalizing and organizing, www.wiego.org, May; G. Bruton, R. D. Ireland, & D. J. Ketchen, Jr., 2012, Toward a research agenda on the informal economy, *Academy of Management Perspectives*, 26(3): 1–11; R. D. Ireland, 2012, 2012 program theme: The informal economy, *Academy of Management*, www.meeting.aomonline.org, March; R. Minder, 2012, In Spain, jobless find a refuge off the books, *New York Times*, www.nytimes.com, May 18.

讨论题：

1. 对于只在正式经济中运营的企业来说，非正式经济对它们来说意味着什么？

2. 当企业考虑分析它们的竞争者时，其中是否应该包括非正式经济体制下的企业？请解释为什么应该或者为什么不应该。

3. 非正式经济给正式经济体制下运营的企业带来哪些机会？

4. 非正式经济给正式经济体制下运营的企业带来哪些威胁？

5. 在正式经济体制下经营的企业要如何识别和分析它们的战略中与非正式经济相关联的部分？

内部组织：资源、能力、核心竞争力和竞争优势

学习目标

1. 解释为什么公司需要学习和理解其内部组织。
2. 定义价值并讨论其重要性。
3. 描述有形资源与无形资源两者之间的差异。
4. 定义企业的能力，并阐述企业提高能力的过程。
5. 描述用于决定企业的资源和能力是否属于其核心竞争力的四个标准。
6. 解释企业如何根据自身的资源、能力和核心竞争力进行企业价值链分析，以确定企业能够创造价值的领域。
7. 定义什么是外包并讨论企业进行外包的原因。
8. 讨论识别企业内部优势和劣势的重要性所在。
9. 讨论避免核心刚性的重要性。

开篇案例

数据分析、大型制药公司和核心竞争力：一个美丽新世界

也许令人感到意外，对于利用数据进行战略分析的观念在一些组织看来还十分新奇，但其实"大数据"和"大数据分析"（是指通过检查和分析大数据来发现隐藏的特征、未知的相关性和其他有用的信息，以此来帮助我们做出更好的决策）正在快速地改变这种情况。有人建议说，在当下的社会环境中，如果一个组织决定创新，那么它至少要保证能够快速地学会如何综合地利用各种消费者渠道（如移动端、网络、电子邮件以及实体店）和供应链所提供的信息进行大数据分析。

这正是许多大型制药公司此刻面临的状况，它们正在考虑利用大数据分析来发展自身的核心竞争力（我们将会在本章定义并讨论核心竞争力）的可能性。为什么这些企业

要评估这种可能性呢？这里有几点理由：首先，数据数量的巨大增长要求企业必须重视数据，并对数据进行研究和解释，以达到企业获取持续竞争优势的目的；其次，遍及全球的"医疗保健改革"系统正在影响这些企业，让企业把发展大数据分析作为一种核心竞争力。

对于能够把大数据分析作为核心竞争力的大型制药企业来说，这有诸多益处。例如，将大数据分析作为核心竞争力能够帮助公司快速识别被试候选人并加速候选人的甄选，发展改善用于临床实验的需要包含与排除的准则，还能帮助公司发现产品未知的用途和意义。在用户实用性上，能够将更好的产品通过一个更快的渠道提供给患者，使患者能够更健康地生活。大型制药公司可以自己尝试将大数据分析发展为核心竞争力，也可以与专业公司合作。如今，风险投资者正越来越多地投资于那些专攻数据分析的创业公司。无论使用何种方法，一个组织文化的改变经常需要得到大数据分析的有效支持。福特汽车公司的情况就是这样，它正通过大数据分析建立起一个观念：福特公司是一家出行公司，而不仅仅是汽车制造商。这种观点证明了福特公司正在利用大数据对自动驾驶和移动通信技术进行研发，使得其能够支持公司针对用户建立的一系列基础功能的运作，其中就包括一种恒温调节器，当用户出远门时，他能够使用福特的产品遥控家中的恒温调节器，让家中的温度自动降下来。

正如我们在本章讨论的那样，能力是发展核心竞争力的基础。为了将大数据分析发展成核心竞争力，这里有一些能力需要大型制药企业关注。支持性的结构、数据科学工作者的正确组合，以及在维持数据管理、数据质量和数据安全的高标准的同时，能够很好地综合和管理有关数据适应性和分级的新类型和资源的技术，这些都是大型制药企业需要掌握的能力。

就像大多数的企业一样，大型制药企业也有可能在追求将大数据分析发展成核心竞争力的短期内遇到困难。一项最新的调查表明，还有许多挑战需要企业关注，例如，高管对完整的大数据分析过程操作的理解不充分，在决定哪些数据是最具有战略相关性时遇到困难，以及无法持续且快速地得到完整和精确的数据。当然，并不是所有的大型制药企业都能通过努力成功地将发展大数据分析作为自己的核心竞争力。

资料来源：Big data analytics: What it is & why it matters, 2015, SAS, www.sas.com, April 2; Big data for the pharmaceutical industry, *Informatica*, www.informatica.com, March 17; B. Atkins, 2015, Big data and the board, *Wall Street Journal Online*, www.wsj.com, April 16; D. Gage, 2015, Zetta Venture Partners closes $60M fund to back data-analytics startups, *Wall Street Journal Online*, www.wsj.com, February 11; R. King, 2015, Ford wants to sharpen big data skills at its Silicon Valley innovation center, *Wall Street Journal Online*, www.wsj.com, January 22; Are you prepared to make the decisions that matter most? *PcW's Global Data & Analytics Survey* 2014, www.pwc.com, November 12; S. F. DeAngelis, 2014, Pharmaceutical big data analytics promises a healthier future, *Enterrasolutions. com*, www.enterrasolutions.com, June 5; T. Wolfram, 2014, Data analytics has big pharma rethinking its core competencies, *Forbes Online*, www.forbes.com, December 22.

正如在第 1、2 章所讨论的，全球经济中的一些因素，如互联网功能和全球化的快速发展，总体上使得公司越来越难以找到办法来开发持续性的竞争优势。[1]创新逐渐成为努力开发这一优势的至关重要的途径之一。[2]时装零售商 Zara 高效创新的服装设计能力是它的核心能力，也是竞争优势。这种能力来源于 Zara 的复杂存货信息跟踪技术，以及依靠创新设计团队而非个人来快速设计开发新时装。由此，Zara 能源源不断地推出新品，开创了顾客人均年均访问次数高达 17 次的火热局面，而其竞争对手则平均只有 3 次。[3] 本章的"讨论案例"将对 Zara 进行进一步分析，相信你将会对它有更多的了解。不仅服装行业，某些大型医药企业也十分需要创新行为，这些企业寻求发展企业能力，以此为基础的大数据分析才能成为企业的核心能力（见"开篇案例"）。

正如 Zara 和某些大型医药企业，创新对于企业的成功起着关键的作用，这意味着很多企业都瞄准了创新，试图将其发展成核心竞争力。在本章，我们将定义和讨论核心竞争力，并阐释企业如何运用资源和能力来打造核心竞争力。作为核心竞争力，创新对波音公司的成就功不可没，如今，波音公司专注于渐进式创新和与主要创新点及创新项目息息相关的新技术研发，如 787 梦想飞机。波音公司相信，依靠渐进式创新，它们能以更低的成本、更快的速度向顾客提供可靠的产品。[4] 对于美国的医学院来说，创新也变得越来越重要，它们正在努力寻找培养"能为满足全国正在变化的医保系统所需的准备得更好的年轻医生"的方法。[5] 正如本章所言，公司和组织，可以通过收购、合并和使用它们的资源来获得战略竞争力并赚取高于平均水平的利润，以便利用外部环境中的机会，为客户创造价值。[6]

即使公司采用能够创造核心竞争力和竞争优势的方法来开发和管理资源，公司的竞争对手也最终会找到复制公司创造战略优点的方法，因此所有竞争优势的生命都是有限的。[7] 正因为如此，复制竞争优势的问题不是"是否会发生"，而是"什么时候发生"。通常，竞争优势的可持续性受到三个因素的影响：①外部环境变化导致的核心竞争力的淘汰率；②核心竞争力替代品的可获得性；③核心竞争力的可模仿性。[8] 对于所有公司来说，面临的挑战都是在有效地管理现有核心竞争力的同时，开发新的核心竞争力。[9] 只有做到这点，公司才能有希望获得战略竞争力，赚取高于平均水平的利润，以及保持领先于竞争对手的地位。

在第 2 章，我们分析了总体环境、行业环境和竞争环境。通过掌握公司外部环境的现状和形势等信息，公司能够更好地理解市场机会以及所处竞争环境的特点。在本章，我们将关注公司自身，通过分析公司的内部组织，公司能够明确自己可以做什么。将公司可以做的（内部组织中的资源、能力和核心竞争力的函数）和可能做的（外部环境中的机会和威胁的函数）进行匹配是公司深刻理解其所需战略的过程，可从第 4～9 章中选取相应战略的过程。

本章，我们将首先简要地描述公司内部组织的情况，然后讨论组织资源和能力在开发核心竞争力（公司竞争优势的来源）中的作用。这里包括了公司用于识别、评估组织资源和能力的技术，以及公司确定核心竞争力的标准。资源本身通常不是竞争优势，事实上，只有当公司利用这些资源形成组织能力时，资源才会创造价值，它们中的一部分才会成为核心竞争力以及潜在的竞争优势。由于资源、能力和核心竞争力之间的关系，我们还将讨论价值链，并介绍公司用于衡量其能力是否是核心竞争力和竞争优势来源的四个标准。[10] 本章最后将对企业外包和公司防止核心竞争力成为核心刚性的必要性进行警示性讨论。核心刚性的存在说明公司过于墨守成规，阻碍了新的能力和核心竞争力的不断开发。

3.1　内部组织分析

3.1.1　内部分析

分析企业内部组织需要考察的条件之一是当今全球经济的现状。一些传统的因素，如劳动力成本、对财务资源和原材料的获取以及对市场的调节和控制，虽然仍对公司生产、销售和分配其产品或服务具有非常重要的作用，但现在这些资源已不太可能成为核心竞争力或竞争优势了。[11] 其中一个重要的原因是，越来越多的公司利用自身的资源形成核心竞争力，并成功地运用国际化战略（将在第 8 章讨论）来抵消传统资源所创造的优势。

例如，高端零售商尼曼集团（Neiman Marcus Group）正在采取行动使自己能迎合全球市场高端消费者的需求，这说明 CEO 卡伦·卡茨（Karen Katz）想将尼曼品牌推向世界舞台的野心。这个品牌以前一直只在美国本土开有店面，为了能迅速进入国际市场，尼曼采取的行动之一就是收购国外的电子商务网站。收购总部设于慕尼黑的 Mytheresa.com 就是尼曼最近的一项重要活动，这为它在欧洲提供了一个强大的据点，同时这也使它在亚洲拥有了一个正在兴起的立足之地。建立起有效的分销渠道对于想发展新竞争力的尼曼来说至关重要，因为新竞争力是它能为全球高端消费者提供服务的基础。[12]

鉴于全球性经济越来越重要，公司在分析其内部组织时，应当运用全球性思维（global mindset）。全球性思维是一种分析、理解和管理内部组织的能力，它不拘于单一的国家、文化和环境。[13] 由于拥有全球性思维的公司能够跨越人为的界限，因此这些公司认识到它们必须要拥有足以理解和应对在特定民族因素和独特文化影响下的竞争环境的资源和能力。运用全球性思维分析内部组织能够极大地帮助公司超越竞争对手。[14] 正是全球性思维对尼曼的影响，才让它瞄准了全球高端消费市场，而非止步于美国本土市场。

最后，分析公司的内部组织要求评估者检查公司资源和能力的全部组合。这一观点认为，一家公司总是拥有其他公司所没有的一些资源和能力，至少在同样的组合中没有。资源是能力的来源，一些能力发展成为核心竞争力；接着，一些核心能力可能发展成为公司的竞争优势。[15] 了解如何利用公司独特的资源和能力组合，是决策制定者在进行组织内部分析时所要寻求的重要答案。[16] 图 3-1 表明资源、能力、核心竞争力与竞争优势之间的关系，以及企业能如何运用它们来创造战略竞争优势。正如我们接下来将讨论的，公司在其内部组织中可使用各种资源来为消费者创造价值。

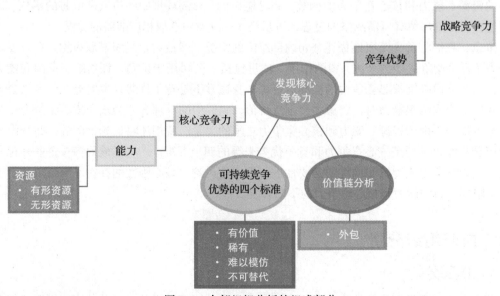

图 3-1　内部组织分析的组成部分

3.1.2　价值创造

企业将资源作为制造商品或提供服务的基础，从而为消费者创造价值。[17] 价值（value）是由消费者愿意支付的商品性能特征和属性来衡量的。企业通过创新性组合和资源利用来创造价值，并塑造能力和核心竞争力。[18] 有竞争优势的企业可以比竞争对手为消费者创造更多的价值。[19] 和竞争对手相比，沃尔玛针对相同的产品，以"天天平价"作为经营策略［一种植根于公司核心竞争力（如信息技术和分销渠道）的方式］，来为那些寻找低价商品的消费者创造价值。企业的核心竞争力越强，为消费者创造的价值越大。[20]

归根结底，为消费者创造价值是获得高于平均水平回报的来源。企业为创造价值采取的措施将会影响企业对业务层战略（见第 4 章）和企业组织结构（见第 11 章）的选择。[21] 在第 4 章对业务层战略的讨论中，我们将指出，价值是由相对于企业竞争对手产品的低成本和高度的差异性特征决定的。只有以开拓企业的能力和核心竞争力为依据，才能够选出有效的业务战略。因此，成功的企业应当不断检查企业当前能力和核心竞争力的有效性，同时思索企业未来要想获得成功必须具备的能力和核心竞争力。[22]

曾经，企业主要着重于了解其所在行业的特征以努力创造价值，并针对这些特点来决定企业应该如何确定自己相对于竞争对手的地位。这种对行业特征和竞争战略的重视，会低估企业的资源和能力在形成竞争优势时发挥的作用。事实上，核心竞争力与产品的市场定位是相关的，都是企业竞争优势最重要的来源。[23] 企业的核心竞争力以及企业对外部环境的分析结果，能够帮助企业决定经营战略的选择。[24] 克莱顿·克里斯坦森（Clayton Christensen）指出，"成功的战略家需要对竞争的过程和取得的进步有深入的理解，并对那些能够强化竞争优势的各项因素拥有深刻的认识。只有这样，我们才可以明白过时的优势应当何时将其抛弃，以及如何建立新的优势来代替旧的优势"。[25] 通过在战略制定过程中强调核心竞争力，企业能够学会如何主要利用企业独特的差异性来竞争。但与此同时，也应当对外部环境的变化时刻保持警惕。[26]

3.1.3　内部组织分析中的挑战

管理者针对企业内部环境的组成部分所制定的决策是非例行性的，[27] 具有伦理意义，[28] 而且对于企业能否获取超额回报有着极其重要的影响。[29] 这些决策涉及企业选择需要聚集的各种资产类型，以及应当如何最佳地利用这些资产。

从表面上来看，针对企业资产做出决策——识别、开发、分配并保护企业的资源、能力和核心竞争力——可能是相当容易的一件事。但实际上，这些工作同管理者所从事的其他工作一样充满了挑战和困难，而且更重要的是，这一决策任务的国际化程度也在逐步加深。[30] 有人认为，企业的管理者往往面临巨大的压力，他们制定的决策必须满足市场分析师所预期的企业季度收入额，这些压力使得他们更加难以对企业内部组织进行准确的分析和考察。[31]

初步证据表明，几乎有一半的组织决策都是毫无价值的，这就反映了做出有效决策的确是一件充满挑战和困难的工作。[32] 有时，企业在对内部组织的具体情况进行分析时可能会犯下一些错误。[33] 例如，管理者可能会把那些不能带来竞争优势的能力视为企业的核心竞争力。宝丽来公司（Polaroid）的决策制定者就出现过这种识别上的失误，他们曾认为宝丽来在生产即时成像相机时使用的技术是非常适用的，而当时竞争者却正在马不停蹄地开发数码成像技术，并迅速将其应用到数码相机的生产中。例如，宝丽来的决策者曾认为，卓越的制造能力是公司的核心竞争力，也是对公司即时成像相机的增值功能进行创新的能力来源。如果在分析和利用资源时出现了错误，如几年前宝丽来公司曾出现过的，决策者必须有足够的信心去承认错误并采取正确的行动。[34]

企业可以从错误中获得成长。事实上，出现错误并改正错误的学习过程，对于创造新的能力和核心竞争力来说是非常重要的。[35] 从失败中得到的一个教训是要正确选择放弃的时机。宝丽来显然应该更早更改它的战略，这样也许就能避免更严重的损失。另一个例子是关于美国新闻集团（News Corp.）Amplify 部门的。Amplify 部门负责制造平板电脑，销售线上课程以及提供考试服务，截至 2015 年，新闻集团已经向 Amplify 部门投资超过 10 亿美元。2014 年，这个部门由于试图改变教学方式而出现了 1.93 亿美元的亏损，而其他根基稳固的教材出版商正通过销售电子产品（就像 Amplify 销售的一样）巩固自己的地位。面对来自强劲对手的压力，新闻集团也许想要仔细地反思自己以前的决策是否出现了问题，如果是这样，那么如何保证将来的决策是正确的呢？[36]

正如我们将要学习到的，不确定性、复杂性、组织内部的冲突这三种情形将会对管理者分析内部组织和做出资源决策产生影响（见表 3-1）。

表 3-1 影响关于资源、能力和核心竞争力的管理决策的三种情形

不确定性	与总体环境、商业环境、竞争者的行为以及顾客偏好等方面相关
复杂性	与企业环境的形成以及对环境的理解两者之间的相关因素有关
组织内部的冲突	发生在那些制定管理决策以及受管理决策影响的人之间

企业经理人面对的不确定性主要涉及新的专利技术、瞬息万变的经济和政治趋势、社会价值的转变，以及顾客需求的转移等。[37] 环境的不确定性会使经理人对企业内部环境的研究变得更为复杂，也会为他们带来更多的问题。[38] 我们可以考虑美国煤炭生产商皮博迪能源公司（Peabody Energy）和穆雷能源公司（Murray Energy）在制定公司决策时需要面对的复杂状况。

皮博迪能源公司是世界上最大的私人煤炭公司。公司为美国约 10% 的发电量及全球约 2% 的发电量提供煤炭燃料。但是，这家公司和其他一同在此行业内竞争的企业都面临着巨大的不确定性，尤其是政治上的不确定性。因此，问题就出现了，皮博迪和它的竞争对手该如何分配今天的资源以谋得明天的成功呢？将煤炭及其生产制造视为"不清洁能源"及"环境不友好产业"，美国环境保护署（EPA）在 2014 年颁布并在 2015 年详细阐述了新规定。针对碳排放，新规定呼吁"基于 2005 年的排放水平，到 2030 年发电厂的碳排放量要减少 30%"。而像皮博迪、阿奇煤炭公司（Arch Coal）和穆雷能源公司这样的煤炭生产商认为，这项新规定过于严苛了，并且 EPA 在制定《清洁空气法案》时对它有所曲解。各方都需要时间来化解这些问题，并且由于有些诉讼由州（如西弗吉尼亚州）发起，有些由企业（如穆雷能源公司）发起，这些诉讼案需要经多个法庭裁决。[39] 关键在于，这些能源企业的决策制定者在审查构成了其企业内部组织的资源、能力和核心竞争力时，面临着巨大的不确定性。[40]

企业对如何处理不确定性的偏见会影响企业的决策，这些决策涉及如何管理企业的资源和能力以形成核心竞争力。[41] 另外，当企业决定开发什么样的核心竞争力以及如何开发时，组织内部也会出现冲突。应该投入多少资源和能力来形成支持现有煤炭技术的核心竞争力和支持相对于"清洁技术"的核心竞争力，可能会在皮博迪能源公司引发冲突。

当这三种情形影响决策制定时，管理者必须具备一定的判断力。判断力是指在没有必然正

确的模型或规则可参照，或者相关数据不完全或不可靠的情况下，做出正确决策的能力。在这种情况下，决策者必须意识到认知偏差存在的可能性，如过度自信。一个人对于自己的决定太过自信可能会使其忽略突发事件对该决定带来的影响。[42]

当实施决策时，决策制定者往往要面对智力的考验。在如今的竞争环境下，企业管理者英明的决断能力对企业具有重大意义。原因之一在于，决策制定者做出的正确判断日积月累下来能够使企业声名远扬，并且帮助企业赢得利益相关者的忠诚，他们的支持与超额利润息息相关。[43]

找到能够成功制定企业资源利用决策的人非常具有挑战性。寻找一个这样的领导者非常重要，因为领导者在资源和管理方面的决策质量会影响公司获得战略竞争力的能力。战略领导者是指掌握重要决策制定权力的人。在第 12 章将会对战略领导者做详细的介绍，就本章而言，我们可以把战略领导者看作在审查企业的资源、能力和核心竞争力时，有能力就这些资源的使用做出有效决策的人。

在下一节，我们将讨论公司的资源、能力和核心竞争力之间的关系。读这部分内容时请记住，公司拥有的资源比能力多，拥有的能力比核心竞争力多。

3.2 资源、能力和核心竞争力

资源、能力和核心竞争力是构成企业竞争优势的基础。企业应当将各项资源结合起来开发企业的组织能力，能力又是企业核心竞争力的来源，而核心竞争力是企业竞争优势的根基所在。[44] 图 3-1 体现了其中的关系，接下来我们将深入进行讨论。

3.2.1 企业的资源

从广义来说，资源涵盖了一系列的个人、社会和组织现象。资源本身并不能成为企业为消费者创造价值、获取高于平均水平利润的基础，而将各种资源组合在一起可以形成能力。[45] 例如，赛百味公司（Subway）把新鲜食材和其他资源（包括持续培训）结合在一起，提供给加盟店以帮助它们形成能力；客户服务能力也是赛百味的核心竞争力之一。

网络作为亚马逊唯一的分销渠道，也是亚马逊公司的一种资源。亚马逊通过网络销售商品，商品的价格要比销售相同商品的实体店竞争者便宜。通过结合其他的资源（如大量商品储存能力），亚马逊的客户服务在消费者心中的信誉得到很大的提高。为消费者提供优秀客户服务的能力既是亚马逊的核心竞争力，也是公司通过服务为消费者创造独特价值的过程。亚马逊还通过核心技术能力为消费者提供 AWS 服务（亚马逊网络服务），通过该系统企业可以以每小时几便士的成本从亚马逊租借计算能力。而规模远不及 AWS 的 Rackspace 则试图利用它的核心竞争力"专业经济知识"（economies of expertise）来与强大的竞争对手一较高下。[46]

企业的有些资源（例如，第 1 章介绍的企业生产过程中的投入品）是有形的，有些资源则是无形的。有形资源（tangible resources）是指那些可见的、能够量化的资产。生产器械、制造设备、销售中心以及正式的报告系统等，都属于有形资源。无形资源（intangible resources）则是指那些深深根植于企业的历史之中，长期以来积累下来的资产。由于以一种独特的方式存在，无形资源通常不易于被竞争对手了解、分析和模仿。知识、管理者和员工之间的信任和联系、管理能力、组织制度（即人们共同工作的独特方式）、科技能力、创新能力、品牌、企业凭借自己的产品和服务获得的声誉，以及与人们交往的方式（如企业员工、客户以及供应商）、组织文化，这些都属于无形资源。[47]

无形资源需要得到扶持来保持其能力以帮助公司在竞争中的交战。这里就有一个关于无形资源——品牌的案例。品牌在很长一段时间内都是可口可乐公司的无形资源，同样，对于标志性的英国品牌"极度干燥"（Superdry）也是如此。最近，极度干燥品牌的拥有者——超级集团（SuperGroup PLC）遇到了缺乏维持和提升极度干燥品牌价值的能力的问题。我们将在"战略聚焦3-1"中探讨这个问题。

战略聚焦 3-1 极度干燥：把品牌管理作为战略成功的基础

极度干燥（Spuerdry）品牌及其精心组合的产品线均隶属于总部位于英国的母公司超级集团（SuperGroup），而近期集团正在采取行动应对极度干燥最近出现的业绩问题。公司在短短半年内连续发布了三次利润警告、而2014年股票价格也比2013年下跌了34%。

超级集团成立于1985年，是一家以销售高知名度个性服饰而著称的时尚零售商。该集团认为"旗下品牌极度干燥是集团业务的核心"。该品牌希望能筛选出那些寻求购买"有独特设计和精良制作的时尚服装"的客户。而且，它们也相信自己的男装与女装产品"在设计中捕捉到了'都市'与'街头'的元素，并且巧妙地融合了美国文化中的复古、日本文化中的意象和英国的剪裁风格，非常注重细节，具有广泛的吸引力。"因此，对该公司的品牌而言，向它的历史目标客户——十几岁青少年和二十出头的青年传达的形象是至关重要的。这些使超级集团相信，客户喜欢极度干燥的产品以及它们销售商店中富有"戏剧性与个性化"的装潢风格。这些对于公司达到为客户提供"个性化的购物体验，增强品牌性而不仅仅是卖衣服"这个目标而言是至关重要的。

正如"开篇案例"所说，公司的业绩正在被一些问题所影响。极度干燥公司该做的第一件事，就是在品牌被破坏之前，解决掉所有问题。而管理混乱也是这家公司遇到的问题之一。2015年1月，极度干燥公司的

CEO突然离职。几乎同时，CFO因为贪污被停职，首席运营官也跳槽去了其他公司。一些分析师认为，该公司的发展计划十分不周密，表明公司高层领导人可能无法做出有效的战略决策。正如一位分析师所说："超级集团的问题是，它们在没有基础设施支持的情况下扩展得太快了。"

目前集团正在努力解决这些问题。超级集团打算加强对极度干燥公司的控制以保护其品牌价值。目前，他们刚刚新任命了一位相信"业务需要被更多掌控"的CEO和一位德高望重的临时首席财务官。公司的董事会增加了拥有丰富管理经验的专业人士来提高董事会的决策能力。关于这些变化，一位观察员说，超级集团已经从家族管理风格向一个更为专业和老练的管理风格转变，这比它之前好太多了。

为了重塑极度干燥品牌，集团也采取了很多直接行动。为了重新点燃品牌形象，集团聘请了电视剧《火线》的演员伊德瑞斯·艾尔巴（Idris Elba）作为品牌代言人，这是一次十分重要的尝试。事实上，超级集团认为，艾尔巴是极度干燥品牌的缩影——英伦风、接地气、酷。他们还认为，通过让42岁的艾尔巴代言，极度干燥将会吸引那些与极度干燥品牌一起"成长"的顾客。超级集团通过服饰上过于夸张的LOGO来吸引年龄大于25岁且没那么张扬的顾客。针对更为成熟的顾客，极度干燥拓展服装线，开发了如滑

雪运动和橄榄球运动的服装系列。在解决完近期遇到的问题后，超级集团打算扩展到包括中国在内的其他市场。不过，在任何情况下，公司在进入新的竞技场时都应该保护品牌，并将其作为未来预期成功的依赖和基础。

资料来源：About SuperGroup, 2015, SuperGroupPLC. com, www.supergroup.co.uk, April 5; S. Chaudhuri, 2015,

Superdry brand works to iron out problems, *Wall Street Journal Online*, www.wsj.com, April 15; S. Chaudhuri, 2015, Superdry looks to U.S. to drive growth, *Wall Street Journal Online*, www.wsj.com, March 26; H. Mann, 2015, SuperGroup strategy oozes Hollywood glamour, *Interactive Investor*, www. iii.co.uk, March 26; A. Monaghan & S. Butler, 2015, Superdry signs up Idris Elba, *The Guardian Online*, www.theguardian. com, March 26; A. Petroff, 2015, Is this the worst CFO ever? *CNNMoney*, www.money.cnn.com, February 25.

对于每种分析，都被划分为有形资源和无形资源两大类别。有形资源的四种类型分别为财务资源、组织资源、实物资源以及技术资源（见表 3-2）。无形资源的三种形式则分别为人力资源、创新资源以及声誉资源（见表 3-3）。

表 3-2 有形资源

财务资源	• 企业的借款能力 • 企业产生内部资金的能力
组织资源	• 企业正式的报告结构，以及正式的计划、控制和协调系统
实物资源	• 企业的厂房和设备的地址，以及先进程度 • 获取原材料的能力
技术资源	• 技术的含量，如专利、商标、版权和商业机密

资料来源：Adapted from J.B.Barney, 1991, Firm resources and sustained competitive advantage, *Journal of Management*, 17: 101; R.M.Grant, 1991, *Contemporary Strategy Analysis*, Cambridge, U.K.: Blackwell Business, 100-102.

表 3-3 无形资源

人力资源	• 知识 • 信任 • 管理能力 • 组织惯例
创新资源	• 创意 • 科技能力 • 创新能力
声誉资源	• 客户声誉 • 品牌 • 对产品质量、耐久性和可靠性的理解 • 供应商声誉 • 有效率的、有效的、支持性的和双赢的关系以及交往方式

资料来源：Adapted from R.Hall, 1992, The strategic analysis of intangible resources, *Strategic Management Journal*, 13:136-139; R.M.Grant, 1991, *Contemporary Strategy Analysis*, Cambridge, U.K.: Blackwell Business, 101-104.

1. 有形资源

作为有形资源，企业的借款能力以及物质设施的状况都是可见的。许多有形资源的价值可以在财务报表中得到反映，但是这些报表并不能完全反映企业所有资产的价值，因为它们忽略了一些无形资源。[48] 有形资源的价值是有限的，因为企业很难更深地挖掘它们的价值，也就是说，企业很难从有形资源中获取额外的业务或价值。例如，飞机就是一种有形资源或资产，但"你不能让同一架飞机同时飞行在五条不同的航线上，你也不能让同一名飞行员同时飞行在五条不同的航线上。针对飞机做出的财务投资也属于有形资源，难以为企业提供额外的价值"。[49]

尽管生产性资产是有形的，但使用这些资产的很多流程却是无形的。因此，与制造设备这样的有形资源相关的学习过程以及潜在的专有流程都拥有独特的无形资产性质，如质量控制流程、独特的生产流程，以及随时间不断发展并为企业带来竞争优势的先进技术等。[50]

2. 无形资源

与有形资源相比，无形资源是一种更高级、更有效的核心竞争力来源。[51] 实际上，在全球经济中，相对于实物资产，知识资本对企业的成功起着更为关键的作用。[52] 因此，能够有效管理知识资本正成为领导者一项越来越重要的技能。[53] 由于无形资源不可见，而且难以被竞争对手所了解、购买、模仿或替代，企业更愿意将无形资源而不是有形资源作为开发企业能力和核心竞争力的基础。实际上，一种资源越不容易观察得到（即无形），以之为基础建立起来的竞争优势就越具有持续性。[54] 无形资源具有的与大多数有形资源不同的另一个优势是，它们的价值可以得到更大程度的利用。举例来说，企业员工之间的知识共享，对于其中任何一个人而言，价值都不会减少；相反，两个不同的人如果能够共享各自的知识，他们的知识集合就会得到更充分的利用，这通常会创造出更多的知识。尽管对于双方来说那些都是全新的知识，但它们却能够帮助企业进一步提高经营业绩。

如表 3-3 所示，声誉这种无形资源是企业能力及核心竞争力的一个重要来源。的确，有些人认为，企业甚至能够凭借良好的声誉获得竞争优势。[55] 良好的声誉能够为企业创造价值，但良好的声誉是依靠企业的行动和宣传培养出来的，是企业用自己连续数十年在市场上的出众表现换来的，体现了企业各利益相关者对企业竞争力的认可。[56] 声誉表明了企业的发展能够被利益相关者所认识到的程度，同时也表明了他们对企业经营状况的认同程度。[57]

拥有一个高知名度且备受重视的品牌名称，就是把声誉转化为企业竞争优势的一种应用方式。[58] 企业不断地投入资金进行技术创新和积极的广告宣传，这些都可以帮助企业将声誉与品牌更加紧密地联系起来。[59] 哈雷-戴维森公司在制造高质量和独一无二的摩托车方面拥有很高的信誉。依托优秀信誉，哈雷-戴维森公司还生产了很多独特、高质量的附加产品。太阳镜、珠宝首饰、腰带、钱包、衬衫、宽松裤和帽子等产品，只是消费者可以从公司网上商店或经销商那里买到的哈雷-戴维森公司生产的众多附加产品中的一小部分而已。[60]

得益于当今的技术，有些企业利用社交媒体来提高自己品牌的声誉。例如，康卡斯特（Comcast）"正在增加社交媒体人员，以改善目前低效、反应迟缓、不够礼貌的客服形象"。[61] 通用汽车公司也在采取相同的方式，通过社交媒体回应顾客对于前些年的汽车召回事件的担忧，而通用汽车这么做最关键的目的在于"彻底重建自己开放、透明和善于倾听的企业形象"。[62] 可口可乐公司也是如此，它意识到世界上每天都在进行着数以万计的对话和交流，并且媒体的用词会影响到自己的声誉，可口可乐公司鼓励自己的员工加入到这些对话当中，以此帮助企业塑造良好的形象。推动对话的发展对可口可乐公司的员工来说是一种社交媒体"承诺"，这是他们参与各类眼花缭乱的社交平台的基础。保证企业透明化、保护顾客隐私之类的，就属于企业许下的"承诺"。[63]

3.2.2　企业的能力

企业将有形资源和无形资源进行组合以形成能力。反过来，能力又可用来完成企业生产、分配和售后服务所需的组织任务，从而为消费者创造价值。能力是建立核心竞争力和预期竞争优势的基础，而能力通常以企业人力资本对信息和知识的开发、传递和交流为基础。[64] 因此，人力资本在开发和使用能力并最终形成核心竞争力中的作用是不可以被低估的。[65] 实际上，"人力资本与企业的关系就像水与舟的关系，水能载舟，亦能覆舟"。[66] 对于比萨品牌达美乐来说，人力资本对企业改变竞争方式起着至关重要的作用，为此 CEO 帕特里克·道尔（Patrick Doyle）描述说，在很多方面，达美乐正成为"一家技术企业……我们使烤制比萨的艺术适应了如今的数字时代"。[67]

企业的能力通常在某个具体的职能领域（如生产、研发以及市场营销）或者某个功能性领域的部分领域（如广告）得到发展。表 3-4 列举了一些公司非常重视的一系列组织职能和企业能力，这些公司认为所列能力都可以承担表中所示的全部或一部分的组织职能。

表 3-4　企业能力的一些例子

职能领域	能　力	企业名称
配送	• 有效地利用后勤物流管理技术	• 沃尔玛
人力资源	• 激励、授权以及保留员工	• 微软
管理信息系统	• 通过收集定点采购有效和有效率地数据控制存货 • 控制库存	• 沃尔玛
市场营销	• 有效地推广品牌产品 • 有效的顾客服务 • 创新性采购	• 宝洁 • 拉夫·劳伦 • 麦肯锡 • 诺德斯特龙 • Crate & Barrel
管理	• 展望未来潮流的能力	• 雨果博斯 • Zara
生产	• 生产可靠的产品所需要的设计和生产技能 • 产品和设计质量 • 产品和产品部件的微型化	• 日本小松 • 威特 • 索尼
研发	• 技术创新 • 开发精密的电梯控制系统 • 把技术快速转化为产品和生产过程 • 数字技术	• 卡特彼勒 • 奥的斯电梯 • 查帕拉尔钢公司 • 汤姆逊消费电子

3.2.3　企业的核心竞争力

我们在第 1 章中已经定义过，企业的核心竞争力指的是能够作为企业竞争优势来源的企业能力，凭借竞争优势，企业能够击败竞争者。核心竞争力不仅能够使一家公司具备与众不同的竞争力，而且还可以反映公司独特的个性。企业的核心竞争力是企业在不断积累并学习如何利用各种不同的资源和能力的长期过程中形成的。[68] 作为采取行动的一种能力，企业的核心竞争力就像是"皇冠上的一颗宝石"，作为核心竞争力的企业活动是相对于竞争者来说企业尤其擅长的一些行动，凭借这些行动，企业能够在很长的一段时期内为自己的产品或服务增加独特的价值。[69] 因此，如果一家大型医药企业（就像辉瑞一样）开发出了大数据分析作为一种核心竞争力，我们就可以说，这家企业已经获得了新的能力，通过这些能力它能以一种竞争领先的姿态分析并有效利用大量数据。

创新能力一直被视为苹果公司的核心竞争力，研发活动作为一种能力，是核心竞争力的来源之一。具体来说，苹果公司将有形资源（如财务资源和研发实验室）与无形资源（如科学家、工程师和组织程序）结合起来完成研发任务的方法，创造了研发中的一种能力。通过强化研发能力，苹果公司有能力不断创新其产品为消费者创造独特的价值，这说明创新是苹果公司的核心竞争力。

苹果公司的另一个核心竞争力是零售店优秀的客户服务能力。例如，独特、现代化的店面设计（有形资源）与有知识、有技术的员工（无形资源）相结合为消费者提供优异的客户服务。苹果公司的核心竞争力——优异的客户服务是建立在一系列精心设计的培训和发展流程之上的。这些培训流程由各种能力组成，包括严格控制员工与客户互动的方式，现场技术支持的标准培训方法，以及根据每家门店的特点，进行预装照片和音乐演示设备等细节的设置。[70]

3.3　建立核心竞争力

有两种工具可以帮助企业识别并建立核心竞争力。第一种工具由可持续性竞争优势的四个具体标准组成，企业可以用这四个标准来判别哪些资源和能力可以为企业提供核心竞争力。由于表3-4中列出的企业能力都满足这四个标准，因此它们可以构成企业的核心竞争力。第二种工具就是价值链分析。企业可以利用这个工具选择那些需要不断维护、更新或发展并能创造价值的核心竞争力，或者挑选出那些应当进行外包的核心竞争力。

3.3.1　可持续竞争优势的四个标准

如表3-5所示，企业应当重视的四种核心竞争力分别是有价值的能力、稀有的能力、难以模仿的能力和不可替代的能力。而且，核心竞争力也是企业相对于竞争对手而言拥有的竞争优势的来源。不能满足这四个可持续性竞争优势标准的能力就不能被视为核心竞争力。这就意味着，尽管每种核心竞争力都是企业的一种能力，但并非每种能力都能够成为企业的核心竞争力。换句话说，一种企业能力要想成为一种核心竞争力，它在顾客眼中就一定具有很高的价值，并且是独一无二的。为了使竞争优势具有可持续性，企业的核心竞争力必须是无法被竞争者模仿的，而且对于竞争者来说是无法替代的。[71]

表3-5　可持续竞争优势的四个标准

有价值的能力	• 帮助企业减少威胁及利用机会
稀有的能力	• 不被他人拥有
难以模仿的能力	• 历史的：独特而有价值的组织文化和品牌 • 模糊性因素：竞争能力的原因和应用不清楚 • 社会复杂性：管理者之间、供应商及客户间的人际关系、信任和友谊
不可替代的能力	• 不具有战略对等性的资源

只有当竞争者无法复制企业战略的优势时，或者当竞争者缺少足够的资源来模仿产品时，可持续竞争优势才会存在。有时，企业可能会通过利用有价值的、稀有的但易于模仿的能力来获得核心竞争力。例如，一些公司试图通过做得比竞争对手更加环保来获得竞争优势[72]（有趣的是，开发"环保"核心竞争力可以为公司带来高于平均收入的回报，同时也为当地社会带来一定的利益）。多年以来，在寻求竞争优势的过程中，沃尔玛一直致力于利用自己的资源来促进环境的可持续发展。为达到此目的，最近沃尔玛在其线上销售的一万余件商品上都标注了"由可持续发展领域的领先者制造"。最开始，这些商品大致被分为 80 类。除了借此寻求竞争优势之外，沃尔玛还希望顾客在选购商品时能更便捷地做出"可持续性选择"，沃尔玛还致力于百分百利用可再生能源来满足其日常能源所需，实现经营的零浪费，并引导整个行业使用清洁技术，减少化石能源的消耗和空气污染。[73]当然，沃尔玛的竞争对手，如塔吉特，也在采取类似的行动。时间将会证明沃尔玛的绿色实践可以在多大程度上被成功模仿。

企业利用核心竞争力为消费者创造价值的时间长短，决定了竞争对手复制产品、服务或生产流程的速度。只有同时满足以下四个标准，创造价值的核心能力也许才能持续相对更长的时间。沃尔玛知道，如果自己使用资源的方式同时满足了以下四个标准，那么自己的绿色实践就是一种核心能力，甚至可能成为一种竞争优势。

1. 有价值

有价值的能力（valuable capabilities）是指那些能够帮助企业在外部环境中通过利用机会或者降低威胁而创造价值的能力。通过有效利用企业的各种能力来把握外部环境中的难得机会，企业就能够源源不断地为顾客创造价值。[74]例如，Groupon 创造了"每日特惠"的市场空间，它达到 10 亿美元收益的速度快于历史上任何一家企业。最开始，Groupon 创始人在 2008 年创立企业的初衷是寻求一种创建特殊市场的机会，通过这种特殊的市场，顾客可以在购买商品或服务时享受优惠。Groupon 服务颇受餐厅、美发美甲沙龙和旅馆的青睐，而它的目标客户就是那些居住在城市且希望通过可承受的价格充分体验城市乐趣的年轻职业人士。[75]然而好景不长，"每日特惠"的竞争对手（如 LivingSocial 和 Blackboard Eats）以迅雷不及掩耳之势超越了它，提供类似的商品，甚至有时价格更加低廉。Groupon 也许是成功的，但是更短的开发周期使创造持续竞争优势更加困难，这个问题对电商来说尤其突出。"换句话说，在它们发展出持续的企业资产之前，它们在同样经受资本市场压力折磨的大型企业面前越来越脆弱。"[76]

2. 稀有

稀有的能力（rare capabilities）是指那些最多只有极少数的竞争对手能够拥有的能力。在评估这个标准的时候，企业需要回答的一个问题就是："有多少竞争对手拥有这种有价值的能力？"很多竞争对手同时拥有的能力，对于其中的任何一方来说，都不太可能会成为企业竞争优势的来源。相反，有价值但又普遍存在的（也就是不稀有的）资源和能力则有可能会造成对等的竞争。[77]只有当企业开发和发展了稀有的能力，这些能力成为核心竞争力并与竞争对手区别开时，企业才获得了竞争优势。团购的主要问题在于，它创造"每日特惠"的能力迅速触及了竞争对等。同样，沃尔玛已经发展出了促进稀有的可持续发展 / 环保主动权的能力，但是正如上面所说，塔吉特企图发展可持续性的能力[78]来复制沃尔玛的环保实践，如果塔吉特目标达成，则说明这项实践虽然很有价值但是并不稀有。

3. 难以模仿

难以模仿的能力（costly-to-imitate capabilities）是指其他企业不能轻易建立起来的能力。有一个原因或者说三个互相结合的原因可以解释企业为什么会建立难以模仿的能力（见表3-5）。首先，企业有时候可以基于特定的历史条件来发展自身能力。随着企业的发展，企业会经常获取或发展出对其而言独特的能力。[79]

企业在早期历史阶段中形成的独特、有价值的组织文化"可能会让企业拥有在其他历史时期成立的企业所不能完全模仿的优势"。[80] 在早期的历史阶段中，不具有太大价值的或者在竞争中不是非常实用的信念和价值，会对企业文化的发展产生强烈的影响。在第1章我们曾简要地讨论到，组织文化是组织中所有成员共同拥有的一系列价值的集合。当所有员工通过对组织文化的信念而被凝聚在一起的时候，组织文化就会成为企业竞争优势的一种来源。[81] 麦当劳的企业文化因为强调干净、一致、服务和重申这些特征价值的培训，而被一些人认为是其核心竞争力和竞争优势。但是，正如第2章"开篇案例"中提到的，麦当劳最近的表现令投资人颇为忧心，它采取的对策之一是改变其美国公司的组织结构，这很大程度上是为了给予"美国22个地区的领导者在制定菜单和营销策略上更多的自治权"。[82] 希望改变后的组织结构能够重振麦当劳昔日独特的企业文化，并由此形成核心能力。

第二个成为难以模仿的能力的条件是，企业的竞争能力和竞争优势之间的界限有时会比较模糊。[83] 在这种情况下，竞争对手无法清楚地了解企业将如何利用各种竞争能力作为开发竞争优势的基础。这样一来，竞争者就不能确定它们究竟需要形成什么样的竞争能力，才能得到与竞争对手的增值战略所获得的同样利益。多年来，很多企业都曾试图模仿美国西南航空公司实施的低成本战略，但它们之中的大部分都没能达到目的，主要是因为它们无法完全复制西南航空公司独特的企业文化。

社会复杂性是企业能力不易被模仿的第三个原因。社会复杂性意味着至少在一些企业里，很多种类型的企业能力往往是错综复杂的社会现象的产物。社会复杂性能力的例子包括经理人之间以及经理人与员工之间的人际关系、信任和友谊，以及企业在供应商和客户之间的声誉。西南航空公司在雇用员工时就小心翼翼，尽量使招聘到的人才与自己的企业文化相一致。企业文化和人力资本两者之间的这种极其复杂的相互关系，以一些其他公司做不到的方式为西南航空创造了极大的价值，例如，飞机乘务员之间的玩笑话，或者是机场员工与飞行员之间的合作等。

4. 不可替代

不可替代的能力（non-substitutable capabilities）是指那些不具有战略对等性的能力。它是衡量一种能力是否能够成为竞争优势来源的最后一个条件，"就是一定不要有具备战略对等性的资源，这些资源本身既不是稀有的，也不是无法模仿的。如果两种可以产生价值的企业资源（或企业资源的两种组合）能够分别用来执行相同的战略，那么我们就可以把它们视为具有战略对等性的资源。"[84] 通常情况下，一种能力越难以替代，它所具有的战略价值就越高。而一种能力越是不可见，其他企业就越发难以找到替代它的能力，竞争对手在试图模仿企业的增值战略时就要面临越大的挑战。企业的专有知识以及建立在经理和非经理员工之间信任基础上的工作关系就是很难被了解、也很难被替代的能力，就像西南航空公司中存在数十载的员工关系一样。然而，某种程度上的模棱两可也使得公司难以学习并会阻碍公司的进步，因为公司可能不知道如何才能提高这些模糊不清且难以标准化的能力。[85]

综上所述，我们可以知道，只有运用那些有价值的、稀有的、难以模仿的以及不可替代的能力，企业才能够获得可持续竞争优势。从表 3-6 中我们可以看出，正是这四种衡量可持续竞争优势的标准决定着企业参与竞争的最终结果以及其在竞争中的各种表现。表 3-6 中的分析能够帮助管理者决定各种企业能力的战略价值。注意，对于满足表中第一行所描述的标准的资源和能力（即没有价值、不稀有、能被模仿或者存在某种替代品），企业无论是在制定战略还是在执行战略时都不应该给予过多的关注。然而，那些能够产生竞争对等性以及暂时的或可持续的竞争优势的能力，则应当得到企业的支持。像可口可乐和百事可乐这样强大的竞争对手就有可能会产生竞争对等性。在这种情况下，企业既应当继续开发这些能够带来竞争对等性的能力，同时也必须重视那些能够产生暂时的或可持续的竞争优势的能力。

表 3-6　衡量可持续竞争优势的四种标准相互结合的结果

资源和能力是有价值的吗	资源和能力是稀有的吗	资源和能力是难以模仿的吗	资源和能力是不可替代的吗	竞争后果	业绩评价
否	否	否	否	竞争无优势	低于平均利润
是	否	否	是 / 否	竞争对等	平均利润
是	是	否	是 / 否	暂时性的竞争优势	平均利润到超额利润
是	是	是	是 / 否	可持续的竞争优势	超额利润

3.3.2　价值链分析

价值链分析能够帮助企业理解运营环节中，有哪些能够创造价值，又有哪些无法创造价值。[86]理解这些问题对企业而言显然是非常重要的，因为只有当企业经营过程中所创造的价值大于耗费的成本时，企业才可以获得超额利润。[87]

价值链是一个模块，企业需利用这个模块来了解自己的成本定位，并确定可能促进业务层战略实施过程的多种方式。[88]如今，市场上的激烈竞争要求企业必须对其在全球范围内的价值链进行全面考察，而不是仅仅针对本国范围内的价值链进行分析。[89]特别是，与供应链有关的企业行动更应当被放在全球范围内进行研究。[90]

在图 3-2 中，我们展示了价值链的一种模式。如图 3-2 所示，企业的价值链被分为价值链活动和辅助功能。价值链活动（value chain activities）是指企业在生产产品并以为消费者创造价值的方式开展销售、配送和售后服务的过程中，执行的各项活动和任务。辅助功能（support functions）是指企业为了给产品的生产、销售、配送和售后服务等工作提供必要的支持，而采取的各种活动和任务。企业在任何一项价值链活动和辅助功能中，都可以培育自己的能力或核心竞争力。当企业这样做时，便建立起一种为消费者创造价值的能力。事实上，正如图 3-2 所示，当企业使用价值链分析法来确定自身的能力和核心竞争力时，会发现消费者正是公司寻找的服务对象。当企业利用其独特的核心竞争力来为消费者创造竞争对手不能模仿的价值时，便建立起了一个或多个竞争优势。如"战略聚焦 3-2"中所提到的，德意志银行（Deutsche Bank）认为它的应用开发和信息安全技术是自己专有的核心能力，这项能力是它竞争差异化的来源。[91]本章"战略聚焦 3-2"将提到关于外包的案例，而德意志银行是不会将这两项技术外包的，因为这是它为顾客创造价值的法宝。

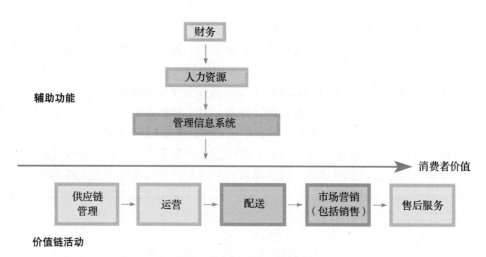

图 3-2　价值链的一种模式

资料来源：Copyrighted 2011 by R.Duane Ireland,Robert E.Hoskisson,and Michael A.Hitt.

　　图 3-3 列示了价值链的每一部分所涉及的活动，而图 3-4 则列示了辅助功能中企业将完成的部分任务。两张图中的所有项目都必须结合竞争对手的能力和核心竞争力进行分析。一种能力要想成为企业核心竞争力和竞争优势的来源，则该能力必须使企业能够：①以一种能够超过竞争对手所提供价值的方式来执行行动；②开展竞争对手无法模仿的活动。

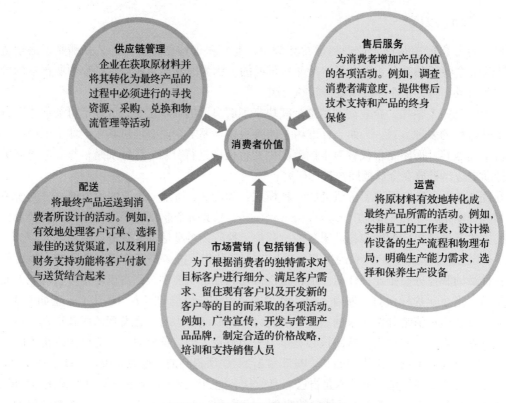

图 3-3　通过价值链活动创造价值

资料来源：Copyrighted 2011 by R.Duane Ireland,Robert E.Hoskisson,and Michael A.Hitt.

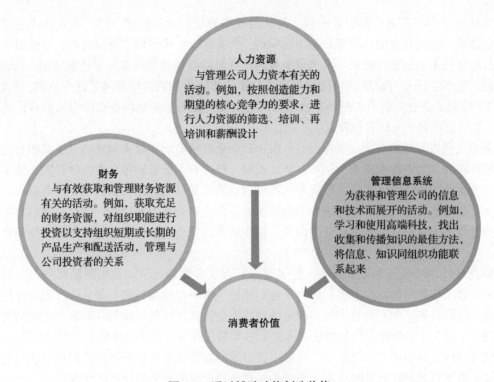

图 3-4　通过辅助功能创造价值

资料来源：Copyrighted 2011 by R.Duane Ireland, Robert E.Hoskisson, and Michael A.Hitt.

只有在这些条件下，企业才能够为消费者创造价值，才能拥有收获这种价值的机会。

通过价值链活动为消费者创造价值，通常需要与供应商建立有效联盟（有时是公司的外包活动，见 3.4 节），还需要与消费者发展稳定良好的关系。当企业与供应商和消费者建立了稳固良好的关系时，就可以说企业拥有了"社会资本"。[92] 这些关系本身就具有价值，因为它们能产生知识的传递，并获得企业内部没有的资源。[93] 为了建立社会资本，让一些资源（如知识）在组织间传递，需要合作双方的相互信任。为了使双方都能从资源中获利，并且任何一方都不会利用对方，合作伙伴必须信任对方。[94]

对企业执行价值链活动和辅助功能的能力进行评价是非常具有挑战性的。在本章前面的内容中，我们指出确定并评估一个企业的资源和能力是需要判断力的。在运用价值链分析的时候，判断力同样不可或缺，这是因为，在这过程中没有必然正确的通用模式或规则。

如果企业的资源和能力不能被视为企业竞争能力和竞争优势的来源，那么企业应当对其主要活动和辅助活动做何种处理呢？在这种情况下，外包就是企业可以考虑的一种解决办法。

3.4　外包

作为企业获得零部件、成品或服务的一种方式，外包（outsourcing）是指从外部供应商那里购买的一种可创造价值的服务。营利组织和非营利组织都在积极地将外包作为一项决策。[95] 有效的外包可以使企业提高灵活性，降低风险，并减少资本投资量。[96] 在全球范围内的多种行业中，向外包趋势迈进的步伐正在不断加快。[97] 此外，在某些行业中，几乎所有的企业都在通过有效的外包来寻求更高的商业价值。与其他战略管理的决策程序一样，在企业决定是否进行外包之前，仔细且全面的研究是必不可少的。[98] 并且，如果使用了外包战略，企业必须意识到，只有那些不能创造价值或与其他竞争者相比处于持续性劣势的部分才能被外包。[99] 经验告诉我们，基本上所有与价值链功能相关的或与辅助功能相关的活动都属于这个范畴。"战略聚焦 3-2"讨论了企业外包出去的各类活动。同时，被委托的企业也许也在尽力发展自己的核心能力，以满足顾客未来的外包需求。

外包之所以有效的一个主要原因是，极少有企业在所有的主要和辅助活动中都拥有实现竞争优势所需的一切资源和能力。例如，研究表明，极少有企业能够独自在内部开发出那些能够在将来为企业带来竞争优势的所有技术。[100] 通过少数几种核心竞争力的开发，企业就可以提高其建立竞争优势的可能性，因为企业不会过度地分散自己的精力和资源。同样，通过将企业自身缺少竞争能力的一些业务活动外包出去，企业就可以完全专注于那些能够创造价值的核心竞争力。

除此之外，外包还会带来其他一些问题。[101] 在大多数情况下，这些问题都与企业创新能力的缺失和工作职位的减少有关，因为企业必须把原本由自身承担的一部分生产活动外包给其他企业。这样一来，创新和技术的不确定性就成为企业在制定外包决策时必须考虑到的两个重要问题。不过，企业也能从外包供应商那里学习到如何提升自身的创新能力。[102] 由于核心厂商很可能会对国外外包企业知之甚少，所以由此引发的对潜在外包负面影响的担忧可能会更加强烈，企业需要对此做好充足的功课。[103] 外包给国外供应商的行为叫作离岸外包。

战略聚焦 3-2　外包公司转型：从集成到自主开发

很明显，企业不愿意把能够创造价值的活动外包出去，而且，它们想把精力集中于那些能够在价值链功能和支持功能中创造最大价值的活动。充分认识和理解在价值链功能和支持功能中的活动，是公司内部组织研究的重要职责。

正如我们"开篇案例"中讨论的那样，大型制药公司正考虑利用它们的资源和能力，尝试开发"大数据分析"来作为增加价值的核心竞争力。这被认为是可行的，因为能够加强公司在行业中的积累。相比之下，这些大型制药公司将药物安全的流程和程序外包给了印度的企业，或者在印度当地设有办事处的企业。事实上，"随着监管机构需要更密切地跟踪药物罕见的副作用和药物之间的相互作用，监管药物安全成为外包最新前沿之一，现在有价值 20 亿美元的业务正在蓬勃发展。"埃森哲咨询公司（Accenture）、高知特咨询技术公司（Cognizant）和塔塔咨询服务有限公司（Tata Consultancy Services Ltd.）是阿斯利康公司（AstraZeneca PLC）、诺华公司（Novartis AG）和百时美施贵宝公司（Bristol-Myers Squibb）这三个大型制药公司进行药物安全监督外包的公司。因此，大型制药公司已经明确数据分析流程是一种可以捕捉价值的活动，而监测药物安全性则不可以。

类似的例子也存在于其他行业的公司竞争中。如上文所讲的"外包"，德意志银行已将一些数据中心的服务外包给了惠普。然而，它保留了自认为是专有的某些技术应用领域的控制，这些是企业创造价值的核心竞争力。美国联合航空公司把美国机场中"登机、行李处理和客户服务"的工作进行了外包。这项外包决定表明，联合航空公司认为，在内部组织完整完成这样一项任务既无法创造价值又需要高昂的成本。

在印度基地，威普罗（Wipro）和印孚瑟斯（Infosys）是两家曾在外包活动中取得成功的公司。然而，这是通过雇用廉价的程序员，完成大量缺乏复杂性和重要性的工作来取得成功的产物。现在这种方式已经行不通了，因为客户要求外包公司帮助它们分析大量的数据，并运用云计算来进行处理。更直接地说，有些人认为，"班加洛尔的外包行业以惊人的速度增长多年并改变了 IT 行业的运行方式，已经非常成熟了。虽然它将继续寻找方法来挖掘印度的廉价程序员和工程师的才华，但如果想要繁荣兴旺，还需要找到新的业务"。

这些现实意味着，这些外包公司必须去开发那些可以为客户创造不同类型价值的软件，而不是仍然将发展核心竞争力专注于最初的为客户集成和维护软件。这样看来，像威普罗和印孚瑟斯这样的公司，正在面临发展自身软件利基的开发能力，学习如何对新产品定出有竞争力的价格以与思爱普公司（SAP）竞争这样的挑战。为了做到这一点，这些外包公司正在招聘专业的代码编写者、数据科学家和统计学家，来创建属于自己的可以通过独特地刷新和压缩客户的数据来创造价值的专利软件。

资料来源：Deutsche Bank, H-P divide IT responsibility in cloud deal, *Wall Street Journal Online*, www.wsj.com, February 25; D. A. Thoppil, 2015, Indian outsourcers struggle to evolve as growth slows, *Wall Street Journal Online*, www.wsj.com, February 22; S McLain, 2015, Big Pharma farms out drug safety to India, *Wall Street Journal Online*, www.wsj.com, February 2; S. McLain, 2015, New outsourcing frontier in India: Monitoring drug safety, *Wall Street Journal Online*, www.wsj.com, February 1; D. A. Thoppil, 2015, Wipro profit rises 8.8%, *Wall Street Journal Online*, www.wsj.com, January 16; S. Carey, 2015, United studies outsourcing up to 2,000 airport jobs, *Wall Street Journal Online*, www.wsj.com, January 13; D. A. Thoppil, 2015, Infosys profit rises 13%, *Wall Street Journal Online*, www.wsj.com, January 9.

3.5 竞争力、优势、劣势和战略决策

在分析内部组织时，企业必须确定它在资源、能力和核心竞争力方面的优势和不足。例如，如果企业在能力方面存在不足，或者没有创造竞争优势所需的核心竞争力，那么就必须尽量获得必要的资源，开发出必需的能力和核心竞争力；或者，企业可以将自己不擅长的某个职能领域或生产活动外包出去，以此来提高使用剩余资源创造的价值。[104]

根据企业内部组织分析的结果，领导者应当理解，拥有大量的资源并不代表拥有"合适"的资源。"合适"的资源是指那些有潜力成为核心竞争力，为消费者创造价值并形成竞争优势的资源。有趣的是，当企业的资源受到限制时，决策制定者有时会变得更加投入和更有效率。[105]

一些类似于外包这样的工具可以帮助公司集中全部精力，让企业的核心竞争力成为竞争优势的来源。然而，有证据表明，绝不能想当然地认为核心竞争力一定具有创造价值的能力。而且，也不应当认为核心竞争力一定能够成为持久的竞争优势。这么说是因为所有的核心竞争力都有可能变成核心刚性，[106]尤其是企业外部环境的变化可能会把企业的核心竞争力变成核心刚性，造成惯性并阻碍创新。"在通常情况下，核心竞争力的另外一面，也就是黑暗面，会因为外部环境中的事件而被揭露出来。例如，当新竞争对手发现了一个更有效地为顾客提供价值的方法时，当新技术出现时，或者当政治或社会事件导致外部环境发生根本变化时。"[107]

以前，为消费者提供方便光顾的临街店面，在新鲜空气的环境下浏览书籍是博德斯公司

（Borders）竞争获胜的来源。然而，过去的 20 年间，数字科技的出现（公司外部环境的一部分）很快改变了消费者购买书籍的模式。亚马逊公司对网络的运用很大程度上改变了博德斯公司及巴诺书店等同类型竞争者的竞争局势。书店的地理位置和舒适的阅读环境等博德斯公司的核心竞争力变成了公司的核心刚性，最终导致公司在 2011 年年初申请破产并随后进行了清算。[108] 管理者学习企业内部组织就是为了不让核心竞争力变成核心刚性。

在外部环境分析中，企业确定了可能会选择做什么（见第 2 章），在内部环境分析中，企业理解了自己能够做什么（见本章），这样一来企业就掌握了选择业务层战略所需的一切信息，而业务层战略可以帮助企业实现战略愿景和使命。我们将在第 4 章中对不同的业务层战略进行详细的阐释。

小结

- 在当前的竞争格局中，那些最成功的企业能够认识到只有核心竞争力（在分析企业内部组织时可以确定）与机会相契合（在分析企业外部环境时可以确定）的时候，企业才能够获得战略竞争力和高于平均水平的回报。

- 没有任何一种竞争优势可以持续永远。随着时间的推移，竞争对手会运用独特的资源、能力和核心竞争力来形成完全不同但有效率的价值创造能力，凭借这种能力，竞争对手就可以复制企业的竞争优势。由于竞争优势不具有绝对的可持续性，因此企业必须在发掘现有竞争优势的同时，充分利用各种资源和能力形成新的核心竞争力，进而帮助企业在未来的竞争中取得成功。

- 有效地管理核心竞争力要求企业对自己的资源（生产过程中的投入）和能力（为了实现某一项或某一些具体的任务而被专门整合在一起的各种资源）进行认真的分析。人力资本拥有的知识是企业手中掌握的最为重要的一种能力，并最终有可能成为企业所有竞争优势的根源。企业必须创造一种环境，使得所有员工都能够将各自拥有的知识与其他人交流，从而使企业能够在整体上拥有更多的组织知识。

- 相对于个人资源来说，企业能力更有可能成为核心竞争力和竞争优势的来源。企业对核心竞争力的开发和支持，是建立在对竞争对手来说更不可见的而且更难以被理解和模仿的资源上的。

- 只有当企业的能力是有价值的、稀有的、难以模仿的和不可替代的情况下，它才可能成为企业核心竞争力和竞争优势的来源。随着时间的推移，企业必须对核心竞争力提供支持，而不能让它们成为核心刚性。只有当核心竞争力能够促使企业利用外部环境中的机会创造价值的情况下，核心竞争力才能成为企业竞争优势的来源。如果情况不再是这样，企业就必须转移自己的注意力，认真选择并开发其他的企业能力，而且这些能力还必须满足可持续核心竞争优势的四个标准。

- 企业可以利用价值链分析来确定并评价资源和能力的竞争潜力。通过研究与主要活动和辅助活动相关的技能，企业可以了解其成本结构，并找到创造价值的行为方式。

- 如果企业的主要活动和辅助活动都不能创造价值，就必须考虑外包。在如今的全球经济中，外包得到了广泛的采用，它指的是从外部供应商那里购买一种能够创造价值的服务。企业只能选择那些在特定的主要活动和辅助活动方面具有竞争优势的企业进行外包。此外，企业还必须不断确定没有把自身能够创造价值的业务活动外包出去。

关键术语

难以模仿的能力	外包	价值
全球性思维	稀有的能力	有价值的能力
无形资源	辅助功能	价值链活动
不可替代的能力	有形资源	

复习思考题

1. 为什么对于企业来说，研究和了解内部环境非常重要？

2. 什么是价值？为什么说企业能否创造价值是很重要的，企业应当如何创造价值？

3. 有形资源和无形资源两者之间的差别是什么？为什么了解这些差别对决策制定者来说很重要？相对于无形资源，有形资源是否与创造竞争优势之间的关系更加紧密，或者相反？为什么？

4. 什么是能力？企业如何创造自己的能力？

5. 企业用来衡量各种能力是否成为核心竞争力的四个标准是什么？为什么说这些标准的运用很重要？

6. 什么是价值链分析？当企业能够成功地运用这个工具时，企业能够获得哪些收益？

7. 什么是外包？企业为什么要进行外包？在21世纪，外包正在变得越来越重要吗？如果是，原因是什么？

8. 企业如何确定自己的内部优势和劣势？为什么说管理者清楚地了解企业的优势和劣势是非常重要的？

9. 什么是核心刚性？每个核心竞争力都有可能变成核心刚性指的是什么意思？

讨论案例

Zara：西班牙"快时尚"零售店巨人的实力

阿曼西奥·奥特加（Amancio Ortega）用Zara品牌和公司自有的门店建造了世界上最大的时尚王国。他的管理方式使他成为世界排名第三的大富翁，仅次于微软的比尔盖茨和墨西哥的卡洛斯·斯利姆·赫鲁。

奥特加将总部设在西班牙加利西亚地区的拉科鲁尼亚，他建造了印第纺织集团，Zara是这个集团的旗舰品牌。尽管西班牙的失业率高达24%，并且债务情况日益严重，但是2012年Zara还是实现了17%的收益增长。并且，2012年，平均每天就有一家Zara门店开业，包括它在伦敦牛津街的第6 000家店。尽管经济环境（我们在第2章研究过的一种来自外部环境的影响）对Zara的成功有所阻挠，但是Zara利用资源和能力作为核心竞争力，最终取得成功。这种方式体现了了解一家公司内部环境（本章主题）的价值。

Zara的成功源于奥特加制定的两个重要目标：满足消费者所想；比竞争者更快。要想做成所谓的"快时尚"，必须具备几项关键的能力。第一，快速设计。Zara的设计能力堪称"疯狂"，设计师每天能设计出三款新样式，样品制造师再为每款样式制作一件样品。第二，Zara在每个地区都设有营销专员，他们根据店面经理说明的顾客品位和购买习惯提供数据输入。每位营销专员都训练有素，时刻留意人们的穿着和时尚潮流，并且自从创立Zara以来，奥特加自己也会这样做。因此，Zara团队将高效创新的设计与地区和营销专员传递上来的顾客偏好信息匹配起来，便萌生新的时尚创意。

Zara 的供应链也比其他公司高效很多。后勤部门对这家公司而言举足轻重。每家门店原本已经有一些基本款，并且拥有自己的染色车间以确保管理和速度，而不是等着服装在设计之后运送过来。Zara 的目标是将定制化订单快速地运送至其"王国"的每一家门店，在欧洲、中东和美国大部分地区，这个时间限制是 24 小时，在亚洲和拉丁美洲是 48 小时。快捷的货运保证了库存商品的新颖性，同时库存量也不大，每次运输只需要最低程度的商品数量。这种方式迫使顾客频繁地来商店寻找自己中意的服装，并且由于量少，很多顾客不得不看中就买，因为很有可能明天这件商品就没有存货了。因此，Zara 全球门店每年每位顾客平均光顾 17 次，这个数据比它的竞争对手要高出两倍多。

直到 2010 年，Zara 都没有网络运营战略。与许多零售商不同，它没有用大量的广告来宣传自己，因为它主要专注于发展价廉而时尚的战略。时尚吸引了顾客的兴趣，Zara 因此在 Facebook 上吸引了约 1 000 万的"粉丝"，这与其他竞争者（如 Gap）比起来更显优越。服装的独特性使消费者能够展现个性，这使得 Zara 拥有比竞争对手更强的潜能来实施网络战略。

大多数 Zara 门店为母公司所有，很多供应商虽然不为公司所有，但都是经过长时间考虑，以关系为中心结成的合作伙伴，因此这些伙伴与公司保持同步，十分忠诚。这种状态下形成的统一的文化使公司各方面都能和能力相互适应，从而将 Zara 与其他竞争者区分开来，并且使它的战略很难被复制。同时，正如上面所提到的，Zara 还运营自己的服装染色车间，使它对自己的商品有极大的掌控力，并且它自己的工厂能将布料快速缝在一起，因此保证了高水平的质量管理和修补速度。因此，总体来说，Zara 拥有一系列独特的能力，在生产"快时尚"的过程中，这些能力很好地相互适应，"快时尚"创造了顾客的需求，同时也带来了供应商的忠诚。

讨论题：

1. 你认为在未来几年内，外部的环境会对 Zara 的竞争方式有什么影响？

2. 你认为竞争对手如何模仿 Zara 的供应链能力会是如何容易或困难的？

3. 你认为尽可能快地向客户提供产品能够为服装行业以外的其他行业创造价值吗？如果可以，有哪些行业？为什么？

4. Zara 为顾客创造了什么价值？

5. 当你研究了 Zara 如何竞争以及使用它所拥有的能力时，你认为这个公司中有哪些业务领域是可能进行外包的？如果有，未来 Zara 在哪些领域会实行外包？为什么？

战略行动：制定战略

业务层战略

1. 定义业务层战略。
2. 从谁、什么和如何做的角度去讨论顾客与业务层战略之间的关系。
3. 解释各种业务层战略的差异。
4. 运用竞争的五力模型来解释如何通过业务层战略来获得超额利润。
5. 描述运用每种业务层战略的风险。

海恩富集团：一个聚焦于"天然有机"差异化战略的公司

本章主要涉及的是公司的业务层战略，以及如何成功地制定战略，使得公司可以在特定的行业或是行业的某一部分中竞争取胜。海恩富集团（Hain Celestial Group）是实行差异化战略的一个典范。在本章，我们将更加清楚地来定义差异化战略。简短来说，差异化战略可以让一个公司和它的竞争者不同，并且因此建立顾客的忠诚度。正如我们在第 2 章所提到的，消费者经常会跟随社会潮流。海恩富集团已经在生产天然有机食品方面具备了很强的能力，并且已经建立起了相应战略，通过大量的相关产业，如食品生产商、食品商店和餐馆等，在食品业务中顺应不断变化的消费趋势。

海恩富集团由 CEO 欧文·西蒙（Irwin Simon）在 1983 年成立，于 1993 年上市。公司在收购一系列小型天然有机食品生产商中成长起来。正如欧文·西蒙所说，这些收购"不像通用电气（GE）、亨氏食品（Heinz）或金宝汤（Campbells），海恩富的成长更像 Ell's 和 BluePrint 这样的企业——创业型企业。"迄今为止，海恩富集团最大的收购是诗尚草本（Celestial Seasonings），一家茶和果汁的供应商。这些收购使海恩富集团成为天然食品零售商和全食超市最大的供应商。我们在前面提到了 BluePrint 公司，它主要针对那些需要"清洁"肠道的顾客，为他们提供天然果汁。如 Terra 牌蔬菜片（Terra vegetable chips）、梦想牌非乳制奶品（Dream nondairy milk）以及诗尚草本茶，都是那些以健康为导向的购物者所家喻户晓的品牌，同时，这些品牌也使海恩富成为世界上最大的天然食品公司。

天然食品的流行使海恩富集团能够将它们的冠名产品销往传统的连锁食品商店，这占据了海恩富集团在美国销量的60%。不仅是美国市场，海恩富集团的品牌对海外销售也有很大的影响，在2014，它的品牌为公司带来的收益大约占总收益的40%。海恩富集团的收购策略主要有"收购别人创建的品牌"和"指明如何使它们在海恩富中成长起来"两部分。

与此同时，大品牌的食品公司还没有强烈地进入到收入不稳定的天然食品这一业务。品牌包装食品生产商只是局限于这部分业务的外围，如凯洛格公司（早餐谷物食品，以及包括麦片和馅饼在内的食品生产商）、卡夫食品集团（Oscar Mayer 熟食肉类、麦氏威尔咖啡和 Velveeta 奶酪的生产商）、金宝汤公司（金宝汤、培珀莉农场饼干和金鱼小吃的生产商）、康尼格拉食品公司（男厨馄饨、亨氏番茄酱、玛丽卡兰德馅饼和零食、奥维尔·雷登巴赫爆米花、PAM 不粘锅烹饪喷雾剂和彼得潘花生酱的生产商）、J.M.Smucker's 公司（斯味可果冻和果酱、品食乐烘焙组合、Crisco 酥油、Jif 花生酱、福爵咖啡的生产商）以及亿滋国际有限公司（奥利奥饼干、吉百利巧克力的生产者）。因为没有像海恩富集团那样聚集到消费者所推崇的天然食品上，这些公司的一部分收入已经停滞不前，而海恩富集团的收入和股票价格却相对攀升得更高了。当然，我们在前面所提到的美国主要的品牌公司，都在美元升值中遭遇了收入的下跌，但是海恩富集团依然有大量的海外销售。

为了应对收入的下降，不同公司实施了区别化的战略方案。例如，J. M. Smucker's 公司通过收购 Big Heart 宠物食品公司（牛奶骨头狗食和喵组合猫粮的生产商）转移到宠物食品领域。其他的，如雀巢（Crunch 和 Butterfinger 糖果，以及巧克力的生产商），将人工添加剂如色素等从糖果和巧克力中移除；好时公司和玛氏公司实现合并，占全球65%的包装糖果市场份额，现在它们正在减少果葡糖浆的生产，增加糖果的部分；亿滋正在尝试着在它生产的零食中减少10%的饱和脂肪和钠。然而，这些改变并没有使这些公司解决消费者对天然食品的品位高速变化的问题。

食品商店也在寻求着进入天然食品的业务。为了和乔氏超市（Trader Joe's）、全食超市以及其他正在向这部分业务转移的超市（如克罗格和西夫韦）竞争，沃尔玛正在引进低价有机食品的供应链。沃尔玛正在引入野生燕麦市场（Wild Ocats Marketplace，一个独立的天然食品生产商），因为野生燕麦链的产品价格将会比国际上同类有机品牌低25%。然而，海恩富集团具有更加直接的战略和更明确的品牌形象去顺应这一流行趋势，将它的产品销售给那些正在寻求得到更多天然有机食品的经销店。

同样的流行趋势也发生在餐馆。Chipotle 墨西哥烧烤餐厅已经成功顺应天然食品的流行趋势，而麦当劳同样也在争取顺应这样的趋势。

资料来源：J. Bacon, 2015, Brands capitalise on health-driven resolutions, *Marketing Week*, www.marketingweek.com, January 29; A. Chen & A. Gasparro, 2015, Smucker's latest food firm hurt by changing tastes, *Wall Street Journal*, February 14–15, B4; A. Gasparro, 2015, Indigestion hits food giants, *Wall Street Journal*, February 13, B1; A. Gasparro, 2015, Nestlé bars artificial color, flavors, *Wall Street Journal*, February 18, B6; M. Esterl, 2015, PepsiCo earnings, revenue drop on foreign-exchange impact. *Wall Street Journal*, www.wsj.com, February 12; L. Light, 2015, How to revive McDonald's, *Wall Street Journal*, www.wsj.com, February 11; M. Alva, 2014, Organic growth comes naturally to Hain Celestial Group, *Investor's Business Daily*, July 24, A5; A. Kingston, 2014, Juice junkies, *Maclean's*, June 30, 64–66; SCTWeek, 2014, Walmart to sell low-price organic food, 2014, *SCTWeek*, April 11, 4.

战略对企业的成功越来越重要，它涉及企业在两个或两个以上的备选中进行决策。[1] 正如第 1 章所阐述的，当选择一种战略时，企业决定采取一系列的行动，而放弃其他的。做出的选择受到公司外部环境中机会和威胁的影响 [2]（见第 2 章），同时也受到公司内部资源、能力和核心竞争力的本质和质量的影响 [3]（见第 3 章）。正如我们在"开篇案例"中看到的，海恩富拥有与行业环境（自然有机食品的巨大消费者需求）中的机会相匹配的能力（自然有机食品的大型生产商），这使它成为一个能产生超额利润的强大竞争者，而其他食品生产商则一直疲于应对不断变化的消费者口味，并且到头来才意识到业绩在不断下跌。[4]

在前面的章节中我们已经讨论过了战略管理过程的第一步——内外部环境分析。本章是战略的第一步，是第 1 章所说的战略管理过程的第二部分。采用任何一种战略（见图 1-1）的基本目标是获得竞争优势以及赚取超额利润。[5] 战略是有目的地引领即将采取的行动，并且形成对公司愿景和使命的共同理解。[6] 一个有效制定的战略部署能够整合与分配公司的资源、能力以及竞争力，那么这个战略将会与其外部环境更加吻合。[7] 一个制定恰当的战略还能够使公司的愿景、使命以及所采取的行动合理化。关于市场、顾客、科技、世界金融和国际经济动向等变量的一系列信息都必须进行收集和分析，以便准确地形成和运用战略。在最后的分析中，通过稳健的战略选择来减少产出的不确定性，是建立成功战略的基础。[8]

作为本章的重点，**业务层战略**（business-level strategy）是指公司使用的通过对某一特定产品市场的核心竞争力的利用，以获得某种竞争优势的一整套互相协调的使命和行动。[9] 业务层战略指出了公司必须做出的关于打算如何在独立的产品市场竞争的选择，这些选择非常重要，因为长期业绩与公司战略是息息相关的。考虑到在全球经济中竞争成功的复杂性，要做出这些选择是非常困难的。[10] 例如，电子游戏开发商国王数字娱乐公司（King Digital Entertainment）凭借新推出的手机游戏《糖果传奇》在最近获得了不错的业绩。这一系列游戏简单的概念设计吸引了一大批原本对传统电子游戏不感兴趣的人群，它专门针对休闲玩家，而不是专业玩家。而电子艺界公司（EA）则专门针对后者，开发出了《使命召唤》和《麦登橄榄球》等，并且还在向手机游戏的方向不断发展。然而，目标同样是休闲游戏市场的 Zynga 公司所推出的几款基于 Facebook 的游戏，《开心农场》和《城市小镇》正面临困境。和国王数字娱乐公司一样，这些游戏也是针对休闲游戏市场和休闲玩家，为什么会出现这样的落差呢？ Zynga 公司发现，这些休闲游戏的玩家都有些善变，而正因如此，国王数字娱乐公司正试图将市场扩展到休闲手机游戏之外，并在诸多平台开发出新游戏。但是，进军新市场并像电子艺界公司那样获得更多专业玩家的忠诚并不是一件容易的事，电子艺界公司是靠愈加清晰的图画和愈加复杂的游戏软件达到这个目标的。[11]

所有的企业都需要业务层战略。然而，并非所有的企业都需要制定所有类别的战略——公司层战略、收购和重组战略、国际化战略以及合作战略，有关这些战略的内容将在第 6～9 章进行研究。处在单一的产品市场、通过单一渠道竞争的企业，就没有必要采用公司层战略来应对产品多元化或者采用国际化战略来应对地理多元化。相反，一个多元化的公司将要采取公司层战略中的一种，同时为每个参与竞争的产品市场选择一个独立的业务层战略。每个公司，从本地的干洗店到跨国公司，都会选择至少一种业务层战略。因此，业务层战略是核心战略，是公司形成的用来描述其打算如何在一个产品市场中竞争的战略。[12]

研究业务层战略时，我们会讨论很多话题。因为顾客是企业业务层战略成功的基石，并且其价值永远不应被低估，[13] 所以我们列举出与业务层战略相关的顾客信息。从顾客这方面来讲，当公司选择一个业务层战略时要确定：①为谁服务；②满足目标顾客的哪些需求；③如何满足这些需求。选定顾客、决定满足他们的需求以及如何满足，是非常具有挑战性的工作。全球化的竞争为顾客创造了很多极具吸引力的选择，因此确定一个可以很好地为他们服务的战略变得非常困难。[14] 有效的全球竞争者能够识别出不同文化背景和不同地域的顾客需求，并且很快学会改变公司的产品或服务的功能以适应这些需求。

在描述了业务层战略的目标和五种业务层战略的目标之后，我们讨论一下顾客。我们研究的五种战略被称为广义的战略，是因为它们可以被应用在任何行业的任何企业上。[15] 我们的分析描述了如何有效地应用每一种战略，以使公司可以顺利地依据行业中的五种竞争力为自己定位（见第 2 章）。此外，我们还采用价值链（见第 3 章）来举例说明实施某种特定业务层战略所必需的主要活动和辅助活动。由于战略都是有风险的，[16] 因此我们描述了公司在应用这些战略时可能遇到的不同风险。在第 11 章，我们将介绍成功地应用每种业务层战略相关的组织结构与控制。

4.1　顾客与业务层战略的关系

只有当企业将竞争优势作为在单一产品市场上竞争的基础，以此满足一批顾客的需求时，战略竞争才会有效果。[17] 公司必须用业务层战略来满足顾客的一个关键原因是，从与顾客关系中赚得的利润是所有组织的立命之本。[18]

那些最成功的企业试图找到新的方法来满足现有或新顾客的需要。当公司和客户面临经济现状的挑战时，这个想法将更难实现。这时，公司可能会决定通过裁员来削减开支。然而，这也可能会引发一些问题，员工减少以后，公司将更难以满足每个客户的需求和期望。这些事例表明，公司应当遵循一些行动规则，例如，特别关注优质客户和通过交叉培训打造更灵活的团队，使他们在工作中可以承担不同的责任。

4.1.1　有效地管理与顾客之间的关系

当企业向顾客提供很高的价值时，企业与顾客之间的关系将会得到加强。同顾客牢固的互动关系常常为公司满足顾客的独特需求（通常是有利的）的努力奠定基础。

更重要的是，提供优质的价值通常会提高顾客忠诚度。反过来，顾客忠诚与盈利能力存在正相关关系。然而，更多的选择和更易获得的关于公司产品功能的信息正在培育越来越精明和富有知识的顾客，获取他们的忠诚度变得很困难。因此，很多企业正通过与顾客的密切合作来共同创造价值，以此保证顾客满意。[19]

很多企业在管理全面的顾客关系方面已经变得非常熟练了。[20] 例如，亚马逊是一个在线公司，由于在维护顾客信息、提供服务和预测顾客需求的能力方面表现突出而备受赞誉。通过应用所拥有的信息，亚马逊试图满足每位顾客的独特需求，并且其良好的声誉也使人们更愿意相信亚马逊的能力。[21]

下面将会讨论到企业与顾客关系的三个维度。亚马逊、宏碁这种公司都能理解这些维度，并且依据它们来管理与顾客之间的关系。

4.1.2　可接触性、丰富性和密切关系

第一维度是可接触性（reach），是指接触并与顾客建立联系。通常来说，公司寻求机会以

拓展可接触性，把顾客也纳入这一过程中来。

可接触性对类似 Facebook 和 Myspace 这样的社交网站来说是一个尤为重要的维度，因为这些公司为用户创造的价值就是将他们与别人联系在一起。近年来 Traffic 和 MySpace 的访问量开始下滑，而同时，Facebook 的用户却在美国及其他国家迅速增加。可接触性对网飞公司也同样非常重要，尽管它在美国的用户数还在增长，但是增长速度已经开始下降了。与此相反的是，国外市场流媒体用户的增长已经超过了预期，此消息一经宣布，网飞公司的股价在盘后交易中暴涨 16%。网飞公司计划在 2017 年，将业务从 2014 年覆盖的 50 个国家扩展到超过 200 个国家。[22]

第二维度是丰富性（richness），是指公司向顾客所传递的以及从顾客那里所收集到的信息的深度和详细程度。丰富性可以帮助公司建立具有竞争优势的与顾客的关系，这一维度的潜力使得许多公司能提供在线服务，从而更好地管理与顾客之间的信息交换。更广泛和更深入的信息化交流使公司可以更好地理解顾客及其需求，也使顾客掌握更多的关于公司如何可以使他们满意的知识。互联网技术以及电子商务极大地降低了同现有顾客和潜在顾客之间进行有意义沟通的成本。亚马逊是使用互联网建立顾客关系的典范，事实上，它宣称自己是地球上最"以顾客为中心的公司"。亚马逊和其他公司利用来自客户的大量信息，帮助自身开发新产品以更好地满足客户需求。[23]

第三维度是密切关系（affiliation），主要是指促进与顾客的有意义的互动。从顾客的角度来看待世界，以及不断寻找为顾客创造更多价值的途径，能对密切关系这一维度产生积极影响。[24]这种方法提高了顾客满意度，使其抱怨更少。实际上，对于服务，顾客通常并不会抱怨他们的不满，而是光顾竞争对手来满足自己的服务需求，虽然大品牌的品牌效应能对此有所缓和。[25]英国大型零售百货商店特易购和其他几家公司已经将首席营销官的头衔改成了"首席顾客官"，这说明了顾客对企业的重要性，尤其对那些以顾客为中心的企业。同样，由于数字化时代下的大数据可用性，企业都拥有了大量的个体顾客数据，并且这种数据采集的趋势还在不断发展，这使得企业的个性化定制产品和服务成为可能。[26]

接下来我们将会讨论对顾客关系进行有效的管理（从可接触性、丰富性和密切关系三个方面），这将有助于企业回答以下问题：谁、什么以及如何做。

4.1.3　谁：确定所要服务的顾客

确定谁是公司打算用业务层战略服务的顾客是一项非常重要的决定。[27]根据需求（后面我们将对需求进行进一步的讨论）的不同，顾客可被划分为不同的群体。按照需求将顾客划分为不同群体的过程就是所谓的市场细分（market segmentation），这一过程按照相似的需求把顾客聚类形成独特的但是可识别的组群。[28]例如，在动物食品业务中，陪伴性动物（如狗和猫）和生产性动物（如家畜）的主人，所需要准备的食品就不相同。高露洁的子公司希尔宠物营养（Hill's Pet Nutrition）销售宠物食品。事实上，该公司的使命是"致力于丰富并延长人与宠物之间的特殊关系"。[29]因此，希尔宠物营养销售宠物粮食，瞄准的是不同细分顾客的需求。

几乎所有可识别的人类或组织的特征都可以用来细分市场，使其在某一特性上与众不同。顾客需求相区别的主要方面列示于表 4-1 中。

表 4-1 顾客细分基础

消费品市场	工业品市场
1. 人口因素（年龄、收入、性别）	1. 终端用户细分（根据 SIC 编码分类）
2. 社会经济因素（社会阶层、家庭生命周期阶段）	2. 产品细分（以技术差别和生产经济学为基础）
3. 地理因素（文化、地域及国家间的差异）	3. 地理细分（以国与国或地区与地区的界限来划分）
4. 心理因素（生活方式、个性特征）	4. 共同购买要素细分（融合产品细分与地理细分）
5. 消费模式（高用量、适度和低用量使用者）	5. 顾客规模细分
6. 感觉因素（利益细分、感觉定位）	

资料来源：Based on information in S.C.Jain, 2009, *Marketing Planning and Strategy*, Mason,OH: South-Western Cengage Custom Publishing.

4.1.4 什么：决定所要满足的顾客需求

在确定了要服务的对象之后，公司应识别出其产品或者服务能满足的目标顾客群的需求。从一般意义上说，需求（什么）与产品的利益和特性有关。成功的公司知道如何在恰当的时候将顾客所需传递给他们。与现有顾客和潜在顾客进行密切和频繁的沟通，有助于企业识别出个体或群体顾客现在或未来的需求。零售商及线上销售商塔吉特一直在分析由众多来源收集到的数据以及为实体或线上商店顾客个性化定制信息方面都做得很棒。利用网上资源，它能获得关于客户人口统计学的数据（年龄、婚姻状况、收入水平等）、消费频率、购买的商品以及离当地商店的距离等很多的数据，塔吉特利用这些信息来开发自己的营销促销策略。[30]

从战略的视角看，顾客的基本需求是购买能为其创造价值的产品。大多数的产品或服务提供价值的方式，是以低成本提供可接受的特性或者以可接受的价格提供高度差异性的特性。最有效的公司通过不断努力以期可以预测顾客需求的变化，如果不能做到这一点，企业将会由于竞争对手为顾客提供更多的产品特性和功能方面的价值而失去顾客。众所周知，近几年来客户的需求和欲望已经开始发生变化。例如，越来越多的客户更愿意去体验而不仅仅是简单地购买一个产品或服务。结果是，星巴克的目标之一就是提供客户体验，而不仅仅是提供一杯咖啡。顾客更喜欢定制的产品或服务，星巴克也这样做了一段时间，允许客户在自己的菜单里设计自己的饮品（随着时间的推移，这已经变得相当普遍）。

人们也想要快捷服务。正如"开篇案例"提到的，Chipotle 墨西哥烧烤餐厅是"千禧世代"休闲快餐行业的领头羊。这个行业包括上述墨西哥烧烤餐厅、帕纳拉面包（Panera Bread）、五汉汉堡（Five Guys Burgers）、熊猫快餐（Fries，Panda Express）等在内，它们都越来越频繁地出现在人们的视野当中，单店收入也有所增加。相比之下，麦当劳却在对抗休闲快餐业的服务速度和单店盈利增长速度中苦苦挣扎。并且，一位观察者写道："10 年前，美国有 9 000 家休闲快餐餐厅，而麦当劳有 14 000 家，如今，前者已超过 21 000 家，而麦当劳美国餐厅的数量只有略微上升。"[31] 顾客的不满将导致销售额的损失，公司将失去这些心存不满的客户，而一些听说了此事的顾客也将流失。因此，通过迎合和满足客户需求来保持客户满意度是非常重要的。[32]

4.1.5 如何做：确定满足顾客需求所必需的核心竞争力

决定了将要服务于谁和顾客的特殊需求后，企业将准备决定如何使用其能力和竞争力去开发产品以满足目标顾客。正如在第 1、3 章阐述过的，核心竞争力是那些能够使企业区别于竞争对手的为其带来竞争优势的资源和能力。企业利用核心竞争力（即如何做）来实施价值创造战略，从而满足顾客的需求。只有那些能够不断提高、创新和升级竞争力的企业，才能够长久地满足以及有望超越顾客的期望。[33] 企业必须持续地提高自身能力，通过给顾客提供更优越的产品以确保能够保住领先对手的优势。[34] 这些能力通常难以被竞争对手模仿，一方面是因为它们不断获得更新，另一方面是因为它们是作为完成一项重要活动（如研发）的能力的一部分来被进行整合和运用的。[35]

企业可以在多方面形成核心竞争力，以提供可以满足顾客需求的产品或服务。例如，默克集团（Merck）是因研发能力而闻名的大型制药企业。近年来，默克集团一直在研发上投入巨资来加强其能力。研发新药的目的是为了迎合顾客的需求，同时，也为了保持默克集团在行业内的竞争优势。[36]

SAS 公司是世界上最大的私有软件公司，同时也是商务智能和分析领域的领导者。顾客使用 SAS 公司的程序以实现数据存储、数据挖掘以及获得决策支持的目的。SAS 公司为 139 个国家的 60 000 个网站和 93% 的《财富》100 强公司提供服务。2014 年，该公司将收入的约 23% 投入到研发上，这个比例超过了其竞争者的投入比例。SAS 凭借核心研发能力来满足与数据相关的客户需求，这些客户包括美国人口普查局和许多消费品公司（如宾馆、银行和直销公司）。[37]

如今很多类型的企业都在强调创新的重要性，而不仅仅局限于高科技领域。这些创新似乎都是由顾客驱动的，促进企业提供新产品或服务以一种优于竞争对手的方式满足消费者的需要，由此获得或维持竞争优势。例如，欧莱雅就是由于它在化妆品及美容产品方面的创新而获得竞争优势的。欧莱雅美国执行副总裁弗雷德里克·罗兹（Frédéric Rozé）说："我们的成功来源于自我改变的能力。"[38]

以上有关客户的讨论表明，所有的企业必须能利用其能力和核心竞争力（如何做）来满足所选定的目标客户（谁）的需求（什么）。接下来，我们将介绍业务层战略的正式目的，作为有效满足客户、获取超额利润的不同业务层战略具体内容。

4.2　业务层战略的目的

业务层战略的目的是在公司与其竞争对手的定位之间形成差异。[39] 为了实现与竞争对手不同的定位，一家公司必须决定是否打算与众不同地采取行动或者采取与众不同的行动。战略决定组织领导采取行动方向的路径。[40] 事实上，"与竞争对手相比，选择与众不同地采取行动或者采取与众不同的行动"是业务层战略的本质。[41] 因此，公司的业务层战略是一项谨慎的选择，它关乎如何体现价值链的优势以及支持产生独特价值的活动。事实上，在目前复杂的竞争前景中，业务层战略的成功运用，只有在公司明白了如何将为顾客创造价值的活动集成并且对竞争优势产生促进作用时才会有效。

美国西南航空公司整合业务活动的方式，是成功运用成本领先（这一战略将在本章后面讨论）以及通过为顾客提供独特服务的差异化战略的基础。西南航空公司业务活动的紧密整合是公司相对于竞争对手来说更高盈利能力的来源。

西南航空公司已经将业务活动归类为六个战略主题：有限的乘客服务；频繁并准点的起飞；精益高效的地勤及机务人员；客机高利用率；极低的票价；中型城市与二等机场之间短途、点对点的航线。紧密相关的业务活动的独立聚类促使公司获得一项战略主题的收益成为可能。例如，不供应食物、没有座位安排，以及没有行李转运形成了独立业务活动的聚类，该聚类支持有限的乘客服务这一战略主题。

西南航空公司紧密整合的业务活动，使得竞争对手很难模仿该公司的整体成本领先。公司独特的文化以及乘客服务都是竞争优势的来源，是竞争对手不能模仿的特性，尽管有些公司曾经尝试着模仿。全美航空的 Metro Jet、美国联合航空公司的 United Shuttle、达美航空的 Song 航线以及大陆航空的 Continental Lite，曾经尝试模仿西南航空公司的战略，但都失败了。事后的总结表明，这些竞争对手虽然提供给乘客低价格，但是无法以接近西南航空的水平进行低成本运营或者向乘客提供任何显著的差异化服务，例如在飞行途中的独特体验。西南航空成功的关键是，当为乘客提供（如魅力文化等）可接受的多样化服务时，能够持续降低成本。使用成本领先战略的企业必须明白，在成本领先产品的资源多样化方面，可接受程度是由顾客来定义的。业务活动之间的匹配对所有公司来说都是竞争优势持续性的关键，包括西南航空公司。战略与业务活动的匹配不仅对竞争优势来说是非常基础的，对竞争对手来说，匹配一大批相关联的业务活动比仅仅模仿一个销售驱动方法、匹配一项流程技术或者复制一系列的产品特性要难得多。[42]

4.3 业务层战略的类型

各公司在五种业务层战略中进行选择，以建立并且守卫其渴望的战略位置来同竞争对手对抗，这五种业务层战略分别是成本领先战略、差异化战略、集中成本领先战略、集中差异化战略以及整体成本领先 / 差异化战略，如图 4-1 所示。每种业务层战略都可以帮助公司在一个特殊的竞争范围内建立并且开拓一项特殊的竞争优势。公司如何在不同的业务层战略中整合业务活动，决定了它们是如何与其他公司相区别的。[43] 例如，每个公司都有不同的业务活动地图，因此西南航空公司的业务活动地图与竞争对手捷蓝航空、大陆航空、美国航空等的业务活动地图不同。出色的业务活动整合增加了获取相对于竞争对手的优势以及超额利润的可能性。

在选择业务层战略时，企业应当评价两种潜在的竞争优势："比竞争对手更低的成本或差异化；有能力通过较高的价格来超过为产生差异化所付出的额外成本。"[44] 比竞争对手更低的成本来自公司能够以不同于竞争对手的方式展开活动；实施差异化则表明公司拥有一种能够开展不同于竞争对手的活动的能力。因此，基于内部的资源、能力和核心竞争力的本质和质量，公司试图建立一项成本竞争优势或者一项独特的竞争优势作为实施业务层战略的基础。[45]

目标市场可分为宽范围和窄范围市场（见图 4-1）。公司服务于宽范围市场，期望利用其在行业宽度基础上的竞争优势。较窄的竞争范围意味着公司打算服务于窄范围的顾客群的需求。通过集中战略，公司"在行业中选定一个细分或一组细分市场，并且调整战略来更好地服务于这些细分以达到排他的目的"。[46] 有特殊需求的购买者以及位于特别地理区域的购买者都是窄范围顾客群的例子。正如图 4-1 所示，公司同样可以努力建立一个联合的低成本 / 差异化竞争优势作为服务于一个目标顾客群的基础，这个目标群体比窄细分市场更大，但是又不像宽范围（或者行业宽度）顾客群那样复杂。在这种情况下，公司会使用整体成本领先 / 差异化战略。

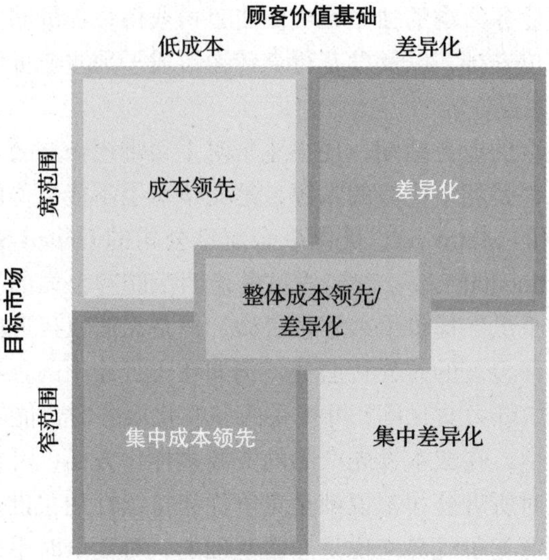

图 4-1　五种业务层战略

资料来源：Based on M.E.Porter, 1998, *Competitive Advantage: Creating and Sustaining Superior Performance*, New York: The Free Press; D.G.Sirmon, M.A.Hitt, & R.D.Ireland, 2007, Managing firm resources in dynamic environments to create value:Looking inside the black box, *Academy of Management Review*, 32:273-292;D.G.Sirmon, M.A.Hitt, R.D.Ireland & B.A.Gilbert, 2011, Resource orchestration to create competitive advantage: Breadth, depth and life cycles effects, *Journal of Management*, 37: 1390-1412.

图 4-1 中的五种业务层战略，没有哪种天生或普遍比其他的几种好。[47] 每种战略的有效性取决于企业外部环境中存在的机会和威胁，以及内部资源组合所带来的优势和劣势。因此，对一个公司来说，选择一种与企业外部环境中存在的机会和威胁以及企业内部核心竞争力相匹配的业务层战略是至关重要的。[48] 一旦公司选定了战略，就应当坚持执行那些可以使这一战略成功的行动。

4.3.1　成本领先战略

成本领先战略（cost leadership strategy）是通过采取一整套行动，与竞争对手相比，以最低的成本提供具有某种特性的产品或服务，并且这种特性是被消费者所接受的。[49] 采用成本领先战略的企业向这一产业的最典型消费者销售标准化的产品或服务（但是拥有有竞争力的质量）。流程改造，是一种设计生产和渠道的新方法和新技术，可以使企业的运营更有效率，对成功使用成本领先战略至关重要。最近几年，企业开始发展采购战略，找到低成本的供应商，向它们外包多种功能（如生产），以使自己的成本降低。[50]

正如我们注意到的，成本领先的产品和服务必须具有可以为顾客创造价值的差异化竞争水平。先锋集团（Vanguard Group）在共同基金及交易型开放式指数基金（ETF）行业选择了低成本战略，它采用的方法是利用被动指数型基金使投资者的成本降到最低，这样的确说服了部分顾客。2014 年，投资者从积极管理型共同基金及 ETF 中抽出了 984 亿美元，而向被动指数型共同基金和 ETF 中投入了 1 668 亿美元。这其中最主要的接收者就是先锋集团，2014 年先锋集团有巨额的资产流动。一位评论员说："低成本的市场营销力量是不容置疑的。"积极管理型基金更多的是关注品牌的信誉，这将会带来很高的成本，而低成本的被动指数型基金却有着更好的表现，评论员说："当你和品牌的力量较量时，这可能是一场难打的仗。"[51]

作为主要活动，内向物流（如原料处理、仓储和存货控制）和外向物流（如物流代理、保管和产品配送）通常占据了企业生产产品或者提供服务的总成本的大部分。研究表明，在物流方面有竞争优势的企业，如果采取成本领先战略，会比采用差异化战略创造更多的价值。[52] 因此，对于正在寻找相对有价值的方法来降低成本的企业来说，也许应该注重内部物流和外部物流这类的主要活动。这种情况下，许多公司现在将运营（通常是制造）外包给有低薪资员工的低成本公司。[53] 但是，必须注意的是，外包也使企业更加依赖于它难以控制的一些企业。最好的情况是，外包在外包公司和供应商之间建立一种相互依赖的关系。如果外包企业过于依赖供应商，就会给供应商更多的权力去增加其提供的产品和服务的价格，而这种行为就会损害外包企业保持低成本竞争优势的能力。[54]

成本领先者也会仔细地检查其所有的辅助活动以寻找降低成本的新渠道。开发一套新的系统以寻找低成本和生产公司产品及服务所需要的可接受的原材料质量的最佳结合，就是采购这一辅助活动有助于成功运用成本领先战略的一个例子。

Big Lots 就采用了成本领先战略。立志成为"全球最好的卖便宜货的地方"的 Big Lots，是全美最大的清仓折扣连锁店，拥有 1 400 家门店，年销售额接近 50 亿美元。对于 Big Lots 来说，清仓商品是 3 000 家生产商提供的名牌产品，并将以比其他零售商低得多的价格销售。[55]

如第 3 章所述，企业利用价值链分析来确定其运作的增值环节和非增值环节。图 4-2 给出了通过成本领先战略创造价值的公司所必需的主要活动和辅助活动。如果企业不能把图上所列的行动以业务活动地图的形式有机地连接起来，那么公司将会很明显地缺少成功运用成本领先战略所必需的核心竞争力。

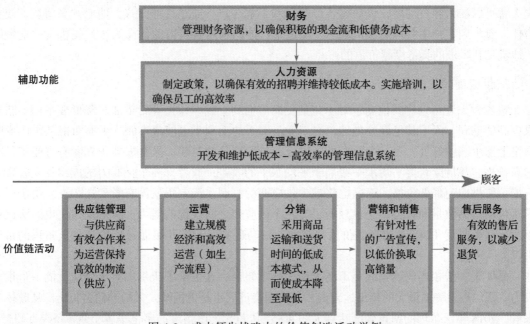

图 4-2　成本领先战略中的价值创造活动举例

有效地运用成本领先战略可以使公司获得超额回报，尽管目前竞争激烈（见第 2 章）。下面各节（五种力量中的每一种力量单独成一部分）将会解释公司是如何实施成本领先战略的。

1. 与现有竞争者的竞争

处于低成本的位置可以有效抵御竞争对手的进攻。由于拥有成本领先者的有利位置，竞争对手将很难在价格上与其竞争，特别是在衡量这种竞争的潜在后果之前。[56] 沃尔玛在吸引高端客户上的一些做法，使它的低成本地位在对手面前显得非常脆弱，而一元店、亚马逊和其他竞争对手就抓住了这一机会。亚马逊似乎已成为一个低成本领导者，一元店为客户提供价格更低的产品和便捷服务，这两个对手开始抢走沃尔玛的客户。

目前的竞争程度取决于一系列因素，如规模和竞争资源、对特定市场的依赖性、地理位置和以往的竞争互动关系等。[57] 公司或许也可以采取行动减少它所面临的竞争。例如，公司组建合资企业来减少竞争，同时增加公司在行业中的盈利能力。[58] 在中国，公司通常会与关键利益相关者建立起很强的联系，比如建立在与部门、供应商和顾客之间，由此来牵制竞争。[59]

2. 购买者（顾客）的议价能力

强有力的购买者可以迫使成本领先者降低价格，但通常不会使其低于行业内第二有效率的竞争者可以赚到的平均利润水平。尽管强有力的购买者可以迫使成本领先者把价格降到低于这个水平，但它们通常不会选择这样做。因为更低一点的价格会阻止第二有效率的竞争者赚到平均利润，从而导致其退出市场，这样就使成本领先者处于更加强有力的地位。此时，顾客不得不以更高的价格从这家在行业内无任何竞争对手的公司购买，其议价能力也就丧失了。有些时候，强有力的竞争者也许会向公司施压，要求它们提供更加创新的产品和服务，而不是迫使公司降低价格，正如前面国王数字娱乐电子游戏的案例一样。

购买者也可以通过精心分析和理解他们的每一个客户，开发出一种制衡客户力量的能力。购买者可以加入客户网络，以获得客户信息和了解客户。通过这种方式，他们共享信息，建立信任，参与到客户中共同解决问题。[60] 反过来，他们利用所获得的信息为客户提供一种能最有效地满足其需求的具备卓越价值的产品。

3. 供应商的议价能力

成本领先者可以比其他竞争对手赚到更高的毛利。成本领先者希望通过降低成本而不断获取更高的毛利。除了其他好处之外，高于竞争对手的毛利率也使成本领先者有可能从供应商的价格上涨中获得好处。当一个行业处于供应商持续涨价的时期，只有成本领先者有可能支付得起高价格，并持续获得平均水平或高于平均水平的收益；或者，一个强有力的成本领先者才有可能迫使供应商降低价格，而这也将减少供应商的利润。沃尔玛就没有看到这一点。由于减少了所售的产品数量和种类，它也减弱了与几个供应商之间议价的能力。结果是，它也无法比竞争对手获得最优（最低）的产品价格。因此，亚马逊和一元店开始通过低价瓜分沃尔玛的市场份额。

事实上，沃尔玛仍然是北美市场上最大的零售商，这也给了沃尔玛对于供应商的一个很大权力。沃尔玛是美国最大的超市运营商，其山姆会员店也是美国第二大的仓储会员店。从整体上来看，2014 年沃尔玛的销售额已达到大约 4 857 亿美元，市场渗透率也不容小觑（每周有超过 2 亿人光顾沃尔玛的 11 000 家商店），这说明沃尔玛仍然具备从供应商那里获取低价格的能力。[61]

一些公司通过外包其所有的功能来建立与供应商的依存关系。它们这样做是为了减少总成本。[62] 它们可能因为来自利益相关者的盈利压力（如持有公司大部分股份的投资机构），选择将活动外包来减少成本。[63] 但是，"外包也会产生新的成本，因为供应商和合作伙伴需要更大的价值份额"。[64] 当有这样的盈利压力时，公司通常会寻找国外成本更低的供应商，以使产品物更美价更廉。[65] 然而，当公司选择外包，尤其是外包给国外供应商时，它们也需要投入时间和精力来建立一个良好的关系，以期建立公司之间的相互信任。这些努力将供应商整合到了公司的价值链中。[66]

4. 潜在进入者

通过不断的努力使成本低于竞争对手，成本领先者显得非常有效率。因为不断提高的效率（如规模经济）可以巩固毛利，所以这种不断提高的效率对于潜在进入者而言，就成为一种重要的进入壁垒。[67] 新进入者不可能赚到超额利润，除非它们达到接近成本领先者效率所必需的水平。另外，对新进入者而言，即使要赚取平均利润，也必须要能够把成本降到与其他竞争对手大致相同的水平，而不是降到成本领先者的水平。成本领先者较低的利润水平（相对于执行差异化战略的企业而言），使得它必须销售大量产品才能赚到超额利润。然而，试图成为成本领先者的企业应当避免将价格定得过低，否则，尽管销量提高了；其获利能力仍会降低。

5. 替代品

与行业内竞争对手相比，成本领先者对替代品来说也占据了比较有吸引力的位置。当替代品的特性和特征在成本和差异化的特性方面对成本领先者的顾客产生吸引时，替代品对这个公司来说就成为很大的威胁。面临可能出现的替代品，成本领先者通常比其他竞争对手更加灵活机动。为了留住顾客，成本领先者可以降低产品或服务的价格。有了更低的价格和有竞争力的差异化水平，成本领先者增大了顾客更偏爱自己的产品而不是替代品的可能性。

6. 成本领先战略的竞争风险

成本领先战略也不是没有风险的。风险之一在于，成本领先者用来生产和分销产品或服务的流程可能因竞争对手的创新而过时。[68] 这些创新可能使竞争对手能以比原成本领先者更低的成本进行生产，或者提供额外的差异化的特征而不需要把增加的成本转嫁给消费者。

风险之二在于，过分强调削减成本，可能会使企业进入试图理解顾客"对有竞争力的差异化水平"的感知的误区。例如，沃尔玛已被指责导购员太少，不能很好地帮助顾客，并且在结账处的收银员太少。这些抱怨显示了顾客所称的"最低水平服务"与沃尔玛试图不断降低成本之间的矛盾。

风险之三是模仿。利用自身的核心竞争力，竞争者有时可以学会如何成功地模仿成本领先者的战略。当模仿发生时，成本领先者必须提升其提供给顾客的产品或服务的价值。通常来说，企业创造更多的价值可以通过两种途径来实现：以更低的价格销售现有产品；保持价格不变的同时，增加顾客认为重要的某种产品特性。

4.3.2 差异化战略

差异化战略（differentiation strategy）是指整合的一系列行动，以对顾客来说很重要的方式向他们提供不同的产品或服务（以可接受的成本）。[69] 相对于成本领先者服务于典型的某一行业中的顾客，采取差异化的企业瞄准的是那些对它们来说价值是通过公司的产品与竞争对手生产及销售的产品之间的差异而产生的顾客。产品创新，是"引入新方法（通过新产品或服务开发）解决顾客问题的结果，同时也可以给顾客和赞助公司带来好处"，[70] 创新对成功实施差异化战略至关重要。[71]

企业应当能够以有竞争力的成本生产出差异化的产品，以减少顾客需要支付的价格不断上升的压力。如果企业生产的差异化产品，其成本没有竞争力，产品的价格就会超过目标顾客所愿意支付的价格。只有深入理解目标顾客所认为的价值是什么，各种不同需求的重要性次序如何，他们愿意为哪种需求支付额外的价钱，差异化战略才能成功。当然，要获得这些高于平均水平的收益，公司就必须运用知识资本（员工和管理者掌握的知识），为客户提供具有卓越价值的差异化产品。[72]

通过差异化战略，企业为顾客生产非标准化的（有特色的）产品，这些顾客相比低成本来说更重视产品多样化的价值。例如，卓越的产品可靠性和耐用性以及高性能的音效系统，就是丰田汽车公司生产的雷克萨斯汽车的一些特性。然而，雷克萨斯的销售价格对顾客来说是有竞争力的。正如雷克萨斯汽车所体现出来的，产品或服务的独特性为那些愿意购买的顾客提供价值，而非销售价格。

要运用差异化战略的成果来保持成功，公司就必须持续提升顾客所重视的差异化特征，或者在没有明显提高成本的情况下，创造新的有价值的特征。[73] 这一做法要求公司持续地改变产品线。[74] 这些公司也有可能提供一个相互补充的产品组合来丰富顾客的差异化需求，也可能满足顾客的一个需求组合。[75] 因为差异化产品能够满足顾客的独特需求，实施差异化战略的公司就有能力去改变溢价，即始终以高于创造差异化特征的成本的价格来销售一个产品或服务，这一能力使得公司得以超越对手并获得高于平均水平的收益。公司实施差异化战略主要考虑的并不是成本，而是投资和发展产品的差异化特征，这些特性能够使一个产品为顾客创造价值的方式与众不同。[76] 总体而言，实施差异化战略的公司努力寻求在尽可能多的维度上与竞争对手不同。一家公司的产品或服务与竞争对手的产品或服务的相似度越小，它就越能缓冲竞争对手带来的冲击力。普遍公认的差异化产品包括：丰田的雷克萨斯、拉夫·劳伦的系列产品、卡特彼勒的重型推土设备，以及麦肯锡公司的差异化咨询服务。

安德玛（Under Armour）是一家专注于消费者市场及专业市场高技术运动装备的健身服装企业，它最近超越阿迪达斯成为美国排名第二的运动服装品牌。尽管它和长期位列第一的耐克还相距甚远，但是它通过差异化战略保持了强劲的增长势头，甚至还通过收购营养和运动跟踪平台——MyFitnessPal 和 Endomondo 建立起了更加强大的顾客信息库，前者拥有 1.2 亿用户（大多数在美国），后者拥有 8 000 万用户（大多数在欧洲）。在 2015 年拉斯维加斯的消费电子展上，安德玛发布了自己的产品档案："我们是一块仪表盘，希望在这块仪表盘下联合起各方数字资源。"尽管并购行动还是将继续分别地进行，但是它会帮助安德玛"发展起一个数字生态系统，为它带来关于潜在客户的无与伦比的大数据"。有了这些，安德玛就能进一步为那些被它的品牌所吸引的顾客定制产品了。[77]

一个好的产品或一项好的服务可以在很多方面实现差异化。不寻常的特性、及时的顾客服务、快速的产品创新、技术上的领先、在顾客心中的声誉和地位、不同的口味、工程设计和性能的特殊性，都可以成为差异化的来源。[78] 减少成本的途径是有限的，而公司做的能为顾客创造真实的或可感知的价值的一切，都可以作为差异化的基础。就拿产品设计来说，因为它可以为顾客带来积极的体验，所以设计正在逐渐成为一个差异化的重要来源（甚至成本领先者都在为其低价产品寻求增加功能的方法，以实现与竞争对手的差异化），希望有竞争实力的公司可以重视它。[79] 苹果公司常被认为是设计领域的标杆公司，如 iPod、iPhone 和 iPad，就是苹果公司创造力和设计能力的代表。苹果公司新产品发布取得的巨大成功以及斩获的市场份额使它成为竞争的对象，其中最大的竞争对手是三星公司，正如我们在"战略聚焦"中讲到的。在第 3 章中提到，三星拥有一些强大的能力，因此它成了一个很强的竞争者。尽管有些是靠模仿苹果的产品，但是它也通过添加一些特性优化产品来吸引消费者（不完全模仿）。[80] 因此，三星一定程度上与苹果独特（差异化）的产品区别开来。

对公司价值链进行分析，可以决定公司是否能够将其采用差异化战略所需的价值创造活动连为一体。常被用来对产品或服务进行差异化的主要活动和辅助活动如图 4-3 所示。如果公司不具备把这些活动有机连接起来的核心竞争力，企业就很难成功地执行差异化战略。接下来，我们将解释公司如何使用差异化战略依据五种竞争力量（见第 2 章）对自己进行成功的定位以获得超额回报。

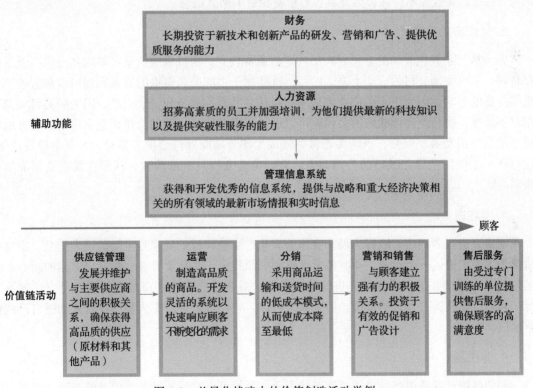

图 4-3　差异化战略中的价值创造活动举例

资料来源：Based on information from, M.E.Porter, 1998, *Competitive Advantage*: *Creating and Sustaining Superior Performance*, New York: The Free Press; D.G.Sirmon, M.A.Hitt, & R.D.Ireland, 2007, Managing firm resources in dynamic environments to create value:Looking inside the black box, *Academy of Management Review*, 32:273-292; D.G.Sirmon, M.A.Hitt, R.D.Ireland, & B.A.Gilbert, 2011, Resource orchestration to create competitive advantage:Breadth, depth and life cycles effects, *Journal of Management*, 37: 1390-1412.

1. 与现有竞争者的竞争

如果产品的差异化对顾客有意义，那么这些顾客就容易成为该产品的忠实购买者。随着对某一品牌忠诚度的增加，他们对涨价的敏感度就会下降。这种品牌忠诚度与价格敏感度之间的关系使得公司免遭来自竞争对手的挑战。因此，品牌信誉可以维持实施差异化战略公司的竞争优势。[81] 或者，当高能力的竞争对手时，例如，三星实施不完全模仿和模仿并优化产品的行为，苹果公司就要注意了，它必须通过投资和开发来提升 iPhone 和 iPad 产品。苹果也必须投资开发全新的有价值的产品，开发新的市场，来保住自己领头羊的地位。[82]

2. 购买者（顾客）的议价能力

差异化产品或服务的独特性会降低顾客对价格上涨的敏感性。当一个产品相对于竞争对手提供的产品仍可以满足顾客感知到的独特需求时，他们愿意接受价格上涨。因此，那些需求被卡拉威（Callaway）高尔夫球俱乐部满足的高尔夫球爱好者将会继续购买它的产品，即使价格不断上涨。知名的食物产品（如亨氏番茄酱和舒洁纸巾）的购买者将会接受这些产品价格的上涨，只要他们认为这些产品以可接受的价格满足了自己的独特需求。在所有这些例子中，顾客认为可接受的替代品不存在，因此顾客对价格相对不那么敏感。

3. 供应商的议价能力

因为执行差异化战略的公司对产品的定价通常较高，所以供应商就必须向其提供高质量的原材料，从而驱动公司的成本上升。然而，这些例子中的公司赚取的高额利润可以部分使其免受供应商的影响，因为更高的供应商成本可以用这些利润来支付。[83] 而且，因为购买者对提价相对不敏感，执行差异化战略的公司就可以通过提高其特有产品的价格而把供应商的额外成本转嫁给最终消费者。但是，当购买者将整体或大部分功能外包给供应商时，尤其是研发功能，这对于一个使用差异化战略的公司而言，它们将会变得具有依赖性，从而在供应商面前显得脆弱。[84]

4. 潜在进入者

对潜在进入者而言，顾客忠诚和克服差异化产品独特性的要求是主要的进入壁垒。在这种情况下，要想进入一个行业，通常需要大量的资源投入，并且要有建立顾客忠诚度的耐心。既然如此，一些潜在进入者决定先进行小额投资，看自己能不能在市场上找到立足点。如果不行，它们也不会失去大量的资源，但是如果可以，它们可以进行更大额的投资来加强自己的竞争地位。[85]

5. 替代品

销售品牌产品或服务给忠诚消费者的企业，通常可以有效地抵御替代品的威胁。相反，缺少品牌忠诚度的企业容易遭遇如下情形：顾客转向与其现有产品功能相同但具有某些差异化特征的产品（特别是当该替代品价格更低时），或者转向具有更多功能、更有吸引力的其他产品。正因如此，它们也许在能更好满足顾客需求的产业外创新（如音乐产业里的苹果 iPod）前显得无力。[86]

6. 差异化战略的竞争风险

风险之一在于，顾客可能认为实施差异化的企业与成本领先者的价格之差过于悬殊。在这种情况下，企业所提供的差异化特征可能超过顾客所需要的。此时，企业就很难经得起竞争对手的挑战，因为竞争对手提供的产品在性价比上更能满足顾客的需求。

风险之二在于，企业差异化的方式已不能为顾客创造价值，顾客不愿为此多付钱。如果竞争对手的效仿使得顾客认为竞争对手能提供同样的产品或服务，有时还以更低的价格，那么差异化战略的价值就不大了。"战略聚焦 4-1"中的案例就是这种情况，中国和印度的低端智能手机制造商小米和 Micromax 分别在与三星的竞争中取得了成功。[87]

风险之三在于，对竞争者产品的不断体验可能降低顾客对一家公司差异化特征价值的评价。例如，顾客对普通纸巾感觉良好，他们可能会觉得为舒洁产品的差异化特征所付出的额外成本不值得。为了防范这种风险，企业必须不断在顾客所愿意接受的价格基础上为其提供差异化的产品（如通过创新）。[88]

风险之四是伪冒。伪冒产品是指那些使用与别人已注册的商标相同或者难以区别的商标，因此侵犯那些老品牌的权利。当消费者购买了伪冒产品并发现上当了之后，会后悔相信这个品牌，继而削弱了差异化战略的效果。[89] 一些像戴尔这样的公司必须采取措施来应对仿冒产品侵犯公司权益的问题。

|战略聚焦 4-1| 苹果 vs. 三星：苹果的差异化战略和三星的模仿战略

近期，苹果已经成为一个产品创新者，它利用先发者的优势创造出新产品，从而主宰着技术产业。已经研发出来的新概念产品就有 iPod、iPhone 和 iPad。像高技术竞争者，如三星、诺基亚、黑莓、谷歌和联想，几乎没有哪一个创造过全新的手机产品系列。然而就在最近，三星成功地挑战了苹果的产品。事实上，苹果以专利侵权的名义成功地将三星告上了法庭，并以三星赔偿 10 亿美元的判决胜诉。三星及其安卓系统（由谷歌开发）似乎是苹果差异化战略的紧随者或是说模仿者，尽管三星的大屏 Galaxy S4 智能手机获得了很大的成功，但是 Galaxy S5 却遭受了挫败，这使得苹果的 iPhone 6 超过了三星所引领的市场份额。

除此以外，三星还面临着低端模仿者的挑战。其中之一就是小米。因为"粉丝"和低端智能手机的网络销渠道，小米的智能手机产品在中国取得了广泛的成功。小米的竞争者之一是刚从谷歌手里买下了摩托罗拉流动资产的联想。小米比联想更成功。联想的 CEO 杨元庆表示："在线模式正在逐渐挑战着传统模式，我们需要解决这个问题。"小米的

"粉丝"俱乐部和网络销售渠道使它比传统零销商成本更低，从而获得了价格优势。尽管苹果在 2014 年第四季度的销量超过了小米，但差距并不大。虽然苹果被当作差异化的奢侈品，但是小米有足够好的质量去挑战苹果的市场份额。而由于三星的 Galaxy S5 没有得到消费者的广泛认可，小米的销量已超过三星。相似地，印度的一家低端智能手机生产商 Micromax 通过跟随小米的模仿战略，在印度市场也超越了三星。那些提供质量相对较高的产品的低端手机生产商，通常是通过非传统方式来销售（比如小米的"粉丝"俱乐部和网络销售渠道）。它们也是苹果公司的第二大跟随者，给三星造成了困扰。

为了面对 iPhone 6 获得的巨大成功以及低端手机在新兴经济中的巨大成功，三星最近又推出了 Galaxy S6。鉴于竞争，三星的 Galaxy S6 在很多特征上都仿造了 iPhone 6：高品质的铝制背壳、玻璃屏幕（Galaxy S5 是塑料背壳）、光滑的曲线边缘、嵌入式电池、指纹扫描。同时，三星也专注于高质量的软件，甚至减少了一些被认为是低质量的三星专有软件。三星在尝试着提高电池寿命并且

将无线充电添加到升级产品中。从这些产品的初步表现来看，这是对 iPhone 6 获得成功的最快响应。这些产品能否使三星在苹果之后重获在高端市场的卓越地位还有待验证。三星显然是凭借着这些新产品获得众多的成功。

据说，三星也推出了和苹果相似的支付系统。它通过实现与当前大多数商店所使用的设备兼容，来加大对苹果公司的竞争。由于商店需要为新设备付出转移成本才能通过苹果支付处理业务，因此苹果支付在商店的推广很慢。相对于苹果的高端产品和低端智能手机生产商竞争者，三星能否继续保持它的独特性还有待验证。

资料来源：J. Cheng, 2015, Samsung unveils Galaxy S6 to answer iPhone 6, *Wall Street Journal*, www.wsj.com, March 1; E. Dou, 2015, Lenovo's smartphone challenge: Battling Apple, Xiaomi in China with Motorola, *Wall Street Journal*, www.wsj.com, February 4; A. Fitzpatrick, 2015, Apple might finally be beating Samsung in smartphone sales, *Time*, www.time.com, February 3; R. Flannery, 2015, China's smartphone sensation Xiaomi says sells triple in '14: Eyes int'l growth, *Forbes*, www.forbes.com, January 3; V. Govindarajan & G. Bagla, 2015, Can Indians innovate in India?, *Business Today*, 24(4): 120–121; S. Grobart, 2015, Samsung's fancy new Galaxy S6 Edge phones, *Bloomberg BusinessWeek*, www.bloomberg.com, March 1; S. Y. Lee & H. T. Wolde, 2015, Samsung unveils sleek new Galaxy phones to battle Apple, *Reuters*, www.reuters.com, March 2; P. Olson, 2015, Apple's U.S. iPhone sells surpass Android for first time in years, *Forbes*, www.forbes.com, February 4; M. Reardon, 2015, Samsung answers Apple with curvy Galaxy S6 phones, Samsung Pay, *CNET*, www.cnet.com, March 1; T. Bajarin, 2014, How tiny tech firms are disrupting the giants, *PC Magazine*, December, 36–38. B. Einhorn, B. Shrivastava, & J. Lee, 2014, Samsung's China problems come to India, *Bloomberg BusinessWeek*, October 27, 44–45; D. Reisinger, 2014, Xiaomi sours while Samsung sinks in Gartner smartphone market study, *eWeek*, www.eweek.com, December 16.

4.3.3 集中战略

集中战略（focus strategy）是通过设计一整套行动来生产并提供产品或服务，以满足某一特定的竞争性细分市场的需求。因此，当企业想利用核心竞争力以满足某一特定行业细分市场的需求而不考虑其他需求时，它可以采用集中战略。可以作为集中战略目标市场特定的细分市场的例子包括：①某一特定的购买群体（如年轻人或老年人）；②某一产品线的一个特定部分（如专业油漆匠或自助用户使用的产品）；③某一地理统计变量市场（如通过在意大利南部或北部建立外国子公司）。[90]

使用集中战略，企业可以满足许多特殊的客户需求。例如，戈雅食品（Goya Foods）是美国西班牙裔拥有的最大食品公司。通过将西班牙裔市场细分成独特的组群，戈雅食品为消费者提供超过 2 200 种产品。该公司是美国西班牙裔食品的龙头企业，并试图"成为所有拉丁裔烹饪的首要来源"。[91]通过成功地在特定的细分市场运用集中战略赢得了竞争优势，尽管这样的公司并没有拥有行业范围内的竞争优势。

虽然一个目标市场的宽度是程度上的问题，但集中战略的本质是"对一个窄范围目标市场与产业平衡的差别的探索"。[92]企业利用集中战略，打算比在行业宽度内竞争的竞争对手更有效地服务于一个细分市场。实际上，创业公司通常会选择进入一个细分市场，一定程度上是因为它们不具备进入更广市场的知识和资源。它们一般更偏向于在更大和资源更丰富的服务于更宽范围市场的企业的"雷达之下"运营。当可以有效地服务于拥有独特需求而宽范围的竞争对手选择不服务的细分市场，或者当可以满足宽范围的竞争对手不能很好满足的需求时，它们会取得成功。

企业能够在特殊的和独特的细分市场上通过成本集中战略或者差异化集中战略为顾客创造

价值。

1. 集中成本领先战略

总部位于瑞典的宜家公司（IKEA），是一个在 35 个国家和地区有着分公司，在 2014 年实现销售利润 287 亿欧元的全球家具零售企业，它采用了集中成本领先战略。既讲究款式又要求低价的年轻消费者构成了宜家公司的目标市场。[93] 针对这些顾客，宜家公司提供的家居产品综合了如下特点：设计新颖、功能齐全、质量可靠、价格低廉。正如宜家所说，它们一直在追寻"以足够低的价格提供宽范围、设计精良的家居产品，以尽可能地使足够多的人能够承担得起。"[94]

宜家采用了不同的做法以使成本保持在较低水平。例如，宜家公司不是依赖第三方生产商，而是由自己的工程师自行设计低成本、可由消费者自行安装的模块式家具。为了消除对销售顾问和装潢工人的需求，宜家在其卖场内摆放产品的方式是在一个类似房间背景中看到不同的生活空间组合（包括沙发以及餐桌等），这样可以帮助消费者想象一套家具在自己家中看起来效果如何。帮助宜家保持低成本的另一个措施是要求顾客自己运输购买的物品，宜家不提供运输服务。但是，由于竞争的原因，宜家最近也开始提供可供选择的低价运输服务。

尽管是成本领先者，但宜家在成本之外还提供了许多对顾客极具吸引力的服务，包括独特的家具设计、店内的儿童游乐场、供顾客使用的轮椅，以及延长的营业时间。因此，宜家的集中成本领先战略同样包括了低成本产品的差异化特征。

2. 集中差异化战略

还有一些其他企业采用了集中差异化战略。正如在前面所指出的，企业可以用各种各样的方法实现差异化。例如，一些出现在城市（如旧金山）的新一代午餐车就在使用集中差异化战略。它们提供由受过良好培训的厨师烹调出来的有机食物，一些知名的餐厅老板也拥有并经营这些午餐车。事实上，位于洛杉矶的 Green Truck 公司就充分展现出了这些特色。此外，新型午餐卡车的老板也经常利用 Twitter 和 Facebook 来提醒消费者他们的新售卖点，因为他们的卡车在中心城市的几个地点之间来回穿梭。[95]

实施集中战略，公司必须实现各种主要的价值链活动和辅助功能来发展和保持竞争优势，进而获得高于平均水平的收入。集中成本领先战略所需要的活动与整个行业的成本领先战略所需要的活动几乎完全一样（见图 4-2），集中差异化战略所需要的活动与整个行业的差异化战略所需要的活动也基本相同（见图 4-3）。同样，两种集中战略下企业成功应对五种竞争力量的方式也与两种广泛战略的方式相同。唯一的差别就是公司的竞争范围，公司专注于一个单一的行业领域。因此，图 4-2 和图 4-3 以及讲述五种竞争力量的内容也对这两种集中战略及竞争优势间的关系分别进行了解释。然而，给定行业的竞争焦点经常同时看好成本领先战略和差异化战略。[96]

3. 集中战略的竞争风险

无论企业采用何种集中战略，都面临着与在整个行业内采用成本领先战略或差异化战略的公司同样的一般性风险。然而，集中战略还具有一般性风险以外的三种风险。

风险一在于，竞争对手可能会集中在一个更加狭窄的细分市场上，从而使原来的集中战略不再集中。如果有一家公司可以为宜家的客户群（喜欢低价而时髦家具的年轻人）提供同等价位且更多差异化选择，或者是同样的差异化货源而价位更低，那么宜家就将面临这种风险。

风险二在于，在整个行业内竞争的企业可能会认为由执行集中战略的公司所服务的细分市场很有吸引力，值得展开竞争。[97] 如"开篇案例"中所说的，克罗格、西夫韦和沃尔玛正试图与有机食品超市品牌全食超市和乔氏超市进行竞争，结果是，全食超市对许多商品进行了降价，增加了广告投入，引进了新的自有品牌。除此之外，为了更有效地竞争，它还正在进行一项忠诚度试验。联席 CEO 及创始人约翰·麦基说："全食超市是一家十分有竞争力的企业，当对手崭露头角，我们面临挑战时，我们就积极应战。"[98] 尽管调整初期它的利润空间有所侵蚀，但是最终的结果是好的，越来越多的顾客选择了全食超市。

风险三在于，一段时间后，狭窄的竞争细分市场中的顾客需求也许会变得和整个行业中的顾客需求更加相似，这会导致集中战略的优势不是被减弱就是消失殆尽，正如"战略聚焦 4-2"中提到的，睿侠公司（RadioShack）起初设定的目标市场——自制无线电业余玩家的独特需求，随着时间逐渐消散了，睿侠公司的高层多年来一直在苦苦挣扎，为了发现正确的集中做了太多的战略改变，最终导致企业的土崩瓦解。

|战略聚焦 4-2| 睿侠公司失败的集中战略：战略摇摆不定

在美国商场业和遍布全国的"主要街道"中保持了将近一个世纪的砥柱地位后，睿侠公司在 2015 年 2 月申请破产。当然，其中一个原因是它们的电子元件销量受许多如亚马逊之类的电商冲击而降低。睿侠曾尝试通过关闭店铺来扭转破产之势，但是它的财务状况恶化得比想象中快。因为财务的窘况，它不得不求助私人券商以获取资金，来使较差的市场表现转好，但是这些债主索取的偿还金加剧了它的衰退。

然而真正的战略难题在于，它在没有持续的根本的战略解决方案的情况下，依然努力追求许多不同的情势。1921 年，睿侠在波士顿成立了。通过专注于"电子新奇小发明"，它在 20 世纪七八十年代得到迅猛发展。起初，它们的策略集中在业余无线电发烧友身上。当查尔斯·坦迪（Charles Tandy）在 1963 年接任 CEO 后，通过专注于业余爱好者和 DIY 一族，很快建立起很多连锁店并在几十年间运营良好。当时，睿侠避开了国家品牌，并销售自己的品牌，包括零部件、电池，以及涵盖大范围的半导体和电容器。这些产品都被大量地放上品牌标志。这可以被

称作集中差异化战略，原因在于它对电子小器件的强调与重视，而客户可以通过修改、装配来改进这些器件。"目标受众是那些每周都需要一块配件的人"，它集中于那些技术导向型的热衷于睿侠产品的人。

睿侠还有一份超过 100 页的目录册，其中列满了唱片机唱针、磁带录音头的去磁器、Realistic（睿侠自主品牌）听筒和话筒、内部通话设备和扬声器之类的东西。CB 收音机是另一个睿侠消费者跟风的热潮，它在有着原油危机的 20 世纪 70 年代初流行起来。当这股热潮退去时，运营者又开始关注个人电脑。TRS 80 是第一批量产的个人电脑之一，这款电脑替代了 CB 收音机热潮。这款电脑有 16K 的内存，内装由"尚不为人知的叫'微软'的新公司"设计的软件。然而，当电脑变得大众化且利润率降低时，睿侠需要一个新的"锚"产品。它在手机产业中找到了方向。

20 世纪 90 年代，睿侠开了许多大型电子商店，包括 Incredible Universe、Famous Brand Electronics 和 Computer City。这些品牌本质上是敌对睿侠的。这些睿侠拥有的品牌最后

被售卖电子产品的大型在线卖家掠夺了，并成为睿侠的一件麻烦事，尽管巨大的销量让其在 1996 达到了收入顶峰（63 亿美元）。睿侠是一个专业化商店。反思这些大型商店失败的原因，CEO 伦纳德·罗伯斯（Leonard Roberts）哀叹道："我不认为我们知道怎么去运营这些商店。"

然而，当手机流行开来时，睿侠擅长销售手机。它们的客户很好奇，同时也对这款新产品有些胆怯，不过销售人员可以花时间帮助他们选择正确的产品。然而，让一个人签署移动手机协议需要 45 分钟，很多商店都面临着一个员工要应付一长队顾客的窘境。那些寻找合意的小电子元件或配件的老客户常常带着失望离开，因为他们得不到他们需要的帮助，睿侠的员工都在专注于销售手机。相似地，睿侠在电子商务中也迷失了。它们用 RadioShack Unlimited 尝试了店内取货免运费的模式，但睿侠的执行人员从未真正地忠于电子商务。实质上，它针对业余爱好者和发烧友所采取的差异化集中战略被尝试着专注于不同潮流来达到业务增长，因此睿侠从未能够恢复自己的专注点并采取一个持续一致的战略方案，尽管集中于不同潮流看似是资本市场的要求。

资料来源：J. Brustein, 2015, Inside RadioShack's collapse: How did the electronics retailer go broke? Gradually, then all at once, *Bloomberg Business Week*, Feb 9–15, 54–59; L. Chen, 2015, Next RadioShack? Here are the most troubled retail stores. *Forbes*, February 10, 13; D. Fitzgerald & M. Jarzemsky, 2015, Beseiged RadioShack spirals into bankruptcy, *Wall Street Journal*, Feb 6, A1–A2; S. Grossman, 2015, John Oliver wants you to remember that one day we'll all be like RadioShack, *Time*, www.time.com, February 12; C. Mims, 2015, RadioShack suffers as free time evaporated, *Wall Street Journal*, Feb 9, B1, B6; P. Wahba, 2015, RadioShack pulls the plug and files for bankruptcy, *Fortune*, www.fortune.com, February 9.

4.3.4 整体成本领先 / 差异化战略

许多顾客在购买产品或服务时有很高的期望，一般来讲，这些顾客希望购买低价又有较高差异化程度的产品。鉴于这些顾客期望，许多企业采取可以同时满足低成本和差异化要求的主要价值链活动以及辅助活动。[99] 有这种类型业务活动意图的公司采用**整体成本领先 / 差异化战略**（integrated cost leadership/differentiation strategy）。采用这一战略的目标是高效地生产差异化的产品。有效率的生产是保持低成本的来源，而差异化是独特价值的来源。成功使用整体成本领先 / 差异化战略的企业，通常可以对新技术以及所处外部环境的变化做出及时调整。同时专注于创造两种竞争优势（低成本和差异化）增加了主要业务以及辅助业务量，在这些业务中，公司必须变得非常有竞争力。这样的公司通常与外部合作者有牢固的关系网络，它们可以完成部分的价值链活动和 / 或以及辅助功能。[100] 反过来，拥有处理大量业务的技巧使一家企业变得非常具有柔性。

塔吉特集中于目标客户（高收入、对潮流敏感的折扣商品购买者）的核心需求，正如其品牌承诺"更多期待，更少付出"所表达的那样，塔吉特采用了整体成本领先 / 差异化战略。公司的年报是这样描述这一战略的：我们长期以来的品牌承诺"更多期待，更少支付"，帮助我们传递了更为便利、更加节省和更具个性化的购物体验。[101]

通常，公司会"处在中游"，既没有有效的差异化，也没有提供成本最低的商品。杰西潘尼（J.C.Penney）就是这种失败的典型。杰西潘尼实施的失败战略似乎是想将低成本和大部分店内商品的降价整合起来，用差异化创造名牌产品专业化的门店。究其失败的原因，很可能是这个战略很难被有效实施。它既不能与低成本领导者沃尔玛和一元店竞争，又不能和更高档次的差异化百货商店（如塔吉特和梅西百货）相较。睿侠公司（见"战略聚焦 4-2"）为我们提供了另一种"处在中游"的失败案例，它既没能维持住电子业余玩家的差异性需求，又没能寻找到新的增长潮流，例如，通过批量销售实现手机销售的低成本目标。

有趣的是，大多数新兴市场的公司都在使用成本领先战略竞争。它们的劳动力和其他供应开销比总部设在发达国家的跨国公司低很多。然而，最近几年，一些新兴市场的公司正在培养自己的创新能力，这与生产低成本产品的能力结合在一起，它们也许会比跨国公司更有优势。正因如此，一些新兴市场的公司正在使用整体成本领先 / 差异化战略。[102]

主要活动和辅助活动使得企业可以以相对较低的成本生产差异化的产品，而柔性又是进行这些主要活动和辅助活动所必需的。中国的汽车制造商已经开发出一种设计，创造出一种柔性的生产方式，允许低成本的生产，但同时汽车的设计也能与竞争者差异化。[103] 柔性制造系统、信息网络以及全面质量管理系统是柔性的三个来源，对尝试平衡持续成本削减和持续差异化推进（被称为整体战略）目标的企业来说非常有用。

1. 柔性制造系统

柔性制造系统（flexible manufacturing system，FMS）增加了"人、物资和信息资源的灵活性"，使得企业能够整合这些元素，以较低的成本生产出一定程度上差异化的产品。作为一项重要的技术优势，FMS 是一种计算机控制下的流程，可在人力干预最小的情况下生产出数量适中而又灵活多样的产品。[104] 重庆长安福特汽车制造厂的自动化生产充分体现了柔性制造的优势，如长安福特的生产技术经理所说："我们能在几个小时里引进新型号，只需要重新配置新型号的生产线就行了，并且在引进新型号的同时，还能继续生产已有型号……这使得新型号的同步与旧型号的淘汰直接由市场需求主导，而不是生产能力主导，不需要也没必要在构建生产设施上浪费时间。"[105] 通常，柔性来自模块化的生产流程（有时也来自其他价值链业务活动）。[106]

FMS 的目标是消除传统生产工艺所固有的"产品多样化和低成本"之间的冲突。FMS 所提供的灵活性使得企业能迅速而轻松地从生产一种产品转向生产另一种产品。如果使用得当，FMS 还能帮助企业在维持低成本优势和产品质量不变的前提下，更灵活地应对顾客需求的变化。由于 FMS 降低了有效生产某一产品的批量规模，企业服务某一狭窄的竞争性领域独特需求的能力就相应提高了。在所有的产业中，公司有形资产（如机器设备）和无形资产（如工人的技能）的有效组合，有助于复杂竞争战略的实施，特别是整体成本领先 / 差异化战略。

2. 信息网络

通过把生产商与供应商、分销商、顾客连在一起，信息网络成为柔性的另一个来源。这种网络如果能有效利用，有助于企业在产品质量和交货速度方面满足顾客的需求。[107]

在本书前面的部分，我们讨论了为理解顾客需求而管理公司与顾客之间关系的重要性。客户关系管理（CRM）就是一种为了实现这一目的而采用的基于信息的网络流程形式。[108] 一个有效的 CRM 系统可以提供公司与客户关系的 360 度视角，包括所有的接触点、业务流程的沟通媒介和销售渠道。Salesforce.com 是线上 CRM 的最大供应商。现在，它已经向云端发展，这使其拥有更大数据库存储空间，并允许用户从多种终端设备进行数据访问，包括智能手机。[109] 公司能用这些信息来确定顾客在差异化的特征与低成本中愿意做出的交易，这是对使用整体成本领先/差异化战略公司的一项很重要的评估。即使是在当今的信息化社会，通过复杂的信息网络进行供应链管理依然是领先的。[110] 这样的系统可以帮助公司来监控市场和利益相关者，并且能够使它们更好地预测未来的环境。这一能力帮助公司调整战略以更好地为未来做准备。因此，组织有效的环境知识和良好的信息流对制定全面战略决策都是至关重要的。制定一项更优的管理决策需要精确的组织环境信息。

3. 全面质量管理

全面质量管理（total quality management，TQM）是一种管理上的创新，企业通过提高员工团队的能力，使用数据驱动和解决问题的方法，来不断地改进每个工作流程，实现组织对客户的全面承诺。[111] 企业开发和使用 TQM 系统的目的主要有三个：①提高客户的满意度；②削减成本；③减少创新性产品引入市场所需的时间。[112]

企业若能在提高创新性产品的开发能力的同时削减成本，将有助于增加企业的战略灵活性，这将对实施整体成本领先/差异化战略的企业有很大的帮助。超越顾客对质量的期望是一个差异化的特征；消除缺乏效率的工作流程以降低成本，有助于企业以较低的价格为顾客提供同样质量的产品。因此，有效的 TQM 系统有助于企业同时获得发现削减成本和增加差异性的机会的能力。研究发现，当单独使用一项战略时，相对于差异化战略，TQM 系统能更有效地促进成本领先战略。[113] 然而，当这两个战略合二为一时，它促进了战略之间潜在的协同作用。所有的竞争者都可以采用 TQM 系统。所以，它们可以帮助企业保持竞争力，但是很少能单独为企业带来竞争优势。[114]

4. 整体成本领先/差异化战略的竞争风险

通过成功应用整体成本领先/差异化战略而获取超额利润的潜力是非常诱人的。但是，这是一种极具风险的战略，因为企业发现生产相对便宜的产品，并且使这些产品具有为目标顾客增加价值的差异化水平所需的主要活动和辅助活动的开展是很困难的。为了持续恰当地应用这一战略，企业必须在降低产品成本（成本领先战略所必需的）的同时，增加产品的差异化（差异化战略所必需的）。

企业不能成功地以最适宜的方式开展主要活动和辅助活动会陷入两难境地。[115] 这意味着企业的成本结构没有低至可以为产品制定有吸引力的价格，并且它的产品也没有足够的差异化，不能为目标顾客创造价值，就像杰西潘尼所经历的问题。至少在消费者看来，它的价格并不足够低，差异化也不足够明显来吸引消费者。实际上，它下滑的销售额显示它失去了一部分顾客，也没有吸引来新顾客补充空缺。这些企业不会获取超额利润，并且只有当其所处的产业结构非常有利时，才会赚取平均利润。[116] 因此，采用整体成本领先/差异化战略的企业，应该确保其主要活动和辅助活动允许它们既能提供顾客认为有价值的差异化的产品，同时又能以相对较低的价格提供这些产品。

当一个企业不能成功实施成本领先战略或差异化战略时，也会陷入两难境地。换句话说，基于整个行业的竞争者同样可能陷入两难境地。试图使用整体战略是成本高昂的，因为企业必须同时追求低成本和差异化。

公司可能需要与其他公司结成联盟来实现差异化。然而，联盟伙伴可能因为其资源被使用而要求提成，从而使公司难以有效地降低成本。[117] 公司可能有意进行收购，并通过创新或在产品组合中增加竞争对手没有的新产品来保持其差异化。[118] 研究表明，使用"单一战略"的公司（无论是成本领先战略还是差异化战略）比使用"综合战略"的公司（整体成本领先/差异化战略）绩效更好。这一研究表明，综合战略具有风险性。[119] 然而，由于科技的进步和全球化的竞争，综合战略在许多行业中正变得越来越普遍和必要。综合战略往往需要从长远角度来考虑，促使其有效地发挥作用，因而它也就需要一个忠诚的雇主将这长达数年的战略贯彻下去，进而产生积极的回报。[120]

小结

- 业务层战略是指公司使用的通过对某一特定产品市场的核心竞争力的利用，获得某种竞争优势的一整套相互协调的使命和行动。本章介绍了五种业务层战略（成本领先、差异化、集中成本领先、集中差异化、整体成本领先/差异化）。

- 顾客是成功的业务层战略的基础。在涉及顾客的时候，企业同时会考虑三个问题：谁、什么以及如何做。这些问题分别涉及要服务的顾客群、企业将会满足的需求，以及公司用来满足顾客需求的核心竞争力。全球经济范围内不断增加的细分市场，为企业创造了识别更多独特顾客需求的机会，它们可以选择一种业务层战略来满足顾客需求。

- 通过成本领先战略寻求竞争优势的公司，为一个行业中的典型顾客生产没有装饰的标准化产品。然而，这些低成本的产品必须具有一定程度的差异化。只有持续的强调效率以使成本比竞争对手低，同时为顾客提供具有可接受的差异化水平的产品，企业才能获得超额利润。

- 与成本领先战略相关的竞争风险包括：①因更加先进的技术而丧失竞争优势；②未能识别顾客需求的转变；③竞争对手能够通过独特的战略行动来模仿成本领先者的竞争优势。

- 差异化战略使公司能够为顾客提供具有差异化（并且有价值）特征的产品。与竞争对手提供的产品的性价比相比，差异化的产品必须以顾客认为的有竞争力的价格出售，这样的价格与产品的特性有关。因为这种独特性，差异化产品或服务通常都有较高的售价。产品差异化可通过顾客群认为重要的任何一个方面来实现。采用这一战略的公司多通过尽可能多的方面来使自己的产品或服务与竞争对手相区别。与竞争对手产品的相似性越小，公司受竞争对手的冲击也就越小。

- 与差异化战略相关的竞争风险包括：①顾客群认为差异化产品或服务与成本领先者的产品或服务之间的差别不足以抵偿差异化产品的高价格；②差异化产品无法创造顾客愿意为其支付更高价格的价值；③竞争对手能够以更低的价格为顾客提供具有同样差异化特征的产品；④伪冒产品的威胁，其他公司生产价格相对低廉的伪冒的差异化产品或服务。

- 通过集中成本领先战略及集中差异化战略，公司主要服务于一个狭窄的细分目标市场（如一个购买群体、产品类别或地理区域）。如果公司具有核心竞争力，为这一狭窄的竞争细分市场所创造的价值超过那些服务于整个行业的公司所能创造的价值，那么该战略就会获得成功。

- 与集中战略相关的竞争风险包括：①竞争对手通过利用核心竞争力，服务于一个更加狭窄的竞争细分市场，从而使原集中战略不再集中；②服务于整个行业的竞争对手决定要集中于满足目前所服务的特定顾客群的特殊需求；③狭窄的竞争细分市场与整个行业市场内的顾客需求之间的差别逐渐消失。

- 执行整体成本领先/差异化战略的公司争取以相对较低的成本为顾客提供具有某些增值差异化特征的产品。柔性对学习如何开展主要活动和辅助活动是非常必要的，公司需要通过主要活动和辅助活动的匹配来以较低的成本生产出差异化的产品。该战略最主要的风险是，公司提供的产品无论在低成本还是差异化方面都无法为顾客创造足够的价值。此时，公司就会被"困在中间"。这些困在中间的公司在竞争上处于非常不利的地位。

关键术语

业务层战略

成本领先战略

整体成本领先/差异化战略

集中战略

差异化战略

市场细分

全面质量管理

复习思考题

1. 业务层战略是指什么？

2. 从"谁、什么、如何做"的角度，分析公司的顾客与企业业务层战略之间是什么关系？为什么这种关系很重要？

3. 公司业务层的五种战略——成本领先、差异化、集中成本领先、集中差异化、整体成本领先/差异化战略之间有何不同之处？

4. 与五种竞争力量相关的对企业进行定位时，使用的每种业务层战略是如何帮助企业获取超额利润的？

5. 使用每种业务层战略时有什么特殊的风险？

讨论案例

杰西潘尼用一种失败的战略自杀了吗

几年前，杰西潘尼（J.C.Penney）是一个传统的、低档的百货商店，并貌似经历着缓慢的衰退。来自 Pershing Square 资本管理的套利基金投资人比尔·阿克曼（Bill Ackman）买了杰西潘尼的一大份股份，并督促着雇用了一名新的 CEO 罗恩·约翰逊（Ron Johnson）。约翰逊曾经成功地创立了苹果零售商店的理念，就任杰西潘尼后他被委以改善公司财富状况的任务。

在 2012 年 1 月，约翰逊发布了该公司的新战略和对杰西潘尼的形象重塑。约翰逊的战略提到了让杰西潘尼零售商店建立小商店，这些小商店里专卖特别的品牌，如李维斯（Levi's）、IZOD、丽诗加邦（Liz Claiborne）以及玛莎·斯图尔特（Martha Stewart）所使用的家政用品。同时，约翰逊发布了一个新的定价系统。那个每年提供特殊折扣的旧方案被淘汰了，是为了支持一个新的顾客价值定价方案，这个方案全面地使商品价格降低了高达40%。所以，标出的价格是不再享受更多折扣的价格。这样做的意图在于提供给顾客所有商品"更好的交易"，与提供特殊的高折扣的部分商品相对。

这种意图是为了把杰西潘尼建造成一个高端的（更高档一些的）零售商，该零售商可用好的价格来提供品牌产品（大部分是服装和家政用品）。这些改变忽视了该公司现有的顾客群。杰西潘尼开始争取那些本来在塔吉特、梅西百货和诺德斯特龙购物的顾客，而提到的这些只是一小部分它的竞争者。不幸的是，新战略在实施的第一年就表现出它是一种失败。2012年的总营业额为42.8亿美元，低于2011年，而公司的股价也跌了55%。有趣的是，它的网络营业额降低了34%，而它的新对手梅西则增长了48%。所有的这些都转化为杰西潘尼该年度只比10亿美元差一点的净损失。

杰西潘尼的新执行团队貌似以为他们可以保留他们现有的顾客群（也许通过全面的价值定价），并利用"店中店"（store-within-a-store）新概念来吸引新的顾客。罗杰·马丁（Roger Martin）是一位前执行官，一位战略专家，现任多伦多大学校长。据他所说："……新的杰西潘尼在与一位非常重要的竞争对手竞争，并完全地屠杀了这位对手，而这位对手叫杰西潘尼。"当公司开始大力推行新理念时，只有大约1/3的商店采用了新的方案。它的新店的营业额以每平方英尺营业额来计算有所增加，但是旧店每平方英尺营

业额非常显著地下降了。这表现出杰西潘尼并没有从它的对手那里吸引来顾客，而是从它的旧商店中拆分了一些顾客。据马丁所说，新的CEO也许对资本市场了解甚多，但不知道如何满足顾客并由此产生比较优势。此外，杰西潘尼的前CEO艾伦·卡斯塔姆（Allen Questrom）描述约翰逊拥有很多能力（比如智慧、强大的沟通能力），但他认为约翰逊和他的执行团队犯了一个重大的战略性错误，并且尤其对杰西潘尼的顾客群漠不关心。

现在的问题是该公司能不能在这样的营业额和股价的显著下降中幸存下来。在2013年，它宣布裁员2 200人来减少开支。此外，CEO约翰逊宣布他正在重新建立部分商品折扣的定价制度，并提供产品的价格比较（相对于对手的价格）。好的消息是，转型了的商店正接近每平方英尺269美元的营业额，尽管旧商店营业额为每平方英尺134美元。约翰逊的战略可以持续到所有商店转型成功并拯救这个公司吗？答案或许是否定的，因为在他就任了大概一年半CEO后，约翰逊在2013年4月8日被杰西潘尼董事会解雇了。

讨论题：

1. 在第4章的基本战略中，杰西潘尼的新CEO使用的是哪一种？
2. 战略使用的改变带来的结果是什么？
3. 为什么该战略对于杰西潘尼来说是一场灾难？
4. 被两种战略（成本领先战略和差异化战略）"困在中间"意味着什么？

竞争性对抗和动态竞争

1. 定义竞争者、竞争性对抗、竞争行为和动态竞争。
2. 描述市场共性和资源相似性以进行竞争者分析；描述市场共性和资源相似性并以此作为竞争者分析的基础。
3. 解释作为竞争行为的原因：知晓、动机和能力。解释知晓、动机和能力是如何驱动竞争行为的。
4. 讨论影响竞争者采取竞争行动可能性的因素。
5. 讨论影响竞争者采取竞争应对行动可能性的因素；描述竞争者采取行动回应竞争的可能性的影响因素。
6. 解释在慢周期、快周期和标准周期市场的动态竞争。说明在慢周期市场、快周期市场和标准周期市场下的动态竞争。

谷歌有竞争对手吗？高科技市场中的动态竞争

谷歌以其搜索业务而闻名。如今，当人们想在网上搜索某个主题的相关信息时，都会说"谷歌一下"。谷歌在美国搜索行业所占的市场份额约为 75%，在欧洲则高达 90%。事实上，很多人认为，拥有如此高市场份额的谷歌已然成了该市场中强大的垄断者。毫无疑问，这样的市场份额确实使谷歌在广告商和用户中有很大的影响力，因此能有力地对抗竞争者。例如，美国联邦贸易委员会（FTC）指出，谷歌向 Yelp、猫途鹰（TripAdvisor）、亚马逊这些网站施压，以从这些网站上获取用户信息。另外，谷歌还不准广告商将广告置于其他搜索引擎上。不过，FTC 同时也表示，谷歌的行为并没有触犯任何法律。谷歌在搜索业务上最强劲的两大竞争对手是必应（Bing）和雅虎（Yahoo），这两者所占的市场份额均超过 12%。不过，随着互联网公司不断转型发展，像亚马逊和 Facebook 这样的公司，会将关注点逐渐转移到在线购物者身上。在不久的将来，它们可能会成为搜索市场中重要的竞争者。这些公司在许多市场中都在争夺着广告商。

当然，谷歌的业务远不止搜索引擎，它已经进入了许多市场，并且正在进行调研，计划进入更多的市场。举例来说，谷歌最近刚在伦敦开了第一家零售商店，并且打算再开几家。这样做的意图是竞争，至少是为了与苹果公司成功开设的零售店竞争。在其他服务业市场，谷歌刚刚开发了"安卓支付"，以应对"苹果支付"和"三星支付"，以及苹果的其他服务型产品的竞争。谷歌还推出了一个新的航班搜索工具——谷歌航班，来帮助顾客找到最佳、最便宜的航班。这项新的服务有好几个竞争对手，但最主要的竞争对手还是最初由微软公司创办的派迪公司（Expedia），这家公司在2015年收购了它的两大竞争对手——旅游城市（Travelcity）和旅程（Orbitz）。

谷歌近期还进入了其他几个新的市场，比如保险搜索市场（例如，帮助用户搜索最优质车险），还提供无线网连接，以与大型电信企业（如AT&T和Verizon公司）相抗衡。它同时也计划着进入智能手机和智能手表领域，其中智能手表方面正在与瑞士手表集团TAG Heuer公司和英特尔公司共同研发。谷歌初代手机的运转是通过一个内核和许多零部件来进行的。它与一个乐高产品类似，顾客可以改变屏幕，例如，可以连接一个大屏幕以观看盛大的运动赛事（如"超级碗"）。当然，这些智能手机和智能手表将会和苹果等公司的产品进行直接竞争。

总之，谷歌在许多市场里都有大量的竞争对手。谷歌主导了其中的一些市场，比如搜索业务。不过在另外一些市场，它是新进入者，只占很小的市场份额，它要与其他地位稳固的大公司（如航班搜索和无线网络业务）相竞争。谷歌在一些市场（如搜索业务）是先锋者，提供主要的新服务，而在另外一些市场（如安卓支付），则是应对者。因此，谷歌的竞争行为极其复杂，在许多市场里都进行着动态竞争。

资料来源：K. Benner, 2015, Don't be afraid of the big, bad Google, *The New Zealand Herald*, www.nzherald.co.nz, March 28; S. Buckley, 2015, Google Fiber's presence pressures AT&T to adjust 1 gig pricing plans, *FierceTelecom*, www.fiercetelecom. com, April 1; A. Chowdhry, 2015, Google's new flight search tool helps you find the best price, *Forbes*, www.forbes.com, February 27; C. Dougherty, 2015, Google and Intel to team up with TAG Heuer on a luxury smartwatch, *New York Times*, bitys.blog.nytimes.com, March 19; 2015, Google high street riposte to Apple, *Yahoo*, uk.news.yahoo.com, March 11; 2015, Google opens its first retail store, *RTE News*, www.rte.ie, March 11; D. Lumb, 2015, Google answers Apple Pay with (surprise) Android Pay, *Fast Company*, www.fastcompany.com, March 2; V. Kotsev, 2015, Google shows off the smartphone of the future, and it's basically a Lego set, *Fast Company*, www.fastcompany.com, January 14; D. Lyons, 2015, Five myths about Google, *The Washington Post*, www.washingtonpost.com, March 20; 2015, Zuckerberg downplays Facebook/Google rivalry, SeekingAlpha, www.seekingalpha.com, March 26; 2014, Google plans to test high-speed wireless Internet, *fortune*, fortune.com, October 15.

竞争者（competitors）是指经营相同的市场，提供相似的产品，拥有相似目标顾客群的企业。[1]谷歌有许多竞争者，因为它的竞争业务进入了许多市场。例如，谷歌在搜索引擎业务上与必应、雅虎相竞争，在无线网络业务上与AT&T、Verizon相竞争。它计划进入智能手机市场，这将使其与苹果、三星等公司形成竞争关系。因此，谷歌会面临并采取一系列竞争性行为（竞争性行为主要是指企业在与对手竞争时所采取的一系列行动和反应，在接下来的定义部分会更详细地阐述）。

企业及其竞争者置身于一个广阔的市场中，它们互相竞争，以试图获得超额利润。[2]从另一个角度考虑，企业并不是孤立存在的，相反，每个企业都会展开竞争性行为和竞争性对抗，以达到同一个目的——比别的公司业绩更好。企业关于自身及其竞争者之间相互行动的决策的制定，会直接影响其获取超额利润的能力。[3] 所以学习如何选择市场，以及如何在市场中与竞争者进行最有力的竞争是十分重要的。[4]

竞争性对抗（competitive rivalry）是指竞争者为了获取有利的市场地位，各自所采取的竞争性行动以及随之发生的竞争性反应。[5] 尤其是在高竞争性行业中，当企业采取战略性行动并根据对手的行动做出反应和反击时，企业总是通过排他策略以谋求竞争优势。对于领导企业而言，理解竞争性对抗很重要，因为这意味着企业要在现实中学会如何胜过对手，这体现了竞争性对抗在企业获得并保持竞争优势的能力方面的影响。[7] 企业首先开展自我竞争性行动，然后对竞争对手的竞争性行动采取反应，由此便产生了企业间的竞争性对抗。[8]

竞争性行为（competitive behavior）是指企业为了建立和保持竞争优势、提高市场地位，而采取的一系列竞争性行动和竞争性反应。[9] 正如"开篇案例"中所阐述的，谷歌在采取许多竞争性行动的同时也对竞争者的战略行动做出了竞争性反应，开发出了"安卓支付"来应对苹果公司和三星公司的类似服务。谷歌通过竞争性行为，试图根据竞争的五力模型（见第 2 章）对自我进行准确定位，并在为未来建立企业竞争优势的同时，对当前的竞争优势予以保护（见第 3 章）。

正如谷歌与苹果和亚马逊的竞争性行为所反映的一样，越来越多的企业不只在一个市场中展开竞争性行动和竞争性反应。[10] 企业在多种系列产品或多个区域市场中展开互相竞争的现象，被称为多元市场竞争（multimarket competition）。[11] 所有的竞争性行为，即在一个市场中的所有企业，在竞争中所采取的所有竞争性行动和反应，被称为动态竞争（competitive dynamics）。几个重要概念的相互关系如图 5-1 所示。

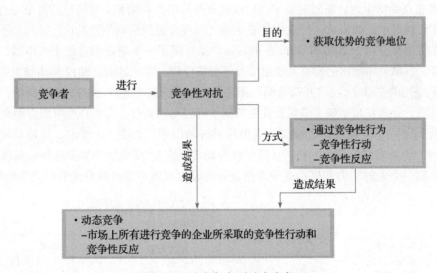

图 5-1　从竞争者到动态竞争

资料来源：Adapted from M.J.Chen, 1996, Competitor analysis and inferfirm rivalry: Toward a theoretical integration, *Academy of Management Review*, 21:100-134.

本章主要研究竞争性对抗和动态竞争。企业战略在本质上是动态的而非静态的，一个企业采取的行动会引起其他竞争者的反应，竞争者的行动反过来又会让最初采取行动的企业有反应。[12] 例如，近年来烟草生产商开始生产新产品——电子烟，电子烟对于身体的影响目前尚处于未知。电子烟是由电池驱动的，掺有尼古丁的液体加热后会变成蒸汽冒出。在烟草市场中，罗瑞拉德公司（Lorillard）一直都占据着较有利的市场地位，目前它与雷诺兹烟草集团（Reynolds American）合并，其地位就更难撼动了。另外一个烟草制造公司——奥驰亚集团（Altria Group）推出了 MarkTen 电子烟来与其他公司相竞争。可以预见，在不久的将来，这些烟草公司以及其他国际烟草生产商还会采取许多后续的竞争性行为。[13]

竞争性对抗对企业战略的另一个影响是，企业战略成功与否不仅由企业初始竞争性行为所决定，还由企业预测竞争对手竞争性反应的准确程度以及对竞争者初始行为（也称为攻击）的反应所决定。[14]尽管竞争性对抗影响各种类型的战略（如企业层战略、收购战略和国际化战略）的选择，但主要影响企业的业务层战略。事实上，企业对竞争对手的行为和反应是业务层战略的基石。[15]

正如第 4 章所述，业务层战略的关注方向是关注企业应如何成功利用其在特定产品市场上的竞争优势。全球化经济浪潮中，企业的竞争性对抗愈发激烈，这意味着竞争性对抗对企业业务层战略的意义愈发重要。对于企业而言，那些经历了激烈的竞争性对抗，在竞争性对抗中发展并应用了有效的业务层战略的企业，在独立产品市场中，还是趋于比其他竞争者表现得更好。

5.1　竞争性对抗模型

竞争性对抗产生于企业一系列的竞争性行为中，当这个企业的竞争性行为显著影响到竞争对手时，便会引起竞争对手的竞争性反应。[16]这样的行为模式体现了企业是相互影响的，每一个企业都会受到其他企业行动和反应的影响。因此，商业成功取决于个体企业的策略，以及这些策略应用后产生的后果和两者的综合效应。[17]

管理者也逐渐认识到，激烈的竞争性对抗对企业的销售业绩和市场地位的影响是直接且重要的。[18]研究资料显示，如果某一行业中各个企业之间进行激烈的竞争性对抗，该行业平均利润会降低。[19]尽管苹果公司于 2007 年发布的 iPhone 产品开拓了一个崭新的智能手机市场，但是在一些人士看来，谷歌公司推出的安卓系统也瓜分了市场份额。研究显示，2012 年市场上近一半的智能手机都是应用的安卓平台。"开篇案例"阐述了谷歌是怎样打造未来的智能手机的，这款智能手机一旦推出，谷歌在与苹果、三星及其他智能手机公司竞争时，会更有竞争能力和竞争优势。

我们提出了一个企业层面直观描述竞争性对抗的模型，如图 5-2 所示，这种对抗通常是动态和复杂的。企业采取的竞争性行为（竞争性行动和反应），是成功建立并运用企业实力和核心竞争力的基础，企业的实力和核心竞争力使企业能够在市场中获得具有优势的竞争地位。[20]

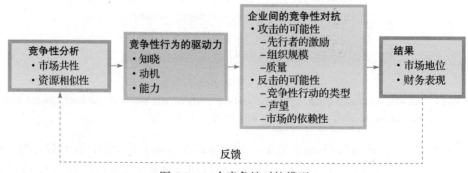

图 5-2　一个竞争性对抗模型

资料来源：Adapted from M.J.Chen, 1996, Competitor analysis and interfirm rivalry: Toward a theoretical integration, *Academy of Management Review*, 21: 100-134.

我们用图 5-2 阐述了一个企业与其每个竞争者之间通常存在的一系列竞争性行为。企业可以运用该模型所得的研究成果，来理解如何对竞争对手的行为（竞争性行动和竞争性反应）进行准确的预测，从而降低与竞争者的不确定的相关性。[21]企业若能够准确地预测竞争对手的竞争性行动和竞争性反应，将有利于其巩固和提高市场地位，随之会带来财务业绩的增长。[22]图 5-2 的竞争性对抗模型模拟了在特定市场中，所有独立的竞争性对抗的总和反映了该市场中的动态竞争。

本章接下来将分别阐述图 5-2 中展示的模型的因子。作为竞争者分析的基础，我们首先描述市场共性和资源相似性。其次，我们讨论知晓、动机和能力这三个组织特征对企业的竞争性行为所产生的影响。我们通过描述影响企业采取竞争性行动以及影响企业采取竞争性行动进行反应的可能性的因素，详细讨论企业之间的对抗和企业内部的对抗。在本章的最后一节，我们把重点放到动态竞争，来描述快周期市场、慢周期市场和标准周期市场中的市场特征如何影响企业的竞争性对抗。

5.2　竞争者分析

如上所述，竞争者分析是企业预测其和每个竞争者的竞争性对抗的程度和实质的第一步。竞争者分析在当公司进入国外市场时尤为重要，因为管理者需要了解当地的竞争情况，以及外国竞争者在该市场中的运作模式。[23]没有这样的分析，公司就不可能取得成功。

企业间相互竞争的市场数量叫作市场共性，企业间拥有资源的相似性叫作资源相似性（这两个词会在后面的部分给出定义），这两个方面的竞争决定了企业能够成为何种程度的竞争者。企业如果具有明显的市场共性和资源相似性，会直接成为相互认可的竞争者。企业竞争性行为的驱动力、影响竞争对手采取行动的因素，以及对竞争性行动做出反应的可能性因素，都将影响竞争性对抗的激烈程度。[24]

我们在第 2 章讨论了技术类企业通过竞争者分析的方法来分析和研究彼此间的竞争性环境。企业的外部环境由总体市场状况、行业状况的和竞争性环境共同组成。我们同样也描述了如何使用竞争者分析来帮助企业识别竞争者，以及通过对竞争者设定的未来目标、当前的战略、假设和能力（见第 2 章的图 2-3）进行研究，从而得出了更具说服力的结论。在本章中，进一步对竞争者分析进行讨论，目的是描述企业应该研究哪些事物才能够预测竞争对手的行为，这些行为表现为竞争性行动和竞争性反应。第 2 章和本章对竞争者分析的讨论是具有互补性的，因为企业在预测竞争性行动和竞争性反应之前，需要深入了解企业所处的外部环境。

对竞争者可能的竞争性行动和竞争性反应进行准确预测是非常重要的，因为它能避免管理者因为不清楚竞争对手或他们的能力而出现竞争盲点。当预测所需的信息缺失时，竞争盲点就出现了。如果管理者存在竞争盲点，那么竞争对手的行动可能会使其感到吃惊，从而导致潜在的负面影响。[25]公司的管理层现在越来越重视通过借助自身对业务和产业环境的了解来帮助公司避开竞争盲点。[26]

5.2.1　市场共性

每个行业都是由各类市场组成的。金融服务业就是由保险业、经纪人服务、银行等市场共同组成。如果按照需求的不同、消费者群体的独特性，市场还可以进行进一步细分。例如，保险市场，可以按照市场细分（比如商业客户和消费客户）、按照产品细分（健康保险和寿险）或者按照区域市场细分（西欧保险市场和东南亚保险市场）。总体上，伴随着企业之间的竞争，互联网技术推动了行业市场形成自己的特征。例如，宝洁公司电子商务副总裁亚历克斯·托索里尼（Alex Tosolini）指出："Facebook 既是一种营销渠道，也是一种分销渠道，由于宝洁公司一直致力于开发 Facebook '粉丝'页面的'社交商务'（由亚马逊公司负责送货）能力，Facebook 已经成为帮宝适纸尿裤的十大零售渠道之一。"[27]

总之，竞争者都认同行业中各个体市场的不同特征构成了整个行业。例如，交通运输业，人们一般认为商业性的航空市场有别于陆地运输市场，它由像耶路全球（YRC Worldwide，世界上最大的运输服务提供商之一，在北美地区提供"零担运输"服务，并且当选为沃尔玛年度最佳"零担运输者"）这样的企业提供服务。耶路全球的主要竞争者是 Arkansas Best、Con-way 和联邦快递区域散货运输公司。[28] 尽管存在差异性，在发展企业所需要的核心竞争力和所应用的技术方面，绝大多数市场存在一定程度的联系。例如，不同类型的运输企业都需要提供可靠及时的服务。商业航空企业，如西南航空公司、大陆航空和捷蓝航空，就必须开展关于服务方面的竞争，以满足乘客的需求。与此同时，耶路全球和主要竞争者必须提供竞争性服务以满足客户利用其船队运送货物的需要。

通常，企业也会在不同行业的多个市场同时展开相互竞争。在这种情况下，企业会发现它们要接连较量多次，这也被称为市场共性。**市场共性**（market commonality）关注的是企业和竞争者共同所在的市场个数以及每个独立市场对于其他市场的重要程度。[29] 企业与竞争者在多个市场展开的竞争被称为多元市场竞争。[30] 可口可乐和百事可乐在许多产品（如软饮料、瓶装水）和地理市场（全美国及众多国外市场）都存在着竞争。航空、化工、医药和消费者食品等行业的企业也经常同时在多个市场开展竞争。

在几个市场展开竞争的企业，在与竞争对手进行竞争时会潜意识地对竞争对手的行为做出反应，不仅仅在竞争行为发生的市场，而且也会在这场对抗中它们所能进行较量的其他市场。这种潜在意识创造了一种复杂的竞争状况，"在一个市场中，企业采取措施的目的是为了在另一个市场达到目标"。[31] 这类潜意识的方法使竞争者之间的关系变得更加微妙。实际情况的研究表明，在较大的多元市场中的企业通常较少先发动攻击，但在大多数情况下，企业受到攻击时将会发起更为激烈的反攻。在电脑市场进行的研究表明，"为了应对竞争性攻击，公司通常会推出新产品，而非利用价格来作为报复工具"。[32] 总的来说，多元市场竞争可以减少竞争性对抗，但一些企业在潜在获利（如获取潜在的市场份额）巨大时，仍然会发起竞争。[33]

5.2.2 资源相似性

资源相似性（resource similarity）是指竞争者之间的有形资源、无形资源与竞争对手在类型及数量上的相似度。[34] 资源类型、数量相似的企业可能拥有类似的优势和劣势，在实际运作过程中也可以采用相似的战略，发挥优势来抓住外在市场中相似的机会。

正如"战略聚焦 5-1"中提到的一样，美国联邦快递（FedEx）和 UPS 快递之间就存在资源相似性。另外，这两家企业有多个共同的市场，因此确切地说，它们同时还具有市场共性。这些公司相似的资源有货车配置、飞机配置、财务资本、人力资源储备和复杂的信息技术系统。除了在北美市场，它们在许多别的市场也有竞争。因此，这两家企业的竞争十分激烈。

当企业进行竞争者分析时，通常是根据市场共性和企业资源相似性来分析每个竞争对手。关于这些分析的结果，我们可以用图进行直观的比较，如图 5-3 所示，我们可以得出企业在哪些方面与单个竞争者在市场共性和资源相似性方面有重合的部分。这些重合显示出企业自身与竞争对手的相似程度。例如，位于图 5-3 第Ⅰ象限中的企业和竞争者具有相似的资源类型及数量（例如，两个企业拥有相同的资源配置）。那么位于第Ⅰ象限的企业和竞争者会利用它们相似的资源配置在许多市场上相互进行竞争，这对它们来说很重要。由此，位于第Ⅰ象限的企业是直接、相互公认的竞争对手。

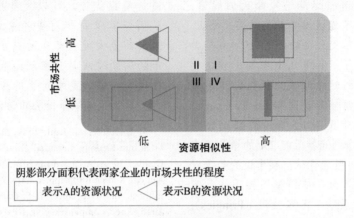

图 5-3   竞争者分析模型

资料来源：Adapted from M.J.Chen, 1996, Competitor analysis and interfirm rivalry: Toward a theoretical integration, *Academy of Management Review*, 21:100-134.

相比较而言，位于第Ⅲ象限的企业及竞争对手在市场中的直接冲突较少且资源相似性不似前者那么强，可以得出双方不是直接、相互公认的竞争对手。所以，一个小型、家庭式的"美食家"汉堡店并不能直接和麦当劳竞争。一个企业在对抗性竞争关系是流动的，因为企业不断地进入和离开某个市场，而且企业资源的类型和数量也在不断变化，因此企业的直接竞争对手也会随时间的推移而发生变化。

家乐氏公司（kellogg）曾经在谷类食品市场占据着主导地位，但正如"战略聚焦 5-1"中提到的一样，它的销售量开始下降了，而它的主要竞争对手在应对市场变化方面表现得比它更好。家乐氏似乎要把产品强行推销给市场，而不愿意改变自己的产品以迎合顾客需求。通用磨坊集团（General Mills）收购了优诺公司（Yoplait），这表明它已经意识到这会是一个新的、与以往不同的早餐食品市场。相比之下，家乐氏的应对则显得无力且无效。如果不做出改变，家乐氏的销售额很可能会继续下降。

战略聚焦 5-1 │ 家乐氏骑虎难下了吗

家乐氏公司曾经一直是美国谷类食品市场的最大生产商，占有 45% 的市场份额。因此，在许多年里，家乐氏十分风光，它的"托尼老虎"广告以及主打的冻麦片、迷你小麦麦片、Special K 麦片等都备受欢迎。然而，这些都已经成为昔日荣光，现在的早餐食品市场有了很大的变化。美国人过去的早餐里，谷物所占的比例大约为 38%，而现在却降到了 28%。消费者越来越少吃加工食品和碳水化合物，而更加青睐水果、酸奶和蛋白质类食品（如鸡蛋）。正是由于这个原因，家乐氏的谷物销量和利润都下降了，股价也随之跌落。最近的一个报告表明，90% 的股票分析师都建议卖掉或者推迟购进家乐氏的股票，而只有 10% 的专家建议投资者购入其股票。

2014 年，家乐氏公司最好的 25 种谷类食品的销量都下跌了。其他几个主要的谷物生产商也在努力渡过这个难关。但是，通用磨坊集团的销量（如全麦麦圈和 Lucky Charms 谷类食品）是家乐氏的 1.5 倍，而宝氏公司（Post）2014 年的净利润甚至有 2% 的增长。在应对同样的市场转型危机时，家乐氏的竞争对手似乎做得更好。为了使销量不再下降，家乐氏以 27 亿美元收购了品客公司（Pringles），但事实上品客的加工食品已经开始不受消费者青睐了。通用磨坊集团则收购了世界第二大酸奶生产商优诺公司绝大部分的股权。随着对酸奶需求的上涨，通用磨坊集团的市场地位也更稳固了。家乐氏公司还将水果和其他原料加入食品里，试图以此提高 Special K 和 Kashi 麦片的销量，但有人认为这种行为于事无补。除此之外，家乐氏每年还投资十多亿美元去做广告宣传。

在抢占市场份额上，家乐氏不仅输给了它在谷类食品市场上的主要竞争对手，还输给了提供新型早餐食品的其他公司，这类早餐很受美国消费者的喜爱。家乐氏的早餐谷类食品销量 2014 年下降了 6%，前景并不乐观。不过，家乐氏正在用广告造势，鼓励消费者在早餐时多吃谷类食品。过去，家乐氏凭借规模优势，可以大量投资广告和市场，从而与零售商和消费者建立联系，但现在，这样的庞大规模却反而成了劣势。面对早餐市场的新需求时，家乐氏似乎没能力做出大的改变。它的竞争对手的应对措施反而更有力，这预示着家乐氏公司惨淡的未来。

资料来源：J. Kell, 2014, Decline in cereal sales bites into Kellogg's results, *Fortune*, www.fortune.com, October 30; A. A. Newman, 2014, With a night campaign, Kellogg's aims for snappier sales, *New York Times*, www.nytimes.com, December 17; S. Danshkhu and S. Neville, 2015, Food companies give frosty reception to labour sugar clamp, *Financial Times*, www.ft.com, January 15; M. Badkar, 2015, Kellogg loses ground after forecasts cut, *Financial Times*, www.ft.com, February 12; S. A. Gasparro, 2015, Kellogg posts loss, cautions on outlook, *Wall Street Journal*, www.wsj.com, February 12; S. Strom, 2015, A sharp loss for Kellogg as sales of cereal falter, *New York Times*, www.nytimes.com, February 12; 2015, Kellogg cuts long-term outlook on sluggish cereal, snack sales, *Fortune*, www.fortune.com, February 12; D. Leonard, 2015, Bad news in cereal city, *Bloomberg Business*, March 2–6, pp. 42–47.

5.3 竞争性行动和竞争性反应的驱动力

据图 5-2 所示，市场共性和资源相似性将影响企业采取竞争性行动的驱动力（知晓、动机、能力）。反过来，这些驱动力也会影响企业的竞争性行动，这一点可以从企业在竞争性对抗中所采取的竞争性行动和竞争性反应就可以看出。[35]

知晓（awareness）是企业或竞争对手在采取任何竞争性行动或竞争性反应之前的先决考虑因素，主要是指竞争者要认识到企业彼此相互依存的程度，而这种相互依存性源于市场共性和资源相似性。[36] 知晓影响企业认识其竞争性行动和竞争性反应结果重要性的程度。缺乏知晓可能会导致企业之间的过度竞争，从而导致对所有竞争者的负面效应。[37]

当企业使用相似性较强的资源（按照资源的类型和数量来划分）在多元市场中进行竞争时，知晓是最大的驱动力。日本顶级建筑机械制造商小松公司与美国卡特彼勒拥有相似的资源，并且都准确地知晓对方的行动。卡特彼勒公司创建于 1925 年，是建筑工程机械、矿用设备、柴油和天然气发动机、工业用燃气轮机领域的全球领先企业。日本小松公司紧随卡特彼勒公司之后，在建筑工程机械、矿用设备领域，是全球第二大制造商。最近，美元和日元的汇率变化更有利于小松公司。小松公司便利用这一优势，通过产品定价战略，努力地争取更多客户，提高销量。[38] 为了在多个国家和地区获得更大的市场份额，这两家公司一直都在进行激烈的竞争。

动机（motivation）涉及企业采取行动和回应竞争对手攻击的意向，这与企业感知到的收益损失相关。所以，企业也许很清楚地知道竞争对手是谁，但如果企业采取这样或那样的行为，市场地位也许得不到改善；或者如果不进行反击的话，企业的市场地位也将不会受到影响。在这种情况下，企业就没有动机卷入一场对抗。[39] 有时候，企业没有动机卷入一场竞争是有好处的，这样当遇到与它更有利害关系的企业时，它可以利用之前保存的资源来竞争。

市场共性不仅影响到企业的发展前景，还影响到企业的行为动机。如果其他条件不变，企业更可能向低市场共性的竞争对手发起攻击，而不是向在多元市场进行竞争的企业发起攻击。最主要的原因是通过与共享多个市场经营的竞争对手的竞争包含巨大的利益，这个巨大的利益来源于获得更有优势的市场地位。就像我们在前面所论述的，进行多元市场竞争的企业可以在不同的市场中采取竞争性行为和竞争性反应，多市场竞争可能导致竞争对手对公司在与采取该行动的市场不同的市场中所采取的行动做出回应。这种行为和反应可能会导致两家公司失去对核心市场的关注，并为以其他目的分配的资源相互战斗。这一市场是一个与某竞争企业发生初始行为时的市场这种竞争类型不同的市场，其反应可能会导致企业双方不能识别哪些市场是重要市场，它们可能会在因为其他用途而配制资源的市场上进行相互间的战斗。由于在市场共性情况下竞争会牵扯到巨大的利益，因此被攻击企业采取行动应对其竞争者，以保护其在一个或多个市场的地位的可能性会大大增加。[40]

在有些例子中，企业也许清楚地知道它与竞争对手共享哪些大量的市场，如果竞争者发动攻击，它们会有动机去进行反击，但是却没有能力这么做！非不为也，实不能也。能力与各个企业的资源和资源供给的灵活性有关。如果企业没有可利用的资源（如金融资本、人力资源等），那么就没有能力对竞争对手发起进攻或者反击竞争对手的进攻。小型的新公司往往更具有创新能力，但没有足够的资源来应对更大、更稳固的公司的攻击。另外，由于本土公司具有社会资本（指的是与消费者、供应商、政府官员之间的联系），外国公司在与本土公司对抗时往往处于劣势。[41] 然而，相似的资源意味着企业双方具有相似的进攻或反击能力。当企业面对拥有相似资源的竞争对手时，在一场可能的市场攻击之前，进行仔细研究是大有裨益的，因为拥有相似资源的竞争双方可能会对这类进攻发起反击。[42]

资源不相似也会影响竞争性行动和竞争性反应，因为"发起进攻行为的企业与竞争对手或潜在竞争对手之间，资源越不相似，资源处于劣势的竞争对手延迟反应的可能性就越大。"[43] 例如，沃尔玛最初在小城镇（人口数量低于 25 000）采用集中成本领先战略发起竞争。沃尔玛利用成熟的物流体系和效率极高的采购优势，针对小型零售市场的消费者，创造了当时一种新型的价值（主要是大范围可选择中的最有竞争力的低价格商品）。与沃尔玛相比，当地商店缺乏快速有效地将大量资源汇聚在一个地方以应对攻击的能力。但是，即使企业面临的竞争对手拥有更多的资源（更强的能力）或更具优势的市场地位，最终企业还是应该进行坚决反击，不管这看起来是多么艰巨。选择不进行反击的最终结果就是失败，就像当地一些零售商没有对沃尔玛的竞争性行动进行反击的下场一样。如今，沃尔玛已经成为世界上最大的零售商，对于小型的竞争者来说，很难积累足够的资源来有效地应对沃尔玛的竞争性行动和竞争性反应。[44]

5.4 竞争性对抗

企业与竞争对手之间进行的一系列竞争性行动或竞争性反应将影响两者的业绩。因此，仔细分析和了解企业所在市场的动态竞争是很重要的。[45]

如前文所述，基于市场共性和资源相似性做出对竞争者的知晓、动机和能力的预测，这些预测具有普遍性。通过研究如图 5-2 所示的"攻击的可能性"因素（如先行者的动机和组织规模）和"反击的可能性"因素（如声誉），可以提高企业对每个竞争对手的竞争性行动与竞争性反应最终预测的价值。通过评估和理解这些因素，企业可以完善竞争性行动和竞争性反应的预测结果。

战略性和战术性行为

企业在进行竞争性对抗，形成竞争性行动和竞争性反应时，通常采用战略性行为措施和战术性行为措施。[46] 竞争性行动（competitive action）是指企业为了建立或保护竞争优势或提高其市场地位，所采取的战略性或战术性行为。竞争性反应（competitive response）是指企业为了抵消竞争对手的竞争性行动造成的影响，所采取的战略性或战术性行为。战略性行为（strategic action）或战略性反应（strategic response）是指以市场为基础，涉及组织资源的谨慎评估，并且相当难以执行和改变的行动。战术性行为（tactical action）或战术性反应（tactical response）是指以市场为基础，用来调整战术，涉及较少资源并且相对容易执行和改变的行动。与竞争对手进行对抗时，公司必须认识到战略性行为（或反应）和战术性行为（或反应）的差异之处，并找到平衡点。

几年前，诺基亚公司与微软公司合作，以在智能手机行业"创造出一个具有全球影响力和规模惊人的体系"时，采取了一个重要的战略性行为。这在某种程度上是对苹果公司取得成功的一种战略性反应。然而，2013 年，微软公司收购了诺基亚的手机业务，这也是微软手机服务战略中很重要的一环，[47] 是微软所采取的一种战略性行为。

沃尔玛把低价作为增加收入和从竞争对手手中夺取市场份额的手段。它在一系列战术性行动中选择改变商品价格，在战术性反应中回应竞争者（如特易购和塔吉特）的价格变动。

5.5 攻击的可能性

市场共性、资源相似性、知晓、动机和能力及其他因素，都会影响企业采用战略性与战术性行动来攻击竞争者的可能。接下来分别讨论这三个因素——先行者的收益、组织规模和质量。跟进者和后期行动者会在讨论先行者的部分提及。

5.5.1 先行者的收益

先行者（first mover）是指率先采取竞争性行动的企业，其目的是为了建立和保护维持企业的竞争优势，或者提高企业的市场地位。"先行者"的概念受到经济学家约瑟夫·熊彼特研究工作的影响，他认为企业可以通过一些创新性行为来获取竞争性优势[48]（在第 13 章中将对"创新"进行定义和描述）。在通常情况下，人们会认为先行者往往注重研发有创新性的、受顾客青睐的产品和服务。[49]

成功的先行者可以获得巨额的收益。[50] 尤其在快周期市场中（这一点将在本章的后面进行讨论），由于市场会迅速发生变化，于是企业要想在任何一段时间内保持其所获得的竞争优势几乎不可能，但是"先行者可以比跟进者获得更多的价值和收入"。[51] 资料显示，尽管先行者所获取的收益不是绝对的，但是它们对企业的成功至关重要。因为它们所在的行业技术发展迅速，产品生命周期较短，[52] 直到竞争对手对其成功的竞争性行动做出反应，先行者都能获取超额利润。在市场中先行者还可以获得：顾客的忠诚度，顾客也许对第一次向他们提供所需产品和服务的企业感到满意；对于竞争者来说，市场份额在将来的竞争性对抗中也是很难获得的。[53] 大量的证据显示，与后来进入该市场的企业相比，先行者能够获得更大的生存概率，这也许是先行者获得的最大利益。[54]

企业试图预测竞争对手的竞争性行动，这些行动可能是为获取先行者的利益所采取的侵略性策略行为。然而，尽管企业的竞争对手很有动机成为行业的先行者，但它们没有能力做到这一点。通常先行者野心勃勃，并愿意进行产品技术方面的创新和承受较高的风险，这也是合理的。[55]

作为行业的先行者，企业必须要拥有足够的、可获得的资源，对研发部门进行重点投资，而且可以快速成功地生产和营销一系列创新性产品。[56] 组织资源富余可以使企业具有成为先行者的能力（能力由可以获得的资源来衡量）。资源富余是实际可获得资源的一种多余储备，这些资源当前用不着，并且超过了限定组织产出所需的最低限度。[57] 作为流动性资源，富余的资源可以被很快地配置去支持竞争性行动，如研发投资和市场竞争，这些都可以帮助企业获得先行者的优势。这种资源富余和成为先行者能力的关系让企业有可能成为先行者的竞争者，它们有富余资源并且可能采取激进的竞争性行动来连续推出创新性产品。而且，企业可以预测，该竞争者将会迅速占领市场和获得消费者的忠诚，以期获得超额利润，直到竞争者可以对它的先动行为做出有效的反应。

评估竞争对手时，企业应该认识到作为先行者要承担风险。例如，很难准确地估算在市场中引入产品创新将会获得的收益。[58] 另外，由于产品研发的成本相当高，所以先行者需要减少可获取的富余资源的使用来支持今后的创新。因此，企业需要仔细地研究成为行业先行者所得到的结果。竞争者持续的成功，意味着更多的产品创新，但是如果产品创新缺乏顾客的认可，则可能意味着企业在未来一段时间内，会更不愿意承担成为先行者的风险。[59]

跟进者（second mover）是对先行者的竞争性行动做出反应的企业，特别是在创新方面。与先行者相比，跟进者更为谨慎，会对消费者对产品创新的反应进行研究。在这一过程中，跟进者也试图寻找先行者的任何细小错误，从而避免这些错误以及产品产生的问题。通常，成功地模仿先行者的创新，使得跟进者"能够避免错误以及成为先行者承担的巨大风险"。[60]

跟进者也有时间进行技术、生产流程的研发，它们可以比先行者所使用的策略更为有效，或者为消费者创造出更多的价值。[61] 最为成功的跟进者通常不会太早行动（保证充足的时间分析先行者的行为），但也不会太晚行动（不给先行者改正错误并建立客户忠诚度的时间）。总之，先行者竞争性行动的结果可以为跟进者甚至是后来者提供一个有效的蓝图（见下面的讨论），因为它们可以决定竞争性反应的性质和时机。[62]

决定一个竞争者是否是一个有效的跟进者（基于它过去的行为），在于先行企业是否可以预测该竞争者可以对成功的、基于创新的市场的进入做出迅速反应。如果企业自身是一个行业先行者，那么它期望成功的跟进者能够仔细研究市场进入方式，并在短期内对其新的市场进入做出反应。作为跟进者的竞争对手，其反应的形式是试图生产这样的产品，即该类产品能够比先行者提供更大的顾客价值。最成功的跟进者能够迅速、有意义地解读市场反馈，并对先行者的成功创新措施做出快速、成功的市场反应。

约 20 年前，家居服务点评网站安吉目录（Angie's List）成立。目前超过 200 万个美国家庭在使用这个网站，以获取当地公司所提供的 700 多项服务的相关点评信息，如建筑物管路系统、电路系统等。安吉目录网站的会员每月会发布 6 万条点评。不过，尽管这家公司曾经取得很大的成功，但它的净利润在 2009 ~ 2014 年却下降了，股价也随之下跌至其巅峰时期的一半。近几年公司出现了一些问题，最大的挑战或许是来自竞争对手。它最主要的竞争者是顾客报告网站（Consumer Reports），除此之外，它还受到来自 Yelp、Porch、家庭改善网（home improvement network）、谷歌本地（Google Local.）这些网站所提供的免费目录或搜索服务的威胁。[63] 显然，跟进者对成功的先行者安吉目录网站的行动做出了竞争性反应。跟进者为用户提供的服务稍有不同，努力在质量、广度和深度上超越安吉目录网站。因此，要想保住成功，安吉目录网站必须持续不断地努力，防止竞争对手削弱或消除现有的竞争优势。

后期行动者（later mover）是指在先行者采取行动而跟进者做出反应后，经过相当长的一段时间才做出反应的企业。尽管有反应总比没有反应好，但是后期行动者获得任何成功的可能性都要比先行者或跟进者小得多。然而，在某些特定的情况下，如果后期行动者找到了一种独特的方法进入市场并与其他竞争者竞争的话，也是有可能成功的。对于新兴经济体中的企业来说，这通常意味着需采取低成本生产和制造的利基战略，也意味着需从竞争对手或从市场中别的公司身上学习，以营销有竞争力的产品。[64]

与后期行动者进行竞争的企业，可以预测竞争者将进入一个特定市场，而在该市场中，先行者和跟进者已经获得了成功。而且，企业可以预测，后期行动者只有在花费相当长的一段时间来理解如何创造和提供与先行者和跟进者具有相同顾客价值的产品后，才能够获取平均利润。

5.5.2 组织规模

组织规模影响企业采取竞争性行动的可能性、形式和时机。[65] 一般来说，与大企业相比，小企业更可能采取竞争性行动，而且行动可能更为迅速。小企业在进行竞争性反击时，通常被认为是敏捷和灵活的。它们依靠速度和出其不意的方式来保持自己的竞争优势，或者在（特别是和大企业的）竞争性对抗中开发一项新的业务来获取有利的市场地位。[66] 小企业的敏捷性和灵活性使得它们可以采取多种的竞争性行动，而大企业则倾向于限制竞争对手使用竞争性行动的种类。[67]

与小企业相比，大企业在一定时间内可能会通过采取更有战略性的行动而更具有竞争性。[68] 于是，企业根据规模大小来研究竞争对手，通常会采取一些标准来衡量规模大小，如总销售收入或员工总数等。对于企业可能遇到竞争对手的竞争性行动来说，规模大小不同的企业所采取的竞争性行动也不同。

组织规模因素增加了另一层面的复杂性。企业在进行竞争性对抗时，经常喜欢采取大量的独一无二的竞争性行动应对攻击。理想状态下，大企业通常拥有大量的富余资源可以发动更多的竞争性行动；相反，小企业拥有的灵活性会使其发起更多样化的竞争性行动。总之，只有当一家企业根据自身规模大小来采取适当数量的竞争性行动和反应时，才能在竞争中更具优势。

5.5.3 质量

质量有许多种定义，其中包括对产品或服务品质进行的定义，它们与零缺陷产品或服务有关，并把质量看成永无止境的可以持续改进的循环。[69] 以战略的眼光来看，我们把质量看成企业如何完成初级及持续行为的一种产出（见第 3 章）。于是，产品的质量（quality）存在于企业的产品或服务中，并满足或超出消费者的预期。资料显示，质量可能是满足顾客的最重要的部分。[70]

在顾客的眼中，质量是正确地做有关重要绩效指标的事情。[71] 顾客也许会乐于用类别广泛的维度来测量某企业的产品或服务的质量。例如，表 5-1 展示了顾客一般比较感兴趣的质量维度。良好的质量只有在企业高层管理者支持的条件下，并通过组织的整体制度才能实现。[72] 当质量被制度化并得到人们的重视时，员工和管理者才可能时时提醒自己，坚持不懈地寻找改进产品的方法和措施。[73]

表 5-1 产品及服务质量的维度

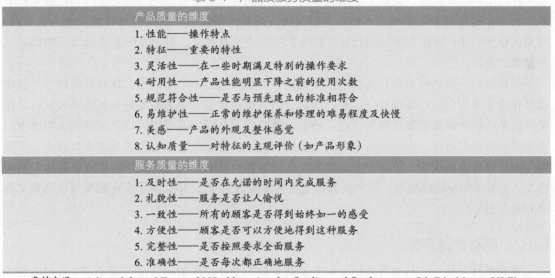

产品质量的维度
1. 性能——操作特点
2. 特征——重要的特性
3. 灵活性——在一些时期满足特别的操作要求
4. 耐用性——产品性能明显下降之前的使用次数
5. 规范符合性——是否与预先建立的标准相符合
6. 易维护性——正常的维护保养和修理的难易程度及快慢
7. 美感——产品的外观及整体感觉
8. 认知质量——对特征的主观评价（如产品形象）
服务质量的维度
1. 及时性——是否在允诺的时间内完成服务
2. 礼貌性——服务是否让人愉悦
3. 一致性——所有的顾客是否得到始终如一的感受
4. 方便性——顾客是否可以方便地得到这种服务
5. 完整性——是否按照要求全面服务
6. 准确性——是否每次都正确地服务

资料来源：Adapted from J.Evans, 2008, *Managing for Quality and Performance*, 7th Ed., Mason,OH:Thomson Publishing.

在全球经济一体化时代，产品质量是放之四海而皆准的硬道理，但并不是竞争成功的充分条件。[74] 产品没有好的质量，企业将缺乏可信性，这意味着企业的产品不是顾客可供选择的系列。通常，顾客会根据需求的产品系列，认为产品的质量只有在一系列他们认为重要的评估方面达到或超过最低期望值时，才会决定是否采取购买行为。[75]

质量影响企业进行竞争性对抗。如果一个企业的竞争对手的产品质量不佳，其预期销售收入就会降低，直到质量问题得到解决才能改变这种局面。另外，企业可以预测：这样的竞争对手的竞争行为不会激进，直到顾客认可了改进后的产品质量。[76] 然而，竞争对手的产品质量问题得到解决之后，很可能采取激进的竞争性行动。

5.6 反应的可能性

企业在实施竞争性行动措施之后，取得成功的可能性将取决于竞争对手是否采取竞争性反应，以及反应的类型和有效性。如前面所述，竞争性反应是一种战略性行为或战术性行为，它是企业为了抵消竞争对手实施竞争性行动的影响而采取的系列措施。总体上，企业可能对竞争对手的竞争性行动做出反应的情况分别为：①竞争对手采取竞争性行动，可以取得或产生更强的竞争优势，取得改善市场地位的效果；②竞争对手的行为会损害企业利用自身的核心竞争力来创造和保持优势的能力；③企业的市场地位变得更为不稳定。[77]

企业除了研究市场共性、资源相似性、知晓、动机和能力因素外，还要对其他三方面进行评估，这三个方面分别为：竞争性行动的类型、行为者的声望、市场的依存度。企业研究这三者的目的是为了预测竞争对手对竞争性行动可能采取什么形式的反应（见图5-2）。

5.6.1　竞争性行动的类型

战略性行为与战术性行为的竞争性反应有一定区别。这种区别有助于企业预测竞争对手对竞争性行动的可能反应：企业采取战略性行为会遭到竞争对手的战略性行为反击；企业采取战术性行为会遭到竞争对手的战术性行为的反击。通常战略性行为引发的战略性反击不会太多，因为战略性回击（如整个市场的转移）意味着巨大的资源投入，对于竞争对手而言，难以实施并且难以挽回。[78]

战略性行为较之战术性行为引起较少的竞争性反应的另一个原因是，执行战略性行为意味着要花费大量的时间，而且评估这种行为的有效性也会推迟竞争者对战略性行为的反应。[79] 相反，战术性行为通常会很快得到回应。例如，航空公司在特定的市场可以立刻降低价格来应对竞争者的战术性行为。当针对竞争者的大量顾客时，不管是战略性行为还是战术性行为，都很可能带来强有力的反应。[80] 事实上，如果一个竞争者的战略性行为的效应对于竞争对手的影响巨大（比如市场份额的减少、人力资源等主要资源的流失等），那么对手企业的反应也会非常迅速和强有力。[81]

5.6.2　行动者的声望

在竞争性对抗中，行动者是指采取行动或反应的企业，声望则是指"基于竞争者过去的竞争性行动，竞争者所获得的正面或负面特征"。[82] 尤其是对于消费品生产商来说，好的声望可能会为企业带来高于市场的平均回报。[83] 所以，企业所具有的良好声望能够带来战略价值，[84] 并影响竞争性对抗。为了预测竞争对手对企业当前或正在计划的行动的反应，企业需要研究其以前受到进攻时的反击行为，即根据过去的行为来预测竞争对手的可能行为。

处于市场领导地位的企业，更有可能对战略性或战术性的行为做出反应。[85] 有事实表明，一般成功的行为，特别是战略性行为，将很快被模仿。例如，作为跟进者的IBM公司，投入大量的资源进入PC市场，公司立刻取得了该方面的成功，此时惠普公司及戴尔公司马上以战略性行为的反应方式进入该市场。[86]IBM公司在软件相关服务上也投入了大量资源，最近似乎开始有了收益，有报道说800家公司在用IBM的软件服务，而这些公司在市场内部很有竞争优势。[87]

与拥有很高声望的企业不同，竞争对手可能较少对拥有这样声望的竞争对手做出反应，它们的竞争行为风险大、复杂且难以预测。有些企业作为价格掠食者（为了获得或保持市场份额而经常降价的企业）名声在外，其价格的战术性行为较少引起反应。因为这类企业为了抢占市场份额，总是不停地降价，在获得了目标市场份额之后又涨价，因此对竞争对手来说，这类企业缺乏信誉。[88]

5.6.3　市场依存度

市场依存度（market dependence）是指企业从特定市场取得收入或利润的程度。[89]一般来说，企业可以预测，高市场依存度的竞争对手在其市场地位受到威胁时，可能会做出强烈的反击行为。[90]有趣的是，在一些例子中受到威胁的企业并不总是立即采取反击行为，即便在某个关键市场，企业对针对其市场地位的攻击进行有效反击也是十分重要的。

预测表明，至少 2017 年以前，电子商务销售额的增长速度会是整个零售行业中最快的，目前其年增长率可达 11%。显然，这么快的增长速度对各行各业（包括沃尔玛在内）的企业来说，都是很具有吸引力的。沃尔玛电商平台（Walmart.com）成立于 2000 年，作为世界上销售额最大的公司的一部分（2012 年沃尔玛的收入约为 4 690 亿美元），是巨头零售商希望从电子商务领域中获利，并取得极大成功的企图的体现。目前，Walmart.com 上有超过 100 万种商品供顾客选择，商品会定期更新。当然，Walmart.com 不可避免要与世界上最大的网店亚马逊展开竞争。[91]

目前，沃尔玛的电商销售额每年在以约 90 亿美元的速度增长，而这在整个公司的总收入中仅占 2% 多一点。因此，尽管电商销售额对沃尔玛很重要，但目前沃尔玛对电商的市场依存度并不高。沃尔玛正着手整合实体店技术和物流方面的技术，[92]并且希望能通过更快速、高效、低成本的商品送达服务来与亚马逊竞争。

与沃尔玛不同，亚马逊大部分销售额来自电商市场，这意味着亚马逊具有高市场依存度。2014 年，尽管亚马逊的销售总额（890 亿美元）多于沃尔玛电商销售总额，但是亚马逊的总收入远远比不上沃尔玛的总收入（4 760 亿美元）。[93]鉴于亚马逊在电商市场的霸主地位和高市场依存度，它会继续对沃尔玛的竞争性行动和反应做出回应。

5.7　动态竞争

竞争性对抗是指为了获得市场优势地位，企业与竞争对手相互之间进行的系列竞争性行动，以及由此引发的竞争性反应。动态竞争是指在特定市场中，为了获得竞争优势地位，所有企业相互之间进行的系列竞争性行动，以及由此引发的竞争性反应。

为了解释动态竞争，我们讨论在不同市场（即慢周期市场、快周期市场和标准周期市场）中的不同竞争速度，以及其对特定市场中所有竞争者行为（行动与反应）的影响。企业在相同的市场类型中，采取竞争性行动和反应的原因或逻辑是类似的，但是在不同市场类型之间则是有区别的。因此，动态竞争在慢周期市场、快周期市场和标准周期市场中是不一样的。

正如第 1 章所述，尽管没有优势是可以永久保持的，但企业都想尽可能长久地保持竞争优势。然而，正如我们接下来要讨论的，公司的竞争优势在不同的市场类型之间是有区别的。企业竞争优势可保持的程度主要受以下两方面因素的影响：一是企业的这类竞争优势可以多快地被模仿；二是模仿的成本有多高。

5.7.1　慢周期市场

慢周期市场（slow-cycle markets）主要是指在一个市场中，企业的竞争性优势无法被模仿，因为模仿通常需要较长时期且代价高昂。[94]在慢周期市场中，竞争优势是可持续的。

在慢周期市场中，如果能够创建企业特有的竞争优势，就能够获得成功。对于竞争者来说，很难理解这类竞争优势。正如第3章所讨论的一样，独特的发展历史、模糊的原因或社会的复杂性，导致企业的资源和能力难以理解、模仿成本高昂。版权、地域、专利及信息资源的所有权是企业形成特定优势的范例。在慢周期市场中，企业一旦形成独特的竞争优势，所采取的竞争性行动是力求保护、维持和扩大竞争优势。因此，在慢周期市场中，企业保护、维持和扩大竞争优势的竞争行动和反应是动态竞争的表现。主要的战略性行为，如收购，通常比快周期市场承担较小的风险。[95] 显然，比起那些仅仅循规蹈矩在行业（尤其是已经成熟且开始衰落的行业）内发展的公司，有优势的企业能够成长得更快，获得更高的收益。[96] 然而，正如家乐氏的例子所表明的那样，公司高管必须小心，不要对已有的成功太过自大，而忽视了市场的变化和竞争。[97]

迪士尼公司持续扩大产品的独特优势，如米奇、米妮和高飞狗等。这些特征都有其独特的历史发展过程，它们是华特·迪士尼和罗伊·迪士尼的创作和大众娱乐影视节目遗留下来的产品。基于迪士尼电影中生动的人物所制造的产品，通过迪士尼主题公园商店以及迪士尼专卖店进行销售。迪士尼公司具有独特优势——生动的人物商标受到专利权的保护，从而使企业免受竞争对手的模仿。

与慢周期市场其他竞争优势相一致，迪士尼公司保护自己拥有人物形象和用途的独有权利。在慢周期市场与所有竞争对手竞争的过程中，迪士尼采用竞争性行动（例如，在法国、日本及中国建立主题公园）和竞争性反应（例如，提起诉讼以保护其对生动的动画形象完全控制和使用权利），维护企业的独特竞争优势，并在保护该独特性时扩展了这种竞争优势。

在慢周期市场中，企业之间的竞争形成了动态竞争，如图5-4所示。在慢周期市场中，企业通过专利优势（如研发）投放一种开发出的产品（如一种新药）。然后在专利的保护下免于竞争，在尽可能长的时期由此获取利润而开发市场，从而产品市场可以避免激烈的竞争。最终，竞争对手可对企业的竞争性行动进行反击。在药品市场中，当产品的专利权结束或者被法律的手段打破时，这种反击就会发生。这也激发了企业投放新产品来寻求一个受保护市场地位的需求。

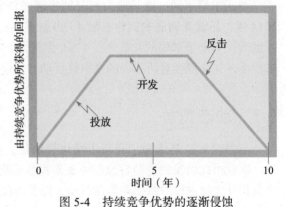

图 5-4 持续竞争优势的逐渐侵蚀

资料来源：Adapted from I.C.MacMillan, 1988, Controlling competitive dynamics by taking strategic initiative, *Academy of Management Executive*, II (2): 111-118.

5.7.2 快周期市场

快周期市场（fast-cycle markets）是这样一类市场，在该市场中，对于企业的竞争优势起作用的能力无法避免被模仿，而且模仿通常是迅速的且成本不高的。[98] 所以，在快周期市场中，企业的竞争优势是不可持续的。在快周期市场中相互竞争的企业都清楚速度的重要性。那些企业奉行这样一条原则："时间作为一种稀有的商业资源，就像资金或员工一样宝贵——犹豫或推迟的代价就像超出预算或缺少财务预算一样高昂。"[99] 如此高速变化的环境给高层管理者造成相当大的压力，他们要迅速做出有效的战略性决策。通常，持续的竞争和基于技术的战略性集中使得战略性决策变得更加复杂，同时也需要综合考虑战略决策的速度，而这两个特点在战略性决策中通常是相互矛盾的。[100]

在快周期市场中，逆向工程和技术传播的速度使快速技术模仿更加快捷。竞争者使用逆向工程技术，可以快速获取用来模仿或改进企业产品质量所需的知识。在快周期市场中，由于技术快速传播，使得竞争对手在短时间内就可以获得企业的技术。通常，快周期市场中的竞争者使用的技术既不是独有的，也不像慢周期市场中企业使用的技术一样受专利法保护。例如，在开放市场中，制作一台电脑只需要几百个部件，而这些可以很快获得。专利法只保护其中很少的几个部分，如微处理器的芯片。有趣的是，研究也表明，市场中现有公司所掌握的情报及其研发能力可以阻止其他企业进入该市场，甚至是在一个快周期市场。[101]

与慢周期市场和标准周期市场相比，快周期市场具有更加不稳定的特性。的确，在快周期市场中，企业间竞争的步伐几乎达到白热化的程度，企业要依赖创新作为发展的引擎。并且，在快周期市场中产品价格下跌非常快的情景下，企业需要迅速从创新的产品中获利。

由于认识到这一事实，企业会避免对其任何产品产生"忠诚"。它们更喜欢在竞争对手通过模仿产品学会如何做之前，做到产品的更新换代。不像在慢周期市场中集中精力去保护、维持及扩大竞争优势，企业在快周期市场中的竞争集中在学习如何快速和持续发展新的竞争优势，并且要优于企业以往的竞争优势。通常，它们会寻求快速和有效发展新产品的方式。例如，在某些行业中，企业利用战略联盟来获得新的技术，从而开发和推出新的产品到市场中去。[102] 近年来，为了获取更先进的技术，同时保持较低的成本，以同其他对手竞争，这种联盟逐渐走向国际化（与国外企业合作）。然而，取得适当的平衡，以避免在国际化和外包的过程中丢失核心能力就变得非常重要。[103]

相互竞争的企业在快周期市场中的竞争性行动如图 5-5 所示。图 5-5 中所示的数据显示，在该市场的动态竞争中，企业采取的竞争性行动和竞争性反应是以快速、持续地新产品开发，以及不断变化的一系列竞争优势的发展为导向的。企业推出一种产品以获得竞争优势，并尽可能地长期利用这种开发优势。然而，企业还必须在竞争对手可以对第一个产品做出竞争性反应之前，尝试发展另一种暂时的竞争性优势。因此，在快周期市场中，动态竞争通常导致快速的产品升级和产品创新。[104]

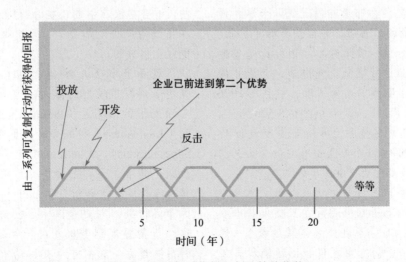

图 5-5　发展暂时优势以创造持续优势

资料来源：Adapted from I. C. MacMillan, 1988, Controlling competitive dynamics by taking strategic initiative, *Academy of Management Executive*, II (2): 111–118.

苹果公司主要是在快周期市场里进行竞争。智能手表市场本来是典型的标准周期市场，但是随着苹果推出新的手表产品，并与对手进行竞争，就使得智能手表市场变成了快周期市场。一些经济分析家指出，早在官方上市日期之前，苹果就已经接到了至少 100 万个手表订单了。苹果手表所进入的市场，不只看重产品的实用功能，还要体现出顾客的时尚品位。苹果公司的行为势必会带来竞争。正如"开篇案例"所提及的，谷歌和 TAG Heuer 公司以及英特尔合作以研发出高声誉的智能手表。苹果公司在手表的定价方面也碰到了一些问题。手表的基价是 349 美元（包括一个铝盒和弹性腕带），但最高价可达 1.7 万美元（包括 18 克拉的金盒、皮腕带和铜扣）。据说苹果手表延续了一贯的高科技风格，竞争对手很难超越。这个新型产品市场还会带来相当有趣的动态竞争。[105]

正如我们所讨论的，产品创新在快周期市场的动态竞争中扮演了一个重要的角色。对于个别企业来说，创新是获取竞争优势的关键。在竞争对手成功地对产品进行模仿之前，企业通过创新对产品进行更新换代，从而通过新一代产品来继续保持竞争优势。

正如"战略聚焦 5-2"所解释的一样，奥乐齐超市对很多国家的零售食品市场都有巨大的影响，尤其是在英国、美国和澳大利亚。奥乐齐以低成本在这些国家里进行扩张，市场份额也在增加。这损害了这些国家里的许多大型超市连锁店，竞争对手也在蓄势待发。零售食品行业是一个标准周期市场，能从产品中获取的利润不大。而随着奥乐齐的扩张，其他公司所能获取的利润就更低了，得降低成本才能在价格上与之抗衡。对这场超市战争中的胜者和败者的讨论将会相当有意思。

| 战略聚焦 5-2 | 超市战争中的连锁反应：奥乐齐正在改变许多国家的市场

奥乐齐的前身是 1913 年阿尔布莱希特太太在德国埃森市开办的小型家庭式食品零售店。1946 年阿尔布莱希特兄弟（卡尔和西奥）接管母亲的零售店，并很快开始了扩张。他们从一开始就注重低成本，因此比起其他竞争者，商品比较便宜。慢慢地，奥乐齐的连锁店开到了欧洲的其他国家，并且在 1976 年进驻美国。目前，奥乐齐拥有 8 500 家店，其中有 1 400 家在美国。奥乐齐超市遍布 18 个国家，美国的 35 个州里都有它的身影，它在美国的年收益约为 7 000 万美元。

奥乐齐采取了许多办法来降低成本。它自己的品牌商品大部分都放在只提供基本服务的超市里，而且限制外来品牌的数量（通常只占 1% ~ 2%）。它在包装、运输和员工方面的成本都很低。奥乐齐超市很像仓库，商品都是装在纸盒里，放在运货板上。在德

国，奥乐齐广告宣传得非常少，不过它在美国倒是进行了一些宣传。它的广告都是自制的（不需要依靠别的机构），而且大部分是放在报纸的广告附加页上，只有很少一些是在电视上播放的。

奥乐齐和另一个折扣店 Lidl，极大地损害了英国市场里的四大超市［特易购、沃尔玛旗下的阿斯达（Walmart's Asda）、森宝利（J.Sainsbury）和威廉·莫里森（Morrison Supermarkets）］的收益，夺走了它们的市场份额，其中最受打击的是特易购和威廉·莫里森超市。目前奥乐齐和 Lidl 大约占有 8.6% 的市场份额，它们的目标是在未来 5 年内将这个比例提高到 17%。在折扣超市生意中，特易购过去一直占有约 30% 的市场份额，但现在情况恶化了。而威廉·莫里森近期的惨淡业绩则引发了公司高管层的人员调整，新

的 CEO 戴维·波茨（David Potts）做出一些重大的改变，大幅度地降低成本以提供更有竞争力的价格，130 种主要商品（如牛奶和鸡蛋）的价格都下降了。同样地，特易购自身的 380 种品牌商品的价格也降低了 25%。而市场份额的上升使得奥乐齐更加意气风发，它计划再投资 9 亿美元，在 2022 年前要在英国再新开 550 家超市。

奥乐齐给澳大利亚的市场也带来了同样的冲击。它从澳大利亚两大超市巨头（Coles 和 Woolworths）那里夺走了市场份额。Woolworths 表示要降低商品价格，以避免"商品比别的超市贵"。这个行动似乎并没有干扰到奥乐齐，后者在澳大利亚已经开了 300 家超市，计划 2020 年之前，再投资 7 亿美元以新开 120 ~ 130 家超市。

奥乐齐似乎也损害了美国的市场竞争。比利时的德尔海兹集团（Delhaize）旗下的折扣商品零售商 Bottom Dollar 关闭了位于美国新泽西州、宾夕法尼亚州、俄亥俄州的所有店铺，并将地盘和租赁权卖给了奥乐齐。奥乐齐在美国的确遇到了来自对手（如沃尔玛与它旗下的山姆会员店、特易购）的激烈竞争，但它不仅渡过了难关，生意还越来越兴旺。

奥乐齐所引发的超市战争在各个国家造成了连锁反应，甚至还波及了批发商和其他供应商。批发价格一直在下降，一些大型超市连锁店（如特易购和威廉·莫里森）的品牌数量也在减少。有趣的是，一些畅销产品（如 Mr.Kipling 蛋糕和 Bistro 调味肉汁）的制造商开始占据更多的货架，销量也上升了，这是因为它们竞争对手的品牌被从货架上撤掉了。那些被撤掉的品牌商品供应商的利润势必会受损。

因此，这场超市战争的结果是，奥乐齐给许多国家的竞争对手以及供应商带来了巨大的冲击。

资料来源：2014, Aldi targets doubling of UK stores with 600 million pound investment, *New York Times*, www.nytimes.com, November 10; T. Hua, 2015, Tesco's overhaul points to a price war, *Wall Street Journal*, www.wsj.com, January 5; L. Northrup, 2015, Bottom dollar food to close stores, sell chain to Aldi, *Consumerist*, www.consumerist.com, January 5; 2015, Mr. Kipling Maker Premier Foods sees positives in supermarket wars, *New York Times*, www.nytimes.com, January 23; 2015, Morrisons cuts prices on 130 grocery staples like milk, eggs, *New York Times*, www.nytimes.com, February 15; 2015, British shop price decline steepens in February——BRC, *New York Times*, www.nytimes.com, March 3; K. Ross, 2015, Supermarket wars: Aldi takes on market share as Woolworths drops prices, Smart Company, www.smartcompany.com, March 9; A. Felsted, 2015, Morrison chiefs take express checkout from struggling supermarket, *Financial Times*, www.ft.com, March 24; 2015, Aldi Foods, www.grocery.com, accessed March 25.

5.7.3　标准周期市场

标准周期市场（standard-cycle markets）是指这样一类市场，即该市场中企业的竞争优势受到适当的保护以防止被模仿，并且采取模仿行为需要适当的成本。在标准周期市场中，竞争优势可以部分地得到维持，但只有当企业不断升级其能力时，才能使竞争优势得到维持。构成标准周期市场的竞争性行动和竞争性反应是为了追求大的市场份额，并通过品牌名称获取顾客忠诚度，密切控制企业的运作情况，为顾客持续提供相同的积极体验。这正是零售食品行业市场运行的情况。[106] 然而，随着注重折扣的竞争者（如奥乐齐）变得越来越强劲，整个市场也在发生变化。

在竞争性市场中，标准周期企业为许多顾客提供服务。由于这些企业的竞争优势所基于的能力和核心竞争力较少被专业化，因此与处于慢周期市场中竞争的企业相比，标准周期市场中的模仿速度较快且成本较低。然而，与快周期市场相比，其模仿速度较慢且成本较高。所以，标准周期市场中的动态竞争特点介于慢周期和快周期市场的动态特征之间。当一个企业在其大范围的产品种类上都能通过建立合作、整合设计和制造过程来实现规模经济时，模仿会发生得比较慢且成本较高。

由于巨大的产品数量、大众市场的规模和发展规模经济的需要，在标准周期市场中对市场份额的竞争非常激烈。这种竞争形式已经在消费类食品生产商（如糖果生产商）的竞争中表现得非常明显，比如好时、雀巢、亿滋国际（即以前的卡夫公司）、玛氏。比起这些公司，好时公司更注重糖果销售。在过去，在糖果味道和制作原料上下功夫是很重要的，现在为了提高在糖果市场中的份额，广告、包装设计和易购买性也变成了企业的重要竞争手段。[107]

近几年，糖果制造商还得应付来自健康专家的质疑，质疑它们产品中所含的添加剂（如糖分、饱和脂肪酸和卡路里）是否会给人体健康带来负面影响。创新同样可以在标准周期市场中引起竞争性行动和竞争性反应，特别是当竞争激烈的时候。标准周期市场中的一些创新本质上是渐进式创新而非突破式创新（渐进式和突破式创新在第 13 章有所讨论）。例如，消费类食品生产商在健康产品上进行创新（见"战略聚焦 5-1"中对家乐氏公司的讨论）。总的来说，这些企业靠创新作为一种在标准周期市场竞争的手段并以此获得超额利润。

最后，产品创新给企业的动态竞争带来实质的影响，因为在慢周期、快周期或标准周期市场中，产品竞争影响进行竞争的所有企业的行动和反应。我们已经在前面几章强调了创新对于企业战略竞争的重要性，并且在第 13 章还会详细介绍。关于创新在动态竞争方面的讨论显示了创新在所有类型市场的企业竞争中的重要性。

小结

- 竞争者是指在同一市场竞争的企业，并针对相似的目标顾客提供相似的产品。竞争性对抗是指互为竞争者的企业为了获得优势的市场地位而进行的一系列竞争性行动和竞争性反应。竞争性对抗的结果将影响企业获得竞争优势、财务回报水平（平均、低于平均、高于平均）的能力。

- 对于企业个体，在进行竞争性对抗时，所采取的一系列竞争性行动和反应叫作竞争性行为。动态竞争是指所有在特定市场中的竞争者采取的一系列竞争性行动和反应。

- 企业研究竞争性对抗，其目的是为了预测每个竞争对手可能采取的竞争性行动和竞争性反应。竞争性行动在本质上分为战略性和战术性两种。企业采取竞争性行动，其目的是为了建立和保护竞争优势，或是为了提高企业的市场地位。企业采取竞争性反应来应对竞争对手的竞争性行动的影响。战略性行为或战略性反应需要大量的组织资源，并难以被成功地执行和改变。相反，采取战术性行为或战术性反应需要较少的组织资源，相对来说更容易执行和改变。例如，一家航空公司要想进入一个新的主要市场，是一种战略性行为或战略性反应，而在特定市场中改变票价则是一个战术性行为或战术性反应。

- 竞争者分析是一个企业能够预测竞争对手的竞争性行动和竞争性反应的第一步。在第 2 章，我们讨论了企业通过做什么来理解竞争对手。我们描述企业做什么以预测竞争对手基于市场的行动，因此理解先于预测。研究市场共性（每个竞争者参与市场数目和它们对彼此的重要性）和资源相似性（竞争者的资源在种类和数量上有多大的可比性），其目的是为了完成对竞争对手的分析。总体上，市场共性和资源相似性程度越高，企业越认为它们是直接的竞争对手。

- 市场共性和资源相似性描述了企业的知晓（企业及其竞争对手理解它们相互依存性的程度）、动机（企业进攻或反击）和能力（对于企业来说可以获得用来进攻和反应的资源性质）。以这种特征为依据，竞争者的知识有助于企业提高预测竞争对手的行为和反应的质量。

- 除了市场共性、资源相似性、知晓、动机和能力，还有三个特定因素影响竞争者采取竞争性行动的可能性。第一个因素是先行者的收益。先行者最先发起竞争性行动，通常获得超额利润直到竞争对手成功地对它们的行动采取反应并赢得忠诚顾客。但并不是所有的企业都可以做先行者，主要是由于一些企业可能缺少进行该类竞争性行动的知晓、动机和能力。再者，一些企业更喜欢成为跟进者（该类企业对先行者的行动做出反应）。这样做的一个原因是跟进者，特别是那些行动迅速的跟进者，可以成功地与先行者进行竞争。通过评估先行者的产品、顾客对该产品的反应，以及其他竞争者对先行者的反应，跟进者可以避免早期进入者所犯的错误，并找到改进和提高先行者的产品或服务为顾客创造价值的方法。后期行动者（该类企业在先行者行动很长一段时间之后才做出反应）一般来说是表现较差的企业并且只具有较低的竞争力。

- 第二个因素是组织规模。大企业采取竞争策略时趋于减少竞争性行动的多样性，而小企业采取竞争策略时趋于增加竞争性行动的多样性。理论上，企业希望在竞争性对抗时可以采取多样化的竞争性行动。第

三个因素——质量是在全球经济中成功竞争的基础性决定因素。它是获得竞争力的必要的先决条件，但是对于获得优势来说，它是必要而非充分的条件。

- 研究企业采取竞争性行动的类型（战略性或战术性）、行动者的声望，以及竞争者对采取行为市场的依存度，其目的是预测竞争对手对企业行动的反应。总体上，采取战术性行为的数量超过了采取战略性行为的数量。竞争者通常对这类企业所采取的行为做出反应，这类企业在竞争性行为的可预测性和可理解性方面具有一定声望，特别是当该企业是市场的领导者时。总体上企业可以预测，当企业的收入与盈利高度依赖于竞争者所进行竞争性行动的市场时，竞争者较有可能做出较强的反应。然而，市场多样化的企业较少对竞争过程中只影响其中一个市场的特定动作做出反应。

- 在慢周期市场中，企业可以保持竞争优势，动态竞争发现采取竞争性行动和竞争性反应的企业试图保护、维持及扩大企业的特有优势。在快周期市场中，当企业集中于发展一系列暂时性竞争优势时，竞争近乎白热化。必须要重视这种竞争，因为快周期市场中的企业所具有的竞争优势并不是特有的，这导致了竞争对手成本相对较低的快速模仿行为。标准周期市场的动态竞争特点处于慢周期市场与快周期市场之间。在标准周期市场中，当企业利用其产生相对可维持竞争优势的能力时，它们在这些市场的竞争中可以得到适度保护。在标准周期市场中的竞争者，为大众市场提供服务并尽力发展规模经济，以提高企业的盈利。在这三类市场中，创新是竞争成功的关键。企业应该认识到，各种市场类型中的企业所采取的竞争性行动和反应是不同的。

关键术语

竞争者	快周期市场	战略性反应
竞争性对抗	后期行动者	跟进者
竞争性行为	多元市场竞争	慢周期市场
动态竞争	市场共性	标准周期市场
竞争性行动	质量	战术性行为
竞争性反应	资源相似性	战术性反应
先行者	战略性行为	

复习思考题

1. 谁是竞争对手？竞争性对抗、竞争性行为和动态竞争在本章是如何进行定义的？

2. 什么是市场共性，什么是资源相似性？如何理解这些概念是进行竞争者分析的基石？

3. 知晓、动机和能力如何影响企业的竞争性行为？

4. 影响企业采取竞争性行动的可能性因素是什么？

5. 影响一个企业对另一个企业的行动发起竞争性反应的可能性的因素是什么？

6. 慢周期市场、快周期市场、标准周期市场中企业的动态竞争各是什么样的？

讨论案例

联邦快递和UPS：在激烈的竞争中屹立不倒

作为50个最激烈的竞争性对抗之一，美国的联邦快递和UPS快递在很多方面都很类似，包括资源、市场、竞争方式和策略等。这些相似性意味着这两家公司是直接的竞争者，它们准确知晓对方的行动，也有动机和能力去反击对方的竞争性行动。这两家公司是全球最大的快递服务公司，众所周知，全球快递服务市场上的竞争是相当激烈的。

联邦快递和UPS在许多相同的产品市场上都有存在竞争，包括隔日送达服务、更廉价的海陆运输、承诺交货期服务（涵盖国内和国际服务）和货运服务等。然而，这两家公司专注于不同的环节来为利益相关者获得更多的价值，避免与竞争对手在产品生产环节和市场上发生正面交锋。联邦快递"希望提升和扩大品牌效应，提供给客户完美的运输服务体验"，而UPS则"将自己定位成供

应链上产品、信息、资金流动的主要协调者（从原材料阶段到最后成品的消费阶段整个过程）"。

因此，尽管这些公司很类似，但它们还是在尽力使自己变得与众不同，从而提高获得战略性竞争优势与高于平均水平回报的可能性。总的来说，联邦快递更注重运输服务和全球市场（最近，联邦快递48%的收益来自国际市场，而UPS仅有22%的收益来自国际市场），UPS在国内市场上的竞争更专注于整个价值链。联邦快递是世界上最大的国际空运公司，而UPS是世界上最大的包裹运输公司。

这些公司采取了一系列行动来提升自身能力，与主要竞争对手相抗衡。2013年年中，联邦快递得知它与美国邮政服务的合同要续签了。在原本的合同中，联邦快递是运

营国内邮件空运业务的，但 UPS 却签了这份合作条约。这意味着联邦快递在这次对抗中输给了竞争对手。联邦快递为了保住它在供应链中物流方面的优势，收购了匈牙利医药物流公司 Cemelog Zrt，交易金额数并未对外公开。此次收购是为了使其在欧洲医疗保健方面的生意更兴隆，也为了方便其进入中欧和东欧的重要市场。UPS 同样也提高过境的欧盟服务水平，以作为未来的一个增长引擎。为了提升能力，联邦快递正在重塑高效运营模式，也更加注重快递、陆地和货运网络连接的创新。

联邦快递和 UPS 之间的竞争性对抗十分激烈。不过，这样的竞争同时也使得每个公司都变得更强大，因为只有这样它们才能在竞争中打败对手。因此，从许多方面来说，这里所提到的每个公司都是彼此的"成长伙伴"。

资料来源：2013, FedEx Corp., *Standard & Poor's Stock Report*, www. standardandpoors.com, May 25; 2013; United Parcel Service, Inc., *Standard & Poor's Stock Repor*t, www.standardandpoors.com, May 25; L. Eaton, 2013, FedEx CEO: Truck fleets to shift to natural gas from diesel, *Wall Street Journal*, www.wsj.com, March 8; V. Mock, 2013, UPS to appeal EU's block of TNT merger, *Wall Street Journal*, www.wsj.com, April 7; B. Morris & B. Sechler, 2013, FedEx customers like slower and cheaper, *Wall Street Journal*, www.wsj.com, March 20; B. Sechler, 2013, Online shopping boosts profit for UPS, *Wall Street Journal*, www.wsj.com, April 25; B. Sechler, 2013, FedEx fends off rivals for U.S. Postal, *Wall Street Journa*l, www. wsj.com, April 23.

讨论题：

1. 联邦快递和 UPS 有许多相似的资源，在很多共同的市场里竞争。它们在什么方面有所不同？换句话说，它们是怎么使自己与对手区别开来的？

2. 这两家公司采取了哪些重大的、独特的战略性行动？成功了吗？

3. 根据这个案例所提供的信息以及你自己的调查研究，预测一下，未来这两家公司哪一家会更成功？解释原因。

公司层战略

学习目标

1. 定义公司层战略并讨论其目的。
2. 描述不同公司层战略所对应的不同程度的多元化。
3. 阐述公司进行多元化的三个主要原因。
4. 说明公司是如何通过相关多元化战略创造价值的。
5. 阐述非相关多元化战略创造价值的两种途径。
6. 讨论动机和资源是如何促进多元化战略的。
7. 描述管理人员过度实施多元化的动机。

开篇案例

迪士尼：利用相关多元化战略创造价值

迪士尼公司采取相关多元化战略，拓展卡通和真人电影人物进行周边消费品的授权。它是继康卡斯特（Comcast）之后的第二大大众传播媒体。当其他专一型内容提供商（如Discover Communications、CBS和Viacom）因为收视率和电视广告的减少而收益下降时，迪士尼则通过它的多元化战略发展其他业务，包括消费品业务、交互消费品、互动公园和度假区以及电影主题公园。它还是娱乐与体育节目电视网和美国广播公司部分有线电视节目的授权商。尽管它的广告收入也和别的公司一样降低了，但是其他业务却正在苗壮成长，这使得它能比竞争对手获得更多的收益。

迪士尼的公司层战略是成功的，因为它能让一系列业务都增值，从而使整体收益之和大于各个部分加总。这种效应在文献中被称作"协同效应"，还有个更学术的名称叫作"规模经济"（在本章会更有详尽的定义）。首先，迪士尼有一系列相关业务，包括电影娱乐业务、消费品业务、互动媒体业务、媒体网络业务、公园和度假区业务等。在电影娱乐业，迪士尼公司可以在其各电影发行公司（如试金石影业、好莱坞影业、帝门影业和新近收购的漫威娱乐公司等）之间进行行为共享，从而实现范围经济。通过与这些半独立电影公司之间的行为共享，迪士尼公司能获得知识共享，取各家电影公司之所长，提高自身效率，加快成长，从而获得成功。迪士尼公司通过其对客户广泛且深入的认识能力来制定广告和市场营销策略，还通过公园和度假区业务以及消费品业务等分销渠道，对其制作的电影中出现的产品进行交叉销售。

最近，迪士尼已经将重心从动画电影（如《灰姑娘》《奇幻森林》《美女与野兽》等）转到了真人电影。新近上映的电影《灰姑娘》是 1950 年同名动画电影的真人版，非常接近"剧本的童话版本"。之所以拍摄真人电影，是因为这迎合了观众的喜好。例如，此类的真人电影还有约翰尼·德普出演的《爱丽丝梦游仙境》，以及安吉丽娜·朱莉出演的《沉睡魔咒》（《睡美人》改编版），这两部电影的全球票房总收入分别为 13 亿美元和 8.13 亿美元。虽然迪士尼也出品过一些票房相对惨淡的电影（如《异星战场》《独行侠》《巫师学徒》等），但一般来说，改编自动画版的真人电影都还是相当成功的。迪士尼会在它的商店和其他专营零售店销售《灰姑娘》的周边商品，同时也会宣传与《爱丽丝梦游仙境》《沉睡魔咒》《冰雪奇缘》直接相关的商品。《灰姑娘》的周边商品很可能会像以前的电影相关消费品一样畅销。迪士尼计划在未来拍摄《美女与野兽》《奇幻森林》等动画的真人电影。迪士尼电影衍生的许多周边商品在迪士尼专卖店以及百货商场（如杰西潘尼）的迪士尼主题专区都有销售，收入可观。另外，电影中的主题也成为其公园和度假区项目的主题，从而通过交叉销售来增加相关收入。

不过，这些童话故事有一个商业缺陷——它们并不是私人所有的，因此其他竞争者也可以如法模仿迪士尼的成功模式。华纳兄弟电影公司拍摄的《彼得潘》电影即将上映，似乎是要抢先迪士尼下手，获得如动画版《彼得潘》一样的成功；康卡斯特环球公司则计划拍摄《美人鱼》。然而，这两家公司并没有能与迪士尼相匹敌的市场影响力、授权能力和公司业务关联能力。尽管这两家公司也在提升自己的能力，但是它们复制不了迪士尼的公司层战略。它们更注重内容、经销和广告，而不具有迪士尼与生俱来的业务增值能力。迪士尼的公司层战略使它能够跻身《财富》"全球最受尊敬公司" 10 强排行榜。

资料来源：B. Fritz, 2015, Disney recycles fairy tales, minus cartoons, *Wall Street Journal*, March 11, B1, B6; M. Gottfried, 2015, Walt Disney has built a better mousetrap, *Wall Street Journal*, Feb 5, C8; M. Lev-Ram, 2015, Empire of tech, *Fortune*, January 1, 48–58; C. Palmeri & A. Sakoui, 2015, Disney's princesses' give a little live action, *Bloomberg BusinessWeek*, March 9, 30–31; C. Tkaczyk, 2015, The world's most admired companies, *Fortune*, March 1, 97–104; D. Leonard, 2014, The master of Marvel universe, *Bloomberg BusinessWeek*, April 7, 62–68; C. Palmeri & B. Faries, 2014, Big Mickey is watching, *Bloomberg BusinessWeek*, March 10, 22–23.

我们在第 4 章对业务层战略和第 5 章竞争性对抗和动态竞争的讨论中，都是着眼于公司在单一行业或产品市场上的竞争。[1] 本章，我们将介绍公司层战略，在此战略下，公司将某一业务参与某一市场竞争时所使用的手段进行多元化，从而运用到几个产品市场中，或者更常见的是，运用到几项业务中。因此，**公司层战略**（corporate-level strategy）尤指通过选取和管理一组不同业务来赢得在不同产品市场上的竞争优势的行为。公司层战略帮助企业选取旨在提高公司价值的新的战略立场。[2] 正如"开篇案例"中介绍的，迪士尼公司在很多和娱乐和发行相关行业里都开展竞争。[3]

如"开篇案例"中所述，公司层战略是企业增加收入和提高利润的一种方式。但除此之外，也可能有一些其他的战略性意图。企业可以采用进攻或防守战略以实现增长，但两者的战略意图是不同的。企业同样能够通过进入新的地域市场的方法实现市场增长（该方法将在第 8 章介绍）。企业还可以收购竞争者（横向一体化）或者收购供应商或下游厂商（纵向一体化）。这些战略将在第 7 章进行介绍。本章讨论的是基本的公司层战略，所关注的是多元化。

对企业来说，为取得增长而采取行动的决策，都具有一定程度的风险。通用电气在媒体业务上经历了"坎坷"，特别是美国全国广播电视公司（NBC，最终被卖给了康卡斯特电信公司）。由于在金融服务业务的表现不佳而导致收入大幅度下滑，因此这一块资产也相应地被砍掉，转而在其他业务上寻求发展，比如为石油业务和互联网业务提供设备。一家成功的企业在对公司资源进行任何上面提到的改变时，会很仔细地评估所有可能取得增长的选择（包含不同的公司层战略）。

由于多元化企业通常在几个不同的独立产品市场上运营，就如同运营几个不同的业务，因此形成了两种战略：公司层（或全公司）战略和业务层（或竞争）战略。[4] 公司层战略关注两个关键问题：公司应该参与哪些产品市场和业务的竞争，以及公司总部应如何管理这些业务。[5] 而对于多元化的企业来说，它们必须为决定要参与竞争的业务选择一个业务层战略（第 4 章）。在这一点上，通用电气的每个细分产品都采用不同的业务层战略。虽然大部分都采用差别化战略，但其消费电子产品在不同的细分市场竞争，其中包括推出一些旨在满足普通收入消费者需求的产品。因此，对于质量不同的产品，其成本也要加以考虑。

类似业务层战略，公司层战略是为了通过创造价值来帮助企业获得超额利润。[6] 有评论称，很少有公司层战略可以真正地创造价值，[7] 就如"开篇案例"中所指出的，要弄清楚公司层战略所带来的价值是比较困难的。事实上，公司层战略在企业全部业务所创造的价值之外所创造的附加价值的衡量标准，仍然是一个值得研究的重要问题。事实上，迪士尼是多年来为数不多的几家取得成功的广泛多元化公司之一。

现有的数据表明，公司层战略的价值最终是由这样一个指标决定的，即"某一业务在其所在的公司下的价值，要大于被任何其他公司掌控时的价值"。[8] 因此，一个有效的公司层战略在公司所有业务中所带来的总收益应超过没有实施该战略时的收益，[9] 并且要有助于提高公司的战略竞争力，以及获取超额利润的能力。[10]

产品多元化是公司层战略的一种主要形式，它关注公司的市场范围以及公司参与哪些产业的竞争，同时还关注"管理者在面对公司的机会时如何购买、创造和出售不同的业务单元，以适应企业的技术和实力。"[11] 成功的多元化使企业的收入来自不同业务，从而降低企业获利的不确定性。[12] 多元化战略使公司能够灵活地往可能获得最大回报的市场上投资，而不是仅仅依赖于一两个市场。[13] 由于企业在实施多元化时会产生开发和监管成本，因此理想的业务组合要能够平衡多元化的成本和收益。公司的 CEO 以及高层管理团队应负责定义这种理想的业务组合。[14]

本章我们将从多元化战略的层次（从低到高）讲起。在阐述公司进行多元化的不同原因之后，我们将聚焦于两种类型的相关多元化（相关多元化标志着公司已实现中高层次多元化）。当被恰当使用时，这些战略就能为多元化企业创造价值，不管是通过共享资源（相关约束型战略），还是通过在公司的不同业务间传递核心竞争力（相关联系型战略）。然后，我们探讨另一种也能创造企业价值的非相关多元化。之后，我们将讨论有关企业进行多元化的动机与资源的话题，这些动机与资源本身是价值中性的。但是，在本章的最后我们也提出，多元化的管理动机可能会摧毁企业的价值。

6.1　多元化的层次

多元化企业根据其多元化程度以及各业务间的关联度加以区分。图 6-1 按多元化程度的上升顺序列示和定义了五类业务。单一业务和主导业务对应于低程度的多元化，而较高程度的多元化被分为相关多元化和非相关多元化两类。当一个企业的业务间存在一些联系时，我们就称该企业是相关型的，例如，各业务间可能共享产品（物品和服务）、技术或分销渠道。业务间的联系越多，代表多元化相关程度的"限制值"就越大。非相关则是指各业务间不存在直接的联系。

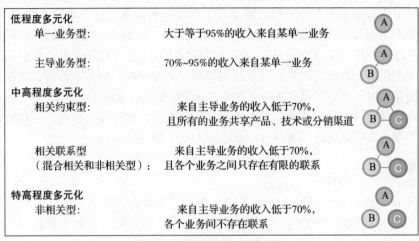

图 6-1　多元化的程度及类型

资料来源：Adapted from R. P. Rumelt, 1974, *Strategy, Structure and Economic Performance,* Boston: Harvard Business School.

6.1.1　低程度多元化

低程度多元化经营的企业将公司层多元化战略运用于单一业务或某主导业务。**单一业务的多元化战略**（single-business diversification strategy），是指当企业 95% 的销售收入都来自某一主导业务时所使用的公司层战略。[15] 生产塔巴斯科牌（Tabasco）辣椒酱的麦克汉尼公司（McIlhenny）就是这样一个例子。该企业总部位于路易斯安那州埃弗里艾兰，只专注于制作祖传的辣椒酱，到现在已经是第七代了。该公司的官方网站上对产品的描述是："1868 年，埃德蒙·麦克汉尼用产自墨西哥或中非的辣椒种子做实验，创造出了独具特色的路易斯安那辣椒酱，这就是我们的第一代辣椒酱。我们承袭了这种勇于探索、敢于实验的精神，精心制作了七款不同口味的辣椒酱，各具特色。不管你口味是轻是重，总能在这里找到适合你的辣椒酱！"[16] 以往麦克汉尼一直采用单一业务战略，所参与的产品市场也相对较少。最近，它开始和其他公司合作，Jelly Belly 糖豆、Sunshine 干酪小饼干、Slim Jim 熏肉条、Spam 午餐肉都推出了塔巴斯科口味。

通过实施**主导业务多元化战略**（dominant-business diversification strategy），企业总销售收入的 70%～95% 都来自某单一业务。UPS 快递使用的就是这一战略。近期，UPS 有 61% 的收入来自美国国内包裹投递业务，22% 来自国际包裹业务，剩余的 17% 来自公司的非包裹业务。[17] 尽管当前美国国内的包裹投递业务是 UPS 最大的收入来源，但该公司预期另外两项业务在未来将成为其收入增长的主要来源。这预示着 UPS 所提供的产品和服务及其所涉及的国家分布，将向更为多元化的方向发展。

专注于一个或少数几个行业和市场的企业能够获得正回报，因为它们能够培养出适用于这些市场的能力，并为消费者提供优质服务。另外，管理一个或极少量的企业挑战较小，这有助于企业形成规模经济，并有效利用自身资源。[18] 家族所有和控制的企业（比如麦克汉尼公司的塔巴斯科辣椒酱业务）通常都不是多元化的，这些企业更喜欢专业化，因为家族声誉与企业声誉紧密相关。因此，家庭成员更愿意采用专业化战略，这有助于企业提供优质的产品和服务。[19]

三一重工股份有限公司（简称"三一重工"）是中国最大、全球第五大的重型设备制造商。三一重工有七项核心业务：混凝土机械、挖掘机、起重机、打桩机、道路施工机械、港口机械、泵送机械。[20] 尽管每项业务各不相同，但是在生产工具和设备上运用到的一些技术是类似的，因此生产过程和某些设备工具零部件上也存在着相似性，在这些业务之间存在着知识的传递。另外，由于这些业务都与建筑有关系，因此在客户和市场上也存在相似性。由于三一重工主要专注于制造重型设备，因此可以被认为是运用了单一业务战略。但另一方面，它拥有一系列多元化产品，则是运用了产品多元化战略。产品多元化战略是行业内多元化的一种形式。[21] 不过，三一重工毕竟还是经营着七种业务，针对七种不同类型的重型设备，因此，它也可以被认为是运用了中等程度的多元化战略，表现为高度相关约束型多元化。

6.1.2 中高程度多元化

相关多元化是指一家公司超过 30% 的收入来自主导业务之外的业务，并且业务之间是通过相关多元化公司层战略中的某些方法相联系起来的。当这种联系相当直接时（即当它们的采购、业务量、对外策略都很相似），那么该公司使用的就是相关约束型多元化战略（related constrained diversification strategy）。金宝汤、宝洁、柯达和默克公司采用的都是相关约束型多元化战略。在相关约束型战略下，公司在各业务间共享资源和行为。

例如，阳狮集团（Publicis）采用了相关约束型战略，从不同的业务集团，尤其是从其广告业务的数字化能力中，获取潜在的协同效应。鉴于公司近期的业绩，相关约束型战略为阳狮集团的客户和股东创造了价值。[22]

当多元化企业的各业务间仅存在较少联系时，我们称为混合相关型企业或非相关型企业，它们所采取的战略是相关联系型多元化战略（related linked diversification strategy）（见图 6-1）。通用电气采用的就是这种公司层多元化战略。与相关约束型企业相比，相关联系型企业在各业务间共享的资源和资本更少，取而代之的是更关注各业务间知识和核心竞争力的传递。通用电气拥有四个战略业务单元，称为"部门"，每个部门由一系列相关业务组成。除了部门内部，这些战略业务单元之间没有关联。企业在实施相关联系型多元化战略时，要随着各种类型多元化战略的运用不断地调整其投资者和对这些业务的管理决策。[23] 管理通用电气这样一家多元化的企业具有很大的挑战性，不过从公司取得的成就可以看出，通用电气似乎一直处于很好的管理之中。

如果高度多元化的公司内各业务间不存在联系，则该公司采用的是非相关多元化战略（unrelated diversification strategy）。采用这种战略的公司有联合技术公司（UIC）、德事隆集团（Textron）、三星（Samsung）以及和记黄埔（HWL）等。通常，采用这一战略的公司被称为综合型企业（conglomerates）。和记黄埔是一家全球领先企业，拥有五大核心业务：港口及相关服务、电信、物业及酒店业、零售与制造业、能源和基础设施。这些业务间没有联系，而且公司也没有在各业务间进行行为共享或核心竞争力传递。这五项业务的规模非常庞大，例如，零售与制造业中的零售业务就在全球 33 个国家拥有超过 9 300 家分店，这些商店主要出售杂货、化妆品、电器、酒类和机票等。该公司的规模及业务间的差异性为其成功实施非相关多元化战略带来了挑战。但是，和记黄埔的 CEO 李嘉诚不仅能成功地进行明智的收购，还能在合适的时机放弃相应的业务。[24] 另一方面，私募股权基金（如凯雷投资集团、黑石集团和 KKR 等）则采取了另一种非相关多元化战略，[25] 它们通常拥有一系列不相关的投资组合公司。

6.2 多元化的原因

企业采取公司层多元化战略是有许多原因的（见表 6-1）。企业通过多元化战略来提升其总体价值是最典型的原因。在企业实施相关或非相关的多元化公司层战略时，如果该战略能为企业增加收入或降低成本，它就创造了价值。[26]

实施多元化战略的原因也可能与增加企业价值无关，甚至可能会降低公司价值。价值不确定是因为多实施元化就意味着参与竞争，所以要设法削弱对手的市场优势（例如，通过收购与对手类似的分销渠道）。而且，企业通过拓宽业务组合以降低公司的管理风险，则可能会给公司价值带来负面影响。较高程度的多元化可以降低管理风险，因为在这种情况下即使多元化企业的某项业务失败了，公司整体并不会因此而承担失败风险，这也降低了企业高管的工作风险。此外，由于多元化战略可以扩大企业规模和增加管理报酬，因此即使多元化会降低企业价值，管理者也更倾向于实施多元化。[27] 多元化会给公司价值带来负面影响的原因将在本章稍后讨论。

表 6-1　多元化的原因

价值创造的多元化
• 范围经济（相关多元化）
－行为共享
－核心竞争力的传递
• 市场影响力（相关多元化）
－通过多点竞争阻止对手进入
－纵向一体化
• 财务经济（非相关多元化）
－有效的内部资金分配
－业务重组
价值不确定的多元化
• 反垄断条例
• 税法
• 低绩效
• 不确定的未来现金流
• 企业风险的降低
• 有形资产
• 无形资产
降低价值的多元化
• 分散管理层的工作风险
• 增加管理报酬

经营层面相关性和公司层面相关性是多元化战略创造企业价值的两个途径（见图 6-2），而关于这两种独立关联度的研究也显示了资源及核心竞争力的重要性。[28] 如图 6-2 所示，纵向指标表示各业务间行为共享的机会（经营层面相关性），横向指标表示传递公司核心竞争力的机会（公司层面相

关性）。位于图 6-2 中左上方象限的公司具有很高的经营管理协同能力，尤其是在各业务的资本共享方面，这些公司是以纵向一体化方式来共享资产的。右下方象限代表的则是一类已经高度发展的公司，该类公司可以很好地将某个或多个核心竞争力在各业务之间传递，这种能力主要是由公司总部掌握。图 6-2 的左下方象限还显示了非相关型多元化的情况，既不属于经营层面相关性也不属于公司层面相关性的财务经济（稍后讨论）也是实施非相关多元化战略的公司价值增长的重要来源。

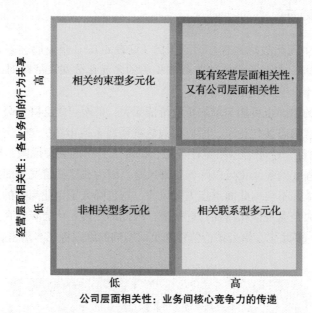

图 6-2   价值创造的多元化战略：经营层面和公司层面相关性

6.3   创造价值的多元化：相关约束型多元化和相关联系型多元化

实施相关多元化公司层战略的企业可以通过为顾客创造价值来增强或扩展资源和创造价值的能力。[29] 因此，企业希望通过使用相关多元化战略来提高各业务的规模效应。[30] 事实上，即使是非营利组织也发现，经过仔细规划和实施的相关多元化战略能够给它们带来盈利。[31] 范围经济（economies of scope）是指企业通过资源和能力共享或者将一个部门已有的一个或多个核心竞争力传递到其他部门的成本节约方式，范围经济可应用于复杂的产品市场和工业生产中。[32]

如图 6-2 所示，公司主要通过两种基本经济经营形式来利用范围经济创造价值：行为共享（经营层面相关性）和传递核心竞争力（公司层面相关性）。这两种方式的区别在于如何整合分散的资源来实现范围经济。为了实现有形资产的范围经济，通常厂房设备或其他实物资产需要被共享，而无形资产（如制造技术等）也可以进行共享，[33] 这种不依赖于物质或有形资产的技术转移属于公司层面核心竞争力的转移，而不属于经营层面的共享活动。[34]

6.3.1   经营层面的相关性：行为共享

企业可以通过共享任一主要活动（如物流系统）或辅助活动（如采购系统）（见第 3 章所阐述的价值链部分）来创建经营层面的相关性。企业实施相关约束型多元化战略时，通过行为共享来创造价值，宝洁公司采用的就是这种公司层战略。三一重工同样也有行为共享。举例来说，由于所有的设备都销售给建筑行业的公司，所以其全部业务的营销活动都是共享的。对纳斯卡卡车赛（NASCAR）中雪佛兰赛车的赞助，就表明三一重工想要进入建筑行业的领导层（本章的"讨论案例"中有对三一重工更详尽的介绍）。

行为共享也是有风险的，因为业务之间所建立的联系会影响到最终成果。举例来说，如果市场上对某一业务的产品需求降低，那么它就不能获得有效的收入来弥补共享设备所产生的成本。这类组织性困难会降低行为共享的成功率。另外，行为共享需要在参与其中的企业之间进行细致的协调。为了恰当地开展行为共享，必须有效地管理各协调变量（第 11 章中对此有更详尽的介绍）。[35]

尽管不同业务间的行为共享并不是无风险的，但研究表明，它可以创造价值。例如，对同行（如银行业和软件业）并购（横向并购）的研究表明，兼并后的企业通过共享行为及资源，形成了范围经济，提高了业绩，并且为股东带来了更高回报。[36] 另外，对于企业来说，出售能够通过资源共享实现范围经济的相关业务，往往比出售与企业核心业务无关的业务所带来的回报少。[37] 其他研究也说明，业务间相关性越大的企业，所承担风险越小。[38] 这些结论表明，通过公司各业务间的行为共享来实现范围经济，可能对降低风险和创造价值非常重要。而且，如果公司的总部也积极推动行为共享的话，那么将会获得更加引人注目的成果。[39]

6.3.2 公司层面的相关性：核心竞争力的传递

长久以来，企业的无形资产（如专有技术）都是企业核心竞争力的基础。公司层面的核心竞争力（corporate-level core competencies）是关系到不同业务的资源和技术的综合，主要包括管理和技术知识、经验和专门技术。[40] 企业试图通过公司层相关性来使用相关联系型多元化战略，如通用电气。

相关联系型多元化战略至少有两种途径可以帮助企业创造价值。首先，由于开发核心竞争力所需的费用已经在公司的一个业务部门产生，将这一竞争力传递给下一业务部门就可不必再为开发此竞争力消耗资源了；其次，资源的无形性是公司层面的相关性创造价值的另一来源。无形资源是很难被竞争对手理解和模仿的，正是因为这种困难，企业可以通过传递公司层的竞争力，来迅速获得超出对手的竞争优势。[41]

有很多企业都成功地实现了一个或多个公司层面的核心竞争力的传递。英国维珍集团（Virgin Group）将市场营销技能在旅游、化妆品、音乐、饮料、移动电话、健康俱乐部等其他更多业务中进行传递。[42] 本田（Honda）改进了发动机设计和制造上的技术，并将其应用到摩托车、割草机、小型汽车和卡车等产品中。公司高管称，本田是主要的发动机制造商，并且专注于为各种人类移动工具提供产品。[43]

管理者实施公司层面核心竞争力传递的一种方法，就是将核心人物调到新的管理岗位上。[44] 然而，传统企业的管理者可能不愿调动积累了丰富知识和经验的关键人物，因为这些知识和经验对企业的成功非常关键。因此，能够快速调动核心竞争力的经理人可能会短缺，相关的关键人物也可能不愿意被调职。此外，业务部门的高层管理人员可能并不愿意为实现企业的多元化目标而将其核心竞争力传递到其他新的业务中。[45] 相关研究也表明，对外包的过度依赖可能会降低企业核心竞争力的有效性，并因此降低其传递到多元化企业其他业务中的有效程度。[47]

6.3.3 市场影响力

如果成功地实施了相关约束型战略或相关联系型战略，相关多元化战略就可以增强企业的市场影响力。当一家公司能够以高于现有的价格水平出售产品，或者通过降低主要活动和辅助活动成本来降低产品在市场上的价格水平时，这家公司就具有市场影响力（market power）。[48] 巴西的私募股权公司——3G资本合伙人公司收购了亨氏公司，还打算收购卡夫食品公司，以将亨氏和卡夫合并。沃伦·巴菲特的伯克希尔－哈撒韦公司和3G公司合作，用230亿美元收购了亨氏著名的番茄酱和冷冻食品业务，帮助达成了这项交易。同样地，为了增强市场影响力，3G公司还收购了汉堡王，也就顺带收购了汉堡王旗下的加拿大咖啡和甜甜圈速食餐厅 Tim Hortons，巴菲特为了帮助促成这项交易投入了1 100万美元。这些交易果然增强了品牌食品和速食餐厅的市场影响力。[49]

爱立信曾在全球电信设备市场占据了最大的市场份额，它的领导者地位使其拥有巨大的市场影响力。市场影响力和研发上的领导者地位帮助爱立信签订了重要的电信设备合同。资料显示，"全球大约40%的无线通信和数据传输都依靠爱立信的网络硬件设施"。[50]

除了通过增加市场份额来提高市场影响力的方式外，公司还可以通过多点竞争和纵向一体化来提高市场竞争力。当两个或两个以上的多元化公司同在一个产品市场或地理市场竞争时，就会产生多点竞争（multipoint competition）。[51] 在多点竞争中，竞争公司都面临着进行多元化的压力。UPS快递和联邦快递在隔夜送达和地面运输两个市场中所采取的行动就是多点竞争的例子。UPS快递进入了联邦快递的核心业务领域——隔夜送达业务，而联邦快递也购买了卡车和陆面运输工具，并进入了UPS快递的核心业务领域——地面运输。同样地，零食制造商J.M.Smucker最近收购了 Big Heart Pet 品牌，这个品牌旗下的产品有"牛奶骨头"狗饼干、零食和咬胶，每年营收超过22亿美元。2014年，J.M.Smucker的竞争对手玛氏公司收购了宝洁大部分的猫狗食品业务。J.M.Smucker想要通过多元化，进入宠物食品市场，与玛氏竞争，扩大规模，提高在行业交叉市场的地位。[52]

有些采用相关多元化战略的企业通过纵向一体化来获得市场影响力。纵向一体化（vertical integration）指一家公司生产自己所需的原料（后向一体化）或拥有自己的产品分销渠道（前向一体化）。一般情况下，公司可能部分整合经营和生产活动，并同时通过自我消化和外销的方式出售产品。[53]

通常，纵向一体化会用于企业的核心业务上，以此来战胜竞争对手获得市场影响力。市场影响力的获得是通过提高企业节省经营费用、削减市场成本、提高产品质量的能力，甚至还包括通过加强知识产权保护的能力。由于纵向一体化公司能获得更多互补性的信息和知识，所以它们比专业化的公司能更好地提高产品质量，改进或发明新技术。[54] 如果企业的业务与还未定价的产品有很强的关系，那么这也能为它创造市场影响力。为产品定价还可能产生昂贵的调查和交易成本，因此企业更愿意进行纵向一体化，而不是保持各业务的独立。[55]

纵向一体化也存在着自身的局限性。例如，外部原料供应商的生产成本可能会更低，而且内部的跨国交易可能很昂贵，这样纵向一体化的结果反而降低了相对于竞争对手的盈利能力，[56] 并且纵向一体化还可能产生政治成本。[57] 同时，由于纵向一体化可能要求对某一特定技术进行大量投资，这样就可能降低企业的灵活性，在技术发展变化非常快时，这些缺陷表现得尤为明显。最后，需求的变动可能会产生产量的平衡和协调的问题。实现规模经济的首要条件是产量达到一定程度，如果某一业务是为企业内部的另一业务而新建的，企业内部通常无法消化所有这些产品，从而需要同时进行外销。因此，尽管纵向一体化可以创造价值，尤其是在战胜竞争对手获得更强的市场影响力方面，但这也是有风险和成本的。[58]

在21世纪初，制造企业（如英特尔、戴尔），开始实施纵向整合，减少自产零部件，甚至一些大型汽车制造商（如福特和通用汽车）都在创建独立的供应商网络。[59]电子元件制造行业中的大型企业，重点推动供应链管理的创新是新的发展趋势，而伟创力（Flextronics）是其中的代表。[60]这类公司通常负责管理客户的整个产品线，并为其提供从库存管理、配送到售后等一系列服务。然而有趣的是，为了更好地控制产品质量和供货时间，一些公司开始重新实施一体化战略。[61]三星通过纵向一体化战略掌控了经营活动，同时也成为竞争对手（如苹果公司）电子元件的制造商。

6.3.4　同时运用经营层面和公司层面的相关性

如图 6-2 所示，一些公司努力寻求通过同时运用经营层面和公司层面的相关性来实现范围经济。[62]通过同时进行行为共享（经营层面相关性）和传递核心竞争力（公司层面相关性）的方法来形成范围经济，这种能力通常很难被竞争者理解或模仿。但是，假如实现两种相关性所带来的利润无法弥补开支，结果将是不经济的，因为组织与激励制度的成本非常高。[63]

正如"开篇案例"中所提及的一样，迪士尼公司通过实施经营层面和公司层面相关性相结合的相关多元化战略，实现了范围经济。迪士尼有五大独立又相关的业务：媒体网络业务、公园和度假区业务、电影娱乐业务、消费品业务和互动媒体业务。例如，在电影娱乐业，迪士尼公司可以通过在它各个电影发行公司（如试金石影业、好莱坞影业和帝门影业等）之间进行行为共享来实现范围经济。迪士尼公司通过对客户广泛且深入的认识能力，来制定广告和市场营销策略，从而提高了公司层面的核心竞争力。有了这些竞争优势，迪士尼就可以通过公园和度假区业务以及消费品业务等分销渠道对其制作的电影中出现的产品进行交叉销售，这样一来，迪士尼便通过公司层面的相关性实现了范围经济。因此，迪士尼在电影中所创造的人物形象还成为其零售商店（属于该公司的消费品业务）的象征。另外，电影中的主题还成为其主题公园（属于其公园和度假区业务）新活动项目的主题，以及服装等零售商品主题的来源。[64]

迪士尼公司通过同时进行行为共享和核心竞争力传递，成功地实施了相关多元化公司层战略，为公司创造了范围经济。但是，这些公司（如迪士尼公司）所创造的价值很难真正被投资者发现。因此，通过多元化战略创造范围经济，从而产生的公司资产价值经常被投资者打折扣。[65]

6.4　非相关多元化

公司在实行非相关多元化公司层战略时，既不追求经营层面的相关性也不追求公司层面的相关性。非相关多元化战略（见图 6-2）可以通过两种财务经济的方式来创造价值。所谓**财务经济**（financial economies），是指借助公司内部或外部的投资，进行财务资源的优化配置以实现成本节约。[66]

有效的内部资本配置是实现财务经济的一种方式，因为可以降低公司业务的风险（例如，通过多项风险各异的业务组合来降低整个公司的风险）；另外一种方式就是对公司已获得的资产进行重组。例如，某家多元化的企业收购了另一家企业，然后通过对后者进行重组来提高其盈利能力，之后再在外部市场上出售以获利。[67]接下来，我们将更详细地讨论这两种类型的财务经济。

6.4.1　有效的内部资本市场配置

在市场经济环境中，资本市场被认为是有效配置资本的方式。其有效性表现为，使投资者更公平地对待具有较高预期的现金流价值。资本的配置还可以通过债券的形式，以及股票持有者和债务人通过持有具有高增长和盈利前景的企业的债券来使其投资增值。

在大型多元化公司中，公司总部会将资本配置到各业务部门以提高整个企业的价值。这种配置方式下产生的收益，可能会超过股东将资本投资到外部市场上所获得的收益，[68] 因为公司总部的管理人员对本公司内的业务组合及其绩效有一个真实且透彻的认识，在做资本配置的决定时他们掌握有最全面的信息。[69]

与公司的内部人员相比，外部投资者所获得的信息十分有限，对公司各业务的绩效及未来预期都只能进行估计。再者，尽管寻求投资者的企业要对潜在投资者（如银行或保险公司）提供信息，但公司内部的资本市场仍拥有至少两方面信息上的优势：首先，公司年报或者以其他形式向资本市场提供的信息可能不会包含负面信息，取而代之的是对积极的前景和成果的强调。外部投资者很难了解庞大组织内部的运营动态，外来股东所能够掌握的信息也很有限。[70] 其次，由于公司必须披露信息，这就为现有和潜在的竞争对手对其进行模仿提供了可能。通过研究这些信息，竞争对手可能会复制其能创造价值的战略。因此，内部资本市场的有效配置，有助于企业保护其在通过实施公司层战略和各种业务单元的战略时创造的竞争优势。

由于通过外部力量进行的改变往往是间接的（比如通过董事会成员），只有在发生重大改变的情况下，才可能让公司外部人员干涉其资本配置方式，例如，公司不得不破产或者需要调整最高领导层时。但通常情况下，通过内部资本市场，公司总部就可以做一些微调，例如，调整激励机制或公司某一部门的战略。[71] 因此，与外部资本市场配置相比，内部资本市场配置的标准可以更详细。由于信息的有限性，外部资本市场可能无法将资本适当地配置到一些颇具潜力的项目上。多元化公司的总部可以更有效地执行任务，例如，通过资源配置的方式来管理业绩不好的管理团队。[72]

虽然存在挑战，但很多企业仍选择非相关多元化战略，尤其是在欧洲市场和新兴市场，例如，已实现高度多元化的德国西门子公司，正在使自身更加多元化来降低可能遇到的经济风险。在目前经济低迷的形势下，多元化正在帮助一些企业提升未来的业绩。[73]

对于在成熟的经济环境下采取非相关多元化战略的公司来说，它的最大的弱点是，其财务经济要比通过经营层面或公司层面相关性所实现的范围经济更容易被竞争对手复制。相对而言，在新兴经济体中这个问题就没有这么严重，因为新兴经济体缺少支持和推动非相关多元化战略的"软环境"（包括高效的金融中介、健全的规章制度和合同法等）。[74] 事实上，研究表明，在像韩国、印度、智利这样的新兴经济体，多元化可以改善大型多元化企业集团附属企业的经营状况。[75]

6.4.2 资产重组

财务经济也可以在企业学会如何收购、重组然后在外部市场上出售重组企业的资产来实现。[76] 如同房地产业务，以低价买进资产，对其进行重组，然后以高于成本的价格卖出来提高公司的投资收益。私募股权公司也是经常采取这种战略，周期为 4 ～ 5 年。[77]

采用非相关多元化战略的企业试图通过收购和重组其他企业来创建财务经济，但必须进行慎重的权衡。"战略聚焦 6-1"中提到的联合技术公司就采取了这种战略。例如，由于高科技产品需求的不确定性，丹纳赫公司（Danher）想要取得成功，就需要专注于技术成熟的制造业务。自 1984 年以来，它已经收购了 400 家公司，并且运用丹纳赫业务系统来降低成本，使组织更精简。[78]高科技产品的业务涉及复杂的资源配置决策，对于那些总部较小的实施非相关多元化战略的公司来说，这将使得公司的信息处理超负荷。高科技企业通常比较依赖人力资源，而员工可能会离职或者要求更高的报酬，从而造成所收购公司的价值改变或消失。[79]

要通过收购、重组基于服务的资产，然后向外部市场出售来获利是非常困难的。在这种情况下，通常被出售的是所重组公司与顾客良好的私人关系。因此，对于高科技产业和服务型公司来说，几乎没有有形资产是可以被重组然后出售以获利的。而对无形资产的重组则会非常困难，如人力资本以及长期以来买（顾客）卖（公司人员）双方之间高效的关系。理想的状况是，管理者能够遵循这样一种战略：在价格较低的时候进行收购，如某一段经济衰退期的中期，而在经济膨胀期的末期进行出售。[80]全球经济活动越来越多，比如跨境收购等，同时在国内市场的外国资产剥离和重组的例子也在增加，例如，国有企业部分或全部私有化。外国资产的剥离甚至比本国资产脱离要复杂，必须要仔细衡量规划。[81]

|战略聚焦 6-1|　通用电气和联合技术公司：致力于内部资本市场配置和重组战略

通用电气的业务涉及许多行业，包括家电、航空、消费电子产品、能源、金融、医疗保健、石油、风力涡轮机等，非常多元化。它过去一直能有效地将资本配置到各业务部门，但后来做得不如其他多元化竞争者。尽管它是一家相关联系型企业，但通用电气在主要的战略业务部门间进行了不同的资本分配。在过去的几十年里，通用金融部门为通用电气创造了很多利润，从而在公司内部分配中获得了足够的资本。然而，通用金融在最近几年表现不佳，于是通用电气不得不重新调整业务组合。

通用电气配置给通用金融部门的资源减少了，因为公司的 CEO 杰夫·伊梅尔特迫于投资者的压力，要把公司发展成为专一型工业公司。自从金融危机以来，通用电气的股价一直都低于 30 美元。2014 年通用金融占公司总利润的 42%，计划在 2016 年将这个比重缩减为 25%。在金融危机之前，约 50% 的利润都来自通用金融。由于监管机构的影响，通用电气不得不把大部分资产放在金融业务上，无法抽取过多的现金以"支付股息、回购股份、为公司的工业版块融资"。同时，监管机构还阻碍公司采取重组措施。通用电气想要卖掉它的家电业务，但在金融危机那几年里，这一出售却因为价格太低而被搁置了。伊梅尔特表示，"毫无疑问，通用金融的规模会取决于它的竞争力、利润以及监管机构对整个公司的影响"。金融危机也让通用电气认识到，对通用金融不可投入过多，否则一旦这个业务失败，整个公司都会受到很大打击。通用电气通过收购壮大了自己的石油和天然气业务，然而自从油价下跌后，这一业务也开始面临风险。当购入这些资产时，原油价格是每桶 100 美元，但最近却跌到了每桶 50 美元。

联合技术公司是一家非相关多元化的企业，它将资产在公司内部进行配置，力求使资产得到最好最高效的使用。与通用电气相似，它经常收购、重组、管理不同的业务板块，并在合适的时候将其卖掉。联合技术公司旗下有奥的斯电梯、集宝 & 凯德（Chubb & Kidde）消防安保系统、普惠（Pratt & Whitney）喷气发动机、开利（Carrier）空调和西科斯基（Sikorsky）飞行器。西科斯基是世界上最大的直升机制造商，最出名的是黑鹰直升机。联合技术公司的新 CEO 格里高利·海斯（Gregory J.Hayes）告诉分析师，公司正在仔细评估自身的业务组合。西科斯基飞行器业务部门面临着压力，政府军费支出越来越少，石油服务公司的需求（利用直升机将工作人员运到在岸与离岸的平台）又低。尽管海斯考虑过免税剥离，他最终还是决定将该业务卖给国防承包商洛克希德·马丁公司（Lockheed Martin）。有趣的是，他同时还打算收购其他大型企业，将其重组并最终纳入联合技术公司的业务组合。

通用电气和联合技术公司都有效地将内部资本配置到多元化业务部门。同时，两家企业都使用重组战略以使运营管理更加高效。在恰当的时候，还会将业务部门公开出售给另一个收购方，或者通过剥离产生两只股票：一个是遗留的业务，一个是剥离的业务。（第 7 章会更完整地阐述和比较各种重组战略。）

资料来源：D. Cameron, 2015, Lockheed Martin to buy Sikorsky for \$9 billion, *Wall Street Journal*, www.wsj.com, July 21; R. Clough, 2015, A crude awakening for GE, *Bloomberg Businessweek*, March 16, 19; C. Dillow, 2015, What happens if United Technologies unloads Sikorsky?, *Fortune*, www.fortune.com, March 23; C. Grant, 2015, GE's capital control isn't a cure; selling its Asian lending unit won't be enough to revive its stock, *Wall Street Journal*, www.wsj.com, March 16; T. Mann, 2015, GE weighs deeper cuts in bank unit, *Wall Street Journal*, March 12, B1, B2; D. Mattioli & D. Cimilluca, 2015, Sikorsky spin-off considered, *Wall Street Journal*, March 12, B3; G. Smith, 2015, Siemens' long-feared slimdown isn't as drastic as feared, *Fortune*, www.fortune,com, February 23; J. Bogaisky, 2014, Is Bouygues crying uncle on Alstom?, GE said in talks for \$13b acquisition. *Forbes*, April 23, 19; T. Mann, 2014, United Technologies CEO hunting for major acquisition, *Wall Street Journal*, www.wsj.com, December 12.

6.5　价值不确定的多元化：动机与资源

公司在采用非相关多元化公司层战略和相关多元化公司层战略时，其目的都可能是为企业创造价值。但是，这些战略实施的目的有时也是价值中性的，而非创造价值，对单一业务和主导业务的多元化战略来说也是如此。正如我们下面要讨论的，企业实施多元化的动机不尽相同，同时由于公司资源的限制，企业也许只能进行价值中性而非创造价值的多元化。

6.5.1　多元化的动机

刺激公司实施多元化的因素既有来自外部环境的，也有来自公司内部的。外部因素包括反垄断条例和税法，内部因素包括低绩效、不确定的未来现金流、协调效应和企业风险的降低。

1. 反垄断条例和税法

20 世纪六七十年代，美国政府的反垄断条例和税法促使美国企业开始实施多元化。[82] 当时美国反垄断法严格禁止为提高市场影响力而进行的并购行为（无论是纵向一体化还是横向一体化）。[83] 1950 年出台的《塞勒 – 凯弗维尔法案》（Celler-Kefauver Act），鼓励能够产生聚集多元化的合并行为，而不支持横向一体化和纵向一体化。结果，在那个时期的许多合并企业都是以 "集团" 的形式存在，其中也包括经营多项业务的企业。1973 ～ 1977 年，合并后的企业有 79.1% 是集团。[84]

在 20 世纪 80 年代，反垄断法的实施力度有所减弱，从而导致了更多且更大的横向并购（并购具有相同业务的目标公司，如两家石油公司）。[85] 而且，随着法规的调整，投资银行对这些并购行为也更加开放，结果接管事项达到空前的数量。[86] 由于对合并的限制有所放松以及重组的实施，那些 20 世纪六七十年代产生的大企业集团或已高度多元化的企业，在 20 世纪八九十年代初受到了更大的关注。[87]

在 20 世纪 90 年代末和 21 世纪初，反垄断法又开始加强对收购和合并的限制（见第 7 章）。[88]

因此，与 20 世纪八九十年代初相比，现在的合并需要接受更多的审查。[89]

税收对多元化的影响不仅来自公司税法的改变，也来自个别的税率。一些公司（尤其是成熟的公司）在经营活动中所产生的现金，比进行再投资所需要的更多。因此有观点认为，自由现金流（投资于当前业务的流动资产不再具有经济可行性）应该以股利的形式重新发放给股东。[90]然而，在 20 世纪六七十年代，对股利征的税要比对个人收入征的税高得多。因此，在 1980 年前，股东更愿意公司将自由现金流用于购买业绩好的企业。如果公司的股票长期都表现优良，那么股东就可以获得比以分红的形式分配自由现金流时更高的利润，因为对股票出售利润所征的税要比对分红所得所征的税低得多。

然而，根据 1986 年的《税收改革法案》（Tax Reform Act），最高的普通个人所得税率从 50% 下降到 28%，而对特殊资本的征税也发生了改变，即将资本收入视为普通收入。这种改变刺激股东不再鼓励企业为了多元化而持有资金。税法的改变同时也影响到 1984 年后公司出售相关业务的现象增多。因此，在 1986 年前，对于个人所得、资本收入和分红所得的税法规定加强了股东多元化经营的动机，但在 1986 年后，除了将资金投资于可免税的债务，股东则支持更少的多元化。然而，自从 20 世纪 80 年代以来，个人所得税税率的最大值有所改变，从 1992 年的 31% 到 2013 年的 39.6%。资本利得税的税率也有所改变。

公司税法同样也会影响到多元化。并购可以显著增加企业折旧的资产补贴。更多的折旧（不会产生现金流）可减少需要被征税的收入，这就形成了进行并购的动机。并购曾经是最有吸引力的避税方法，但是，美国财务会计准则委员会（FASB）提出了几项新的改革，包括废除针对并购企业资产清算的"权益结合"法，以及废除对进行中的研发项目费用的销账，这一变化削弱了企业并购的动机，尤其是高科技产业的并购（这一变化将在第 7 章做进一步的探讨）。[91]

因此，我们所描述的这些规定，就成了企业进行多元化的动机，或者说是抑制其进行多元化的因素。有趣的是，欧洲反垄断法关于横向并购的规定历来都比美国更为严厉，而在最近两者却趋同了。[92]

2. 低绩效

有研究表明，低绩效往往与多元化层次过高有关。[93]如果"良好的绩效减弱了公司追求更强多元化的需求"，那么低绩效就可能成为多元化的动机。"战略聚焦 6-2"中提到，可口可乐公司近几年在其主导的软饮料市场的收益并不如人意。因此，它开始追求多元化，打算进军成长快的市场（如瓶装水、茶和果汁市场等）。

像可口可乐一样具有多元化动机的企业要小心，要进入新的市场，又没有这方面的运营技术，很可能会面临品牌威胁。新近的收购可能会带来负面的协同效应（指收购方和被收购方之间潜在的、迷惑人的协同效应）、领导者之间的问题以及文化融合的难题。[94]相关研究及众多企业的经验表明，在多元化和绩效间可能存在着图 6-3 所示的曲线关系。[95]尽管低绩效可能成为多元化的动机，但过度多元化的

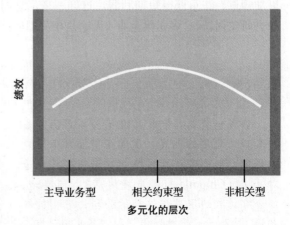

图 6-3　多元化与绩效的曲线关系

企业的总体绩效可能会比其竞争对手更低。

3. 不确定的未来现金流

当一家公司的产品线已经成熟或受到威胁时，多元化战略就可能成为重要的防御手段。[96] 在已经成熟或即将成熟行业的小企业有时会发现，为了长期生存，实施多元化战略是有必要的。[97]

向其他产品市场或其他业务的多元化可以降低企业未来现金流的不确定性。例如，美铝公司（Alcoa）是美国最大的铝生产商，由于基本商品行业的高竞争性，它采取了"多材料"多元化战略。[98] 美铝公司不仅进入其他金属市场，还进入了很多制成品市场。例如，2015 年，美铝公司宣布收购 RTI 国际金属公司（航空航天行业最大的钛生产商之一）。美铝公司的 CEO 克劳斯·柯菲德（Klaus Kleinfeld）指出，这项交易和公司现在的业务"几乎没有重叠"，"极大地提高了本公司在钛行业和高科技机械行业的地位"。[99]2014 年，美铝公司收购了 Firth Rixson 和德国的 TITAL 公司，为航空航天行业制造钛和铝的铸件。不过，美铝公司 40% 的收入依然来自开采和冶炼铝。由于低需求、过剩产能和国外竞争，铝的价格下降了。

4. 协同效应和企业风险的降低

多元化企业在追求范围经济时，为了实现各业务之间的协同所进行的投资往往过于固定，从而可能会产生一系列问题。当相同的几个业务协同运营比分别独立运营创造更高的价值时，就称其存在协同效应（synergy）。但是，当各业务之间相关性增强时，企业协同经营失败的风险也会增大，因为这些业务的互相依赖会限制企业的灵活性。因为这种威胁，企业可能不得不做出以下两种基本的决定。

首先，公司可能会减少技术革新以在一个更加确定的市场环境中运营。这一行为可以帮助公司规避风险，但也会使其不愿开发有潜力的新产品，不过这一点还未得到证实。其次，公司也可能会限制行为共享的程度，从而放弃协同效应所带来的潜在利益。这两种决定中的任一者都可能把公司带向更深层的多元化。[100] 前者可能将相关多元化带入具有更多确定因素的产业中，后者可能会产生附加的多元化，但是属于非相关多元化。[101] 研究表明，实施相关多元化的企业在收购新业务时会更小心，而实施非相关多元化的企业在收购新业务时往往会出价过高，因为非相关多元化的企业往往对要收购企业未掌握充分的信息。[102] 但是不论是实施相关多元化还是非相关多元化，企业必须明白它将要因此支付大笔资金。[103] 这些问题都导致企业的管理对风险更加规避，注重获得短期利润。这样一来，它们就很少考虑社会环境，不会去做长期投资（比如去研发创新）。多元化企业（无论是相关型还是非相关型的）都可以实现创新。[104]

|战略聚焦 6-2|　可口可乐公司的多元化战略：应对衰退的软饮料市场

许多包装商品和食品经销公司都面临着顾客口味变化的挑战。正如在前面章节里所提到的，麦当劳遇到了制作健康快餐的竞争对手（如 Chipotle 墨西哥烧烤店）。同样地，如金宝汤和通用磨坊这样的公司，它们的顾客群（出生于"千禧世代"和"婴儿潮时期"）也越来越注重食品的健康。在可口可乐的主力市场，顾客对软饮料的需求也在降低。可口可乐公司对投资者的承诺是，2014 年会有 3% ～ 4% 的增长。公司的 CEO 穆泰康（Muhtar Kent）表示，"这将是一个执行年"。然而，到了 2015 年，可口可乐公司并没有实现这个目标。与 2013 年相比，公司收入下降了 2%（仅有 460 亿美元），利润则下降了 17%（仅有 71 亿美元）。由于顾客的口味在变化，可口可乐公司打算改善其在软饮料市场的营销和运营，以提高收入和利润，不过这一行动成效并不显著。

为了阻止业绩下降，可口可乐公司追求多元化，同时提高执行能力。2014 年的盖洛普民意调查显示，63% 的美国人越来越少地喝软饮料。事实上，近 10 年来软饮料市场的销量一直在下降，可口可乐的销量也自然减少了。全食超市甚至都不卖软饮料。现在的顾客想要的产品似乎是"更健康的、更美味的、更独特的、更小众的"。这影响了顾客群宽泛的公司，如家乐氏、卡夫、麦当劳等。3G 资本合伙人公司收购了亨氏公司，最近还打算将其与卡夫公司合并成新公司"卡夫 & 亨氏公司"。沃伦·巴菲特的伯克希尔－哈撒韦公司帮助达成了这项交易，这是因为涉及的业务有大量的现金流，符合伯克希尔－哈撒韦公司的非相关多元化投资方式。而那些依然独立的公司（如可口可乐），正在追求多元化以迎合顾客变化的口味。

2007 年，可口可乐公司对市面上的非酒精饮料进行了研究，成立了投资品牌和上升品牌（VEB）部门，与一些小型初创饮料品牌建立联系并最终完成收购。它目前拥有 Fuze 茶饮料、Zico 椰汁和有机品牌诚实茶（Honest Tea）。2003～2013 年，软饮料销量下降了约 90%，而运动饮料和瓶装水的销量则增长了约 40%。可口可乐公司与大受欢迎的能量饮料巨头怪兽公司（Monster）合作，并于 2015 年收购了怪兽公司的非能量饮料业务。在瓶装水市场，可口可乐公司于 2013 年收购了 Glacéau Fruitwater 公司。果汁业务方面，它收购了 Odwalla、Simply、Fuze 等公司，还包括其长期持有的品牌 Munute Maid。总之，可口可乐公司试图调整营销策略，除了销售更健康的常规产品（如不含咖啡因的可乐、

零度可乐等），还推广新产品。不过，大家并不愿意看到像之前"新型可乐"那样的市场营销悲剧再发生，所以可口可乐公司对于衍生产品非常小心谨慎，以防危害到品牌。

可口可乐公司同时还推出了 Freestyle 冷饮机，"它可以提供 100 多种不同的选择，其中有些饮料，比如橙子味的可乐，尚无易拉罐版本"。目前，这款冷饮机已经成为五汉（Five Guys）、汉堡王等快餐连锁品牌的店面标配。这款冷饮机推出后，饮料销量持续以两位数增长，这很大一部分原因是因为饮料杯容量更大些，"最大的饮料杯容量为 40 盎司⊖，比一个标准易拉罐容量（16 盎司）还要多"。

然而，健康专家依然在向可口可乐公司发难，指出它们广告上宣传的所谓"健康果汁产品"，其实含有很多糖分，与软饮料的糖分含量相近。因此，公司采取多元化战略以阻止销量下滑其实并不容易，在进军新领域时会面临更大的风险，甚至一不小心就可能毁掉整个品牌。尽管主打产品的未来有风险和不确定，公司还是会倾向于采取多元化战略来提高业绩。

资料来源：M. Chahal, 2015, Coca-Cola's strategy: Heritage with 'digital backbone', *Marketing Week*, www.marketingweek.com, March 11; D. Cimilluca, D. Mattioli, & A. Gasparro, 2015, Brazil's 3G in serious talks for Kraft, *Wall Street Journal*, www.wsj.com, March 25, A1, A6; M. Esterl, 2015; Soft drinks hit 10th year of decline, *Wall Street Journal*, www.wsj.com, March 27; M. Esterl, 2015, What is Coke CEO's solution for lost fizz? More soda: Despite changing consumer taste, Muhtar Kent pushes strategy to sell more cola, *Wall Street Journal*, www.wsj.com, March 19; B. Geier, 2015, Coke's plan to save Coke is to sell more Coke, *Fortune*, www.fortune.com, March 19; A. Brones, 2014, Americans are drinking less soda, but we're still addicted to sugar, *Care2*, www.care2.com, April 15; S. Sharf, 2014, Coca-Cola profit declines 14%, future growth plan fails to impress, *Forbes*, www.forbes.com, October 21; C. Suddath & D. Stanford, 2014, Coke confronts its big fat problem, *Bloomberg BusinessWeek*, www.bloombergbusinessweek.com, July 31.

⊖ 1 盎司 = 0.029 27 升。

6.5.2 资源与多元化

如前面所讨论的，公司为创造价值的动机（如实现范围经济的能力）进行多元化的同时，也会存在一些不确定价值的动机。但是，即使动机存在，公司还必须具有一定类型和一定水平的资源和能力，从而成功实施多元化的公司层战略。[105] 尽管公司的有形资源和无形资源都可以进行多元化，但它们区别于创造价值的能力。当然，资源的价值性、稀缺性、难以被模仿性或难以替代性（见第 3 章），都会影响公司通过多元化创造价值的能力。例如，财务资源中无形的自由现金流，就可以帮助公司实施多元化。但对于无形资产的多元化来说，基于财务资源的多元化更容易被竞争对手观察到，且更易复制，也不大可能创造长期的价值。[106] 有形资产一般包括生产所必需的厂房和设备，通常都是灵活性较低的资产。多余的能力只能用于生产一些非常相似的产品，尤其是那些生产技术上高度相似的产品。例如，大型的计算机生产商，如戴尔、惠普等，都低估了消费者对平板电脑尤其是苹果 iPad 的需求。苹果推出 iPad 产品，并希望它最终能够取代个人电脑。事实上，自从 iPad 问世之后，惠普和戴尔的个人电脑销售就开始在下降。在 2012 年的第四季度和 2013 年的第一季度，iPad 的销量达到了 4 240 万台。三星和其他竞争者研发出了相似的平板电脑来与之竞争，而且销量可观。许多分析师认为，个人电脑的辉煌时代已经过去，戴尔和惠普必须发展多元化生产线来弥补在笔记本电脑市场的利润亏损。[107]

其他有形资源的过剩能力，如销售能力，相对更容易实现多元化。另外，销售能力中的过程能力在相对多元化中更有效，因为可能对相似产品的销售非常有用。过剩的销售队伍会更了解相关产品的特点，顾客情况和分销渠道。[108] 有形资源可能会在生产、营销、采购以及技术资源之间建立相互联系，即实现如前文所定义的行为共享。有趣的是，戴森公司本来是生产真空吸尘器的，现在却投资发展电池技术。其 CEO 詹姆斯·戴森表示，公司除了生产电动吸尘器，还要利用这种新兴高效的电池技术来"生产出四类不同的新产品，大约会达到 100 种"。[109]

实施多元化时，无形资产比有形资产更具灵活性。尽管有形资产的共享可以促使多元化，但无形资产（如隐性知识），也可以鼓励企业向更为多元的方向发展。[110] 服务型企业同样追求多元化战略，尤其通过绿地投资（即直接在其他国家或市场建立新的全资子公司）来实现这个战略。奥迈企业顾问公司（Alvarez and Marsal）是一家专业服务公司，协助重组面临财务危机的公司，目前它新增了几项新的业务。它在纽约财务界享有盛誉（这就是一种隐性资产），擅长为濒临破产的公司处理过渡阶段事宜。奥迈曾经处理过美国历史上最大一桩破产案——雷曼兄弟公司业务的逐步终结事宜。它需要处理财务库存和现金资产，以最大限度地为股东减少损失。由于经验丰富，特别是在处理了雷曼公司的破产事宜之后，奥迈在投资管理领域（尤其是处理短期财务存款）声名鹊起。得益于此，该公司开启了新业务，不仅帮助处理其他公司的存款和现金资产，还管理捐赠基金、地方和州政府的资产。它还是私募股权公司（此类公司经常要重组面临财务危机的企业）的咨询顾问。至此，奥迈的业务已经从过渡阶段的事宜处理变成了业绩提升的咨询服务。凭借着为私募股权公司提供的优质服务和以此赢得的声誉，奥迈也更多地了解了私募股权行业的投资，并且设立了一项私募股权基金。[111] 服务型公司经常采取这种方式来实现多元化，比如贝恩咨询公司就设立了"贝恩基金"，这是一项由贝恩咨询业务上的搭档所支持的私募股权基金。

然而，不管是出于创造价值还是不确定价值的原因将资源进行多元化，都有可能无法获得预期的好处。莎莉集团（Sara Lee）的高层发现，他们无法实现传统业务与拓展业务间的协同，由此不得不出售一项占据公司销售额近 40% 的业务，以将重点放在食品及与食品相关的业务上，从而更快地实现协同效应。经济不景气使得莎莉集团继续坚定地推进这项措施，以便更快地实现不同业务之间的协同效应。[106]

6.6　降低价值的多元化：管理者的多元化动机

管理者的多元化动机也可能独立于价值不确定（如动机和资源）和价值创造（如范围经济）的原因而存在。降低管理风险及提高薪资福利，是管理层在价值创造和价值不确定因素之外实施多元化的两大动机。[114] 换句话说，只要利润不受到过多的影响，高层管理人员就可以通过公司的多元化来分散自己的工作风险。[115]

多元化可以让公司管理者享受到股东享受不到的好处。研究表明，多元化与公司规模具有高度相关性，公司的规模越大，多元化程度越高，经理人的薪资福利也越高。[116] 因为大公司更复杂且难管理，高层管理人员通常也能获得相应水平的薪资。[117] 更高层次的多元化可增强公司的复杂程度，从而管理者也就可以获得更高的薪酬。公司的监管机制如董事会对公司高级经理人的薪资进行监控及对市场状况的控制，可以防止管理层过度多元化的倾向。[118] 这些监管机制我们将在第 10 章详细讨论。

但是，公司的监管机制可能不够强大，从而公司管理者可能让公司过度多元化，直到连平均收益都达不到的地步。[119] 内部监控不力可能导致公司业绩低下，从而引发管理人员被替换的威胁。尽管替换业绩不佳的管理层往往可以提高公司效益，但管理者可能会采取自卫策略进行抵制，如 "毒丸计划"（poison pills），或者借助 "金色降落伞"（golden parachute）降低自己的曝光率等。[120] 因此，尽管管理者面临外部监管的威胁，但仍不足以控制他们实施多元化的动机。[121]

大多数大型上市公司都是盈利的，因为其管理者通常都能比较公正地对待公司资源，他们的很多战略行为，包括与公司层多元化战略相关的行为，都是为了公司的成功。[122] 如上所述，治理机制的设计应考虑到处理决策和采取行动的管理规范中的例外情况，这样有助于提高公司获取超额利润的能力。此外，人们可能会过于悲观地认为公司管理者总是过于关注自身利益而置公司利益于不顾。[123]

高层管理人员在做出多元化决定时，往往还会考虑到自身的声誉。好的声誉有助于促进他们的发展及获取更高的管理权力，而不良声誉则恰恰相反。同样，管理人员要对其管理才能向外进行有力的市场营销的动机，也可能会阻止其追求不恰当的多元化。[124] 此外，一些想对自身资源进行重组的多元化公司可能会对那些管理不善的公司虎视眈眈。管理者清楚，如果自己管理不善，公司就可能被收购，这也促使他们实施能创造价值的多元化战略。

如图 6-4 所示，为提高公司业绩所能实施的多元化水平，部分取决于其内部资源、管理人员动机，并且动机还会影响到多元化战略的类型。如前所述，动机越大，资源的灵活度越高，多元化层次就会越高。财务资源（灵活度最高）相比有形或无形资源，与多元化的广泛性有着更大的相关性。有形资源（灵活度最低）在相关多元化时尤为有用。

正如我们在本章所讨论的，企业可以通过有效的多元化战略创造价值。然而，多元化必须受到行政机构的监管（见第 10 章）。适当的战略工具，如组织架构也是非常重要的（见第 11 章）。

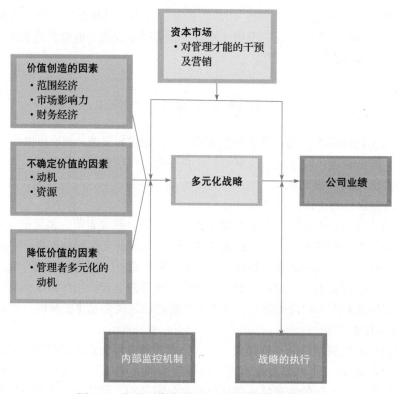

图6-4 公司经营状况与多元化关系的总结模型

资料来源：Adapted from R. E. Hoskisson & M. A. Hitt, 1990, Antecedents and performace outcomes of diversification:A review and critique of theoretical perspectives, *Journal of Management*, 16: 498.

在本章中我们描述了公司层战略，第7章将讨论兼并和收购是如何作为企业实施多元化的手段，进而提高利润的。由于重组，通过合并实现多元化的趋势正在增加，从而公司层多元化战略正被广泛地学习。[125] 另外，企业在进行多元化时要特别谨慎，尽量少选一些业务，不要过于泛滥。研究表明，尽管非相关多元化减少了，但是相关多元化却增多了，这可能是因为20世纪90年代和21世纪初一直持续的企业重组浪潮。继美国和英国之后，通过重组来实现的多元化方式正在欧洲和其他地区不断上演，如韩国。[126] 在与公司资源（尤其是财务资源）、核心竞争力、国家制度及竞争市场的机会和威胁相适应的情况下，企业实施恰当的多元化战略是可以提升企业的战略竞争力的。[127]

小结

• 企业实施公司层战略的主要原因是增加价值，除非公司能在多个业务中产生范围经济或财务经济，或者加深多元化能增强市场影响力，否则公司更愿意选择单一或主导业务的公司层战略来寻求多元化的发展。企业的公司层战略从中度多元化到高度多元化转变时，范围经济和市场影响力可能是为其创造价值的主要因素。

• 相关多元化公司层战略可以帮助企业通过行为共享和传递核心竞争力来创造价值。

• 行为共享通常包括各业务间有形资源的共享。核心竞争力的传递包括将某一业务已获得的核心竞争力传递到另一个业务，还可能包括核心竞争力在公司总部与业务单元间的传递。

- 行为共享常和相关约束型多元化公司层战略相联系。行为共享的执行和合作是要耗费成本的，因此可能会使各业务单元间利益不均衡，从而可能导致管理人员尽可能少地承担风险的现象。
- 尽管企业可以同时进行行为共享和核心竞争力的传递，但传递核心竞争力通常和相关联系型（或称混合相关或非相关）多元化相联系。
- 通过有效的资源配置或重组目标公司的资产，并对其进行严格的财务监控，是成功实施非相关多元化的两个途径。公司实施非相关多元化关注于获得财务经济。
- 企业实行多元化有时是为了一些价值不确定的因素。税法、政府的反垄断政策、低绩效、不确定的未来现金流，都是企业选择进行多元化的因素。
- 管理者推行多元化的动机（包括提高薪资福利）可能会导致过度多元化和企业创造价值能力的降低。但是，事实证明，大部分高层管理人员会选择对公司资产有利的战略，并拒绝实施损害公司价值的多元化措施。
- 管理者在制定企业最佳层面的多元化战略决策时，必须同时考虑公司的内部环境和外部环境。当然，内部资源是多元化方向的决定因素。尽管如此，企业的外部环境也可能会影响到企业的多元化水平，如未曾预知的竞争对手的威胁。

关键术语

公司层战略　　　市场影响力　　　财务经济
规模经济　　　　多点竞争　　　　协同效应
公司层面核心竞争力　纵向一体化

复习思考题

1. 什么是公司层战略？为什么它很重要？
2. 公司在实施不同的公司层战略时，可以选择哪些不同水平的多元化？
3. 公司选择进行多元化的三个原因是什么？
4. 在实施相关多元化战略的过程中，公司是如何创造价值的？
5. 当公司实施非相关多元化战略时，有哪两种途径可获得财务经济？
6. 哪些动机和资源能促使公司多元化？
7. 哪些动机会让管理者对公司进行过度的多元化？

讨论案例

三一重工

三一重工是中国最大、世界第五大的重型设备制造商。2014 年，由于受中国整体 GDP 变缓的影响，三一重工的收入也下降了。它在 2012 年的总收入是 129 亿美元，被年收入 659 亿美元的行业领先者卡特彼勒（Caterpillar）远远甩在后面。然而，三一重工的目标是最终超越卡特彼勒成为行业领先者。它计划在 10 年内，每年的销售额要达到 470 亿美元。事实上，三一重工在中国国内市场已经超越卡特彼勒成为领先者了。

三一重工有四项核心业务：起重机、道路施工机械、港口机械、泵送机械。尽管四项业务各不相同，但是在生产工具和设备上运用到的一些技术是类似的，这使得涉及的生产过程和某些设备工具零部件也存在着相似性，因此在这些业务之间有知识的传递。另外，由于这些业务都与建筑行业有关系，因此在客户和市场上也存在相似性。也正因如此，三一重工成为美国纳斯卡车赛中雪佛兰赛车的主要赞助商。美国的营销总监乔·汉纳曼（Joe Hanneman）提到，研究表明，纳斯卡车赛已经成为美国建筑行业内人们的一个主要消遣。

三一重工将其年销售额的 5% 投资于研发部门来不断提高现有产品的质量，开发新技术，研发新产品。到 2012 年年底，三一重工的研发给它带来了 3 303 项专利。正如企业的愿景所显示的，要将三一重工发展成行业内的技术领先者。它还建立了新的博士后研究中心来吸引顶尖的科学家。2013 年，该公司"超长臂架"（super-length-boom）技术被授予中国国家技术发明奖。

三一重工还通过收购其他企业继续进行有机增长。例如，2012 年，它收购了著名的混凝土机械制造商普茨迈斯特公司（Putzmeister）。另外，它还在许多国家建立了子公司，包括美国和巴西等，来增加机械设备的国际销量，拓宽市场。公司的总部从长沙移到北京是为了建立更广泛的国际联系，而这在很大程度上也正是为了达到公司的全球化目标。

资料来源：2015, Sany Heavy Industry Co. Ltd., www.sanygroup.com, accessed on June 12; 2015, www.manitowoc.com, press release, The Manitowoc Company receives favorable final determination in Sany patent infringement lawsuit, April 17; R. Flannery, 2014, Profit drops by 48% at Chinese billionaire's equipment flagship Sany Heavy, *Forbes*, www.forbes.com, August 31; 2015, www.manitowoc.com, 2013, Yellow Table Survey: Sany ranks no. 5 among construction machinery manufacturers in 2013, China Construction Machinery Online, www.cmbol.com, April 15; M. Barris, 2013, Sany turns to NASCAR to fuel sales, *China Daily*, www.chinadaily.com, April 4; 2013, Awarded National Technology Invention Prize, *Get to Know Sany*, 15th issue, February 15; L. Hooks, P. J. Davis, & N. Munshi, 2013, Caterpillar digs into trouble in China, *Financial Times*, www.ft.com, February 12; J. R. Hagerty & C. Murphy, 2013, Sany tries to gain traction in the U.S., *Wall Street Journal*, www.wsj.com, January 28; 2013, Sany Heavy Industry Co. Ltd: Sany Group's top 10 events in 2012, *$-traders*, www.4-traders.com, January 22; Z. Yangpeng & F. Zhiwei, 2012, Sany to move HQ to Beijing from Changsha, *China Daily*, www.usa.chinadaily.com, November 11.

讨论题：

1. 三一重工追求的是什么样的公司层多元化战略？请找出证据来支持你的观点。

2. GDP（一个国家经济状况的指标）的变化是怎样影响三一重工这样的公司的？

3. 为什么像三一重工这样的工程机械制造商如此重视在研发创新方面的投资？

4. 三一重工正致力于国际化扩张，你觉得之前关于专利和商业机密等问题会如何影响它在国外的发展前景？

并购战略

学习目标

1. 了解企业在全球经济中将并购战略作为竞争手段的普遍性。
2. 探讨企业通过并购战略来取得竞争优势的原因。
3. 了解企业用并购战略来取得竞争优势的过程中所面临的七个主要问题。
4. 指出和描述有效收购所具有的性质。
5. 定义企业重组战略并区分其常见的几种形式。
6. 了解不同类型的重组战略所带来的短期和长期结果。

开篇案例

并购：追求业绩提升的公司所采取的重要战略

2015年年中的头条新闻是"许多公司正迅速转向资本市场，出钱资助收购交易"。彼时，美国的公司已经募集了约2 063亿美元以支持并购计划。到2015年年中为止，全球范围内已经宣布和完成的并购交易量已经达到14 700亿美元，比2014年增长了30%，还创下自2007年以来的最高纪录。如果以这种速度继续增长，那么到2015年年底，并购的全球交易所创造的总价值会超过37 000亿美元。许多管理人员预计，这种强劲的发展势头在未来几年将会持续下去，甚至可能更强。这究竟是为什么呢？是什么驱使一家公司去并购另一家公司？（我们随后会提到，合并是在相对平等的基础上将两家公司的业务整合起来，而收购则是收购方购买了目标公司的股份。）

影响公司采取并购战略的因素是多样且有趣的，"开篇案例"中对这些因素的讨论是对本章中解释公司采取此类战略原因的补充。

首先，公司利用并购战略来提高为股东创造价值的能力。公司创造价值的方式是多种多样的，包括实施业务层、多元化、国际化和公司层战略等。而有时候，公司能通过合并或收购来创造更多的价值，生命科学公司就经常采取这种战略。生命科学公司的研发流水线较为薄弱，生产的产品十分有限，因此很难为股东创造足够的价值。该行业的一位分析师表示，"迫于创造价值的压力，公司不得不越来越频繁地采取并购、多元化和重组战略。"（在本章中我们会讨论到重组战略，包括业务剥离。）对于这个行业来说，专利期、报价压力和国外新兴市场的成长机会，都是驱使公司采取并购战略的因素。

其次，对国内外经济状况日益增长的自信心，是另一个影响公司采取并购战略的因素。世界商业状况观察家表示，2007 年和 2008 年经济危机的后续影响已经减弱，因此董事会变得越发自信，觉得公司应该采取一切可能的战略来创造价值。当公司在国内市场的发展停滞或衰退时，公司更倾向于采取并购战略。现在很多日本公司就面临这样的处境，尽管手边有很多现金，但它们的国内市场规模却在萎缩。因此，这些日本公司正在密切关注国外有利可图的并购机会。2015 年第一季度，平均每个公司为收购交易支付了 46% 的溢价。

但是，有意向采取并购战略的公司也面临着难题。霍尼韦尔国际公司（Honeywell International）近期在中国的收购交易迟迟没能完成，公司想要在 2018 年年底之前完成这个 100 亿美元的交易，但并没有绝对的把握。英国政府也正密切关注着有意向收购英国公司的企业，这主要是因为政府官员觉得有一些交易会不利于公众利益，并且可能对当地（本土）的工人造成威胁。因此，尽管某些因素会促使公司采取并购战略，现实中的许多情况却会阻碍这一战略的实施。

资料来源：2015, M&A trends report 2015, Deloitte, www2.deloitte.com, April 21; 2015, For life sciences CFOs: Using M&A to drive shareholder value, Deloitte, www2.deloitte.com, April 21; D. Cimilluca, D. Mattioli, & S. Raice, 2015, Rising optimism fuels deal rebound, *Wall Street Journal Online,* www. wsj.com, April 8; A. Fukase, 2015, Japanese M&A overseas takes off, *Wall Street Journal Online,* www.wsj.com, April 28; W. Ma, 2015, China's lower growth goal doesn't spook foreign companies, *Wall Street Journal Online,* www.wsj.com, March 5; L Wei & B. Spegele, 2015, China considering mergers among its big state oil companies, *Wall Street Journal Online,* www.wsj.com, February 17.

在第 6 章中，我们学习了公司层面的战略，重点探讨了产品多元化战略的类型和层次，以及如何建立核心竞争力和获取竞争优势、为股东创造价值等问题。如其所述，多元化能够帮助企业有效地利用剩余资源创造价值。[1] 在本章，我们将探讨并购战略。这些战略风靡全球，并且常常与多元化战略相结合。换句话说，公司经常通过合并、收购或双管齐下来变得更加多元化。本章将会提到，尽管这是大小公司[2]都普遍会采取的战略，但还是有一些并购案例是以失败而告终的。[3]正如"开篇案例"所描述的那样，在某些状况下，就算有很多因素驱使公司采取并购战略，公司也会避免这么做。

不出意料，一些并购案例以失败告终。本章的一个重要目的就是解释为什么有些公司能够成功地运用并购战略创造价值。[4]在此之前，我们会解释在企业成长和寻求竞争优势中，并购战略经久不衰的原因。首先，我们会阐述合并、收购和接管的区别；其次，讨论企业选择并购战略的原因，以及实施并购过程中可能遇到的问题；再次，将分析有效收购的特点；最后，介绍重组战略的不同类型。事实上，并购活动收效甚微时，就要考虑对企业的业务进行战略重组。

7.1 并购战略的风行

并购已经在美国的公司之间流行多年，甚至有人认为这种战略是促成从 20 世纪八九十年代直到 21 世纪，美国成功进行行业重组的核心动力。[5]正如在本章其他小节会提到的那样，并购战略在世界其他地区也越来越风行。[6]归根结底，公司采取这些战略是为了给股东创造更多的价值。

然而，有证据表明并购战略一直创造价值是有挑战性的。一些研究结果显示，被收购公司的股东通常能获得超额收益，而收购方的股东通常只能获得接近零的收益。[7]此外，在近 2/3 的收购案中，实施收购的公司的股票价格在收购意向宣布之后会立刻下跌。这种市场的负面反应被认为是投资者普遍怀疑收购方是否有能力获得协同效应以补偿收购溢价。[8]

本章随后会更详细地阐述，支付过高的溢价可能会影响公司预计能从收购中获得的收益。要确定目标公司的价值是很难的，这就使得收购方更可能在收购中支付溢价，特别是当收购方觉得这样能使公司价值最大化时，更倾向于这样做。最近，亚力兄制药公司（Alexion Pharmaceuticals）支付 124% 的溢价收购 Synageva 生物制药公司。在交易期间，Synageva 还没有向市场投放产品，不过它发明的一种治疗罕见基因病的有效药物已经进入研发后期阶段了。因此，亚力兄制药公司之所以愿意出溢价，是看重了这种新药以及 Synageva 的创新能力。亚力兄制药公司的 CEO 曾表示："我们觉得这样的交易是值得的，因为 Synageva 在我们公司旗下会比在别的公司创造更多的价值。"[9]这话或许不假，但是支付过高的溢价仍然可能给收购方带来负面效应。[10]

7.1.1　合并、收购和接管的区别所在

合并（merger）是指两家公司在相对平等的基础上将相互业务进行整合的一种战略。2015 年年中，加拿大的两家矿物公司（Alamos 黄金公司和 Aurico 黄金公司）宣布进行合并。合并后的公司会产生协同效应，节约成本，从而降低矿场操作的风险。双方公司都公开表示这是一次平等的合并，Alamos 公司的 CEO 提到，"合并后，汇集了三个矿场和一个低成本管道（在安全的管辖范围内）所生产的多元化产品，这会使得新公司变成黄金制造行业里的领先者，为双方股东都带来更大的收益"。[11]

尽管 Alamos 公司和 Aurico 公司之间的交易像是平等合并，但事实上真正发生的合并案例并不总是建立在平等的基础上。正如一位分析师所述，"管理层人员喜欢称大型公司的联盟为'平等合并'，但要真正做到这一点并不容易。面对数十亿美元的交易时，需要考虑强势的管理人员之间怎样分配权力，怎样使股东放心，还得警惕管理层的内讧所带来的负面效应"。[12]

事实上，影响公司是否能够平等合并的因素有很多，比如合并后谁是公司的领导者，如何融合两种迥异的公司文化，如何认可每个公司的价值等。

为了更深入地了解"平等合并"，在接下来的"战略聚焦 7-1"中会讨论瑞士的霍尔希姆公司（Holcim）和法国的拉法基公司（Lafarge）的合并。在决定合并之前，霍尔希姆和拉法基曾是长期竞争对手，在合并过程中它们遇到了许多困难。

|战略聚焦 7-1|　平等合并：并非易事

拉法基公司是著名的建材公司，于 1883 年在法国成立，致力于发展水泥、建筑骨料和混凝土业务。与它实力相当的霍尔希姆公司是世界领先的建筑材料供应商，于 1912 年

在瑞士成立。早在 20 世纪 20 年代，霍尔希姆的国际扩张野心已经非常明显，它扩张到了法国乃至整个欧洲和中东。这样的扩张导致了拉法基和霍尔希姆之间长期激烈的竞争关系。

2014 年秋天，拉法基和霍尔希姆宣布，它们已经定好合同条款，要进行合并，还准备好将这一交易计划送至监管部门批准。但是，要获得批准并不容易，由于这两家公司运营管理的全球多样性，大约会有 15 种不同的司法裁决反对这一合并交易。

尽管困难重重，拉法基和霍尔希姆还是想要合并，这是为什么呢？要合并会面临许多挑战，平等合并的公司联盟通常是很脆弱的，需要融合两种迥异的文化，需要确立新的领导层来管理合并后的公司，最关键的是要明确交易的财务收益以吸引双方股东。

尽管有困难，拉法基和霍尔希姆都认为合并能够极大地提高新公司（拉法基 & 霍尔希姆公司）的竞争力，并拥有建材行业里最均衡、最多样化的投资组合，预计会节约 15 亿美元的成本。公司高层认为，收益将会主要来自霍尔希姆的市场营销能力和拉法基的创新能力。

正如有些人所预料的那样，这项交易几乎告吹。2015 年 3 月，霍尔希姆公司的董事会"以低估霍尔希姆为由，拒绝和拉法基达成这项 440 亿美元的交易，同时还担忧合并后的领导层问题。"而此时，欧盟、印度、美国等核心地区的监管机构已经批准了这项交易，密切关注其部门剥离数量以防止它们垄断各个国际市场。这两家公司的主要分歧在于，霍尔希姆的董事会成员认为财务条款应该更有利于本公司股东，并且不赞同由拉法基的 CEO 担任合并后公司的 CEO，原因之一是，在定下最初的合同条款之后的一年里，霍尔希姆的"业绩和股价都超过了拉法基"。在重新确定了交易的财务相关条款并安排新的人选来担任合并后公司的 CEO 之后，霍尔希姆公司 94% 的股东都表示赞成这个交易。

2015 年 6 月，在克服了重重困难之后，拉法基 & 霍尔希姆公司正式成立。谈到未来的发展，一位董事会成员表示："这并不是一次普通的合并，而是创造建材行业新领导者的机会。"若有朝一日合并后的公司如预料般大获成功，那么此前为了达成交易所付出的努力都会得到认可。不过，考虑到霍尔希姆公司下放权力的管理方式和拉法基公司相对集权的管理方式十分不兼容，所以至少在短期内，合并后的公司会遇到整合上的困难，而这需要相关工作人员加以注意。

资料来源：2015, Holcim and Lafarge obtain merger clearances in the United States and Canada paving the way to closing their merger, *Holcim Home Page,* www.holcim.com, May 4; 2015, Lafarge to cut 380 jobs ahead of merger with Holcim, *Global Cement,* www.globalcement.com, May 19; M. Curtin, 2015, Holcim-Lafarge shows ' merger of equals' doesn't equal smooth sailing, *Wall Street Journal Online,* www.wsj.com, March 16; M. Curtin, 2015, A ' merger of equals ' is more fragile, *Wall Street Journal Online,* www.wsj.com, March 16; J. Franklin, 2015, Holcim and Lafarge name postmerger board candidates, *Reuters,* www.reuters.com, April 14; J. Revill, 2015, Holcim moves step closer to Lafarge merger, *Wall Street Journal Online,* www.wsj.com, May 8.

收购（acquisition）是指一家公司通过购买另一家公司的部分或全部股权将被收购公司的业务纳入其战略投资组合。通常被收购公司的管理层要向实施收购公司的管理部门负责和汇报工作。

虽然大部分的合并都是友好完成的，但收购却可能是友好或是恶意的。接管（takeover）是收购的一种特殊方式，但被收购的目标公司往往并非出于自愿与收购方达成交易协议，因此接管属于恶意收购。例如，在第 10 章会提到，当被收购的目标公司的董事会不愿意接受收购建议时，为了防止被恶意收购，目标公司便发展出一套防御机制（大多数是通过管理手段）。[13]

一般来说，"恶性"收购都是非自愿的交易，此时被收购的公司一边确认收购方所能愿意出的最高价，一边利用防御系统来阻止交易进行下去。在交易真正达成之前，收购方与被收购方之间会有许多次谈判往来，情况甚至可能会变得非常复杂，就像 Teva 制药公司、Mylan N.V. 公司和 Perrigo 公司所面临的处境。它们之间的谈判在 2015 年春季就已经开始了，Mylan N.V. 公司想要接管 Perrigo 公司，但它自己却也陷入了 Teva 制药公司的恶意收购中。有评论描述其复杂的情况："Teva 表示，如果 Mylan N.V. 接管了 Perrigo，那么它就不愿意接管 Mylan N.V. 了。但是，Perrigo 拒绝了 Mylan N.V. 的收购交易。而更早的时候，Mylan N.V. 曾表示，它对 Teva 的收购意向并不感兴趣"。[14] 有人觉得，收购的价格会最终决定三家公司的命运。

相对来说，收购比合并和接管更加常见。因此，本章我们将重点放在对收购战略的分析上。

7.2　实施收购的原因

本节我们讨论公司决定实施收购战略的各种原因，都各具特色。

7.2.1　增强市场影响力

实施收购战略的首要原因是为了增强市场影响力。[15] 如第 6 章所定义的，当一家企业有能力按照比竞争对手更高的价格出售产品和服务，或者其经营活动的成本比竞争对手更低时，该企业就拥有了市场影响力。市场影响力通常都来自企业的规模及其所拥有的能够在市场中竞争的资源和能力，它也会受到市场份额的影响。[16] 因此，大多数的收购行动都是通过收购竞争对手、供应商、分销商或者与该产业高度相关的业务，来达到获取更强市场影响力的目的，从而使实施收购的公司在其原来所处的行业中进一步巩固核心竞争力和获取竞争优势。

下面，我们讨论公司如何采取横向、纵向以及相关收购来增强市场影响力。活跃的收购方会同时采取两种甚至三种不同的收购战略。研究表明，亚马逊"一直都在通过横向和纵向收购来扩大规模，拓宽运营视野。"[17] 不管是收购还是合并，都可能受到不同政府部门的监管，有些交易甚至可能因为这样的监管而告吹。2015 年，由于美国司法部门的阻挠，康卡斯特公司放弃了以 452 亿美元收购时代华纳公司的交易。[18]

1. 横向收购

横向收购（horizontal acquisitions）指的是企业收购与其处于同一行业的竞争者的行为。通过横向收购来增强企业市场影响力的方式，包括以降低成本为基础和以增加销售额为基础的两种不同的协同效应。[19] 制药行业内经常出现横向收购，2015 年年初，有意向的或者已经达成的横向收购交易量已经达到 1 800 亿美元。前面提到的 Mylan N.V. 公司通过收购很多别的企业，而成为美国第二大基因药品销售商。[20]

研究表明，通过横向收购与原公司相似的公司产生的效果，要比收购与原公司差异很大的公司好得多。[21] 这些相似的特征主要包括战略目标、管理模式和资源配置方式。这种相似性可以使两个公司之间的整合更加顺利。当两家公司进行资产合并，只有在评估并剥离了那些对新合并公司的核心竞争力没有补充作用的额外能力和资产，横向收购才是非常有效的。[22]

2. 纵向收购

纵向收购（vertical acquisitions）指的是企业收购其某一种或多种产品和服务的供应商或分销商的行为。企业通过纵向收购可以控制价值链上的其他重要环节（见第 3 章），[23] 从而增强市场影响力。

通过纵向收购，一家公司可以利用另一条价值链上所创造的价值，更好地控制成本和渠道。举例来说，达美航空公司在 2012 年收购了一家炼油厂。[24] 这样一来，公司就不会缺乏原材料（即飞机燃料），也就不会因此而受制于市场形势。同样地，意大利的糖果点心行业巨头费列罗收购了土耳其榛子供应商 Oltan Gida，在掌控了关键原材料的生产渠道之后，公司就会获取更多的超额利润。[25]

3. 相关收购

收购一个与其行业属性高度相关的企业的行为被称为相关收购（related acquisitions）。通过相关收购，企业希望整合双方的资源和产能并产生协同效应，最终创造出更多的价值。设计、生产和销售互联网设备的思科公司，曾经进行过相关收购，这主要是为了能在其他产品市场进行强有力的竞争而打好基础。当软件成为设备中不可或缺的一部分时，思科公司就计划着收购中小型软件公司。思科在软件定义网络（SDN）方面做得非常成功。在过去几年里，它收购了 Insieme Networks、Tail-F、Cariden 这几家公司，来拓展 SDN 项目。思科收购的企业通常是与其行业属性高度相关的，在一些分析师看来，这"为公司提供了很多市场机会"。[26]

7.2.2　克服市场进入壁垒

市场进入壁垒指的是市场或在该市场中已经存在的企业的业务活动，将给试图进入该市场的新公司带来困难或增加其进入成本。例如，原来在这个市场中的大公司可以通过大量的生产和提供服务而获得显著的规模经济效应。而且，消费者对于他们所熟悉的品牌拥有的忠诚度，也会给新进入的公司带来难以克服的障碍。当面对差异化产品时，新进入的公司常常会花费巨大资源用在产品或服务的广告宣传上，并且通常会发现很有必要将产品的价格定得比竞争者更低以吸引消费者。

面对市场进入壁垒或差异化产品市场，新进入者会觉得收购市场中已有的公司以迅速进入市场，这要比以挑战者的身份进入市场向消费者提供他们不熟悉的产品或品牌显得更有效率。实际上，一个行业的市场进入壁垒越高，新进入者采取这种并购策略以克服市场进入壁垒的概率就越高。例如，斯克利普斯网络互动公司（Scripps Networks Interactive）旗下有许多家电视台，包括巴西美食频道（Food Network）和亚洲家园频道（HGTV）等。由于美国以外的市场发展潜力巨大，因此该公司决定进行全球扩张，但它并没有直接在别的市场上开自己的分公司，而是收购当地的公司以克服市场进入堡垒（如产品忠诚度）。最近，斯克利普斯网络互动公司收购了波兰 TVN 运营商的绝大部分股份，并很可能在未来将其余下的股份全都收入囊中。[27]TVN 拥有"大量的频道和服务"，因此斯克利普斯的领导层认为这一收购是"公司国际化进程中的一个战略性里程碑"。[28] 正如上面所分析的，利用收购战略克服进入壁垒的一个重要优势在于收购公司可以直接接触市场，这个优势对于想进入国际市场的企业来说无疑很有吸引力，比如前面提到的斯克利普斯网络互动公司的例子。接下来将要讨论跨国收购。

跨国收购

总部设在不同国家的公司之间发生的收购行为被称为**跨国收购**（cross-border acquisitions）。[29] 从历史上来看，北美及欧洲的公司一直都很积极地实施跨国收购战略，然而，在全球经济一体化的今天，其他国家的公司可能比北美及欧洲的竞争对手更多地使用这一战略，就这一点而言，很多人认为"下一波跨国收购浪潮将在亚洲发生，而其中中国公司无疑会成为这次浪潮中的主角。在"战略聚焦 7-2"中，我们讨论正在进行或者已经完成的跨国收购，它们都是在不同的战略方针指导下进行的。

在"战略聚焦 7-2"中，总部位于中等水平的发展中国家（比如中国和巴西）的公司进行的跨国收购次数比以前增多。逐步走弱的美元和有利的政策支持帮助这些公司完成了更多的跨国收购。[30] 由于公司的监管和财务不够透明化，尽职调查方面也会遇到阻碍。[31] 举例来说，掘土机械公司卡特彼勒收购了中国的四维集团，认为它将会成为自己在中国的"名片"。但是，它在收购后却发现并未达到预期。为了处理其中的问题，卡特彼勒对四维进行了减记。[32] 因此，跨国收购企业在追求潜在收益的同时，必须充分考虑所面临的风险。

战略聚焦 7-2 ｜ 决定进行跨国收购的不同战略依据

不管是国内收购，还是跨国收购，都应该以清晰的战略依据作为决策基础。公司应当在仔细探究、调查、获得核心战略制定者的认可之后，再做出最终的收购决定。对交易进行仔细分析，将战略依据作为指导方针，只有经过这样的理性决策过程，才会有最成功的收购（包括跨国收购）。

公司会按照战略依据，决定收购目标公司的股份比例，并决定随后是否有必要完成整个收购。中国的阿里巴巴正是这样一个典型的例子。它是世界上交易量最大的电商平台。到目前为止，该公司仍然主要专注于中国市场。阿里巴巴的 CEO 表示，公司"必须走向国际化，这样定会大获成功"，说的是在思想上和行动上都要放眼全球。阿里巴巴把"全球化"当作一个战略依据，收购了国外公司的部分股份，比如收购了美国电商 Zulily 公司 9% 的股份，还投资了美国社交聊天应用软件 Tango。阿里巴巴这样阐述其收购决策的战略依据："我们已经并且将会继续进行战略性投资和收购，扩大用户基础，提升云计算服务，增加互补型产品和技术，进一步强化公司的'生态系统'。"它不只进行国内收购，还进行跨国收购。

另一个影响跨国收购决策的战略依据，是为了改变公司的竞争力范围。总部位于英国牛津的 Circassia 制药公司最近收购了瑞典的 Aerocrine 公司。以前，Circassia 一直专注于生产抗过敏疫苗，Aerocrine 生产的则是治哮喘的药物。而通过这次收购，Circassia 得以进入哮喘药物市场。Circassia 的 CEO 表示，收购交易完成后，公司离"成为一个自给自足的专业生物制药公司（抗过敏和治哮喘）"的目标越来越近了。

西班牙人民银行在国外市场开展跨国收购，其 CEO 表示，这样做是为了防止公司过于依赖单一经济体，避免当这一经济体衰退时公司也随之遭受打击。他的原话是这样的："未来遇到危机时，希望我们的银行是更多元化的，这样就不会那么依赖于单一经济体。我们会主要在拉丁美洲逐步实施这种适度多元化战略。"可以看出，这家银行在真正实施战略之前会仔细审视其目标。

2015 年年中，法国通信业投资商 Patrick Drahi 所拥有的电信公司 Altice SA（总部位于卢森堡）打算收购美国公司 Suddenlink，现正进行深入谈判。这项交易总额在 80 亿～90 亿美元。此前 Altice SA 已经收购了法国、加勒比地区等多地的电信公司，再加上 Suddenlink 的话，Altice SA 就会成为世界上最大的电信宽带公司之一。一位分析师指出，Altice SA 已经完成和即将完成的跨国收购所遵循的战略原则如下："Drahi 先生一直坚信，在未来的电信行业里，有线宽带运营商与移动公司会联合起来，为顾客提供高价套餐，包括电视、宽带、固定电话和移动设备。"全球电信市场的高度碎片化状况为雄心勃勃的投资商（如 Drahi）提供了机会，通过合并后的公司来创造价值，而这其中有相当一部分是通过跨国收购来完成的。

因此，驱使公司采取跨国收购战略的原因有很多，而按照合理的战略依据所完成的交易将会是成功的。

资料来源：R. Bender, S. Ramachandran, & S. Raice, 2015, Altice in advanced talks to buy cable company Suddenlink, *Wall Street Journal Online,* www.wsj.com, May 19; J. Neumann, 2015, Spain's Banco Popular seeking acquisitions abroad, *Wall Street Journal Online*, www.wsj.com, May 18; D. Roland, 2015, U.K. biotech Circassia moves into asthma with two acquisitions, *Wall Street Journal Online,* www.wsj.com, May 15; C. Tejada, 2015, Alibaba to focus on expansion abroad, CEO says, *Wall Street Journal Online*, www.wsj.com, May 14; M. J. de la Merced, 2014, Alibaba's acquisition strategy focused: Focused largely on China and mobile, *New York Times,* www.nytimes.com, May 7.

7.2.3 降低新产品开发成本以及加快进入市场的速度

通过企业自身的力量在内部开发新产品并将其推向市场往往需要耗费大量的公司资源，包括时间成本，因为新产品通常很难在短期内为企业带来投资收益。[33] 而且，多数企业管理者关心的是如何从资本投入中获得丰厚的收益，以便拓展和商业化新的产品。据推测，几乎有 88% 的新产品最终未能给公司带来效益。其中一个可能的原因是，约有 60% 的创新产品在其专利保护期之后四年内便遭到竞争者的仿造。由于以上因素，企业经营者通常将新产品开发和技术创新视为一项高风险的活动。[34]

于是，收购便成为推出新产品的另一条捷径。与企业自行开发相比，通过收购得到的新产品带来的收益更具有可预测性，并且也更容易快速进入市场。之所以可以预测收益，是因为企业在收购之前就可以对新产品的市场前景进行评估。[35]

伟伦公司（Welch Allyn）是世界领先的医疗设备制造商，为了给病人提供更好的医疗服务，伟伦公司收购了许多公司，以适应快速变化的医疗环境。它并不仅仅依赖自己内部研发的药物，还通过收购公司来推出新产品。最近，它刚刚收购了 Scale-Tronix 公司，这个小型公司为"医院、诊所和扩充护理机构提供医疗天平和病人称重磅秤"。[36] 得益于 Scale-Tronix 在生产医疗磅秤方面的专业性，伟伦公司能够迅速拓宽自己的产品范围。

7.2.4 相比开发新产品风险更小

与自行开发相比，并购其他企业的效果更容易进行预测且更为精确，因此企业经营者常常将并购看作降低风险的举措。[37] 然而，企业在决定通过收购来推出新产品而不是通过自身开发时，仍然要十分谨慎。的确，研究表明，收购与自行研发相比，意味着降低风险（特别是降低研发投入的风险）。然而，收购有可能会成为企业创新的替代品。

不过，如果太依赖通过收购推出新产品，公司会变得比较脆弱，比较不容易掌控自己的发展。因此，公司在实施每一次并购时都应该有清晰的战略依据（在"战略聚焦 7-2"中有提及）。

如果只是为了获得新产品或相关的创新能力而收购某个公司时，收购方应该搞清楚如何将新产品或创新能力与自己的战略运营相整合。

7.2.5　实现多元化

多元化的公司也会采取收购战略。根据经验和市场洞察力，企业发现，通过市场中已有的企业来推出新产品要相对容易一些。相反，靠企业自身原有的力量来开发不熟悉的新产品（该新产品与企业原有产品有显著差别）相对比较困难。因此，企业往往不会通过自行开发新产品来达到产品多元化的目的。[38]

相关多元化和非相关多元化都可以通过收购来实现。在第 6 章曾提到，金宝汤公司采取了相关约束型战略。这家国际公司每年的收益超过 80 亿美元，除了招牌汤，它旗下的品牌产品还包括非凡农庄饼干（Pepperidge Farm cookies）、雅乐思丹麦蓝罐曲奇（Arnotts's Kjeldsens）、丹麦皇家香浓曲奇（Royal Dansk Biscuits）以及 Pace 墨西哥酱。最近，金宝汤摒弃了之前单纯按地域分类的做法，进行了品牌的重新组合，增加了三大业务群——美国简易饮食和饮料、全球饼干和零食，以及新鲜的包装食品。这样的新结构"调整了公司的业务组织，使其与核心增长战略相一致"。[39] 既然该公司采取的是相关约束型战略，它所收购的品牌和新开发的产品群之间便存在着相似性。经过这次调整，金宝汤有了更明确的定位，决定要收购"更风靡、有更大发展潜力"的品牌。[40] 和金宝汤公司不同，总部位于韩国水原的三星集团是一个集团公司，运用的是非相关型多元化战略。目前，三星旗下有近 70 家公司在非相关业运转着，比如电子、建材、保险和时尚行业。它是韩国最大的集团公司，其三大核心部门之一——三星电子，有三类世界闻名的业务，包括移动设备（如智能手机）、电子消费品（如电视等家电设施）以及电子零部件（如半导体和显示屏）。2015 年年中，三星打算用 5 600 万美元的现金完成被某位观察家称作"一系列似乎毫不相关的并购交易"。最近的三项收购（包括一家印刷公司、一家电子支付公司，以及一家制造电池的公司）似乎更可能提升公司的多元化程度，有利于其在新市场进行竞争。[41]

实施收购战略的企业应该意识到，通常，被收购企业与收购企业越相关，收购成功的可能性越大。[42] 因此，尽管在不同行业进行互补性收购有助于加强企业的能力，但是横向收购和相关收购最能增加企业的战略竞争力，而收购与自己主业完全不相关或差异甚远的企业，效果往往不理想。

7.2.6　重构企业的竞争力范围

我们在第 2 章提到，行业内部的竞争程度是影响企业盈利的重要因素。[43] 为了减轻激烈的行业竞争对公司财务状况的影响，企业会采取收购战略来降低其对某种单一产品或市场的依赖程度，而这种对单一产品或市场依赖性的降低会改变企业原来的竞争力范围。金宝汤公司想要提升新鲜的包装食品部门里的有机食品业务能力，这样一来，就减少了对传统无增长业务（如汤）的依赖。如果金宝汤持之以恒，那么通过内部增长和收购，公司的竞争力范围就会拓宽。

7.2.7　学习和发展新的能力

通过收购，公司可以获得以前不曾拥有的能力，如技术能力。研究表明，通过收购，公司可以拓展知识基础以及减少惯性。[44] 还有研究证实，通过跨国收购网罗各地优秀人才，可以帮助公司提升自身的实力。[45] 当然，如果这些能力与公司具有相似性，那么公司就能更好地学习这些能力。因此，为了建立自己的知识基础，公司寻求的收购对象应该与自己既有区别又有相关性和互补性。

世纪电信（CenturyLink）是一家跨国电信公司，总部在美国，为企业、政府机构以及居民提供电信和数据服务。该公司专注于发展自身能力，以满足顾客对大数据分析的需要。最近，它收购了"为快速的应用程序开发提供数据库服务"的 Orchestrate 公司。通过将 Orchestrate 公司有经验的数据服务团队与世纪电信公司的产品研发部门相整合，世纪电信公司的云平台能力得到了提升。[46]双方都希望彼此的学习能力能得到提升，从而能够为顾客提供更好的大数据分析服务。

7.3 阻碍收购获得成功的因素

基于本章所述，合理的收购战略动机和原因能够提高战略竞争性，帮助公司赢得超额利润，但收购战略不是没有风险的。图 7-1 显示了支持收购的原因和与之相伴的潜在问题。

研究表明，大约 20% 的并购是成功的，60% 结果不够理想，最后 20% 可以说是完全失败的。而且，证据表明技术收购有更高的失败率。一般来说，有效地运用收购战略，企业是能提升自身能力的。表 7-1 展示了成功的收购所具有的特性。[47]不过，尽管越来越多的收购都获得了成功，运用该战略的公司仍然要警惕可能出现的问题（见图 7-1）。

7.3.1 整合的困难

收购后的整合阶段是一个复杂的组织过程，对于经理来说是困难和挑战重重的。[48]在这个过程中，通常会因为文化冲突或组织策略而导致风险因素甚至敌对因素的产生。[49]员工或受奖励或被辞退，都会涉及分配的实际公平或感知到的公平感。作为收购成功关键的一步，对通过收购而合并的两个公司进行整合是相当困难的。这些整合问题包括：不同企业文化的融合，不同财务控制系统的连接，有效工作关系的建立（特别是当两家公司的企业管理风格相左时），以及如何处理被收购公司原有管理层人员的地位问题等。[50]诺基亚公司对阿尔卡特－朗讯的收购或许就面临着这些挑战。

图 7-1 支持收购的原因和与之相伴的潜在问题

2015 年年中，芬兰电信公司诺基亚正与法国同行阿尔卡特－朗讯就收购进行深入谈判。如果收购成功，那么诺基亚将变成世界第二大移动设备制造商，在美国的地位会更高。剔除了累赘的程序后，公司的成本降低了，能产生协同效应。由于规模变大，议价能力也提高了。这项收购很让人看好，一位分析师表示，"比起在竞争激烈的市场里较弱势的对手，不如完成收购，组成联盟"。[51]

外界对两家公司是否能够成功整合表示担忧。一位分析师表示，整合过程会比财务管理更加"复杂"。事实上，电信公司的"整合一直都很艰难"，包括整合双方不同的运营平台。鉴于双方在宣布收购之前都曾经试图重组本公司，有人怀疑双方的整合是否真的会节约成本。[52] 因此，诺基亚和阿尔卡特－朗讯的整合面临着重重挑战。

7.3.2　对收购对象评估不充分

尽职调查（due diligence）是指企业对收购对象进行充分评估的过程。有效的尽职调查过程要评估涉及各方面的上千条项目，包括收购的财务问题、收购方与被收购方的企业文化差异、收购带来的税务问题，以及如何整合各自原来的员工队伍等问题。尽管企业本身有可能组建自己内部的尽职调查小组，但尽职调查通常由专业机构来执行，像投资银行（如德意志银行、高盛、摩根士丹利）、会计师事务所、律师事务所以及从事企业收购咨询的咨询公司等。有趣的是，研究显示，如果经常跟不同的投资银行合作，收购的质量就会变高；反过来，如果总是和同一家投资银行合作，那么收购的质量会下降。[53] 因此，和投资银行合作进行尽职调查是很复杂的，需要慎重考虑。

尽管尽职调查通常着重于分析被收购公司的财务状况和所应用的会计准则，但是尽职调查也要审查收购战略的战略协同性和收购公司有效整合被收购公司的能力，以保证从收购交易中获得潜在的收益。[54] 如果尽职调查做得完备一些，就能避免出现像卡特彼勒公司那样的失败交易。

有证据表明，法国的 IT 服务公司凯捷集团（Cap Gemini S.A.）进行了有效的尽职调查之后，才决定花 40.4 亿美元收购美国的 iGate 公司。这是欧洲公司收购美国科技公司的第十大收购交易。这次收购对双方都有好处，主要原因在于业务上的互补性以及财务上的盈利性。有分析师认为，这两家公司很适合彼此，凯捷集团的战略依据也十分强有力。有一位观察家指出，"凯捷集团从这次收购中获得的额外收益在于，它在美国取得了一席之地，这对于欧洲公司来说是相当不容易的。它们能够从全球各地获得资源，并且为美国市场供货"。[55] 不过，尽管前景乐观，这两家公司还是应该通力合作，避免在整合阶段出现问题。

一般来说，当收购方认为这次收购能帮助它提升获取超额利润的能力时，它就愿意支付溢价。确定合适的溢价是很不容易的，大部分时候只能估计出一个大概的数值。只有在整合了公司，在市场上竞争后，才能确定这次收购的具体价值。

当公司高估了收购所能带来的价值或潜在收益时，就有可能支付过高的溢价，这样一来，新公司的短期和长期盈利能力也会被冲减。2011 年 11 月，吉利德科学公司（Gilead Sciences）以 89% 的溢价收购了 Pharmasset 公司。[56] 乍一看这个溢价是过高的，不过，自从收购完成后，吉利德的股价就一直上升，2014 年 Pharmasset 公司治疗丙型肝炎的药物为吉利德带来了 124 亿美元的收益，可以说是一个巨大的成功。从这一点来看，吉利德为收购支付的溢价并不是过高的。因此，管理人员所面临的挑战在于，要仔细审视每一个收购目标，从而确定合适的溢价数值。

7.3.3　巨额或超正常水平的债务

20 世纪八九十年代，有些公司为了扩展实施收购的融资渠道而急剧增加债务水平。现在的公司对待债务水平的态度更加慎重了，但是对于过高债务可能带来的负面效应也应该有清醒的认识。因此，采取收购战略的企业必须保证该收购不会产生超出企业的偿债能力。

实现这些融资拓展的一个方法是发行垃圾债券（junk bond），现在一般称为"高收益债券"。这是一种融资手段，通过向投资者（债券持有人）借钱并允诺支付高额回报来实现风险性收购。由于垃圾债券没有固定保障（指没有指定的资产做抵押），所以利率非常高，20 世纪 80 年代通常在 18% ～ 20%。[57]另外，各种债券的利率波动都很大，这也给公司带来了潜在的财务威胁。[58]一些财务专家把债务视为一种手段，让管理者有自律性，让他们能更好地为股东获得最大利益。[59]拥有这种观点的管理者通常在收购其他公司时不会对其所承担的债务给予足够关注。不过，认为债务可以让管理者更有自律性这一观点现在越来越没有市场了。[60]

通过投标大战，过于想要收购目标公司，这可能给收购公司带来巨额或超正常水平的债务。通常会以为管理者在金融交易中的报价是理智的，但战略管理的相关研究却表明，管理者本身可能带有偏见。他们通常会出高价，增加投资，以为自己经验丰富就狂妄自大，而且坚信自己能从中获利。这可能给公司带来过高的债务，因此领导层人员需要警惕这些偏见。

7.3.4　难以形成协同效应

协同（synergy）源自希腊语"synergos"，原意是"一起工作"。当各单位一起工作产生的价值超过其独立工作的成果之和时，就意味着产生了协同效应（见第 6 章）。另一种说法是，当资源联结在一起比单独使用更有价值时，就产生了协同效应。对于股东来说，协同效应为他们赢得了财富，而他们自己用多元化组合的方法是不可能达到或超过这些成果的。[61]通过来自规模经济、范围经济和资源（如人力资本和知识）共享产生的效率，产生协同效应。[62]

独有的协同效应（private synergy）产生于公司的资产具有独特的互补性，也就是说，这种独特的互补性是收购双方中一方与其他任何公司的联合所不可能产生的。[63]由于其独特性，独有的协同效应让竞争对手难以理解和模仿，同时这种效应也难以产生。

西南航空对穿越航空（AirTran）的收购就产生了独有的协同效应。西南航空的航线城市因此而增加了 21 个，其中 7 个是国际航班经过的城市。在此交易之前，西南航空的航班仅限于美国本土。一位观察家表示，"西南航空的这次收购是非常成功的，整合了穿越航空的亚特兰大航线，并将它与其他大城市一视同仁"。[64]重要的是，由于西南航空采取的是成本领先战略，因此收购后它的运营成本仍然比竞争对手（如捷蓝航空）低，这就是西南航空的竞争优势所在。收购交易完成后，西南航空的利润一直在上升，2011 年为 1.78 亿美元，2012 年为 4.21 亿美元，2013 年为 7.54 亿美元，到 2014 年已经增加到了 9.46 亿美元。以上这些数据表明，西南航空对穿越航空的收购确实产生了独有的协同效应。

公司解决成本问题的能力影响着收购的成败，对于建立以收入和成本为基础的协同效应的预测，这种能力是有必要的。公司力图通过收购产生独有的协同效应时会产生一些费用。公司在实施收购战略产生协同效应时会发生交易成本。[65]交易成本可能是直接成本或间接成本。直接成本包括律师费和那些为收购方勤勉工作的投资银行家的费用；评估目标公司和进一步谈判所花的时间，以及由于收购而失去关键的管理人员和员工，都被认为是间接成本。[66]Radiant 物流公司收购了加拿大的 Wheels 集团之后，所获得的收益就受到了这一期间交易成本的影响。Radiant 物流公司是美国的中型货运公司，它收购 Wheels 集团是为"巩固在高度分割市场的运营，拓宽经营的地理范围和顾客基础"。[67]公司人员希望收购后新公司的收益能够抵消交易成本且迅速盈利。当公司在计算由整合带来的协同效应的价值时，常常会低估间接成本的总额。

7.3.5 过度多元化

如第 6 章所解释的，多元化战略如果使用得当会获得战略竞争优势和超额利润。一般来说，实施相关多元化战略的公司表现要强于采用非相关多元化战略的公司。然而，有些采用非相关多元化战略的公司也能十分成功。

在某些时候，公司会变得过度多元化。是否过度多元化应视各公司的具体情况而定，原因是各公司能够成功管理多元化的能力不同。第 6 章提到过实施相关多元化比非相关多元化需要处理更多的信息。为了能够处理越来越多的多元化信息，相关多元化公司与实施非相关多元化战略的公司相比，过度多元化的业务单元相对较少。[68] 不管实施哪种多元化战略，非相关多元化都会导致公司表现不佳，进而一些业务被剥离。[69] 通常，这种剥离会重构企业的竞争范围，成为企业重组战略的一部分。

即使公司并未过度多元化，高度多元化对公司的长期表现也可能有负面影响。例如，一系列多元化后，业务范围的扩展使管理者更多地依赖财务指标而不是战略调控来评估各业务单元的表现（将会在本书第 11、12 章更详细地讨论财务指标和战略调控）。由于缺乏对业务部门战略目标的深刻理解，这些高层管理者更多地依赖财务控制来评价业务单元及其经营者的表现。财务控制以目标评估体系为基础，如公司的投资收益率。当为了短期利润的提升而使长期投资降到一定程度时，就会影响到公司今后的发展。[70]

过度多元化引起的另一个问题是公司会倾向于用收购行动来代替自我创新。通常来说，管理者并不是存心要用收购行动来取代创新，但是一个循环印证的怪圈会由此产生。收购行动的费用可能会导致一些和自我创新相关活动（如研发）的经费减少。没有足够的经费支持，公司的创新能力会逐渐衰退，而没有内部的自我创新能力，唯一的选择就只有通过收购来获取创新的机会。事实上，有证据表明，那些用收购活动替代自我创新发展的公司最终都遇到了问题。[71]

7.3.6 管理者过度关注收购

通常来说，收购战略需要花费大量的管理时间和精力来打造公司的战略竞争能力。管理者涉及的工作包括：①寻找可能的收购对象；②有效完成尽职调查；③准备谈判；④收购完成后，管理整合过程。

高层管理者并不亲自收集收购活动所需的数据和信息。然而，关于公司的收购目标和收购时采用的谈判方式等类似的决策，还是由高层管理者最终来决定。一些公司的经验表明，实施收购战略时的许多活动使参与其中的管理者分散了注意力，本来他们可以更多地关注那些与公司取得长期竞争优势相关的活动，例如认真考虑公司的目标以及与董事会成员与外部利益相关者之间的沟通。[72]

理论和研究都表明，收购双方在收购活动中都会花费大量的管理时间和精力。[73] 一位观察家认为，"一些高管过于关注如何选择收购目标以及如何完成最后的收购了"。[74] 这种过度关注可以通过向错误吸取经验以及在董事会上大家讨论来改善。董事会中的不同声音有利于从不同角度审视问题。研究表明，董事会在考虑收购事宜时，很可能会出现集体性偏见。在讨论对目标公司应当支付的溢价时，这种集体性偏见会导致收购方支付过高或过低的溢价。[75] 当收购失败后，领导层会责怪其手下办事不力或者商业环境的变化莫测，但是他们并没有意识到，这与他们过多地参与到收购中也是有关的。因此，高层管理者应当适度参与收购。

7.3.7　公司过于庞大

大多数公司在收购发生后会变得更为庞大。从理论上说，公司规模的扩大有利于在各职能部门形成规模经济。例如，两家公司的销售部门合并之后，可以减少销售代表的数量，因为每个销售代表都可以销售这两家公司的产品（特别是目标公司和收购公司业务高度相关时）。[76] 公司规模也会增加管理风险的复杂性，并导致范围不经济，即收购使公司变得更加复杂，而管理一家复杂公司的成本远超过收购所带来的经济利益。

许多公司寻求规模上的提高，原因是潜在的规模经济和提高的市场影响力。到达一定程度之后，大规模公司所导致的巨额管理成本有时候会超过规模经济所带来的收益。因为在面对由于规模扩大而产生的一系列复杂问题时，管理者（特别是那些来自实施收购公司的管理者）通常会倾向于采用相对官僚的作风来进行管理。这种官僚式的控制是指制度化的监管机制、行为准则和相关政策，通常用于保证跨部门之间的协调一致。决策与行动的一致对公司是大有好处的，最基本的就是能实现可预测性和降低成本。可是，随着时间的推移，追求一致的控制方式会导致管理模式僵化，并形成许多标准化的规章制度和公司政策。[77] 所以，从长远看，这种缺乏灵活性的管理模式可能对鼓励企业进行创新带来危害。创新对于获取竞争优势的重要性是不言自明的，因此庞大组织机构（往往由收购造成）所导致的官僚式控制可能对整体绩效产生危害。因此，一方面，管理者可以为了扩大规模、增加利润而进行收购；另一方面，也应该避免由于规模过于庞大而带来的低效率运作。

7.4　有效的收购

在前面，我们已提及收购战略并不是总能为收购方的股东带来高于平均收益的回报。[78] 然而，有些公司却能利用收购战略创造附加价值。[79] 当企业举措与表 7-1 中所列举的"成功收购的特征"一致时，收购成功的可能性会上升。[80] 研究显示，当目标公司与收购方的资产具有互补性时，收购成功的机会较大，这是因为整合两家公司具有互补性的资产会产生协同效应。实际上，在那些作为整个研究计划一部分的公司里，研究人员发现，整合两家具有互补性资产的公司会产生独特能力和核心竞争力。实际上，收购方通常仍保持核心业务并且使其与被收购方的互补性资产和能力相互影响。收购方经常通过在收购前建立合作关系来筛选目标。[81] 正如第 9 章所讨论的，当一些公司试图通过合作来寻求互利的结果时，战略联盟有时被用作可行性测试的工具。

研究结果同时显示，善意的收购行为为收购双方的整合提供了便利。目标公司对这次收购交易的态度关系到善意的收购行为能否发生。举例来说，AdvancedCath 公司被泰科电子公司（TE Connectivity）收购，泰科电子公司是世界领先的连接器、传感器和电子零部件设计者和制造商，将这些电子部件卖给其他制造商，整合进产品里。AdvancedCath 对这次被收购反应十分积极，它是出色的导管系统制造商，与泰科电子的医疗部门产品具有互补性。AdvancedCath 的CEO 曾这样表示，"跟随泰科电子的全球化脚步，我们能够为国际客户提供更好的服务，满足临床试验、批量生产等方面的需要"。[82] 通过善意收购，双方通力合作整合运行方式以产生正面的协同作用。[83] 恶意收购常常使双方的高管层充满敌意，又影响到新公司的工作关系和工作方式，这就很难产生积极的协同作用。

另外，有效的尽职调查工作，如包括对目标公司的谨慎选择，对公司相关的健康状况（财务健康、文化适应程度和人力资源的价值）的评估，对收购的成功十分重要。[84] 收购双方宽松的财务状况（负债或现金形式）也经常带来成功的收购。事实上，尽管收购需要大量的融资支持，但是保持中低水平的负债也是取得成功的关键因素。当有相当数量的负债为收购提供资金支持时，实施成功收购行动的公司可以迅速降低负债水平，其中一招就是出售购得公司的资产。对于这些公司，不至于因高债务成本而影响诸如研发投入之类的长期投资，并且使现金流量的管理更有余地。

成功收购行为的另一个特性是对创新的重视，例如对研发活动持续地投入。[85] 创新在诺基亚公司对阿尔卡特－朗讯公司的收购中发挥着重要的作用。诺基亚的管理人员曾表示，"新公司将会有强大的创新能力，将集中阿尔卡特－朗讯的贝尔实验室、诺基亚 FutureWorks 和诺基亚技术公司的三方优势"。两个公司一整合，研发人员马上增加到了 4 万余名，第一年对研发活动的投入为 47 亿欧元。[86] 因此，通过这次收购，新公司会对创新活动投入更多。

灵活性和适应性是成功收购的最后两个特征。当收购双方的管理者都有管理变化的经验时，他们会更擅长使能力适应新的环境。[87] 结果就是，他们对整合两个组织更加得心应手，这对于两家具有不同组织文化的公司来说是极其重要的。

我们已经知道，一些收购活动会增强公司的战略竞争能力。然而，有些时候收购的实际结果却并不尽如人意。于是，一些公司经常使用重组战略来纠正收购或合并行动的失败。

7.5 重组

重组（restructuring）指的是公司对业务架构或财务体系进行改变的战略。[88] 这在全球都是普遍的现象。[89] 一直以来，公司重组战略主要包括放弃部分业务组合和精简公司规模。通常，重组以后企业都会集中于更少的产品和市场。

虽然重组战略往往用在收购战略失败以后，但企业有时也会因为察觉到外部环境变化而进行重组。例如，一家已经在内部环境中建立了核心竞争力的多元化公司常常面对外部环境中各种诱人的机会。这种情况下，面对环境的变化，重组就能使公司的定位更为合适，因为这能为各利益相关者创造更多的价值。[90]

在接下来的讨论中，公司可以采用三种重组战略：精简、收缩和杠杆收购。

7.5.1 精简

精简（downsizing）减少了公司的员工甚至是业务单元，但它可能并没有改变公司的业务组成。所以，精简是一种有目的的管理战略，是为了提高公司绩效；衰退则是公司资源（包括人力资源、部门数量等）的减少，是一种不自觉的环境或组织现象，并导致组织资源的削弱。[91] 当公司进行精简时，会决定什么该留，什么该丢；公司衰退时，则丧失了对公司当前和未来绩效都十分重要的资源。因此，精简是一种合理的重组战略，而不是组织衰退的标志。[92]

在收购完成后，尤其是当收购方与被收购公司之间有管理或战略关系时，就可以运用精简战略。精简有时势在必行，因为新的企业会有重复的部门，比如销售部、生产部、分销部、人力资源部等。不采取精简策略容易导致很多员工做同样的工作，不能达到企业产生成本协同效应的预期目的。[93] 管理者应该明白，只有在公平公正的人力资源管理措施的配合下，精简策略才会更加有效。[94]

7.5.2 收缩

收缩（downscoping）是指剥离、分立或者其他一些削减公司非核心业务的方法。和精简比较，收缩对公司的表现有更正面的影响，[95] 因为收缩导致公司重新致力于其核心业务。[96] 由于公司变得相对更专一，高层管理团队有能力对余下的核心业务和相关业务有更深的理解，管理效率也会相应提高。[97]

企业通常会同时使用精简和收缩战略。在进行收缩策略时，企业需要避免关键员工的裁员，如果解雇了关键员工，可能会导致公司失去一个或多个核心竞争力。实际上，通过减少公司业务组合中的多元成分，公司的规模会伴随着收缩和精简而变小。[98]

一般来说，欧洲、拉丁美洲和亚洲公司喜欢建立巨大的集团公司，而美国公司比欧洲公司更频繁地使用收缩作为重组战略行动。在拉丁美洲，这些集团公司被称为"grupos"。近几年，许多亚洲和拉丁美洲的集团公司开始适应西方公司的战略，再次集中于它们的核心业务。这种收缩的出现伴随着日益增长的全球化，以及导致竞争加剧的越来越开放的市场。通过收缩，公司已经能够集中它们的核心业务，提高它们的竞争能力。[99]

7.5.3 杠杆收购

杠杆收购（leveraged buyout，LBO）是一方（通常是一家私有股份制公司）为了将公司私有化而买下公司全部资产的一种重组战略。[100] 交易完成后，公司的股票就不再上市公开交易。

一般而言，杠杆收购是作为纠正管理误区的一种重组战略，因为管理者经常以他们自己的利益而不是股东的利益为出发点做决策。[101] 但是，一些公司进行收购的目的是为了获得更多的资源以便于扩张。

通常，为了进行杠杆收购，融资公司会产生大量的债务。公司新的所有者会立即出售一部分资产，以支付债务，并收缩战线以使公司更专注于核心业务。通过杠杆收购购买一家公司，并且在 5～8 年内重组，直到可以出售获利，这种现象还是比较普遍的。

管理层收购（MBO）、员工收购（EBO）和公司整体收购是杠杆收购的三种方式。在这些方式中，一家公司或合伙人收购整个公司而不只是其中一部分。在某种程度上，由于管理层收购比员工收购和公司整体收购对管理者更有激励作用，采用这种方式会使公司收缩战线，并战略性地集中于核心产业，使经营表现得以改善。[102] 研究表明，管理层收购可以更大地导致企业家的创业活动和增长。[103] 因此，杠杆收购代表了企业的重生，这种重生有助于企业家获得成就并刺激战略增长。[104]

7.5.4 重组结果

三种重组战略的短期和长期结果已列示在图 7-2。如图 7-2 所示，精简一般并不导致公司的良好表现。[105] 事实上，有研究显示在受调查的美国和日本公司中，精简都导致了低回报。这些发现说明，在这些公司所在的国家，股票市场都对精简做出了负面评价。投资者认为精简会对公司的长期战略竞争力有负面影响，他们甚至认为，精简经常是公司其他问题出现的根源。[106] 这是因为他们认为，精简的执行会对公司的声誉造成影响。[107]

如图 7-2 所示，精简策略从长期来看会导致人力资本的流失，失去有多年甚至是几十年工作经验的员工会给公司造成知识真空。如同第 3 章所述，知识是组织学习的基础，这对企业是否能够在全球竞争中脱颖而出至关重要。研究表明，人力资本的流失还可能导致顾客的不满。[108]
因而总体来说，研究证据和公司经验表明，精简在某种程度上更具策略性价值（短期的），而非
战略性价值（长期的），因此公司在重组时应慎重使用精简策略。

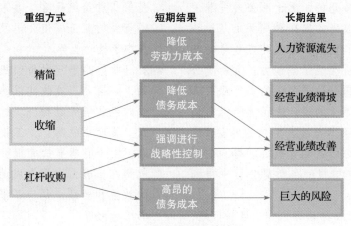

图 7-2　重组战略及其结果

　　收缩策略无论在短期和长期都比精简和杠杆收购更能产生正面效应。收缩策略所欲达到的
使公司高效运营的长期结果，正是减少债务成本和集中于战略控制等短期结果的产物。通过战
略控制，公司可以重组使之专注于其核心业务，也就是公司减少多元化，集中于那些高层管理
团队更为熟悉的行业。相应地，提高了竞争能力。[109]
　　整个公司的杠杆收购被誉为金融业的重大创新。然而，这种重组十分复杂，尤其是涉及跨国
收购的时候；[110] 而且，一些负面效应也显而易见。[111] 首先，大量的债务增加了公司的财务风险，
20 世纪 90 年代很多公司在完成整体公司的杠杆收购后申请破产，这些例子可以作为佐证。有时，
收购者意欲提高收购公司的效益，以期在 5 ～ 8 年内将其出售，这会导致短期行为和规避风险的
管理模式。[112] 结果就是，大量这样的公司缺少研发投入或者其他提高公司核心竞争力的必要投入。
[113] 但是，由于收购常常会导致大量的债务，绝大部分杠杆收购发生在具有稳定现金流的成熟行业。

小结

- 由于全球金融危机，虽然 2008 年和 2009 年成功的并购案例大大减少，但是在 2010 年和 2011 年出现的频率很高，合并和收购战略在世界各地都很流行，是企业获得快速增长和竞争优势的重要路径。由于全球化、各行各业的放松管制，并购战略对很多公司都具有吸引力。

- 公司使用收购战略的目的是：①增强市场影响力；②克服新市场和新地区的进入壁垒；③降低开发推广新产品的费用，加速进入新市场；④减少新市场的进入风险；

　⑤实现多元化；⑥通过发展不同的业务组合重塑竞争力范围；⑦提高学习能力，相应地增加知识基础。

- 应用收购战略的问题包括：①有效整合公司的困难；②目标公司的估值错误；③引起的债务负担妨碍了对长期成功所需的投资（如研发投入）；④高估了各公司间的协同潜力；⑤就其核心竞争力和外部机会而言，创造了一家过度多元化的公司；⑥内部管理者花费大量时间和精力来分析和完成收购活动；⑦发展成官僚作风大行其道

的庞大公司，而非战略性、可控性的公司。

- 有效的收购具有以下特征：①收购双方有可以作为新建公司核心竞争力的互补性资源；②收购是善意的，便于两公司资源的整合；③目标公司的选择和购买是基于认真细致的分析和谈判；④收购方和目标公司都有足够的现金或偿债能力；⑤新建公司通过出售一部分购得公司的资产或一部分收购方经营不善的资产来迅速降低负债水平；⑥收购双方有适应变化的经验（这种经验增加了公司的运营被成功整合的可能性）；⑦研发和创新在新建公司中得到重视。

- 重组可以纠正无效管理而引起的各种问题，以改善公司的运营状况。通过精简这种重组战略，公司削减了员工数量和管理层次。虽然这样可能导致短期成本缩减，但可能是以长期成功作为代价的，原因是公司会失去人力资源、知识资源以及公司的整体声誉。

- 为达到减少公司多元化程度的目标，收缩是第二种重组战略。通常通过剥离一部分不相关的业务以使公司及高层管理者可以集中于核心业务。

- 杠杆收购是第三种重组战略。通过杠杆收购，一家公司被收购以使其私有化。杠杆收购经常需大量融资。杠杆收购有三种形式：管理层收购、员工收购和公司整体收购。由于有明显的管理激励作用，管理层收购在三者之中最为成功。通常提高公司的效益和业绩，是为了能在5～8年内将其成功出售。

- 通常而言，重组的主要目的是达到或重建有效的公司战略调控体系。在三种重组战略中，收缩策略与建立和使用战略调控手段联系最紧密，同时也更能提高公司业绩。

关键术语

收购　　　　　合并　　　　　重组　　　　　接管

复习思考题

1. 为什么有很多参与国际竞争的公司都竞相采用收购战略？
2. 有哪些特定的原因促使企业决定采用收购战略，作为增强公司核心竞争力的手段？
3. 影响公司成功实施收购战略的七大主要障碍是什么？
4. 成功的收购战略具有哪些特征？
5. 什么是企业重组战略？有哪些常见的形式？
6. 不同的重组战略会产生哪些短期和长期效果？

讨论案例

思科的核心能力：战略性收购和迅速整合

思科（Cisco System）是互联网设备供应商。随着互联网的发展，思科也要进行革新。为了不断推出新产品，思科通过收购，买下正在研制新产品的其他公司，以推出网络产品，并不断将公司业务拓展到新的相关或不相关领域。起初，数字联通对电子邮件、浏览网站和搜索引擎非常重要。随后，网络经济促进了电商、数字化供应链和数字合作的发展。在接下来的数码互动阶段，思科开始为社交网络、移动云计算、数字视频建设基础设备。公司下一步打算用"物联网"来连接人、程序、数据和物。要完成这些，就需要路由、转换、服务的核心技术，同时还需要通过大数据中心的云计算来促进可视化发展。视频、合作、基础设备将会被转变成基本战略业务板块，而且公司会格外重视网络安全。

思科通过收购已经进入这类业务的各个领域。举例来说，2012 年，思科以 50 亿美元收购了英国数码影片公司 NDS 集团，向电视网络提供软件服务。NDS 主要是为付费电视运营商设计解决方案，将数字内容传输到电视、硬盘录像机、电脑等多个终端。这些数字内容的安全是有保障的，只有用户自己能够获取这些内容。思科特别注重帮助客户准确把握市场转型，满足其特定需求。当然，思科也开发路由器，通过刀片式服务器（这种服务器能大大减少电缆连接，是个人化、模块化服务器），将视频数据和电子邮件通信整合到一起。这些路由器和服务器为移动设备的云计算提供支持，云计算能将 NDS 软件提供的视频传输到桌面操作系统和移动设备上。

2012 年，思科出资 12 亿美元收购了网络公司 Meraki，为优化云服务提供解决方案。举例来说，它主要通过一系列云服务平台为中型公司提供 Wi-Fi 支持、转换器、安全措施、移动设备管理等服务。如果你所在的大学或公司被它服务所覆盖，那么你便可以将你的个人移动设备连接到这个局域网络中，以方便联网或者控制应用。它还能通过防火墙和其他先进的网络服务来保障网络安全。

思科 CEO 约翰·钱伯斯（John Chambers）曾经多次使公司顺利进行业务转型。IT 行业 90% 的收购都是失败的，而思科在收购这方面做得很出色。不过，钱伯斯指出，"尽管思科在这方面确实做得比别人要好，但仍有 1/3 的收购是在做无用功"。钱伯斯工作过的公司——王安电脑公司，曾经错过了一次转型机会。钱伯斯从这种经历中学到要保持一种"健康的偏执狂心态"。他解释："最重要的是，

我努力使思科看到重大的市场转型机会并随之行动。"其中一种方法是，"认真听取顾客的意见和建议"来清楚公司需要什么样的改变。

当思科进行业务转型并致力于使经营范围覆盖网络建设的每个部分时，它不仅仅需要管理云平台，还需要为蜂窝网络下的移动设备提供服务。为此，思科花费 47 500 万美元收购了以色列的自我优化网络软件厂商 Intucell，同时还收购了实时网络分析软件公司 Truviso（收购价格未透露，它的部分股东来自风险投资公司），提供网络数据分析和报告软件。最近，思科收购了英国网络公司 Ubiquisys，以降低移动运营商的成本，"将通信信号从拥挤的发射塔上传到办公室、家庭或公共场所里的单个服务对象，同时也提高了服务的可靠性"。这种方法效率很高，可以改善"体育场、会议中心、地铁站等拥挤区域的覆盖率"。思科进行的这些收购帮助蜂窝式网络用户更高效地在网络中传输数据、发电子邮件和使用视频服务。如上所述，思科巧妙地利用这类收购来将自己的业务拓展到新的领域，从而改变外部环境，学习新技术，在转型的过程中获取有关新技术的知识。

在思科快速发展的过程中，它进行整合收购的能力越来越强。思科会对一项收购谨慎考虑，对财务方面进行尽职调查，确保它为这项收购所出的价格是合理的，同时还会针对收购后的整合阶段制订详细计划。它在一开始就会和股东就整合方案进行沟通，并在事后进行缜密的调查，使得"接下来的整合更加高效和有效"。一旦交易完成，公司就开始积极着手让这个交易公开化。思科"准备从第一天就开始解释这两家公司应当如何有效地合并来创造独特的价值，以及它为整合所做的努力又如何促进价值的实现"，思科"并不希望自己所收购的公司一直处于过渡状态"。如果整合过程没有很好地完成，那么所收购的公司就可能会陷入这样一种过渡状态。同时，在整合过程

中，了解会延伸至多远是很重要的。但有时整合过程太过深入，可能会破坏预期价值。思科甚至还需要花钱来将所收购的公司与自己的其他部门隔离开来，免得其他部门的运营受到影响。这一过程会一直持续，直到思科充分了解所收购的公司。"思科知道，在复杂的交易过程中，需要对细节进行认真考量，这样才会知道要如何进行价值驱动。"

资料来源：L. Capron, 2013, Cisco's corporate development portfolio: A blend of building, borrowing, and buying, *Strategy & Leadership*, 41(2): 27–30; D. FitzGerald & S. Chaudhuri, 2013, Corporate news: Cisco doubles down on small-cell transmitters with Ubiquisys, *Wall Street Journal*, April 4, B7; T. Geron, 2012, Meraki-Cisco deal a boost for Sequoia, Google-connected VCs, *Forbes*, November 19, 18; R. Karlgaard, 2012, Cisco's Chambers: Driving change, *Forbes*, February 22, 68; A. Moscaritolo, 2012, Cisco to acquire TV software developer NDS for $5 billion, *PC Magazine*, March 1; B. Worthern, D. Cimilluca, & A. Das, 2012, Cisco hedges bet on video delivery, *Wall Street Journal*, March 16, B1; R. Myers, 2011, Integration acceleration, *CFO*, 27: 52–57.

讨论题：

1. 本章讨论了收购的各种原因，那么驱动思科采取收购战略的主要原因是什么？

2. 在思科完成的收购中，哪些属于横向收购，哪些属于纵向收购？在你看来，哪种收购更可能获得成功，为什么？

3. 解释约翰·钱伯斯对收购的观点。他的这种观点是如何影响思科收购战略的？

4. 描述思科整合新收购公司的核心计划，这项计划的优缺点是什么？

国际化战略

1. 解释企业采用国际化战略的动机。

2. 了解企业成功使用国际化战略所能获得的三个根本利益。

3. 阐述作为业务层国际化战略基础的国家优势的决定因素。

4. 描述三种公司层国际化战略。

5. 探讨影响企业国际化战略的环境变化趋势，尤其是公司层国际化战略。

6. 解释进入国际市场的五种模式。

7. 探讨采用国际化战略时面临的两类主要风险。

8. 探讨国际化战略为企业带来的战略竞争力，尤其是国际多元化战略。

9. 描述采用国际化战略时企业需要认识到的两个重要问题。

网飞公司的国际化战略

网飞公司采取了典型的国际化战略，在国内进行技术创新，然后利用这类技术在国外进行扩张。它运用技术来了解消费者的观看习惯，提供相应的数字内容，让消费者有更多的节目可以选择，其中包括有网络电视和电影工作室制作的节目，还有它独家原创内容（这在第1、4章都提到过，在市场上非常有竞争力）。

然而，网飞公司在美国国内的市场近乎饱和了。作为典型的扩张之举，它开始将服务拓展到与美国用户群地理和文化上都相近的地区，比如加拿大、挪威以及拉丁美洲国家。网飞公司曾试着与万豪国际酒店集团合作，进入酒店娱乐系统以实现更多增长，不过它主要还是通过国际化战略实现增长，通过更多国家、更广泛的用户群来分担降低成本。2014年第四季度，在美国，网飞公司流媒体用户的数量增加了190万，但比上一年这个季度新增的240万订阅用户数量要小。不过，就2014年整年来看，它新增了430万流媒体用户，超出了400万的预期，这主要是因为国外市场的发展比预计的好。网飞公司的服务已经遍布 50 多个国家，2015 年第一季度，它进入了澳大利亚和新西兰市场，同时也在寻求获得政府的允许以进入中国市场提供流媒体服务的机会。

网飞公司在采取国际化战略时，遇到了一些棘手的难题。首先，它必须和电影视频供应商签订授权协议，可是由于这些供应商还想在其他国家的市场上进行销售，网飞公司只有支付更高的价格才能拿到授权协议。除此之外，网飞公司在新进入的国外市场也需要初始成本与许可费用，因此当它采用国际化战略时，至少短期内的成本是非常高的。

其次，当网飞公司采取国际化战略时，当地国内对手对订阅用户的竞争越发激烈，国外的市场也面临着跟进者的威胁，这些跟进者看到网飞公司在国外市场发展态势良好，便也想来分一杯羹。举例来说，中国的阿里巴巴公司最近表示，会开始提供流媒体视频服务，提供原创内容。有趣的是，有人猜测阿里巴巴这个上市的大型企业会收购网飞公司，以打入美国市场。除此之外，网飞公司还有许多美国国内的流媒体服务竞争者，如亚马逊和葫芦公司。

在美国，葫芦公司一直在扩大自己的用户群，与电视网络运营商合作以获得最好的数字内容。网飞公司试图用更低的价格对内容进行择优挑选，但事实上，它总是不得不支付更高的价格，也挑不到多少精华内容。而葫芦公司和电视网络运营商的关系很好，因为它就是由电视网络公司所创建的，该公司还持有其部分股权。因此，葫芦公司愿意为精华数字内容支付更高的价格，这种战略对它十分有帮助，它的订阅用户量从 2014 年的 600 万增加到了 2015 年的 900 万。另外，电视网络运营商也将网飞公司视为竞争对手，因为网飞公司的原创内容吸引了相当一部分用户群。不过这对网飞来说是好事情，因为它可以在国际市场上使用自有知识产权的视频内容，免除前面提到的合同难题。

总之，网飞公司的国际扩张战略将促进其成长和盈利，随着用户群的扩大，成本也因分摊而降低。不过，它在管理方面遇到的问题也会越来越复杂。为了获得美国国内顶尖数字内容，签订授权协议时会遇到困难。网飞公司在实施国际化战略时，国际和国内竞争都变得更加激烈了。

资料来源：M. Armenta & S. Ramachandran, 2015, Business news: Netflix builds steam abroad—International operations spilled red ink but growth in number of subscribers propels the stock higher, *Wall Street Journal*, April 16, B3; B. Darrow, 2015, Alibaba to opening streaming video service in China, *Fortune*, www.fortune.com, June 15; K. Hagey & S. Ramachandran, 2015, Hulu courts TV networks in bid to catch up with Netflix, *Wall Street Journal*, A1, A2; J. Lansing, 2015, TV everywhere: The thundering head, *Broadcasting & Cable*, May 11, 19; S. Ramachandran, 2015, Netflix steps up foreign expansion, subscriber additions top streaming service's forecast, helped by growth in markets abroad, *Wall Street Journal*, www.wsj.com, January 21; A. Tracy, 2015, Marriott and Netflix have partnered up, *Forbes*, June 10, 22; F. Video, 2015, Netflix eyes China for continued global expansion, *Fortune*, www.fortune.com, June 11; S. Saghoee, 2014, Who could buy Netflix?, *Fortune*, www.fortune.com, November 18.

在本章的"开篇案例"中，我们介绍了网飞公司的竞争行动（如国际扩张战略），以及国际市场对公司的重要性。它用在国际市场得到的收益来克服在美国竞争的劣势。然而，不仅是对网飞公司，对于所有类型的公司来说，有效地在企业本国市场之外开展竞争都非常重要。导致这一结果的原因是，全球化使得本地企业能够成功竞争的行业和消费者市场越来越少。以前，本地市场相对比较稳定而且容易预测，但是如今企业意识到它们是在国际化环境中（为了更加具有竞争优势，公司不得不在世界市场销售产品或服务，开展国际化竞争）竞争。[1] 相对于国内市场，全球市场更加不稳定而且很难预料。

本章的目的是探讨在全球市场的竞争中，国际化战略是如何成为企业战略竞争力的来源。为了进行深入了解，我们将仔细分析一些话题（见图 8-1）。本章我们将了解以下内容：解释企业采用国际化战略的动机；企业成功应用国际化战略所得到的三项根本利益；适合企业的国际化战略，其中包括业务层国际化战略和公司层国际化战略；执行国际化战略，进入国际市场的五种模式；采用国际化战略时，企业所面对的经济风险和政治风险。[2]为了提高创新能力和经济收益，公司必须有效地管理这两个风险。最后，企业实施国际化战略时，需要注意的两个要点。

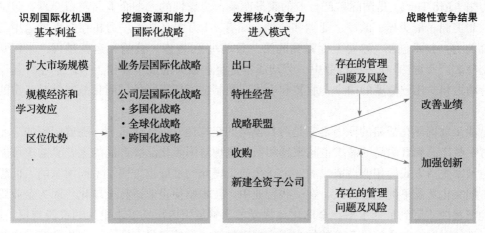

图 8-1　国际化战略的机会和结果

8.1　识别国际化机会

国际化战略（international strategy）是指让企业在本国市场以外的市场销售产品或服务的战略。[3]在某些情况下，企业通过国际化战略将业务扩展到更多的国家，同很多其他国家的企业进行竞争。举例来说，网飞公司在 50 多个国家开展国际化竞争。当然，也有一些企业只是在国内市场以外的较少地区开展竞争，并不实施地区或国际化战略。

企业利用国际化战略并将其业务扩展到更多地方的动机有很多。如果企业能成功实施国际化战略，可以得到三大根本利益，[4]图 8-2 显示了国际化战略的动机和利益。

8.1.1　采用国际战略的动机

雷蒙德·弗农（Raymond Vernon）阐述了企业进行国际战略的典型原理。[5]他认为一个

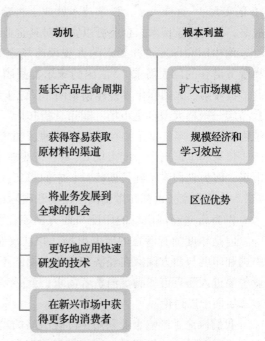

图 8-2　国际化战略的动机和根本利益

企业通常先在本国市场上推出新产品，特别是那些发达国家，如德国、法国、日本、瑞典、加拿大和美国等。接着，其他国家对这项产品的需求随之产生，于是企业开始将本地制造的产品出口。当国外市场上的需求增长到一定程度时，该公司就会开始国外运营，正如"开篇案例"中所阐释的网飞公司那样。由此，弗农认为，企业采取国际化战略的原因之一是为了延长产品的生命周期。

企业国际化战略的原因之二是获取潜在的稀缺资源。在一些行业当中，企业在制造产品的过程中，原材料的供应，尤其是矿产和能源的供应至关重要。因此，矿产公司和能源公司会尽可能在世界范围内进行经营，以获取更多的资源。然后再将这些资源卖给那些有需求的制造商。力拓（Rio Tinto）是国际矿产行业的领导企业，全球性的大型企业，遍布全球，包括澳大利亚、北美洲、南美洲、欧洲、亚洲和非洲，拥有7.1万多名员工。力拓在全世界运用自己的各方面能力：技术创新（参看上面提到的第一条动机）、探索、营销和运营过程，来识别、提取、交易矿产资源。[6]在一些行业中，劳动成本是企业很大的成本开销，所以企业将其设备建立在劳动力相对比较低廉的国家，服装和电子产品制造商所进行的国际化战略就是典型的一个例子。

企业采取国际化战略的原因之三是与日俱增的全球运营一体化压力。随着国家的工业化进程，对一些产品和日用品的需求也越来越相似。这种对国际化品牌产品的无差异需求可能是由于发达国家生活方式的相似性造成的。全球化通信媒介的发展也方便了不同国家的人们想象和模仿不同文化背景下的生活方式。在一些行业中，技术驱使企业进行全球化。因为企业要通过规模经济将成本降到最低水平，全球化经常要求比满足国内市场需求更大的投资规模。此外，新兴经济体对网络和通信设备等的技术需求越来越高，促使交易、资金、文化和劳动力的进一步整合。举例来说，越南正经历一场"移动革命"，2015年，超过40%的人口拥有智能手机，而10年前，这个数字仅为12%。2012年，电信市场收益为7亿美元，而2015年收益增加到了40亿美元。[7]这样一来，科学技术就成了将全球不同市场和企业结合起来的基石。通过国际化战略，利用科学技术，企业可以实现对其企业的无缝管理。[8]

像中国和印度这样新兴的大规模市场也为国际化带来了强大动力，这是由于它们对产品和服务潜在的巨大需求。[9]法国的家乐福集团就是很好的一个例子。家乐福是欧洲第一大零售商，世界第二大国际化零售连锁集团（仅位于沃尔玛之后）。家乐福集团主要经营五种类型的副食品店——超大型自主市场、超市、折扣店、仓储式商店和便利店，此外，家乐福也进行网上销售。[10]2014年，家乐福在世界某些地区销售业绩惨淡，退出了印度市场（另一个英国零售商巨头特易购也退出了印度市场）。有一位观察家总结道，"家乐福和特易购都退出了非核心国际市场，因为它们看不到长期收益。它们都忽视了核心——国内市场，导致国内市场的销售量下降"。[11]这两家公司都在微调国内市场和国际市场的业务模式。

作为新兴经济市场的印度与西方国家在很多方面都存在差异，如文化、政治和经济体制等。但是印度拥有潜在的庞大市场，并且政府对外国公司的直接投资也持支持态度。[12]然而，中国和印度与西方国家在经济和文化方面的不同，给西方企业的运作成功带来了巨大挑战。企业想要进入新兴市场满足消费者需求，就必须学会如何面对巨大的政治和经济风险，我们将在本章后面予以讨论。[13]

我们讨论了影响企业采用国际化战略的动机。如果这些战略成功，企业能从中获得三项根本利益：①扩大市场规模；②规模经济和学习效应；③通过地理优势提高竞争优势（例如，获得低成本劳动力、关键资源或客户）。我们根据成本（例如，较高的协同成本、获取东道主国家政治动向的渠道有限）[14] 和管理方面的挑战，来评估企业所获得的效益。

8.1.2　国际化战略的三项根本利益

有效地使用一个或多个国际化战略，企业能从中获得三项根本利益。这些利益能够在企业采用国际化战略时，帮助其获得战略竞争力（见图 8-1）。

1. 扩大市场规模

通过采用国际化战略在本国市场以外的市场建立强大的地位，企业能够有效扩大潜在市场的规模。如前所述，寻找额外的消费者，是家乐福将中国当作主要发展市场的原因。

中国的双汇集团收购了美国的猪肉供应商史密斯菲尔德食品公司（Smithfield Foods）。在中国，占据肉类总消费 60% 以上份额的猪肉消费，对外国猪肉供应商来说是个巨大的机会。这项交易也提升了双汇的国际形象，为史密斯菲尔德公司提供所需资源。两家公司的市场规模也都扩大了。[15]

网飞、家乐福和双汇等企业都明白，有效管理不同消费者的喜好和在不同的市场中融合当地传统文化是极具挑战性的工作。但是，公司还是接受了这样的挑战，因为这可以帮助公司提高潜在的效益。其他公司接受国际化战略的挑战，则是因为它在本国市场的成长机会非常有限。可口可乐公司与百事公司之间的竞争就是这样的一个例子，它们在美国当地市场（包括北美）很难得到任何成长机会。大部分公司的成长都发生在国际市场中，国际市场的规模也会影响企业采用国际化战略时所能获得的收益程度。通常较大的市场意味着较高的潜在投资回报和较低的投资风险。此外，另一个相关因素是企业可能参与竞争的国际市场的科技优势。这很重要，因为科技知识和人力资本在更有效地销售和生产为顾客创造价值的产品方面能提供帮助。[16]

2. 规模经济和学习效应

在生产运营中，企业可以通过扩大产品市场来取得规模经济。从更大的范围来讲，企业通过将其产品的生产、销售、配送和服务过程标准化，在国外市场学习如何将成本降到最低，从而为消费者增加价值。例如，空中客车公司和波音公司作为竞争对手，都拥有众多的生产工厂并将一些业务外包给全球各个公司，其部分原因就是为了发展规模经济，为消费者创造更多的价值。

除了航空制造业，规模经济（economies of scale）在很多行业中都相当重要。汽车制造业将规模经济作为其国际化战略的优势。福特汽车公司拥有 22.4 万名员工，遍布全球六个地区：北美、美国中部和南部、欧洲、中东、非洲、亚太地区。福特公司在全球参与竞争的过程中，计划提高销售量，尤其注重亚洲市场的迅速扩大。[17] 福特公司致力于提高北美以外市场的年销售额。例如，2014 年，它在欧洲的市场份额提高了。根据这一战略，福特公司现在是一体化的国际企业，生产车辆并在全球范围内出售。[18] 靠着不同国家企业之间的资源和知识共享，企业可以在国际市场中发掘其核心竞争力。[19] 通过共享资源和知识，企业可以学习如何产生协同效应，这将有助于公司以低成本生产出更高质量的产品和服务。

多样化的国际市场经营也为企业提供了学习的机会，[20] 甚至影响到企业的研发行为。企业的研发能力决定其创新能力，对于长期或短期的成功非常重要。然而有调查显示，要想在国际化的研发方面占有一定优势，企业就必须具备较强的研发体制，通过研发活动获取相关知识。[21]

3. 区位优势

企业把工厂建到海外市场，有助于公司降低成本。通过国际化战略将工厂设在海外，可以帮助企业获取廉价的劳动力、能源和资源。其他的区位优势包括获得重要的供应商和消费者等。企业一旦获得区位优势，就必须有效地管理其设备，获得区位优势的最大利益。[22]

区位优势的利益会受到成产和运输成本，以及国际化客户需求的影响。[23]另外，文化也会影响区位的优势和劣势。在进行国际化战略的多国间文化比较和融合时，国际化交易会比较容易进行。[24]此外，距离会影响公司对区位的选择和设备的管理。[25]

8.2   国际化战略

企业通常会选用一种基本的国际化战略或两种都用：业务层国际化战略（international business-level strategy）和公司层国际化战略（international corporate-level strategy）。在业务层面，企业所选择的战略有：成本领先战略、差异化战略、集中低成本战略、集中差异化战略和整合低成本／差异化战略。在公司层面，企业所选择的战略有：多国化战略、全球化战略和跨国化战略（跨国化战略是多国化和全球化战略的综合应用）。企业要想通过提高运营和创新能力（见图8-1）来取得战略竞争力，就要保证其应用的每项国际化战略都是基于其核心竞争力提出的。

8.2.1   业务层国际化战略

企业不管采用哪一种国际化战略都要首先制定国内市场战略（如果企业产品品种非常多元化则包括业务层战略和公司层战略）。制定国内市场战略的重要性在于在国内市场建立能力和核心竞争力，可以成为企业国际化战略成功的基础，正如"开篇案例"中提到的网飞公司的例子。调查结果表明，依靠国内市场建立的能力和核心竞争力所创造的价值是企业在国际市场中获得成功的源泉，但其价值会随着一家公司地理位置的多元化而降低。[27]

在第5章我们讨论了动态竞争，企业不会将市场孤立起来选择和实施战略。在国际化战略方面，企业的国内市场条件会影响它在国内市场所建能力和核心竞争力的强弱，继而影响其在国际市场中所能建立的能力和核心竞争力。迈克尔·波特（Michael Porter）关于为什么一些国家比起其他国家更有竞争力，以及为什么一些国家的某些行业比其他国家的这些行业更具有竞争力的分析解释了这一点。他的核心论点是，企业国内市场的条件或者要素，要么对企业采用业务层国际化战略在国际市场建立竞争优势的努力产生消极的影响，要么产生积极的影响。迈克尔·波特提出了一些国家所拥有的国家竞争优势的四个决定因素（见图8-3）。[28]这四个因素的相互作用会影响一个企业对业务层国际化战略的选择。

生产要素是国家竞争优势的第一个决定因素，主要指任何行业要想获得发展竞争所必需的投入——劳动力、土地、自然资源、资本和基础设施（如交通、邮政和通信系统）。这些要素有低级要素（如自然资源和劳动力）和高级要素（如数字通信系统和受过高等教育的劳动力）之分，也有一般要素（如高速公路和资本市场）和专业化要素（特殊行业的熟练工人，如码头上处理大量化学制品的工人）之分。一个国家拥有高级或者专业化要素将非常有利于其行业发展，因为这些要素将会培养大量强力的本土竞争者，进而成长为成功的全球化竞争企业。

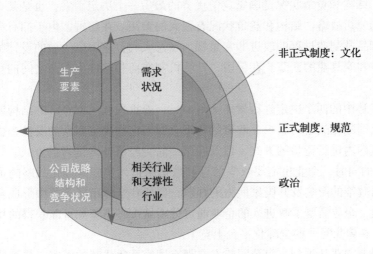

图 8-3　国家竞争优势的决定因素

有趣的是，很多国家通常是因为缺乏关键的基础资源才去发展高级专业化要素。例如，一些亚洲国家（如韩国）缺乏丰富的自然资源，但是由于其拥有强烈的责任感、大量的工程师和大型企业，它仍然成为制造业基地。同样地，德国的化工业非常强大，为了减轻对进口的依赖，赫斯特公司（Hoechst）和巴斯夫公司（BASF）花费很多年研发出人工合成靛染料技术。英国则相反，其殖民地可以为它提供大量的自然靛染料。[29]

需求状况是国家竞争优势的第二个决定因素，体现在本国的购买者对某个行业的竞争企业所生产的产品的需求规模和需求属性。满足数量庞大的消费群体所产生的需求为企业形成设备的规模效益、改善能力，以及实现规模效益所需的核心竞争力创造了条件。企业能力和核心竞争力一旦得到改善，随着企业地理位置的多元化，企业能力和核心竞争力对企业的好处也将大大提高。

举例来说，金吉达品牌国际公司（Chiquita Brands International，简称"金吉达"）花几年的时间来创建其在本国的业务，并实现规模经济和设备的规模效益。但是，这样一来生产线便过于多元化了。因此，公司又重新专注于香蕉和沙拉包装这些核心生产线。现在，金吉达所销售的香蕉 1/3 都来自拉美农场，它成为欧洲香蕉市场的领导者和北美市场的第二大巨头。金吉达希望能够依靠这些设备和能力，以及使用这些设备时所创造出的核心竞争力，来帮助自己成为国际性的制造商和经销商。不过，2015 年金吉达被巴西 Cutrale 集团收购，该公司在原有的柑橘、苹果、桃子的水果业务的基础上，增添了金吉达的香蕉与新鲜包装沙拉业务。[30]

相关行业和支撑性行业是波特模型中国家竞争优势的第三个决定因素。意大利的制鞋业的领先地位离不开其相关行业和支撑性行业的扶助。例如，强大的皮革加工行业为生产皮鞋及相关产品提供了必需的皮革，并且许多人专程到意大利购买皮制品也极大支持了分销渠道的发展。此外，支撑性行业也功不可没，比如皮制品机械制造及设计业。事实上，设计业还为很多其他行业提供了支持，如滑雪靴、时装和家具。在日本，照相行业和复印行业是相关行业。同样，德国以高质量的机床出名，比利时以高技术含量的制造业出名（相关行业和支持性行业在这两个地方也是非常重要的）。

公司战略、结构和竞争状况是国家竞争优势的最后一个决定因素，也是某个行业成长的动力。不同国家的公司战略、结构和竞争状况有很大的差距。在德国，由于拥有完善的技术培训体系，公司对产品及制造过程的改进非常重视。在意大利，它引以为傲的设计师促进了制鞋业以及赛车、时装和家具业的繁荣。在美国，计算机制造商和软件生产商之间的竞争促进了这些行业的发展。

国家竞争优势中的四个决定性因素（见图 8-3），着重强调国家经济的结构属性对国家优势以及企业业务层国际化战略的影响。政府的政策会影响这些决定因素的属性，也会影响企业在监管机构所定范围内进行竞争的方式，以及在某一特定经济体内运行的方式。[31] 在了解外部环境（见第 2 章）的同时，企业也需要收集信息和数据来估计实施国际化战略的可能性，这有助于企业理解政府政策的影响及其国家能力的强弱，以便在全球市场竞争中形成自己的优势和竞争能力。同样地，企业需要了解进入的企业通过分析城市必需资源可能获得的相对增强的竞争力，以帮助企业在聚焦行业的全球化平台上竞争。

那些领先企业需要认识到一家公司建立在拥有国家竞争优势的国家，并不代表能其所选择的业务层国际化战略一定会取得成功。一个真正的战略选择管理者可能是企业地理位置多元化战略成功与否的关键因素。相应地，只有当公司充分利用不同国家的因素特征，制定出正确的业务层国际化战略并有效实施后，如图 8-3 所示的因素才会为公司带来竞争优势。因此，在企业实施业务层国际化战略时，必须充分考虑这些各不相同的国家因素。在激烈的竞争中，企业必须按照不同国际市场的竞争属性和消费者的需求，不断调整其采用的业务层国际化战略。例如，由于雷克萨斯没有在中国市场获得预期的高端汽车市场份额，因此丰田公司（雷克萨斯制造商）就开始调整其在中国所实施的业务层国际差异性战略，来更好地为消费者服务。然而，雷克萨斯仍然落后于其他奢侈品牌（如宝马、奥迪和凯迪拉克）。有几位分析师指出，之所以出现这种情况，是因为丰田公司在中国没有生产基地，所以每卖出一辆，就要支付 25% 的关税。[32]

8.2.2　公司层国际化战略

业务层国际化战略至少有部分是建立在企业所选择的公司层国际化战略基础上的。一些公司层国际化战略对不同国家的子公司授权指定适合当地的业务层战略；另一些业务层战略支配业务，以实现企业产品的标准化及在不同国家之间资源共享。[33]

公司层国际化战略以公司地理位置多元化为重点。[34] 当公司跨国家或者跨地区（如东南亚或欧盟）销售多元化产品时，就需要采用公司层国际化战略。由公司总部来指导公司层战略，而业务层和外国子公司管理者根据战略类型提供大量支持。图 8-4 列出了三种公司层国际化战略。如图 8-4 所示，公司层国际化战略分为两个维度——全球整合的需求和本土迅速反

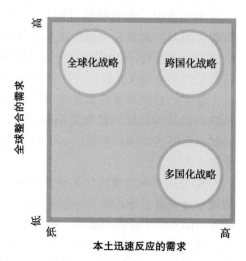

图 8-4　公司层国际化战略

应的需求。

1. 多国化战略

多国化战略（multidomestic strategy）是指企业将战略和业务决策权分配到各个国家或地区的战略业务单元，从而使得每个单元有机会提供当地本土化产品。[35] 在这一战略下，企业对本土迅速反应的需求较高，而对全球整合的需求较低。影响这些需求的原因在于，企业认为每个国家的消费者的需要和需求、行业状况（竞争者的数量和类型）、政治法律结构和社会标准都各不相同。因此，多国化战略侧重于按照国界将不同的竞争市场分割开来。为了满足当地消费者的特定需求和爱好，子公司或地区管理者有权决定所要生产的产品。因此，这些战略能让企业面对各个市场的异质需求时做出最优反应。[36] 当企业所服务的市场和消费者的需求存在巨大差异时，采用跨国本土化战略是最为合适的。

因为企业会关注当地顾客的需求，因此多国化战略的应用通常会扩大本地市场份额。但是，由于市场的差异化、分散化以及不同国家业务单元采用的战略不同，公司作为一个整体却仅能得到极少的共享资源。[37] 另外，多国化战略不利于公司实现规模效益，因而需要更高的成本。

联合利华公司是欧洲的一家大型消费品公司，产品销售到 180 个国家和地区。企业拥有400 多个世界品牌，分为三大类：食品、家庭护理和个人护理。联合利华公司将决策权高度分散以管理其全球品牌。这种方法使不同市场的本地管理者有权决定生产特定的商品以满足消费者的特定需求。然而，最近联合利华决定采取新的方法使独立的子公司之间的关系更为协调，以建立一个更为强大的全球商标形象。[38] 这样一来，联合利华公司可能会从跨国本土化战略转变为跨国化战略。

2. 全球化战略

全球化战略（global strategy）是由企业总部决定各个国家或地区的业务单元所要采用的战略业务。[39] 该战略意味着企业的全球整合需求高，而本土快速反应需求低。这些需求表明与多国化战略相比，全球化战略在各国之间寻求更高层次的产品标准化。企业通过全球化战略，满足世界各地相似的消费者需求，生产和分销相同或者相似的产品，从而建立规模经济。全球化战略还有助于提高公司层或者特定市场的改革创新能力，还可以将此能力应用于其他市场。[40]全球化会计与财务报告标准化的改进有助于全球化战略的实施。[41] 当企业所服务市场和消费者之间的差别不大时，采用全球化战略是最有效的。

企业有效地运营需要成功地实施全球化战略。有效提高企业的国际化经营有助于各国子公司之间的协同合作和资源共享，将决策权集中在公司总部，并慎重做出实现资源共享和各个公司协同发展的决策。研究表明，企业在不同国家和区域相互整合的情况下采用全球化战略，所得到的结果会更加理想。[42]

正如接下来的"战略聚焦 8-1"所讲述的案例一样，宜家运用了全球化战略。宜家集中了一些业务活动，比如设计和包装活动。它整合和集中了公司价值链（见第 3 章）的部分辅助活动。当采用全球化战略时，这样的集中和整合会给公司带来一定的收益。成本的节约、支持功能生产率的提高、规模经济的培育等，都是宜家所获得的收益。因为全球竞争的加剧以及同时提供高质量、差异化产品时对低成本的需求，越来越多的公司采用公司层跨国化战略。

战略聚焦 8-1　家具巨头宜家的全球化战略

宜家创办于瑞典，在销售物美价廉的家具时，采取的是全球化战略。和大多数追求此类战略的公司一样，宜家注重提高全球化效率。

宜家采取了一种独特的方法，通过高效包装来减少航运重量。高效包装以及低运输成本"是宜家保持平价的关键所在"。2011年，宜家将其比约斯餐桌的桌腿做成空心的，以减少重量，降低原材料成本，也降低了销售价格（从279欧元削减到了199欧元）。"宜家并不会等到产品都成型准备出售了才想着怎么改善它，而是在一开始就已经设计好包装和制造的蓝图。"但是，如果包装太过高效了，那么顾客回家自己重新组装时可能会很麻烦，因此简易的组装也是一个重要的标准。

宜家已经拥有了315家店铺，在2015年，它计划新开13家分店。它还计划在印度买地，开当地的第一家分店。宜家还将致力于线上销售，目前在13个国家和地区有线上销售（而宜家的实体分店遍布27个国家和地区）。2013年网站访问量为2亿次，而2014年则激增为15亿次，这已经超过了实体店的客流量。宜家扩大了战略范围，"增加了销售渠道，顾客可以在网上预订，然后去实体站点提货"。

宜家还致力于发展城市中心的商店，这类商店里的产品数量比起郊区商店会更少。不过，郊区商店可能仍然会是宜家的重点发展店面。宜家的郊区商店所在地都尽可能地靠近交通枢纽（如地铁站），步行就可到达。

虽然宜家注重效率，不过它也舍得花大量时间和精力研究每个国家的市场进入模式。它专注于中产阶级顾客群壮大的地区，目前已经进入了中国市场，并正打算进入印度和巴西市场，这几个经济体里的中产阶级群体都正在壮大。在这些国家里，宜家注重的仍然是"平板包装、运输、重新组装其瑞典风格的家具"。

宜家最新的战略之一是改善其形象，走可持续发展的道路。它的商店顶部覆盖着太阳能面板，还计划在9个国家运行314个风轮机，到2020年前，它要发展成为能源型企业。宜家回收利用了家具的边角料和包装中用到的软塑料膜，用这些材料来制作斯库特（Skrutt）桌垫并出售。它开始将店里所有的灯泡都换成LED型的，并销售太阳电池板。通过这一战略，宜家会被认为是具有社会责任感和环保意识的公司。不过，在全球化的过程中，宜家同时也需要注意降低成本。

资料来源：S. Chaudhury, 2015, IKEA's favorite design idea: Shrink the box, *Wall Street Journal*, June 18, B10; B. Kowitt, 2015, How IKEA took over the world, *Fortune*, www. fortune.com, March 13; M. Locker, 2015, IKEA is getting into the wedding business, *Time*, www.time.com, April 20; A. Molin, 2015, IKEA builds momentum in Europe, *Wall Street Journal*, www.wsj.com, January 29; J. Sanburn, F. Trianni, & D. Tsai, 2015, Find out why you overshop in IKEA, *Time*, www.time.com, March 17; C. Zillman, 2015, Here's how IKEA is fighting climate change, *Fortune*, www.fortune.com, June 11.

3. 跨国化战略

跨国化战略（transnational strategy）使企业可以实现全球化的效率和本土化的敏捷反应的统一。实现全球整合和本土迅速反应的统一非常困难，一方面需要全球的协调并紧密整合，另一方面需要本地化的灵活性。实施跨国化战略需要灵活的协调，即通过一体化网络来建立共同的愿景和各自的职责。这样的一体化网络让企业可以更有效地管理企业与消费者、供应商、合作伙伴以及其他各方的关系，而不局限于近距离的互动。[43]由于目标之间的冲突（第11章将进一步描述各种公司层国际化战略的实施），跨国化战略很难应用。从积极的角度看，跨国化战略的有效实施可以得到比多国化和全球化战略更高的业绩回报。[44]

跨国化战略在国际市场竞争中的必要性越来越明显。全球化竞争者的增多，加强了对成本削减的需求。同时，携带了更多信息流（如通过互联网传播）的市场复杂程度不断提高，对生产针对顾客需求的个性化产品的压力也越来越大，这要求企业将产品差异化，甚至是针对本地市场进行本土化。文化和制度环境的差异也要求企业根据当地环境调整产品和运营方式。然而，也有观点认为，跨国化战略在国际市场中难以成功。那些持有这一观点的人认为，大多数的多国化企业应当在区域内（如欧盟）而不是在国家间竞争。在某种程度上这也是事实，发展规模经济所需的用较低成本生产本地化产品的需求正在下降。[45]

在纷繁复杂的国际市场中，越来越有必要使用跨国化战略。卡夫食品公司决定拆分为北美食品杂货业务和全球零食业务两个独立公司，以便专注于增长迅速的零食业务。全球零食公司启用了新名字——亿滋国际，该公司 80% 的销售额都来自外国市场。亿滋国际 2014 年的收益为 340 亿美元，是全球闻名的品牌。[46]它将全球整合经营进行标准化，同时发展和营销当地的品牌来满足顾客的独特需求。亿滋国际公司是饼干、巧克力、糖果、速溶饮料等食品行业的全球市场领先者，同时也是世界第二大口香糖和咖啡巨头。公司约 45% 的销售额来自快速增长的新兴市场，为新兴市场量身设计当地品牌。最近，它刚与谷歌就网络社交媒体上的广告达成协议，并根据"产品是本土化的还是国际化的来调整成本"。[47]

接下来我们将讨论影响企业公司层国际化战略选择和选择国际市场开展竞争的全球环境趋势。

8.3　环境趋势

尽管跨国战略很难实现，但是随着越来越多行业的竞争国际化，在全球化过程中运作的效率显得越来越重要。然而，需求的本地化使这个问题变得更加复杂：在一些国家，全球化的产品和服务往往需要采用定制化的方式，其目的是为了符合政府的法律法规或本地客户的品位和偏好。此外，如"开篇案例"所描述的网飞公司一样，大多数跨国公司都想实现各国的资源共享与协调，以降低产品的生产成本。[48]

一些产品多元化的大型跨国企业在某些生产线上采用多国化战略，而在另一些生产线上采用全球化战略。由于环境一直在发生变化，企业要想具备战略性的竞争实力，就需要灵活的机制。

外来者劣势和区域化是影响企业选择和应用国际化战略，尤其是公司层国际化战略的两大重要趋势。

8.3.1　外来者劣势

20 世纪 80 年代，丰田和索尼等日本公司在美国和其他国际市场的巨大成功，给美国管理者带来了巨大的冲击，并使后者意识到在一个快速国际化的市场进行国际竞争的重要性。对于包括美国、日本、韩国和欧盟成员国等在内的国家来说，巴西、俄罗斯、印度和中国（统称为"金砖四国"）代表了 21 世纪具有潜力的重要国际市场。此外，新兴市场诸如印度尼西亚、马来西亚、墨西哥、哥伦比亚、肯尼亚和波兰也呈现出快速增长，国际渗透与法治改善。[49]然而，即使"金砖四国"看起来很有吸引力，但是进入这些市场时必须仔细地考虑当地形势，即外来者劣势（liability of foreign），[50]当进入国外市场时，公司会面临大量的支出，如不熟悉的运营环境，经济、制度和文化的差异以及远距离协调所带来的挑战。[51]外来者劣势的四种距离类型为：文化、制度、地理和经济。[52]

迪士尼公司在外国建立主题公园时就经历了外来者劣势。迪士尼"在法国因为巴黎迪士尼乐园遭到了起诉，因为它制定的跨国员工管理政策未能实现对当地员工的合理安排。[53]迪士尼的执行官从这次经历中吸取了教训，并在中国香港建立了"不循规蹈矩、符合当地品位的公园"。[54]因此，迪士尼意识到采用国际化战略进入外国市场时，必须优先考虑四种距离类型，尽可能降低这些距离所带来的潜在负面影响。

8.3.2 区域化

区域化是影响企业选择和应用国际化战略的第二个趋势。这一趋势变得越来越突出，因为企业选择在哪个市场竞争会影响公司的战略竞争力。[55]因此，企业必须决定是采用国际化战略进入所有国家的市场，还是进入一个或多个区域竞争。

最近，全球化国际战略不再被频繁使用了。即使公司采用基于互联网的战略，也很难成功地实现这个战略，尽管在电子商务时代国家边界不再那么重要。[56]另外，对于有限资源和顾客的竞争可能使企业更加关注区域市场而非全球市场。专注区域市场可以使企业在区域市场合理安排资源进行有力的竞争，而不是将有限资源分散到许许多多的国际市场中去。[57]

但假如在公司所处的行业中，国际市场的差别很大（必须采用多国化战略），企业可能会倾向集中于世界的某一特定地区，这样它就能够更好地理解当地的文化、法规和社会标准，这些因素都影响企业进行有效的市场竞争；并且是在当地市场进行有效竞争的关键途径。例如，公司可能只看重远东市场而不是试图同时在中东、欧洲和亚洲市场进行市场竞争；或者公司可能选择市场条件最相似的地区，从而使合作和资源共享变为可能。这样公司不仅能更好地理解其参与竞争的市场，还能取得一定的规模效应，即使企业可能不得不采用多国化战略。例如，研究认为相对完全全球化而言，多数大型零售商在专注于特定区域市场时表现更好。[58]企业通常进入一些靠近母国的外国市场，这被称为母国区域。[59]

那些签订了贸易协定以提高地区规模效应的国家可能会推行区域化战略。欧盟和南美洲的美洲国家组织（OAS）均签订了贸易协定，有力地促进区域中各国家及地区间的贸易来往。[60]欧盟的成立使欧洲市场更加一体化，很多欧洲公司并购整合了它们在欧洲的业务，以更好地协调泛欧洲的知名品牌。随着更多国家的加入，该进程可能会持续一段时间，由于市场规模的扩大，相对全球化战略来说，许多国际化企业更青睐区域化战略。

美国、加拿大和墨西哥 1993 年签订的"北美自由贸易协定"（NAFTA），目的是促进北美国家间的自由贸易发展。NAFTA 放松了实施国际化战略的限制，从而为企业实施区域国际化战略提供了更多机会。[61]

大多数公司首先进入它们熟悉的市场，然后再进入区域市场。但是，它们进入这些区域市场将首先以最强大的业务组合作为切入点，如果这些业务成功才会去尝试运作其他业务。它们还通常投资于原始的投资领域。[62]然而，研究也表明，市场的大小和行业的特点也会对决策产生相应的影响。[63]

区域化对于大多数跨国公司都是很重要的。举例来说，许多大型国际公司分区域（跨国家）

进行管理和协调。分区域进行管理，能够帮助跨国企业（MNE）在纷繁复杂的国际化市场中运作自如。正如"开篇案例"中提到的，网飞公司分区域进行管理，收益高，成本也高。

　　企业在选择业务层和公司层国际化战略后，需要决定如何进入所选择的国际市场。接下来我们将对此进行讨论。

8.4　国际市场进入模式的选择

　　企业进入国际市场的模式有五个，图 8-5 列出了这五个模式及其特点，每种模式都有其优缺点，进入模式的选择会影响公司国际化战略的成功与否。[64] 在多国市场竞争的大型企业通常采用多个或全部的进入模式。[65]

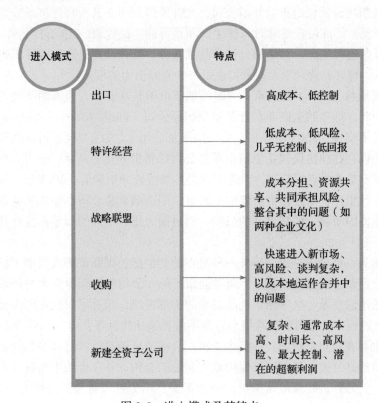

图 8-5　进入模式及其特点

8.4.1　出口

　　对于很多企业来说，出口是首选的进入模式。[66] 出口（exporting）是一种企业将产品从本国市场销售到国际市场的进入模式，是小型公司普遍采用的进入模式。[67]

　　如今，越来越多的美国小企业采用国际化战略。到 2018 年，预计有 50% 的美国小企业会加入国际贸易。[68] 通过出口，公司可以避免在东道国（母国之外的国家）建立企业所产生的高额费用。然而，采用出口模式的企业必须为产品建立市场和分销渠道。通常，出口国和进口国会签订协议来控制这些活动。出口模式也存在着一些缺点，如进入国际市场的运输成本会很高，根据当地政策，公司必须为其产品支付一定的关税，以及与当地分销商签订协议会让公司失去对营销和分销的控制。另外，与分销商签约必须支付分销商高昂的费用，因此这将大大降低公司的利润。[69] 实践证明，成本领先战略能提高发达国家的出口业绩，而差别化战略在新兴市场中更为成功。无论哪种市场，只要有准确定位目标的公司就能成功。[70]

出于相邻地域间较低的运输成本和较多的相似性的考虑，公司通常会向邻近国家出口产品。例如，美国得克萨斯州对 NAFTA 成员墨西哥和加拿大的出口占其出口总额的一半以上。网络使出口越来越便利，无论公司规模大小，都可以从网络上得到外国市场的重要信息，从而审查目标市场，研究竞争状况，发现一系列潜在消费者。[71] 政府采用网络技术，有利于企业申请进出口特许经营，促进国家之间国际贸易的往来。

8.4.2　特许经营

特许经营是指将经营权出售给外国公司，允许外国公司在其所在国市场或别国市场制造和销售本公司的产品。[72] 许可者通常对每件生产和销售的产品收取一定的许可费。被许可者承担风险并且投资设备进行生产、营销和分销产品或服务。特许经营是进行国际扩张时成本最低的方式。如同出口，特许经营对于小型公司也是一个有吸引力的模式。[73]

占全世界吸烟总人数 1/3 的国家，中国的烟草市场非常庞大。美国烟草公司希望在中国占有一席之地，为此，烟草制造商菲利普莫里斯国际公司（Philip Morris International）与中国国有烟草公司进行了交易。2005 年年底，中国烟草总公司（CNTC）与菲利普莫里斯国际公司签订了特许经营协议，此项协议包括中国烟草总公司代销世界知名品牌——万宝路。[74] 因为这是特许经营渠道而不是外国直接投资，因此中国仍然掌握着分销渠道。2008 年，万宝路在中国的两个生产厂内进行生产，而且作为协议的一部分，中国烟草总公司也能在菲利普莫里斯国际公司的帮助下选择外国市场，销售自己的品牌。到目前为止，中国的烟草在捷克共和国和波兰都有经销渠道。[75]

特许经营作为一种进入模式，另外一种潜在的利益是在国际市场或当地市场中出售公司的创新产品，为公司带来更大的回报。[76] 通过创新产品，公司能够获得更大的市场，这能够抵消研发费用，帮助他们发展。这种创新产品盈利的速度很快，超过了仅仅在国内市场销售的盈利速度。而且在此过程中，公司的风险很小，并不需要额外的投资费用。

特许经营也存在缺点，例如，一旦企业将产品或商标的经营权特许给其他企业，就很难控制其市场营销和产品分销。签订可以保护双方利益的合约，并在合约中明确双方的关系，可以消除这一缺点。[77] 另外，特许经营所得的回报最少，因为许可者和被许可者要共享所得回报。另外一个劣势是，当特许经营结束之后，国际性企业可能学会其技术并生产和销售具有相似竞争力的产品。例如，小松公司先是特许使用了国际收割机公司（International Harvester）、比塞洛斯国际公司（Bucyrus-Erie）和康明斯发动机公司（Cummins Engine）的许多技术，以在土方工程设备方面与卡特彼勒公司竞争。之后，小松公司放弃了特许经营权，使用从美国公司那里得到的技术开发了自己的产品。[78] 由于存在这些缺点，当公司采取特许经营时应制定全面的合约来保护双方的权益。

8.4.3　战略联盟

战略联盟成为公司实现国际化战略时越来越流行的一种进入模式。[79] 战略联盟是指企业为了进入一个或多个国际市场，采取与其他公司合作的策略。[80] 采用战略联盟进入国际市场要求两家公司分享资源和风险。[81] 另外，因为两家公司都拥有独特的资源，战略联盟能够促进公司建立新的能力和核心竞争力，从而形成公司的战略竞争优势。[82] 实际上，学习如何使用新的能力和竞争力（特别是那些与技术有关的能力）也是公司实现战略联盟的重要目的。[83] 企业应该意识到，成立战略联盟时，在科技能力管理和发展方面建立双方的信任关系至关重要。[84]

利马格兰公司（Limagrain）是一家法国公司，因其旗下的威玛集团（Vilmorin & Cie）而成为世界上第四大的种子公司。威玛集团是一个国际化农业企业集团，主要从事农田种子、蔬菜种子和谷物产品的销售，出于利马格兰公司的战略需要，威玛集团进入了其他的国际市场。利马格兰公司采用了战略联盟这种进入模式。2011 年，公司与巴西种子公司——西蒙吉拉公司（Sements Guerra）建立了战略联盟关系。这家合资公司名为 "利马格兰 & 西蒙吉拉公司"，两家公司的此次联盟聚焦于谷物。西蒙吉拉公司是一个家族企业，主要从事种子研究，产品有谷物、小麦和大豆。公司将这些产品分销给巴西当地的农民和相邻的国家。此前利马格兰公司和美国的科沃斯公司（KWS）就曾组成一个成功的合资企业，艾格瑞兰恩特遗传公司（AgReliant Genetics），聚焦于谷物和大豆等产品。[85]

并不是所有的战略联盟在进入国际市场的过程中都能取得成功。[86] 没有能力的伙伴和双方之间的冲突都是导致公司联盟战略失败的主要原因。另外一点是因为国际化战略联盟非常难以管理。相互信任是联盟的主要因素，因此必须仔细管理。双方之间的信任度直接影响联盟的成功与否，双方的信任度越高取得成功的概率也就越大。影响信任度建立的情况有四种：双方的最初关系、签约时的谈判过程、双方之间的互动，以及外部事件。[87] 联盟双方国家之间文化的差异也会影响信任。[88] 企业要意识到这些情况在建立信任过程中的影响。

研究显示，基于权益的企业能够更好地控制联盟（在第 9 章我们将会讲到产权战略联盟和其他的联盟方式）并创造更多的收益。[89] 如果联盟需要通过信任来开发新的产能，权益就可能成为建立关系的障碍。公司需要合作伙伴提供价值链上的原材料或服务，因此彼此间建立信任度就尤其重要。[90] 如果战略联盟之间的冲突无法控制的话，采用收购方式进入国际市场将是更好的选择。[91]

8.4.4 收购

当一个企业通过收购另一个企业进入国际市场时，就形成了跨国收购。跨国收购（cross-border acquisition）是指某个国家的公司通过购买其他国家公司的部分股票或者购买该公司来进入国际市场的进入模式。[92]

随着自由贸易在全球的迅速扩展，世界各地的企业进行了大量的收购。跨国收购为企业提供了快速进入新市场的能力，这也是其快速发展的一个重要因素。事实上，收购是五种进入模式中最快的一种。[93]

欧洲的两大超市连锁店打算合并，这将会给美国市场带来巨大的影响。经营着美国 Stop & Shop 和 Giant 连锁店的荷兰皇家阿霍德集团（Ahold），与美国 Food Lion 和 Hannaford 连锁店的比利时运营商德尔海兹集团进行了价值 290 亿美元的合并，合并后的阿霍德 & 德尔海兹连锁店将占美国零售市场 4.6% 的份额，收益跃至第四。这为这家合并后的欧洲公司在东海岸与美国超过 2 000 家店面的发展迈出了坚实的一步。阿霍德还持有美国电商 Peapod，稳固了自己在美国市场的根基。此外，阿霍德还持有荷兰零售连锁超市领头羊 Heij 的股份，在比利时和捷克也有分店。德尔海兹集团除了比利时的总店，还拥有希腊的 Alpha Beta 超市，在东欧也开有分店。[94]

有意思的是，如果一个国家的腐败对交易的影响很严重，那么进行跨国收购的企业就会比较少。企业会采取合资形式来进入这些市场（在第 9 章我们将会提到，合资是战略联盟的一种）。不过，虽然这些合资企业在进入"腐败"市场方面很有经验，最后还是往往会走向失败。在这样的国家进行收购时，收购方往往可以少支付一些酬金来购买目标企业。[95]

尽管收购方式越来越流行，但这种进入模式也并非没有成本，也不是很容易就能成功完成的。跨国收购和国内收购一样存在一些缺点（见第 7 章）。另外，它的成本很高且常需要负债融资，这又增加了额外成本。企业采用跨国收购时需要考虑到，进行跨国收购的谈判是极其复杂的，要比国内收购谈判复杂得多。通常会出现的问题还包括目标公司所在国家的法律和制度，以及为签署合约收集的谈判信息等。最后，收购之后将被收购公司整合到公司内部，比起本土收购也要复杂得多。企业实施跨国收购时，不仅要应对不同的企业文化，还要应对潜在的不同社会文化。[96] 这些不同让收购之后的整合更加困难。如果整合过程缓慢或者受阻，就很难获得可能的协同。[97] 尽管是一种能够快速进入新市场的流行模式，但是企业在应用时必须将成本和风险结合起来考虑。

8.4.5 新建全资子公司

绿地投资（greenfield venture）是指直接在其他国家或市场建立新的全资子公司。进行绿地投资通常比较复杂，并且需要大量的潜在投资。但是，采用这种模式公司可拥有最大化的控制权，并且在实施国际化战略时拥有最大的潜力来建立公司的战略竞争力。尤其对那些拥有很强无形能力的企业来说，绿地投资可以提升这种能力。[98] 此外，当公司拥有专有技术时，在外国市场拥有全部控制权对公司非常有利。

研究表明，在服务业中，"全资子公司和驻外员工"特别受偏爱，这些行业与"终端客户密切接触"，并且要求"高水平的专业技能，专业化知识和定制化服务"。[99] 另有研究认为，绿地投资在计划建立实体资本密集的工厂时十分突出。相反，当企业是人力资本密集型时，则更倾向于使用跨国收购的方式。例如，在本土工会化程度高和高文化距离的地方，通过绿地投资将知识转移到东道国比较困难。[100]

在一个新的国家或市场建立新的业务所要承担的风险也很高。为了建立新公司，企业需要获取当地市场的知识和专业技能，有时可以通过雇用当地员工，也可能是从竞争对手那里挖人，或是通过咨询公司获取人才。这些新的专业知识和技能会促使安装新设备，建立新渠道，以及学习具有竞争力的营销策略，[101] 特别是可以对产品的技术、营销和分销完全进行控制。研究认为，当国家风险较高时，企业更倾向于以合资企业的形式代替绿地投资。然而，如果企业在一个国家中已经有了经验，那么企业更加倾向于采用全资绿地投资，而不是合资企业。[102]

在外国零售商（如沃尔玛）看来，中国是一个很有吸引力的市场，人口众多，居民的消费能力在提高，改革开放也越来越深入。举例来说，2005 年，300 多个外国零售商进军中国市场，其中许多都是通过绿地投资的方式进入的。中国的环境是相当独特的，其中一部分是由于文化差异，我们接下来会提到，公司需要谨慎考虑，选择最佳的市场进入模式。[103]

8.4.6 进入模式的动态性

公司进入国际市场模式的选择受诸多因素的影响。最初通常是通过出口的方式进入市场，这不需要国外生产方面的知识，只要投资于分销渠道即可。正如小松公司的案例展示的那样，特许经营有助于产品的改进从而进入国际市场。由于企业可以在目标市场中与有经验的合作伙伴相互配合，战略联盟的形式也越来越流行。一部分原因是，地理位置多样化的企业经常在不确定的环境中使用战略联盟，如在风险较大的新兴经济体中就是如此（比如委内瑞拉）。然而，在新兴经济体中如果知识产权不能得到很好的保护，行业中企业的数量就会急剧增加，同时对全球化整合的需求会增加，则企业更倾向于采用合资（见第 9 章）或全资子公司的模式。[104] 综上所述，出口、特许经营和战略联盟这三种进入模式，都是有效进入新市场的方式，并且有助于提高公司在新市场中的形象。

当公司希望在国际市场中建立较强的公司形象时，就需要采用出口、绿地投资和合资的方式。大型航空企业，如空中客车公司和波音公司，采用合资模式以更方便地进入当地市场，尤其是比较大的市场；军事装备企业，如泰勒斯公司（Thales SA），则采用收购战略进行企业全球化。日本的汽车制造商丰田公司采用合资和绿地投资在美国站稳了脚跟。由于丰田公司拥有高效的产品生产流程，因此它需要尽可能加强对生产的控制。丰田公司开辟了地区中心，以方便供应商的协作。它在美国密歇根州建立了北美地区研究中心，还在得克萨斯州建立北美总部。[105] 收购和绿地投资通常出现在企业国际化战略的后期发展阶段。

因此，为进入全球市场，企业必须选择最适合本企业的进入模式。在一些情况下，可以依次采用这些进入模式，从开始的出口到最终成立全新子公司。在另外一些情况下，企业可能在不同的市场中采用不同的进入模式，并不一定采用全部的进入模式。公司对进入方式的选择，是行业竞争状况、当地条件、政府法规及其公司独特的资源、能力及核心竞争力等多个因素共同作用的结果。

墨西哥的多业务公司芬莎公司（FEMSA），在近几年业务已经扩张到了许多国家。它新进入的市场大部分是在拉美地区，而芬莎公司对于拉美地区的文化和市场的了解是比较透彻的。最近，它在巴西进行的一系列收购使它成为瓶装分销市场上强有力的集团。事实上，芬莎公司还是世界上最大的可口可乐装瓶商，在亚洲也有一些业务。芬莎公司最常用的市场进入模式是收购。由于芬莎公司在国内是通过收购发展壮大的，因此它收购的经验十分丰富。[106]

8.5 国际环境中的风险

国际化战略充满了风险，这往往促使企业在区域市场的经营更加多元化。企业在进入新的市场的时候难免会遇到一系列由规章制度带来的风险。[107] 企业在使用国际化战略时不能忽视政治风险和经济风险（具体风险举例，见图 8-6）。

8.5.1 政治风险

政治风险（political risks）是指跨国企业面临因为东道国、本国或国际环境变化等政治力量或事件导致企业分裂的风险。[108] 公司实施国际化战略时潜在的分裂风险会产生一系列的问题，包括政府规章制度的不确定性、大量可能性冲突的存在、法律权威性和腐败、私有财产国有化的可能性等。[109] 当公司实施国际化战略在其他国家投资时，会比较关注政府是否稳定，以及政府对其投资和资产的影响。[110] 最近的一项研究表明，一个国家的政治风险很可能波及其他地区，比如"阿拉伯之春"运动就影响了许多其他的中东国家。[111] 在处理这些问题时，公司必须针对目标国家或地区进行政治风险分析。通过政治风险分析，企业可以发现可能会导致其国外投资及经营活动非商业性中断的潜在来源和因素。[112] 但是，偶尔也会有企业利用政治（制度）上的纰漏，将股东所不希望看到的活动，从国内市场移到国外市场上进行，这样企业就可以从中获利。[113]

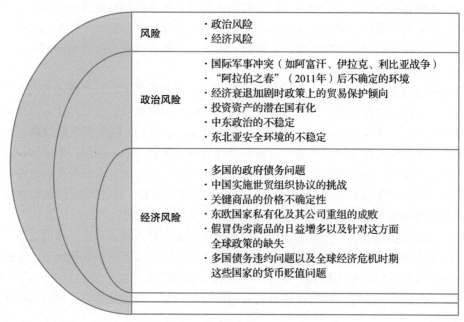

图 8-6　国际环境中的风险

国际足联（FIFA），一个既赞助世界杯足球比赛，又赞助其他的地区或国家赛事的国际足球联盟，如"战略聚焦 8-2"所提到的，最近正因涉嫌腐败而被审查。所指控的许多腐败案例都出现在足球风靡的地区，受到政府或其他机构的间接支持，尤其在一些不太发达的国家。非洲被曝向国际足联行贿以获得世界杯举办权，而在俄罗斯（2018 年）和卡塔尔（2022 年）举行的足球赛事也遭到质疑。[114] 由于这次丑闻，许多国家（如巴西和巴拉圭）也开始审查自己的足球监管部门。

俄罗斯在改革之前，曾经经历过动荡阶段。政府权力的下放，政策的朝令夕改，给许多领域尤其是商业领域，带来了极大的混乱。为了增强中央控制并且减少混乱，俄罗斯领导人采取了许多措施，比如起诉一些有权势的私人企业领导人，对私营企业施加更多控制，不允许外国企业对本国企业进行收购等。这些行动，导致许多外国企业延迟或者放弃了在俄罗斯的投资计划。据报道，"美国和欧盟的制裁，油价的下跌，使得俄罗斯经济雪上加霜。卢布贬值了一半。尽管油价和行业发展稍稍有点回升，但据世界银行估计，2015 年俄罗斯的经济萎缩2.7%。"[116]

战略聚焦 8-2　国际足球产业以及国际足联丑闻所带来的影响

　　1904 年，国际足联创始于巴黎，最开始　　只涵盖欧洲国家。到"二战"时，国际足联有了几个南非新成员。后来，非洲、亚洲和加勒比地区新独立的国家也陆续加入了国际足联。然而，它的管理方式仍然与"一个欧洲专属俱乐部"没什么两样，直到1974年巴西人若昂·阿维兰热（João Havelange）当选为足联主席之后，情况才有所变化。阿维兰热改变了这个组织的性质，不断扩大世界杯赛事范围，欧洲和南美以外的国家也能参与了，这项赛事也成为大型盈利活动。许多公司看中了广告效应，纷纷想要赞助该赛事，阿迪达斯和可口可乐是最早的赞助商。阿维兰热负责监管从电视转播权中获取的高额利润，在这一过程中，他卷入腐败交易，被控受贿5 000万美元。

1998年约瑟夫·布拉特接替阿维兰热当选为国际足联主席，并像前任一样走上从政之路。当足联变成国际性组织之后，不断有足联腐败丑闻曝出，尤其是在拉美、非洲、加勒比的许多发展中国家。一位分析师指出，"如果没有腐败交易，足联赛事在许多贫困国家里根本不可能发展起来"。当然了，在发达国家（如英国、美国以及其他地区）也存在腐败交易，只不过没有那么明目张胆。2015年5月27日，瑞士苏黎世会议上，美国司法部和FBI起诉并逮捕许多足联官员。尽管布拉特没有被控告，但是几天之后，他也宣布辞职了。

2010年，大约10亿人观看了部分或者全部世界杯决赛，而同年，美国国家橄榄球联盟（NFL）所举办的"超级碗"赛事仅有1.144亿观众，从中便可一窥国际足联世界杯赛事传播之广泛、花费之巨大。面对如此庞大的观众群体，赞助商、电视媒体运营商自然都想要分一杯羹。不过，赞助商们可不想和丑闻扯上关系。可口可乐、阿迪达斯、耐克、麦当劳、韩国现代汽车都"密切关注"国际足联和美国司法部门对足联相关管理人员的指控案。

许多赞助商在与政治有瓜葛的组织（如国际足联）打交道时都是小心翼翼的，它们

大多是通过营销代理机构来向地区或国家足联组织行贿的。一旦交易完成，代理机构能拿到高额回扣。举例来说，1996～1999年，耐克为了拿到狂热的足球王国——巴西国家队的赞助权，付给营销代理机构"交流巴西"（Traffic Brazil）3 000万美元，其中一部分是拿去行贿和支付回扣的。这样一来，耐克就成功地与巴西足球联盟以1.6亿美元签订了为期10年的协议，成为巴西国家队的合作赞助商。耐克此举的战略目标是为了与国外对手——阿迪达斯相竞争。2014年，世界杯赛事在巴西举办，耐克的足球销售额达23亿美元（比上一年增长了21%），而阿迪达斯的销售额为22.9亿美元（比上一年增长了20%）。这些数字表明，足联赛事上的广告潜力和销售机会是无穷的，也就难怪赞助商和媒体都争先恐后地要从中渔利。

然而，由于机构管理的不完善，腐败交易也就有机可乘。显然，许多与国际、地区或国家足联打交道的人都看准了这个漏洞。举例来说，从1998年起，巴拉圭就成为拉美地区足球联盟（CONMEBOL）的总部，当时巴拉圭商人尼古拉斯·莱奥兹（Nicolas Leoz）还是南美足球协会的主席，提议要把联盟的总部设在巴拉圭，而巴拉圭议会保障该组织免于被起诉。事实上，这相当于允许该联盟在必要时可以与当地执法部门对着干，正如大使在其所驻国享有外交豁免权一样，可以免于起诉。这样一来，当地的联盟就可以私底下从事见不得人的交易。后来，莱奥兹以及其他13位足联官员被美国司法部门起诉，被控在任期间受贿和洗钱，与从营销代理机构处得到的黑钱有瓜葛。有趣的是，在这次起诉之后，巴拉圭议会就忙不迭地取消了拉美地区足球联盟的豁免权。

同样地，瑞士、拉美以及其他国家的许多司法审查机关（如国际刑警组织）也开始进行调查，许多足球迷都支持这次起诉，因为他们认为腐败交易损害了足球比赛，许多人会通过这类足球腐败交易从中牟利。这并不

是说发达国家的政府官员就不会腐败，但至少这些国家的法律制度比发展中国家要来得健全一些。

资料来源：2015, A timeline of the FIFA scandal, *LA Times*, www.latimes.com, June 2; P. Blake, 2015, FIFA scandal: Why the US is policing a gobal game, *BBC News*, www.bbc.com, May 28; M. Futterman, A.Viswanatha, & C. M. Matthews, 2015, Soccer's geyser of cash, *Wall Street Journal*, May 28, A1, A10; S. Germano, 2015, Nike is cooperating with investigators, *Wall Street Journal*, May 28, A11; P. Keirnan, R. Jelmayer, & L. Magalhaes, 2015, Soccer boss learned ropes from his Brazilian mentor, *Wall Street Journal*, May 30-31, A4; K. Malic, 2015, The corruption rhetoric of the FIFA scandal, *New York Times*, www.nytimes.com, June 16; S. S. Munoz, 2015, FIFA pro shows soccer state within a state, *Wall Street Journal*, June 20-21, A7; S. Varinca, T.Micklel, & J. Robinson, 2015, Scandal pressures soccer's sponsors, *Wall Street Journal*, May 29, A1, A8; A. Viswanatha, S. Germano, & P. Kowsmann, 2015, U.S. probes Nike Brazil money, *Wall Street Journal*, June 13-14, B1, B4; M. Yglesias& J. Stromberg, 2015, FIFA's huge corruption and bribery scandal, explained, *VOX*, www.vox.com, June 3; C. Zillman, 2015, Here's how major FIFA sponsors are reacting to the scandal, *Fortune*, www.fortune.com, May 28.

8.5.2 经济风险

经济风险（economic risks）是指一个国家或地区经济中的弱点，给企业成功实施国际化战略带来不利影响的风险。正如俄罗斯法制不稳定和产权的案例中分析的，经济风险和政治风险是相互依存的。如果企业不能保护其知识产权，它就极不可能进行大量的对外直接投资。因此，国家需要创建并有力维护企业的知识产权，以吸引外国企业直接投资。[117]

在新兴经济体，最显著的一类经济风险是，当地是否有足够的基础设施能为大型企业（如采矿业）通过国家电网提供必需的电能，以满足它们的能源使用需求。情况往往是，能力不够的国家发电厂会时不时断电，这对生产冶炼连贯性要求高的行业（如采矿业）来说是致命的打击。南非曾经有稳定的国家电网，但是后来电网公司 Eskom Holdings SOC 疏于对新发电厂的建造与对现行运营发电厂的充分维修。这样一来，电网变得很不稳定，经常断电，一断就是 12 个小时。南非的主导产业采矿业（占南非出口量的 60%）的生产率因此急剧降低。采矿业要用掉整个国家电量的 15%，因此，南非国家电力公司不得不与每个大型贸易客户协商以减少高峰期的用电量。这样一来，大型钢铁公司安赛乐米塔尔（ArcelorMittal S.A.）几乎每天都得减少用电量，每小时损失 13 万美元的收益，DRDGOLD 公司的产金量也由于断电而在 2014 年的最后三个月内降低了 3%。这些例子表明，在新兴经济体或发展中国家（如南非），不完备的基础设施可能带来很大的经济风险。[118]

另一类经济风险是指，当外国公司收购拥有重要自然资源或者拥有战略性知识产权的本国公司时，本国政府可能会认为这带来了风险。举例来说，许多中国公司收购了澳大利亚和拉丁美洲地区的自然资源公司以及美国的制造公司，这使得当地政府开始担忧中国的国有企业会控制这些战略性资产。[119]恐怖主义也令人担忧，这就使得环境动荡的印度尼西亚在与其他国内环境比较安全的国家（如中国、印度等）相竞争时，往往处于下风。

如前所述，货币的差异和币值波动，是在运用国际化战略时碰到的最主要的经济风险，[120]当公司的地理位置多元化发展到一定水平后，公司里甚至会同时有好几种货币在流通。美元对其他货币的汇率决定了美国公司的全球资产价值和收益。举例来说，美元升值，则美国跨国公司的全球资产价值和在其他国家获得的收益会下降。由于币值会影响到在不同国家制造的产品的价格，因此币值的不同有时候会对一家公司的全球市场竞争力产生巨大的影响。例如，美元升值对美国公司的出口销售是不利的。强生公司最近表示，公司的国际销售额受到美元升值的负面影响；相反，联合利华因为欧元的相对贬值而业绩上升了。[121] 因此，政府对经济和财政资本的监督和控制不仅会影响到当地的经济活动，也会影响到外国公司的投资。[122]

8.6 战略竞争结果

如前所述，国际化战略可以为企业带来三种基本利益（扩大市场规模、形成规模经济和学习效应，以及地域优势）。公司在实施国际化战略时，成功解决政治风险和经济风险之后就会获得这三种利益。这些利益对于公司实现战略竞争力至关重要（见图 8-1）。

总的来说，当企业成功应用国际多元化战略时，企业通过国际化战略所得到的战略竞争力将会大幅度提高。国际多元化战略是国际化战略的扩展和细化。**国际多元化战略**（international diversification strategy）是指企业跨越国家和地区界限，到不同的地区和市场销售产品或提供服务。与进入一个或者少数几个市场不同，国际多元化战略促使企业采用业务层国际化战略和公司层国际化战略，进入多个地区或市场销售产品。

8.6.1 国际多元化和收益

证据表明促使企业采用国际多元化战略的原因有很多，[123] 这意味着国际多元化战略与企业投资收益衡量的企业效益息息相关。研究显示，当国际多元化程度上升时，企业回报首先是减少，但随着企业渐渐学会管理多元化企业的方式时，收益会立即迅速增加。[124] 实践中股票市场对国际投资特别敏感。那些通过广泛的多元化路径进入不同国际市场的公司股票收益最高，尤其是那些核心业务领域多元化的企业。[125]

很多因素会对国际多元化产生积极的影响，例如，私人企业与国有公司的竞争、潜在的规模经济和经验积累、市场规模的扩大和稳定收益的可能性，其中稳定的收益有利于企业降低风险。[126] 大型企业和合资公司都可以通过国际多元化战略得到这些经济的成果。前面提到过的芬莎公司通过收购来实现国际多元化战略，并且其财务情况表明，采取这种战略获利颇丰。

8.6.2 国际多元化和创新

在第 1 章中我们提到，研发新的技术是战略竞争力的核心。正如在国家优势决定因素的讨论中（见图 8-3）所述的，国家竞争力是靠着各行业的改革创新能力建立的。最终不可避免的结果是，那些没有创新能力的公司将被那些不断增强运作和改进产品的对手超越。因此，对于一个国家或一个个体来说，维持竞争优势的唯一方法就是不断提高创新能力。[127]

国际多元化和地区多元化战略，在降低研发投资风险的同时，也可以为公司提供通过创新获取更多收益的机会（通过更多更大的市场）。另外，国际多元化有助于企业取得维持大规模研发所需的资源。在今天这个技术更新迅速的环境中，投资于新技术和与此相关的资本密集型的运作是非常困难的。局限于本地市场的公司由于收回最初投资耗时较长，在进行这样的投资时，它们会遇到种种困难。然而，国际多元化提高了公司取得匹配的和超额的创新收益的能力，而这些回报必须在竞争对手战胜本公司通过创新取得的竞争优势之前取得。[128] 另外，进入国际市场的企业会面临更多的新产品及其生产过程，如果企业学会了这些新产品及其生产过程并将这样的知识融入资金的运营中，则会进行新一轮的创新。为了将所学融入自己的研发过程，企业必须有效地管理这些生产过程，以吸收和运用新技术，实现进一步的创新。[129] 因此，从多方面来看，国际化战略和国际多元化战略能够激励企业进行创新。[130]

国际多元化、创新和回报之间的关系错综复杂。公司有良好的业绩以取得足够的资源是国际多元化的必要保证，而这又为研发提供了必要的动力和资源。良好的研发能力能够提高公司的收益，同时又反过来为持续的国际多元化和研发投资提供了更多的资源。当然，有效的管理活动能够提高这些收益。[131] 实践证明，文化多元化的高层管理团队通常对国际市场及其特征有深入的了解，但是国际化扩张的意向会受到薪酬的影响。[132] 另外，对于一家跨国公司来说，管理不同的业务单元需要技巧，这不仅包括对业务单元的分散管理，由于不同地域观念之间分歧的存在，所以还包括对不同观点的协调，以避免产生混乱。企业如果能做到这一点，就可以提高战胜竞争对手的可能性。[133]

8.7　国际化战略的挑战

有效地使用国际化战略可以创造最根本的利益，并且可以创建企业的战略竞争力。然而，想获得这些结果并不容易。

8.7.1　管理国际化战略的复杂性

实施国际化战略，特别是国际多元化战略，通常会导致公司规模的扩大和业务运作复杂性的增加；反过来，公司规模越大，运作越复杂，公司也就越难管理。有时规模太大或者太过复杂，会导致公司失控或增加管理成本，从而超过国际化战略所带来的利益。此外，采用国际化战略所带来的困难还包括目标国家不同的文化和制度（如与政府机构相关的那些）。[134]

企业必须提升自身的能力来克服在国际市场上碰到的困难。举例来说，一些来自新兴经济体的公司在自己国家市场内是垄断巨头，不需要花工夫来对付国内市场的竞争者，于是就可以将在本国市场内获得的资源投入到国际市场来增强他们的竞争力，[135] 只是要注意克服资源所可能带来的外来者劣势。

8.7.2　国际扩张的局限性

学习如何有效地管理国际化战略，可以提高企业获得正收益的可能性，如提高效益。然而，在一些情况下，国际化管理所带来的全球化和产品多元化程度会导致收益逐渐减少并趋于平均，甚至变成负收益。[136]

接下来将解释国际多元化战略给企业带来正收益存在局限性的原因。首先，不同国家地理位置的分散性，增加了不同部门之间进行协调的成本和产品分销的成本。在不同国家的多个地点下设多元化地方机构的公司尤其如此。其次，贸易壁垒、物流成本、文化差异和不同国家的其他差异（如原材料的可获得性以及不同员工的技能水平），也增加了实施国际化战略的复杂。[137]

制度和文化因素是企业将核心竞争力从一个市场转到另外一个市场的最大障碍。[137] 当进入一个新的市场时，公司常常不得不重新设计市场营销方案，建立新的分销渠道。另外，公司还可能会遇到不同的劳动力成本和资本性支出。总体来说，在地理多样性增加的情况下，有效地实施、管理和控制公司国际化运作是非常困难的。[139]

企业需要管理的国际多元化运作复杂程度各有不同，并且也会受到管理者应对不确定性和复杂性能力的影响。如果企业在更多友好国家进行多元化，可以减少中央协调和整合等问题，这些友好国家通常具有的特点是地域相邻，并且文化与母国相似。这样，可能会有较少的贸易障碍，法律和风俗习惯可以得到更好的了解，产品能够较容易地适应当地市场。[140] 例如，美国企业将业务扩展到墨西哥、加拿大、西欧国家就比扩展到亚洲国家容易得多。

　　实施国际化战略的企业与东道国政府之间的关系也存在障碍。[141] 其原因在于不同国家政府的政策和法律法规存在巨大的差异，因此跨国公司必须学习如何在政策和法律法规存在巨大差异的情况下管理企业。有时，差异导致了过多的问题，从而妨碍企业获得成功。建立战略联盟可以帮助企业应对这一限制因素。如与不同国家的企业进行合作，依靠当地合作伙伴来帮助跨国企业处理当地的法律法规、政策和风俗等问题。但是这些合作伙伴也不是无风险的，管理他们也存在很大的困难。[142]

小结

- 越来越多的企业采用国际化战略。此类战略应用的因素和条件包括：①延长产品的生命周期；②获取关键原材料的途径，有时包括廉价劳动力；③整合公司全球范围内的运作，从而更好地为消费者服务；④在如今发达的全球通信和网络导致的消费者需求一致化的大环境下，更好地为消费者服务；⑤满足在新兴市场中迅速增长的产品和服务的需求。

- 当企业有效采用国际化战略时会收获三项基本利益：扩大市场规模；规模经济和学习效应；区位优势。企业采用公司层国际化战略和业务层国际化战略来完成其运营市场的多元化。

- 业务层国际化战略通常是基于一个或多个本国优势。研究显示，国家优势有四个决定性因素：生产要素、需求状况、相关行业和支撑性行业，以及公司战略、结构和竞争状况。

- 公司层国际化战略有三种形式。多国化战略着重于公司在其涉及的每个国家的市场中竞争。采用多国化战略的企业将战略和业务决策权分配到各个国家或地区的战略业务单元，由这些单元向当地市场提供本土化的产品和服务。全球化战略认为各国的产品更趋于标准化，因此竞争战略更加集中，由公司总部集中控制。通常大型跨国公司，特别是那些在许多不同的国家出售多种不同产品的企业，会在一些产品线上会采用多国化战略和全球化战略。跨国化战略是企业同时实现全球化效率和本土化反应的一种国际化战略。采用这一战略的企业对于全球整合和本土迅速反应有强烈的需求。

- 外来者劣势和区域化是影响企业选择和应用国际化战略的两个重要趋势。外来者劣势促使公司认识到本土市场与国际市场之间四个类型的距离会影响其如何竞争。一些公司选择着重于某个区域（如欧盟和 NAFTA）而不是特定国家的市场。

- 企业可以采用一种或多种进入模式来进入国际市场。出口、特许经营、战略联盟、收购和新建全资子公司（又称"绿地投资"）五种进入模式。大部分的企业会首先应用出口和特许经营，因为这两种进入模式的成本和风险较低，随后也会采用战略联盟和收购。风险和成本最高的一种国际市场进入模式是建立一家新的全资子公司。另外，企业可以最大限度地拥有子公司的控制权，一旦成功，为公司带来的回报也非常大，并且还可以在很大程度上达到市场多元化，大型的地域多元化公司在实施国际化战略时在不同市场经常采用五个进入模式的大部分或全部。

- 企业实施国际化战略时会遭遇很多风险。

在通过跨国化战略实现市场多元化时，公司需要了解和处理的两类主要风险是政治风险（跨国企业因为政治力量或事件导致企业分裂的风险。所说的事件既可能发生在东道国和总部所在国，也可能因国际环境的改变而导致）和经济风险（经济实力较弱的国家或地区给公司成功执行国际化战略带来不利影响的风险）。

- 成功采用国际化战略（特别是多国化战略）来建立公司的战略竞争力，可以提高公司的效益和创新能力。国际多元化促进了公司的创新能力，因为它可以为公司的创新投资提供更快更大的收益。另外，国际多元化有利于公司维持庞大研发项目所需资源的整合。

- 通常，国际多元化有利于取得超额回报，但这是以有效实施并很好地管理公司国际化运营为前提的。国际多元化提供了更大的规模经济和学习效应，这些效应和创新的结合有助于取得超额利润。

- 某些事件或状况会影响企业通过国际化战略追求战略竞争力的努力。企业有效管理国际化扩张的能力也会受到一些限制。国际多元化增加了协调和分配的成本，而贸易障碍、物流成本和文化多样性等因素加剧了管理问题。

关键术语

全球化战略	国际化战略	多国化战略
绿地投资	国际多元化战略	跨国化战略

复习思考题

1. 什么样的动机促使公司采用国际化战略？
2. 公司成功采用国际化战略所得到的三个基本利益是什么？
3. 作为业务层国际化战略基础的国家优势的四个决定性要素是什么？
4. 三种公司层国际化战略分别是什么？列出各种战略的劣势和优势。
5. 影响国际化战略的选择，尤其是公司层国际化战略选择的全球环境趋势是什么？

6. 公司进入国际市场所采用的五种进入模式是什么？这五种模式在实施过程中是如何排序的？
7. 什么是政治风险和经济风险？公司如何应对这些风险？
8. 采用国际化战略，特别是国际多元化战略公司，得到的战略竞争成果有哪些？
9. 可能会对公司成功应用国际化战略的能力发生影响的两个主要事件是什么？

讨论案例

国际化战略：ABB 集团的发展引擎

在全球范围内，总部位于瑞士苏黎世的ABB集团是电力和自动化技术领域的一个强有力的竞争者。ABB集团的业务遍布全球100多个国家，拥有14万名员工，下设五大业务部门：电力产品部、电力系统部、离散自动化与运动控制部、低压产品部和过程自动化部。ABB主要在八个地区开展业务：北欧地区、中欧地区、地中海地区、北美地区、南美地区、印度、中东和非洲地区、北亚地区、南亚地区。全球地域多样化经营逐渐成为ABB的一个优势。

然而，这也增加了国际化战略操作的困

难。举例来说，ABB 的电力系统业务的表现令人担忧，近几年主要由于经济衰退的影响在好几个国家的表现都不尽如人意。尽管它在新兴经济体内遇到了管理难题，它的大部分增长致力于促进当地的基础设施建设（如电力系统和输电网）。2014 年，ABB 宣布亚洲、中东和非洲这三个地区的收益占总收益的 37%（约为 153 亿美元），而在新兴市场的收益"预计在 2015～2020 年能达到总收益的 2/3"。

近几年，ABB 进入新的市场或者在原有市场进行扩张的方法，一般都是通过收购市场中原有的企业。最近，ABB 收购了西门子公司的太阳能业务、宝威集团（Power-One），以及美国的洛斯盖托斯（Los Gatos）研究中心（环境监测和研究中所用到的气体分析器的制造商）。对宝威集团的收购说明太阳能产业的衰退是公司面临的一个主要挑战。不过一些分析师也预测，长期来看，这个产业的前景是光明的。ABB 集团也通过其他方式来进入新市场和进行扩张。就拿 2013 年 ABB 集团和中国江苏精科智能电气股份有限公司组成的合资公司来说，这个合资公司专注于高电压变压器设备的设计、制造和售后服务，最近还拿到了来自巴西和南非公司的重要订单。

2008 开始的全球经济萧条是导致市场表现低迷的部分原因。另外，一些错误的扩张决策也使 ABB 的业绩表现不尽如人意。为此，2013 年 CEO 和主要的技术部经理宣布了他们的辞职决定。尽管有这些变故，ABB 始终是一个大家都看好的全球品牌。经历这些变故之后（例如，停止了在某些地区的业务），

它的收入和利润又开始上升了，这些积极的变化归功于北美地区业务的成功开展。2010 年，ABB 收购了葆德公司（Baldor，美国的工业摩托车制造商），2012 年又收购了托马斯 & 贝茨公司（Thomas & Betts）。这些收购都极大地促进了它在北美的业务的开展，增加了它的收入。此外还要归功于设置在美国的机器人业务总部，它在设备制造与机器人上同样取得了成功。ABB 甚至采取行动帮助小型公司，例如帮助一些啤酒工业的小公司自动化其生产进程。因此，即使在动荡的时期，ABB 的未来依然是光明的。

资料来源：2015, About ABB, www.abb.com, accessed on June 18; J. R. Hagerty, 2015, Meet the new robots, *Wall Street Journal*, June 3, R1-R2; 2014, Emerging markets key to ABB's growth strategy, *MEED*; *Middle East Economic Digest*, September 12, 14; J. Revill, 2014, Robots keep the beer flowing. *Wall Street Journal*, December 27, B4; 2013, ABB procures contract in Brazil, *Zacks Equity Reserch*, www.zacks.com, May 14; 2013, ABB's South African project, *Zacks Equity Research*, www.zacks. com, May 13; P.Winters, 2013, ABB loses Banerjee after Hogan's decision to step down, *Bloomberg Businessweek*, www.businessweek.com, May 13; J. Revill & A. Morse, 2013, ABB CEO to resign, *Wall Street Journal*, www.wsj. com, May 10; 2013, ABB strengthens footprints in China, *Zacks Equity Reserch*, www.zacks.com, May 10; J. Revill, 2013, ABB buys US gas analyzer company Los Gatos Research, *Wall Street Journal*, www.wsj.com, May 3; 2013, ABB/Power-One: Shining example, *Financial Times*, www. ft.com, April 22; W.Pentland, 2013, ABB gambles big on solar power, *Forbes*, www.forbes.com, April 22; M. Scott, 2013, ABB to buy Power-One for $1 billion, *New York Times Dealbook*, http://dealbook.nytimes.com, April 22; J.Shotter, 2013, ABB boosted by US v ventures, *Financial Times*, www.ft.com, February 14; J. Shotter, 2012, ABB overhauls power systems division, *Financial Times*, www. ft.com, December 14.

讨论题：

1. ABB 集团进入国际市场的主要原因是什么？

2. 你觉得 ABB 所采取的是哪一种国际化战略？为什么？

3. 为什么 ABB 集团选择收购与合资企业作为进入国际市场的主导模式？

4. ABB 致力于进入新兴经济体市场，在这一过程中它可能会遇到的政治、经济风险是什么？

5. 当 ABB 集团实施国际化战略时，会遇到什么样的组织难题？

第9章 | Chapter9

合作战略

 学 习 目 标

1. 明确各种类型的合作战略的定义，并能够解释为什么企业使用特定类型的战略。
2. 定义并讨论三种不同的战略联盟。
3. 理解企业使用业务层战略联盟的方法和用途。
4. 讨论多元化公司中公司层合作战略的用途。
5. 理解跨国战略联盟作为合作战略的重要性。
6. 描述合作战略的竞争风险。
7. 描述管理战略联盟的两种基本方法。

 开 篇 案 例

谷歌、英特尔与泰格豪雅：合作生产智能手表

在实施不同类型的合作战略时，为了实现对所有合作伙伴来说非常重要的共同目标，众企业承诺与其他合作伙伴分享其独特的资源。合作战略实施的关键因素在于，个别企业通常能够识别出它们不能把握的机会，因为它们清楚自身缺乏某种所需的资源或所需资源在数量上较为匮乏。

一些合作关系存在于同类型的企业之间，这些企业期望通过发展规模经济来增强企业竞争力。基于这种原因，多年以来许多汽车制造商建立了大量的合作关系。还有在不同领域竞争的企业综合各自独特的资源来进行合作，以实现它们认为可以创造价值的共同目标。以上原因所描述的原理驱使谷歌、英特尔和泰格豪雅（TAG Heuer）建立合作关系，设计并生产一款新型智能手表。三家公司中的许多人均十分看好这一合作项目，他们认为泰格豪雅在打造一款有竞争力的智能手表方面欠缺科学技术，而在硅谷科技区的企业设计能力相对薄弱。

在某种程度上，谷歌、英特尔和泰格豪雅的合作决定是对苹果公司 iWatch 产品的战略反击。那些领先行业水平的瑞士手表制造商普遍认为，如果谷歌、英特尔和泰格豪雅不

能采取有效反击 iWatch 的战略决策，那么这项决定无疑是失败的。谷歌、英特尔和泰格豪雅则相信它们是唯一可以对 iWatch 做出回应的企业，因为它们有拥有生产智能手表的科技实力，并且它们能够按照苹果公司的决策来生产高端奢侈智能手表，起初手表均价在1 万～1.7 万美元。除了泰格豪雅，其他瑞士手表制造商也意识到了智能手表的威胁，并纷纷采取行动。"斯沃琪（Swatch）、百年灵（Breitling）、万宝龙（Montblanc）和康斯登（Frederique Constant）是卷入这场竞争战场中的典型代表，它们所生产的产品不仅有固定在表带上的通信装置，还有带有健康计量的镀金手表。"智能手表所涵盖的市场份额是三家公司在智能手表合作项目上的重大支撑。2014 年，全球销售了 460 万块智能手表，有分析师认为 2015 年该智能手表的销售额会增加至 3 000 万块，然而，事实上 2015 年瑞士手表的销售数量与前一年相比下降了 6.3%。

　　泰格豪雅的 CEO 让 - 克劳德·比弗（Jean-Claude Biver）描述与谷歌和英特尔达成联盟的性质其实是："瑞士制表业与硅谷科技园的联合是一场科技创新和诚信制表业的联姻。我们的合作发挥出强大的协同作用，双赢合作关系的建立，对我们三家公司来说潜力是无穷大的。"从本质上讲，他相信谷歌和英特尔所带来的无可比拟的技术创新能力，以及泰格豪雅的良好信誉和技术实力为生产奢侈品瑞士手表创造了事半功倍的生产条件。泰格豪雅被视作奢侈品的原因之一，正是因为它是法国奢侈品巨头路易威登集团（LVMH）下的一款产品。影响联盟形成的原因有很多：一是谷歌希望证明它们的软件能够使可穿戴设备高效运作；二是英特尔希望展示它们的芯片能够应用到可穿戴设备中；三是泰格豪雅希望设计并生产出技术更加先进的手表，以满足当代精通技术消费者的需求。为了拓宽它们在奢侈品领域的市场，谷歌公司和英特尔公司也建立了其他的战略联盟。例如，英特尔与陆逊梯卡集团（Luxottica）合作生产智能眼镜，而谷歌也和该集团合作创造出新型谷歌眼镜。

　　像所有战略部署一样，以谷歌、英特尔和泰格豪雅之间的联盟为例，战略联盟并非零风险。以不断创新为导向的科技公司文化，与以精确为导向的瑞士奢侈手表制造行业文化能够顺利结合的程度是一项很关键的因素。战略联盟存在的另一风险在于协调工作很有可能缺乏效率，这些与国际电子供应产业链相关的协调合作涉及在不同国家、不同企业中的整合运作。然而，尽管存在以上潜在的风险，在飞速扩张的全球市场中把握创新的机会足以支持谷歌、英特尔和泰格豪雅在设计和生产新款智能手表上选择合作的这一决策。

资料来源：A. Chen, 2015, Google, Intel, TAG Heuer to collaborate on Swiss smartwatch, *Wall Street Journal Online*, //www.wsj.com, March 19; M. Clerizol, 2015, There's something in the way they move, *Wall Street Journal Online*, www.wsj.com, March 18; L. Dignan, 2015, Can TAG Heuer, Intel, Google collaborate and create a smart enough watch? *ZDNET* Online, www.zdnet.com, March 19; S. Kessler, 2015, Intel, Google, and TAG Heuer announce a Swiss smartwatch, *Fast Company Online*, www.fastcompany. com, March, 19; J. Newman, 2015, TAG Heuer, Google, and Intel get together to announce a conceptual smartwatch, *PCWorld Online*, www.pcworld.com, March 19; J. Revill, 2015, Swiss watchmakers rise to the smartwatch challenge, *Wall Street Journal Online*, www.wsj.com, March 19; K. Sintumuang, 2015, Will the Apple watch eclipse the classic Swiss watch? *Wall Street Journal Online*, www.wsj.com, April 17.

　　在第 5 章"开篇案例"中我们提到，谷歌在多领域内参与竞争，计划进入智能手表的市场。在本章"开篇案例"中，我们详细讲述了谷歌的具体行动，更确切地说，我们讲述了谷歌、英特尔和泰格豪雅的合作战略，目的是为了通过应用科技创新参与全球奢侈品时尚领域的竞争。离开任何两个合作伙伴，任何一家企业都无法生产出特定的智能手表。这一合作是通过每家企业利用其独一无二的资源（加上能力和核心竞争力）来设计、生产并在特定市场发行一款产品。明确结合各个企业仅有的资源，于是一款特别的智能手表由此研发、生产出来。因此，与所有实施合作战略的企业一样，这三家企业试图通过各种方式利用其资源，为股东谋取最大利益。[1]

形成一个如谷歌、英特尔和泰格豪雅间的合作战略，有可能帮助企业达成对它们都十分重要的共同目标，如企业成长。具体而言，**合作战略**（cooperative strategy）是指多个企业之间建立合作关系，以实现共同的目标。[2]企业间通过合作的战略来为消费者创造其自身不能创造的价值。如上文提到的，谷歌、英特尔和泰格豪雅之间的合作就体现了合作战略，若是没有结合三家企业的资源，任何一家企业都无法生产出特定的智能手表（在本章中，"资源"一词的含义具有包括性，指公司的能力和物力、财力）。

企业也试图通过合作战略来建立竞争优势。[3]通过合作战略获得的竞争优势通常被称为**合作优势或关联优势**（collaborative or relational advantage），[4]即以竞争优势为基础建立合作关系。重要的是，成功应用合作战略有助于企业形成竞争优势，从而在战略竞争力和高于平均水平回报[5]等方面战胜其竞争对手。

本章将就以下几个主题进行讨论。首先，由于战略联盟是合作战略最主要的类型，我们将定义并区分几种不同类型的战略联盟，并提供相关案例。由于战略联盟比其他合作关系类型更被广泛地应用，所以我们将专注于战略联盟这一合作类型。其次，我们将描述业务层合作战略、公司层合作战略、国际合作战略和网络合作战略。最后，分析合作战略的风险，以及如何有效地管理合作战略以减少风险。

9.1　合作战略的主要形式：战略联盟

战略联盟（strategy alliance）是一种合作战略，企业间通过该战略组合其资源和产能，从而创造竞争优势。战略联盟包括了企业在某种程度上互换和共享资源，从而共同发展、共同销售和共同服务于企业的产品或服务。[6]另外，企业通过战略联盟来平衡现有的产能和资源，同时通过与其他企业的合作，来发展额外的产能和资源，以形成新竞争优势的基础。[7]毫无疑问，在现代社会中，战略联盟是企业用来超越竞争对手的一项重要战略。[8]

瞻博网络公司（Juniper）与阿鲁巴网络公司（Aruba Networks）的联盟正是通过整合每家企业独一无二的资源形成竞争优势，从而超越竞争对手。为了增强它们的创新能力以解决复杂的企业问题，瞻博和阿鲁巴在产品研发和销售阶段达成合作，平衡客户与分销商的关系。针对这一战略联盟，有分析师认为，"瞻博将为这一联盟贡献有限基础设施方面的专业知识（企业交换机和路由器），而阿鲁巴则提供无线移动解决方案"。[9]

在描述三种主要的战略联盟形式及其使用原因之前，我们首先要指出，对于所有的合作战略，只有各方积极参与合作行动，合作战略才有可能成功。一些众所周知的能够为联盟成功做贡献的合作行为有：积极解决问题；相互信任；不断改进资源和产能融合的方式来创造价值等。[10]

9.1.1　战略联盟的主要形式

合资、产权战略联盟和非产权战略联盟是三种主要的战略联盟形式，而所有权是这三种联盟形式的关键区别。

合资（joint venture）是两家或两家以上的企业拿出部分资产和产能来共同成立一家独立的企业，从而形成竞争优势。通常，合伙人在合资企业中拥有相同的股份，对于企业运营承担相同的责任。通常，在经济环境不稳定时，企业往往通过结成联盟来提升其竞争力。合资对于建立企业长期合作关系及共同分享企业内部隐性知识尤为有效。

最近美国通用汽车公司和中国上海汽车集团股份有限公司（中国汽车制造业销售量最大的企业）成立合资企业，研发迎合中国消费者偏好的新式汽车。合资企业名为"上海通用汽车公司"，双方在合作战略中各占 50%。2016 ～ 2020 年，合作双方计划投资 1 000 亿元人民币，大约为 164 亿美元，投资期限的每五年间，发展至少"10 项全新或翻新"的车型。一部分投资被应用到向中国引进绿色科技。利用绿色科技生产汽车的方式是合资产品区分与竞争对手产品的关键。[11] 不仅如此，上海汽车集团还与德国大众汽车公司建立合资企业，在众多产品中，上海大众汽车合资企业生产的途观越野车型，是第一辆在中国销售的外国品牌的SUV。[12]

隐性知识对于发展企业核心竞争力越来越重要。但由于难以编码标准化，隐性知识需要通过经验才能传递。例如，合资企业的员工在共同工作中相互交流，来传递隐性知识。[13] 总而言之，当公司需要联合其资源和产能来形成个体所不具备的竞争优势，以及当合伙方计划进入高不确定性、高竞争性的市场时，合资是一种最佳的合作方法。

第二种方式是产权战略联盟（equity strategic alliance）。在这种方式中，成员企业进行不同比例的投资建立一家新的企业，并且通过资源联合获得新的竞争优势。很多外国的跨国企业对中国的直接投资就是这种方式。例如，波士顿科学公司与法兰克曼医疗企业有限公司建立联盟，总部设在中国苏州。波士顿科学公司将成为法兰克曼的股东，"向法兰克曼提供服务与专业知识支持其持续增长、发展渠道以及制造能力"。这一联盟将结合波士顿科学公司的微创内窥镜科技相关能力与法兰克曼当地的市场专业知识。[14] 同样地，许多中国企业对外直接投资也是通过产权战略联盟。[15]

有时候企业建立产权战略联盟是为了改变战略以获取竞争优势。江森自控企业近来与延锋汽车饰件系统有限公司建立联盟，名为"延锋汽车内饰"，在印度、日本、中国、欧洲和美国生产和销售座舱系统，地面控制台和仪表盘。江森占 30% 的股份，延锋持有 70% 的股份。这一联盟使得江森发展了汽车内饰的业务。分析师将这一合作关系的形成看作江森采取的行动，重点发展高利润非自动化业务，如"为商业建筑提供的约克制热和空调设备"。[16]

非产权战略联盟（nonequity strategic alliance）是指两个或两个以上的企业通过发展企业间契约关系，以实现特有资源和能力的共享，提升竞争优势的一种联盟。[17] 在这种类型的战略联盟中，企业之间仅仅依靠契约进行合作而不涉及产权，更不会有新的企业实体诞生。因此，与合资和产权战略联盟相比，非产权战略联盟显得不那么正式，对成员企业的约束也更少，但研究证据表明，这种合作为各参与公司创造了价值。[18] 非产权联盟的这一特点使其不适合于一些复杂的项目，如某些项目涉及成员企业隐性知识转移问题。[19] 许可证合同、分销合同和供应契约都是非产权战略联盟的例子。

通常，外包都是以非产权战略联盟方式进行的（第 3 章提到，外包是指从其他企业购买一个价值链活动或一个支持活动）。苹果公司和其他电脑、平板和智能手机公司大多将它们全部或部分产品外包给非股权战略伙伴——苹果公司一直将主要的制造过程外包给主要合作伙伴——

中国台湾合约制造商富士康科技公司。最近，富士康用其大部分在中国的生产设备生产制造了70% 的 iPhone 6。[20] 企业通常选择建立非产权战略联盟向中国企业外包制造业，正是因为中国企业的规模经济能够带来可观的成本效益。[21] 存在于产品设计商（如苹果）和制造商（如富士康）之间的合作模式很可能会继续存在下去，其中一个原因是富士康所存在的经济系统中，不同的企业向产品制造提供所需用的零部件。有效的经济系统，如富士康运作的那样，会创造出竞争对手难以模仿的竞争优势。[22]

9.1.2 企业采取战略联盟的原因

合作战略是竞争环节中不可缺少的一部分，并且对许多公司来说非常重要。事实上，在一个典型的企业中，联盟方式贡献了 25% 甚至更多的销售额，这充分说明了它的重要性。除了营利组织间的合作，很多个体企业与教育机构合作，将高校所产生的研究成果商业化。[23] 除了以竞争目的形成于两企业间的二元合作关系，在一些行业内还存在大型联盟之间的竞争。这一竞争模式体现在全球航空领域，个体航空公司参与竞争的同时，还加入航空联盟（如星空联盟、寰宇一家和天合联盟），大型联盟之间的竞争由此开展。[24] 企业加入一系列联盟的行为表明，有许多种选择来寻求在合作中提高自身的竞争优势。

总体而言，企业参与战略联盟的原因有很多。在这里我们提到两点原因，在下文中还将讨论其他原因，关于战略联盟能够帮助企业在慢周期市场、快周期市场和标准周期市场中提升自身的竞争优势。

原因之一是，战略联盟有助于合作双方创造其自身无法创造的价值，并且可以更快地进入市场。[25] 网络新闻出版商《卫报》、CNN 国际新闻、《金融时报》和《经济学人》之间以广告商扩大受众群体为目的的合作关系恰恰说明这一原因。这被称作 Pangea，联盟者认为这次合作会协助企业在全球范围内的有效扩张。一位公司的高管评论这一联盟时说道："我们共同努力保证这些出版商品牌的质量，现如今发展已成规模。"[26]

采用战略联盟的原因之二是，大部分的企业都不具备实现其目标的整套资源和产能，与其他公司合作可以增加完成公司特定效益目标的可能性。由于资源有限，企业会因为各种原因去合作，例如，在不明显增加公司成本的情况下，获取更多的新客户、拓展商品的分销渠道。

在 Expedia（全球最大的在线旅游公司）和拉丁美洲在线旅游公司 Decolar（管理者葡萄牙Decolar 和西班牙 Decolar）的合作中，双方都获取了自身无法创造的价值。从这一点上来说，合作"让拉丁美洲的游客更好地了解到了 Expedia，同时 Decolar 通过 Expedia 扩大在全球酒店中的投资组合中受益。"[27]

竞争市场根据其独特的竞争条件分为慢周期市场、快周期市场和标准周期市场。[28] 在第 5章我们讨论了这三种市场类型，同时分析了竞争对手和动态竞争。这些特定的条件表明，在不同的市场类型下，企业采取战略联盟所达到的目标不同（见图 9-1）。

慢周期市场（slow-cycle market）是指企业竞争优势被长周期和高成本模仿所阻碍的市场。这些市场与垄断状况密切相关，如铁路、历史、电信、设施建设以及金融服务是典型的慢周期市场。在快周期市场（fast-cycle market）中，企业的竞争优势不会被效仿所限，但是这种市场没有可持续性。标准周期市场（standard-cycle market），竞争优势适度地被模仿所限，因此可以维持比快周期市场更长的时间，但是比慢周期市场时间要短。

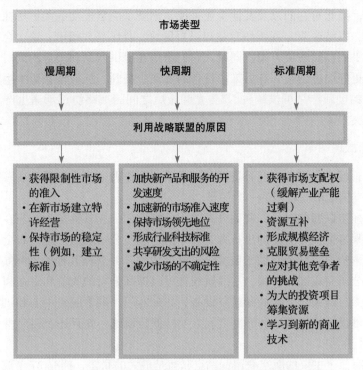

图 9-1 在不同市场环境中企业发展战略联盟的原因

1. 慢周期市场

在慢周期市场中的企业常常采用战略联盟来进入限制性市场，或者在新市场中获得特许经营。举例来说，嘉年华公司（Carnival Corporation）拥有并运营着嘉年华游轮，最近和中国招商局集团建立两家合资企业，在金融投资、资产发展和交通运输方面展开合作。第一家合资企业围绕造船业展开，另一合资企业专注于发展在中国境内和周边地区的港口建设和旅游目的地。中国第一只旅游航线的开发将以中国消费者为目标市场，这是两家企业合作的成果之一。中国的邮轮产业正处于快速发展阶段，嘉年华公司意图在中国快速扩大发展规模。同样地，中国招商局集团希望和邮轮行业内主要的竞争者进行合作，从而在未来的发展中更好定位。[29] 在 21 世纪的竞争格局中，慢周期市场越来越少，导致这一结果的原因包括产业和经济私有化，互联网快速传播信息能力的提升，以及快速模仿复杂产品的技术进步加快。[30] 在慢周期市场中竞争的企业，必须意识到将来它们的竞争优势将面临部分持续（标准周期市场）和不可持续的处境（快周期市场）。合作战略可以帮助公司从相对封闭的市场过渡到更具竞争力的市场。[31]

2. 快周期市场

快周期市场不稳定、不可预测而且复杂，换句话说就是"超级竞争的市场"。[32] 这些条件复合在一起实际上就抵消了企业建立的长期的竞争优势，迫使企业持续寻找新的竞争优势，同时一边采用现有竞争优势创造价值。企业之间过剩的资源、能力和潜能帮助其在快周期市场中竞争，有效地从现在过渡到将来，并且快速进入新市场。这样的"合作心态"是至关重要的。[33]

美光科技公司（Micron Technology）和希捷科技公司（Seagate Technology LLC）在制造存储体系领域是竞争关系，在这一领域中，建立可持续性竞争优势是绝无可能的。存储体系行业属于快周期市场，因此对它们以及其他企业来说是创新是决定成功的关键所在。最近美光和希捷建立战略联盟，以结合双方创新和专业知识为目的。合作双方相信，这次合作能够向消费者提供行业领先水平的存储解决方案。同时，它们坚信在提供产品和服务的同时，消费者购买合作出来的产品会更好促进创新。在后来消费者的反馈中提到，从战略联盟中生产出的产品使他们相信会有更多的创新产品可供购买。"美光和希捷之间的战略协议承诺生产具有创新性的基于闪存的存储解决方案。"[34]

3. 标准周期市场

在标准周期市场中，在存在互补资源的情况下，合作者之间更容易达成联盟。航空公司之间的联盟就是标准周期市场联盟的一个例子。

在初步建立航空联盟的时候，联盟公司之间共享它们的互补性资源，为在美国和欧洲二线城市之间来往的乘客提供更简便的出行方式。今天，航空公司联盟已经遍布全球，联盟成员取得了很强的市场影响力。联盟有助于航空公司降低成本，并获得其他的国际航线。[35] 更多的国际航线可以帮助公司完成国际扩张，这些航线也可以提高公司的收益和潜在利益。为了控制成本，联盟成员会参与购买航空物品和航空设备，如乘客门、乘客服务中心和机场等候室。对于乘客，航空联盟可提供简便售票和洲际之间方便的旅行航线，并且还有机会赚取或兑换其他航空公司的额外飞行里程。

现在世界上有三个主要的航空联盟：星空联盟是最大的联盟，拥有 27 个成员；寰宇一家是最小的联盟，包括 20 个成员；天合联盟的成员数量处于两者之间。这些联盟的市场正在扩张，越来越多的亚洲航空公司也加入这些联盟。大体上，大多数航空联盟（如我们提到的三个），是为了形成规模经济，应对竞争挑战而形成的。如图 9-1 所示，航空联盟通过代码共享协议，降低关于运营、维修和采购成本的方式，帮助联盟成员获取规模经济，从而提高竞争优势。[36]

9.2　业务层合作战略

业务层合作战略（business-level cooperative strategy）是指企业整合它们的资源，从而在一个或多个市场中竞争以建立竞争优势。正如在第 4 章提到的，业务层战略详细描述了企业在特定产品的市场中为获取竞争优势应该采取怎样的行动。因此，企业采取业务层合作战略意味着，它相信通过与一个或多个合作伙伴进行资源和产能整合，将会为公司创造该公司自身不能创造的竞争优势，而这将带领公司在特定的市场中走向成功。图 9-2 列举了四种业务层合作战略。

9.2.1　互补性战略联盟

互补性战略联盟（complementary strategic alliance）就是业务层联盟中的企业以互补的方式实现资源的共享来创造竞争优势。[37] 纵向和横向是互补性战略联盟的两种主要类型（见图 9-2）。

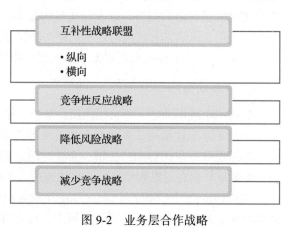

图 9-2　业务层合作战略

1. 纵向互补性战略联盟

在**纵向互补性战略联盟**（vertical complementary strategic alliance）中，企业之间通过共享价值链中各种层面的技术和能力来创造竞争优势（见图 9-3）。[38] 通常，纵向互补性战略联盟的形成是为了适应环境的变化；[39] 有时，在调整的同时，变化也意味着机会。[40]

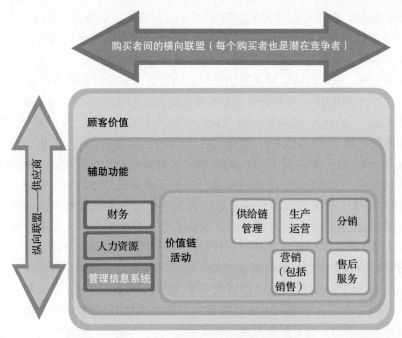

图 9-3　纵向和横向互补性战略联盟

企业意识到，由于各种设备的存在，如智能手机应用、GPS 导航系统和无线网络，如今的消费者比以往连接更为紧密。美国通用照明公司和创锐讯公司（Qualcomm Atheros，美国高通公司旗下附属公司）建立了纵向互补性战略联盟，为精通技术的买家带来另一种实用功能。创锐讯可以提供位置信息，通用照明的节能灯泡可以用在零售店照明，通过两者技术结合，为零售商创造了和消费者对话的可能性。这一配置创造的实时连接，使得"零售商将产品信息与方位地点结合，创造出全新的工具，如室内导航、无限通道、推荐商品、产品信息、特价销售或是折扣产品。那些下载使用零售商应用程序的消费者可以轻松获得这些信息"。[41]

2. 横向互补性战略联盟

横向互补性战略联盟（horizontal complementary strategic alliance）是指企业共享一部分价值链中同一层面的资源和产能来创造竞争优势。汽车制造业和制药公司常常建立横向互补性战略联盟。在这方面，索伦托医疗公司（Sorrento Therapeutics）与 NantWorks LLC 合作发展"针对癌症和自身免疫病的下一代免疫疗法"。[42] 从更广泛的角度看，世界上一些大型制药企业，包括辉瑞制药公司、百时美施贵宝公司、葛兰素史克和礼来公司，正在通过美国国家卫生研究院组织的合作平台，共享它们的专利资产。五年的合作关系最主要的目的是加快开发和生产应对顽固性疾病的药物[43]。

通常，企业的横向互补性战略联盟是为了集中于长期的产品开发和销售。[44] 例如，波音公司和洛克希德·马丁公司近来达成合作，"坚决维护它们有利可图的太空火箭业务，使用可重复利用的引擎装备制作全新的火箭，从而削减火箭发射的成本，为各种太空商业投资提供踏脚石"。[45] 因此，此次合作的本质是开发在太空盈利的机会。

9.2.2　竞争性反应战略

在第 5 章曾提到，企业可以通过发起竞争以反击对手，或者通过竞争响应回击竞争对手。业务层的战略联盟就可以用于响应竞争对手的攻击。"开篇案例"提到的谷歌、英特尔与泰格豪雅之间形成的联盟，就是对苹果引进 iWatch 战略行动的反应战略。由于逆转的难度很大，并且运作成本也相当高，因此战略联盟主要用来以相同的方式响应对手的战略而不是战术活动。

2007 年 10 月，SABMiller 啤酒公司与摩森康胜酿酒公司（Molson Coors Brewing Company）形成合作伙伴关系。在当时，这两家公司分别持有美国啤酒市场第二大、第三大的占有率。合作形成的公司米勒康胜（MillerCoors）控制大约 29% 的美国啤酒市场。然而，安海斯－布希公司（Anheuser-Busch）自己就占据了 49% 的市场。米勒康胜合作公司的建立的确是对安海斯－布希公司规模的反应。（2008 年安海斯－布希公司被百威英博公司并购，创建了全世界最大的啤酒商。）合作将带来大规模的成本削减与通过公司合作运营增强规模经济的能力，一位公司官员表示，"米勒与康胜将成为一家比任何一家独立公司都要更为强大，更有竞争力的美国啤酒商"。分析师们赞同这样的评定，其中一位指出合作关系将给两家公司带来"实质上更大的规模，这将给它们的零售商与分销商带来帮助，同时帮助削弱安海斯－布希头号公司的竞争优势，即其市场份额"。[46] 达成成功的合作以对多年来的竞争做出回应，今天米勒康胜公司正在努力竞争，对抗消费者正在出现的由家庭啤酒向工艺酿造啤酒与鸡尾酒的偏好转变。[47] 因此，找到有效管理联盟前进的方法是其未来成长的关键。

9.2.3　降低风险战略

在快周期市场中，企业通常采用业务层战略联盟来规避风险和不确定性。[48] 它们还可以在不确定因素存在的情况下发挥作用，例如，进入一个新的市场，特别是新兴经济体市场。

随着全球汽车企业生产越来越多的混合动力汽车，电池行业没有足够的能力来满足此类车型对于电池的需求。反过来，缺乏充足的电池供应使汽车工业产生不确定性。为了降低这样的风险，汽车公司形成联盟。例如，德国戴姆勒公司购买特斯拉电池，应用于"小型"迷你汽车和福莱纳（Freightliner）货车中。尽管戴姆勒公司出售了其在特斯拉 4% 的股份，合作依然继续。[49] 明白能够通过特斯拉公司获得高质量的电池，减少了戴姆勒公司关于制造部分商品所需重要零部件的不确定性。

我们将在"战略聚焦 9-1"中深入讨论特斯拉公司。正如你所看到的，战略联盟对企业的现行运营至关重要，并且毫无疑问会影响其在长期取得成功的能力。

|战略聚焦 9-1|　战略联盟：特斯拉汽车的运营基础

特斯拉（Tesla）创立于 2003 年，电子交通工具制造商，形成了很多联盟作为其早期的竞争方式。例如，公司与达纳控股公司（Dana Holding Corporation）创立了研发合作伙伴关系，最初是为了共同设计与开发能够控制汽车电池内热量积累的系统。总之，特斯拉在用以生产产品的价值链上与许多公司进行了合作。在这个意义上，特斯拉已经与供应商、研发专家以及原装设备制造商（如戴姆勒）形成了联盟。戴姆勒和特斯拉合作的项目之一是 B 级电动车，来自梅赛德斯－奔驰的全电动汽车。其他多年来形成的合作伙伴关系包括特斯拉与法国公司索蒂拉（Sotira）的非股权战略联盟，以及与日本公司松下形成的股权联盟。与索蒂拉的合作的目的是为其汽车制造碳纤维车体，而特斯拉电池组的电池通过与松下合作生产。

有趣的是，特斯拉持续投入的电池研究以及创始人兼 CEO 埃隆·马斯克（Elon Musk）近期的暗示似乎表明，特斯拉的核心可能成为一家电池公司而非汽车制造商。一些评论的出现支持了这种可能性，它们指出特斯拉打算为家庭和电力公司制造和销售大型电池。公司建造和运营一个 1 000 万平方英尺[⊖]的设施（被称作 Gigafactory）以制作电池的决定似乎反映了特斯拉建立不同功能的电池阵列的能力。最初投资了 50 亿美元，该工厂将成为世界上最大的锂离子电池生产厂。Gigafactory 的目标之一是"让电池足够便宜，使电动汽车可以与传统的汽油发动机竞争"。有趣的是，Gigafactory 的大小和规模允许特斯拉生产远超过其汽车需求的电池数量。反过来，分析师则认为，该公司可能会寻求更多的合作伙伴关系，作为继续开发创新电池并出售其中一些产出的方式。

2015 年年初，苹果公司宣布一项旨在开发一款苹果品牌的电动汽车的内部计划，代号"Titan"，最初的工作是设计一款类似于小型货车的车辆。如果决定进入电动汽车的市场空间，苹果打算直接与特斯拉竞争。与此同时，苹果正在接近这种初步设计工作的严肃性是未知数，特别在决定放弃潜在创新之前，考虑到公司正在开发产品原型的模式。此外，鉴于设计和生产电动汽车的复杂性，即便苹果公司选择这样做，将其产品引入市场也需要几年时间来准备。尽管如此，苹果公司的大量可投资资产及其创新成果表明，特斯拉的高管们将会很好地认真观察苹果公司在 Titan 项目方面的进展情况。

最近其他关于特斯拉和苹果的猜测集中于苹果公司收购特斯拉的可能性，传闻价格大概为 750 亿美元。相比之下，一些分析师则表示，"某种合资或合作仍然是两者（苹果与特斯拉）最明智的赌注"。当特斯拉展望未来时，可能会与另一家创新型企业合作，但是与具有重要财力的公司合作，是否有成为可行选择的可能性？从广阔的角度而言，是否可能出现"一场两家技术巨头之间的合作，每个巨头都有巨大的影响力和信誉度，经过长期发展，将电动汽车从利基好奇心转变为大众消费品？"

资料来源：K. Finley, 2015, Tesla isn't an automaker. It's a battery company, *Wired*, www.wired.com, April 22; N. Gordon-Bloomfield, Move over Tesla: LG Chem now largest manufacturer of electric car battery packs thanks to Daimler deal, *Transport Evolved,* www.transportevolved. com, April 2; T. Lee, 2015, Apple, Tesla alliance still makes most sense for electric car, *San Francisco Chronicle Online*, www.sfchronicle.com, February 17; D. Wakabayashi & M. Ramsey, 2015, Apple gears up to challenge Tesla in electric cars, *Wall Street Journal Online,* www.wsj.com, February 13; C. Trudell & A. Ohnsman, 2014, Why the Tesla-Toyota partnership short-circuited, *Bloomberg News Online,* www. bloomberg. com, August. 7.

9.2.4 减少竞争战略

为了减少竞争，企业通常会采用共谋战略。共谋战略与战略联盟的不同之处在于，共谋战略一般情况下会违反法律。共谋战略分为显性共谋和隐性共谋两种。

⊖ 1 平方英尺＝ 0.092 9 平方米。

显性共谋（explicit collusion）出现在两个或多个企业就产出量和价格直接谈判并达成协议的情况下。[50] 在美国和其他经济发达的国家，显性共谋是违法行为（受管制产业除外）。因此，采用显性共谋战略的企业必须意识到竞争对手和监管机构可能会驳斥其竞争性行动的合理性。

隐性共谋（tacit collusion）发生于同一产业内的几个企业中，通过观察其他公司竞争性行为和反应，间接地对自己的产品和价格做出相应调整。[51] 隐性共谋通常发生在有几个大型企业主导的行业里。"在隐性共谋的情况下，竞争者反对定价，但是他们之中很少有人完全熟悉竞争形势是怎样的，也很少有人可以根据对竞争形势的了解阻止价格大幅下滑"。[52] 隐性共谋造成产品产出完全处于竞争水平之下，而价格却完全在竞争水平之上。然而研究发现，两家公司之间建立合资企业或合作能减少它们在其他共同市场中的竞争可能性。[52]

隐性共谋倾向于被看作在高度集中的产业内，减少竞争的一种业务层战略，如航空公司和早餐谷物产业。关于航空产业的研究显示，隐性共谋降低了服务质量和反馈的及时性。[54] 这些产业中，企业明确它们互相依赖的关系，这意味着它们的竞争性行为和反应会显著影响竞争对手采取的行动。清楚这一互相依赖的关系，谨慎观察竞争对手就可能导致隐性共谋。

过去，四大企业——家乐士、通用磨坊、Ralcorp Holdings（被康尼格拉食品公司收购）和北美桂格麦片公司（百事公司所有）的销售量占据了美国谷物快餐市场80%的份额。[55] 在接下来的几年，全球早餐谷物市场每年预期增长4%，直到2019年达到总销售额432亿美元的水平。[56] 一些人认为，消费者对于此类产品的高度关注导致价格远远超过了公司生产和销售的成本。在该行业中，如果出售价格高于竞争水平的价格，那么这些公司很有可能已经达成了显性共谋合作战略。

双向忍让（mutual forbearance）是隐性共谋的一种形式，在这种形式下，企业不会攻击在多样化市场中的竞争对手。通过参与多样化市场竞争，竞争双方可以学到许多有用的技巧和方法，包括如何应对竞争对手的攻击和快速响应。一旦竞争双方彼此了解之后，它们可能选择不再参与多样化产品市场的激烈竞争。[57]

总体上，自由市场经济中的政府不仅要对企业竞争状况是否违反规则制度进行判断，还要促进产业内企业之间的竞争。[58] 然而，评价特定行为是否属于共谋战略行为对政府来说确实是不小的挑战，尤其是隐性共谋。例如，安全监管分析师通过公平披露信息法规（Reg-FD）消除了通过潜在竞争获取竞争优势的私企信息的特权。调查显示，以这种方式，竞争公司更加相互克制，因为它们清楚竞争对手掌握它们的信息，由此引发出更多的隐性共谋。[59] 在最后的分析中，每个个体企业都必须分析减少竞争的战略对它们业绩与竞争力的影响，以及决定是否采取这样的战略以便取得竞争的成功。

9.2.5 业务层合作战略的评价

企业采用业务层合作战略来发展其竞争优势，并且有助于在特定产品市场中立于不败之地。证据显示，互补性业务层战略联盟，特别是纵向互补性业务层战略联盟极有可能为公司建立可以持续存在的竞争优势。[60] 由于横向互补性联盟是竞争对手之间通过合作形成的，这种联盟往往很难长期维持。例如，航空公司在向市场和消费者提供服务的竞争中十分激烈。然而，由于公司需要发展规模经济以及共享其资源（如调度系统），这使得企业不得不进行合作。企业靠着合作手段和方法在市场中竞争，同时还要与合作伙伴激烈竞争。这些联盟中每个企业面临的挑战是它们需要从合作以及竞争行动中寻找方法，以获得最大的价值。

尽管为了减少竞争、减少风险而形成的战略联盟有利于创造竞争优势，但是这些优势往往比互补性合作战略（无论是横向的还是纵向的互补）产生的效果更加短暂。主要原因在于，互补性合作战略比减少竞争和减少风险性合作战略更关注创造价值，减少竞争和减少风险性合作战略，主要是为了响应竞争者的行动或者减少风险，而不是对竞争者主动出击。

9.3　公司层合作战略

公司层合作战略（corporate-level cooperative strategy）是指企业通过与一个或多个公司进行合作，以实现扩张经营的目的的战略。在公司层合作战略中最常见的就是多元化联盟、协同联盟以及特许经营（见图 9-4）。

图 9-4　公司层合作战略

除了内部有机增长和并购，企业还可以通过多种手段利用多元化联盟或者协同战略联盟来提升企业的运作能力。[61] 联盟为企业进入特定市场提供了恰当的选择，尤其是在一些国家并购特别是（横向并购），受到政府限制。此外，公司层战略的价值还体现在：相对并购而言，公司层战略所涉及的承诺性资源[62] 较少，从而增加了企业合作伙伴多元化运作的灵活性。[63] 由于这种灵活性，公司层战略联盟还可能成为一块试金石，用于考验联盟企业是否在未来具有并购潜力。这个"测试过程"也是融合企业间独特的技术资源和产能而形成联盟的基础。[64]

9.3.1　多元化战略联盟

多元化战略联盟（diversifying strategy alliance），是指企业之间共享它们的资源和能力来获得产品和市场的多元化。企业利用这一战略，以已经生产出的产品或是新开发的产品寻找进入新市场（国内或国际市场）的方式。西科斯基飞机公司（Sikorsky Aircraft Corporation）是联合技术公司（United Technologies Corporation）的下属公司，与塔塔先进系统集团（Tata Advanced Systems）达成战略联盟，多样化经营生产出的产品。通过合作关系，西科斯基的 S-92 直升机座舱在印度进行制作生产，其余 5 000 多个航空航天零部件也是这样。联盟使得西科斯基的全球产业链多样化经营，这对生产其产品是至关重要的。[65]

9.3.2　协同战略联盟

协同战略联盟（synergistic strategic alliance）是指企业通过共享它们的资源来建立规模经济。与业务层横向互补性战略联盟相似，协同战略联盟是通过在合作公司间多种功能或业务之间的协同效应创造价值。法国品牌雷诺和日本品牌尼桑汽车公司在 1999 年形成的合作就是协同战略联盟，两家公司希望通过共享其资源和产能来建立规模经济，从而开发出生产雷诺汽车或尼桑汽车的制造平台。宝马汽车（BMW）依靠与中国汽车制造商华晨汽车（Brilliance）的合作（合作公司称为 BBA），在中国生产发动机设备和一些车型，其中包括"宝马 3 系和 5 系汽车，以及小型 X_1SUV 车系"。[66] 这一合作关系对宝马保持中国市场良好销售业绩是至关重要的，中国市场占宝马总产量的 1/5。

9.3.3　特许经营

特许经营（franchising）是一种公司层战略，企业采用特许经营作为一种契约关系来实现同合作伙伴对资源的共享。[67] 特许经营是指"由两家在法律上独立的企业签订的契约协议，在一定时期内，授权企业允许被授权企业销售其产品或者以授权商标进行商业活动"。[68] 通常，战略联盟的成功取决于授权企业如何以更低的成本将本企业的成功传递复制给联盟内的合作方。[69] 对比多元化战略联盟和战略联盟，特许经营是另一种通过企业并购追求经济发展的方式。麦当劳、精品国际、希尔顿国际、万豪国际、Mrs. Fields 曲奇公司、赛百味和 Ace 五金超市都是典型的采用特许经营公司曾合作战略的成功案例。

特许经营在集中度很低的行业中是十分吸引人的战略，例如，零售业、酒店业、汽车旅馆业以及商业印刷业。这是因为在这类的行业中，虽然有很多中小企业相互竞争，但没有一家或几家企业可以控制整个市场，所以企业可以通过契约关系联合独立企业以获得更大的市场份额。

对于大多数成功的特许经营而言，所有的合作伙伴（包括授予特许者和特许经销商）都必须紧密合作。[70] 授予特许者的主要责任包括发展完备的系统以向特许经销商传递其在当地成功竞争所需的知识和技巧。[71] 反过来说，特许经销商需回馈授予特许者关于如何提高其经营单元效率的信息。[72] 通过有效的合作，特许经销商和授予特许者共同加强了企业的品牌，而品牌正是特许经销商在当地获得成功的最关键因素。[73]

9.3.4　公司层合作战略的竞争优势评估

对任何一种战略联盟而言，都难免会产生一定的成本。[74] 与业务层战略联盟相比，公司层战略联盟涉及的范围更广，操作也更加复杂，因而成本一般也就更高。

除了成本之外，企业还可能通过有效的公司层合作战略获得竞争优势，创造新的价值。[75] 然而，只有联盟成功完成内部化之后，才能通过战略获得期望的优势。换句话说，就是进行公司层合作战略的企业总结出未来取得成功所需的知识。为了从这些知识中获取最大价值，企业必须集中所有联盟成员的知识并利用合适的方法实现知识的内部传递。

在第 6 章中，我们谈到企业考虑公司层战略时主要有两个问题：企业应拓展哪些业务；企业总部应如何运作管理这些业务。同样在企业实施公司层合作战略时也需要解决这两个问题。因此，企业也必须使得这些战略有价值、稀缺、难以模仿以及难以替代（见第 3 章），只有这样才能使企业在获得合作战略好处之外更能发展自己的竞争优势。接着我们将讨论企业的另一个潜在的竞争优势——联盟管理。

9.4　国际合作战略

从新的竞争格局来看，企业选择跨国交易的原因有很多。在第 7 章中我们讨论了跨国收购，一个国家的企业对其他国家的企业实施收购的行为，被称为跨国收购；在第 8 章中我们探讨了企业如何通过跨国收购进入国际市场；在第 9 章，我们将继续学习作为国际合作战略一种形式的跨国战略联盟。正如在第 7 ～ 9 章中所讨论的那样，企业采取跨国行动以实现少数相关目标。

跨国战略联盟（cross-border strategic alliance）是一种企业总部分布在不同国家的国际合作战略，它们为了达到资源和产能的最佳匹配、获得竞争优势而进行合作联盟。跨国联盟几乎存在于所有行业，并且数量也在持续增长中。[76] 一些跨国联盟的存在是为了替代并购（并购风险更大）。尽管跨国联盟相当复杂并且难以管理[77]，但它能够帮助企业整合资源和产能，在国外市场创造价值。雷诺和尼桑之间的跨国战略联盟被看作"汽车行业最成功的跨国联盟案例"之一。[78]通过合作，双方在发展、采购和生产过程中部分协作，目的是在全球市场中创造价值，这个价值是任何一个企业单独无法完成的。

国内增长机会的相对匮乏以及国外政府的经济政策，是许多企业成立跨国联盟的重要原因。在第 8 章提到，在某些国家，本地所有制非常重要。例如，在印度，政府的政策反应非常偏向于为当地企业授权。因此，在这些国家中，第 8 章讨论的全面进入模式对寻求全球多元化的企业已经不再适用。这种情况下，外国企业的投资只有通过与当地企业合作才可能得到许可，如跨国联盟。另外，与当地企业联盟可以帮助企业减少直接进入国外市场的某些不利条件，如对于当地文化和规则制度的了解不足。[79]跨国战略联盟还有助于外国合作伙伴学习并提高经营效果，这是因为当地合作企业具有在当地市场中成功竞争的更多知识，如当地市场、资金来源、法律程序和当地政治。[80]有趣的是，研究表明，尽管国外子公司间的竞争关系会缩短企业的存活期，但是有国外合作关系的企业存活的时间还是要长于没有国外合作关系的企业。[81]

通常，跨国战略联盟要比当地战略联盟更复杂，风险更高。空中客车集团和韩国航空航天工业公司 KAI 的联盟就是复杂性和风险性的最佳体现。它们正在韩国合作建造 300 架军用和民用直升机。[82]复杂性体现在，合作双方致力于设计并生产满足韩国客户需求的"下一代轻型军民用直升机"。风险包括在一种独特的、特定企业文化和实践的基础上，在可接受的时间段内和预算内设计下一代产品。尽管存在这些风险，像空中客车和韩国航空航天工业公司这样的企业还是选择建立跨国战略联盟，因为国际上的竞争企业远胜过国内的竞争对手。

9.5　网络合作战略

除了少数几个相互独立的公司形成战略联盟以外，大量企业之间可以形成网络联盟。[83]网络合作战略（network cooperative strategy）是指若干企业通过合作战略形成多重合作关系，以实现共同的目标。

通过全球合作网络，思科公司建立了多重合作关系，包括 IBM、艾默生、日立、富士通、英特尔、诺基亚以及威普罗（Wipro）。据思科公司来看，合作关系使公司通过提升公司能力推动公司发展，并且使业务差异化，从而进入新的业务领域，创造竞争优势。最近，思科公司从联盟中获取的年收入超过 50 亿美元。有时为了实现共享目标，思科公司和个别企业建立联盟关系，形成联盟关系网。[84]

思科公司与其合作的伙伴的竞争关系也说明了网络合作战略的复杂性。例如，思科公司在产品销售和服务方面要与 IBM 公司竞争。同时，思科公司与 IBM 公司的合作也非常积极，致力于帮助组织"寻求更好的方式联系客户，共享关键数据，并且创造分析洞察力以提高"[85]获取高于平均水平回报的能力。总体来说，尽管思科公司和 IBM 公司的关系非常复杂，两个企业却采用网络合作联盟的形式更广泛地为消费者创造价值，在国际市场和国内市场为消费者提供更多的产品和服务。

当网络战略的相关企业都集聚于一处时，网络合作战略最有效率，[86]例如，加利福尼亚的硅谷（硅谷的文化鼓励合作网络）和意大利罗马航空航天产业群。有效的社会关系以及合作双方通过沟通共享的能力和资源，将促使实施网络合作战略更加成功[87]，就像是拥有了一个富有创造力的战略中心企业（第 11 章将深入探讨战略中心企业）一样。采用网络联盟的企业可以通过很多途径获得知识和信息，所获得的这些信息有助于企业生产更具创造力的产品。最终，参与网络联盟的企业也更具创新力。[88] 然而，网络合作战略的缺陷也很明显，比如企业有可能会局限在当前联盟合作中，而放弃了其他潜在战略联盟的拓展。在一些特定的网络联盟组合当中，如日本的企业集团（Keiretsus）关系网，网络合作联盟的成员无论什么时候都要帮助其他联盟成员，这样的义务有时会成为企业的负担，并且从长期来看会降低企业的绩效表现。[89]

网络联盟的类型

网络合作战略的一大重要优势是合作中的企业能够接触"合作伙伴的合作伙伴"。企业加入多个合作联盟体系能够更好地共享战略资源和产能，并因此获得竞争优势。[90] 反过来，竞争优势的提升能够进一步刺激新产品的开发和发展，这在全球化背景中进行战略竞争十分重要。

利用网络合作战略可以形成一系列合作伙伴关系，我们可以称这类关系为**联盟网络**（alliance network）。联盟网络因产业条件的差异而不尽相同，稳定的联盟网络在需求稳定并可预测的成熟行业中形成。在这样的行业中，市场周期和需求预测的准确性都能达到很高的程度。通过稳定联盟网络，企业可以从其核心的、相对成熟的产业当中获得持续的利润，并且不断延伸其竞争优势。为此，稳定联盟网络通常用来实现企业之间的规模经济或者范围经济优势，如航空公司和汽车行业。[91]

动态联盟网络（dynamic alliance network）主要应用于产品创新速度快且周期短的行业。[92] 苹果公司和 IBM 公司所处竞争的行业就是典型例子。最近苹果公司和 IBM 公司建立合作关系，在业务服务领域进行合作，其目的是"让更多的 iPhone 和 iPad 进入企业，使更多的 IBM 服务项目，如数据分析、数据存储和产业链管理应用到移动设备上"。[93] 当然，苹果公司的 IBM 公司都分别和其他公司在发展零部件上存在合作关系，这对于他们生产产品是至关重要的。多个公司之间的关系网是苹果和 IBM 通过合作伙伴实现目标的基础。

在动态联盟网络中，合作伙伴通常探索新想法及引导产品创新的可能性，进入新市场，并在新市场发展。这些就是苹果公司与 IBM 公司合作的结果。研究表明，当这些网络发生变化时，作为中间人帮助公司维护关系的企业仍然是重要的网络参与者。[94] 通常，行业中的大公司（如软件和制药公司）与较小的创业公司建立关系网，寻求创新型成果。[95] 小公司与大公司在联盟网络中成功合作的重要成果就是其与更大合作伙伴相联系建立起的信誉度。[96]

9.6　合作战略带来的竞争风险

简单地说，其实有很多合作战略都失败了。有实证表明 2/3 的合作战略在开始的两年中就存在严重的问题，多达 50% 的合作战略失败。如此高的失败率表明，无论合作关系有多大的互补和协同作用，联盟成功运营终究是一件难度很大的事情。[97] 尽管失败对企业来说并不是好事，但是可以从失败中获取宝贵的经验。这就意味着企业应该仔细研究合作战略的失败，了解如何形成和管理未来的合作安排。[98] 图 9-5 显示了主要的合作战略风险。我们在"战略聚焦 9-2"中讨论了一些失败的合作战略及可能的失败原因。

合作战略风险之一是合作者的机会主义行为。英国石油公司和俄罗斯石油公司建立了合资企业，开发俄罗斯北冰洋的石油资源。然而，考虑到俄罗斯政府是俄罗斯石油公司主要股东，可能会没收交易产生的价值，因此由合资企业中少数合作者发起的投资价值在某一点下降了50%。[99] 通常，当正式合同无法约束合作双方，或者联盟建立时错误估计了合作伙伴的可信任程度时，机会主义行为就会浮上水面。很多时候，机会主义企业希望尽可能多地获得合作伙伴的隐性知识。[100] 因此，完全了解合作伙伴想要从合作战略中得到什么，有助于公司减少遭受合作伙伴机会主义行为的可能性。[101]

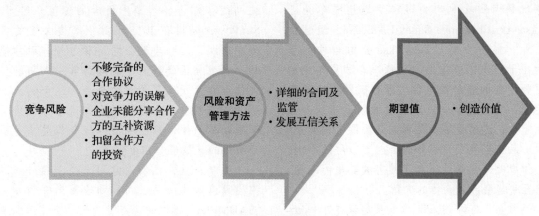

图 9-5　如何应对合作战略中的竞争风险

　　当一家公司失实地描述自身能够带给合作伙伴的能力时，合作战略也会失败。如果企业能够提供隐性资产，那么失实描述自身能力的风险更加普遍。对当地市场情况非常了解就是合作伙伴经常错误传递的一种隐性资产。针对这一风险的最好方法是要求合作伙伴提供它所拥有的，并在合作战略中可分享的资源和产能的（即使是无形的）有力证据。[102]

　　在制药行业和外包企业中，存在于非产权战略联盟中的合作关系往往有造成"失实描述自身资源"风险的潜在可能性。正如第 3 章所探讨的，制药公司向能够承担起各种监管任务的企业外包药品安全监管工作。但是事实是这样的吗？许多人都无法信服。事实上，"对外包业务的批评家认为药品监管是一项艰难的工作，除了必要的生物化学和药理学知识背景，还需要对查询工作有丰富的工作经验。外包行为存在潜在致命风险。"[103] 因此，制药企业可能需要认真审查合作方提供的人力资源的质量，以便完成复杂的监督任务。

　　企业没有将承诺的资源和产能（如最尖端的技术）在合作战略中与合作伙伴分享是第三个风险。当企业形成国际化战略联盟时，特别是在新兴经济市场，通常会遇到这样的风险。[104] 在这种情况下，不同的文化和语言都会导致曲解合同条款和对信任的期望程度。

　　第四个风险是一个企业对联盟进行专项投资而合作伙伴却没有。例如，企业可能利用承诺的资源开发只能用于该联盟的生产设备。如果合作伙伴没有进行专项投资，那么与合作伙伴的投资所得回报相比较，公司的投资回报将处于劣势。

战略聚焦 9-2　合作战略并没有带来预期成功

　　大多数合作战略存在的复杂性增加了其能够成功实施的难度。其中一个复杂的地方在于，当企业之间合作完成一项确定项目的同时，它们之间也在互相竞争。正如之前所解释的，就像许多航空公司加入三个主要的联盟网络一样（星空联盟、寰宇一家和天合联盟），这样的现实很好地描述了思科和 IBM 之间的关系。另外一个复杂的地方是，企业有时合作的公司对象本身就是其他公司合作的产物。例如，最近福特汽车公司与碳制造商 DowAksa 建立了合作关系。DowAksa 本身就是由陶氏化学公司和伊斯坦布尔企业 Aksa Akrilik Kimya Sanayil A.S. 联合经营的企业。福特公司与 DowAksa 公司合作的目的在于研发能够应用到福特汽车和货车中的更为便宜的碳纤维组件。因为碳纤维比钢铁更轻，它能够减少汽车制造商制造出的产品的重量，进而提高产品可以驾驶的汽油英里⊖数。从这里我们可以知道，因为多种的原因，合作战略的复杂性增加了其有效实施的难度，甚至可能会导致合作的失败。

红盒子公司（Redbox）和威瑞森公司（Verizon）曾经合作构建红盒子租赁产业的流媒体组件，但它们的合作关系仅仅在两年之后就终止了（Outerwall 和麦当劳共同出资建立了红盒子公司。麦当劳投资的目的在于通过在店内设立租赁摊、发行 DVD 来吸引顾客并为他们提供独特的服务）。与线上 DVD 出租公司网飞和流媒体葫芦相比，红盒子公司的流媒体服务并不能吸引足够的消费者，部分原因是因为其提供给消费者的流项目其竞争者也能够提供给消费者。不像网飞和葫芦，红盒子公司并没有发展自己原创的内容，也无法为消费者创造独特的价值体验。由于红盒子公司和威瑞森合作提供的服务使公司遭受了损失并且无法获得足够的订阅者支持，两家企业最终决定终止合作。

谨慎执行计划好的合作战略的运营细节对于战略的效果和是否成功是非常重要的。例如，2015 年年中，第一太阳能股份有限公司（First Solar）和 SunPower Corperation——美国两家最大的太阳能电池板制造公司，计划成立一家合资企业，这家企业将拥有并运营两家公司的部分项目。这对合作伙伴相信通过组合"SunPower 公司的硅晶体技术和第一太阳能公司的薄膜电池板技术"，它们之间的合作将会创造出极大的价值。然而，SunPower 公司在 2015 年第一季度公布的报表中表明，这一季度公司运营亏损，而亏损的一部分原因是其为了构建与第一太阳能公司的合作而投入了大量的资金。这个例子证明了如果想利用企业间的合作来增加公司运营成功的概率，那么判断一段合作关系是否是有效的就显得非常重要了。

更早一些，我们注意到米勒康胜——这家由摩森康胜啤酒公司和南非米勒啤酒公司（SABMiller）建立的合资企业——正遭遇到了一些困难。在谈及造成导致这的问题的原因时，一些分析家认为，尽管这份合作在前六年因为规模经济降低了成本而获得了巨大的成功，它并没有能够利用其两类重要的产品（米勒淡啤和康胜淡啤）去增加市场份额。米勒康胜公司的现状说明了只有当合作双方能够找到独特的为顾客创造价值的方法而不是单单减少运营的成本的时候，企业间的合作战略才能够取得长期的成功。

资料来源：M. Armental, 2015, SunPower swings to loss on costs related to planned joint venture, *Wall Street Journal Online*, www.wsj.com, April 30; D. Harris, 2015, China joint ventures: How not to get burned, Above the Law, www.abovethelaw.com, February 9; Molson Coors, U.S. joint venture MillerCoors facing stiff challenges, *Wall Street Journal Online*, www.wsj.com, May 7; J. D. Stoll, 2015, Ford to develop carbon-fiber material for cars, *Wall Street Journal Online*, www.wsj.com, April 17; P. E. Farrell, 2014, The 7 deadly sins of joint ventures, *Entrepreneur*, www.entrepreneur.com, September 2; Q. Plummer, 2014, Redbox instant will be killed Oct. 7: A failed joint venture, Tech Times, www.techtimes.com, October 6.

9.7 对合作战略的管理

合作战略对于公司的成长和绩效提高非常重要，但是这些战略很难进行有效管理。因为有

⊖ 1 英里 = 1.609 3 公里。

效管理合作战略的能力在组织内部的分布通常是不均匀的，所以通过将战略联盟公司的管理责任分配到公司高层管理者或团队，可以提高有效管理联盟的能力。反过来讲，成功管理合作战略的能力就是公司的竞争优势。[105]

那些管理公司合作战略的责任人应该努力协调所有活动，将来自以往经验的知识分类，确定企业知道如何有效地实施合作战略，并且知道在正确的时间交给正确的人来管理。企业也必须学习如何管理合作协议中的有形资产和无形资产。在一般情况下，联盟双方集中于管理有形资产而忽视了无形资产的管理。[106]

成本最小化和机会最大化是企业管理合作战略的两个主要管理方式[107]（见图 9-5）。成本最小化（cost-minimization）管理方式中，企业与其合作伙伴签订正式的合同。这些合同中详细描述如何监督公司合作战略的实施，以及如何限制合作双方的行为。之前提到的中国通用汽车公司和上海汽车集团建立的联盟，就是基于这样的合同关系。成本最小化的目的是最小化合作战略的成本，并且避免伙伴的机会主义行为。

最大化合作关系创造价值的机会称为机会最大化（opportunity-maximization）管理方式。在这种管理方式中，企业时刻准备通过意外机会彼此学习来扩展市场空间。相比较而言，机会最大化管理涉及较少的正式合同，对合作双方行为的约束也比较少。合作伙伴之间通过多种创造价值的方式来共享资源和产能。我们前面提到的企业集团关系就是利用这样的方式，在几家网络新闻出版社之间形成合作，在 beta 测试阶段，一个拥有众多成员的"商业领导和操作性资源"的核心团队组织起来。[108] 寻找其他合作的方式是这一联盟建立的目标之一。

企业可以成功地利用两种管理方式来管理合作战略。尽管成本最小化方法的目标是降低联盟的成本，但由于要形成详细的合作协议，并对整个合作联盟使用广泛的监控系统，因此管理成本将相当昂贵。尽管监控系统可以防止合作伙伴的自私行为，但通常也会制约双方资源和产能的有效利用，妨碍对新的机会做出积极响应。因此，正式的合同和全面的监控系统会阻碍合作双方在合作战略中获得最大化价值，同时还需要采用大量的资源来支持此类管理方式。[109]

采用机会最大化管理方式时，由于相对缺少正式和细致的合同，合作双方需要相信对方能为其合作取得最大利益。合作协议中的信任是指企业不会做任何对合作伙伴不利的事情，即使它有机会去做。如果合作双方彼此信任，那么在正式合同中就不需要太过详细说明每个联盟公司的行为规范[110]，并且这样的战略联盟会更加稳固。[111] 相对比较下，在国际合作战略中建立信任要比国内合作战略更加困难。商业制度、文化、法律和政治之间的差异增加了跨国联盟成立的困难。

研究表明，当着重于采用机会最大化的管理方式来管理联盟时，双方之间的信任会大大提高成功合作的概率，信任就成为影响控制合作伙伴行为的最有效方法。研究指出，信任也可以作为有价值的、特殊的、难以模仿的以及难以替代的企业能力。[112] 因此，企业知道如何发挥信任在合作战略应用方面的竞争优势。随着在联盟中信任的重要性不断提高，企业不可能将合作战略的详细运营说明写入正式合同。这样，相信合作伙伴值得信任，可以减少企业对难以通过合同控制所有联盟行为的顾虑。

小结

● 合作战略是指多个企业之间建立合作关系，共享合作收益。战略联盟是合作战略的基本形式。所谓战略联盟，就是企业之间的一种合作关系，在这种合作中，合作企业之间共享彼此的资源以获得竞争优势。战略联盟包括三种基本形式：合资企业（联盟企业之间通过持有相同比例的股份创建新的企业，以获得竞争优势）、产权战略联盟（联盟企业之间通过持有不同比例的股份创建新的企业）和非产权战略联盟（企业之间通过契约建立联盟关系）。非产权战略联盟中常用到的是第3章中所讨论的外包。

- 共谋战略是企业合作战略的第二种形式（战略联盟是另一种）。在许多经济体中，除非得到政府政策的许可，否则显性共谋是一种非法的战略形式。随着经济日益全球化，政府对于显性共谋的许可越来越少。隐性共谋也称为相互自制，是企业合作战略的一种。通过隐性共谋，企业将产量降至竞争水平之下，并将价格提高到竞争水平之上。

- 企业利用合作战略的原因根据市场条件差异而不同，这些市场条件可以分为快周期市场、慢周期市场和标准周期市场。进入严格限制市场（慢周期市场），快速从一种竞争优势向另一种竞争优势转变（快周期市场），以及获得市场影响力（标准周期市场），是众多企业利用合作战略的重要原因。

- 在业务层合作战略（用来帮助企业提高单个产品市场经营绩效的一种合作战略）中，通常使用四种合作战略提高企业绩效：①通过纵向和横向互补性联盟，企业可以融合其资源为价值链的不同部分（纵向）或者相同部分（横向）创造价值；②竞争性反应战略响应竞争对手的活动，尤其是战略活动；③减少竞争战略可以避免企业间过度竞争，这样企业可以集中资源提高竞争力；④当企业在一个多变的、反复无常的市场（比如新产品市场）中运作时，企业会使用降低风险战略来规避风险。一般而言，互补性战略最有可能为企业创造持久的竞争力，减少竞争战略带来这样的可持续竞争力的可能性最小。

- 当企业追求产品或地理上的多元化时，常常使用公司层合作战略。通过多样化战略联盟，企业可以共享资源以减少进入新市场或生产新产品的风险。企业在公司层上的协同战略联盟可以产生规模经济效应。这种联盟类似业务层横向互补性联盟，但是它不同于公司层协同联盟。协同联盟促进了企业合作，这样企业可以在整体上实现多种事业和功能的协同效应。特许经营是公司层合作战略的一种形式，在这种形式之下，特许经销商和特许者之间通过契约关系共享资源。

- 作为国际合作战略的一种形式，跨国战略联盟的形成存在几种不同的原因，包括企业在非本土市场上追求良好绩效，以及政府对企业通过并购扩大企业规模的限制。相对国内企业联盟而言，跨国战略联盟具有更大的风险，特别是当企业不能了解合作伙伴成为联盟成员的真实战略意图时。

- 网络合作战略是指若干相关的、性质相似的企业彼此形成联盟，为联盟中成员企业的共同利益服务。网络合作战略的一大重要优势是其中的企业能够接近"合作伙伴的合作伙伴"。网络合作战略既可以用来形成稳定的联盟网络，还可以用来形成动态的联盟网络。在成熟的行业当中，合作伙伴之间利用稳定的网络在新领域提高竞争优势。在相对动态且易变的环境中，新产品的研发速度很快，动态网络就成为一种创新工具以便开发新产品。

- 合作战略并非全无风险。如果合作协议的内容不够完善，或者未来的合作企业并不具有其所描述的竞争力，或在合作过程中没有能够让另一方得到其承诺的互补性资源，该战略就很有可能失败。不仅如此，在有关资产合作的投资项目中，进行专项投资的一方还可能被对方"敲竹杠"，从而置自身于市场议价能力相对劣势的地位。

- 信任越来越成为合作战略成功的重要因素。很多企业都充分认识到与值得信任的企业合作是非常有价值的。一旦彼此之间相互信任，合作伙伴之间的监督成本就会降低，并将最大化联盟企业利用机会创造联盟价值的能力。如果缺乏信任，那么正式完善

的合作协议和广泛的监控系统将被用来管理合作联盟。此时，企业参与合作战略的

目的是以"成本最小化"而不是"机会最大化"来实现合作联盟的价值。

关键术语

业务层合作战略　　　　多元化战略联盟　　　　非产权战略联盟
互补性战略联盟　　　　产权战略联盟　　　　　战略联盟
合作战略　　　　　　　特许经营　　　　　　　协同战略联盟
公司层合作战略　　　　合资
跨国战略联盟　　　　　网络合作战略

复习思考题

1. 如何定义合作战略？合作战略在 21 世纪企业的战略竞争蓝图中为什么非常重要？

2. 什么是战略联盟？企业用来提高竞争优势的战略联盟包括哪三种类型？

3. 企业在业务层上的四种合作战略分别是什么？它们之间存在哪些差别？

4. 公司层合作战略包括哪些？企业如何利用这些战略创造竞争优势？

5. 为什么企业要使用跨国战略联盟？

6. 企业使用合作战略时可能会遇到哪些竞争风险？

7. 企业进行战略联盟管理时，采用成本最小化管理方法和机会最大化管理方法的区别在哪里？

讨论案例

全球汽车工业中形成的全球联盟和本地联盟

关于联盟的学术文献近期有了一些有趣的发现，其中一项是关于基本原理——对于位于同一国家内和同一地区内的公司来说，在主要项目上进行合作通常更为便捷。因此，企业在全球范围内竞争，并在当地进行合作。一般来讲，当存在激烈竞争时，企业会通过建立战略联盟和合作战略来进行合作。这种有趣的矛盾源于以下几点原因。首先，当存在一个激烈的竞争对手时，保持市场势力是非常困难的。因此，通过更完善的竞争形式，合作战略可以降低竞争实力，这属于"双向忍让"的原理。另一基本原理是在企业资源观的基础上提出的（见第 3 章）。为了竞争，企业通常需要他们没有的资源，但是这些资源可能会从当地企业内部或外部的其他公司获得。因此，这些互补性资源与另一种基本原理有关，这就解释了为什么大型公司在统一产业

或垂直相关产业中形成合资企业和战略联盟。

企业进行本地协作，并且拥有相似的需求，这使得它们更容易一起工作。生产动力系统中的发动机和变速器的例子可以予以解释。欧洲标致雪铁龙和欧宝－沃克斯豪尔（通用汽车旗下的公司）之间的联盟，也可以证明这一点。这也是为什么最近美国福特和通用汽车之间，在升级 9 速和 10 速变速器方面达成联盟。而且，福特和通用汽车公司正在寻求共同发展 11 速和 12 速自动化变速器来提高燃油效率，帮助它们实现效率方面的新联邦标准。

资源互补方面，1999 年有过一个非常成功的联盟案例——总部设在法国的雷诺汽车公司和总部设在日本的尼桑公司的联盟。它们之中的任何一个公司都缺乏必要的规模来发展经济规模和拓展经营范围。而在 20 世纪 90 年代，必要的规模是至关重要的，但这

是全球任意一个汽车企业都无法达成的。雷诺和尼桑形成联盟，并且在对方企业中占有股份。相对较大的公司雷诺占有尼桑43.3%的股份，而尼桑占有雷诺15%的股份。有趣的是，两家公司的CEO都是卡洛斯·戈恩（Carlos Ghosn）。经过一段时间，这种公司层面的协同联盟为指导公司的关系创造出了三种价值观：①信任（工作公平、公正及专业）；②尊重（信守承诺、履行应尽的义务以及负责）；③透明（公开、坦诚以及清晰）。雷诺和尼桑的联盟被公认是一项成功的联盟，很大程度上是由于这些原则的建立。有人也许认为联盟成功的主要原因是公司双方为联盟带来了互补资产；尼桑在亚洲势力很强，而雷诺在欧洲很强，它们可以共同建立其他生产基地（比如在拉丁美洲的生产基地），不过它们并不对基地拥有独立控制权。

一些企业形成联盟是因为它们"在中间受到挤压"，也就是说，它们拥有中等贸易额，且大部分是在大型市场领域，但是它们需要合作以建立更可观的经济规模。例如，菲亚特－克莱斯勒需要促进年销售额（从43亿美元增加到大约60亿美元），同时，它还需要在繁荣的亚洲市场增强他的存在度，以获得充分的市场势力。因此，两个规模较小的日本汽车制造商马自达和铃木开始发展合资企业。但是，马自达和铃木的联盟历史可能成为它们对当前联盟的发展前景不持有乐观态度的原因。菲亚特与通用汽车终止合作，

克莱斯勒和戴姆勒终止合作，马自达和福特也终止了合作。

欧洲本地的法国标致－雪铁龙也存在这种状况，它与欧洲通用汽车附属的欧宝－沃克斯豪尔为了生存而不断进行竞争。更准确地说，标致－雪铁龙和欧宝－沃克斯豪尔进行过尝试性的谈判，共享平台和机车，以获得未来投资车型必备的资金。因此，在这些例子中，它们需要获得额外的市场份额，也需要充足的资金以进行必要的投资，这样才能在竞争中增强市场势力。

总而言之，有很多原理可以解释为什么竞争者不仅需要竞争，还需要在国家内同一片地区通过成立战略联盟和合资企业进行合作，如为了达成战略需求，增强市场势力，利用补充资源的优势，以及与就近（通常是同一区域内）的企业进行合作。

资料来源：2013, Markets and makers: Running harder, *Economist*, April 20, ss4-ss7; J. Boxell, 2013, Peugeot reaffirms push into BRICs, *Financial Times*, www.ft.com, February 7; D. Pearson & J. Bennett, 2013, Corporate news: GM, Peugeot pledge to deepen car alliance-Tough market in Europe has slowed progress, but automakers now see opportunities to cooperate outside the region, *Wall Street Journal Online*, www.wsj.com, January 10; J. B. White, 2013, Mazda uses alliances to boost sales, *Wall Street Journal Online*, www.wsj.com, January 27; T. Yu, M. Subramaniam, & A. A. Cannella, Jr., 2013, Competing globally, allying locally: Alliances between global rivals and host-country factors, *Journal of International Business Studies*, 44: 117-137; W. Kim, 2012, The voyage of the Renault-Nissan alliance: A successful venture, *Advances in Management*, 5(9): 25–29.

讨论题：

1. 从企业资源基础（见第1、3章）的角度看，怎样理解企业发展利用合作战略，如战略联盟和合资企业？

2. 企业的核心竞争力、企业需要的核心竞争力以及企业决定采取的合作战略之间的关系如何？

3. 联盟中合作者的"互补性资产"是什么意思？雷诺和尼桑之间的互补性资产有哪些？

4. 雷诺和尼桑之间在公司层面的战略联盟存在哪些风险？它们采取了什么行动缓解风险？

5. 在"讨论案例"中提到的企业（雷诺、尼桑、马自达、标致和欧宝）有没有可能形成网络合作战略？如果有可能，什么样的情况会影响这些企业决定形成这种特殊的战略类型？

Part3 | 第三篇

战略行动：实施战略

公司治理

1. 定义什么是公司治理，并解释为什么它可以用来监控管理者的战略决策。
2. 解释在现代公司中，为什么所有权普遍与经营权相分离。
3. 定义代理关系和管理者机会主义，并描述它们的战略含义。
4. 解释三种内部治理机制是如何被用来监控管理决策的。
5. 讨论管理者薪酬的类型以及它们对公司战略决策的影响。
6. 描述外部公司治理机制——公司控制权市场是如何制约公司高层管理者的战略决策的。
7. 讨论公司治理在国际背景下的运用，特别是在德国、日本和中国。
8. 描述公司治理如何促进高层管理者伦理战略决策。

20 世纪 80 年代的企业狙击手成为当今的维权股东

20 世纪 80 年代，许多维权股东购入企业大量股份，寻求增加负债，低价卖掉一些业务单元来缩小业务范围，解雇大量员工，精简规模。如果这些企业没有做到股东运动人士所要求的，便会被强制上缴一笔股票额外费用，这种手段被称作"绿票讹诈"（greenmail）。如今许多维权投资者也在做同样的事情，不一样的是，他们有金融机构投资者的支持，金融机构投资者常常听从维权投资者的领导以及给予维权投资者必要的支持。有趣的是，维权基金的数量从 2010 年仅有的 76 个发展到 2014 年的 203 个，参与维权活动的企业也从 2010 年的 136 个扩展到 2014 年的 344 个。花旗银行的分析师托拜厄斯·列夫科维奇（Tobias Levkovich）认为，"维权人士的活动范围是有限的，套利机会总有一天会被耗尽"。

这些维权投资者采取的策略之一是给企业施加压力，让企业允许维权投资代表到指定的公司董事会参与选举活动。获得契机的另一策略是通过代理过程为股东投票提供股东决议，这种代理过程得到法庭、美国证券交易委员会（SEC）同意，要求股东提供更多的代理投票机会。然而，美国商会和公司秘书与管理专业人员协会担心，代理方式的扩张可能导致股东的长远利益受到持有特殊目的的董事代表的伤害。虽然如此，管理者的决策似乎为企业打开了新的大门——允许更多代理方式存在。例如，企业股东可以就维权股东呈上的战略问题进行投票，也可以通过任命代表他们利益的董事成员来引导维权股东。

其中不乏不可忽视的大型公司，如杜邦公司、维旺迪公司以及高通公司。杜邦公司的CEO 艾伦·库尔曼（Ellen Kullman）在媒体业务上打了一个代理仗。特里安基金管理公司（Trian Fund Management L.P.）的代表在 CEO 纳尔逊·佩尔茨（Nelson Peltz）的领导下，走遍全美，目的是为了劝说股东改变获得董事席位的立场。特里安公司希望得到四个董事席位，这对佩尔茨来说非常重要，"特里安公司正在试图取代某些关键董事成员的职位"。库尔曼回应道："佩尔茨希望建立一支'阴影管理'的团队，致力于短期议程的推行。"库尔曼还提到，杜邦公司缩减了 10 亿美元的成本开支，同时寻找高效方案。特里安公司希望任命缺乏耐心和经验的负责人来控制农产品和化工产品企业——农产品和化工产品企业开发和推出新产品往往需要数年的时间。库尔曼提问道"你可以节约成本，创造短期震荡？也许可以，那么 2 年内，5 年内企业又会往哪里发展？10 年内企业还会存在吗？"通常这些维权投资者会寻求股票回购，提高股息，同时卖掉那些业绩欠佳的业务单元。一段时间后，在这种激进主义活动的影响下，关于公司治理安排的反对意见变得更加尖锐，对高层管理人员的监管会更加紧张。

然而，从康宝莱公司（Herbalife）发生的冲突一例可以看出，维权方式存在很大的风险。威廉·阿克曼（William Ackman）掌管的博兴广场资本管理公司（Pershing Square Capital Management L.P.）宣称，营养品生产商康宝莱公司拥有一种"非法的金字塔体系"。

资料来源：A. Ackerman & J. S. Lublin, 2015, Activists win ground in major boardrooms, *Wall Street Journal*, March 17, 215 B1, B2; R. Bender, 2015, Shareholder presses Vivendi further, *Wall Street Journal*, March 15, B3; D. Benoit, 2015, Herbalife fracas puts activist risk right in the spotlight, *Wall Street Journal*, March 17, C3; D. Benoit & D. Clark, 2015, Activists puts pressure on Qualcomm, *Wall Street Journal*, April 13, B1, B2; J. Bunge & C. Dulaney, 2015, DuPont posts declines ahead of vote, *Wall Street Journal*, April 22, b4; S. Gandel, 2015, In DuPont fight, Nelson Peltz pushes for open proxy, *Fortune*, www.fortune. com, March 13; A. Gara, 2015, DuPont spinoff fans flames in Trian Management's scorched earth fight. *Forbes*, www. forbes. com, March 30; L. Hoffman & D. Benoit, 2015, Activist investors ramp up, and boardroom rifts ensue, *Wall Street Journal*, April 17, C1, C2; B. Levisohn, 2015, Activism's Dark Side, *Barron's*, March 2, 11; A. VanderMey, 2015, Actively mediocre: Activist investors scold CEOs over stock prices, but their returns are just so-so, *Fortune*, May 1, 12.

正如"开篇案例"中提到的，公司治理十分复杂，涉及对企业经营进行监督。从广义上来讲，就是将某个国家制定的制度类型，作为企业竞争的框架。鉴于我们关注于公司的战略管理过程，因而本章重点是企业中的公司治理（我们会稍微涉及国家层面的治理）。公司治理涉及的复杂性和潜在问题，例如治理系统中的制约与平衡，在开篇维权股东的案例中可以有所了解。

公司治理的全面性和复杂性，给企业及其领导者所担负的责任带来巨大的挑战。成功地处理这些挑战非常重要，证据显示，公司治理是公司成功的关键，因为公司治理正在成为战略管理过程中越来越重要的部分。[1] 例如，如果董事会错误地选择、控制、激励公司的战略领导者（如 CEO），股东和公司将会遭受损失。如果激励 CEO 是为了公司特别是股东的利益，公司的价值就会增长。此外，董事会在有效的继任计划、适当的监督和导向上的努力，都会给公司绩效带来积极影响。

公司治理（corporate governance）是用来管理利益相关者之间的关系，决定并控制组织的战略方向和绩效的一系列机制。[2] 公司治理的核心是寻找各种方法确保有效制定决策（特别是战略决策），并且这些决策可以帮助企业获得战略竞争力。[3] 公司治理也被看作是建立和维持有潜在利益冲突的各方（公司所有者与其高层管理人员）之间秩序的一种方式。

在现代公司中，特别是那些位于拥有"西方化"基础设施和经营实践国家（如美国和英国）的公司，确保公司高层管理者与其他利益相关者（特别是股东）的利益相一致，是公司治理的主要目标。因此，公司治理需要监督所有者、管理者以及董事会成员可能会存在利益冲突的区域，包括用于挑选董事会成员的程序、CEO 和董事会成员报酬的监管，以及公司整体的战略方向。[4] 由于公司治理是一个持续的过程，涉及如何管理一家公司，其性质会随着公司外部环境（见第 2 章）的变化而不断变化。

最近对公司治理的重视主要是因为公司治理机制有时不能很好地监控高层管理者的决策（如"开篇案例"所展示的，维权股东越来越关注公司治理问题）。公司治理导致的不尽如人意的后果会引发许多变化，例如，选择新的董事会成员以实现更加有效的公司治理。人们对公司治理产生兴趣，还有一个次要但更积极的原因，就是以此表明运行良好的公司治理可以为公司创造竞争优势。[5]

如前所述，公司治理不仅涉及国家也涉及公司。[6] 虽然公司治理反映公司的标准，但同时也会反映国家的社会标准。[7] 在新加坡实施治理标准的改革，包括确保董事会成员的独立性，以及董事会在实践中需要有效监督公司的内部控制。[8] 这样的努力十分重要，因为研究表明，公司会选择在国家治理标准适合它们的国家进行投资。[9] 尤其当企业计划向新兴经济市场进行地域扩张时，特别需要考虑这一点。

在本章 10.1 节，我们将描述作为现代公司建立基础的所有者与管理者之间的关系。本章将用大部分篇幅来解释所有者用来监督并确保他们履行使股东价值最大化这一责任的各种机制。

现代公司中采用三种内部治理机制和一种外部治理机制。本章所描述的三种内部管理机制是：①所有权集中，表现为各种类型的股东及其监督管理层的各种动机；②董事会；③高层管理者的薪酬制度。然后，我们将考虑一种外部公司治理机制——公司控制权市场。实际上，这个市场由潜在所有者组成，他们寻求收购被低估的公司，通过更换效率低下的高层管理团队来获得超额利润。[10] 然后，本章的重点将会转向国际公司治理问题。简单地描述德国、日本和中国公司采用的治理方式。在某种程度上，讨论表明发达经济体和新兴经济体用来治理跨国公司的结构正变得越来越相似。最后，公司治理的分析会考虑组织中激励、支持伦理社会责任行为控制机制的必要性。

10.1　所有权和经营权的分离

美国公司历来是由创立者兼所有者以及他们的后代管理的。在这种情况下，公司的所有权和经营权属于同一些人。随着公司的发展壮大，"管理革命会使大多数大型公司的所有权和经营权分离。公司的控制权也会从企业家转移到职业经理人手中，公司所有权也会分散到成千上万的零散股东手中，而他们并不过问公司日常管理"。[11] 这些变化最终形成了以所有权和经营权的有效分离为基础的现代上市公司。支持这种分离的基础是一个基本的法律前提——公司行为的主要目标是增加公司的利润，并因此提高所有者（股东）的收入。[12]

所有权和经营权的分离，让股东能通过在支付费用购买股票后获得公司的经营收益（留存收益），然而这种权利也要求他们承担公司亏损的风险。为了控制这种投资风险，股东们投资于多家公司，保持分散的投资组合以降低总体风险。[13] 其中一家公司的不佳业绩或破产对整个投资组合只产生较小影响，这样股东就只需专心管理他们的投资风险。

那些小型公司的管理者同时也会持有公司大部分的所有权。也就是说，所有权和经营权并没有真正分离。另外，在大部分的家族企业中，所有权与经营权根本没有分离。研究显示，家族企业的 CEO 由家族成员来担任而不是由外来者担任时，家族企业的业绩会更好。[14]

在美国之外的很多地方，如拉丁美洲、亚洲以及一些欧洲国家，家族企业主导着竞争格局。[15] 这些企业的主要目的是提高家族财富，这也就说明了为什么 CEO 由家族成员担任要比外来者担任更好。在美国，家族所有制的公司占很大比例，美国标准普尔 500 公司中，至少有 1/3 是家族拥有实质所有权，平均持有 18% 的股权。[16]

家族控制的公司至少面临两个重要的问题：第一，随着公司发展，他们可能不具备有效管理公司，使家族回报最大化所需要的各种技能，因此可能需要家族以外的人；第二，随着公司发展，他们可能需要寻求外部资本而放弃一部分所有权，在这种情况下，保护少数所有者的权利变得很重要。[17] 为避免上述可能的问题，在公司发展并日益复杂后，所有者兼管理者可以聘请管理专家。这些管理专家为所有者的公司制定重大决策，并基于他们制定决策的能力获得报酬。由此，最近的一项研究表明，有些家族企业的家庭成员拥有足够多的股权，有一定影响力但不具有主要的控制权，这样的公司往往能制定出最好的战略决策。[18]

如果没有所有者（股东）负责承担风险，经营者负责制定决策，公司可能会受限于公司所有者的经营和制定战略决策的能力。因而，（承担风险的）所有权和（制定决策的）经营权的分离和专业化能为公司所有者带来最大的回报。

10.1.1 代理关系

所有权和经营权的分离产生了代理关系。当一个或多个人（委托人）聘请另一个或多个人（代理人）作为决策专家为其提供服务时，代理关系（agency relationship）就产生了。[19] 因此，当一方将制定决策的责任委托给另一方并支付报酬时，代理关系就产生了（见图 10-1）。

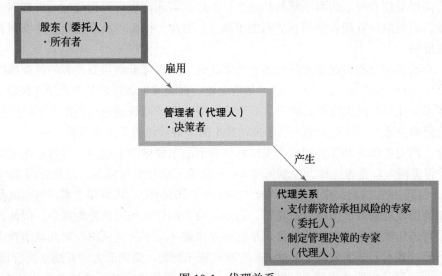

图 10-1　代理关系

代理关系除了股东和高层管理者之间的代理关系之外，其他的代理关系还包括顾问和客户、投保人和承保人。而且在公司组织中，不仅管理者和员工之间存在代理关系，作为高管的股东之间也存在代理关系。[20] 本章我们重点讨论公司所有者（委托人）和高层管理者（代理人）之间的代理关系，因为这些管理者制定并执行公司的战略，对公司的业绩产生重要影响。[21]

所有权和管理权的分离可能会产生很多问题。很多现代公司的代理问题也被记录在案。[22] 由于委托人和代理人有不同的利益和目标，或者由于股东缺乏对大型上市公司的直接控制力，这些问题就出现了。当代理人制定决策所追求的目标与委托人的目标相冲突时，问题也会出现。因此，所有权和经营权的分离产生了委托人与代理人之间的利益分歧，从而导致管理者机会主义的产生。

管理者机会主义（managerial opportunism）是指通过欺骗（狡猾或欺诈）获得自身利益。[23] 管理者机会主义不仅是一种态度（如倾向），而且还包括一些行为（追求自身利益的具体行动）。[24] 委托人并不能预测到代理人会不会采取机会主义行动。高层管理者的信誉并不总是可靠的，而且机会主义行为只有在发生之后才能被发现。因此，虽然只有一部分代理人表现出机会主义行为，但委托人也要建立监督和控制机制来防止他们这样做。有趣的是，研究显示，当 CEO 觉得自己被治理机制约束时，他们更有可能寻求外部建议，进而帮助他们做出更明智的战略决策。[25]

代理关系表明，无论何时委托人将战略制定权委托给代理人，都有可能发生利益冲突。例如，高层管理者可能做出对自己福利最大化、个人风险最小化的决策，[26] 而这种决策却会限制股东利益最大化。有关产品多元化的决策也证实了这些可能性。

10.1.2　代理问题的一个例子：产品多元化

正如第 6 章所介绍的，公司层的产品线多样化战略可以增强公司的战略竞争力并提高回报率，这两方面符合公司股东和高层管理者的利益。然而，产品多元化会给高层管理者带来两方面股东享受不到的利益，因此高层管理者会比股东更愿意进行产品多元化。[27]

首先，产品多元化通常会扩大公司的规模，而公司规模与管理者的报酬息息相关，这是产品多元化为高层管理者带来的两个额外利益之一。产品多元化也可以提高公司管理和业务组合的复杂程度，因而高层管理者会得到更高的报酬。[28] 因此，提高产品多元化会使管理者有机会获得更多的报酬。[29]

其次，产品多元化和由此带来的公司业务多样化，可以降低高层管理者的就业风险。**管理者就业风险**（managerial employment risk）是指失业、报酬减少和管理名声受损等风险。[30] 这些风险会随着多元化的提高而降低，因为某一个或有限几个产品线或业务的需求下降给公司和管理者带来的影响会减少。洛克希德·马丁公司发生的事情就说明了这个问题。

这些年，洛克希德·马丁公司成为美国联邦政府的主要国防承包商。尽管它提供许多产品和服务（掌管美国人口普查工作，控制每年 6 000 亿美元的社会保障金，以及管理 50% 的全球空中交通），但其 79% 的利润来自美国政府（59% 来自国防部）。依赖单个客户的做法是具有风险的，正如美国政府最近试图减少总花销，逐步结束在伊拉克和阿富汗的战争。因此，洛克希德·马丁公司迫切需要进行多样化经营。早期洛克希德·马丁公司试图针对其他消费市场来生产多样化产品，基本上全部失败了。例如，它收购康卡斯特（美国最大的有线系统公司），打算进入电信行业，但是收购并不成功，洛克希德·马丁公司最终卖掉了这项业务。从本质上讲，洛克希德·马丁公司的组织和运营方式被打造成为政府尤其是为军队提供服务的结构。现有的武器系统占洛克希德·马丁公司 456 亿美元的年收入的绝大部分。

2013 年，洛克希德·马丁公司新任 CEO 玛丽莲·休森（Marillyn Hewson）主动承担起企业发展的责任，构建起一个可能包括多元化经营的蓝图。公司的创新中心致力于生产潜在产品，以及提供健康服务和网络安全服务。所以，洛克希德·马丁公司尝试通过内部创新发展有机多元化（以现有的实力），而不是像过去那样收购其他公司。实际上，休森将洛克希德·马丁公司描述为全球安全企业，这表明了它的发展重点和愿景。因此，尽管曾经发展多元化的努力并未获得回报，但洛克希德·马丁公司将重新和它的新任 CEO 一起，重点发展内部创新。[31]

自由现金流失是代理的另一个问题。自由现金流（free cash flow）是由经营性现金流减去资本支出，它是公司投资于目前业务中所有有正净现值的项目之后剩余的资源。[32] 高层管理者可能会将自由现金流投资于与公司现有业务不相关的产品线中，从而提高公司产品多元化的程度（正如洛克希德·马丁公司正在从事的）。然而，如果管理者决定将自由现金流用于多元化公司不太可能为利益相关者（特别是股东）带来利益的产品线中，那么公司的产品就是过度多元化。过度多元化是典型的自私和管理者机会主义行为。与管理者相反，股东更愿意将自由现金流用于红利分配，这样他们就能自己控制现金的投资方向。[33]

在图 10-2 中，S 曲线代表股东的最佳多元化水平。股东作为公司的所有者，追求最佳多元化水平可以降低公司完全破产的风险，又能通过规模经济和范围经济效应提升公司价值（见第 6 章）。在图 10-2 列出的四种公司层多元化战略中，股东倾向于 S 曲线上的 A 点——主导业务和特定范围相关之间的多元化水平。当然，不同公司的所有者所寻求的多元化最佳点不同。[34] 影响股东选择的因素包括公司所在的主要行业、行业内的竞争强度、高层管理团队实施多元化战略的经验，以及它对其他公司战略的影响，如是否进入国际市场。[35]

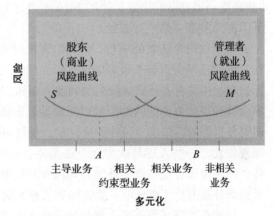

图 10-2　管理者和股东涉及的风险和多元化

管理者和股东风险及多元化函数和委托人一样，高层管理者作为代理人也要寻求最佳多元化水平。如果公司产品过度多元化，会导致公司业绩下降，并且可能会有外来投资者（体现为公司控制权市场）购买大量或者全部股权来控制公司。如果公司被收购，那么高层管理者的就业风险就会大大增加。而且管理者在外部管理者人才市场被雇用的机会也会受到原公司糟糕效益的负面影响（将在第 12 章讨论）。因此，高层管理者更喜欢多元化。但是考虑自身的就业风险和受雇机会，他们也不会无限度地追求多元化。[36] 图 10-2 中的 M 曲线显示高层管理者所追求的多元化水平要比股东所追求的高。高层管理者可能会选择 M 曲线上的 B 点作为最佳多元化水平。

通常，股东倾向于更有风险的战略和更集中的多元化，他们通过保持分散的股权投资组合来降低风险。既然管理者不能同时供职于几家公司来平衡其就业风险，那么高层管理者倾向于使公司规模及自身报酬最大化、就业风险低的多元化水平。找到适合的多元化水平对管理者来说是个难题。研究显示，过度多元化对企业的创新能力会产生负面影响（管理者不愿意承担高风险）。另外，适合公司能力的战略性多元化可以增加公司的创新产出。[37] 然而，过度或不恰当的多元化也会分散管理者在其他重要的公司活动上的精力，如企业社会责任。[38] 所以，产品多元化是一个潜在的代理问题，需要委托人花费成本控制代理人的行为。

10.1.3 代理成本和治理机制

图 10-2 中所示的股东与高层管理者之间的潜在冲突，以及委托人不能轻易地获悉管理者是否会做出机会主义行为的事实，就说明了委托人为什么要建立治理机制。然而，在公司实施一个或多个治理机制就会产生成本。**代理成本**（agency cost）是激励成本、监管成本、强制执行成本，以及委托人所承受的因公司治理机制不能让代理人完全服从而遭受的财务损失的总和。如果公司采用多元化战略，公司内部将更难控制，治理成本也会增加。[39]

通常，当治理机制薄弱（效率低下）时，管理利益就会主导，表现为给管理者较多的战略决策自主权。反之，当董事会控制管理自主权，或者应用其他有效的治理机制时，公司的战略就会更好地反映利益相关者，特别是股东的利益。[40] 例如，高效的公司治理会鼓励管理者发展有关环保的战略（绿色战略）。[41]

最近，公司治理的评论人士一直关注低效公司战略背后的恶劣行为，如安然公司和世通公司的欺骗行为，以及最近主要金融公司的行为。由于这样行为的出现，2002 年美国国会通过了《萨班斯－奥克斯利法案》并在 2010 年通过了《多德-弗兰克华尔街改革与消费者保护法》（以下简称《多德－弗兰克法案》）。

由于这两个法案的颁布，公司治理机制受到更加严密的监控。[42]《萨班斯-奥克斯利法案》在实施的过程中引起了很多争议，但大部分人还是相信这个法案会产生积极的影响，能有效地保护利益相关者，特别是股东的利益。例如，《萨班斯－奥克斯利法案》的第 404 条款规定，要求会计和审计方面的内部控制透明度显著提高，这被认为改善了内部审计监管，从而提高了公司财务报告的可信度。另外研究显示，与第 404 条款有关的内部控制已经提高了股东的价值。[43] 即便如此，一些人还是认为这个法案使公司产生了过多的成本（特别是第 404 条款）。除此之外，在美国证券交易所中外国公司减少的同时，外汇交易所中外国公司却增加了。导致这一结果的部分原因是《萨班斯－奥克斯利法案》的要求使得在美国交易所上市的成本增加了。

尽管在实施《萨班斯－奥克斯利法案》的过程中有些细节还不完善，但它却被人们认为是自大萧条以来对金融监管改革的影响最为广泛的法案。该法案的目的是将金融机构的活动与社会利益相关联。《萨班斯－奥克斯利法案》中包括消费者保护、系统风险监管、高管薪酬以及对银行的资本需求量等相关条款。一些法律分析师这样描述该法案的条款："《萨班斯－奥克斯利法案》建立了以财政部长为首的金融稳定监管委员会，建立了对某些金融公司清算的新系统，提供了规范衍生性金融商品的新体制，建立了公司治理的必要条件，以及规范了信贷评级机构和证券化。该法案还建立了一个新的消费者保护办事处，为更多的消费者保护提供金融服务。"[44]

随着法律法规的颁布，如《萨班斯－奥克斯利法案》和《多德－弗兰克法案》，运用严密的公司治理会使战略产生重大改变。例如，由于更严密的治理，公司可能会更少地承担有风险的项目，因而可能会减少股东的财富。在考虑可能会实施的《多德－弗兰克法案》中与银行相关的一些条款时，美国联邦监管机构的管理者表示，"我认为这样做会使银行业务所承担的风险急速加大，并且变得更加复杂"。[45] 这样的描述证明，制定一个既能够保护股东利益又允许公司实施一定风险性战略的均衡的公司治理方案非常困难。

接下来，我们将解释影响公司战略决策的三个内部治理机制：所有权集中、董事会、高管薪酬。

10.2 所有权集中

所有权集中（ownership concentration）的程度由大股东的数量以及他们持有的所有权比例来决定。大股东（large-block shareholders）通常拥有公司发行所有权的 5% 以上。由于大股东越来越强烈地要求公司采用有效的治理机制来监管管理决策，增加所有者的利益，所以所有权集中作为一种治理机制受到了广泛的关注。[46] 近几年，个人大股东的数量越来越少，而机构投资者代替个人成为大股东。

通常，分散的所有权（大量股东持有少量所有权，大股东很少甚至没有）对管理者决策的监管比较薄弱。例如，分散的所有权使股东难以有效地协调行动，而公司实施超过股东最佳水平的多元化可能就源自对管理者决策的监控不力。高水平的监控能避免管理者做出有损股东价值的战略决策，如过度多元化。研究显示，所有权集中与较低的产品多元化水平相关。[47] 因此，所有权集中度越高，管理者的战略决策就越有可能使股东利益最大化。[48] 然而，欧洲大股东的影响力从一定程度上已经被强势的股东工会代表削弱了。[49]

如前所述，所有权集中会影响公司的战略和价值，这种影响多半是积极的。例如，相对于小股东，大股东拥有大量财富，特别是当他们身处管理位置时，就能从公司取出财富。在一些新兴经济体中，大股东可能会侵占小股东的财富，因为在这些国家中小股东的权利并不能受到像美国那样的保护。实际上，股权国有制能够控制这些国家潜在的问题。[50] 对于家族企业所有权比例很高的公司，家族大股东更有可能侵占小股东的财富，特别是在创立者离开后的下一代中，因此董事会在限制侵占小股东财富方面的作用非常重要。[51] 普遍来讲，由于增加家族财富和维持家族地位的需要，家族企业做的往往比非家族企业好。[52] 然而，家族企业经常试图平衡追求经济和非经济目标，这样能够适时规避风险（从而影响他们的创新产出）。[53]

机构所有者日益扩大的影响

20 世纪 30 年代出版的一本经典著作认为，所有权和经营权的分离是"现代"企业的特征。[54] 引起这种变化的主要原因是，在日益复杂的公司中，创立者兼所有者不能继续扮演所有者和控制者这两个角色。如今，另一种转变发生了，许多现代公司的所有权集中在机构投资者的手中，而非个人投资者。[55]

机构所有者（institutional owners）是指拥有公司大量所有权的金融机构，如共同基金和养老基金。机构所有者持有大量的所有权，作为公司大股东，它们也是强大的治理机制。据估计数据显示，机构所有者掌握美国产权公司的份额在 60% ～ 75%。最近一个评论讲述了养老基金对整体经济的重要性："养老基金是促使美国经济发展的关键，因为它是唯一一个长期资本的来源。"[56]

这些数字表明，作为投资者的机构所有者有能力、有动机规范效率低下的高层管理者，并能够显著影响公司的战略选择和战略决策。[57] 如"开篇案例"中提到的，除非与公司有商业关系，否则机构和其他大股东越来越积极地试图去影响公司的战略决策。起初，激进主义股东和机构投资者主要关注公司业绩以及 CEO 承担责任的情况，并且解雇他们中的一些人。由于激进主义者认为董事会的效率低下，所以他们通常会通过授予股东更多的决策权力代理投票提议，更直接地影响董事会的行动。[58] 由美国证券交易委员会批准的一项新规定表明，允许大股东（持有公司 1%～5% 的股权）提名公司董事会 25% 的成员，从而提高股东的决策权。[59]

金融机构投资者黑石集团是全球最大的金融资产管理者，在很多世界大公司中投资，所持股份有将近 4 万亿美元。有趣的是，它曾因为没有采取任何行动而被称为"沉默的巨人"。然而，最近"沉默的巨人"苏醒过来了，它开始向主要投资对象问责。大多数行为都是在幕后进行的，只有当它无妨碍的行动无法改变公司的行为时，才会对执行官或公司提案采取投票反对。黑石集团越来越具有对抗性，这是为了确保投资的价值。一些人希望黑石集团利用它持有的高份额股份使其表现得更加活跃。[60] 黑石集团 CEO 拉里·芬克（Larry Fink）最近向标准普尔 500 指数中的公司致信，建议公司将发展重点放得更长远一些，"明确公司领导者的关怀和忠诚责任是非常重要的，这并非是对每位投资者和拥有公司股东交易者来说，而是从整个企业和长期所有者的角度出发的"。[61] 迄今为止的研究显示，机构行为主义也许不能对公司绩效产生较强的直接影响，但会间接影响公司的既定战略决策，包括那些与国际多元化和创新相关的战略决策。因此，在某种程度上，机构行为主义可以规范管理者，未来公司将为实现股东最大利益（如投资人力资本）采取行动的可能性也会增加。[62]

10.3 董事会

董事会（board of directors）由股东选出的一些人组成，其主要责任是为了股东的最佳利益正式地监督和控制公司的高层管理者。[63] 那些当选的董事会成员不仅需要监督管理者，还要确保公司的运作方式可以良好地为利益相关者的利益服务，尤其是股东的利益。他们还要帮助董事会完成目标，使他们有权指挥组织的活动以及奖惩高层管理者。

尽管董事会对所有股东都很重要，但持有公司少量股权的股东却更加依赖董事会来保护他们的利益。但是研究证明，董事会并没有有效地监管和控制高层管理者的决策和行动。[64] 由于效率低下的表现和金融危机，董事会受到来自股东、立法者和管理机构的压力日益增大，他们要求董事会加强监管，防止高层管理者为自身利益采取行动。除要求董事会扮演好监管的角色之外，还要求他们能为公司提供一些资源，包括个人知识和技能，以及他们与各种组织的关系。[65]

通常，董事会成员（一般称为董事）被分为三种类型（见表 10-1）。内部董事（insider）是指被选进董事会的积极的公司高层管理者，他们是公司日常经营信息的来源。[66] 相关独立董事（related outsider）与公司存在某种合约或其他关系，这可能会影响他们的独立性，但这些董事并不参与公司的日常经营活动。独立董事（outsider）为公司提供独立的顾问意见，可能在其他公司担任高层管理者，或者在现任 CEO 任职前就进入董事会。[67]

表 10-1 董事会成员分类

内部董事
• 公司的 CEO 和其他高层管理者
相关独立董事
• 不参与公司日常经营，但与公司有关系的人
独立董事
• 不参与公司日常经营，与公司也没有其他关系的人

　　一般而言，内部高层管理者领导公司董事会。人们普遍认为，如果大部分的董事会成员由公司高层管理者来担任的话，那么董事对管理决策的监管和控制就会较弱。[68] 当董事会监管薄弱时，管理者有时会利用手中的权力来选择和奖励主管，并且发展与他们的私人关系。美国证券交易委员会提议，要求审计委员会由独立董事组成。相应地，1984 年纽约证券交易所实施了一项审计委员会规定，要求审计委员会由独立董事领导。之后其他的规定也要求像薪酬委员会和提名委员会这种重要的委员会要由独立董事领导（如审计、薪酬和任命）。[69] 这些其他规定是在《萨班斯－奥克斯利法案》通过之后制定的，并且现在纽约证券交易所的政策要求公司的大部分董事会成员是外部独立董事，并且拥有完全独立的审计委员会。因此，为了加强公司治理的监管，人们越来越关注如何寻找一种方式鼓励委员会为了董事会的最佳利益而采取行动。[70]

　　评论人士提倡改革，以确保大部分董事会成员是独立董事。研究显示，这已经实现了。[71]然而，有些人认为拥有独立董事还不足以解决问题，CEO 的权力依然可以强烈地影响董事会的决策。一个削弱 CEO 权力的建议是将 CEO 和董事长的角色分开，由不同的两个人来担任。[72]当一个人同时担任 CEO 和董事长的职位时，这被称为 CEO 两职合一（CEO duality）。正如摩根大通公司 CEO 杰米·戴蒙的双重身份，通常当 CEO 和董事长由一人承担时，很难将它们分离开来。[73] 但仅靠董事会积极监管高管的决策和行为并不能保证公司良好的业绩，董事会为公司带来的价值也会影响业绩的好坏。例如，董事会成员所拥有的知识和经验越丰富，就越有可能帮助公司构想出有效的战略并顺利执行。[74]

　　然而，过多的独立董事成员也会产生一些问题。例如，独立董事不参与公司的日常经营，他们通常不能方便地获取有效评估管理决策和意图所需的有关管理者及其技能的信息。[75] 但是，独立董事可以通过董事会会议或其他方式经常与内部董事沟通，来获取有价值的信息，以提高他们对管理者及其决策的了解。

　　由于内部股东参与公司的日常经营，因此他们可以轻易地获取与战略制定和实施相关的信息。有证据显示，内部董事占绝对多数的董事会更容易获取与战略新方案、新方案的原因以及预期结果的相关信息。[76] 如果没有这些信息，独立董事主导的董事会就会更加重视运用财务控制，而不是战略控制，以获得评估管理者和业务单元业绩的信息。然而，仅仅依靠财务评估会将风险转移给高层管理者，因而他们相应地会做出决定使自身利益最大化，并降低就业风险。管理者为了达到独立董事设定的财务目标而采取的行动包括降低研发投入，提高公司多元化及追求高额报酬等。[77] 另外，由于缺乏与 CEO 候选人以及公司特定需求相关的重要信息，董事会在 CEO 连任决定方面容易做出错误判断。总体来说，知识面广且均衡的董事会似乎一直都是效率最高的。[78]

提高董事会的有效性

　　由于董事会对公司治理的重要性日益增加，以及股东特别是大型机构投资者对董事会进行日益严密的监控，所以董事会成员和董事会整体的表现受到更加正式且频繁的评估。[79] 基于责任感的提升和业绩改善的需求，很多董事会受到激发，自愿发起变革。这些变革包括：①增加董事会成员背景的多样性（例如，美国公司的董事会中，有很多董事会成员来自公共服务业、学术界和科研机构，更多少数民族以及女性董事，更多外国董事）；②加强内部管理和财务控制系统；③建立并持续运用正规的董事会表现评估流程；④董事报酬的修改，特别是减少甚至取消报酬组合中的股票期权；⑤设立"领导董事"职位，[80] 在安排董事会日程和监督非管理董事会成员的活动方面有很大的权力。

由于董事会越来越多地参与到公司战略制定过程中，他们就必须高效协力地工作。有观点认为，董事会制定决策以及监管管理者和公司业绩的流程是提高董事会有效性的关键。[81] 此外，由于所有者施加的压力越来越大，以及董事会成员之间的潜在冲突，有必要设立程序帮助董事会有效地履行职责。

独立董事越来越多地要求持有大量的所有权股票作为成为董事的先决条件。事实上，一些研究显示，如果独立董事持有股票，公司的表现就会更好；持有的所有权股票越多，股票期权就越少，这已经形成了一种趋势。[82] 然而，另有研究显示，掌握的所有权过多会导致董事会成员的独立性降低。[83] 还有研究显示，多样化的董事会有助于公司制定出更加有效的战略决策，并且公司的长期业绩也会更好。[84] 尽管更加独立而多样化的董事会不一定更加有效，但董事会成员越来越独立，并且越来越多样化的趋势看起来还将继续。

10.4　高管薪酬

很多人对高层管理者特别是 CEO 的报酬很感兴趣，并有很多看法。一些人认为，高层管理团队成员特别是 CEO 对公司的业绩承担着很大的责任，因此他们应该予以相应的报酬。[85] 另一些人则认为，高层管理者特别是 CEO 的薪酬过高，并且他们的报酬与公司的业绩并没有多大关系。[86] 有效的高管薪酬机制有助于解决这些问题。高管薪酬（executive compensation）是一种治理机制，试图通过工资、奖金以及股票奖励和期权之类的长期激励性报酬，使管理者和所有者的利益相一致。[87]

长期激励计划（通常包括股票奖励和股票期权）成为高层管理者（特别是美国公司的领导人）薪酬组合中越来越重要的部分。从理论上讲，利用长期激励计划可促进公司努力把高管薪酬和普通股东的财富联系起来，从而避免潜在的代理问题。[88] 高效地制订长期激励计划使大股东不再要求以他们的想法改变高层管理团队和董事会的结构，并且此计划可以确保高层管理者为股东的最佳利益采取行动。另外，股东通常认为，当公司的董事会由独立董事主导时，高管薪酬和公司的业绩会更加一致。不过研究结果表明，股票期权激励也会存在欺骗行为，比如为了获得控制权，[89] 这说明利用高管薪酬治理机制积极监管公司董事会成员的重要性。

对于实施国际化战略的公司，有效地利用高管薪酬机制来治理公司具有非常大的挑战性。例如，跨国公司在不同的外国子公司实施不同的薪酬计划更有利于所有者的利益。[90] 发展大量独特的薪酬计划会带来额外的监督，这无形中增加了公司的代理成本。重要的是，世界上不同的地区有不同的薪酬水平。例如，美国的高管薪酬最高，而亚洲的高管薪酬要相对低得多。由于印度大部分大型公司都是家族所有的，所以那里的高管薪酬历来很低。[91] 收购其他国家的公司会增加董事会采用高管薪酬作为有效内部公司治理机制的复杂性。[92]

高管薪酬的有效性

作为一种内部管理机制，高管薪酬特别是长期激励薪酬，内容是非常复杂的。原因有以下几点：第一，如果高层管理者制定的决策非常复杂而且是非常规的，那么通过直接监督（通过公司董事会执行）来判断其决策的质量并不合适，这促使将高管薪酬与可测量的结果（如公司的财务业绩）联系起来；第二，因为通常高层管理者的决策对公司长期业绩的影响要比短期业绩更大，所以导致很难定期（如按年度）评估现在的决策对公司业绩的影响；第三，除了高层管理者的决策和行为，还有其他因素会影响公司的业绩。但是，由于不可预测的公司总体环境（见第 2 章），如经济、社会和法律变革，所以很难辨别出是高层管理者的决策对公司的业绩产生影响（积极的或消极的），还是公司外部环境的变化对公司业绩产生了影响。

尽管适当地对高层管理者制订和实施激励薪酬计划可能会提高股东所期望的公司价值，但是却很容易受到管理者的控制。[93] 另外，年度奖励可能会促使管理者牺牲长期利益来追求短期目标。虽然长期以业绩为基础的激励可能会降低短期投资不足的诱惑，但也会使管理者面临无法控制的风险，如市场波动和行业衰落。对激励薪酬的关注时间越长，高层管理人员承担的长期风险就越大。由于长期激励是通过一种不确定的方式将管理者的全部财富与公司联系起来，而外部投资者有机会将其财富分散到很多其他的金融投资中，所以管理者可能不会像外部投资者那样重视这样的激励和所有权。[94] 因此，如果公司采用长期激励，就不得不支付管理者更多的薪酬。[95] "战略聚焦 10-1" 中提到了董事会面临付给 CEO 薪酬的问题。媒体常常将重点放在 CEO 薪酬上，尤其是那些和普通工人相比之下的巨额薪酬。

CEO 薪酬大小很大程度上受股权和长期激励的影响。尽管基于股权的薪酬计划是已经制定好的，但实际上股票价格要高于当期价格，其主要目的是给予高管更多的薪酬。研究显示，在高风险情况下，更容易通过重新定价使股权价值降低。[96] 然而，当公司绩效较差时，为持续激励股权，会对股票重新定价。有证据表明，政治活动也会参与进来，从而导致 "期权追溯" 的发生。[97] 所有的证据说明，公司内部治理机制不完善时，高管薪酬计划可以达到一些目的。例如，最近研究表明，鼓励管理者考虑环保因素而制订的长期薪酬计划，更有利于在防止污染方面获得成功。[98]

正如 "战略聚焦 10-1" 中所提到的，今后内部治理机制可能会受到更加严密的监督。若计划恰当、应用合理，三种内部治理机制中任何一种机制都可以对公司的运营产生积极作用，尽可能为股东利益服务。出于同样的原因，由于三种机制在设计和执行方面都不完善，有时还需要公司通过控制权市场（外部治理机制）来进行管理。

战略聚焦 10-1　CEO 应该得到巨额薪酬吗

在媒体中广泛流传着这样一个问题：大型上市公司的领导者、CEO 们的高额薪酬是怎样的。媒体善于夸大消极方面——高层管理者的薪酬与美国工人平均收入之间的日益增长的差距。1983 年，六家大型银行领导者的平均收入是普通美国工人平均收入的 40 倍，世界 500 强企业领导者的平均收入是美国工人平均收入的 38 倍。然而，大型银行 CEO 的薪酬与平均工人相比成指数倍增长，如今已升至 208 倍，而非银行员工的工资已达 224 倍。换句话说，大型工业企业的高层管理者的薪酬增长速度远远超过银行高管的薪酬。尽管在过去的 30 年间，普通工人的工资增长了 2.9 倍，但是银行高管的工资增长了 15.4 倍，而非银行高管的工资则增长了 17.4 倍。

付给高管超多的薪酬，例如，2014 年 "探索频道" 的 CEO 戴维·扎斯拉夫（David Zaslav）收到了 1.56 亿美元的薪酬，增加了媒体对待高管薪酬的狂热程度。探索频道重点发展有线电视频道，如 "探索发现" "动物星球" 和 "学习频道"。然而，2014 年，当

CEO 的薪酬增加时，探索频道的股票调整值下滑了 25%。许多媒体在这一矛盾上大做文章。然而，CEO 的薪酬远比新闻标题所描述的复杂。虽然 2014 年股票价值下跌，但是公司的收益提高了 13%，净收入增长了 5.6%，而扎斯拉夫所签合约中就提到了收益和净收入的增加。他的报酬相应增加，是因为在扎斯拉夫的领导下，公司的市场资本总值从 50 亿美元提高到了 200 亿美元。本年度的奖励包括上一年度所创造的价值，以及未来限制性股票期权资金的价值。CEO 的薪酬虽然复杂，不如金融危机前一阶段增长的速度，但一直保持着持续增长的势头。

有趣的是，在大型多元化银行，如摩根大通、花旗银行、摩根士丹利、高盛和美国富国银行，CEO 的平均工资大约在 1 800 万美元。2014 年，在这些多元化经营的银行中，CEO 的平均薪酬是普通工人平均工资的 121 倍，比 2006 年金融危机来临之前的 273 倍降低了 55%。这显然与严格的监管有密切关系，这些大型银行受到了如《多德-弗兰克法案》的管理。而且，证券交易委员会正在努力定案，要求所有上市公司公布 CEO 的薪酬比普通员工的薪酬高多少。这一行为又将带给媒体机构素材，抑制付给 CEO 在近 30 年里不断攀升的超额报酬。社会学领域的研究表明，在某种程度上，这些巨额薪酬并不是根据业绩而增长，而是由处于连接紧密的工作网中的高管薪酬委员会中的管理者和董事会，在众公司之间比较之后做出的决定。同时，由于大规模的企业兼并和融合（例如，发生在大型多元化银行中的），企业规模变得更大。高管的薪酬与企业规模和高层的管理运作复杂程度息息相关。

相对于社会学角度，金融领域的研究发现，大多数高管薪酬的组成一直处于变化之中。高层管理者并非重视职工优先认股权，而是根据限制性股票所有权（除非他们在一定时期内达到业绩目标，否则无法实现所有权）来收取薪酬。如此这般，对这些大型企业来说，可能造成灾难性结果的风险降低了。因此，研究发现，管理者根据他们收到的薪酬来确定承担相应的衡量过的风险。

总言之，高层管理者的薪酬是十分复杂的，并不能由数量的大小来决定。虽然高管的薪酬急剧增长，但是都可以由合理的或不合理的原因予以解释。每种情况都需要进行仔细检查，以了解过度与适当中可能存在的问题。然而，高层管理者的薪酬与普通工人薪酬的比例问题很可能成为一项社会的问题，凸显社会的不公平性。所以，应该从政策角度出发来解决这一问题。管理型人力资本应该由其能力和所创造的价值决定，同时低阶层工人和他们的人力资本也应该有所提高。

资料来源：D. Fitzgerald, 2015, Staples CEO Sargent's pay grew 15% to $12.4 million last year; Chief executive earned $2.6 million in non-equity incentive compensation in 2014, *Wall Street Journal*, www.wsj.com, April 13; K. Hagey, 2015, Discovery Communications CEO gets 2014 compensation of $1.561 million, *Wall Street Journal*, www.wsj.com, April 6; J. W. Kim, B. Kogut, & J.-S. Yang, 2015, Executive compensation, fat cats and best athletes, *American Sociological Review*, 80: 299–328; E. K. Lim, 2015, The role of reference point in CEO restricted stock and its impact on R&D intensity in high-technology firms, *Strategic Management Journal*, 36: 872–889; P. Rudegear, 2015, Wall Street's pay gap slims, *Wall Street Journal*, April 6, A1, A4; E. M. Fich, L. T. Starks, & A. S. Yore, 2014, CEO deal-making activities and compensation, *Journal of Financial Economics*, 114: 471–492; S. Williams, 2014, BG Group draws more heat over CEO compensations; one of the biggest revolts against executive pay in the U.K. in recent years, *Wall Street Journal*, www.wsj.com, November 28; R. Wilmers, 2014, Why excessive CEO pay is bad for the economy, *American Banker*, www.americanbanker.com, March 14.

10.5 公司控制权市场

公司控制权市场（market for corporate control）是公司的内部治理机制失败时起作用的外

部治理机制。[99] 公司控制权市场由个人或公司组成，他们购买所有权或者接手可能被低估的公司，成立多元化公司中新的部门或者合并原本分开的公司。被低估公司的高层管理者通常会被替换，因为他们对导致公司业绩低下的战略制定和实施负有责任。所以，有效运作的公司控制权市场能约束效率低下的管理者和他们的机会主义。[100]

通常，目标公司的管理者和董事会成员对于在公司控制权市场中传出的接管投标非常敏感，因为这表示他们没有努力履行责任。对于高层管理者来说，当董事会接受收购公司的出价时，就意味着他们将失去工作，因为收购者一般希望由不同的管理团队来领导公司。同时，拒绝被收购也会增加高层管理者的失业风险，因为来自股东和董事会要求改善公司业绩的压力会非常大。[101]

对冲基金是一种可以追求多种不同投资战略的基金，如长仓和短仓、套利和购买及出售被低估的有价证券，从而获得最大化的投资回报。对冲基金在迅速增长，2014 年，仅在美国，对冲基金就形成了 3 万亿美元的行业规模，到 2018 年预期超过 5 万亿美元。预计高达 65% 的资金来自机构投资者。[102] 随着投资者越来越渴望得到表现不佳的基金和负责任的管理者，对冲基金在公司控制权市场中也变得越来越活跃。[103] 例如，"当前市场中一些复杂的交易，包括贝克休斯公司（Baker Hughes）和哈里伯顿公司（Halliburton）、艾尔建公司（Allergan）和阿特维斯公司（Actavis）、史泰博（Staples）和欧迪办公公司（Office Depot）、时代华纳（Time Warner）和康卡斯特公司（Comcast），都把对冲基金作为重要的股东"，在完成交易过程中，它们对合作的公司抱有积极的期望。[104]

一般情况下，活跃的养老基金（作为机构投资者和内部治理机制）对业绩不佳的公司会做出本能反应，在判断一家公司业绩不佳时就会采取行动。相比之下，活跃的对冲基金（作为公司控制权市场的一部分）更加主动，"当分析出一家公司的业绩可以被提高时，就会进行直接投资"。[105] "开篇案例"中提到的由 CEO 纳尔逊·佩尔茨领导的特里安基金管理公司就是一个很好的案例，特里安寻求通过替代四位支持佩尔茨对冲基金提案的方式改变对待杜邦的策略。然而，积极主义的基金特里安在替换董事的选举中失利，而杜邦并没有被迫分拆成几个独立的业务。[106] 有趣的是，在需要寻求机会的情况下，对冲基金已经在寻求与更多的科技企业进行交易。实际上，2014 年科技领域的投资占 20%，比其他任何一个领域都多。由于科技企业革新迅速，它们未来的成功难以预测，因此对冲基金在过去一直避免向科技企业投资。从总体上看，积极主义者正在赢得更多的董事会席位，促进合并和资产剥离，赢得股票回购项目（例如，卡尔·伊坎促进在苹果公司的股票回购项目）。[107]

然而，调查结果显示了另一种可能性，即公司控制权市场作为一种治理机制，投资者有时会利用它掌控运营状况较好的公司的所有权。[108] 20 世纪 80 年代一项关于活跃的市场入侵者的研究显示，收购通常集中于一个行业内绩效高于平均水平的公司。[109] 这项工作以及其他研究表明，公司控制权市场是一种不完善的治理机制。[110] 实际上，合并和收购都是非常复杂的战略活动，具有很多目标和不确定性结果。如第 7 章所讨论的，一些战略活动会获得成功，而另一些则不会（即使它们有可能成功），因为当两家不同的公司合作实施计划时，可能会限制潜力的发挥。[111]

总言之，公司控制权市场可能是一个迟钝的公司治理工具，但是这个治理机制却可以为公司股东带来最佳利益。相应地，高层管理者希望以规范的方式来领导公司，而这种方式并不适合由公司外部的激进主义者来实施。

高层管理者可以选用几种防范策略来预防收购企图。如果领导的是一个业绩较好的目标公司，那么管理者往往采用防范策略来预防外部的收购企图。当目标公司业绩不佳时，管理者也可能用防范策略来保护自身利益。总体来说，管理者采用防范策略通常被认为是自私的行为。

管理防范策略

大多数情况下，恶意收购是公司控制权市场这种治理机制的主要活动。恶意收购（hostile takeover）是指通过"与公司股东直接接触或者强制替换公司高层管理者来获得收购批准，而不是与目标公司的管理者签订协议"来完成公司收购。[112]

恶意收购的目标公司可能会采用多种防范策略来预防收购企图。不断使用公司控制权市场这种手段，使得用于抵制收购的管理防范策略变得越来越复杂化和多样化。

由于公司控制权市场会增加管理者的风险。结果管理者的收入通过"金色降落伞"（CEO所在公司被收购后，他可以获得最高三年年薪）间接增加了。"金色降落伞"和其他防范策略相似，也引起很多争议。另一种收购防范策略通常称为"毒丸计划"，这个策略通常允许股东（而不是收购者）在个人或公司收购公司一定数量（通常是10%～20%）的股票之后，将"股东权利"转化成普通股。增加已发行股票的总量可以稀释潜在收购者的现有股份，也就是说，潜在收购者如果想要维持或扩大他的所有权，就必须以高价购买额外的股份。额外的支付增加了收购公司的交易成本。一些公司通过修改公司章程轮换选举董事会成员，每年只有1/3的董事会成员要重新选举。研究显示，这保护了管理者并且降低了被恶意收购的可能性。[113]除我们讨论的这些之外，还有其他的收购防御策略（见表10-2）。

表 10-2　恶意接管防御策略

防范策略	作为防范的有效性	股东财富效果
资本结构改变　稀释所有权，使收购更昂贵。它可能包括员工持股计划（ESOP）、资本结构重组、增发债券、股票回购	中等	未确定
公司章程修订　为了阻碍被攻击公司董事会成员的选举，以使所有人不能在一年被选进去而做的修订，这可以阻止收购者在同一年引进一个全新的董事会	很低	负
金色降落伞　在公司被收购时，给选定的高层管理者大量的现金报酬	低	很小
绿票讹诈　支付溢价，从进攻者手中购回公司所有权，并获得进攻者不再将公司作为接管目标的协议	中等	负
诉讼　帮助目标公司组织恶意攻击的诉讼，范围包括反托拉斯、欺诈和不充分披露	低	正
毒丸计划　在公司合并中以很有吸引力的交换比例提供给股东优先股	高	正
停止协议　各方间的协议，收购者同意在一定时间内不再收购更多目标公司的所有权，作为交换公司支付收购者的一些费用	低	负

资料来源：L. Guo, P. Lach, & S. Mobbs, 2015, Tradeoffs between internal and external governance: Evidence from exogenous regulatory shocks. *Financial Management*, 44: 81–114; H. Sapra, A. Subramanian, & K. V. Subramanian, 2014, Corporate governance and innovation: Theory and evidence, *Journal of Financial & Quantitative Analysis*, 49: 957–1003; M. Straska & G. Waller, 2014, Antitakeover provisions and shareholder wealth: A survey of the literature, *Journal of Financial & Quantitative Analysis*, 49: 1–32;R. Campbell, C.Ghosh, M.Petrova, & C.F.Sirmans, 2011, Corporate governance and performance in the market for corporate control:The case of REITS, *Journal of Real Estate Finance & Economics*, 42:451-480; M.Ryngaert & R.Schlten, 2010, Have changing takeover defense rules and strategies entrenched management and damaged shareholders?The case of defeated takeover bids, *Journal of Corporate Finance*, 16:16-37; N.Ruiz-Mallorqui & D.J.Santana-Martin, 2009, Ultimate institutional owner and takeover defenses in the controlling versus minority shareholders context, *Corporate Governance: An International Review*, 17:238-254; J.A.Pearce II & R.B.Robinson, Jr., 2004, Hostile takeover defenses that maximize shareholder wealth, *Business Horizons*, 47(5): 15-24.

大部分的机构投资者都反对采用防御策略。美国教师退休基金会（TIAA-CREF）和加州公务员养老基金（CalPERS）曾采取行动终止了几家公司的毒丸策略。许多机构投资者也反对离职补偿（"金色降落伞"），这种反对声在欧洲越来越高。[114] 然而，离职补偿的优势是鼓励高层管理者接受对股东有吸引力的收购要求。[115] 研究结果显示，使用收购防御策略可以降低管理者的短期业绩压力，这样，管理者就会在长期战略上更加关注公司股东利益。如此一来，公司的市场价值就可以增加，从而回报股东。[116]

如果高层管理者能够意识到外部投资者以个人（如卡尔·伊坎）或团队（如对冲基金）的形式存在的话，那么这将促使他们将个人利益与公司利益相关者的利益联系起来，尤其是股东。另外，当公司采用公司控制权市场作为外部管理机制，这将使许多公司的战略发生变革，如果应用合理，将有助于提高公司股东的利益。当然，目标是使管理者发展委托人心理所有权。[117] 然而，心理所有权若是应用过头，自我陶醉的高层管理者会认为他们是企业的核心。[118]

10.6 国际公司治理

对于全球经济而言，公司治理正变得越来越重要，在新兴经济体中也是如此。在贸易、投资和股票市场全球化的情况下，公司采用相似的治理机制可能会带来潜在价值。而且，大型公司也希望吸引外国投资者。想要这样做，外国投资者必须确信公司治理机制足以保护他们的投资。

尽管全球化促使公司越来越重视公司治理的改善，并潜在地减少了不同区域和不同国家治理系统的差异，[119] 但事实上，不同的国家仍然有不同的治理系统。为了提高公司在国际市场中成功竞争的可能性，公司必须辨别和了解不同国家的治理系统及其治理系统变革。为此，我们将讨论两个发达经济体（德国和日本）的公司治理实践，以及一个新兴经济体（中国）的公司治理实践。

10.6.1 德国和日本的公司治理

在德国的一些私人企业里，所有者和经营者可能是同一人。在这些情况下不存在代理问题。[120] 甚至德国的上市公司，也常常是由一个股东主导。因此，和在美国一样，所有权集中在德国也是一个重要的公司治理机制。[121]

和意大利、法国等许多欧洲其他国家一样，银行历来是德国公司治理结构的中心。当银行以前投资的公司在股票市场上寻求融资或不能偿债时，作为借款人的银行就成为公司的主要股东。虽然银行控股一般不到10%，但是银行可以持有单一所有权，且不超过银行资本的15%。股东可以通知银行如何投票，虽然它们通常不会这么做。这些银行作为股东和债权人，和其他人一样通过选举代表进入监管委员会来监督和控制管理者。

拥有 2 000 名员工的德国公司必须具有双重的董事结构，将监督和控制管理（或监视）决策及行为的责任分别交给不同的团队。[122] 所有的指导和管理职能归属于管理董事会（vorstand），而任命董事会成员是监事会（aufsichtsrat）的职能，监事会成员由公司员工、工会成员和股东任命。德国公司治理结构的支持者认为它有利于阻止公司的错误行为和"独裁的 CEO"的仓促决策。然而，批评者却认为它降低了决策制定的效率并约束了 CEO。德国的公司治理结构使其很难像美国那样在业绩下降时快速地重组公司。由于地方政府的作用（通过董事会结构）和银行在德国公司治理结构中的权力，私人股东很少在德国公司中占有主要所有权，而且在公司中存在大量交叉持股的现象。[123] 然而，大型的机构投资者，如养老基金和保险公司在公司中所占的所有权也不多。所以直到现在，德国公司的管理者并不像其他国家那样，致力于股东利益的最大化。因而，从历史来看，相比英国和美国的高层管理者，德国公司的管理者并不太关注股东财富的最大化。[124]

然而，由于业务的不断全球化，许多德国公司的治理结构正开始向美国体制转变。最近的研究表明，传统体制由于缺乏外部所有权力量而产生了代理成本。有意思的是，在美国证券交易所上市的德国公司逐渐采用管理者股票期权报酬作为长期的激励政策。[125] 并且，正如"战略聚焦 10-2"中阐述的，积极的股东所有者正在渗透进德国和日本的公司，所使用的战略大多是与管理者商议，而不像美国和英国那样正面对抗。

日本对公司治理的态度受到责任、家庭和认同观念的影响。员工是公司大家族的一员，单位包含了他们的生活，这个大家庭要求全体员工的关心和忠诚。而且，日本公司涵盖的股东范围要比美国广，前者包括员工、供应商和消费者。[126] 此外，"财团"（通过交叉持股联系在一起的公司）已经不仅是一个经济理念，还是一个家庭。一些人认为广泛的交叉持股阻碍了改善公司治理所需的变革。[127] 认同感是另一个影响日本公司治理的因素，无论何时都需要花费大量的精力赢得其他人的忠心，而不是仅靠高层管理者发号施令。[128] 即使认同感会导致决策过程缓慢而缺乏效率，但它仍然很受重视。

与德国一样，日本的银行对大型上市公司的融资和监控也起着重要作用。[129] 拥有一个公司最多所有权和最多债权的银行——"主银行"，与公司高层管理者有着最紧密的关系。主银行为公司提供财务咨询并密切监控管理者。所以，日本具有以银行为基础的财务和公司治理结构，而美国具有以市场为基础的财务和公司治理结构。[130] 美国的商业银行不允许持有上市企业的股份。

除了贷款，一家日本银行最多可以持有公司 5% 的所有权，而一些相关联的金融机构可持有 40% 的所有权。在许多情况下，主银行间的关系是平行财团的一部分。财团中的公司通常持有其他成员公司不到 2% 的所有权，而各个成员公司持有其他所有公司差不多的所有权。所以，财团中其他成员拥有企业 30% ~ 90% 的股份。这样，财团就是一个关系投资的系统。

战略聚焦 10-2 | 日本、德国和中国：股东参与者和股东积极主义者

日本一直以来缺少积极的股东和具有公司控制的强势市场。然而最近，股东表现比以往更加积极，一些成功的投资被加以"参与式"基金的标签。这种变化是有所预兆的，例如，日本政府养老金投资基金管理机构选择了积极投资者 Taiyo Pacific Partners LP 管理其 1 万亿美元的资产，Taiyo Pacific Partners LP 是在美国设立的参与式基金机构。Taiyo Pacific Partners LP 的 CEO 布莱恩·海伍德（Brian Heywood）称："日本高管对待外界的态度越来越开放，他们正致力于发展离岸运作，接受海外的培训。"并且，日本金融服务机构引进了"尽职管理守则"的理念，要求投资者为了更好的回报而努力。如此一来，日本的投资环境越来越趋向于以股东权利为导向，尽管这一方式无疑是参与式和积极主义的。

积极主义不仅在日本是一项刚发展起来的新事物，它还扩展到了全球其他地方，其中就包括德国。Cevian Capital 是一家活跃

的基金机构，它参与了蒂森克虏伯（Thyssen-Krupp）和比尔芬德（Bilfingder）关于所有权的相关事务。同样，另一家活跃的基金机构艾略特管理公司（Elliott Management），参与了管理塞拉西公司（Celesio）和德国电缆公司（Kabel Deutschland）。虽然企业管理团队对德国和欧洲其他国家出现的积极主义抱有强烈的怀疑态度，但"积极主义者在德国的行为是可以审评的，因为德国保护少数投资者收购交易的政策十分完善"。

中国内地也出现了积极投资者，但相比之下，香港地区的企业是大多数基金积极投资的对象。香港上市的企业逐渐放宽对外国持有权的限制，于是企业更加注重投资者在公司治理和透明度方面的考虑。然而，在中国内地，企业的股份通常归母公司，这是因为这些企业大都还年轻，由企业的创始人掌管，正因为这样，投资者对公司的决策有很微弱的影响力。然而，沪港通为积极投资者在内地的发展创造了良好的机会。通过沪港通，外国金融机构可以直接进入中国内地的资本市场，这意味着外国投资者将会对中国内地的上市公司以股东选举权的方式施以更多的影响。

新型市场中的企业所有者和具有显著政府所有权的国家是怎样影响海外投资的企业？引起众人关注的是，很多来自新兴经济体的主权财富基金在投资发展中国家和其他新兴经济体中扮演着关键角色，它们以特立独行的方式展现着积极主义的投资方式。例如，自全球金融危机以来，许多德国企业向中东海湾国家的主权财富基金公司寻求投资。特别地，在金融危机致使金融体制改革的压力下，很多德国主要汽车公司吸纳了海湾阿拉伯国家合作委员会（GCC）主权财富基金的投资，这些主权财富基金是长期投资者，从而降低了恶意收购的风险，这一现象成为德国公司治理的突出特点。

主权财富基金在全球气候变化中也展现了积极的一面。例如，挪威的主权财富基金将资产从煤矿业中剥离出来，它们的战略是将其财富发挥影响力在显著可持续发展的事业上，气候变化就是其中之一。

另外，巴西跨国企业的收购行为也受到主权财富基金巴西国家开发银行（BNDES）的支持。巴西国家开发银行参与了几项大规模运作，协助组织企业并购工作，在不同行业内建立"国家领军企业"。例如，巴西国家开发银行向巴西肉品加工厂 JBS-Friboi 施以援手，从而 JBS-Friboi 得以在全球不断扩张，收购美国两大生产商——Swift 和 Pilgrims'Pride。

总而言之，股东积极主义者的活动已扩张到全球，新兴经济体中的所有者参与公司控制和改革投资体制，特别是主权财富基金凭借其强大的股东地位，在发达国家和发展中国家产生了深远的影响。这些基金通常将重点放在支持政府决策上，如中国能源领域——中国政府正在寻求获得更多的能源资产和天然资源来支持发展经济。有时候这些主权基金也会支持政府的立场，正如挪威基金分离其在煤矿业中的产业以加强可持续发展，这在社会和政治领域都是一项重要的突破。

资料来源：B. Alhashel, 2015, Sovereign wealth funds: A literature review, *Journal of Economics & Business*, 78: 1–13; L. Havelock, 2015, New battlegrounds: A global activism update, IR Magazine, www.irmagazine.com, March 10; K. M. Howl, 2015, Norway oil fund sheds more coal assets, *Wall Street Journal*, www.wsj.com, May 5; K. Narioka, 2015, Activist investors in Japan find some doors cracking open, *Wall Street Journal*, www.wsj.com, January 29; M. Goranova & L. V. Ryan, 2014, Shareholder activism: A multidisciplinary review, *Journal of Management*, 40: 1230–1268; D. Haberly, 2014, White knights from the Gulf: Sovereign wealth fund investment and the evolution of German industrial finance, *Economic Geography*, 90: 293–320; S. G. Lazzarini, A. Musacchio, R. Bandeira-de-Mello, & R. Marcon, R. 2015, What do state-owned development banks do? Evidence from BNDES, 2002–09 *World Development*, 66: 237–253; A. Musacchio & S. G. Lazzarini, 2014, *Reinventing State Capitalism: Leviathan in Business, Brazil and Beyond*, Cambridge: Harvard University Press; X. Sun, J. Li, Y. Wang, & W. Clark, 2014, China's sovereign wealth fund investments in overseas energy: the energy security perspective, *Energy Policy*, 65: 654–661.

近年来，日本的公司治理结构也在变革。例如，因为日本银行逐渐发展成为经济组织，银行在监管和控制管理者行为及公司业绩上的作用不如以前重要。[131] 而且，金融行业的放松管制降低了发动恶意收购的成本，[132] 因此，放松管制使日本公司控制权市场前所未有的活跃。由于许多日本公司的绩效表现不佳，变革过程中面临很大压力。事实上，在 2011 年由地震和海啸引发的日本福岛核电站泄漏事件之后，东京电力公司采取的公司治理的做法遭到很多批评。日本公司的董事会成员大多由内部管理人员组成，他们代表着管理层上层的利益。然而，自从采用了新型的公司治理模式，日本公司中的独立非执行董事变得越来越重要。[133] 如"战略聚焦10-2"中所描述的，参与式基金在日本逐渐活跃起来，这一现状正在改变。

10.6.2   中国的公司治理

"中国拥有一个独特且巨大的社会主义市场经济。政府为了改善上市公司的公司治理做了很多工作。[134] 这些评论说明一个事实，中国的公司治理正在发生变革，股票市场也在不断发展。不过，中国的股市还很年轻而且还不发达。在中国，股票市场还有些薄弱，但是通过强有力的管理，现已有所改善。[135]

近年来，中国国有企业的资产相对呈现下降的趋势，因为民营企业的数量和比例增长迅速。一些民营企业也在尝试建立与政府之间的政治纽带，这是它们获取资源和经济效益的途径。[136] 从公司的长期成功来看，这些情况可能会影响公司的业绩。调查显示，国家在公司中持有的所有权越高，那么公司的市场价值就越低、越不稳定。导致这一结果的原因是公司中的代理冲突，以及企业必须完成政府希望的社会目标，因而公司管理者无法追求股东利益的最大化。[137] 调查还显示，委托人之间存在着潜在冲突，特别是国有企业中的国家所有者和私人股份所有者。[138]

有证据显示，中国的公司治理正在向西方模式靠拢。最近的一项研究表明，中国公司高层管理者的报酬与公司早先和现在的财务表现息息相关。[139] 研究还显示，由于机构能力较弱，有家族 CEO 经验的公司的财务业绩要比没有家族影响的公司更积极。[140]

改变治理系统是一项复杂的任务，在取得进步的过程中，既会遇到问题，也会收获成功。因此，中国的公司治理变革仍将继续，在中国政府以及追求深化市场经济改革的影响下，它在未来可能成为一个对国家、公司及国民最佳的治理机制。伴随特定国家的治理系统不断深化，跨国公司的董事会和管理者也致力于公司的发展。例如，已经进入国际化市场的公司，具有国际经验的高层任职人员更多，董事会中的外国董事比例也更大。[141]

10.7   治理机制和伦理行为

本章中所述的三个内部治理机制及一个外部治理机制是用于确保公司所有者的代理人——公司高层管理者，做出最符合公司全体利益相关者利益的战略决策。在美国，股东被认为是最重要的利益相关者。但现在，产品市场的利益相关者（如客户、供应商和社区）和组织中的利益相关者（如管理者和员工）也很重要。[142] 所以，至少利益相关者的基本利益或需求要通过公司行为得到满足，否则没有得到满足的利益相关者会收回对公司的支持而转向另一种公司（例如，顾客会从提供可接受的替代品的其他供应商那里购买产品）。

一些人认为有伦理责任的公司更有可能为满足全体利益相关者的利益而设计和运用公司治理机制。[143] 公司中的不道德行为，如安然公司、世通公司、美国南方保健公司、萨蒂扬软件技术公司的丑闻说明，公司的不道德行为会使利益相关者的利益遭受重大损失。高层管理者的道德行为是为利益相关者的利益提供最佳服务的基础，因此这个问题受到世界各国的重视。[144]

董事会的决策和行为可以有效防止高层管理者的不道德行为。研究显示，最有效的董事会应积极参与制定公司商业伦理的界限和价值观。[145]一旦伦理行为的界限被设定并且正式成为公司的职业道德规范，公司董事会对全体利益相关者的伦理决定和行为的期望，都要清楚地传达到高层管理者以及股东（消费者和供应商）耳中，因为他们对公司生产和销售产品来说必不可少。另外，高层管理者作为公司所有者的代理人必须要知道，董事会作为一种公司治理机制，要求他们对道德决策及组织文化的发展承担责任。正如将在第 12 章所说明的，CEO 应该是改善伦理行为的楷模。[146]

跨国公司在国际市场中遇到的一个主要问题是行贿问题。[147]作为一个整体，具有薄弱机构的公司出现大量的行贿活动，结果自然是出口量减少。而且，中小型公司是行贿的最大受害者。行贿会限制创业活动，阻碍国家的经济增长。大型跨国公司将承担较少的消极后果，它们运用道德领导的力量，使它们在选择进入市场和如何运营方面更加灵活。[148]

通过设计有效的内部机制，并且合理运用公司控制权市场作为公司的外部治理机制，高层管理者就可以选择和实施战略，进而通过战略竞争力获得高于平均水平的回报。一些公司的治理机制效率低下的时候，另一些公司的治理机制水平却得到了认可。

《世界金融》对世界各公司的公司治理实践进行了评估。2015 年，"最佳公司治理奖"颁给了加拿大麦格纳国际集团（Magna International）、中国通信服务股份有限公司、德国巴斯夫股份公司（BASF）、挪威 Prosafe 公司、英国电信（Telecom）以及美国英特尔公司。这一奖项是基于大量的公司治理相关议题的分析来决定的，如董事会可靠性和财务信息披露、高管薪酬、股东权利、所有制基础、收购防范、公司行为以及公司总体展现的责任感。[149]

小结

- 公司治理是公司利益相关者之间的关系，它决定了公司的方向，并影响公司的绩效。公司如何监督和控制高层管理者的决策及行为影响到战略的实施。将管理者的决策和股东的利益统一起来的有效公司治理机制有助于为公司创造竞争优势。

- 现代公司有三种内部公司治理机制：①所有权集中；②董事会；③高管薪酬。公司控制权市场是唯一一种外部治理机制，它影响管理者的决策及其带来的结果。

- 现代公司中，所有权和控制权是分离的。所有者（委托人）雇用管理者（代理人）制定决策使公司利益最大化。作为风险承担者，所有者通过投资于不同风险水平的公司来分散风险；作为决策制定者，管理者要根据所有者的期望，制定使公司收益最

- 大化的决策。因而，一方（所有者）支付薪酬雇用另一方（管理者）为其做出决策而形成的代理关系，是现代公司的特征之一。

- 当代理人与委托人追求的目标之间产生冲突时，所有权和控制权的分离就会导致代理问题。委托人建立并运用治理机制来控制这类问题。

- 所有权集中是由公司大股东的数量和他们所持有的所有权比例来决定的。持有高比例所有权的机构投资者，如共同基金和养老基金，通常能够影响高层管理者的战略决策和行为。因此，相对于分散的所有权带来的监管薄弱、管理决策不易控制等问题而言，所有权集中能对管理者产生更有效和更主动的监督和控制。机构投资者在

美国公司的影响日益提高，它们利用所有权集中的地位积极地促使管理者和董事会做出使股东利益最大化的决策。

- 在美国和英国，董事会是由内部董事、相关独立董事和独立董事组成的，代表所有股东利益的治理机制。在许多公司的董事会中，独立董事的人数超过了内部董事。通过《萨班斯－奥克斯利法案》的实施，独立董事相比于从公司内部选出的董事，是更加独立于公司的高层管理者。美国证券交易委员会最近实施的一项新规定允许持有大量股权的所有者推荐新董事，这项新规定支持外部董事和独立董事，更有利于平衡董事会。《多德－弗兰克法案》带来了更多的政府相关管制。

- 高管薪酬是一种常见却又备受批评的公司治理机制。工资、奖金和长期激励被用来提高管理者和股东利益的一致性。公司董事会要对管理层薪酬组合的有效性负责。有效的系统能够制定出最有利于股东利益的决策。

- 有证据表明，总体而言，股东和董事会正在加强对管理决策的控制。然而，许多大公司的内部公司治理机制还不足以控制管理者的行为，比如最近因金融服务公司高层管理者的错误战略决策带来的经济危机。

所以，公司控制权市场就成为一种重要的控制机制。尽管它本身并不完善，但公司控制权市场在帮助公司减少盲目多元化和实施更有效的公司战略决策上，有很大的作用。

- 德国、日本和中国的公司治理结构互不相同，也不同于美国的结构。美国的公司治理机制历来关注股东利益最大化。在德国，作为利益相关者的员工对公司治理有很大的影响。相反，在日本，直到最近，股东在监督和控制高层管理者方面还几乎不起作用。不过，日本公司现在正受到积极主义股东的挑战。中国的治理机制还很年轻，在很多方面都借鉴了美国的治理机制。世界各国的公司治理机制日趋相似，不仅在发达国家（如法国、意大利）如此，在转型经济国家（如巴西、印度）也是如此。

- 有效的公司治理机制应保证所有利益相关者的利益都能得到满足。这些利益相关者包括资本市场的利益相关者（如股东）、产品市场的利益相关者（如客户和供应商）、组织内部的利益相关者（如管理者和员工，见第 2 章）。只有当他们的利益都得到基本的满足时，公司的长期战略目标才能实现。有效的公司治理机制还能在战略的制定和实施时促进伦理行为。

关键术语

代理成本	高管薪酬	公司控制权市场
代理关系	机构所有者	所有权集中
董事会	大股东	
公司治理	管理者机会主义	

复习思考题

1. 什么是公司治理？什么因素使得包括股东积极分子、商业作家和科研学者在内的很多人关注公司治理？公司治理为什么对控制管理者的决策很重要？

2. 现代企业中所有权和经营权的分离是什么意思？为什么要分离？

3. 什么是代理关系？什么是管理者机会主义？现代公司的所有者对作为代理的管理

者有什么责任要求？

4. 如何使用三种内部治理机制——所有权集中、董事会和高管薪酬来统一管理代理人和公司所有者的利益？

5. 高管薪酬有什么趋势？越来越多的长期激励对管理者的战略决策有什么影响？

6. 什么是公司控制权市场？这种外部治理机制在什么条件下起作用？这种机制是如何约束高层管理者的决策和行为的？

7. 德国、日本和中国的公司治理的本质是什么？

8. 公司治理是如何促进管理者作为代理人的伦理战略决策和行为的？

讨论案例

摩根大通银行的 CEO：杰米·戴蒙

杰米·戴蒙（Jamie Dimon）作为摩根大通银行的 CEO，在 2008 年爆发的重大经济危机中毫发未损，这在所有大型银行和主要金融服务企业高层管理者中十分少见。2008 年的经济危机主要是由一些企业承担了不恰当的风险导致的。戴蒙被认为是一位具有魅力且优秀的领导者。然而，在 2012 年，摩根大通经历了一系列因为承担特别风险投资而造成的丑闻事件。摩根大通驻伦敦的交易所，交易员被允许在信用衍生品下建立一个巨大的风险敞口，这一行为破坏了很多分析模型中可接受的风险限制。结果，摩根大通损失了超过 60 亿美元。这就是惊闻世界的"伦敦鲸"事件。2013～2014 年，摩根大通受到了监管和法律惩办，其中最严厉的是监管机构对其 2013 年抵押债券销售处以 130 亿美元的罚款。而且，对于这项处理，"摩根大通支付了 26 亿美元用以解决指控，指控的内容是摩根大通没有终止伯纳德·麦道夫（Bernie Madoff）的庞氏骗局，因此两项罚款总计 10 亿美元，分别是对汇率操纵和'伦敦鲸'交易损失做出的"。为了达到监管银行的安全条例，摩根大通可能需要支付额外 200 亿美元的追加资本。一位来自特拉华州的民主党议员泰德·考夫曼（Ted Kaufman）称："我认为杰米·戴蒙穿上了防水外衣（Teflon-coated）。"

基于庞大的损失和出于对缺乏监管而造成的罚款和处罚，激进的股东采取了一项行动，分离 CEO 和董事会主席的职位，要求戴蒙只保留 CEO 的头衔。起主导作用的是美国州县市雇员联合会（AFSCME）和机构股东服务公司（ISS）。AFSCME 促使摩根大通将 CEO 和董事会主席两职位分离，ISS 敦促股东不投票给当前在摩根大通董事政策委员会就职的三位董事。

戴蒙认为，"伦敦鲸"交易是一件异常事件，是因为一些糟糕员工的失当行为造成的。然而，这一事件加上巨额罚款和处罚似乎表明了银行在监管涉及重大风险和遵守监管规则的行为上面的薄弱。

摩根大通的高管和董事会成员努力阻止 AFSCME 和 ISS 所做的努力。埃克森美孚公司的前任总裁李·雷蒙德（Lee Raymond）在摩根大通的董事会任职了 28 年，他在支持戴蒙以及避免投反对票中起到了决定作用。他的团队对主要的机构股东进行游说，甚至请求美国前总统比尔·克林顿协助与 AFSCME 商定妥协方案（虽然克林顿拒绝了）。他们甚至建议，戴蒙放弃任何一个角色都会对股票价格产生危害。最后，戴蒙和摩根大通取得了投票上的胜利，2/3 的投票主张戴蒙继续保留 CEO 和董事会主席的双重职位。

几位分析家谴责这一投票，并称有 1/3 的股东给戴蒙投了反对票，说明戴蒙并没有得到足够的信任。甚至有一位分析师认为，投票结果是预料之中的，因为在持有摩根大通银行股票的 10 个最大的机构所有者中，7 个机构的 **CEO** 同时拥有董事会席位。所以，他们怎么可能反对摩根大通分离 **CEO** 和董事会主席职位呢？他们在自己的组织中正是这样做的。并且，这些主要的机构投资者希望银行参与高风险、高回报的活动。这一点尤其正确，因为亏损的风险低，所以政府决不允许大型银行倒闭。

另一位分析师认为，这些股东投票是出于恐惧（可能失去戴蒙）以及对戴蒙人格魅力的赞赏，而不是良好的公司治理。《金融时报》的分析师们指出，从这一投票结果就可以看出，美国股东的权利是多么的微弱。最后，有一位分析师注意到，分离 **CEO** 和董事会主席职位虽然不能保证良好的公司治理，但却是公司治理走向良好的前提。李·雷蒙德建议董事会应该采取措施。也有几位预测这些措施将不会与戴蒙的双重职位有关，而是对风险和审计委员会的股东成员的重组。有些人认为，这些委员会中有一些成员不知道他们的职责和与银行之间的金融关系，因此造成了潜在的利益风险。即使治理评估者的评分很低，摩根大通若能继续表现良好，就是对戴蒙的保护。

资料来源：E. Bloxham, 2015, J.P. Morgan: Taking on more risk than it can handle?. *Fortune*, www.fortune.com, May 14; S. Gandel, 2015, After complaining about regulations, JPMorgan Chase beats estimates—again. *Fortune,* www.fortune.com, April 29; E. Glazer, 2014, J.P. Morgan's decade of Dimon, *Wall Street Journal*, June 30, C1; J. Eisinger, 2013, Flawed system suits the shareholders just fine, *New York Times DealBook*, http://dealbook. nytimes.com, May 29; J. Plender, 2013, The divine right of the imperial CEO, *Financial Times*, www.ft.com, May 26; J. Sommer, 2013, The CEO triumphant (at least at Apple and Chase), *New York Times,* www.nytimes. com, May 25; H. Moore, 2013, JP Morgan CEO Jamie Dimon remains the Indiana Jones of corporate America, *The Guardian,* www.guardian. com, May 21; J. Silver-Greenberg & S. Craig, 2013, Strong lobbying helps Dimon thwart a shareholder challenge, *New York Times DealBook*, http:// dealbook.nytimes.com, May 21; D. Fitzpatrick, J. S. Lublin, & J. Steinberg, 2013, Vote strengthens Dimon's grip, *Wall Street Journal*, www.wsj.com, May 21; A. T. Crane & A. Currie, 2013, Dimon's Pyrrhic victory, *New York Times DealBook,* http://dealbook.nytimes. com, May 21; D. Benoit, 2013, J.P. Morgan's powerful board members, *Wall Street Journal*, www.wsj.com, May 20; M. Egan, 2013, Top J.P. Morgan directors back Dimon as CEO, Chair, *Fox Business*, www.foxbusiness.com, May 10.

讨论题：

1. 你认为摩根大通银行的公司治理系统在维护股东利益方面做得如何？

2. 针对摩根大通银行的现状，哪些治理机制有利于公司治理，哪些阻碍公司治理？

3. 结合第 10 章谈到的治理系统机制，你可以为改进摩根大通银行治理系统提出怎样的建议？

组织结构与控制

 学习目标

1. 定义什么是组织结构和组织控制，讨论战略控制和财务控制之间的差异。
2. 描述战略和结构之间的关系。
3. 讨论利用职能制结构实施业务层战略。
4. 解释利用三种形式的多部门组织结构实施不同的多元化战略。
5. 讨论用于实施三种国际战略的组织结构。
6. 定义什么是战略网络，讨论战略中心企业如何在业务层、公司层和国际层实施该网络。

 开篇案例

陆逊梯卡的两职合一结构：长久制胜的关键还是失败的一大诱因

陆逊梯卡（Luxottica）于1961年在意大利成立，是世界上最大的眼镜公司，控制着超过80%的主要眼镜品牌。艾伦·米克力（Alain Mikli）、阿内特（Arnette）、奥克利（Oakley）和派索（Persol）是公司专有品牌的一些代表。陆逊梯卡同样也在授权许可情况下为大量有名的公司生产产品，如阿玛尼、宝格丽、巴宝莉、蒂芙尼、汤丽柏琦和范思哲。除此以外，陆逊梯卡拥有并经营着大量的眼镜店面品牌，包括亮视点（LensCrafters）、Pearle Vision、Laubman & Pank 和 Sears Optical。另一种能够衡量该公司在眼镜业中的地位的标准是，它通过疗亮（EyeMe）对美国最大之一的视力保健管理网络的经营，以及对第二大镜片精加工网络的经营，有着三个中心实验室、在亮视点商店有超过900个的现场实验室、一个完全专用的奥克利（Oakley）实验室，以及一个位于中国致力于供应北美眼镜零售的附件工厂。

正如这些产品和公司在市场中的地位所显示的，陆逊梯卡全面主宰着眼镜行业。而造就这种主宰地位的一个原因是公司在那些它所设计并拥有的产品上是垂直一体化的，正如上文所提及的，它通过分布在世界各地的生产设备生产这些产品并以出口的方式销售它们。以公司领导者的观点来看，陆逊梯卡垂直整合的广泛度是一个具有竞争力的优势。陆逊梯卡的经验表明，它的产品之所以能够在竞争者产品中脱颖而出，是因为它们在被生产的过程中具有完美的设计和质量。

2014 年年末，随着联席 CEO（co-CEOs）被任命，陆逊梯卡在很大程度上改变了它的组织结构。长期担任宝洁专业美发全球总裁的阿迪尔·梅赫布·罕（Adil Mehboob-khan）被任命为负责市场的联席 CEO，而长期担任陆逊梯卡总经理的马西莫·维安（Massimo Vian）被任命为负责产品与运营的联席 CEO。批发、零售、营销走向市场和电子商务都是新结构中分销部分所包含的单元。风格与设计、研发、建造、质量保证和采购是产品生产与运营部分的一些单元。每个联席 CEO 都是公司董事会的一员。

联席 CEO 结构是不常见的。很多人认为这种类型的领导结构不能实现公司的长期持续发展。据其中一个组织结构的观察者所说："联席 CEO 模型的使用经常是公司走向衰弱的征兆。在同一职位水平上任用两个人，这代表着公司领导层的不稳定并且会给公司带来很多困惑。"关于这个想法的另一种说法则是，一艘船上如果有两个船长，本质上就相当于这是一艘没有船长的船。

尽管在许多国家都不常用，但在意大利，联席 CEO 结构却十分普遍，特别是在家族企业中，如陆逊梯卡。实际上，事实证明，年收入超过 5 000 万欧元的意大利家族企业中有超过 1/3 的企业都拥有至少两个老板。

当考虑使用联席 CEO 结构时，关键问题在于找到选择使用它的原因。如果有很强的战略理论基础，在这种情况下，公司可以以这种方式来构建组织结构。陆逊梯卡官方称，现在公司所面临的这就是这种情况，与公司战略视野一致的新组织结构可以支持陆逊梯卡在新阶段的发展，并且可以使其受益于日益复杂化并持续变化的竞争性全球化市场里的机会。陆逊梯卡当前的市场机会是和谷歌在未来主义可穿戴产品（即下一版本的谷歌眼镜）上合作。谷歌与陆逊梯卡的合作关系是谷歌对这个产品最初版本产品不满的结果。

至于竞争动态，也许联席 CEO 的组织结构会帮助陆逊梯卡对抗在线眼镜零售商 Warby Parker。Warby Parker 持续增长并在最近发起了新一轮的融资，且公司估值约 12 亿美元。由于陆逊梯卡的差异化眼镜成本较高，Warby Parker 产品的低价，对于陆逊梯卡而言是颇具竞争优势的挑战。

尽管不寻常，联席 CEO 的组织结构也许对陆逊梯卡有用。最后，陆逊梯卡的董事会必须仔细地监控公司在联席 CEO 组织结构下的业绩，并随时准备做出改变，即使证据表明这样的行动是在公司的最大利益之下。

资料来源：2015, Company profiles, Luxottica Home Page, www.luxottica.com, May 12; 2015, Our business model, Luxottica Home Page, www.luxottica.com, May 12; D. Macmillan, 2015, Eyeglass retailer Warby Parker is valued at $1.2 billion, *Wall Street Journal Online*, www.wsj.com, April 30; M. Mesco, 2015, Luxottica's profit surges as sales rise in North America, *Wall Street Journal Online*, www.wsj.com, May 4; M. Mesco, 2015, Italian eyewear maker Luxottica working on new version of Google Glass, CEO says, *Wall Street Journal Digits*, www.blogs.wsj.com, April 24; M. Mesco, 2015, Luxottica reports profit but looks for areas of growth, *Wall Street Journal Online*, www.wsj.com, March 2; 2014, Luxottica announces the implementation of a new governance structure based on a co-CEO model, Luxottica Home Page,www.luxottica, September 1.

正如第 4 章所描述的，所有企业都会运用一个或多个业务层战略。陆逊梯卡对它的眼镜业务采取的是差异化战略，使其在竞争维度上的设计、生产以及品牌名称都实现差异化。在第 6 ~ 9 章，我们讨论了企业可能会采用的其他战略（公司层战略、并购战略、国际化战略和合作战略），这取决于这些主要个体企业所做出的决定。为了使企业达到预定的结果，一旦选定了战略，就必须有效地实施。

本章讨论的主题是组织结构和控制，为营利组织以及非营利组织所用战略搭建框架。[1] 然而，正如我们提到的，要成功运用不同的战略就必须有独立的结构和控制。在所有的组织中，高层管理者都要对确保战略与结构相匹配承担起最终责任，并确保在需要时改变它们。战略和结构相匹配的程度会影响公司能否获取超额利润。[2] 因此，具备选择合适的战略并将其与适当的结构相匹配的能力，是有效的战略领导的一个重要特征。[3] 在某种意义上，观察陆逊梯卡的联席 CEO 制度是否能有效地适应于公司的战略将会是一件很有趣的事。

本章首先介绍组织结构和控制，接下来详细说明企业战略和结构正确匹配的必要性。影响战略和结构匹配效果的关键在于这两者之间是相互影响的。[4] 但是正如我们所讨论的，战略对结构的影响更为重要，尽管在某些情况下，结构也对战略有影响。[5] 然后，我们将描述企业在成长和结构变化的关系处理上的一些经验。在此之前，先讨论企业用来实施业务层战略、公司层战略、国际化战略和合作战略的不同组织结构，一系列描述突出了和各种战略匹配的不同结构。随着时间和经验的积累，一些公司特别是大型和复杂的公司，为适合自身的特殊需求会定制全面的结构。[6] 通常来说，企业会试图形成一种结构，它足够复杂，能满足其战略实施的需要，但对所有人的有效理解和执行来说又非常简单。[7]

11.1　组织的结构和控制

研究表明，组织结构和控制会影响公司的效益。[8] 具体来说，当公司战略不能与最合适的公司结构和控制相匹配时，公司业绩便会下降。[9] 虽然战略与结构的不匹配确实存在，但有研究表明，管理者在形成或者改变公司结构时试图使行为更加理性。[10]

在第 2 章的 "开篇案例" 中，我们谈论了麦当劳在试图有效应对外部环境变化时所遇到的问题。正如我们所指出的，麦当劳正在为了更好地适应顾客对健康食品的偏好改变了它的菜单。此外，伴随着对这样的行动将会促进公司效益提高的期望，麦当劳的组织结构中正发生着更广泛的改变。组织结构本质上指的是在公司实施战略之前必须完成的工作。

麦当劳的领导者，包括新上任的 CEO 史蒂夫·伊斯特布鲁克（Steve Easterbrook），相信组织结构的改变会提高公司的效率（即它会提高日常运营水平）和它的效益（即它会更好地服务顾客的需求）。我们在 "战略焦点 11-1" 讨论了麦当劳组织结构中已经发生的改变。

11.1.1　组织结构

组织结构（organizational structure）就是企业正式的报告关系机制、程序机制、监督和治理机制以及授权和决策过程。[11] 一个公司的组织结构决定着即将做出的决策，以及由于这些决策组织中每个人将要完成的工作。[12] 组织日常规定相当于在完成个人战略所要求的工作过程中的步骤方法。[13]

形成一个能有效支持公司战略的组织结构是困难的，尤其是由于全球经济的快速发展和动态竞争环境带来的因果关系的不确定（或不能预期的变化）。[14] 当组织结构要素（如配置机制、程序机制等）能够和其他要素结合时，这种结构提高了公司在和竞争者对抗时以合理方式应对的可能性，这种方式能让它更好地认识其所面临的挑战的原因和影响之间的关系。因此，在公司追求成功实施战略并把它当作胜于竞争对手的一种途径时，组织结构的一个重要贡献就是帮助公司有效地应对环境的不确定性。[15]

有效的组织结构为企业成功实施战略提供稳定性，并能保持企业当前的竞争优势，而这些正是未来竞争所必需的。[16]结构的稳定性使企业具备了持续、稳定管理日常常规工作的能力，[17]而灵活的结构为公司提供探究竞争可能性的机会，并将资源分配给那些能形成竞争优势的领域，使公司在未来获得成功。[18]有效的组织结构能使企业开拓当前竞争优势的同时，发展新的竞争优势以备他日之需。[19]相应地，一个不灵活的、效率低下的组织结构可能会使公司优秀的员工离开公司，因为这样的结构使他们感到沮丧，并且使他们无法用最好的方式完成工作。这会导致公司的知识流失，也称为知识溢出，从而便宜了公司的竞争对手。

改变企业当前的战略或选择一个新的战略都要求组织结构发生相应的改变。然而研究表明，在有些情况下，组织惯性经常弱化结构改变的效果，甚至是在企业业绩表明到了非改不可的时候。[20]阿尔弗雷德·钱德勒（Alfred Chandler）发现，低效率工作促使组织改变工作结构。[21]钱德勒的贡献在于让我们对组织结构及其与战略和业绩表现之间的关系有了更深的理解。确实，有些人认为钱德勒"在企业结构方面的见解有巨大的历史转折意义"，他们把有钱德勒的著作出版之前的时期称为"B.C."，意为"Before Chandler"（在钱德勒之前）。[22, 26]

公司似乎偏好于现存的组织结构及其所熟悉的工作关系，直到公司业绩出现下滑时，才发现变革已迫在眉睫。例如，通用汽车的破产迫使其进行必要的结构重组，这是显而易见的。[23]高层管理者一般不愿承认公司结构（或战略）存在问题，因为如果这样的话，就表明他们以前做出的选择并不是最好的。由于这些惯性的倾向，通常是由那些不愿再忍受糟糕业绩的股东（例如，来自资本市场的股东和客户，参见第2、7章）促使结构改变。例如，这种情况在大型百货商店杰西潘妮就发生过，迈伦·乌尔曼（Myron Ullman）作为前任CEO，重新取代了后任CEO罗恩·约翰逊（Ron Johnson）。[24]另外，一些人认为杰西潘妮已经从约翰逊在他短短18个月的任期里所做出的决策的影响中恢复了。[25]有证据表明，结构改变的适当时机应该是在高层管理者认识到，现有组织结构不能继续为公司成功实施战略提供协调性和方向指导的时候。[26]有趣的是，很多组织结构的变革都是在经济衰退的情况下发生的，这是由于组织结构存在缺陷导致公司的业绩低下。接下来我们将讨论的是，有效的组织控制能帮助管理者识别企业结构改变的正确时机。

战略聚焦 11-1 ┃ 麦当劳的组织结构变革：是业绩提升的路径吗

运营了将近3.7万家餐厅，年销售额接近900亿美元，麦当劳的规模十分庞大。事实上，它比汉堡王、温蒂汉堡以及相似竞争者的规模都大。除了美国和加拿大，麦当劳在德国、俄罗斯和英国都具有很重要的地位。

但是，并不是所有事情都完全顺利，伊斯特布鲁克刚被任命为CEO时就说："事实上，我们最近的业绩已经变差了，数字不会撒谎。"伊斯特布鲁克就职的背后是2014年成为麦当劳60年中业绩最差年之一的事实，因此改变是必要的。为了面对这一现实，刚上任33天，把自己当作公司内部积极分子的伊斯特布鲁克宣称，他要使麦当劳成为一个"进步的汉堡公司"。要达到这一目标，改变组织结构变得很重要。伊斯特布鲁克说，他不会回避重置公司业务这一紧急需要，这也表明了有着强硬态度的他正在接受麦当劳的挑战。

很多年以来，麦当劳都是按地理区域来分布的，包括美国、欧洲、亚洲、中东和非洲（APMEA）。随着时间推移，这样的结构配置变得烦琐，使麦当劳难以有效地应对它6 900多万顾客的需求，同时也导致管理工作的烦琐和运营的低效。特许经营者也在向公司总部反映这种结构的问题。为了对特许经营者的抱怨做出回应，麦当劳的一位领导者站出来说："你们告诉我们，这里有太多的层级、裁员计划、竞争优先政策和有效决策的障碍，但这大多都是在和自己对话，而没有和顾客交流。"总之，公司组织结构的变化对于每个与公司相关联的人来说都十分必要。

麦当劳的组织结构的确发生了变化。致力于简化、简化、再简化，这些变化的核心其实是麦当劳想要去除公司的官僚化，使公司可以敏捷地前行以及全面地理解顾客的需求并做出适当的反应。另外，伊斯特布鲁克指出，新的结构应该建立在"商业逻辑"上，而非简单的地理区域。

在这些背景之下，麦当劳做出了一个决定：把公司重建成为结合相似需求、挑战和机会的市场的四个细分部分。截至2015年7月，麦当劳新的结构将公司组织成以下的市场部分：

（1）美国（最大的市场，为全公司创造超过40%的收入）。

（2）国际领先市场（亚洲、加拿大、法国、德国和英国——经济条件、竞争动态、增长机会相似的市场）。

（3）高增长市场（有着相对较高的餐厅扩张和特许经营的潜力，包括中国、意大利、波兰、俄罗斯、韩国、西班牙、瑞士和新西兰）。

（4）基础市场（麦当劳系统中所有剩余的市场，这些市场都有作为特许经营模型来经营的潜力）。

新的组织结构会帮助麦当劳增加收益吗？公司总部对此的态度十分乐观。更具体来说，公司领导者对新结构能使每个市场部分成功辨别市场和顾客的普遍需求，并且使其中的单元拥有创新的灵活性充满自信，对新结构在为顾客创造价值的同时也为整个公司创造价值充满了自信。

资料来源：2015, McDonald's announces initial steps in turnaround plan including worldwide business restructuring and financial updates, McDonald's Home Page, www.mcdonalds.com, May 4; 2015, McDonald's challenges: Make it simpler, but add choices, *New York Times Online*, www.nytimes.com, May 4; L. Baertlein, 2015, McDonald's reset to change structure, cut costs, boost franchises, *Reuters*, www.reuters.com, May 4; C. Choi, 2015, McDonald's to simplify structure, focus on customers, *Spokesman*, www.spokesman.com, May 5; A. Gasparro, 2015, McDonald's to speed refranchising, cut costs, *Wall Street Journal Online*, www.wsj.com, May 4; A. Gasparro, 2015, McDonald's new chief plots counter attack, *Wall Street Journal Online*, www.wsj.com, Marcy 1; A. Gasparro, 2015, McDonald's shareholder group calls for changes to board of directors, *Wall Street Journal Online*, www.wsj.com, February 13; R. Neate, 2015, McDonald's plans huge shakeup as CEO admits: ' Our performance has been poor,' *The Guardian*, www.theguardian.com, May 4.

11.1.2　组织控制

组织控制是结构的重要方面。[27] 组织控制（organizational controls）支配战略的使用，指明该如何比较现实结果和期望结果，并在上述两者差别较大时，建议采取正确的行动。现实结果和期望结果的差别越小，说明组织控制越有效。没有有效的组织控制，企业要成功开发自身的竞争优势是很困难的。正确的组织控制计划能使企业洞察自身行为并提高企业业绩。[28] 企业需要战略控制和财务控制双管齐下来支持企业战略的实施。

战略控制（strategic controls）主要是指一些主观标准，利用这些标准来评价企业在外部环境和竞争优势的条件下，战略运用是否恰当。因此，战略控制关注的是评判企业应该做的（由外部环境机会指出）和企业可以做的（由自身内部组织的资源、能力和核心竞争力表明）是否相符。有效的战略控制能帮助企业了解做什么能取得成功。[29]战略控制需要那些有责任使用这些信息来判断企业业绩的经理和有责任实施企业战略的经理间有着丰富的信息交流（如中层和一线的管理者）。这些信息通过正式或非正式的形式进行传递。[30]

战略控制还可以用来对战略执行所需条件的集中程度做出评价。例如，就业务层战略来说，战略控制被用于研究主要业务和支持业务（见第 3 章的图 3-3 ～图 3-5），以确保重要业务得到应有的重视并得以成功实施。在公司层实施相关的多元化战略时，战略控制被用来确保行为的共享（在相关约束型战略下）和将业务转化为核心竞争力（在相关联系型战略下）。在评价相关多元化战略时，为了有效运用战略控制，总部管理者必须对每个业务层战略单位都要有深入的了解。[31]

财务控制（financial controls）主要是用一些客观标准来比对之前制定的量化标准。利用财务控制评价当前的业绩时，既要和前期成果比较，也要和竞争者以及行业平均业绩相比较。财务控制的标准有会计指标，如投资回报率（ROI）、资产回报率（ROA）；以及市场指标，如经济增加值。在实施相关多元化战略时，用战略控制评价企业业绩比较难。[32]然而，在实施不相关战略时，可以用财务控制来评价企业业绩。不相关多元化战略关注的重点是财务（见第 6 章），要求运用标准的财务控制指标来比较各战略单元和管理者的业绩表现。[33]

战略控制和财务控制在每个组织结构中都是非常重要的，如前所述，任何结构的有效性都取决于战略控制和财务控制的结合。然而，随着战略类型的变化，要运用不同的控制手段。例如，运用成本领先战略的多元化公司中，其业务单元强调财务控制（如定量的成本目标），而在运用差异化战略的公司中，其业务单元则会强调战略控制（如对产品设计团队效率的主观衡量）。[34]正如前面已经解释的，在公司范围内，关注业务单元之间的共享（如相关多元化战略）导致对战略控制的强化，而财务控制强调那些行动和能力不需共享的战略（如非相关多元化战略）。这两者决定了战略实施的方式，因此在做出相关决策时必须权衡控制，平衡战略控制和财务控制的关系。

11.2　战略和结构的关系

战略和结构存在交互作用的关系，如果处理得当将提高公司业绩。[35]这种关系突出了战略制定（见第 4 章和第 6 ～ 9 章）和战略执行（见第 10 ～ 13 章）之间的相互连接。一般来说，从交互作用的关系可以看出，结构总是跟随公司战略的选择。一旦建立了这样的关系，结构会影响公司目前所实施的战略以及将来所要选择的战略。在前面我们提到了麦当劳的新结构，它的战略旨在辨别和满足顾客变化着的需求，而这适当的新结构会影响战略的实施。[36]总的来说，参与公司战略管理进程的人应该明白，战略和结构的关系的普遍本质在于公司战略发生改变，公司完成工作的方式也要随之改变。

另外，由于组织结构能够通过限制企业可选战略的范围来影响企业的战略，因此企业必须对其活动保持警惕，以了解组织结构不仅会影响所选择战略的执行，还会限制未来可选择的战略类型。但是有研究表明，"战略对结构的影响强于结构对战略的影响"。

不管战略和结构之间的交互作用有多大，企业战略和结构的选择必须确保每种战略匹配的结构既能给当前竞争优势的发挥提供保障，同时也具备获得未来优势的灵活性。这就意味着当改变战略时，企业应同时考虑到支持新战略所需的组织结构问题，战略和结构的有效匹配能为企业带来竞争优势。外力作用（如媒体的关注）会影响这一过程，起到阻碍或促进作用。[37]

11.3　战略和组织结构的发展模式

　　研究表明，大部分企业都经历了战略和结构关系的某些模式。钱德勒[38]发现，企业趋向于在一些可预知的模式上成长："先是通过数量，再是地域，然后是整合（垂直的和水平的），最后是通过产品或业务的多元化"[39]（见图 11-1）。钱德勒将其视为一种迹象，即企业的成长历程决定其组织形式。

　　如图 11-1 所示，销售增长产生现有结构不能有效处理的协调和控制问题。组织的发展给企业战略的变化提供了机会。但是，现有结构中正式的报告关系机制、程序机制、监督和治理机制以及授权和决策过程不能有效支持新战略的运用，[40]决策者需要一个新的组织结构来帮助自己获得有效整合及协调新战略执行的知识。[41]

　　战略和组织结构的发展模式用来执行新战略的三种主要组织结构是：简单结构、职能型结构和多部门结构。一直以来，成功的企业都是从简单结构转向职能型结构再到多部门结构，来支持其发展战略的改变。[42]

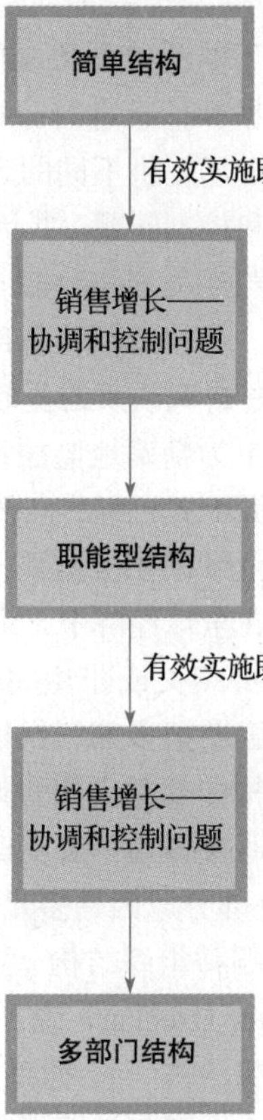

11.3.1　简单结构

　　简单结构（simple structure）中的所有者兼经营者直接做出所有主要决定，并监控企业的所有活动，而员工只是为管理者监控权力的延伸而服务。[42]通常说来，管理者直接参与公司的日常运作。这种结构的特征是非正式的关系、很少的规则、有限的工作专业化和并不复杂的信息系统，管理者和员工频繁却非正式的沟通和协调使得工作相对更易于完成。简单结构适用

图 11-1　战略和结构的发展模式

于集中战略和业务层战略，这些公司通常在单一地理市场提供单一产品。本地餐馆、维修业务和其他特殊行业的公司便是使用这种简单结构的典型代表。

　　然而，随着小企业发展得更大、更复杂，管理上和结构上的挑战也应运而生，比如需要分析竞争者相关的信息量日益增长，复杂信息的处理给了管理者巨大压力。额外的增长和成功可能会导致战略的改变，即使战略不改变，企业规模的扩大也需要更多复杂的流水线和一体化机制，发展到这时，企业就要实现从简单结构到职能结构的转变。[43]

11.3.2　职能型结构

　　职能型结构（functional structure）由一名首席执行官及有限的公司员工组成，在重点职能领域如生产、财务、营销、研发、工程和人力资源等配备职能层次的经理。[44]职能型结构允许

职能分工，从而方便各个职能内部的知识共享。职能共享有助于职能生涯的提升，也有利于专业人员的业务发展。[45] 由于不同职能的方向上存在的差异会阻碍沟通和协调，首席执行官必须努力工作并整合各个业务职能的决策和行动，以确保企业的整体利益。职能型结构有利于多元化水平较低的业务层战略和一些公司层战略（如单一业务或主导业务）。当从简单结构转为职能结构时，企业要力图避免会破坏价值的官僚制度，因为这种官僚制度虽然作为支持战略实施的一种方式，但也会破坏个人的创新能力。

11.3.3　多部门结构

随着不断的成长和成功，企业经常会考虑实施更高层次的多元化。但多元化的成功需要对大量的数据和信息进行分析，包括对不同市场提供相同的产品（市场多元化或地域多元化）或是对一些市场提供不同的产品（产品多元化）。此外，职能结构在多元化层次更高时，导致了严重的协调和控制问题。[46] 因此，多元化程度通常指向一种新的组织结构形式。[47]

多部门结构（multidivisional structure）由各运营部门组成，每个部门代表一项独立的业务或利润中心。公司总部将各部门负责日常运作和部门决策的权力授予部门经理，每个部门代表一个独特的、自我约束的业务单元，并拥有自己的职能层次。[48] 多部门结构主要有三大优势：“①公司高管能更为精确地监控每个业务单元的业绩，简化控制问题；②部门间的比较更为便利，更易改进资源配置过程；③激发业绩较差部门的经理去寻求提高本部门业绩的方法。”[49] 通过多部门结构对业绩的积极监控，提高了领导各自业务单元的经理做出符合股东利益最大化的决策的可能性。在全球经济中，多元化在公司层战略中的主导地位导致了多部门结构的广泛应用。[50]

为支持相关或非相关多元化战略的实施，多部门结构能使企业成功管理多元化的各种需求。[51] 钱德勒把多部门结构看作在20世纪20年代大型企业（如杜邦公司和通用汽车公司）对其职能结构中暴露出的协调和控制问题所做的创新性反应的产物。[52] 研究指出，多部门结构适用于企业通过多元化来实现成长的时期。[53] 一些人认为多部门结构是20世纪最有意义的组织创新之一，一部分原因是多元化公司所创造出的价值。[54]

没有哪种组织结构（简单结构、职能结构和多部门结构）先天地优于其他结构。彼得·德鲁克（Peter Drucker）说：“不存在正确的组织……宁愿说，任务是……为手头特定的任务和使命选择组织结构。”[55] 德鲁克的意思是，企业必须为特定的战略选择一个“适当的”结构。由于不存在一个在任何情况下都是最优的组织结构，管理者必须专注于战略和组织结构之间的适当匹配，而不是寻找一个“最优的”结构。接下来我们描述战略和结构的匹配对企业业绩所做出的积极贡献。

11.3.4　业务层战略和职能型结构的匹配

企业运用不同形式的职能型组织结构支持业务层成本领先、差异化和整体成本领先/差异化整合战略的实施。三种重要结构的特征不同能从本质上说明职能结构组织形式的差别所在。这三种维度分别是：专门化（指完成工作所需的专业职位的形式和数量[56]）、集权化（决策权保留在公司高层管理者手中的程度[57]）和规范化（公司通过正规制度和程序管理组织活动的程度[58]）。

1. 利用职能型结构实施成本领先战略

企业实施成本领先战略是希望能把大量的标准化产品卖给行业或细分的客户。企业利用这种战略时，需要相匹配的组织结构和能力，使它们能够高效地生产出比其他竞争者成本低廉的产品。[59] 在成本领先战略中，职能型结构的基本特征是简单的报告关系机制、较少的决策层和权力结构、集权的公司高层管理者，以及强调生产过程优化而不是新产品研发（见图 11-2）。[60] 这种类型的职能型结构鼓励低成本文化的产生——一种所有企业员工力图降低成本来完成工作的企业文化。[61] 它们可以通过开发简单并容易生产的产品，以及设计高效率的产品生产流程来做到这一点。[62]

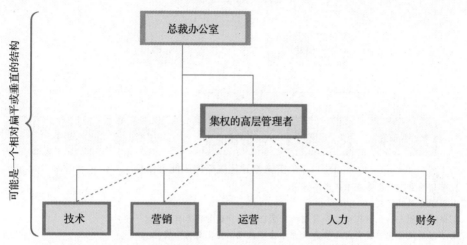

图 11-2　实施成本领先战略的职能型结构

注：1. 运营是主要功能。
　　2. 强调生产过程优化而不是新产品研发。
　　3. 相对集权的高层管理者协调各职能。
　　4. 规范化程序允许低成本文化的存在。
　　5. 总体结构是机械的，职位角色高度结构化。

在集权化方面，决策权在高层管理者手中，以降低每个组织职能的成本（如技术、营销等）。在鼓励不断降低成本的同时，集权的高层管理者也同样确保在某一职能成本的进一步降低不会反过来影响到其他职能的生产率水平。[63]

成本领先战略的职能型结构具备高度的专业分工，通过把工作分解成相似的子群来完成专业分工。尽管有时要在产品生产或客户服务的基础上分批作业，但组织职能是最常见的子群。员工单一专业的特定工作行为提高了工作效率，同时降低了企业的成本。由高层管理者制定的高度规范化的作业程序规则，指导着成本领先的职能结构中工作的完成。

沃尔玛公司就将职能型结构运用于三个业务模块（沃尔玛商店、山姆会员店和沃尔玛国际）中，以实行成本战略。在沃尔玛商店这一模块中（占公司销售的最大份额），成本战略被广泛运用到超级购物中心、折扣店和社区店中。[64] 对于整个企业，公司承诺要"为顾客省钱，让他们生活得更好"（Saving people money so they can live better）。[65] 多年来，试图复制沃尔玛成本战略的竞争者都失败了，部分原因就在于它们不能像沃尔玛那样做到业务单元战略和结构的有效匹配。

2. 利用职能型结构实施差异化战略

企业实施差异化战略生产的产品，使客户感觉企业是在以不同的方式为客户创造价值。实施这种战略的企业希望把非标准化的产品卖给有独特需求的客户。差异化的职能型结构的基本特征是（见图 11-3）：相对复杂而灵活的报告关系；经常性使用交叉职能的产品研发团队；相比制造和研发程序，更加关注产品研发和营销职能（与成本领先职能型结构相比）。这种类型的职能型结构鼓励开发导向文化的产生——一种企业所有员工力图使当前产品更具有差异化和开发新的高度差异化的产品的文化。[66]

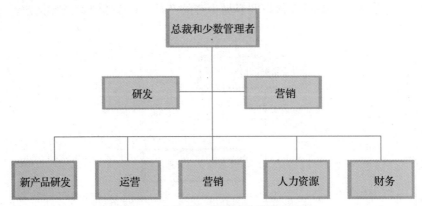

图 11-3　实施差异化战略的职能型结构

注：1. 营销的主要职能是追踪新产品概念。
　　2. 强调新产品研发。
　　3. 许多职能分权化，但研发和营销由紧密合作的少数管理者来完成。
　　4. 有限的规范化以使新产品概念能更方便地出现，变化更易于实施。
　　5. 总体结构是有组织的、系统的、职位角色不具有结构性。

持续的产品创新要求公司全体员工理解信息的内涵并采取行动，通常得到的信息是模糊的、不完整的、不确定的。按照集中聚焦于外部环境来识别新机会的方式，员工通常是从公司外部获取信息（如客户和供应商）。通常，对获取的信息所暗含的内容，公司必须做出快速反应，这需要分散做决策的责任和权力。差异化战略同样需要一个结构，在这个结构之下有强大的技术能力，并且在与竞争者竞争时，战略的灵活性可以适应公司运营。强大的技术能力和战略的灵活性可以提高公司抓住市场机会的能力。[67]

为了支持创新以及对各种新资源和新产品的不断追求，组织内的工作职务并不是高度专业化的。非专业化意味着员工在工作范围内有大量的工作任务，低形式化、决策权力与责任的分散化以及工作任务的低专业化结合在一起，构成了员工能频繁交换意见的组织结构，员工在开发差异化明显的新产品时，可以进一步提高现有产品的差异化程度。

安德玛（Under Armour）就实施了一种差异化战略以与组织结构相匹配，这使其在运动服装市场取得了成功。安德玛的目标是通过创新的设计、测试和营销，帮助运动员创造优异的成绩，尤其是对那些职业的运动员和球队。对于每一个顾客，安德玛都力图让自己的产品帮助他提高表现水平。"表现普遍保证"（Universal Guarantee of Performance，UGOP），安德玛称它的保证意味着每个安德玛的产品都能"让你变得更好"。[68]

3. 利用职能型结构实施整体成本领先 / 差异化战略

利用整体成本领先 / 差异化战略，公司希望以出售相对低成本和差异化的产品来创造价值。这些产品的成本相对领先者的成本要低，同时产品的差异化比竞争产品明显，而唯一的特征要更为"合理"。

全球化企业更频繁地制定整体成本领先 / 差异化战略，即便它在实施上更有难度，主要原因就在于实施整体成本领先战略和差异化战略所需的战略和战术行为不相同（见第 3 章）。例如，为了获得比竞争对手更低的成本，企业要将重点放在生产和制造过程的控制上，并减少产品变动；相反，为了获得差异化上的领先地位，要强调营销和新产品研发，而不是生产和制造过程。因此，有效实施整体战略依赖于公司将减少成本的活动和创造差异化特点的活动成功地结合起来。因此，为了成功实施整体成本领先 / 差异化整合战略，管理者就要整合出一种组织结构，拥有部分集中化、部分分权化的决策模式。此外，任务是半专业化分工的，规则和程序既要求一些正式的工作行为，也要求一些非正式的工作行为。这一切都需要一定的灵活性，使企业能够在任何给定的时间内将重心放到一个或其他多个职能上。[69]

11.3.5　公司层战略和多部门结构的匹配

钱德勒的研究指出，企业不断地成功导致了产品多元化或市场多元化，或者两者兼有。[70]企业多元化的水平是和业务的数量及类型有关的决策职能，这种职能既与企业竞争有关，也与企业经营方式有关（见第 6 章）。为了配合每个组织职能，不断扩大的多元化最终产生了职能型结构不能解决的问题，如信息处理、合作和控制。因而，多元化战略的实施要求企业从职能型结构向多部门结构转变，使战略和结构能有效匹配。

正如图 6-1 所示，公司层战略有不同程度的产品和市场多元化。对不同的多元化水平的需求，突出了每种战略运用一个独特组织结构来实施的必要性（见图 11-4）。接下来我们将讨论三种差异化战略以及和它们分别匹配的特定组织。

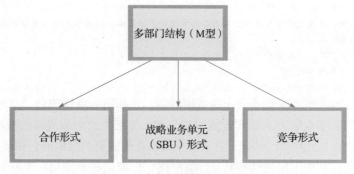

图 11-4　多部门结构的三种形式

1. 运用多部门结构的合作形式实施相关约束型战略

合作形式（cooperative form）是一种运用水平整合，使公司多部门之间互相合作的结构。实施相关约束型战略的企业部门一般围绕产品、市场或两者兼有来形成。在图 11-5 中，我们用产品部门表示多部门结构的合作形式，尽管市场部门也可以替代或补充图中的产品部门。

我们在第 6 章提到，宝洁采用的是相关约束型战略。为了有效实施相关约束型战略，宝洁将多部门结构的合作形式与战略相匹配。

正如第 6 章所阐释的，相关约束型战略实现了公司通过业务实现的资源、活动共享。消费者认可、企业规模、创新、走进市场的能力以及品牌打造，是宝洁的五大核心优势（或说是核心资源）。这些优势通过宝洁多部门结构的合作形式的核心形成四大行业部门。这四大部门分别是婴幼儿、女性和家庭护理，美容、美发和个人护理，织物和家居护理，健康与清洁。宝洁之所以通过四大业务部门将自己的五大核心优势进行分享，是因为根据公司的本意，这些部门都是集中于普通消费者的利益、分享普通的技术、面对普通的竞争者。[71] 因此，通过组织结构，宝洁横向整合了它的运营，以此在它竞争的四大部门达成研发的合作。

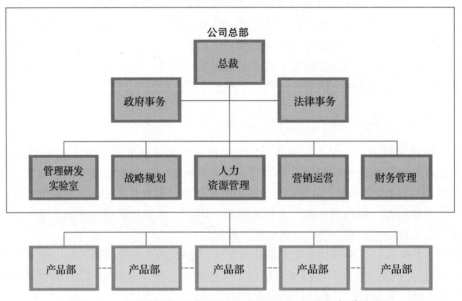

图 11-5　多部门结构的合作形式（用于实施相关约束型战略）

注：1. 结构整合策略紧密地联系所有部门。

　　2. 公司总部强调集权化的战略规划、人力资源管理和营销策略，以培养各部门的合作意识。

　　3. 研发一般集权化。

　　4. 员工报酬除了与部门业绩有关之外，还与公司总体业绩相关。

　　5. 强调合作共享的企业文化。

部门间竞争力的共享可以推动公司的范围经济。正如第 6 章提到的，范围经济（由于每个部门都与其他部门共享竞争力从而实现成本的节约）与相关约束型战略的成功实施紧密相连。依靠合作来实现竞争力的跨部门共享，就需要采用事业部制组织结构的合作形式。[72]

合作形式的结构利用不同的结构特征（集中化、标准化和形式化）作为促进各部门之间合作的整合机制。一般情况下，各部门管理者之间的直接接触也是一个整合机制，能够鼓励和支持部门间的合作以及知识、能力和其他用于建立新优势资源的共享。[83] 有时各个部门甚至专门设置联络官以减少部门管理者花在整合和协同部门内各单位工作上的时间。针对某一项目而临时成立的团队或任务小组由各部门的人员组成，以实现竞争力的共享。如果公司经常使用临时团队或任务小组，就可能建立正式的整合部门。

最后，在实施相关约束型战略的公司中，可能会形成**矩阵型组织**（matrix organization）。矩阵型组织是指既包含职能专业化又包含产品或项目专业化的二元组织结构。[74] 尽管矩阵型组织很复杂，但一个有效的矩阵型结构能够提高公司各部门间的合作。[75]

多部门结构的成功合作受到各部门间能否很好处理信息的影响。然而，由于各部门间的合作必然会带来管理者自治权的损失，因此部门管理者并不总是愿意投身于这种组织结构所需的综合信息处理活动中。此外，各部门间的合作有时会产生对部门管理者不平等的"积极成果流"。换句话说，由于部门管理者的报酬与部门的业绩表现密切相关，那些通过共享公司竞争力而获取最大市场利益的部门管理者，就会被认为是以牺牲其他人的利益来提高自己的收益。在这种情况下，战略控制就显得非常重要，部门管理者的表现可以通过他如何更好地促进各部门之间的合作来进行评判。另外，采用强调公司整体效益和各单位所实现成果的报酬体系，有助于解决合作形式所带来的问题。合作成本和组织惯性会限制实施相关多元化的次数（例如，它们限制了范围经济）。[76]

2. 运用多部门结构的战略业务单元形式实施相关联系型战略

当公司各部门间存在较少的联系或有限的限制时，就应实施相关联系型的多元化战略。这种战略应通过运用多部门结构中的战略业务单元形式来完成。多部门结构中的战略业务单元形式（strategic business unit form）由三个层次组成，即企业总部、战略业务单元（SBU）和部门群（见图 11-6）。这种战略业务单元多用于大公司，并可就企业的规模和市场分布来调整结构的复杂程度。

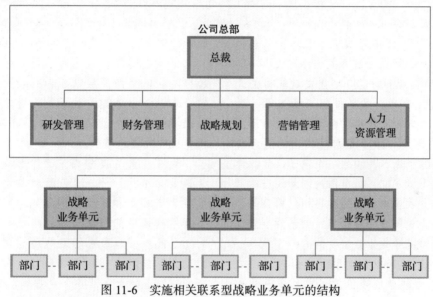

图 11-6　实施相关联系型战略业务单元的结构

注：1. 战略业务单元的各部门结构整合（综合），但不同战略业务单元的部门间不存在联系。
　　2. 总部最重要的职能是战略规则，以便总裁对各战略业务单元的战略实施批准程序。
　　3. 每个战略业务单元对员工有自己的预算，以利于内部整合。
　　4. 公司总部员工对战略业务单元起顾问作用，而不是像合作形式那样直接介入产品战略。

联系不同战略业务单元之间的部门群往往来源于共享的产品、共享的市场或两者皆有，而一个战略业务单元内的部门群往往与其他战略业务单元内的部门群鲜有相似之处，不同战略业务单元之间的部门群分享产品和市场能力来创造范围经济和可能的规模经济。这种组织结构中的部分群所使用的整合机制，同样也可以很好地被应用在独立的战略业务单元内的部分群中，这种独立的战略业务单元是多部门结构中的战略业务单元系统的一部分。在这种组织结构中，每个战略业务单元都是受总部控制和考评的利润中心。虽然财务和战略控制都非常重要，但是财务控制对于总部对战略业务单元的考评来说相对更重要，当战略业务单元的主管考评部门群的业绩表现时，战略控制非常关键。当总部决定该公司是否形成了一个有效的业务组合以及这些业务是否被成功地管理时，战略控制也至关重要。在一个战略业务单元内的部门群之间分享职能，是一个多部门结构中战略业务单元形式的主要特征（见图 11-6）。

推行战略业务单元结构的一大障碍，在于很难将这种多元化业务复杂的商业模式向股东解释清楚。[77] 进一步说，如果需要不同战略业务单元间的协作，由于与接下来将要介绍的竞争形式的组织结构相似，战略业务单元的组织结构实际上并没有轻易地促进不同战略业务单元之间的合作，诸多问题便会由此而产生。因此，那些负责实施相关联系型战略的人，应该聚焦于成功创建和使用我们之前提到的整合机制。

多年以来，索尼采用的是相关约束型战略，并以多部门结构合作形式来实施这一战略。现在，为了应对公司业绩的下滑，索尼采用相关联系型战略，以多部门结构的战略业务单元形式来实施这一新战略。正如我们在"战略聚焦 10-2"所谈讨论的，为了提高效率（即正确地做事）和效益（即做正确的事），索尼的战略和公司结构已经发生了改变。

战略聚焦 11-2　索尼公司的新组织结构：聚焦财务问责制和资源集中配制

索尼公司于 1946 年成立于日本，以产销创新产品而享誉世界。事实上，公司的成功助力日本在 20 世纪 60～80 年代发展成为强大的出口国家。有时，索尼推出市场上第一款创新产品，有时则是凭借创新迅速改进市场上已有产品的性能。1979 年索尼推出的随身听就是索尼首推创新产品中的一个例子，而晶体管收音机则是索尼在可行范围内创新改进的产品，它原来是丽晶电子公司和得州仪器公司合资研发的。无论是哪一种形式，创新对于索尼在多产品领域竞争是十分重要的。

了解到通过跨业务类型分享资源、能力与核心竞争力能够创造价值，索尼多年的成功其实是它致力于"融合"的结果，索尼通过各类业务（如电影、音乐和数字电子）将它的商业活动联系起来。从本质来看，它的成功归因于有效地实施相关约束型战略。但是，正如之前我们在讨论相关约束型战略及其所需条件时提到的，在采用多部门结构的合作形式时，不能有效地处理信息和协调各个单元的整合活动是一大问题，而这也似乎正是索尼的问题。为了解决困扰公司多年的业绩问题，索尼的 CEO 提出了对于公司组织结构的重要改革措施。2015 年 10 月开始实施改革，这样的结构变化被认为能够提高索尼为

顾客创造价值、为股东增加财富的能力。

结构变化的核心是对公司业务进行合理地分类，以允许高层领导者可以更有效地配制资本，一个关键的目标是将资本配制给有最强增长潜力的业务，这里指的不单是增长，而是更有效益地增长。

现在，索尼被分成了三个核心部分（或是说业务单元）——增长驱动单元、稳定的效益生产单元和风险管理单元。实际上，这个新结构是多部门结构的战略业务单元形式的一个代表。如索尼 CEO 所说，建立这些单元是为了强调公司的盈利能力，在聚焦于股东利益的基础上保证各个业务单元的独立性，并对每个业务单元进行更加清晰的定义。设备、游戏及网络服务、影视和音乐组成了增长驱动单元。索尼会积极投资以支持这些被当作极具收益增长潜力的业务。成像产品及解决方案、视频和音频组成了稳定的效益生产单元，这些单元被期望用来产生稳定的收益和现金流。最后，电视和手机通信业务组成了风险管理单元。这个单元在市场上运营有着很高的风险和竞争性挑战，公司设立这个单元的目的是希望找到能够产生稳定收益的方式。对于这三个单元，股东权益收益率是衡量公司业绩的标准，用以评判每个业务

单元的经营成果，每个业务单元被期望年股东权益收益率达到10%。

索尼的CEO希望通过采用多部门结构的战略业务单元形式来实现以下三个目标：第一，这样的组织结构可以明确促进问责制和提高每个单元的责任感；第二，培育强调产生可持续效益及业务单元可持续性的管理政策和公司发展方向；第三，通过提高每个业务单元中每一部门的创新能力来减少没有必要的管理层。

索尼的CEO对通过多部门结构的战略业务单元形式来实施相关联系型战略充满了信心。时间会验证这个做法是否能够成功。但

是，索尼创造的新结构的确表现出支持相关型战略成功实施的潜力。

资料来源：2015, Corporate Information, Sony Home Page, www.sony.com, May 17; 2015, Here's Sony's new business strategy, *Business Insider*, www.businessinsider.com, February 21; T. Mochizuki & E. Pfanner, 2015, Sony expects profits to surge this fiscal year, *Wall Street Journal Online*, www.wsj.com, April 30; T. Mochizuki & E. Pfanner, How Sony makes money off Apple's iPhone, *Wall Street Journal Online*, www.wsj.com, April 28; E. Pfanner & T. Mochizuki, 2015, Sony's mobile unit seeks profit, innovation, *Wall Street Journal Online*, www.wsj.com, March 2; M. Schilling, 2015, Sony strategy centers on splitting businesses, not selling—for now, *Variety*, www.variety.com, February 26.

3. 运用多部门结构的竞争形式实施非相关多元化战略

实施非相关多元化战略的公司，通过高效的内部资本配置或者业务的重组、收购和剥离来寻求创造价值。[78]多部门结构中的竞争形式，是用于实施非相关多元化战略的组织结构。

竞争形式（competitive form）是一种公司部门间竞争公司资源并以完全独立性为特征的多部门结构形式（见图11-7）。与合作结构的部门不同，竞争结构不再共享企业优势，因而，竞争结构的部门也不再发展整合策略。

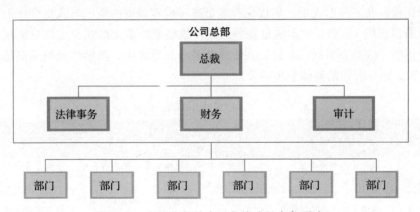

图 11-7 实施非相关多元化战略的竞争形式

注：1. 公司总部人员精简。
2. 财务和审计是总部最重要的职能，以便管理现金流并确保部门业绩数据的精确性。
3. 当公司收购或变卖资产时，法律事务职能尤为重要。
4. 部门间保持独立和不相关，以便财务评估。
5. 部门内部负责战略决策，但现金流的使用由公司总部控制。
6. 部门间为获得更多的公司资源而竞争。

实施非相关多元化战略的基础是高效的内部资本市场，它使得组织在安排上强调部门间的竞争甚于合作。[79]内部竞争有三大好处：第一，内部竞争带来灵活性——公司总部可以让各部

门从事不同的技术，以识别出最具有潜力的部门，例如，资源可配置给技术上最有前途的部门，以推动整个公司的成功；第二，内部竞争是对现状和惯性的挑战，因为部门领导清楚，未来资源的配置是据当前业绩和在未来业绩中本部门的优势地位来决定的；第三，内部竞争能激发动力，与内部同行竞争和与外部市场竞争者竞争的挑战性一样大。[80] 在这种结构中，组织控制（根本上是财务控制）被用于强调和支持各部门间的内部竞争，并以部门业绩来分配公司资本。

德事隆集团（Textron）是一家涉足多种产业的公司，力求"鉴明、研究、选择并整合公司，并有一套缜密的标准来指导决策"。德事隆一直以来都在"提升并重塑投资组合来去除非核心产业，同时收购有良好品牌形象及成长潜力的产业"。德事隆拥有四个完全独立的业务——贝尔直升机公司（Bell Helicopter）、德事隆航空（Textron Aviation）、德事隆专用车（Textron Specialized Vehicles）、德事隆财务公司（Textron Finance）。这些业务的领导者负责有效地引导他们业务单元的日常竞争活动。在授权多部门结构竞争形式的同时，德事隆对其业务提供监管、指导和协助方面的支持。[81] 这些部门的利润是衡量公司业绩和决策目的的重要指标。[82]

为了强调部门间的竞争，公司总部与各部门之间保持一定的距离，而且不介入部门事务——除非出于审计和管理业绩很差的部门经理的需要。公司总部以回报率作为目标，并以此来监管各部门的表现。总部在竞争的基础上分配企业的现金流，而不是自动地将现金发还给产生现金流的部门。因而，公司总部的工作集中在业绩评价、资源分配和长期规划，以确保企业的业务投资组合能带来经济回报。

与相关联系型多元化战略情形一样，投资者和股东很难理解设置非相关多元化战略业务单元的潜在价值。[83] 正因如此，高层管理者必须找到有效的方式来和公司投资者进行交流。

多部门结构的三种主要形式各自与特定的公司层战略相关，表 11-1 列出了这些特点。我们可以从集权化程度、业绩评价的侧重点、水平结构（整合机制）以及激励性报酬机制这几个方面对其进行比较。在三种形式中，集权化程度最高和成本最高的组织形式是合作形式；最少集权化且具有最低组织（官僚）成本的是竞争形式。战略业务单元形式要求部分集权，并涉及保持部门间关系的一些必要机制。并且，在战略业务单元形式中，激励性报酬不仅与战略业务单元的业绩有关，还与公司的整体表现相关。

表 11-1　多部门结构的三种主要形式

结构特征	结构形式汇总		
	合作形式（相关约束型战略）	SBU 形式（相关联系型战略）	竞争形式（非相关多元化战略）
业务的集权化	集中于总部办公室	部分集权化（战略业务单元内部）	分权于各部门
整合机制的运用	广泛运用	较少运用	不存在
部门业绩的评价	强调主观（战略）标准	运用主观（战略）标准和客观（财务）标准的混合	强调客观（财务）标准
部门激励性报酬	与公司整体业绩相关	既与公司、战略业务单元相关，也与个人业绩相关	与公司整体业绩相关

11.3.6　国际化战略与全球结构的匹配

正如第 8 章所解释的，在全球化经济盛行的今天，国际化战略对保持长期竞争优势越来越重要。[84] 国际化战略的好处之一是，它帮助公司搜寻新的市场、资源、核心竞争力和技术，以此超过竞争者。[85]

对于业务层和公司层战略来说，需要独特的组织结构来成功实施不同的国际化战略。[86] 国际化战略和组织结构的恰当匹配能推动企业在全球运营的有效合作和控制。更为重要的是，最近的研究成果进一步证实了我们关于国际化战略和结构匹配的有效性。[87]

1. 运用全球地理区域结构实施多国化战略

多国化战略（multidomestic strategy）指在各个国家市场的各部门实施各自的战略和运营决策，以使产品能适应当地市场。实施多国化战略的企业为了与全球竞争力量隔离，通常会在国家间差异最大的行业细分市场上建立市场地位或者进行适度竞争。**全球地理区域结构**（worldwide geographic area structure）强调当地国家的利益并有利于区域公司，致力于满足当地文化差异（见图 11-8 ）。

图 11-8　实施多国化战略的全球地理区域结构

注：1. 圆周指代业务的分权化。

2. 注重当地 / 本国文化造成的需求差异。

3. 公司总部在各独立分支间控制金融财务资源。

4. 该组织类似一个分权化的联盟。

运用多国化战略几乎不需要在不同的国家之间进行协调，这意味着不需要建立对世界不同区域进行整合的机制。一个公司在全球地理区域范围的各个业务单元之间的协调通常是非正式的。

由于各个欧洲国家都具有不同的文化，多国化战略和相应的全球地理区域结构是多文化的欧洲市场的自然产物。这种结构的主要业务通常在由公司总部的朋友或家庭成员被派往他国开办分支机构时应运而生，这些分支机构与总部之间通过"家庭成员"式的非正式沟通发生联系。

2009 年成立于洛杉矶的优步（Uber Technologies）称，给乘客更多的可能、给司机更多的业务，世界的出行方式将被乘客与司机的无缝连接革新。[88] 现在，优步除了在美国本土市场发展迅速，亚洲也成为它最新的目标市场。中国无疑是亚洲的重点市场，从先前优步进入中国市场的情形来看，结果是十分鼓舞人心的。事实上，优步的中国市场扩展项目经理人说："中国已经超越了我们最疯狂的梦想。"[89] 关于优步的成功尚存争议的是，优步为服务中国顾客而做出的在中国实现"本土化"的决定。用来跟踪服务的技术、合适的支付系统以及营销，都定位于优步最初选择运营的 13 个中国城市。优步的确决定把每一个城市当作独立的国家来对待（推动优步这样选择的事实是这 13 个城市中的每一个城市都有超过 1 000 万的人口）。

基于全球地理区域结构实施的多国化战略的主要挑战在于，不能带来全球整体效率。当公司力图满足当地顾客的单一需求时，在竞争中不能带来全球整体效率会为公司控制成本带来挑战。

不能带来全球整体效率会不会成为优步的问题？也许会。同样地，只要公司可以继续在不同的市场识别并满足那些有着这样独特需求并为它们创造价值的顾客，发展规模经济不会成为优步在国际市场走向成功的致命伤。

在其他情况中，公司力图把它们的产品销往国际市场，并且寻求着符合它们在全球范围内实现规模经济要求的市场状况。这就需要公司采用全球化战略，并且要使产品结构匹配全球范围内的产品分区性结构。

2. 运用产品分区性结构实施全球化战略

全球化战略（global strategy）指向各个国家市场提供标准化产品，并由公司总部规定相应的竞争战略。公司的成功取决于它在全球范围内竞争时发展规模经济的能力，以及服务于那些需求异于公司标准产品的顾客的能力。

全球产品分区性结构支持实施全球化战略。全球产品分区性结构（worldwide product divisional structure）赋予了公司总部以决策权来协调和整合各个分离的业务部门的决策和行动（见图 11-9）。

整合机制对于有效利用全球地理区域结构非常重要。这种机制包括各部门管理者之间的直接接触、部门之间的联络、临时的任务小组以及永久团队等。全球化战略/全球结构组合的缺点在于，难以协调跨国的决策和行动，以及难以对当地需求做出快速反应。为了克服这些缺点，公司有时会选择同时聚焦于地域和产品。这种同时聚焦和我们将要谈到的混合结构相似。

图 11-9　实施全球化战略的产品分区性结构

注：1. 全球总部的圆周指代在全球产品中进行信息流的协调和集中。

2. 公司总部运用许多内部协调机制来获得全球性的规模经济和范围经济。

3. 公司总部同样以合作的方式来配置财务资源。

4. 该组织形同集权式的联盟。

3. 运用混合结构实施跨国化战略

跨国化战略（transnational strategy）指公司既寻求多国化战略具有的当地优势，又注重全球化战略所带来的全球效率。因而，运用这种战略的企业在本土化响应和全球效率上都能获得优势。[90] 混合结构用来实施跨国战略。混合结构（combination structure）具有强调地理和产品结构的特点和机制，因而它既强调地理区域，又强调产品分区。跨国化战略通常有两种可行的混合结构：全球矩阵结构（global matrix structure）和混合全球设计（hybrid global design）。[91]

全球矩阵结构将当地市场和产品技能相结合，建立负责开发全球市场的团队。全球矩阵结构（其基本矩阵已在前文介绍）给予产品开发和回应客户一定程度上的灵活性。然而它也有局限性，比如让一名员工向几位经理同时汇报。无论何时，一个员工都是几个职能或产品小组的成员，不同的汇报关系使得员工很难对其有高忠诚度。虽然矩阵让经理大权在握，但也让汇报关系趋于复杂，在做出关键决定之时难免会耗时费力。

图 11-10 介绍了混合结构。有些部门指向产品，而有些部门指向营销。所以，当地理区域更重要时，部门经理就会更加以区域为导向，在其他部门，全球化产品的协作和效率更重要时，部门经理就会更加产品导向。

多国化战略和全球地理区域结构相协调，全球化战略和全球产品分布结构相协调是显而易见的。然而，当一个公司想通过组合结构同时实施多国化战略和全球化战略时，适当的一体化机制却不明显。实施跨国化战略的结构必须既集中又分散，既整合又非整合，既规范又非规范。有时结构会非常复杂。

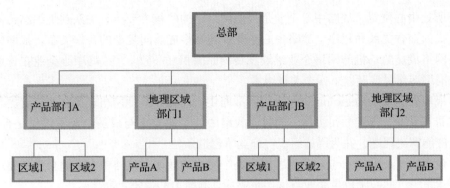

图 11-10　运用混合结构实施跨国化战略的混合形式

当松下公司（日本公司官方名字为"松下电器"）几十年前开始在中国市场销售家用电器时，唯一的本地化尝试是销售在发达市场中符合标准的较便宜规格的产品。日本公司通常在全世界销售标准化产品，利用全球产品分区性结构实施全球化战略，然而，它们发现，当地市场的竞争者（如海尔）很快在中国市场上赶上了它们的销量。此后，为了使它们的产品更符合当地消费者的需求，松下与国家或区域市场的联系越来越紧密。[92] 结果，松下现在正在实施跨国化战略，并且有可能使用混合结构来进一步推行。[93]（目前松下拥有多业务单元的 473 家公司。这表明，对于这样庞大而复杂的公司，挑战是选择最佳的结构与公司用来在全球范围内胜过竞争对手的战略相匹配。[94]）

11.3.7　公司战略和网络结构的匹配

正如在第 9 章中讨论的，当合伙公司形成一些联盟，并通过实施合作战略提高联盟网络的业绩时，便产生了网络战略。[95] 在现今竞争环境下，公司面临更复杂的环境和更高不确定性，从而导致运用合作战略（如战略联盟和合资公司）的公司数量不断增加。[96] 事实上，公司可以和其很多利益相关者发展合作关系，包括消费者、供应商和竞争者以及非政府组织（NGO）。当一个公司融入合作关系中时，便成为战略网络中的一部分，或者是别人所谓的星座联盟或投资组合。[97]

战略网络（strategic network）就是参与一系列合作协议的一群企业组织形成的，为了提高共同价值的战略联盟。有效的战略网络有助于发现机会，这些机会超出了参与网络的每个个体的识别范围。当战略网络创造的价值是竞争者不能复制且每个网络成员自身不能创造的时候，战略网络就成为其成员战略优势的来源。[98] 战略网络运用于业务层战略、公司层战略和国际合作战略的实施。

一般来说，战略联盟是在弹性基础上参与网络运作的企业组成的松散联盟。作为战略网络的核心或中心，**战略中心企业**（strategic center firm）是网络合作关系的中心（见图 11-11）。

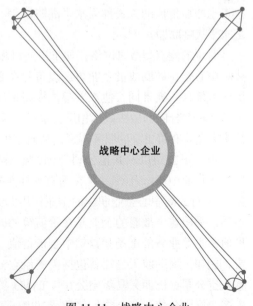

图 11-11　战略中心企业

由于所处中心位置，战略中心企业是战略网络结构的核心节点。关系到组织结构的各个方面，如正式的报告关系和程序，战略中心企业管理网络成员间复杂的合作关系。战略中心企业必须确保网络成员的动机与网络企业继续发展的原因相互一致。[99]战略中心企业在管理战略网络和控制网络运作时涉及以下四个关键因素。[100]

（1）**战略外包**（strategic outsourcing）。战略中心企业比其他网络成员企业有着更多的与外界企业的资源优化（外包）和协作。同时，战略中心企业要求与成员企业不仅仅是合约关系，成员企业应能解决问题，并为网络组织实施竞争创造条件。[116]

（2）**竞争力**（competencies）。为了提高整个网络的效率，战略中心企业会尝试发展每个成员的核心竞争力，并鼓励成员企业与伙伴企业共享其能力和竞争力。

（3）**技术**（technology）。战略中心企业负责协调网络成员的技术思想的发展和共享。组织结构要求网络成员应向战略中心企业递交关于技术导向成果的正式报告细节，这有助于上述责任的落实。

（4）**学习速度**（race to learn）。战略中心企业向伙伴企业强调，由竞争环境产生的竞争尺度应介于价值链和价值链网络之间。正是由于这一点，一个战略网络的竞争力取决于网络中价值链最弱的环节，决策制定的权力和责任集中在网络的战略中心企业，由它来引导网络企业努力形成网络独特的竞争优势，对每个参与者拥有形成网络竞争优势的能力的需求，鼓励参与者之间相互友好地竞争，以寻求发展出快速形成新能力所需的技能，为网络创造价值。[102]

有趣的是，战略网络被广泛运用的部分原因是，战略中心企业有效且高效地执行一项战略会关系到伙伴企业。改进的信息系统和沟通能力（如互联网）使得这样的网络得以实现。

11.4 实施业务层合作战略

正如第9章所述，在业务范围内有两种互补的资产形式：水平的和垂直的。在价值链不同阶段的公司构成垂直战略联盟，用以整合其不同但互补的技术；在价值链同一阶段，通过整合技术来增加价值的方式称为水平战略联盟。例如，丰田汽车公司更多地实施垂直战略联盟而不是水平战略联盟。[103]

日本的垂直型战略网络，如丰田公司和供应商之间的网络，经常会产生一些问题。[104]首先，战略中心企业鼓励成员企业更新设备并在必要时向它们提供技术和财务支持；其次，它通过与供应方签订长期合同，使双方都能提高长期生产率从而减少交易成本，这种方法与按单位价格来商谈短期合同的做法截然相反；最后，战略中心企业使上游企业（供应方）的工程技术人员与采购方企业有着更好的服务沟通，从而使中心企业和供应企业变得更加相互依赖和缺乏独立性。

由丰田公司以及其他公司开创的精益生产方式（一种垂直互补性战略联盟），已经在全世界汽车行业中流行开来。[105]在垂直互补性战略联盟中（例如，丰田公司与供应商之间的战略联盟），实行战略中心企业职能的企业作用尤为明显。但是，在水平互补性战略联盟中情况则完全不同。采用这一战略的企业是在价值链的同一部分创造价值，例如，在航空联盟中，通常是在价值链主要业务的市场和营销中创造价值。由于航空公司通常同时加入多个垂直互补性战略联盟，例如，寰宇航天公司就包括美洲航空公司、英国航空公司、西班牙伊利比亚航空公司、日本航空公司、巴西天马航空公司（TAM）等，因此很难选出一个战略中心企业。另外，同时进入多个联盟会使一些合作伙伴质疑其忠诚度和意图。而且，如果竞争对手在非常多的合作项目上联合起来，就可能会使一个或多个政府怀疑这些企业进行非法共谋活动（见第 9 章）。由于这些原因，尽管在汽车和航空制造业中仍有成功的例子，但水平互补性战略联盟依然比垂直互补性战略联盟使用得更少，也更难获得成功。

11.5　实施公司层合作战略

　　一些公司层面的合作战略目的是为了促进成本降低，这就是沃尔格林（Walgreens）和瑞士联合博姿（Swiss-based Alliance Boots，一家健康美容集团）最初达成合作的目的。这种合作关系帮助公司为以更低的价格获取药品供应而进行磋商，减少过多的成本。[106]

　　联合利华与一些公司合作以达到不同的目的。为避免公司经营受环境以及社会的消极影响，联合利华和雅各布斯工程集团公司（Jacorbs）达成联盟，方便联合利华在全世界建立生产基地，以实现联合利华可持续发展的目标。通过和非政府组织雨林联盟（NGO Rainforest）的合作，联合利华可以百分百保证立顿和 PG Tips 产品的原料茶来自认证的种植者[107]（关于联合利华及其致力于可持续发展的更多信息都在"讨论案例"里）。公司层的合作战略（如特许经营）被用于推进产品和市场的多元化。作为一种合作战略，在没有并购的情况下，特许经营允许企业用自己的竞争力去扩展或者多元化产品和市场，但不能进行并购。[108]

　　协同效应是公司层面采用合作战略的关键原因，比如沃尔格林、联合利华以及活跃的特许经营者麦当劳。[109]麦当劳通过找到公司强调的特定的物有所值的菜单，来达到作为公司层面合作战略的特许经营。然而，正如在之前的"战略聚焦 11-1"中所提到的，麦当劳的组织结构正在被改变，改变公司结构的其中一个目标就是在 2017 年年末减少 3 亿美元的成本。截至 2018 年，麦当劳将公司所有的 3 500 个餐厅卖给特许经营者也是减少成本的举措，随着这一举措，麦当劳餐厅的全球特许经营权将会达到 90%。[110]麦当劳的特许经营系统是一个战略网络，总部在这个特许经营者网络中发挥着战略中心的作用，总部通过战略和财务控制来确保特许经营者的经营能为整个网络创造更大的价值。

11.6　实施国际化合作战略

　　实施国际化合作战略形成的战略网络导致企业在许多不同的国家竞争。[111]不同的国家有着不同的法制环境，从而增加了国际化网络管理和检验网络运作是否遵守所有法律要求的挑战性。[112]

　　分散式战略网络（distributed strategic networks）用来管理国际化合作战略的组织结构。如图 11-12 所示，许多大型跨国公司在各个主要的全球区域设立多个战略中心来协调它们与伙伴合作企业的合伙关系。[113]实施国际化合作战略的结构是非常复杂的，想要成功运用必须万分小心。

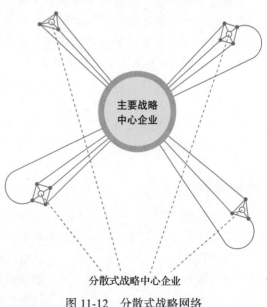

图 11-12　分散式战略网络

小结

- 组织结构就是企业正式的报告关系机制、程序机制、监督和治理机制及授权和决策过程。公司的组织结构就是从总体上决定一家公司会做什么以及如何做的正式的组合配置方式。组织控制引导战略的实施，指出如何比较现实结果和期望结果，并在未达到期望时，建议采取行动以提高业绩。当战略和结构相匹配时，结构和控制能成为企业的竞争优势。

- 战略控制（主要是指主观标准）和财务控制（主要是指客观标准）是组织控制用来支持战略实施的两种主要的控制方式。尽管战略控制和财务控制强调的重点随着战略和结构匹配的程度而变化，但两种方式都是重要的。

- 尽管战略对结构有更强的影响，但战略和结构是互相影响的。研究指出，当下降的业绩迫使公司改变结构时，管理者就会有变革结构的需求，期望快速变革组织的结构，以更好地适应公司战略实施的需求。

- 通过职能型结构实施业务层战略。成本领先战略需要一个集中化的职能型结构——强调制造效率和流程工艺。差异化战略的职能型结构对涉及分散经营的组织实施相关决策，尤其关注营销。小公司一般运用集中战略，直到公司实施产品或市场多元化之前，该战略都要求一个简单结构。

- 不同形式的多部门结构要求与之相匹配的战略也有所不同。用于实施相关约束型战略合作形式的多部门结构具有一个集权化的公司总部和广泛运用的整合机制，各个部门的报酬和公司整体业绩有关。用于实施相关联系型战略的战略业务单元形式在多元化的公司内部建立了各个利润中心；利润中心由提供相似产品的部门组成，各个利润中心之间互相独立。用于实施非相关多元化战略竞争形式的组织结构实行高度的分权，不运用整合机制，而是运用客观的财务目标来评估各部门的业绩。

- 通过运用全球地理区域结构实施的多国化战略强调分权化，在各个国家或地区执行不同的职能行为。全球产品分区性结构为了协调和整合不同的职能行为而强调集权化，以获取全球性的范围经济和规模经济效应。决策由企业的全球总部做出。

- 跨国化战略，作为公司寻求本土响应的多国化战略和全球效率的全球化战略，是通过混合结构来实施的。由于混合结构要求公司战略兼具集权和分权、整合和非整合、规范化和非规范化的特点，所以最难实施。然而，两种结构设计都暗示了地理区域导向和产品导向部门的矩阵混合结构。

- 通过采用战略网络建立的组织结构实施的合作战略，对于获取竞争优势日益重要。战略中心企业是成功管理战略网络的必要条件。业务层合作战略经常在垂直和水平业务网络中使用。公司层合作战略用来追求产品和市场的多元化。特许经营是公司战略的一种形式，是运用战略网络来实施这一战略的。对国际合作战略而言，分散式战略网络业经常被用到。

关键术语

混合机构	战略业务单元（SBU）形式	全球地理区域结构
组织结构	财务控制	全球产品分区式结构
竞争形式	战略控制	多部门（M 型）结构
简单结构	职能型结构	
合作形式	组织控制	

复习思考题

1. 什么是组织结构和组织控制？战略控制和财务控制之间的区别是什么？这些区别的重要性是什么？

2. 如何理解战略和结构的相互关系？

3. 当企业实施成本领先战略、差异化战略、整体成本领先/差异化整合战略以及集中化公司层战略时，各自对应的组织结构是什么？

4. 当企业实施相关约束型、相关联系型和非相关多元化公司层战略时，各自相应的组织结构是什么？

5. 当企业实施多国化战略、全球化战略和跨国化战略时，各自相应的组织结构是什么？

6. 什么是战略网络？什么是战略中心企业？战略中心是如何在业务层合作战略、公司层合作战略和国际合作战略中运用的？

讨论案例

创建可持续发展的环境：联合利华与众多企业和非营利组织合作以实现其战略

联合利华的总部设在欧洲（荷兰和英国），它是一家消费品制造公司，专注于生产和销售食物和饮料产品，努力引入可持续发展的环境战略来生产产品。一般来讲，消费品公司，尤其是欧洲的公司，崇尚多国化战略，需要使它们的产品满足不同国家和地区的市场需求。因此，大多数消费品公司利用世界地理区域结构实现它们的经营战略。许多消费品公司（如雅芳）开始应用全球产品结构的不同方面使生产经营更加高效，联合利华也是如此。然而，联合利华一直强调地理区域，当实施组合结构时，利用跨国战略来满足当地市场响应能力以及实现更好的全球效率目标。2009 年担任 CEO 的保罗·普尔曼（Paul Pullman）表示："我们的目标是在更优质的服务下拥有一个可持续的商业模式。"

因此，2010 年联合利华宣布了一项"可持续生活计划"，它承诺在实现双倍销售的同时，到 2020 年前，减少一半的环境足迹。例如，其中一个目标是寻找为联合利华生产农业产品，不对地球造成生态退化的生产商。它也发起一项运动，承诺提升 1 亿人的生活质量，规劝人们勤洗手、勤刷牙，并销售低盐低脂的食物。联合利华通过与其他追逐利益的组织或非营利实体进行战略合作，努力实现这些目标。

举例来说，2011 年联合利华与雅各布斯工程集团有限公司签署协议，形成全球联盟，促使联合利华的基本建设项目在全球范围内得以有效实施。联合利华拥有 250 个生产基地，并且在积极扩张，特别是在发展中国家和新兴经济体，以支持它的高速发展的目标。例如，它期望新兴经济体能够在长期过程中带动其经济 75% 的增长。与雅各布斯工程在新加坡的合作，将为联合利华在全球范围内的生产设施提供技术服务。两家公司将作为一个团队工作，确保它们的可持续发展模式能够实现成本降低，促进合作创新，以及实现和谐的和跨产品的标准化设计。联盟将会和供应链团队成员一起工作，加快设计速度，在生产基地内降低碳、水和废物排放。

为符合销售增长目标，联合利华启动了联合利华营养网络。这个组织将世界划分为六个区域，专注于提供国际水平的营养和健康的创新理念。它的目标是生成促使可持续产品投放市场的方法，以及提高已经存在在产品的质量，增强产品的品牌价值。作为整体计划中的一部分，联合利华将销售人员的聊天技术（Salesforce's chatter technology）应用于其新的社会营销平台。这项技术使当地市场和联合利华的产品销售商分享感悟，以及通过一起工作在联合利华营销团队中得到锻炼，帮助实现"为生活打造品牌"（crafting brands for life）的战略。

联合利华近期的"可持续生活计划"2012年的报告描述了企业如何与非营利、非政府组织（NGO）合作，帮助企业解决实际问题，促进供应商为提高可持续的生活质量提出解决方案，以及惠及社会上大多数需要信息以提高他们可持续生活方式的人群，比如需要更安全的食品质量和扶贫的消费者。首倡合作的非政府组织有：消费品论坛、世界可持续发展工商理事会、世界经济论坛、热带森林联盟2020、"Refrigerants，Naturally！"、全球绿色基金论坛、零饥饿挑战，以及由美国创立的加强营养运动（Scale-Up Nutrition，SUN）。

有趣的是，联合利华没有给出季度收益指导报告，并表示这能够使股东专注于长远目标。而且，自从2009年普尔曼接管联合利华以来，它维持在积极的增长轨道上，有着更优秀的收入业绩和相关的股市表现。可见，通过更加完善的组织设计、崇高的目标，同时利用合作战略与许多外部组织（如雅各布斯和许多非政组织）形成合作，联合利华正在达成这些成果。

讨论题：

1. 为什么总部设在欧洲的消费品公司要使用多国化战略？在你看来，对于这些公司，国际化战略会不会是一个有效的选择？为什么是或者为什么不是？

2. 为了实现"可持续的商业模式"，联合利华会考虑使用哪种类型的战略？

3. 联合利华需要什么样的组织结构来达到它实现可持续性目标？

4. 联合利华提出的关于可持续发展战略和目标，由此形成的组织结构在表面上有什么问题？

战略领导力

1. 界定战略领导力，理解高层管理者作为一种资源的重要性。
2. 界定高层管理团队，并解释其对公司绩效的影响。
3. 描述通过内部和外部经理人市场进行管理模式演变的过程。
4. 讨论战略领导力在确定企业战略方向中的价值。
5. 描述战略领导者在管理公司资源中的重要性。
6. 界定组织文化，解释维护有效的组织文化应该做的事情。
7. 描述战略领导者在建立和强化道德准则方面能做些什么。
8. 讨论组织控制的重要性及其应用。

你有能力追随一个榜样并取得成功吗
——史蒂夫·乔布斯之后的苹果公司与蒂姆·库克

史蒂夫·乔布斯（Steve Jobs）是苹果公司的创始人和偶像型 CEO。苹果公司取得的显赫成功，尤其是 2000 年之后，绝大部分都归功于乔布斯的"天赋"和领导力。蒂姆·库克（Tim Cook）被给予成功的机会很小，不仅是乔布斯的原因，还因为蒂姆·库克与乔布斯的行为方式有很大不同。然而，在库克接任 CEO 职位几年后，2014 年，苹果公司经历了被蒂姆·库克称为不可思议的一年。苹果公司销出 2 亿台 iPhone，创收了 2 000 亿美元的营业额；苹果公司的股票价格上涨了 65%，市值超过 7 000 亿美元，超过任何一家美国公司。这 7 000 亿美元的市值是微软或埃克森美孚市值的两倍多。库克主要的工作经历是运营经理，在成为 CEO 之前，库克是苹果公司的 COO。并且，苹果公司的销售大多是在乔布斯领导下研发和投放市场的产品，因此，对库克的评判无法确定，特别是在研发新产品和成功将产品引入市场方面。在这一过程中，史蒂夫·乔布斯是大师级人物。

库克的领导模式与乔布斯截然不同。一些人认为乔布斯在研发新产品和保障市场渴求的高品质方面是冷酷的、任性的甚至是狂野的。库克的学识和技能无法使他成为产品研发、设计和销售的专家，所以他将这些责任委派给别人，自己专心做一个领导者和决策者。库克竭力保护主要由乔布斯创立的苹果公司企业文化，因此，公司重点依旧在市场所重视的创新方面。库克了解到雇用其他高层管理人员的重要性，这些管理人员不仅需要有天赋，还要与苹果公司的企业文化相融合。他雇用一些很棒的管理人员，像如今领导着苹果公司零售店的安吉拉·阿伦茨（Angela Ahrendts）。相比乔布斯，库克采取的方式更加平和，有些人将这一方式理解为"谨慎的情感型领导方式"。他授权团队管理他们所负责的领域，强调从长远角度看问题。

在战略领导方式方面库克和乔布斯也有显著区别。库克与团队共享众人的关注，乔布斯将公众的注意力独揽一身。事实上，有分析师认为，库克是一位优秀的领导者，他在身边建立了一个高效的团队。在库克的领导下，苹果公司比过去更加博爱。库克的战略使收购（以 30 亿美元的价格收购了一家录音公司）成为必然，并且他还发展了关于公司 IT 部门的企业解决方案，这两项战略性措施乔布斯都回避了。苹果公司与 IBM 形成联盟，研发企业应用程序，其中大多是为 iPad 设计的，尤其是新型和更大机型。

库克任职期间创新的主打产品是 2015 年 4 月上市的苹果手表。许多人都在等，想知道苹果手表的成功率。最初的报告显示，对于苹果手表的需求远大于供给，因此苹果公司增加了产量。并且，库克曾暗示苹果公司可能计划进入电视市场。更重要的是，库克认为苹果公司的发展目标是改变人们工作的方式，为了达到这一目标，苹果公司未来会研发更多的产品。

资料来源：T. Loftus, 2015, The morning download: Apple will ' change the way people work,' CEO Tim Cook says, *CIO Journal*, blogs.wsj.com, January 28: 2015, Apple's Tim Cook cites record sales and ' unbelievable' year, *New York Times*, www.nytimes.com, Maerch 10; A. Chang, 2015, Apple CEO Tim Cook is forging an unusual path as a social activist, *Los Angeles Times*, www.lattimes.com, March 31, A. Lashinsky, 2015, Becoming *Tim Cook, Fortune*, April 1, 60-72; T. Higgins, 2015, Apple iPhones sales in China outsell the U.S. for first time, *BloombergBusiness*, www.bloomberg.com, April 27; J. Lewis, 2015, Tim Cook: A courageous innovator, *Time*, April 27, 26; J. D'Onfro, 2015, Tim Cook dropped a major clue about Apple's next big product, *Yahoo Finace*, finance.yahoo.com, April 28.

正如"开篇案例"所提到的，战略领导者的工作非常辛苦且具有挑战性，并且需要平衡短期效益与长期目标。无论他们在位的时间是长是短，战略领导者（以及突出的 CEO 们）都可以在任期内使公司效益发生很大的改变。[1] 显然，史蒂夫·乔布斯是一位公认的非常成功的 CEO，他领导苹果公司实现了卓越的业绩。人们对是否有人可以接替他的 CEO 职位并取得成功这类问题十分关心。乔布斯去世后，蒂姆·库克接替他成为新任 CEO，于是这些问题向他抛来。然而，在库克任 CEO 的三年半里，苹果公司经历了不可思议成功的一年，成为第一家实现 7 000 亿美元市值的企业。

本章希望传达给读者的主要信息是：有效的战略领导力是成功应用战略管理方案的基础。第 1 章的图 1-1 和分析战略绩效模型已经说明，战略领导者是通过制定和修正公司的战略目标和战略意图来领导公司的（见第 1 章）。通常而言，战略领导者和战略管理过程会使延伸到的每一位公司员工都提升他们的业绩。延伸目标的其中一项积极的结果是，员工的激发突破性思维的能力得到提升，这种思维通常能带来创新。[2] 另外，战略领导者及其合作者一起保证了

分析 – 战略 – 绩效（A-S-P）模型中的分析和战略部分被高效地完成，以此来增加企业获得战略竞争力和高于平均值的收益的可能性。我们在图 12-1 展示了高效的战略领导力是如何把这些目标变为可能的。

首先，本章给出战略领导力的定义，以及它作为竞争优势的潜在资源的重要性，简要介绍战略领导者可能使用的不同风格的战略。其次，我们探讨高层管理者和高层管理团队，以及他们对创新、战略改变和企业绩效的影响；再次对选择战略领导者参与的内部和外部人力资源市场进行分析；最后，本章将描述有效战略领导力的五个重要组成部分：确定战略方向；有效管理企业的资源组合；保持一种有效的组织文化；强调伦理准则；确立平衡的组织控制。

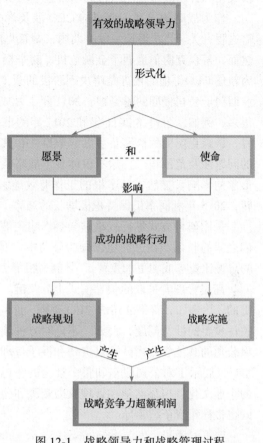

图 12-1　战略领导力和战略管理过程

12.1　战略领导力及其类型

战略领导力（strategic leadership）是一种可以进行预期、设想、保持灵活性，并且必定能促使他人创造所需要的战略改变的能力。战略变革（strategic change）是一种选择和实施战略所带来的转变。从本质上讲，战略领导力是多功能的，包括管理他人、管理整个组织而不是一个职能部门，并且处理在全球经济竞争环境下不断产生的变革。因为复杂的区域和全球特性，企业通常是在不确定情况下经营，战略领导者必须学会有效地影响他人的行为。[4] 通过言语或以身作则，以及通过自身能力来预想未来，有效的战略领导者积极地影响行动、思想以及和他们一起工作的人的情绪。[5]

吸引并管理人力资源的能力是战略领导者技能中最关键的。[6] 尤其是在当前这种激烈竞争的市场环境下，如果不能找到有足够才能的人来胜任公司的关键职位，那么这将限制公司的成长。在 21 世纪，智力资本，包括管理知识、创造并且商业化创新的能力，关系着一个战略领导者的成功与否。[7]

有能力的战略领导者还营造了有利于利益相关者（如员工、客户和供应商）高效运作的环境。[8] 能够把吸纳和管理人力资源的能力，以及形成并培养一个有利于发挥资本的恰当环境的能力展示出来是非常重要的，尤其当战略领导的核心职能是通过管理使企业在一段时间内有效运营，并在此期间内维持高绩效时。[9]

公司是否拥有有效的战略领导力的关键在于公司高层管理者，尤其是 CEO。其他公认的战略领导者还包括董事会成员、高层管理团队以及部门经理。实际上，公司中任何一个对人力资源或公司某一部分（如一个生产单元）承担责任的个人都是公司的战略领导者。不考虑头衔以及组织功能，战略领导者有责任进行实际决策，这是不能委派给他人的。[10] 战略领导力是非常复杂又很关键的一种领导力形式。在没有有效的战略领导者的情况下，一个公司不能指望采用模式化的公司战略就能取得高于行业平均水平的业绩回报。

作为战略领导者，公司的 CEO 涉及许多类型的业务，不论何种形式，都与有效的管理战略进程有关。[11] 在很长一段时期内，蒂森克虏伯（ThyssenKrupp）曾是德国最大的钢铁制造商。然而，蒂森克虏伯遭遇了金融危机，赫辛根（Heirich Hiesinger）博士接受了重塑企业的责任成为新任 CEO，他的任务是解决现阶段的众多争议，使公司业绩好转。曾经在另一家德国大型企业西门子公司任职的赫辛根，2011 年 1 月成为蒂森克虏伯的董事会主席。赫辛根面临的问题有很多，例如，公司在 2011 年和 2012 年的报告中损失惨重，2013 年损失相对小一点。2013 年 3 月，蒂森克虏伯的监事会主席辞职事件和其他丑闻也是需赫辛根重视的问题。赫辛根需要处理的问题涉及范围很广，这不仅体现了战略领导者工作的复杂性，还说明了他的工作对公司塑造形象的影响。显然，赫辛根的工作有效地解决了以上问题，蒂森克虏伯 2014 年的利润有所好转，2015 年利润率仍保持积极增长的态势。[12]

采用何种方式进行战略领导会影响到被领导者的工作成果。蒂森克虏伯的赫辛根讲述了他们之间的联系，在过去他领导的公司中，有一种理解领导的说法——"'校友关系网'和盲目的忠诚比业务成功更加重要。"[13] 赫辛根努力工作，尽一切可能来获取股东的信任。

高层管理者采取的领导模式十分关键。领导模式很可能是以领导者个人的思想和精力为基础的。[14] 例如，苹果公司的 CEO 蒂姆·库克以其个人想法为基础，领导了许多慈善活动，并且关注重要的社会问题，例如，不论对方种族、性别和性取向如何，都平等待人。同时，他向苹果公司的其他领导团队委以责任和授予权利，授权他们开展工作。以这种方式，库克展示了负责任（展示了对公司股东和整个社会的考虑）的领导模式。[15] 虽然库克竭尽全力守护苹果公司的企业文化，但显然他在管理人力资源和公司集中度方面做出了些许变化。所以，他的领导方式也被称作变革型领导。

变革型领导（transformational leadership）是最为有效的一种战略领导力类型。这种战略领导力类型能够激励员工去超越公司对他们的期望，促使他们继续提升自己的能力，并且使他们将公司的利益放在个人利益之上。[16] 变革型领导者为公司勾画了一个美丽的愿景，并生成一套对应战略来逐步实现这一愿景。他们会使公司员工意识到他们的工作对公司整体发展的价值，并鼓励员工不断地向更高的目标冲刺。

这种类型的战略领导者往往具有正直和诚实的品格。说到品格，某位 CEO 说了以下这段话："领导者的类型是按照他们的品格来区分的。领导者只有懂得如何激励员工使他们获得杰出的成果，并发现员工身上的潜力，才能创造出一个成功并且经得起时间考验的好公司。"[17] 此外，变革领导者也往往拥有比较高的情商。高情商的领导者往往对自己也非常了解，他们有强烈的动机因素，理解别人的想法，并拥有有效的沟通技巧。[18] 基于这些特征，变革领导者在公司提升和培养创新力方面是尤其有效的。[19]

12.2 高层管理者在公司中的角色

作为战略领导者，高层管理者对有效实施战略管理起到重要的作用。为行使好他们的权利，高层管理者制定了很多决策，例如战略行为和对竞争对手做出回应（见第 5 章）。更广泛地说，他们在首次选择并实施公司战略方面会做出很多决定。

当制定企业战略并考虑实施时，高层战略管理者通常会使用自由裁量权，为他们日后在企业的行动留下回旋余地。[20] 在不同的行业中，管理者的自由裁量权各不相同。决定一个管理者（特别是高层管理者）自由裁量权的主要因素包括：①外部环境资源（如行业结构、企业所处的主要行业中的市场增长率、产品的差异化程度）；②组织的特性（包括它的规模、历史、资源和文化）；③管理者的个性、包括他对公司和战略结果的承诺，对不确定性的容忍程度，以及不同人一起工作的技巧和期望水平（见图12-2）。由于战略领导者的决策目的是帮助企业获得竞争优势，所以管理者在制定战略时如何应用自由裁量权是企业能否取得战略成功[21] 以及塑造企业文化的关键。

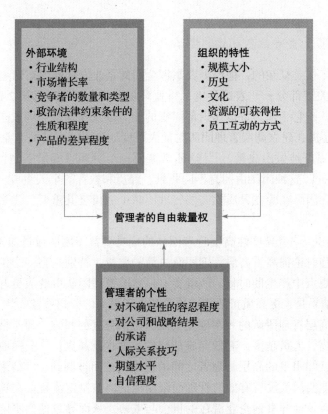

图 12-2 影响管理者自由裁量权的因素

资料来源：Adapted from S.Finkelstein& D.C.Hambrick,1996,*Strategic Leadership:Top Executives and Their Effects on Organizations*,St.Paul,MN:West Publishing Company.

高层管理者需要核验公司是否高效地实施了战略管理流程，这样的角色是复杂和具有挑战性的。因此，通常是高层管理团队替代一个单独的高层管理经理来做这些决定。

高层管理者在审核公司是否有效利用战略管理过程中的角色既复杂又具有挑战性，正因为这一点，通常由高层管理者团队做出不同类型的决策，而非单独一位高层管理人员。

高层管理团队

高层管理团队（top management team）由负责保障公司战略管理过程，尤其是选择和实施战略的成员组成。一般来说，高层管理团队包括公司具有副总裁或以上级别的高管或董事会的领导成员。[23] 高层管理团队战略决策的质量影响着企业创新和应对变化能力，这些能力帮助公司获得超额利润。[24]

如之前所提到的，大多数企业所面对的挑战是复杂的，要求企业建立一个战略领导团队而不是让一个人来迎接挑战。采用团队决策的方式来进行公司战略决策，还能帮助企业避免其他一些由于 CEO 单独决策所产生的潜在问题，如管理傲慢。有研究表明，当 CEO 开始相信媒体报道中的褒奖之辞并感觉自己已经不会犯错误的时候，他们往往会做出拙劣的战略决策。[25] 高层管理者需要自信，但决不能自负。[26] 为了防止 CEO 可能出现的这种由于过分自信而做出不恰当战略的情况，公司往往会建立一个高层管理团队来分析公司面临的机会和风险，并制定相应的公司战略。

1. 高层管理团队、企业绩效和战略变革

高层管理者的工作是复杂的，他们需要掌握全面的企业内部管理知识（见第 3 章），以及企业外部环境的三个关键部分——宏观环境、行业环境和竞争环境（见第 2 章）。因此，企业需要一支高层管理团队，它必须具备运作内部组织的能力以及处理企业同股东和竞争者关系的能力。[27] 同时，企业还需在建立高层管理团队时最大限度地利用好成员的专业知识和能力（例如，建立结构关系以便更好地做出决策）。[28] 这通常需要一个异质性高层管理团队（heterogeneous top management team），这种团队由拥有不同背景、经历和教育的个人组成。渐渐地，在当前市场全球化的背景下，国际经验在异质性高层管理团队中变得极其重要，许多高层管理团队十分重视这一点。[29]

有研究证据指出，一个异质性高层管理团队的成员受益于团队成员对不同观点的讨论。[30] 在很多情况下，这些讨论提高了高层管理团队决策的质量，特别是当一个优于任何观点的综合观点从这些不同的观点中产生的时候。[31] 事实上，高层管理团队中的成员互相学习，由此产生了更好的决策。[32] 结果是，更高质量的战略决策产生了更高的公司效益。[33]

除了异质性，高层管理团队的效率也受到团队协调程度的影响。通常情况下，高层管理团队的异质性程度越高，人员越多，有效实施战略的难度也就越大。[34] 全面而长期的战略计划可能会因不同背景和认知水平的高层管理者之间的沟通困难而被制约。[35] 结果是，一个背景相异的高层管理团队可能会因为没有有效的管理而限制他的决策制定流程。在这种情况下，高层管理团队也许就不能有效地洞察到企业潜在的机会与威胁，从而导致他们不能做出最佳的战略决策。因此，CEO 必须尝试在团队成员间实现行为整合。[36]

是否有成员拥有公司核心职能和业务部门的专业技术，对于高层管理团队的决策效率也十分重要。[37] 在高科技行业，高层管理团队中有核心产品的技术专家是至关重要的，尤其在执行增长战略时。当然，最终战略的有效性不仅依靠专业技术人员和团队的组成结构，还依赖于他们在做决策时的环境背景（治理结构、激励补偿措施等）。[38]

企业的改革和战略的变更往往和高层管理团队的特征甚至是 CEO 和其他成员的人格息息相关。[39] 例如，越是异质性的高层管理团队，就越注重企业的改革和创新。异质性可能迫使团队或其中一些成员换个角度思考问题，因此在制定战略上就能表现得更有创造力。[40]

因此，如果有了异质性的背景和专业技术的管理团队，那些需要改变战略的企业就更可能实现这一点。在这一方面，有证据显示，当从行业外部聘请一个新 CEO 时，战略变革的可能性要大于从公司内部或行业内部聘请 CEO。[41] 虽然从行业外部聘请一个新的 CEO 能够增加团

队的多样性，但与此同时，企业和重要股东，尤其是和客户、员工之间的关系也会受到影响。[42]像之前一样，我们在这里强调的是变革型领导对战略变革的价值，因为企业的优势包括其能力和核心竞争力，这是选择和实施新战略的基础，从而使 CEO 协助企业匹配环境机会。[43]

2. CEO 和高层管理团队的力量

如第 10 章所述，董事会监督公司战略方向，并代表利益相关者的利益，它是行使股东权利的一个重要机制。事实上，只有当董事会更多地参与制定战略方向时，公司才会取得更好的经营绩效。[44]

然而，董事会却很难指挥一个强有力的 CEO 或高层管理团队的战略行动。[45]通常情况下，一个强有力的 CEO 会指派一名支持他的外部董事或者在高层管理团队内任职的内部董事来向他汇报。[46]无论在哪种情况下，CEO 都可能有力地控制董事会的行动，如召开董事会。于是，董事会的态度和董事会对 CEO 及高层管理团队的监管方式，会影响 CEO 在做战略决策时的审慎程度。[47]

CEO 和高层管理团队成员也可以通过其他方式获得权力。例如，兼任董事会主席的 CEO 通常会比不兼任董事会主席的 CEO 拥有更大的权力。[48]尽管这种双重身份的 CEO（既是董事会主席又是 CEO）在美国变得越来越常见，但这种情况还是受到了尖锐的批评，在许多公司，双重身份会导致低绩效和对变化反应迟钝。[49]

尽管行业不同，但 CEO 的双重身份在大公司中更为普遍。不过，日益增长的股东运动却使得在美国和欧洲的公司中具有双重身份的 CEO 受到更多的监控和攻击。正如第 10 章所介绍的，许多人（分析家、管理者和公司董事等）认为，一个不能同时拥有 CEO 和董事会主席职位的独立的董事会领导结构，能使董事会更有效地监督高层管理者的决策和行动，尤其是和公司财务业绩有关的决策和行动。然而，CEO 的双重身份对公司业绩（主要是财务业绩）的影响不得而知。[50]而且，最近有证据显示，至少在一些欧洲国家或地区，当公司面临危机时，CEO 的双重身份对公司业绩产生了积极作用。[51]但是也有证据显示，一些公司开始分离 CEO 和董事会主席的双重职位。有些双重身份会被分离是因为公司业绩表现较差，但这并不代表所有情况。在其他情况下，分离双重身份使有经验的董事会主席指导新任 CEO（在一定时期内，CEO 以学徒的方式任职）。[52]因此，当分析 CEO 双重身份对公司业绩的影响时，必须考虑差异因素和情景环境。例如，即使是在上市公司，当家族掌控重要的所有权时，高层管理团队会出现权力分化。尤其是当高层管理者是家族一员时，除非高层管理团队可以平衡权力，否则他所拥有的特别权力会造成冲突。[53]

在高层管理团队中长期任职的高层管理者和 CEO 对董事会决策有更大的影响力。总体来说，长期任职会限制一位高管知识面的广度。有证据显示，有限的知识面将导致片面的观点，由于这种片面的观点，长期任职的高层管理者会使用较少的评估方法来评价战略决策的制定。[54]不过，长期任职的管理者也可以通过更有效的战略控制来降低董事会成员参与的必要。因为有效的战略控制通常会带来更高的绩效。[55]有趣的是，最近的研究表明，"短期任职的弊大于利……长期任职的优势——企业特定的人力资本和社会资本、知识和权力——似乎超过了古板和维持现状的不足"。[56]总之，CEO 的任期和公司绩效之间的关系非常复杂，[57]这表明，为增强公司实力，董事会应该和高层管理团队成员之间建立一种有效的关系。

另一需要考虑的细微差别或情境因素是，CEO 在公司资产中扮演着管家的角色。在这种情况下，当 CEO 拥有同为董事长双重身份时，他会促进决策制定以及采取对股东有利的行动。这里的逻辑是，CEO 希望以双重身份为公司资产提供最优质的服务，提高效率。[58] 除此之外，在两职合一的情况下，由于 CEO 个人带有积极倾向和行动，对于公司而言，因采用独立董事领导结构而形成的额外治理和协调成本是没有必要的。[59]

总的来说，董事会和高层管理团队成员之间所拥有权力的相应程度应视公司的情况而定。例如，公司外部环境的充足资源和环境的不稳定，可能会影响董事会和高层管理团队之间权力的理想均衡状态。并且，易变和不确定的环境会导致一种情况，即有力的 CEO 能够迅速地做出反应，但是多样化的管理团队可能会由于团队成员间更少的合作，而阻止或延迟一个必要的战略行动。通过发展有效的工作关系，董事会、CEO 和其他高层管理团队成员会为了企业股东利益最大化而服务。[60]

12.3 管理者的继任与接替

对高层管理者（尤其是 CEO）的选择是一个至关重要的组织决策，这对公司绩效有着重要意义。[61] 如第 10 章所讨论的，甄选 CEO 是董事会最重要的责任之一，因为这关系到公司股东利益最大化能否得以体现。许多企业开发了筛选系统，并采用这个系统识别那些具备管理和战略领导潜力的人，以及确定 CEO 候选人的标准。

最有效的系统能够对公司内部人员进行评估，并获得有关公司的管理者（特别是战略领导者）的能力信息。[62] 基于这些评估结果，对现今的管理者而言，提供培训和发展项目可以帮助现在的管理者预选和塑造未来领导者的技能。

很多公司，包括宝洁、通用电气、IBM 和陶氏化学，已经开设了高质量领导力项目。例如，宝洁在组织方面很有才能，它可以随时承担下一个层次的领导责任。在全球范围内具有出色的管理才能，宝洁努力在所有层次配置高效、负责任的领导者，同时以此作为一种激励和发展员工的方式。通用电气领导力培训项目形成的价值观在实际中得到证明，许多企业从内部吸纳有才能的员工。[63]

尽管高质量的领导力培训项目可以创造出高价值，但许多公司还没有建立起高层管理者的培训和继任计划，这些管理者掌握着关键领导位置（如部门领导）。关于美国的家族企业，最近的调查显示，仅有 41% 的被调查者建立了领导继任计划，49% 的被调查者暗示，他们"只有当管理发生变化需要继任计划时，才会考虑。"[64] 从调查结果来看，亚洲、欧洲和拉丁美洲的家族企业都符合这一现状，只有那些十分成功的企业对管理 CEO 继任的责任有着明确的认识。被调查的企业中，44% 的企业的董事会承担着安排继任的责任。[65] 最近的证据显示，在全球范围内，"世界上 34 个国家中仅有 45% 的高管表示他们准备了 CEO 继任计划"。[66] 不幸的是，企业如果没有一个有效的继任计划和程序，企业很难保持战略管理过程的连续性。

公司可以从两种经理人市场（企业外部和内部）挑选经理人和战略领导者。[67] 内部经理人市场（internal managerial labor market）是指对公司内部提供管理者职务的机会；外部经理人市场（external managerial labor market）是指向经理人提供他们目前工作单位之外的职业机会的总和。

通常情况下，员工倾向于从内部经理人市场中选拔高层管理团队成员和 CEO。证据显示，这些倾向经常发生。例如，《财富》500 强中，66% 的公司 CEO 是从公司内部选拔产生。新产生的 CEO 在公司工作的平均工龄为 12.8 年。[68] "开篇案例"中苹果公司 CEO 蒂姆·库克接替史蒂夫·乔布斯,就是典型的从公司内部选拔的例子。谈到 CEO 一职,企业从公司内部挑选新任 CEO 的做法带来许多好处,其中之一是这样的选择能够延续公司的目标、使命以及战略决策。同时,由于内部选拔的 CEO 拥有相关企业和行业的竞争经验,他们对公司的产品、营销、技术及运营过程较为熟悉。另一个好处是从公司现有员工中提拔 CEO 通常不会使公司拱手于他人,他们拥有宝贵的公司特定的知识和技术。总之,从公司内部挑选的 CEO 会使公司从以下几个方面获益:①清楚了解公司的员工和他们的能力;②欣赏公司的文化和相关核心价值;③深度了解公司的核心竞争力和能力,能进一步促进公司竞争力和能力的发展;④对公司决策有良好的感知能力(什么该做以及什么不该做)。[69]

　　虽然从公司内部挑选 CEO 合情合理且符合法律规范,但是董事有时还是会倾向于从外部经理人市场中选择 CEO。一些情况向我们展示了潜在的并且合适的从外部聘用 CEO 的情形,包括:①公司需要增强创新的能力;②公司需要逆转最近较差的绩效表现;③面对公司所在竞争行业急剧增长势头的事实;④公司需要战略变革。[70]

　　总体上,不论是从内部还是从外部选择 CEO 的决策,都应该基于企业的期望值,换句话说,董事会希望新任 CEO 和高层管理团队达到什么目的。在图 12-3 中,高层管理团队构成以及 CEO 继任来源(即经理人市场)两个因素相互作用,共同影响企业的战略决策。例如,当高层管理团队同质时(内部成员拥有相似的职能经验和教育背景),从公司内部选择 CEO 不太可能会改变公司的现有战略。而如果企业绩效相对于前任 CEO 表现出明显优势时,持续实行现有战略也许恰恰是董事会希望发生的。而且,当一个新任 CEO 从公司外部选择而来,而高层管理团队又是异质性的,那么企业很可能会实施战略变革。尤其当企业的绩效表现在与竞争争对手相比下滑时,从外部选择 CEO 将成为董事会倾向的选择。如果 CEO 是从公司内部选拔出来的,而且高层管理团队的构成同样具有异质性特征时,战略可能不会发生变化,但是在具体实施既定战略时,会有很多创新性的做法。如果由来自外部的 CEO 继任,高层管理团队的构成同样具有异质性特征时,企业战略会发生怎样的变化非常不确定。来自公司外部的 CEO 带来的适度变化通常会使公司绩效得以提升,但是大幅度的战略变革常常会使公司绩效下降。[71] 总而言之,公司的董事会应该具备图 12-3 所示的洞察力,来决定在必要时应从哪种渠道选择新任 CEO。

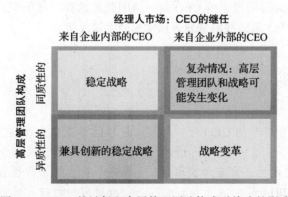

图 12-3　CEO 的继任和高层管理团队构成对战略的影响

　　临时 CEO 的任命通常发生在公司缺少继任计划,或者紧急事件发生急需立即任命 CEO 来进行领导时。全球范围内很多公司都应用这种方式。[72] 大部分的临时 CEO 都是从公司内部选拔出来的，他们对于公司运营方式的熟知程度对维持一定时期公司秩序的稳定有很大帮助。的确，任命临时 CEO 最主要的优势在于能够为董事会赢得所需的时间，来仔细从公司内部和外部中找到最适合公司 CEO 职位的人选。

并非所有的 CEO 变更都是成功的。例如，一些日本企业曾尝试从外国聘请 CEO，初衷是鼓励战略变革，但是外国 CEO 必须有能力获得其他管理者和员工的接纳，否则变更 CEO 的做法很难成功实施。因此，大多数雇用外国 CEO 的日本企业会寻找那些曾在日本工作过的人，他们对日本的企业文化和风格较为熟悉。[73] 并且，企业也明白，收购企业后继续雇用被收购的高层管理人员是十分重要的，没有他们，整合新收购的企业普遍来说很艰难。而且，如果被收购企业的高管离开了，他们所拥有的企业宝贵的认识和能力也将随之逝去。所以，对实施收购的企业来说，被收购企业高管的流动会使得收购活动贬值。[74]

除了 CEO 席位，高层管理职位的变动也极其重要。高层管理职位的变动常常发生在当一位有作为的管理者被其他公司雇用去接受更好的职位时，例如，苹果公司雇用安吉拉·阿伦德来管理零售运营。正如"开篇案例"中介绍的，她收到一份提供相当丰厚薪酬的邀请，于是加入了苹果高层管理团队。企业在关键位置增加表现优秀的管理者对塑造企业能力有帮助作用，苹果公司雇用阿伦德就是很好的例子。但是，当管理者所监管的运营绩效较差时，他们也会被迫离开。[75] 事实上，阿伦德所接替的曾经掌管苹果零售业的管理者，就是由于这样的原因离开的。有趣的是，2015 年，谷歌公司变更其首席财务官（CFO）时，业绩并不是主要原因。那时的 CFO 帕特里克·皮切特（Patrick Pichette）在工作了七年之后宣布退休，他希望有更多的时间陪伴家人，在工作和家庭之间达到平衡。他的妻子也鼓励他退休，和她一起旅行。皮切特的接任者是卢斯·波拉特（Ruth Porat），在接受成为谷歌 CFO 之前，她曾在摩根士丹利任职CFO。[76]

正如我们所讨论的，CEO 的继任在公司内部组织中十分重要。在"战略聚焦 12-1"中，我们进一步讨论了选择玛丽·巴拉（Mary Barra）接任通用汽车 CEO 的重要性。虽然她是从内部管理者中选拔出来的，但她在提高公司效率（例如，减少工程师，从三位变为一位）方面做出了显著改变，同时也在改变着企业文化。企业文化的改变对避免未来像打火装置开关故障一样的问题发生是很重要的。巴拉正在试图解决可能出现的问题，提高公司在类似问题上的透明度。就目前来看，她成为通用汽车的 CEO 是一项明智的选择。接下来，我们将讨论在帮助公司实行战略管理的过程中，高效战略领导者所实施的关键决策。

| 战略聚焦 12-1 | 浴火重生：通用汽车公司的 CEO 继任

2013 年年末，通用汽车的 CEO 丹·阿克森（Dan Akerson）在经过一段时间严格审查和来自公司的谴责之后，宣布加快退休进程。他原本打算在 2014 年年底退休，但当丹·阿克森得知妻子患重病后，他决定尽早退休。玛丽·巴拉成为阿克森的继任者，成为世界上第一位主要汽车制造商的女性 CEO。她当选为通用汽车的 CEO，也是在庆祝一个自古以来男性占统治地位的行业里天花板效应的打破。她的被选择代表了一种内部继任，因为玛丽·巴拉的全部职业生涯一直是在通用汽车公司中度过的。

玛丽·巴拉致力于改变陈旧的公司结构和公司治理系统。例如，多年以来通用汽车公司为每项新产品聘用三位主管工程师，然而这样耗费了许多时间，增加了协调难度，以及经常缺乏效率。玛丽·巴拉宣布，每项新产品只配备一位主管工程师，结果是低效的结构对于她不久后遇到的麻烦来说只是个小问题。她了解到通用汽车的点火开关存在严重问题，有证据显示这一问题造成了车辆失事、严重损伤甚至人员死亡。更糟糕的是，公司一直了解这一问题的存在，但并没有任何行动来承认或是解决问题。当玛丽·巴拉知道这一情况后，她迅速做出反应（虽然对一些人来讲并不迅速）。通用汽车公司承认了问题的存在，对在因为点火开关出问题而导致的事故中死去家人的家庭提供赔偿。并且，通用汽车公司召回 3 000 万台车辆，以整修点火开关的问题。然而，这毕竟是一场公关灾难，玛丽·巴拉被要求就该问题在国会之前做出公开声明。

除了以上行动，玛丽·巴拉还试图改变通用汽车公司的企业文化，为了杜绝未来再次发生类似问题。这种浴火重生的方式得到了通用汽车公司董事会的认可，因为在 2014 年她创收了 1 620 万美元的业绩，比前任 CEO 增加了 80%。玛丽·巴拉继续接受着挑战，她正在努力增加 20% 的资本投资，用以提高现有的产品线和开发高级电动车。然而，她也需要解决通用汽车公司在欧洲和拉丁美洲市场利润下滑的问题。

2015 年，玛丽·巴拉支付给蓝领工人一笔丰厚的奖金，多于劳工合同所要求的，这一举措显示出她对通用汽车公司员工的支持与承诺。她也宣布，在 2016 年年底之前，将 500 万美元以股息的形式分发给股东，同时她希望可以通过回购 50 亿美元股票来刺激通用汽车的股票价格上涨。总之，玛丽·巴拉以她作为通用汽车公司 CEO 的方式创造了历史，她从通用汽车公司内部脱颖而出，熟知公司的具体情况，尽管她任 CEO 的第一年遇到许多严峻的挑战。她终于克服了挑战，并对未来有所展望。

资料来源：G.Garder, 2013, Dan Akerson leaves GM stronger than he found it, *Detroit Free Press,* www.freep.com, December 10; J. Jusko, 2014, CEO Mary Barra is driving culture change at General Motorsm, *IndustryWeek,* www.industryweek.com; 2014, Mary Barra General Motors, *European CEO,* www.europeanceo.com, Novermber 27; B. Vlasic, 2015, General Motors chief pledges to move beyond recalls, *New York Times,* www.nytimes.com, January 8; C. M. Portillo, 2015, Let's take a peek at Mary Barra's 2015 to-do list at General Motors, *bizwomen,* www.bizjournals.com, March 9; R. Wright, 2015, GM disappoints as Europe and South America reverse, *Financial Times,* www.ft.com, April 23; J. D. Stoll, 2015, GM chief executive Mary Berra earned $16.2 million in 2014, *Wall Street Journal,* www.wsj.com, April 24.

12.4　关键战略领导行动

一些关键行动描述了有效战略领导力的特征，其中最为关键的部分如图 12-4 所示。许多行动是互动的。例如，有效地管理企业的人力资源包括：开发人力资本，确立一个战略方向，培育有效的文化，开发核心能力，使用有效的组织控制系统和强调伦理准则。高效的战略领导者往往会在他们做出关键战略决策时，提出一些备选方案以适应市场的变化。[77]

12.4.1　确定战略方向

确定战略方向（determining the strategic direction）是指详细地说明随着时间的推移，公司想要建立的形象和特质。[78] 战略方向要在一定条件（如机会与威胁）下确定，这些条件是战略领导者预期的在接下来 3 ～ 5 年内公司将要面对的状况。

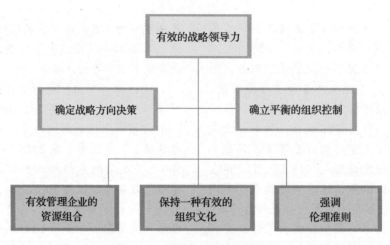

图 12-4 有效战略领导力的应用

理想的长期战略方向包括两部分：核心意识形态和愿景。核心意识形态通过公司的传统激励员工，而愿景鼓励员工扩展他们对成就的预期，实现要求显著且重要的变革和实施过程。[79] 愿景指导企业战略实施过程的许多方面，包括激励、领导力、员工授权和组织设计。战略方向可以包括进入新的国际市场，以及开发新供应商并将它们纳入公司的价值链等行动。[80]

有时候，战略领导者无法选择一种能够帮助公司实现愿景的战略，这在高层管理团队成员和 CEO 过于安于现状时有可能发生。公司的战略方向在一定时间内相对稳定，但实现战略、达到方向的行动可能并不稳定，这样公司才可以处理外部环境中意料之外的机会和威胁。一些战略领导者可能并不能为公司的竞争环境选择出最好的战略。例如，一些管理者只安于现状。在过去效益较好的公司中，这种规避风险的态度非常普遍，CEO 也会延长其任职期限。[81] 研究也表明，一些 CEO 在战略方向的选择上是模棱两可的，甚至是矛盾的，特别是在动荡的竞争环境中很难识别出最好的战略。[82] 当然，这样的行为不可能为公司带来较高的效益，因此 CEO 的位置很可能会被替换掉。有趣的是，研究发现，股票期权形式的奖金有助于鼓励有能力的管理者选择最好的战略，从而实现最高的收益。但是，如果用同样的奖金鼓励能力较低的管理者，则会导致公司效益的下降。[83]

与不愿意承担风险的 CEO 不同，具有领袖风范的 CEO 可以培养利益相关者对于公司愿景和战略方向的信念。虽然如此，当由一个具有领袖风范的 CEO 领导，新的战略方向引起战略变革时，不丧失洞察公司优势与劣势的能力仍是非常重要的。具有领袖风范的 CEO 最有效的领导方式是与文化保持一致，开展公司能力和核心竞争力所允许的行动。[84]

最后，文化双融管理可以帮助决定企业战略方向，并选择和使用战略使之得以实现。文化双融意味着战略领导者承诺，当实施战略时，无论当前文化是哪一种，都采取与之一致的最佳组织行动。[85] 文化双融行动能帮助企业短期内成功地建立基础，并实现远期的目标。[86]

12.4.2 有效管理企业的资源组合

对于战略领导者而言，最关键的任务就是有效地管理企业的资源组合。企业拥有的多种资源可划分为以下几种：财务资本、人力资本、社会资本和组织资本（包括组织文化）。[87]

显然，财务资本是组织成功的关键，战略领导者也深知这一事实。[88]但是，高效的战略领导者不仅均衡地管理这些公司的资源，并且还将这些资源作为一个整体进行管理和利用（例如，利用财务资本为公司员工创造培训机会，这样会增加公司的人力资本，从而能够使业绩最大化）。最为重要的是，战略领导者通过组织这些资源形成竞争力，依靠这种竞争力来构建企业，发展和实施战略来平衡这些资源，取得竞争优势，并以此确定公司的发展战略，从而使企业的竞争优势能成功地转化为客户创造价值。[89]探寻和维持企业的核心竞争力，发展和维持企业的人力资本和社会资本，是实现这些重要目标所采取的必要行动。

1. 探寻和维护核心竞争力

如第 1、3 章所述，核心竞争力（core competencies）是一家公司优于竞争对手的一种竞争优势来源的能力。一般来说，核心竞争力与组织的某项职能技巧，如生产、财务、市场和研发能力相关。战略领导者必须证实战略的实施加强了公司的能力。例如，在公司采取战略方面，苹果公司充分理解并重点强调设计能力，网飞公司承认并关注它在提供物理内容、数码内容和原创内容方面的能力。[90]

网飞公司在和对手进行的竞争活动和反馈中学习，公司的核心竞争力也随之不断提升。在所学基础上，网飞公司不断重塑能力，验证它们到底在通过一种什么途径使得核心竞争力得以提升，以及形成一个或多个竞争优势。

丹·阿克森于 2009 年 7 月成为通用汽车公司 CEO，那时公司急需变革以获得生存基础，从而在与全球对手的竞争中获得成功。阿克森做的第一项决策是配置资源，以达到科技进步和在市场中发展新能力的目的，尤其是在顾客服务方面。阿克森把通用汽车从破产的危机中拯救回来，并尝试充实公司的核心竞争能力。正如"战略聚焦 12-1"中描述的，玛丽·巴拉正在转变通用汽车公司的企业文化，提高工作效率。除此之外，她还试图赢得人力资本的信任（付给蓝领工人特殊津贴），从而建立内部社会资本。强大的人力资本和社会资本对通用汽车发展和保持强大的核心竞争力来说是至关重要的，这能帮助通用汽车不断提高公司业绩。人力资本非常重要的一个原因是，它是核心竞争力创造和发展的来源。

2. 开发人力资本和社会资本

人力资本（human capital）指的是一个公司整体劳动力的知识和技能。从人力资本这一角度来看，员工是一种需要投资的资本资源。[91]

通过投资来获得和培养高素质的人力资本有助于提高生产效率。一个关键原因是，个人的知识和技能对许多全球产业（如汽车制造商）和国内产业（如意大利皮革和鞋制造商）来说至关重要。这个事实表明，"随着动态竞争的加速，人力资本也许是唯一真正可持续的竞争优势来源"。[92]在所有类型的企业中，无论是大型企业还是小型企业，无论是成立时间较长的企业还是新建企业，人力资本在公司人力资源管理中的作用越来越重要。[93]作为一个支持业务（见第 3 章），人力资源管理实践有助于管理者成功地选择和实施公司的战略。[94]

有效的培训和发展项目可以增加管理者变为成功战略领导者的可能性。随着知识在获得和维持竞争优势方面越来越重要，这些项目也与公司的成功紧密联系在一起。[95]另外，这些项目可以培养个人的知识和技能，灌输共同的核心价值观，并提供对组织的系统性观点，从而改善公司的愿景和组织凝聚力。

有效的培训和发展项目也对公司形成核心竞争力起积极作用。[96] 而且，这一项目可以帮助战略领导者提升技能，对完成其他有关高效的战略领导力的任务非常重要。例如，决定公司的战略方向，挖掘和保持公司的核心竞争力，发展支撑道德行为准则的组织文化。因此，发展人力资本是高效实施战略领导力的关键。

当人力资本投资（例如，提供高质量的培训和发展项目）成功时，公司员工就有能力持续地进行学习。持续的学习和平衡企业的扩展知识库，都和战略成功息息相关。[97]

学习也可以防止错误的产生。战略领导者从失败中学习到的要比从成功中学到的更多，因为他们有时候不能从成功中准确地总结出原因。[98] 例如，一些方法和知识的有效性只限于某些特定的情况，因此"最好的方案"并不适用于所有的情况。我们知道，以团队的形式来制定决策更加有效，但有时候由领导者独自来做出决策会更好，尤其是在需要快速决策并立即实施的时候（如公关危机）。[99] 因此，有效的战略领导者应该认识到从失败或成功中总结经验的重要性。为了确保战略管理过程的有效开展，企业应该促进高层管理团队向多元化发展。[100]

当公司面临困境时，有时会决定裁掉公司的一部分人力资本。战略领导者这时必须意识到，裁员会导致公司知识储备的大量流失。研究表明，适度的裁员有助于公司提高效益，但是过度裁员则会由于人力资本的大量流失导致公司效益下滑。[101] 尽管对于重建的公司，降低在培训和发展项目上的投资是常见的事，但重建也有可能是在这些项目上投资的最好时机。重建公司注重培训和发展项目的原因是它们不能懈怠，更不能接受太多错误，而且裁员后留下的员工会发现他们处于一种没有所需技术和知识支撑却被要求有效工作的境地。

把员工当作可以最大化的资源，而非最小化的成本，有助于公司成功实施战略。当战略领导者采用一种员工认为是公平公正的方式处理失业问题时，这种战略的实施也是非常有效的。对于员工而言，一个关键的问题是处理失业和对待他们工作的公正性。[102]

社会资本（social capital）包括企业的内部和外部关系，这些关系有助于企业完成任务和为客户及股东创造价值。[103] 对于一个企业来说，社会资本是一种关键资本。在企业内部，员工和企业部门必须合作才能完成工作。在跨国组织中，不同企业部门经常在研发活动等层面上进行跨国合作，从而获得企业所需的结果（如开发新产品）。[104]

外部社会资本对于公司的成功越来越重要，原因是极少有公司拥有与对手成功竞争时所需要的全部资源。企业可以通过合作战略，如战略联盟（见第9章），来发展其社会资本。在战略联盟中，企业可以通过互补资源的共享来创造社会资本。企业必须有效地管理资源共享，从而确保合作伙伴之间彼此信任，并且愿意共享它所期望的资源。[105] 社会资本可以为企业带来很多利益。例如，拥有强大社会资本的企业，其灵活性也相对较高。它们可以发展或取得多种能力，可以灵活地掌握机会，并且能够对突发事件做出快速反应。[106]

研究证据表明，许多公司的成功都要部分归功于其社会资本。大型跨国企业为了进入一个新的市场，必须建立与其他企业的联盟。同样，创新型企业为了获取风险资本或者其他类型的资源（例如，创新型企业不能自己提供的特殊技术），[107] 也必须与其他企业建立联盟。企业文化极大地影响了人力资本质量的保持和强有力内部社会资本的维护。

正如"战略聚焦12-2"中描述的，NBC新闻、诺基亚和渣打银行都因为高层管理者糟糕的决策遭遇失败。NBC新闻在管理人力资本时做出糟糕的决策，因此让观众丧失了信心（社会资本受到损失）；诺基亚过于保守，高层管理者的错误造成了历史性损失；渣打银行由于拙劣的决策（包括一些不道德的决策），丧失了投资者的信心。

战略聚焦 12-2 | 这些方式都可以让你失败

2014 年，NBC 新闻面临着几个重大问题，例如，最大的问题是将备受欢迎的夜间新闻主播布莱恩·威廉姆斯停职处理，因为他在播出的新闻中过分修饰造假。当事件曝光时，因为担心他的信誉会连累到公众对 NBC 的信任，高管决定采取行动。不仅如此，NBC 之前热播的早间新闻《今日秀》的排名也有所下滑。杰米·霍洛维茨（Jamie Horowitz）从 ESPN（一间播放体育节目的美国有线电视联播网）被 NBC 雇用过来以改变现状。然而，霍洛维茨和其他员工在节目上分歧很大，尤其是在与员工打交道的方式上。这些不可避免的冲突迫使高管解雇了霍洛维茨。而后，NBC 新闻前任董事长安德鲁·莱克（Andrew Lack）受聘代替帕特里西亚·菲力－克鲁希尔（Patricia Fili-Krushel）成为 NBC 环球新闻集团的董事长。时间会判定莱克是否可以恢复 NBC 的稳定、重拾公众的信任以及恢复排名。

诺基亚失败的案例几乎写入所有教材中。2009 年，诺基亚在全球智能手机市场处于市场领先地位，然而到 2014 年年底，诺基亚就在市场竞争企业中除名，诺基亚品牌也随之消失。在苹果公司发布 iPhone 之前，诺基亚曾有机会和途径发展触屏科技，并且诺基亚的技术专家曾建议将触屏科技引入智能手机。然而，诺基亚的高层领导否决了这一观点，因为当时诺基亚发展形势大好，而引入触屏科技会增加风险。竞争对手三星和苹果公司实施研发这一科技，并和其他公司一起占领了全球智能手机市场。诺基亚领导者们的这一决定是十分糟糕的，它导致了诺基亚的失败。

对比 2013 年，渣打银行 2014 年的利润下滑了 37%。许多人认为渣打银行业绩表现糟糕是因为它薄弱的资本状况，以及在亚洲市场巨大的风险敞口。CEO 冼博德（Peter Sands）被要求辞职离开渣打银行。投资者和其他人对他有效管理银行的能力失去信心。从实质上看，冼博德做出的改变微乎其微（比如缩减成本），但在需要提高的银行业绩方面并未有什么改变。渣打银行选择摩根大通投资银行前任主管威廉·温特斯（Willian Winters）接替冼博德的 CEO 职位。近年来渣打银行面临许多问题，例如，由不良贷款造成的损失持续增加。2012 年，渣打银行支付了 6.67 亿美元的罚款，因为它违反了海外资产控制办公室（OFAC）的规定，被指控向伊朗和其他国家转移了数十亿美元的资产。2014 年，渣打银行用 3 亿美元解决索赔，称电脑系统无法识别高风险客户的可疑性交易。据说温特斯在风险管理方面很有经验，渣打银行的投资者应该对此报以希望，因为他们需要一位可以做出正确决策的专家和领导者。

以上企业遭遇的问题都归因于较差的行政决策。在 NBC 的案例中，高层管理者对新闻缺少适当的监管，因而产生了信任问题，而且个人决策也存在问题。诺基亚根深蒂固的保守主义导致在产品决策上的严重失误，诺基亚经历了从行业领先地位到被行业淘汰的悲剧。渣打银行的领导者的错误决策使其在管理风险上出现失误，并且由于不道德的决策，公司遭受了巨额罚款。最后，技术不足引发了其他的失败。

资料来源：J. Bean, 2014 Bye Nokia-A failure of management over leadership, *Jonobean*, jonobean.com, November 12; P. J. Davies, 2015, How to give Standard Chartered breathing room it need, *Wall Street Journal*, www.wsj.com, February 26; J. Anderson & C. Bray, 2015, Standard Charter overhauls leadership, *New York Times*, www.nytimes.com, February 26; J. Flint, 2015, NBC News bringing in new leadership, after high-profile stumbles, *Wall Street Journal*, www.wsj.com, March 3; C. Bray, 2015, Standard Charter profit fell 37% in 2014, *New York Times*, www.nytimes.com, March 4.

12.4.3 保持有效的组织文化

在第 1 章，我们将组织文化定义为整个公司共有的一套复杂的思想体系、企业标志和核心价值观的系统，这套系统同时也会影响企业如何进行商业活动。因为组织文化影响着企业如何开展业务，并有助于管理和控制员工的行为，所以它是竞争优势的一种来源。[108] 鉴于每个公司的文化都是独一无二的，充满活力的企业文化可以被视为一个组织取得成功的最有价值的差异化竞争因素。因此，如何塑造成功的企业文化也是战略领导者必须思考的一个重要问题。[109]

1. 创业导向

组织文化经常鼓励（或抑制）追求创业机会，尤其是在大公司（我们将在第 13 章定义并详细讨论创业机会）。这在以盈利为目的的组织和非营利组织中都有体现。[110] 这是一个非常重要的问题，因为创业机会是增长和创新的重要来源，[111] 因此战略领导者应该通过追求创业机会来鼓励和推动公司的创新行为。[112]

一种鼓励创新的方法是公司真正把钱投资到一些机会中，即为现在的一个机会投资，其目的是为了在公司未来的某个机会中取得优势。[113] 例如，公司可以先购买一处土地，为将来公司需要土地进行建设或者土地升值进行储备。石油公司会签署允许开采石油的租地合约。公司也会因为类似的原因加入一些战略联盟，在这种情况下，公司可以建立一个联盟以便为未来建立更好的合作关系奠定基础（例如，发展新合资企业）。[114]

在第 13 章中，我们描述了所有规模和类型的企业如何使用战略创业来寻求创业机会，并且获得先发优势。当员工有创业导向时，战略创业最有可能成功。[115]

公司的创业导向取决于五个方面：自主权、创新性、风险承受性、探索性和超前行动性。[116] 综合起来，这些方面会影响企业采取创新性的行动和发动新的风险投资项目。总之，这些方面影响着公司用于创新和实施新项目的活动。

自主权是创业导向的第一个方面，它允许员工摆脱组织束缚并采取行动，且允许个人和团体自我导向。第二个方面则是创新性，"反映了一个公司倾向于从事和支持开发新的构思、发明、试验和创造性流程的程度，这些活动会产生新的产品、服务或技术流程。"[117] 倾向创新的文化鼓励员工突破现有的技术、知识和参数去思考，并努力寻找到增加价值的创造性方法。第三个方面是风险承受性，指的是员工及其公司在追求市场机会时愿意承受的风险，这些风险包括投入大量的资金和配制许多资源（如人力）在可能无法完成的项目上。创业导向的第四个方面是探索性，它描述了一个公司成为市场领先者而不是追随者的能力。具有探索性的企业文化总是能预测到未来市场需求，并抢在竞争对手之前满足这些需求。最后一个方面是超前行动性，指的是一个公司倾向于采取行动，使其能持续且显著地领先于竞争对手的能力。[118]

2. 变革组织的文化和企业重组

变革公司的组织文化比维持它更加困难，但有效的战略领导者会认识到什么时候变革是必需的。在执行战略时，通常要略微地改变文化。[119] 然而，当企业选择了实施与从前完全不同的战略时，就需要一个更为显著甚至是剧烈的文化变革。无论变革的理由是什么，形成和强化一个新的文化需要有效地沟通和解决问题的能力，以及选择合适的人员（那些有着为企业所需的价值观的人）、有效的绩效评价（确立目标，衡量个体的绩效，以达到与新文化相适应的目标）和合适的奖酬系统（奖励那些反映新核心价值观的、被组织期望的行为）的支持。[120]

有证据表明，只有在获得公司 CEO、其他高层管理团队主要成员和中层管理者的支持时，文化变革才会成功。[121] 为了影响这种改变，特别需要对中层管理者进行严格的培训，从而激发企业文化，并且培育与战略视角相关的能力。[122] 此外，管理者必须对组织文化对其他重大变革所产生的影响非常敏感。例如，大规模裁员，尤其是裁员行动有悖公司价值观时，这可能会对组织文化产生负面影响。[123] 如之前"战略聚焦 10-1"中提到的，玛丽·巴拉正在尝试改变通用汽车公司的企业文化。通过这种方式，巴拉对在关键管理职位使用正确的人员变得十分敏感。她对公司员工给予支持（从支付给蓝领工人津贴一事上就可以反映），尽管公司不得不向因为打火开关出故障而造成损伤的人员进行赔偿，还要承担汽车召回修理的高额成本。

12.4.4 强调伦理准则

当执行战略的过程基于伦理准则时，其有效性就会增加。遵守伦理的公司鼓励并使公司各个层级的员工能够进行伦理判断。反过来，道德实践和他们所基于的判断在组织中创造了"社会资本"，这是因为在组织中"个人和小组可利用的善意"增加了。[124] 另外，如果在组织内产生了不符合伦理的行为，它们会像瘟疫一样快速传播。[125] 在现有努力不够实现目标的情况下，管理者更可能会采取不符合伦理准则的行为来实现目标。[126]

为了恰当地影响员工的判断和行为，伦理实践必须塑造企业的决策制定过程，并且成为组织文化的一个组成部分。事实上，基于价值的文化是确保员工遵守企业伦理要求的一个最有效的方法。然而，发展这样的文化需要在全世界不同地区的公司持续培养和全力支持。[127]

如第 10 章所讨论的，没有伦理要求时，管理者机会主义会使管理者采取符合其最大利益的行为。换句话说，管理者会利用自己的职位优势做出有利于自己却会损害所有者（股东）利益的决定。[128] 有时候出于贪婪和骄傲自大，一些高管会采取这样的行动。[129] 然而，当他们做错时，例如重申财务收益，股东和其他投资者的反应变得十分消极。事实上，当 CEO 错误的行为曝光时，重新雇用 CEO 的事件并不少见。[130]

但是，当公司有明晰的企业道德准则时，战略领导者就会整合公司的道德价值观来进行战略决策。这样，公司的道德准则就通过广泛的道德培训和股东的道德行为期望而整合到公司的运营中了。[131] 因此，在使用战略管理的过程中建立和实施道德准则是鼓励伦理决策的重要手段。

战略领导者可以采取一些行动发展一种伦理的组织文化，其行动包括：①树立目标来描述公司的道德标准（例如，发展和公布一种行为准则），并使这种目标在公司内部得到沟通；②以全公司员工和利益相关者（如顾客和供应商）的信息和意见为基础，不断修改和更新公司的行为准则；③给所有的利益相关者发布行为准则，以告知他们公司的道德标准和准则；④发展和实施可实现公司道德标准的方法和程序（例如，实施符合标准的内部审计惯例）；⑤创造和使用清晰的奖惩系统来鼓励勇敢的行为（例如，奖励那些通过正式渠道和程序举报所观察到的不当行为的人）；⑥创造一种人们重视自尊的工作环境。[132] 如果这些行为同时被采用并互相支持，那么其有效性就会加强。如果管理者和员工没有采取这些行为——可能由于伦理文化还没有产生，问题就很可能会发生。

12.4.5 确立平衡的组织控制

组织控制（如第 11 章中讨论的）很长一段时间以来，一直被视为战略实施过程中的一个重要组成部分。如图 1-1 所示，在确保公司取得理想的效果方面，控制是必需的。组织控制可定义为："正式的、基于信息的……程序，被管理者用来维持或改变管理活动的方式。"控制可帮助战略领导者树立可信度，展示为公司利益相关者创造的价值以及促进和支持的战略变革。[131]最重要的是，在需要调整时，控制提供了实施战略和采取修正措施的参数。例如，考虑到内幕交易丑闻，毕马威（KPMG LLP）宣布将巩固培训和监管计划。公司现有的保障"包括员工培训、举报系统和合作伙伴和管理者的个人投资监管"。毕马威也将采取行动保障其名誉，尽管在丑闻事件中并未收到牵扯。[134]

在本章，我们把重点放在两种组织控制上——战略控制和财务控制（已在第 11 章介绍过）。这里讨论的组织控制强调了战略控制和财务控制，这是因为战略领导者对这两种控制的发展及有效运用负责。

正如第 11 章所阐述的，财务控制的重点在于短期财务结果；与此相反，战略控制的重点在于战略行动的内容而不是结果。一些战略行为可能是正确的，但由于诸如经济衰退、意料之外的国内外政府行为或自然灾害等外部条件，财务结果仍然可能很糟糕。因此，强调财务控制会导致更短期和回避风险的管理决策，因为财务结果可能是由于管理者直接控制之外的事件导致的。另外，战略控制鼓励较低层的管理者制定含有较少或适度风险的决策，因为其结果是由制定战略的业务层管理者和评价这些提议的公司层管理者的共同决策所决定的。

战略领导者面临的挑战是平衡公司财务控制和战略控制，从而提高公司的业绩。平衡计分卡是帮助战略领导者评估控制有效性的一种工具。

平衡计分卡

平衡计分卡（balanced scorecard）是企业用来检测其已确立的战略控制和财务控制的一种框架，并用来评估公司的绩效。[135] 这种技术最适合处理业务层战略，但是它同样也可以用来处理公司的其他战略（如公司层战略、国际化战略和合作战略等）。

平衡计分卡的潜在前提是，当财务控制以战略控制为代价时会危及企业的未来绩效。[136] 因为财务控制提供了关于从过去行动中所获得结果的反馈，但是没有形成对公司未来绩效的驱动力。因此，对财务控制的过分强调虽然促进了组织行动，但对为了获得短期绩效而牺牲企业创造长期价值的潜能而言，这种行动具有负面影响。[137] 在战略控制和财务控制方面，一种恰当的平衡（而不是过分强调某一个）将会使得企业对其绩效进行有效的监督。

有四个方面被整合到平衡计分卡的框架下：财务（从股东的角度控制增长、利润和风险）、顾客（关注顾客对企业产品所感知的价值的总量）、内部业务流程（集中于优先创造使顾客和股东满意的各种业务流程），以及学习与成长（考虑企业创造支持变革、创新与成长的环境的努力）。这样，通过采用平衡计分卡的框架，使得企业明白如何响应股东（财务角度）；顾客如何看待企业（顾客角度）；为了成功地使用竞争优势所必须强调的流程（内部角度），为了成长，怎样改善自己的绩效（学习与成长的角度）。[138] 一般而言，当企业从学习与成长的角度评估绩效时，倾向于强调战略控制；当从财务角度评估企业的绩效时，倾向于强调财务控制。对顾客和内部业务流程角度的研究，经常是通过同等地强调财务控制和战略控制来完成。

企业使用不同的标准来测量其相对于计分卡的四个角度，样本标准如图 12-5 所示。企业应该选择有助于从战略和财务角度理解自身绩效的标准，而不是陷入过多的细节中。[139]

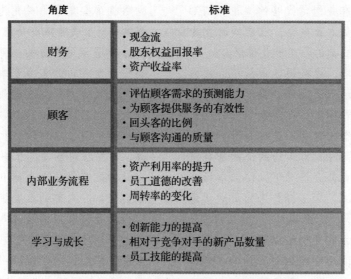

角度	标准
财务	· 现金流 · 股东权益回报率 · 资产收益率
顾客	· 评估顾客需求的预测能力 · 为顾客提供服务的有效性 · 回头客的比例 · 与顾客沟通的质量
内部业务流程	· 资产利用率的提升 · 员工道德的改善 · 周转率的变化
学习与成长	· 创新能力的提高 · 相对于竞争对手的新产品数量 · 员工技能的提高

图 12-5 平衡计分卡中的战略控制和财务控制

在决定一个对企业在战略控制和财务控制之间的恰当平衡时，战略领导者扮演着重要的角色。无论是在一个业务单一的公司，还是在一个多样化的公司，这都是真实的。在控制中需要一种适当的平衡，"通过战略领导力为组织创造财富是可能的，因为那些领导者为未来的生存制定了恰当的投资（通过战略控制），同时保持目前财务稳定在一个恰当水平（通过财务控制）"。[140]事实上，大多数公司的结构重组是为了重新将资源聚焦到公司的核心业务中去，以此使企业的高管能够重新建立他们对单独业务单元的战略控制。[141]

成功的战略控制通常与不同子部门的恰当自治相结合，从而使企业在每个市场上都可以获得竞争优势。[142]战略控制可以促进有形资源和无形资源在一个企业组合中的共享。另外，战略控制所提供的自治允许高管拥有必要的灵活性，可以充分利用特殊市场机会。结果，战略领导力促进了战略控制和自治的同时发生。

正如我们所说，战略领导者是公司能够成功进行各项战略管理流程的关键，包括战略型创业，在本书分析战略绩效模型中作为最后一个话题出现。我们将在第 13 章讨论这个话题。

小结

- 有效的战略领导力要求运用战略管理过程，包括与战略执行有关的战略行动。战略领导力包括预测事件、展望未来、保持灵活性和授权他人创造组织变革的能力。
- 高层管理者是公司建立和发展竞争优势的重要资源。此外，当他们及其工作是有价值的、稀缺的、难以替代的时，这些战略领导者还可能是竞争优势的来源。
- 高层管理团队由制定和实施战略的关键管理者构成，通常这些人是公司的执行官或董事会成员。
- 高层管理团队的特性、公司的战略和公司的业绩之间有一种关系。例如，有强大的市场和研发知识的高层管理团队会更有效地执行公司的成长战略。总体而言，当其成员有着多元化的技能时，大多数高层管理团队会更有效。
- 当董事会成员参与制定公司战略方向时，这些公司通常会提高其战略的竞争力。不过，当 CEO 有着更多的权力时，董事会可能会较少参与有关制定战略的决策。CEO通过指定人员加入董事会，或者同时作为CEO和董事会成员的形式来获得权力。

- 在管理者继任中，战略领导者从外部或内部的经理人市场选拔而来。由于他们对公司经营情况的影响力，战略领导者的选拔对公司来说有很大意义。选拔有潜力的战略领导者时，两种人力市场的选择都有充足的理由。在大部分情况下，内部市场会被用来选择 CEO，而选择外来人员通常是为了开始执行所需的变革。

- 有效战略领导力有五个组成部分：确定战略方向；有效管理企业的资源组合（包括开发和维持核心竞争力以及管理人力资本和社会资本）；保持有效的组织文化；强调伦理准则；确立平衡的组织控制。

- 战略领导者必须制定公司的战略方向。战略方向规定了随着时间的推移，公司想要形成的现象和特质。为了确定战略方向，战略领导者要估计公司在未来 3～5 年内将会出现的状况（如外部环境中的机会和威胁）。

- 在实施战略的时候，战略领导者必须确保公司开发核心能力，核心竞争力将用来生产和分销为顾客创造价值的产品。尤其是在相对多元化的大公司，开发的核心能力由各业务单元和产品所共享。

- 战略领导力关键要素是管理公司资源组合的能力和战略的有效实施的过程。管理资源组合包括整合资源以创造竞争力，运用战略将这些竞争力转化为竞争优势。人力资本和社会资本或许是最重要的资源。

- 作为管理公司资源的一部分，战略领导者必须开发公司的人力资本。有效的战略领导者视人力资本为一种最大化的资源而不是最小化的成本。这些领导者开发和运用这样的项目，培训现在和未来的战略领导者，建立培训公司人力资本所需的技能。

- 有效的战略领导者也建立和维持内外部的社会资本。内部的社会资本有助于公司部门内以及跨部门的合作和协作。外部社会资本为公司提供有效完成任务所需的资源。

- 形成公司文化是有效战略领导的一项中心任务。恰当的组织文化有助于在员工中形成创业导向和在必要时进行文化变革的能力。

- 在基于伦理准则的组织中，员工被鼓励实施伦理判断，并总是表现得很有道德。改进的道德实践有助于降低社会成本。可以通过几种行动来促进道德行为：制定专门的目标来描述公司的道德标准；使用行为准则；奖励符合道德的行为和创立一个所有人都有自尊的工作环境。

- 发展和使用平衡组织控制是有效战略领导力的最后一个部分。在战略控制和财务控制中一个有效的平衡允许灵活地使用核心竞争力，但是必须在企业财务状况所指明的参数范围内。平衡计分卡是被企业及其战略领导者用来发展在战略控制和财务控制中恰当平衡的一种工具。

关键术语

战略领导力	外部经理人市场	社会资本
战略变革	内部经理人市场	平衡计分卡
高层管理团队	确定战略方向	
异质性高层管理团队	人力资本	

复习思考题

1. 什么是战略领导力？为什么说高层管理者　　是一个组织的重要资源？

2. 什么是高层领导团队？它如何影响一个企业的业绩及其对有效战略变革创新开发的能力？

3. 什么是管理者继任流程？内外部的经理人市场对这一流程有多重要？

4. 什么是战略领导力？对企业战略方向有哪些决定性的影响？

5. 战略领导者如何有效地管理企业资源配置来开发它的核心竞争力？他们如何权衡人力资本和社会资本来取得竞争优势？

6. 为了形成和发扬一个高效的企业文化，战略领导者必须做什么？

7. 作为战略领导者，您可以采取什么行动来建立和强调公司的道德准则？

8. 为什么战略控制和财务控制是战略领导力和企业战略管理过程很重要的方面？

讨论案例

宝洁公司管理层变动：一个关于 CEO 重要性的启示

雷富礼（A. G. Lafley）在 1997 年以 Joy 洗洁精品牌助理的身份加入了宝洁公司。从那时起，他在宝洁公司的洗衣产品部门做出了令人瞩目的成绩，其中包括推出了汰渍（Tide）品牌。连续的成功最终使雷富礼在 2000 年 6 月坐上了宝洁公司 CEO 的位置，并且一直到 2009 年年中才退休。1980 年加入宝洁公司的鲍勃·麦克唐纳（Bob McDonald）是雷富礼亲自挑选的继任者，于 2009 年 7 月上任，但在 2013 年 5 月就被迫离职了。于是众人呼吁备受尊崇的雷富礼再次回到宝洁公司出任总裁、CEO 和董事会主席，雷富礼先生也在第一时间应允，并承诺说"只要公司需要我"就会一直做下去。然而，有人推测雷富礼先生再次出任的时间不会超过三年。

麦克唐纳到底是什么地方出错了？作为一个宝洁公司的老员工，他应该很了解公司，并且还有雷富礼先生的支持，为什么会被迫离职？自然，这个问题的答案涉及多种可能性。一些人说，在麦克唐纳的领导下，宝洁公司遭遇了"全球滑铁卢"——部分应归咎于对新兴市场中出现的强有力竞争没能进行有效应对；还有一个明显的问题是，宝洁公司没有控制好公司的成本，继而使得公司员工对麦克唐纳的领导失去信心；还有很多人说，麦克唐纳没能充分理解他在位时发生的经济危机对美国民众的影响，于是造成了宝洁公司在"消费者寻找起亚（Kia）时销售宝马（BMW）"。这三类问题导致的其中一个结果就是宝洁公司在这一步输给了像联合利华这样的竞争对手。也正因此，宝洁公司让投资者有挫败感，因为其"无法保持与行业对手同样的销售增长和股价增长"。

但又是什么把雷富礼叫回来了？简单来说，是他曾经的成功。在他的第一个任期内，他有着相当多的成就：建立起了宝洁公司的美容业务，收购了吉列公司（Gillette），扩张了新兴市场的份额，以及推出了畅销产品速易洁（Swiffer）和风倍清（Febreze）。那个时期宝洁公司的成功可以从一个简单事实看出：在标准普尔指数（S&P）下跌了 37% 的情况下，宝洁公司的股价上涨了 63%。因此，大多数的股东，无论是投资者还是员工，都相信雷富礼也许可以让宝洁重回"黄金时代"。

产品创新是一个公司的核心生产力，也是受到各界关注的部分。专家建议宝洁公司应该加大创新的力度，再次寻求完全创新的产品类别，就像曾经的速易洁和风倍清一样。这会是很大的挑战，至少短期内会是，因为近期拨给公司研发项目的基金有所减少。这些减少导致了产品创新集中在重新组合而不再是发明创造。另外，宝洁公司也在继续努力实行麦克唐纳最近做出的强有力的承诺——削减公司内部膨胀的成本结构和重新开启全球市场中的有力行动。

雷富礼做出的一项重大改革是将宝洁公司的各品牌重新划分为四个部门，每个部门由一位负责人带领。目前，公司有两项全球业务——美容和家居。关于四个部门的构成，外界推测每个部门的组成"反映出各品牌之间的合作协同效应"。例如，一种预期是bounty纸巾、魅力（Charmin）厕纸、帮宝适（Pampers）纸尿裤和女性护理用品等纸质品会组成一个部门。此外，雷富礼的下一个继任者也许会是即将被指派领导四个新部门的负责人其中的一个。

讨论题

1. 是什么让一个 CEO 的工作变得复杂？利用"讨论案例"来举例说明。

2. 将一个已退休的 CEO 再次聘用是个好办法吗？说明其优缺点。

资料来源： D. Benoit, 2013, Critical P&G analysts still waiting on results, *Wall Street Journal*, www.wsj. com, May 24; D. Benoit, 2013, Procter & Gamble gets an upgrade, *Wall Street Journal*, www.wsj.com, May 24; J. Bogaisky, 2013, Congrats, Bill Ackman: Bob McDonald out at P&G; A. G. Lafley returning as CEO, *Forbes*, www.forbes.com, May 23; E. Byron & J. S. Lublin, 2013, Embattled P&G chief replaced by old boss, *Wall Street Journal*, www.wsj.com, May 23; L. Coleman-Lochner & C. Hymowitz, 2013, Lafley's CEO encore at P&G puts rock star legacy at risk: Retail, *Bloomberg*, www.bloomberg. com, May 28; J. S. Lublin & S. Ng, 2013, P&G lines up executives in race for CEO Lafley's successor, *Wall Street Journal*, www. wsj.com, May 30; J. Ritchie, 2013, P&G's hiring of Lafley may buy time for innovation, *Business Courier*, www.bizjournals.com/cincinnati, May 31.

3. 宝洁应该做什么来代替雷富礼，当他第二次退休时？他们需要为继任采取什么行动？

战略创业

学习目标

1. 定义战略创业和公司创业。
2. 定义创业和创业机会，并且解释它们的重要性。
3. 定义发明、创新和模仿，并且描述它们之间的关系。
4. 描述创业者和创业者心智模式。
5. 解释国际创业及其重要性。
6. 描述在公司内部如何发展创新。
7. 解释公司如何利用合作战略来创新。
8. 描述公司如何利用收购来创新。
9. 解释战略创业如何帮助公司创造价值。

开篇案例

迪士尼成功的关键要素：创业激情与创新

迪士尼公司创始人沃尔特·迪士尼（Walt Disney）曾说，"想象力存在一日，迪士尼乐园就永远不会完工"。照这个说法，也可以说只要创业精神和创新存在，迪士尼公司就永远不会终结。Facebook 的 COO 雪莉·桑德伯格（Sheryl Sandberg）和一位迪士尼董事会成员认为，一些企业将重点放在科技上，另一些企业则致力于内容，而迪士尼同时关注并整合科技与内容于一体。迪士尼最有名的大概是它的卡通人物（如米奇老鼠）和主题公园（如迪士尼乐园和迪士尼世界），但是其提供的产品远不止如此。例如，在鲍勃·艾格（Bob Iger）任 CEO 期间，迪士尼收购了皮克斯动画工作室、漫威娱乐公司（曾出品《超级英雄》）、卢卡斯影业（曾出品《星球大战》系列电影）以及智能手环（Magic Bands）。并且，迪士尼整合这些高度创造性的业务，以此为基础发展创新能力。

新技术塑造着和强烈影响着迪士尼的这些业务单元以及其他业务，在迪士尼五项研发部门之一的想象工程实验室，新的创新在不断发展着，并由艾格和其他人预先审查，挑选出那些极具经济价值和可行性的创新因素。有趣的是，迪士尼84%的专利是从2005年起不断被提出的。新科技体现在迪士尼不同的业务单元中，最能够体现的无外乎电影业务（皮克斯、漫威和卢卡斯）。迪士尼努力将它的电影穿插在一起，营造一个电影天地。例如，一部电影中的角色也会在另一部电影中的相关位置出现，但角色是独一无二的。漫威的电影系列带来了72亿美元的总收益，在前10部有史以来收入最高的电影的排名中，漫威的电影占两部。

迪士尼在不断进行创作。例如，迪士尼2012年收购的卢卡斯，在2015年12月发行了史诗级的作品《星球大战7：原力觉醒》。同时，针对男孩子的动画电影《星球大战：义军崛起》在迪士尼有线电视网上发行。被迪士尼收购之前，卢卡斯影业一直在努力建立和维护影迷群体，例如，卢卡斯拥有许多影迷，两年举行一次的"星球大战庆典"见面会，吸引了大约45 000名对"星球大战"的故事和角色感兴趣的星战迷。迪士尼向其收购的企业汲取经验，例如，迪士尼现在也建立了公司的影迷俱乐部。

皮克斯拍摄的几部动画电影于2015年和2016年上映，其中有《恐龙当家》《海底总动员2：多莉去哪儿》《疯狂动物城》和《海洋奇缘》。每个故事都是与众不同的且充满创造力，从《冰雪奇缘》（有史以来取得最高票房的动画电影）和《超能陆战队》获得巨大成功的经验来看，这些故事都是独特的、具有创意的，很可能会非常成功。而且，迪士尼的收益并不仅限于票房，还有根据电影角色生产的消费品，以及相关主题和产品也成了迪士尼主题公园的特色景观之一。

2015年，迪士尼和巨幕电影公司（IMAX）签署合约，在巨幕电影院放映迪士尼动画片和实景电影。最初的合约有三年有效期，这为迪士尼提供了另一种与消费者接触的方式。以这种模式，迪士尼品牌增加了与公众交流的机会，品牌价值也在不断攀升。

有趣的是，迪士尼利润的最大部分来自其媒体部门，包括ABC网络电视台和ESPN。ESPN是一项非常有价值的项目，9 500万家庭可以接收到它的主要频道。然而，ESPN主要以整套形式售卖并只在有线电视上才能收看，但迪士尼很快就会引进ESPN的分类订阅服务。总而言之，迪士尼有许多创造利润的方式，但其中大多数来自创新，在与消费者交流的过程中保持创造性。

资料来源：M. Lev-Ram, 2015, Empire of Tech, *Fortune*, January 1, 48–56; A. Chen, 2015, Disney, IMAX sign three-year agreement, *Wall Street Journal*, www.wsj.com, April 8; B. Barnes, 2015, For Lucasfilm, the way of its force lies in its 'Star War's fans, *New York Times*, www.nytimes.com, April 17; A. Sakoui & C. Palmeri, 2015, My universe is bigger than your universe, *BloombergBusiness*, www.bloomberg.com, April 23; A. Sakoui, 2015, Disney boosts 'Avengers' U.S. sales total to $191.3 million, *BloombergBusiness*, www.bloomberg.com, May 4; N. Tartaglione, 2015, Disney/Pixar spotlight on 'Finding Dory', 'Good Dinosaur' & more charms Cannes, *Deadline Breaking News*, www.deadline.com, May 20.

在第6章，我们解释了迪士尼公司多元化经营的做法。多元化经营的原因之一是分散风险，显然迪士尼的战略决策收到了良好的效果。例如，在2015年第二季度的财报中，迪士尼的利润增长了10%，比分析师预计的高出很多。如预期所料，电影和无线业务的利润有所下滑，但是在主题公园、邮轮、媒体和网络业务以及消费品上的利润有大幅增加。尽管电影业务表现良好，但与前几年的动画作品《冰雪奇缘》的收益和成功的表象相比，收益较差。有趣的是，迪士尼利润最高的业务单元在媒体和网络上（如ESPN和ABC）。然而，正如在"开篇案例"中提到的，迪士尼在娱乐工作室和交互式业务方面的创新（创造力和科技）最有可能在未来带来显著收益和利润。当然，电影娱乐业务上的创新会影响到消费者产品和主题公园，这表明迪士尼利用其相关多元化的业务创造协同发展的效应（更多细节见第 6 章）。[1] 如"开篇案例"中提到的，迪士尼是一家非常有创造力的企业，但是创新取得的成果是源于近几年通过收购创新企业而实现的，如皮克斯、漫威和卢卡斯。这些收购得以成功，是因为迪士尼明白，通过渠道获取知识对于促进在其他操作过程中创新产出的重要性。迪士尼向所收购的企业学习经验，例如，它了解到建立并维持强大和忠诚的影迷群的重要性（从卢卡斯学习到的）。[2] 通过收购其他企业，从外部获取知识，或者通过网络关系为创新添砖加瓦，从而帮助企业在国内和国际的竞争中取得胜利。[3] 而且，这些信息知识来源能帮助公司识别机会和实施战略，在利用当前机会的同时，试图找到在未来发展的机会。[4]

本章的重点是战略创业，战略创业是公司采用的一种有效结合创业和战略行动的框架。更正式地讲，**战略创业**（strategic entrepreneurship）是从战略角度进行创业活动的。当进行战略创业时，公司会同时集中寻找外部环境中的机会，即那些能够通过创新来利用并开发的机会。认定可以通过创新来利用的机会是战略创业的创业维度，而决定用何种最好的方式来管理公司的创新则是其战略维度。[5] 这样，参与战略创业的公司，将企业活动整合起来以寻找机会并通过成功创新来追逐机会。[6]

为了检验战略企业，我们在本章考虑了不同的主题。首先，调查了在战略背景下的创业和创新，其中给出了创业、创业机会和创业者（他们投身于创业，积极寻找创业机会）的定义。然后，描述了"国际创业"这一现象，它反映了创业在世界经济领域中的不断运用。之后，本章转而介绍了公司创新的三种途径。在企业内部，公司通过合作战略和收购其他公司进行创新。[7] 我们将分别讨论这三种方法。如果不出意外，大多数大型公司都会采用这三种方法进行创新。最后，说明企业如何采取战略创业创造价值。

本章的内容主要集中于在现有组织中的创新和创业，这种现象被称为公司创业（corporate entrepreneurship），是指在一个现有公司中创业的应用和使用。[8] 公司创业成为盈利公司[9]以及公共机构生存和成功的关键因素。[10] 当然，创新和创业对初建合资公司的成功也起着很重要的作用。因此，本章讨论的很多内容对于创业公司和现有公司同样重要。

13.1　创业和创业机会

创业（entrepreneurship）是个人、团队或组织识别并追求创业机会的一个过程，而这些机会还不受个人或组织当前所拥有资源的直接限制。[11] 创业机会（entrepreneurial opportunities）是指市场需要新商品或新服务来满足某种需求的情形。当市场和生产要素中均存在不完全竞争，并且这些不完全竞争的信息在个人间不对称传播时，企业机会就以各种形式出现了。[12] 例如，它会以开发和出售一个新产品的机会出现，或者在新市场出售一个已存在的产品。[13] 公司应该善于追逐可能会遇见的、随时随地出现的创业机会。

就像这两个定义所说明的，创业的本质是认识和开发创业机会，即那些别人没有看到的机会，或者没有认识到其中蕴藏着的商机。[14] 作为一个过程，创业在已有产品（商品或服务）或生产方法的创造性毁灭中产生，并且以新产品和新生产方法进行代替。[15] 因此，参与创业的公司会特别重视个人创新和持续创新能力。[16]

我们是在单个企业的层面上研究创业的。然而有证据显示，创业是一种经济引擎，能帮助驱动全球竞争格局中的国家经济。[17] 这样，创业和它所产生的大量创新对于在世界经济中竞争的公司来说就更重要。同样，对那些寻求刺激经济发展，从而有可能提高国民生活水平的国家来说，创业也是十分重要的。

13.2 创新

约瑟夫·熊彼特（Joseph Schumpeter）在其经典著作《经济发展理论》中提到，公司致力于三种类型的创新行为。[18] 发明（invention）是创造或开发新产品或新流程的行为。创新（innovation）是使发明成为商业化产品的过程。创新开始于对发明的开发。[19] 因此，一项发明使一些新的东西成为可能，而一项创新使一些新的东西投入应用。相应地，技术标准被用来衡量一项发明的成功与否，而商业标准则被用来判断一项创新的成功与否。[20] 最后，模仿（imitation）是不同公司采用相似创新的行为。模仿通常会导致产品标准化，且基于模仿的产品通常以更低的价格面市，但缺乏个性。创业对创新行为尤为重要，因为它是发明和创新中的关键点。[21]

对于大多数公司，创新是公司发生的三类创新行为中最为重要的。许多公司能够产生导致发明的构思，但时常难以通过创新使这些发明商业化。[22] 专利是一种战略资产，有规律地生成这些专利的能力是竞争优势的重要来源，特别是针对知识密集型行业的企业而言（如医药行业）。[23] 在竞争层面上，专利为企业的潜在竞争者形成了准入壁垒。[24]

彼得·德鲁克指出："无论是在现有公司、公共服务机构还是由个人创立的新公司，创新都是创业能力的一个特殊功能。"[25] 此外，德鲁克还表示，创新是"创业者借以产生创造财富的新资源，或者赋予现有资源扩大财富能力的方法"。[26] 因此，对所有追求战略竞争力和获得高出平均水平回报的公司来说，创业能力和由此产生的创新能力都至关重要。

全球竞争的事实表明，要想成为市场的领导者，公司必须不断创新，也就是说，创新应该成为公司一项固有的活动。最近的研究发现，"创新"一词出现在美国企业季报和年报中的次数多达33 000次，暗示了创新对企业成功的重要性。[27] 而且，公司应该了解人力资本对创新的重要性。[28] 如讨论中所提到的，尤其是对处于高度竞争动荡环境中的公司来说，创新是企业通过创业寻求的关键产出，也是成功竞争的来源。[29]

13.3 创业者

创业者（entrepreneurs）是一些个体，他们独立或者作为组织的一部分行动，发现创业机会，并且敢于冒险开发创新来追逐这一机会。创业者可以是独立的个人，或者是在组织中任何层级服务的人，这样，从高层管理者到那些生产公司产品或服务的员工都可以成为创业者。

创业者往往表现出以下特点：积极性高；愿意为自己的项目负责并且自信；通常很乐观。[30] 此外，创业者往往对他们所要改革的点子的价值和重要性充满热情。[31] 他们能够处理那些不确定性，并且对于机会比其他人更敏锐。[32] 为了取得成功，创业者经常需要有良好的社交技能和优秀的规划能力（例如，获取风险投资）。[33] 创业者需要非常努力地工作以取得成功，同时，创业者也可以在其中获得高度满足感，尤其当创业者认清并追随着他的激情时。亚马逊创始人杰夫·贝佐斯（Jeff Bezos）说：

> 人们最大的错误在于，试图对自己强加某种兴趣。不是你选择激情，而是激情选择你。[34]

有证据显示，成功的创业者都有创业意识，这种创业意识包括意识到全球和国内竞争的重要性。[35] 一个具有**创业意识**（entrepreneurial mind-set）的人，会评估市场上的不确定性，并且寻找能够不断引起重要创新的可能性的机会。[36] 那些没有创业意识的人倾向于将创新机会视作威胁。

个体的创业意识可以带来持续的创新。个体的创业意识可以是公司竞争优势的来源之一。当知识在整个公司中流动时，创业意识就得到了激发和促进。研究显示，当公司的每个组织都可以接触到新知识时，它们便会更有创新力。[37] 不过，转换知识就困难了，因为接受的一方必须有足够强的吸收能力来消化这些知识。[38] 学习需要将这些新知识与已有知识相结合。这样，管理者就需要在现有的知识基础上，开发人力资本来逐渐拓展他们的知识。[39]

一些公司以高度创业化闻名，这表明了企业内部的人都具有创业意识。2015 年，《快公司》将 Warby Parker 定位为最具创新的企业，与苹果公司、阿里巴巴、谷歌和 Instagram 一同被评为最具创新企业的前五名。[40]Warby Parker 凭借研发出的第一款互联网品牌的新潮眼镜而名列榜首。在成立后的仅仅五年里，其年收入超过一亿美元。过了一段时间，共同创始人认为，他们的品牌可以应用到眼镜以外的其他产品上。[41]

13.4 国际创业

国际创业（international entrepreneurship）是为了发展一个竞争优势，公司创造性地发现和挖掘国外市场机会的过程。[42] 因此，创业是许多公司在国内和国际层面进行的一种活动。[43] 如前所述，几乎 1/3 的新公司在其生命周期的早期进入国际市场。大部分现有的大型公司都拥有重要的国外运营，且经常在国内外市场开办新企业。[44]

创业已经变成全球现象的重要原因是，通常来说国际化会提高公司业绩。[45] 然而，决策者应该意识到，国际化的决策会使公司面临许多风险，包括不稳定的外币、市场效率的问题、没有足够支持企业的基础设施，以及市场规模的限制。[46] 因而，国际创业的决策必须在仔细分析后再做出。

尽管创业是一个全球现象，但创业的比例在各国不尽相同。举例说明，一项著名的每年都会进行（国际创业监控）的研究结果显示，2014 年 10 个最具创业精神的国家是（程度从高到低）：印度、土耳其、美国、巴西、中国、冰岛、爱尔兰、俄罗斯、爱沙尼亚和澳大利亚。报告显示，最具创业精神的国家很多都是新兴经济体。同时报告指出，在最具创业精神的国家中，私人财产和国民财富的增长率也是最高的。[47] 因此，有人认为，创业比例和国内经济发展水平呈较强的正相关关系。

文化也是不同国家拥有不同创业比例的原因之一。调查显示，为了鼓励创业行为，需要保持个人进取心和团队合作精神、团队拥有创新之间的平衡，以此来鼓励创业行为。为了让公司变得具有创业性，必须提供适当的自主权和激励来激发个人进取心，但是要想成功运用创新，还要同时促进公司和团队对于创新的拥有权。因此，国际创业团队经常需要拥有特殊技能和资源的人，特别是在那些崇尚个人主义或是集体主义的文化中。除了个人进取心和合作行为之间价值观的平衡，公司还必须建立创新能力以及获取创新所需要的资源。[48]

新公司在国外的投资水平也是国际创业的一个重要维度。事实上，在日益全球化之时，许多新公司已经"天生全球化"了。[49]其中一个可能的原因是，进入国际市场的新公司会增加对新技术知识的学习，进而提高公司业绩。[50]它们走出国门，获得国外消费市场，通过外部网络（如供应商、消费者）来增加知识，其中包括参与的战略联盟。[51]

如果公司有拥有国际化背景的出色管理者，那么进入国际市场的可能性就会增加，因为这会增加公司在这些市场成功竞争的可能性。[52]因为持续学习，并且有在国际市场操控下所提供的范围经济和规模经济，新公司和新成立的国际多元化公司在国内市场常常是更强的竞争者。除此之外，就像研究所显示的，国际多元化公司通常更具有创新力。[53]

公司获取和保持竞争优势的能力部分基于或主要基于创新能力。对于已经参与和未参与国际创业的企业，这都是正确的。正如我们接下来要讨论的内容，企业可以通过不同的方式进行内部创新。内部创新是三种公司创新方式的第一种。

13.5　内部创新

企业研发部门的努力是内部创新的主要源头。通过有效的研发，企业能够申请有产权保护的创新成果。有趣的是，成功的研发源于整合全球可用劳动力中的技能。因此，在未来几年，能够整合世界各国人才的公司更可能拥有一种基于创新的竞争优势的能力。[54]

在今天的全球环境中竞争，研发新产品和流程，能使得公司获得高出平均水平的盈利。因此，公司试图利用研发实验室创造出破坏性的科技与产品。尽管这对一个公司的长期成功来说很重要，但研发投资的产出结果是不确定的，并且在短期内常常达不到预期效果，这意味着，在公司评估其研发作用时，必须要有很好的耐心。[55]

正如前面提到的，成功的研发项目必须具备高质量的人力资源——明星科学家。但是，并不是所有的想法产生于实验室。例如，企业发现消费者是生产满足他们需求的新产品的最佳来源。[56]企业也可利用外部网络，如其他科学家、公开发表的研究以及联盟伙伴（这在后面将会讲到）。[57]它们还可能运用公共知识，例如，可以将现有的科技应用到促进科技进步或新科技中。[58]

企业创造了许多种方法，从员工中获取对新产品和其他创新形势的想法。领英公司（LinkedIn）鼓励员工提出创新想法，建立团队研究新想法，并将创新引入高层管理团队。惠而浦公司利用结构化构想会议，和员工一起甄别创新的新想法。爱立信公司鼓励员工参与"意见箱"（ideaboxes）活动，当员工提出建议后，他们会被匹配"把想法变为创新"（idea-to-innovation）的管理者，将想法进一步延伸，并决定其可行性和价值。爱立信拥有一个内部风险投资团队，为好创意提供启动资金。[59]

13.5.1　渐进式创新和突破式创新

企业在进行研发活动时，通常会采用两种形式的内部创新——渐进式创新和突破式创新。大部分的创新是渐进式的，也就是说，它们建立在已有知识之上，并且对当前的产品线进行提升。渐进式创新的本质是直线型的发展进化。[60]总体来说，渐进式创新更多地被已经形成的市场所利用，消费者能够理解并接受一种创新型产品的特征。从根本上说，渐进式创新是利用科技，促进现有产品的提高。从公司的角度来说，相比突破式创新，渐进式创新的利润空间相对较小，很大程度上因为企业间的产品竞争，价格是渐进式创新的关键因素。[61] 例如，添加不同种类的增白成分到洗衣粉中，就是渐进式创新，就像过去几十年电视机的不断改进一样（图像质量有小幅进步）。比起突破性创新，公司更多开展渐进式创新，因为渐进式创新成本更低、简单、快捷，并且风险较低。不过，过分依靠渐进式创新会使企业从市场引导者变成市场落伍者。[62] 而且，如果在渐进式创新时对产品改变过多，也会给公司带来很大的风险。[63]

相对渐进式创新，突破式创新通常会带来显著的技术突破，而且会创造新的知识。[64] 突破式创新本质上是革新，并且是非直线型的，是利用新技术满足新的市场需求。最初的个人电脑的发展在当时就是一种突破式创新。

谷歌新型自动驾驶汽车是一项突破式创新。经过多年发展，2015 年，谷歌宣布多款汽车将于城市道路进行试驾。同时，谷歌提到这些车辆安全系数较高。现在，将这些汽车引入市场的最大障碍是监管者是否相信汽车的安全性能，以及车辆在街道和高速路行驶时能否遵守交通规则和法律。[65]

因为突破式创新能为用户建立新功能，所以它有为公司带来收入和利润显著增长的强大潜力。例如，丰田的创新力体现在普瑞斯（Prius）上——"第一个得以量产的混合动力汽车"改变了汽车产业在该领域的发展。[66] 产生突破式创新重要的一点是开发新流程。虽然这两种创新都可以创造价值，但一般还是由公司决定何时重点发展渐进式创新，何时重点发展突破式创新。然而，尽管存在风险，突破式创新有更大潜力使得公司赚取超额利润。

一般很少会有突破式创新出现，因为它包含很大的困难和风险，并且技术价值和市场机会也十分不确定。[67] 突破式创新能创造新知识，也只利用到公司很少的产品和现有知识，创造力是必需的。而且，创造力对非营利公司和营利公司所付出的努力同等重要。[68] 创造力是一个人使用想象力的产物。普利斯林公司（Priceline，一家旅游服务网站）的创始人杰伊·沃克（Jay Walker）说过："想象力是燃料，没有想象力将没有创新。"想象力促使公司不断思索在这个变化的世界中消费者想要什么。例如，沃克说过，那些在公司内部寻求创新的人应该尝试想象"消费者希望未来变成什么样子，比如眼镜可以当作移动电话"。[69] 想象力比渐进式创新更加关键和根本。

想象力本身并不能直接带来创新，而是从想象中发现、结合和综合已有知识形成创造力，通常这些知识会来自不同的领域。[70] 当试图创新时，公司逐渐从现有使用者那里获得信息，来理解他们认为的什么样的创新会对公司产品有利等问题。[71] 这些新知识随后被用来开发新产品，新产品以创新的形式进入新市场，捕获新顾客，并且取得新资源。[72] 这样的创新通常在不同的业务单元中发展，进而开始新的内部创业。[73]

发展根本性创新所需的创造力和想象力要求具有强有力的支持性领导力。创造力实际上是"混乱的、无秩序的、有时令人厌恶的、充斥失败气息的一种实验和无组织"，[74] 这是领导力对创新成功至关重要的一个原因。

该讨论强调了一项事实——内部自行发展的突破式创新和渐进式创新源于一些刻意的努力，即公司内部创业（internal corporate venturing），这是公司用来进行内部发明，特别是创新的一系列活动。[75]

"战略聚焦 13-1"中奇异公司的案例展示了创新的潜在创造力和在创新和商业化过程中存

在的风险和不确定性（尤其是突破式创新）。奇异公司是一家独特的、有潜在价值的企业，它从发明家中得到新产品的想法并予以评估。对于那些有潜在价值的想法，奇异公司将原型开发出来，寻找制造商，并向市场推广该产品。这样，奇异公司帮助很多创造性想法变成现实，如果没有奇异公司，想法很可能只是想法。但是，过程中伴随着很多风险，奇异公司意识到必须对想法做充分的市场调研，确保对生产和投入市场的产品进行严格的质量控制。奇异公司也变得更加专注，这使得工作更加有效率，从而使奇异公司获得了急需的经济规模效应。

如图 13-1 所示，自发性和引导性的战略行为是公司内部创业的两种形式。每种创业形式都能促进渐进式创新和突破式创新。不过，很多突破式创新都起源于自发性战略行为，而渐进式创新来自引导性战略行为。

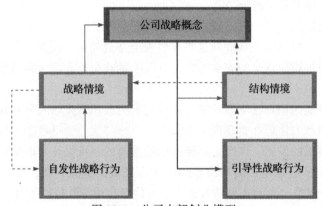

图 13-1　公司内部创业模型

资料来源：Adapted from R.A.Burgelman, 1983, A model of the interactions of strategic behavior, corporate context, and the concept of strategy, *Academy of Management Review*, 8:65.

本质上，自发性战略行为影响公司改变战略和已有结构来支持战略实施。相反，引导性战略行为受公司现有战略和结构的影响，以进行创新（见图 13-1）。在下面关于两种公司内部投资类型的讨论中，这些观点将会被重点强调。

┃战略聚焦 13-1┃　奇异公司的创新之路

奇异公司（Quirky）是一个独特的新企业，成立于 2009 年，它结合了互联网提供的机会与更多实体商业世界（如工业设计、制造业和市场营销等）产生创新的机会。有些人把这家企业称作创新机器——肩负着将新产品创意商业化的使命。本·考夫曼（Ben Kaufman）是这家企业的创始人和 CEO，他提出该企业的目标是：“创建一个引擎，加速识别和开发各种产品创意的过程。”奇异公司建立了聚集发明家和其他人的社交网络，其

中一些人提出了对于新产品创意的想法，这些想法被用于评估新产品（为了可销售性和制造的可行性）。在这个网站上，大约 100 万人还提供了怎样提炼和提升产品创意的想法。奇异公司每周收到约 4 000 个产品创意，在 2015 年之前，有 400 个通过奇异公司形成的产品引入市场。它收到了一些大型风投公司的资金，以及一家主要的公司合作伙伴——通用电气（投资了 3 000 万美元）。

当一个创意被评估、提炼，有时被提升

后，奇异公司会使用 3D 打印机给出产品样品。该公司也会开始寻找一个制造商，并同时寻找一个市场零售商（如家得宝、塔吉特、沃尔玛等）。因为这家公司有着将发明商业化的承诺（创造创新），它融了 1.85 亿美元风投资本并成长到拥有 300 名员工，还在加州开设了新的办公点来完善纽约的总部。

虽然有很多令人兴奋的东西，但奇异公司也存在着一些问题。例如，一些产品不能实现紧跟市场（社交网络的评估不及市场调研），还有一些产品存在质量问题（由于不足的质量管控）。奇异公司试着将产品推向市场的过程太快了，结果公司亏损了 1.2 亿美元，它必须减少业务来规避现金短缺。就这样，奇异公司辞掉了几乎 20% 的员工，并做了一些其他的改变来集中核心业务。

除了通用电气，奇异公司决定集中精力与多个合作伙伴签约。它尝试将关注点集中在智能家居产品以及一些与智能手机或家庭 Wi-Fi 网络有关的产品。奇异公司的 Wink 智能手机和平板电脑应用程序提供数字仪表板，用于链接和控制智能家居设备（如灯、草坪洒水车、车库门、空调等）。奇异公司现在拥有 15 家提供 60 种适用于 Wink 产品的公司，包括通用电气、霍尼韦尔和飞利浦。这些产品将以各公司自己的品牌销售，但会带上一条标注："由奇异公司提供支持。"

资料来源：S. Lohr, 2014, Quirky to create a smart-home products company, *New York Times*, www.nytimes.com, June 22; G. Karol, 2014, NYC startup Quirky launches platform for Internet of things, *FOXBusiness*, www.foxbusiness.com, June 24; M. Baratz, 2014, Counting down with... Ben Kaufman, *Fortune*, fortune.com, July 21; S. Lohr, 2015, The invention mob, brought to you by Quirky, *New York Times*, www. nytimes.com, February 14; B. Popper, 2015, How the invention factory at Quirky almost imagined its way out of business, The Verge, www.theverge.com, April 24; J. D'Onfro, 2015, How a Quirky 28-year-old plowed through $15 million and almost destroyed his startup, Business Insider, www.businessinsider.com, April 29.

13.5.2 自发性战略行为

自发性战略行为（autonomous strategic behavior）是一个自下而上的过程，在这个过程中，产品倡议者追求新点子，然后通过官方来协调开发新产品或新服务，直到在市场上取得成功。[76] 实际上，"战略聚焦"中描述的奇异公司采取的行动就是自发性战略行为。产品倡议者是那些对新产品或服务有着创业远见的组织成员，他们会去寻求对产品或服务的商业化支持。产品倡议者使创新向前迈进起了重要的作用。[77] 一般来说，产品倡议者利用其社会资本来发展公司中的非正式网络。当取得进展时，这些网络会变得更正式，这就成为一种推动创新成功商业化的手段。[78] 在个别组织之外，奇异公司充当了产品倡议者的角色。内部创新起源于自发性战略行为，通常有别于企业当前战略，它将被带入新市场，也可能为顾客和其他股东创造价值。

自发性战略行为作为一种创新方式，对于新知识尤其是隐性知识是有效的。[79]

13.5.3 引导性战略行为

企业内部风险活动的第二种形式是引导性战略行为（induced strategic behavior），这是一种自上而下的过程，在这个过程中，公司现有的战略和结构培育出产品创新的能力。[80] 在这种情况下，适宜的战略是经过相匹配的组织结构层级过滤后留下的。本质上，引导性战略行为由公司内部创新产生，并且与公司当前战略高度一致。因此，高层管理团队在引导性战略行为方面扮演着重要的角色。[81]IBM 的 CEO 罗睿兰（Virginia Rometty）近来要求公司员工"行动迅速，对顾客反应敏捷"，并将此作为发展创新的基础，以加快公司转为新计算模型。[82]

引导性战略允许企业和其管理者决定所需创新的类型和数量。[83] 例如，为了成为行业领导者，企业会发展密集型创新方法，不断引入新型产品，即便新型产品会抢夺现有成功产品的市场。[84] 多年来，英特尔采取的就是这种方式。企业采取引导性战略决定了它是否想创造开放式创新——用来建立行业标准，或者封闭式创新——不允许其他人利用这种创新产出回报。[85] 大多数创新是封闭式创新，但开放式创新也越来越常见，尤其是在一些行业内。通常，企业在变革过程中，依靠研发活动，在一定时期后变为渐进式创新（这是因为利用了以知识为基础的路径依赖）。[86]

13.6 实施内部创新

创业意识对公司内部创新是非常重要的，部分原因在于创业意识帮助它们处理与使发明商业化有关的环境和市场的不确定性。[87] 当面临不确定时，公司尝试不断识别并追求战略性的最诱人的机会，这意味着公司在利用创业意识识别机会的同时，发展适合机会的创新活动，实施战略以便成功利用市场中的机会。[88] 通常，公司将激励员工使他们增强企业家意识作为成功发展内部创新的基础，有时鼓励工作团队举出他们认为可供公司利用的最佳动机。[89]

只要流程和结构到位，一个公司就能够成功地发掘成熟的创新，这对公司来说很重要。在公司内部创业的背景下，管理者必须收集资源、整合活动，与组织中不同的团队沟通，还要做出一系列决策来转变自发性战略或是引导性战略行为产生的创新，使其成功进入市场。[90] 就像第 11 章所描述的，组织结构就是帮助和支持流程经理，使创新商业化的正式的关系。

为了实施由公司内部创业所产生的突破式创新和渐进式创新，公司在从工程到生产，最后到市场分销的创新流程中需要有效整合不同的职能。[91] 渐渐地，产品研发团队被用来整合不同组织职能间相关的活动。为了达到最大化创新，这样的整合包括合并和应用不同职能领域的知识和技能。[92] 团队需要决定哪一个项目应该商业化，哪一个应该终止。尽管终止一个项目非常难，因为有时这个创新项目会夹杂着个人情感，但是当团队认识到状况改变，这样的创新不能像最开始参与的那样创造价值时，项目就必须终止。

13.6.1 跨部门的产品研发团队

跨部门团队能够推动并整合不同组织部门间的活动，如设计、制造和销售。这些团队中包括研究科学家，他们具备技术知识，能为团队提出发展性决策。[93] 这些团队还可能包括重要供应商的代表，因为他们对公司的创新过程能起到促进作用。[94] 另外，当跨部门团队有效运转时，企业可以迅速地完成新产品研发过程，同时可以很容易地将产品商业化。[95] 采用跨部门团队的方式，产品研发阶段可以并行或重叠进行，这样企业就能使产品研发具备独一无二的竞争力并适应市场的需求。

水平组织结构能够支持跨部门团队，帮助它们整合贯穿整个组织部门内基于创新的活动。[96] 因此，企业应该替换建立在垂直层级结构基础上的部门或职能，而将组织建立在用来生产和管理创新的核心水平层级结构上。那些对创新很关键的核心水平层级结构应当是正式的，它们要作为程序和惯例形成统一的文件。然而，通常这些过程是非正式化的，在水平组织结构（通常是基于个体面对面交流的基础）中得到相应的支持。

阻碍跨部门团队整合组织部门的两个关键因素是：团队成员参考的独立框架和组织规则。[97]

在不同专业部门（如一个特殊的组织部门）工作的团队成员，可能会有一种基于一般背景和经历的独立参考框架。当他们在部门内部时，有可能使用相同的决策标准来评判诸如产品研发的问题。

研究表明，职能部门在四个向量上显示出不同：时间向量、人际关系向量、目标向量和正规化的结构向量。[98] 这样，来自不同职能部门的个人，对这四个指标有着不同的衡量标准。可以预期，他们会以不同的角度来考虑产品的研发过程。例如，对一个设计工程师来说，在产品的诸多性能中，可能会考虑使产品更具功能性和实用性的特征；来自销售部门的人可能更多地考虑满足顾客需求的特征。这些不同的向量会给跨部门的有效沟通带来障碍，也可能在公司不同部门共同创新时，使团队内部发生冲突。[99]

一些公司经历了很多政治活动（也称为组织政治）。资源如何分配至不同的部门对组织政治活动是非常关键的，这就意味着部门间冲突可能受到不同代表组织部门对资源激烈竞争的影响。这种冲突存在于部门之间，造成跨部门整合工作的障碍。那些试图形成有效跨部门产品研发的团队，会寻求方法来减轻组织政治带来的消极影响。强调在公司整体创新的努力中，每个部门肩负的关键角色是许多公司使用的一种方法，以帮助员工看到部门间合作的价值。

13.6.2 促进整合和创新

共享价值观和有效的领导力对取得跨组织的整合和实施创新是很重要的。[100] 高度有效的价值观共享源于企业的战略目标和战略任务，并且是促进部门单位间整合的黏合剂。

战略领导力对取得跨组织的整合和促进创新也非常重要。领导者设立目标并分配资源，目标包括研发的整合和新产品的商业化。有效的战略领导者也要确保一个促进跨部门整合的高质量的沟通系统。有效沟通的关键是团队成员间知识的共享。有效的沟通有助于创造协和和获得整个组织中团队成员对创新的评价和意见。共享的价值观和领导力的实践使沟通系统形式化，从而这种系统能够被用来支持新产品的研发和商业化。[101]

13.6.3 通过内部创新创造价值

图 13-2 所示的模型表明了企业如何从内部创新过程中创造价值（自发性战略行为和引导性战略行为）。为了通过内部创新活动创造价值，管理者和员工必须具备创业意识，因此他们将持续不断地努力，进而去辨别企业通过创新而追求的创业机会。跨部门团队对于促进新产品设计理念的整合，以及对实施结果的评价很重要。有效的领导力和价值观共享促进了整合以及对创新的预期和承诺。企业所要的最终结果是通过创新为利益相关者（如顾客和股东）创造价值，[102] 然而，竞争对手（见第 5 章）会影

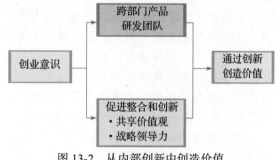

图 13-2 从内部创新中创造价值

响企业创新过程中的成功程度。因此，企业必须认真了解竞争对手对创新的反应，以获得有效信息，调整以创新为基础的工作，甚至当市场情况暗示没有必要创新时停止并放弃这些工作。[103]

在接下来的两节，我们将讨论企业研发创新的另两种方法——合作战略和收购。

|战略聚焦 13-2|　什么导致美国运通公司缺乏创新：骄傲自大、懒惰倦怠还是能力欠缺

美国运通公司（American Express）缺少创新和企业重点，很可能是由它的骄傲自大、懒惰倦怠和能力欠缺造成的。美国运通公司2014年的业绩十分糟糕，它失去了两个重要的合作伙伴，输掉了一场重要的官司，这些事件对企业的收入会产生恶劣的影响。美国运通公司的高层管理人员一定是这样考虑的，因为他们正在缩减成本开支，计划解雇4 000名员工。

2014年，美国运通公司失去了与大型零售商好市多（Costco）独家合作信用卡方面的合作关系。对美国运通公司来说，这是一个很严峻的问题，因为在2014年大约8%的营业收入来自和好市多的合作。有趣的是，持卡人也用运通卡在好市多之外的场所购物，为美国运通公司创造了来源于其他场所70%的收入。同年，美国运通公司也失去了和捷蓝航空公司的合作。

除此之外，美国运通公司还输掉了一场关键的官司。当消费者使用运通卡完成消费时，美国运通公司收取商家比其他信用卡（如维萨卡、万事达卡）更高的手续费。美国运通公司和每位商家签署了合约，要求商家不能向消费者推荐使用其他信用卡或有优惠的信用卡。一位联邦法官判定美国运通公司的行为属于"贸易管制"，因此违背了反垄断法。这必须引起重视，因为美国运通公司不得不降低收取商家的费用，如果是这样，它只好降低返还给消费者的回报。相应地，如果消费者收到的返现等于或少于从其他竞争者那里所得，美国运通公司会失去很多客源。

美国运通公司在采购技术上尚未完善，例如，无法协助消费者租用信用卡或是在餐馆预订席位。一直以来运通卡被看作最具声望的信用卡，品牌形象由此建立。运通卡也极受重视，因为它服务的对象大都是富有的客户。然而，美国运通公司已经开始失去一些富裕的客户。其中一位客户曾很长时间一直使用运通卡，然而，他最近转向其他信用卡，因为他可以收到更多的返现。事实上，这位客户几乎只用信用卡消费，而用其他信用卡他可以收到几千美元的返现。

美国运通公司近来宣布将重新聚焦于富裕的客户群，为那些持有和使用金卡的客户提供更多的好处。在饭店消费或是预订个性化旅行服务的消费可获双倍积分。超级金卡的年费上调了11%，普通金卡的年费上调了28%。尽管美国运通公司的高层管理人员表示他们将继续坚持增长目标，但大多数分析师坚信美国运通公司的收入水平会在未来一两年内下降。这时候，创新和新战略对美国运通公司极为重要。

资料来源：E. Dexheimer, 2015, AmEx is losing its millionaires, *BloombergBusiness*, www. bloomberg.com, February 12; J. Davidson, 2015, Why American Express users should be worried about their rewards, *Money*, www. money.com, February 20; H. Stout, 2015, With revamped gold cards, bruised American Express returns focus to affluent, *New York Times*, www.nytimes.com, February 26; J. Kell, 2015, Visa replaces American Express as Costco's credit card, *Fortune*, www.fortune.com, March 2; H. Tabuchi, 2015, Amex to ask for stay of ruling prohibiting merchants from promoting other cards, *New York Times*, www.nytimes. com, March 25; J. Carney, 2015, American Express struggles to keep up, *Wall Street Journal*, www.wsj.com, April 6; 2015, Stronger dollar drives revenue down at American Express, *New York Times*, www.nytimes.com, April 16.

13.7　通过合作战略进行创新

与其他公司的联盟能够在不同方面帮助创新：首先，它们提供新的商业机会信息并且知道如何利用这些机会；[104] 其次，公司可以利用合作战略来合并互补资产而促进未来的创新。与其他创新方法相比较，通过联盟结合互补性资产可以促进潜在突破式创新。[105]

快速变化的技术、全球化以及在世界层面创新的需要，是公司决定通过与其他公司合作创新的最主要的影响因素。当然，有些人认为，这样会使公司变得更加依赖合作战略，将合作作为在世界经济中一条通往成功的竞争之路。[106] 创业公司和已有公司同样会使用合作战略来创新。例如，一个创业公司会寻找投资资本，也会通过加强公司分销系统来向市场引入它的创新产品。[107] 另外，更多的已有公司需要新技术知识，通过与合资企业的合作来实现合作战略。[108] 大型制药公司和生物技术公司的联盟已经逐渐形成，它们整合知识与资源来开发新产品并将其引入市场。

在一些情况下，大型公司会通过联盟来进行创新。宜家集团（宜家家居品牌的母公司）和万豪国际集团合作的实例可以说明这一点。两家集团形成同盟来发展莫西（Moxy）—— 一个新的酒店品牌，公司认为它在设计和为消费者带来价值方面具有创新性。宜家的创新在联盟中体现为利用新型施工技术将制作成本降低，而万豪国际集团的创新体现于在价值导向型领域利用独特的设计。因此，莫西品牌在创新地结合价值和风格方面得以发展。万豪集团CEO说："这是经济领域一个崭新的发展方向。我认为它将以前所未有的新形式，与将价值和风格相结合而获得利益。正如你所看见的，欧洲有太多有价值的产品缺乏设计。"酒店的设计理念是为"千禧年代"服务的，以公平的价格，一端提供露天休息室、餐厅和酒吧，音乐环绕，顾客可以在另一端的设备上工作娱乐。2014年夏季第一家莫西酒店开业。[109]

然而，为了创新而建立联盟并不是没有风险。两个公司想要一起达成一个共同目标所产生的冲突是存在的，此外，合作战略参与者同样还要承担的风险是，合作者会盗用公司的技术并且用其提高自己的竞争力。[110] 为了避免或者至少降低这样的风险，公司（特别是新公司）需要十分谨慎地挑选合作伙伴。理想的合作者是拥有互补的技术以及相适应的战略目标。[111] 在这种情况下，当它们试图有效地管理已形成的合作关系来发展创新时，公司会遇到较少的挑战和危险。公司也希望限制联盟的数量来进行创新，因为卷入太多的联盟会使公司处于危险的境地，从而丧失管理每个联盟的能力。[112]

13.8 通过收购实现创新

企业有时候会收购其他企业，从而获得后者的创新能力。[113] 企业寻求收购的原因之一是，收购能够在资本市场价值不断增长时，为企业迅速扩展生产线，增加企业收入。[114] 尽管事实如此，但公司也应该建构决策战略基础来收购另外的企业。一般来说，战略基础应以获得收购公司创新所有权和得知创新能力为目的。很多大型科技公司收购公司多出于此目的。例如，2014年微软收购了小工具公司（Mojang AB），取得了《我的世界》（*Minecraft*）的技术能力。《我的世界》是一款视频游戏，但不同于以往的游戏，它并不提供背景环境，而是允许玩家建立自己的游戏背景，所以玩家可以随意发挥。换句话说，玩家可以自己进行创新。所以，《我的世界》是一款由玩家而非设计团队决定的游戏。对《我的世界》的高需求为小工具有限公司带来了丰厚的利润。2013年，小工具有限公司实现了2.91亿美元的营业额，创造了1.15亿美元的利润，利润率达40%。微软以25亿美元收购了小工具公司。[115]

与公司内部创业活动和战略联盟类似的是，收购也不是产生和管理创新的一种毫无风险的方法。收购活动的一个主要风险是，一个公司可能用购买创新的能力替代内部产生创新的能力。这种情况可能在当一个公司专注识别、评估财务控制，而后管理收购时发生。当然，战略控制是公司确认一个战略基础来收购另一家公司，并将此作为一种发展创新的方法。因此，公司成功的可能性在于通过促使恰当的财务和战略控制之间的平衡使得创新增加。尽管存在风险，但是当收购是为了实现战略目的，恰当地整合进收购公司的战略中时，选择收购具有互补能力和知识的企业可以支持公司在创新时所做的努力。[116] 只要有充足的资金，那些未能成功产生创新的企业更有可能收购拥有科技能力的企业，或是收购新型有潜力、有价值的创新。[117] 例如，近年来一些大型制药企业未能成功生产新型强效药物，它们以收购的方式，获取被收购企业的新型有价值的药物。

企业能够获得从被收购企业中产生创新的能力，并促使与创新相关的活动。另外，那些强调创新并且仔细选择收购对象的企业有可能保持创新。公司必须管理好并整合被收购公司的高科技能力，以便它们保持生产，并且在被收购后继续创新。[118] 因此，一些企业通过内部进行创新，而其他企业利用外部知识和外部资源来创新。

正如"战略聚焦 13-2"中描述的，美国运通公司存在严重问题。它失去了两个主要合作伙伴，约占其 10% 的年收益。除此之外，在关键官司中的失利也会导致其收益下滑、增加成本。这些问题和企业不够创新的事实加起来，预示着美国运通公司无比惨淡的未来。由于惰性和自大，美国运通公司维持着原先的战略，从而正在失去其竞争优势。运通公司的高层管理人员需要重拾创业精神和战略性，换句话说，他们需要采取战略型创业方法。本章以论述战略创业的评估如何帮助公司为股东创造价值结束。

13.9 通过战略创业创造价值

在辨别机会时，较年轻的创业公司通常比大公司做得好。[121] 因此，创业公司会比大型的已创立的公司产出更多根本性的创新。创业公司的战略灵活度和冒险意愿至少部分归功于其识别机会的能力，然后才归功于开发合理的创新。然而，由于创新通常是突破性的，伴随的风险也较大，所以，偶尔失败的经历通常说明一些公司在参与创新时对风险有所松懈。[122] 另外，大公司和信誉良好的公司通常拥有更多的资源和能力开发确定的机会，但大公司的努力通常形成更多渐进式创新。例如，最近波音公司将工作重心放在发展渐进式创新，开发并提高成功的新式飞机，如 787 梦想飞机。如今，波音正在发展七项新模型，以利用现有的科技，更新其现存的飞机团队。[123]

因此，年轻的创业公司擅长将采取创业行动作为战略创业的一部分，而更多已创立的公司普遍擅长将利用优势作为战略创业的一部分。换个角度思考这句话就是，年轻的创业公司一般善于从战略创业的角度寻找机会，而更多已创立的公司一般善于从优势处寻找机会。然而，为了获得有效竞争和优秀业绩，公司不仅需要识别和开发机会，还要在达到并维持竞争优势时仍然这样做。[124] 因此，相对来说，新创公司必须学会如何获得竞争优势（优势寻找行为），而那些已创立的公司必须重新学习如何认识创业机会（机会寻找技巧）。

公司尝试学习如何做到既具有创业性又具有战略性（也就是说，公司尝试使用战略创业），认识到创业公司和已成立的公司在确认机会、创业家之后，必须发展一些能力，并使之成为公司核心竞争力和竞争优势的基础。认识机会的过程与企业有关，但是行动本身不足以创造最大的财富，也不足以随着时间的推移让企业依然幸存。事实上，起初创业公司的目标是存活和成长，这样它们可以积聚资源为创新提供资金。[125] 就像我们在第 3 章学到的，公司为了成功地利用机会，必须发展那些有价值的、稀缺的、难以模仿的并且不可替代的能力。当能力满足这四个标准时，公司就有了一个或更多的竞争优势来发掘机会。如果企业没有竞争优势，那么成功就只能是暂时的（如第 1 章所解释的）。在企业生命周期早期，当市场观点在企业发展过程中被利用时，创新可能会具有价值并且非常珍贵。企业还必须采取竞争性行动来将新产品引入市场中，并且保护其在市场上的地位，以此获得竞争优势。[126] 所有这些行动结合起来就代表了战略创业。

一些大型组织正在尝试提高有效使用战略创业的能力。例如，许多知名大公司，包括温蒂国际、古驰、星巴克和派瑞·艾力斯国际，创造了一个新的高层经理职位，通常被称为新兴品牌的执行总裁。其他公司，如可口可乐、通用电气、惠而浦和胡玛娜（Humana），建立了高层管理团队内部致力于创新的职位，[127] 这些员工被称为"首席创新官"。

对专注于新品牌或创新的高层管理者来说，最重要的责任是不断发现创业机会。他们和公司首席战略高管一起工作，他们必须有效管理企业的创新项目，决定哪些项目需要投资，哪些项目需要停止。[128] 从失败的创新项目中学习经验，从而使将来的项目获得成功。[129] 首席创新官必须与首席战略官协同合作，在新产品上整合企业战略方式，有效实施战略。从这层意义上说，那些负责识别公司潜在机会的人，和那些负责选择和实施公司战略来追寻机会的人，他们共同承担着审核公司从战略视角出发采取创业型行为的责任。通过他们的工作，这些员工也会帮助公司决定必要的追寻机会的创新，以及是否应该通过合作战略或者通过完成收购，从内部发展创新。在最后的分析中，这些高层管理者的目标是帮助企业识别机会，然后发展有效的渐进式和突破式创新核心战略。

企业必须仔细分析创新组合，决定将渐进式创新应用提升在哪一项产品或科技上，同时需要判断何时发展更多的产品和科技。如之前提到的，波音公司为生产 787 梦想飞机大量投资。现在，波音利用渐进式创新来进行这项创新。然而，需要谨慎的是，在创新型科技上的重视可能会导致路径依赖，当需要从科技中分离出来发展突破式创新时会非常困难。[130] 有趣的是，最近本田公司从其传统的创新模式中脱离出来，生产了一架新式私人飞机——HondaJet。HondaJet 可容纳 7 人同时乘坐，售价在 450 万美元左右。除了汽车，本田还制造火箭、船舶和割草机，依靠这些新型产品，本田进入了新的工业。本田航空公司的 CEO 藤野道格表示，本田正在探索未来，为其长期发展而努力着。[131]

许多分析师认为，在全球市场中，企业为了获得竞争优势，创新是必要的。我们在前面列举了创业活动的前 10 个国家，其中大多是新兴经济体，它们鼓励创业活动，在这个排名中美国位列第三。前 10 个投资和生产最多创新的国家的排名与上述有所不同，这里美国排名第六。10 个最具创新的国家分别是：韩国、日本、德国、芬兰、以色列、美国、瑞典、新加坡、法国和英国。[132] 所以，竞争十分激烈，如果企业希望有效竞争并在长时间内得以存活下去，那些知名企业（如美国运通公司）需要具备创新能力，它们必须实施创业战略。

小结

- 战略创业是从战略角度来进行创业活动。企业同时参与到寻找机会和寻找竞争优势的行为中，以此设计和实施企业战略，从而创造价值。

- 创业是识别并追求创业机会的一个过程，而这些机会不受个人或组织当前所拥有的资源的直接限制。公司创业是已创立公司的创新应用（包括创业机会的识别）。创业机会是指市场需要新产品或新服务来满足某种需求的情形。渐渐地，创业将对个体公司的表现以及刺激国家经济增长起作用。

- 企业从事三种类型的创新活动：①发明——创造新产品或新流程的行为；②创新——从一个发明中创造一个商业化产品的过程；③模仿——不同公司采用相似的创新。发明是带来一些新产品，而创新是在已有产品中注入新元素。

- 创业者会看到创业机会并且开发和利用它们。最成功的创业者（无论是创立自己的公司，还是服务于某家公司）都有一种创业意识，这是一种由于市场不确定性而评估可行潜在机会的思维导向。

- 国际创业已经在全球范围内变得相当重要，这是公司在本国市场外认识和开发创业机会的过程。证据显示，那些能够有效参与国际创业的公司要比只在本国发展的公司更具竞争力。

- 有三种产生和管理创新的基本方法：①企业内部创新，包括研发和内部创业；②合作战略，如战略联盟；③收购。自发性战略行为和引导性战略行为是企业内部风险活动的两个流程。自发性战略行为是一个自下而上的过程，在这个过程中，产品倡议者促进一个创新产品或服务的商业化。引导性战略行为是一个自上而下的过程，在这个过程中，一个公司现有的战略和结构促进了与之有关的产品或流程的创新。因此，引导性战略行为由组织目前的战略、结构所推动。

- 公司通常采用两种创新：渐进式创新和突破式创新。这两种创新通过引导性和自发性战略行为发生。总的来说，虽然突破式创新更可能带来利润和销售收入的增长，但公司还是会采用更多的渐进式创新。渐渐地，跨部门的整合对于一个企业研发、实施企业内部风险活动的努力，以及使其相应的结果商业化更为关键。另外，整合和创新可用于发展共享价值观和创业领导力的实践。

- 为了获取在复杂的全球经济竞争中所需的特殊知识，企业可以与其他企业甚至是竞争对手形成合作伙伴关系，如战略联盟。

- 收购为企业提供了另外一种产生和管理创新的方法。创新可以通过直接收购获得，或者企业可以从收购中学习到创新的能力，这丰富了企业内部的创新过程。

- 在所有类型的公司中，无论是大型的还是小型的、新的还是老的，战略创业的实践为所有利益相关者创造了价值，特别是为股东和顾客。战略创业也为整个国家的经济发展做出了贡献。

关键术语

战略创业	创业机会	模仿	创业意识
公司创业	发明	创业者	国际创业
创业	创新		

复习思考题

1. 什么是战略创业？什么是公司创业？

2. 什么是创业？什么是创业机会？为什么它们是战略管理过程中的重点？

3. 什么是发明、创新和模仿？这些概念如何相互关联？

4. 什么是创业者？什么是创业意识？

5. 什么是国际创业、为什么如此重要？

6. 公司如何发展内部创新？

7. 企业如何使用合作战略来帮助自己创新？

8. 企业如何使用收购来增加创新的数量，并且如何改善自身创新的能力？

9. 战略创业如何为企业创造价值？

讨论案例

杰西潘尼的失败创新：原因和结果

杰西潘尼的前任 CEO 罗恩·约翰逊（Ron Johnson）制定了一项策略，并试图在杰西潘尼公司实行。其结果是，企业设定的以中间市场消费者为目标的消费者群体，对新策略以及与之相关的创新回应并不积极。实际上，一些人认为，约翰逊采取的创新策略，与以往公司的目标消费人群背道而驰。约翰逊之前在塔吉特和苹果公司的工作十分顺利，后来才来到杰西潘尼公司。在苹果公司，他因在发展苹果零售店并取得广泛成功上发挥重要作用而备受崇敬，一些分析师认为他的做法带给世界一种全新的零售方式。约翰逊有能力确立那些被看作开创性的愿景，并发展创新来实现它们，这是吸引杰西潘尼公司董事会雇用他的原因。

约翰逊接任 CEO 的职位后，他将杰西潘尼公司比作泰坦尼克，并认为创新是激励公司的关键所在。而且，他提醒分析师、员工和其他人，他来到杰西潘尼是为了改造公司，而不是轻微改善公司业绩。当他描述他在杰西潘尼想要做的事情时，约翰逊说道："在美国，百货公司有机会重拾它的地位，成为潮流的领导者。"

约翰逊对杰西潘尼的构想包括两方面。第一，他废除了公司在产品价格上的一些做法，如打折、促销以及赠券等方式，诱使逢低买进的目标客户。用来代替的是，约翰逊引入了一种三层结构的价格结构，重点放在标有"天天最低价"的层次。但是对消费者来说，这种价格结构令人困惑，并不能使消费者相信"天天最低价"和与竞争产品的价格相比确实保证价格足够低。

约翰逊变革杰西潘尼公司的第二个核心内容是创新，以使杰西潘尼形成年轻、时尚的形象为目的。约翰逊将创新付诸实践，为创造这种形象，他在杰西潘尼商店里设立精品品牌柜台。要做到这一点，需要沿着宽广的走廊设立精品品牌柜台，在过道点缀一些座位方便顾客休息，喝杯咖啡或者玩一会儿乐高积木。怀着最初的目的，2015 年之前在杰西潘尼百货中打造 100 家品牌商店，约翰逊让人们展望一个有着街道和广场设在中间，代表着与消费者以新的方式互动的百货商店。迪士尼，将作为购物天堂被引入，驯鹿咖啡（Caribou Coffee）、Dallas-based Paciugo Gelato&Café 和 Giggle（一家致力于提供开创性和现代风格的"婴儿必备"产品，它使人们感到"做父母太容易了"）都会被引入。除此之外，正如第 4 章"开篇案例"中提到的，李维斯、IZOD、丽诗加邦以及玛莎·斯图尔特（Martha Stewart）的品牌产品都将融入精品柜台。

但是，如上所述，这些创新以及采用的策略都没有起到作用。是哪里出错了呢？思考图 13-2 模型中的各部分要素，我们将会得到答案。尽管约翰逊拥有创业意识，跨职能团队还是无法促使渴望中的创新实现，如精品店。本质上，看起来没有公司其他人的介入，约翰逊有能力决定设立精品店，决定如何设立和运营。而且，将杰西潘尼公司从以往介于百货公司和打折商店的一般商户，变为具有年轻活力形象的公司，但其中付出努力的价值并不为公司股东所接受。约翰逊作为企业领导人的工作似乎不如期望的那样，最终未见成效。由于存在这些问题，杰西潘尼公司通过内在发展的创新来获得成功的希望并没有实现。

　　资料来源：2013, J.C. Penney ousts CEO Ron Johnson, *Wall Street Journal*, www.wsj.com, April 8; D. Benoit, 2013, J.C. Penney asks customers for second chance, *Wall Street Journal*, www.wsj.com, May 1; D. Benoit, 2013, Ackman thought Johnson could turn around 'Titanic' JCPenney, *Wall Street Journal*, www.wsj.com, April 8; S. Gerfield, 2013, J.C. Penney rehires Myron Ullman to clean up Ron Johnson's mess, *Bloomberg Businessweek*, www.businessweek.com, April 11; S. Clifford, 2013, J.C. Penney's new plan is to reuse its old plans, *New York Times*, www.nytimes.com, May 16; S. Denning, 2013, J.C. Penney: Was Ron Johnson's strategy wrong? *Forbes*, www.forbes.com, April 9; M. Halkias, 2012, J.C. Penney's Ron Johnson shows off his vision of future to 300 analysts, *Dallas News*, www.dallasnews.com, September 19.

讨论题：

1. 新 CEO 试图进行创新，需要引进渐进式创新还是突破式创新？哪种方式比较好？请解释。

2. 杰西潘尼公司的创新实践对你来说有趣吗？你会去具有这些特点的商店购物吗？为什么？

3. 哪些原因导致了新 CEO 创新实践的失败？

4. 你对于拯救杰西潘尼公司的业绩有什么建议？

注 释

第 1 章

1. D. J. Teece, 2014, The foundations of enterprise performance: Dynamic and ordinary capabilities in an (economic) theory of firms. *Academy of Management Perspectives*, 28: 328–352; D. G. Sirmon, M. A. Hitt, R. D. Ireland, & B. A. Gilbert, 2011, Resource orchestration to create competitive advantage: Breadth, depth and life cycle effects, *Journal of Management*, 37: 1390–1412; D. G. Sirmon, M. A. Hitt, & R. D. Ireland, 2007, Managing firm resources in dynamic environments to create value: Looking inside the black box, *Academy of Management Review*, 32: 273–292.

2. J. Denrell, C. Fang, & Z. Zhao, 2013, Inferring superior capabilities from sustained superior performance: A Bayesian analysis, *Strategic Management Journal*, 34: 182–196; R. D'Aveni, G. B. Dagnino, & K. G. Smith, 2010, The age of temporary advantage, *Strategic Management Journal*, 31: 1371–1385; R. D. Ireland & J. W. Webb, 2009, Crossing the great divide of strategic entrepreneurship: Transitioning between exploration and exploitation, *Business Horizons*, 52: 469–479.

3. G. Pacheco-de-Almeida, A. Hawk, & B. Yeung, 2015, The right speed and its value, *Strategic Management Journal*, 36: 159–176; G. Pacheco-de-Almeida & P. Zemsky, 2007, The timing of resource development and sustainable competitive advantage, *Management Science*, 53: 651–666.

4. D. Gaddis Ross, 2014, Taking a chance: A formal model of how firms use risk in strategic interaction with other firms, *Academy of Management Review*, 39: 202–226.

5. A. Nair, E. Rustambekov, M. McShane, & S. Fainshmidt, 2014, Enterprise risk management as a dynamic capability: A test of its effectiveness during a crisis, *Managerial & Decision Economics*, 35: 555–566; K. D. Miller, 2007, Risk and rationality in entrepreneurial processes, *Strategic Entrepreneurship Journal*, 1: 57–74.

6. C. C. Miller, N. T. Washburn, & W. H. Glick, 2013, The myth of firm performance, *Organization Science*, 24: 948–964.

7. P. Steffens, P. Davidsson, & J. Fitzsimmons, 2009, Performance configurations over time: Implications for growth- and profit-oriented strategies, *Entrepreneurship Theory and Practice*, 33: 125–148.

8. E. Karniouchina, S. J. Carson, J. C. Short, & D. J. Ketchen, 2013, Extending the firm vs. industry debate: Does industry life cycle stage matter? *Strategic Management Journal*, 34: 1010–1018; J. C. Short, A. McKelvie, D. J. Ketchen, Jr., & G. N. Chandler, 2009, Firm and industry effects on firm performance: A generalization and extension for new ventures, *Strategic Entrepreneurship Journal*, 3: 47–65.

9. R. Mudambi & T. Swift, 2014, Knowing when to leap: Transitioning between exploitative and explorative R&D, *Strategic Management Journal*, 35: 126–145; D. G. Sirmon, M. A. Hitt, J.-L. Arregle, & J. T. Campbell, 2010, The dynamic interplay of capability strengths and weaknesses: Investigating the bases of temporary competitive advantage, *Strategic Management Journal*, 31: 1386–1409.

10. D. Ucbasaran, D. A. Shepherd, A. Lockett, & S. J. Lyon, 2013, Life after business failure: The process and consequences of business failure for entrepreneurs, *Journal of Management*, 39: 163–202.

11. P. M. Picone, G. B. Dagnino, G., & A. Minà, 2014, The origin of failure: A multidisciplinary appraisal of the hubris hypothesis and proposed research agenda, *Academy of Management Perspectives*, 28: 447–468.

12. J. Hansen, R. McDonald, & R. Mitchell, 2013, Competence resource specialization, causal ambiguity, and the creation and decay of competitiveness: The role of marketing strategy in new product performance and shareholder value, *Journal of the Academy of Marketing Science*, 41: 300–319; Y. Zhang & J. Gimeno, 2010, Earnings pressure and competitive behavior: Evidence from the U.S. electronics industry, *Academy of Management Journal*, 53: 743–768.

13. J. Garcia-Sanchez, L. F. Mesquita, & R. S. Vassolo, 2014, What doesn't kill you makes you stronger: The evolution of competition and entry-order advantages in economically turbulent contexts, *Strategic Management Journal*, 35: 1972–1992; J. Bock, T. Opsahl, G. George, & D. M. Gann, 2012, The effects of culture and structure on strategic flexibility during business model innovation, *Journal of Management Studies*, 49: 275–305.

14. Garcia-Sanchez, Mesquita, & Vassolo, What doesn't kill you makes you stronger; J. T. Li, 2008, Asymmetric interactions between foreign and domestic banks: Effects on market entry, *Strategic Management Journal*, 29: 873–893.

15. N. Hashai & P. J. Buckley, 2014, Is competitive advantage a necessary condition for the emergence of the multinational enterprise?. *Global Strategy Journal*, 4: 35–48; R. G. Bell, I. Filatotchev, & A. A. Rasheed, 2012, The liability of foreignness in capital markets: Sources and remedies, *Journal of International Business Studies*, 43: 107–122.

16. A. Kuznetsova & O. Kuznetsova, 2014, Building professional discourse in emerging markets: Language, context and the challenge of sensemaking, *Journal of International Business Studies*, 45: 583–599; J. H. Fisch, 2012, Information costs and internationalization performance, *Global Strategy Journal*, 2: 296–312.

17. R. Makadok & D. G. Ross, 2013, Taking industry structuring seriously: A strategic perspective on product differentiation, *Strategic Management Journal*, 34: 509–532; Karniouchina, Carson, Short, & Ketchen, Extending the firm vs. industry debate; M. A. Delmas, & M. W. Toffel, 2008, Organizational responses to environmental demands: Opening the black box, *Strategic Management Journal* 29: 1027–1055.

18. A. V. Sakhartov & T. B. Folta, 2014, Resource relatedness, redeployability, and firm value, *Strategic Management Journal* 35: 1781–1797; J. Barney, D. J. Ketchen, & M. Wright, 2011, The future of resource-based theory: Revitalization or decline? *Journal of Management*, 37: 37: 1299–1315.

19. R. Scaggs, 2014, Markets take wild ride on ruble, oil, *Wall Street Journal*, www.wsj.com, December 17; M. Statman, 2011, Calm investment behavior in turbulent investment times, in *What's Next 2011*, New York: McGraw-Hill Professional, E-Book; E. Thornton, 2009, The new rules, *Businessweek*, January 19, 30–34; T. Friedman, 2005, *The World Is Flat: A Brief History of the 21st Century*, New York: Farrar, Strauss and Giroux.

20. D. Searcey, 2006, Beyond cable. Beyond DSL. *Wall Street Journal*, July 24, R9.

21. E. Steel, 2015, Dish Network unveils Sling TV, a streaming service to rival cable (and it has ESPN), *New York Times*, www.nytimes.com, January 5.

22. V. Luckerson, 2014, Netflix wants new original content every three weeks, *Time*, www.time.com, December 9.

23. B. Agypt & B. A. Rubin, 2012, Time in the new economy: The impact of the interaction of individual and structural temporalities and job satisfaction, *Journal of Management*, 49: 403–428; J. A. Lamberg, H. Tikkanen, T. Nokelainen, & H. Suur-Inkeroinen, 2009, Competitive dynamics, strategic consistency, and organizational survival, *Strategic Management Journal*, 30: 45–60.

24. A. Hawk, G. Pacheco-De-Almeida, & B. Yeung, 2013, Fast-mover advantages: Speed capabilities and entry into the emerging submarket of Atlantic basin LNG, *Strategic Management Journal*, 34: 1531–1550; J. Hagel, III, J. S. Brown, & L. Davison, 2008, Shaping strategy in a world of constant disruption, *Harvard Business Review*, 86(10): 81–89.

25. B. L. King, 2013, Succeeding in a hypercompetitive world: VC advice for smaller companies *Journal of Business Strategy*, 34(4): 22–30; D'Aveni, Dagnino, & Smith, The age of temporary advantage; A. V. Izosimov, 2008, Managing hypergrowth, *Harvard Business Review*, 86(4): 121–127; J. W. Selsky, J. Goes, & O. N. Babüroglu, 2007, Contrasting perspectives of strategy making: Applications in "Hyper" environments, *Organization Studies*, 28: 71–94.

26. S. Greengard, 2015, Disruption Is the New Normal. *CIO Insight*, January 5, 2; D'Aveni, Dagnino, & Smith, The age of temporary advantage.

27. D'Aveni, Dagnino, & Smith, The age of temporary advantage.

28. A. Kriz, R. Voola, & U. Yuksel, 2014, The dynamic capability of ambidexterity in hypercompetition: Qualitative insights, *Journal of Strategic Marketing*, 22: 287–299; D. J. Bryce & J. H. Dyer, 2007, Strategies to crack well-guarded markets, *Harvard Business Review* 85(5): 84–92.

29. P. Regnér & U. Zander, 2014, International strategy and knowledge creation: The advantage of foreignness and liability of concentration, *British Journal of Management*, 25: 551–569; S. H. Lee & M. Makhija, 2009, Flexibility in internationalization: Is it valuable during

an economic crisis? *Strategic Management Journal*, 30: 537–555.

30. K. E. Meyer & Y. Su, 2015, Integration and responsiveness in subsidiaries in emerging economies. *Journal of World Business*, 50: 149–158; Y. Luo & S. L. Wang, 2012, foreign direct investment strategies by developing country multinationals: A diagnostic model for home country effects, *Global Strategy Journal*, 2: 244–261.

31. Y. Luo, 2007, From foreign investors to strategic insiders: Shifting parameters, prescriptions and paradigms for MNCs in China, *Journal of World Business*, 42: 14–34.

32. S. Awate, M. M. Larsen, & R. Mudambi, 2015, Accessing vs sourcing knowledge: A comparative study of R&D internationalization between emerging and advanced economy firms, *Journal of International Business Studies*, 46: 63–86; M. A. Hitt & X. He, 2008, Firm strategies in a changing global competitive landscape, *Business Horizons*, 51: 363–369.

33. M. Rhodan, 2015, GM sold a record number of vehicles in 2014. *Time*, www.time.com, January 16.

34. A. Ritesh, 2014, Jeffrey Immelt on General Electric's exposure in Russia, growth in emerging markets, *Benzinga*, www.benzinga.com, December 17; J.-F. Hennart, 2012, Emerging market multinationals and the theory of the multinational enterprise, *Global Strategy Journal*, 2: 168–187; S. Malone, 2011, GE's Immelt sees new economic era for globe, *Financial Post*, www.financialpost.com, March 13.

35. S. Ramachandran & T. Stynes, 2015, Netflix steps up foreign expansion: Subscriber editions top streaming service's forecast, helped by growth in markets abroad, *Wall Street Journal*, www.wsj.com, January 21.

36. R. M. Holmes, T. Miller, M. A. Hitt, & M. P. Salmador, 2013, The interrelationships among informal institutions, formal institutions, and inward foreign direct investment, *Journal of Management*, 39: 531–566; K. D. Brouthers, 2013, A retrospective on: Institutions, cultural and transaction cost influences on entry mode choice and performance, *Journal of International Business Studies*, 44: 14–22.

37. U. Andersson, P. J. Buckley, & H. Dellestrand, 2015, In the right place at the right time!: The influence of knowledge governance tools on knowledge transfer and utilization in MNEs, *Global Strategy Journal*, 5: 27–47; H. Kirca, G. T. Hult, S. Deligonul, M. Z. Perry, & S. T. Cavusgil, 2012, A multilevel examination of the drivers of firm multinationality: A meta-analysis, *Journal of Management*, 38: 502–530.

38. D. G. Collings, 2014. Integrating global mobility and global talent management: Exploring the challenges and strategic opportunities, *Journal of World Business*, 49: 253–261; Y.-Y. Chang, Y. Gong, & M. W. Peng, 2012, Expatriate knowledge transfer, subsidiary absorptive capacity, and subsidiary performance, *Academy of Management Journal*, 55: 927–948.

39. J. P. Quinlan, 2011, Speeding towards a messy, multi-polar world, in *What's Next 2011*, New York: McGraw-Hill Professional, E-Book.

40. H. Kim & M. Jensen, 2014, Audience heterogeneity and the effectiveness of market signals: How to overcome liabilities of foreignness in film exports? *Academy of Management Journal*, 57: 1360–1384; B. Elango, 2009, Minimizing effects of "liability of foreignness": Response strategies of foreign firms in the United States, *Journal of World Business*, 44: 51–62.

41. F. Jiang, L. Liu, & B W. Stening, 2014, Do foreign firms in China incur a liability of foreignness? The local Chinese firms' perspective, *Thunderbird International Business Review*, 56: 501–518; J. Mata & E. Freitas, 2012, Foreignness and exit over the life cycle of firms, *Journal of International Business Studies*, 43: 615–630.

42. T. Chi & Z. J. Zhao, 2014, Equity Structure of MNE affiliates and scope of their activities: distinguishing the incentive and control effects of ownership, *Global Strategy Journal*, 4: 257–279; M. A. Hitt, R. E. Hoskisson, & H. Kim, 1997, International diversification: Effects on innovation and firm performance in product-diversified firms, *Academy of Management Journal*, 40: 767–798.

43. S. Keukeleire & B. Hooijmaaijers, 2014, The BRICS and other emerging power alliances and multilateral organizations in the Asia-Pacific and the Global South: Challenges for the European Union and its view on multilateralism, *Journal of Common Market Studies*, 52: 582–599.

44. K. Kalasin, P. Dussauge, & M. Rivera-Santos, 2014, The expansion of emerging economy firms into advanced markets: The influence of intentional path-breaking change, *Global Strategy Journal*, 4: 75–103; R. Ramamurti, 2012, What is really different about emerging market multinationals? *Global Strategy Journal*, 2: 41–47.

45. M. Naim, 2013, Power outage, *Bloomberg Businessweek*, March 3: 4–5.

46. H. Kim, R. E. Hoskisson, & S.-H. Lee, 2015. Why strategic factor markets matter: 'New' multinationals' geographic diversification and firm profitability, *Strategic Management Journal*, Forthcoming; G. McDermott, R. Mudambi, & R. Parente, 2013, Strategic modularity and the architecture of the multinational firm, *Global Strategy Journal*, 3: 1–7.

47. R. D. Ireland & J. W. Webb, 2007, Strategic entrepreneurship: Creating competitive advantage through streams of innovation, *Business Horizons*, 50(1): 49–59; G. Hamel, 2001, Revolution vs. evolution: You need both, *Harvard Business Review*, 79(5): 150–156.

48. K. H. Hammonds, 2001, What is the state of the new economy? *Fast Company*, September, 101–104.

49. M. E. Schramm & M. Y. Hu, 2013, Perspective: The evolution of R&D

conduct in the pharmaceutical industry, *Journal of Product Innovation Management*, 30: 203–213; S. W. Bradley, J. S. McMullen, K. W. Artz, & E. M. Simiyu, 2012, Capital is not enough: Innovation in developing economies, *Journal of Management Studies*, 49: 684–717; D. Dunlap-Hinkler, M. Kotabe, & R. Mudambi, 2010, A story of breakthrough versus incremental innovation: Corporate entrepreneurship in the global pharmaceutical industry, *Strategic Entrepreneurship Journal*, 4: 106–127.

50. G. Pacheco-de-Almeida, A. Hawk, & B. Yeung, B. 2015, The right speed and its value, *Strategic Management Journal*, 36: 159–176; A. Hawk, G. Pacheco-De-Almeida, & B. Yeung, B. 2013, Fast-mover advantages: Speed capabilities and entry into the emerging submarket of Atlantic basin LNG, *Strategic Management Journal*, 34: 1531–1550.

51. P. C. Patel, S. A. Fernhaber, P. P. McDougall-Covin, & R. P. van der Have, 2014, Beating competitors to international markets: The value of geographically balanced networks for innovation, *Strategic Management Journal*, 35: 691–711; N. Furr, F. Cavarretta, & S. Garg, 2012, Who changes course? The role of domain knowledge and novel framing in making technological changes, *Strategic Entrepreneurship Journal*, 6: 236–256; L. Jiang, J. Tan, & M. Thursby, 2011, Incumbent firm invention in emerging fields: Evidence from the semiconductor industry, *Strategic Management Journal*, 32: 55–75.

52. M. G. Jacobides, 2013, BlackBerry forgot to manage the ecosystem, *Business Strategy Review*, 24(4): 8; R. Adner & R. Kapoor, 2010, Value creation in innovation ecosystems: How the structure of technological interdependence affects firm performance in new technology generations, *Strategic Management Journal*, 31: 306–333.

53. C. M. Christensen, 1997, *The Innovator's Dilemma*, Boston: Harvard Business School Press.

54. K Bilir, 2014, Patent laws, product life-cycle lengths, and multinational activity, 2014, *American Economic Review*, 104: 1979–2013.

55. C. Christensen, 2015, Disruptive innovation is a strategy, not just the technology, *Business Today*, 23(26): 150–158; A. Kaul, 2012, Technology and corporate scope: Firm and rival innovation as antecedents of corporate transactions, *Strategic Management Journal*, 33: 347–367.

56. J. Henkel, T. Rønde, & M. Wagner, 2015, And the winner is—acquired. Entrepreneurship as a contest yielding radical innovations. *Research Policy*, 44: 295–310; C M. Christensen, 2006, The ongoing process of building a theory of disruption, *Journal of Product Innovation Management*, 23: 39–55.

57. U. Stettner & D. Lavie, 2014, Ambidexterity under scrutiny: Exploration and exploitation via internal organization, alliances, and acquisitions, *Strategic Management Journal*, 35: 1903–1929; L. Capron & O. Bertrand, 2014, Going abroad in search of higher productivity at home, *Harvard Business Review*, 92(6): 26; L Capron, 2013, Cisco's corporate development portfolio: A blend of building, borrowing and buying, *Strategy & Leadership*, 41: 27–30.

58. R. Kapoor & J. M. Lee, 2013, Coordinating and competing in ecosystems: How organizational forms shape new technology investments, *Strategic Management Journal*, 34: 274–296; J. Woolley, 2010, Technology emergence through entrepreneurship across multiple industries, *Strategic Entrepreneurship Journal*, 4: 1–21.

59. P. Chen & S. Wu, 2013, The impact and implications of on-demand services on market structure, *Information Systems Research*, 24: 750–767; K. Celuch, G. B. Murphy, & S. K. Callaway, 2007, More bang for your buck: Small firms and the importance of aligned information technology capabilities and strategic flexibility, *Journal of High Technology Management Research*, 17: 187–197.

60. 2013, Worldwide PC Market, eTForecasts, www.etforecasts.com, accessed on March 10, 2013.

61. F. De Beule, S. Elia, & L. Piscitello, 2014, Entry and access to competencies abroad: Emerging market firms versus advanced market firms. *Journal of International Management*, 20: 137–152; M. S. Giarratana & S. Torrisi, 2010, Foreign entry and survival in a knowledge-intensive market: Emerging economy countries' international linkages, technology competences and firm experience, *Strategic Entrepreneurship Journal*, 4: 85–104.

62. C. Phelps, R. Heidl, & A., Wadhwa, 2012, Knowledge, networks, and knowledge networks: A review and research agenda, *Journal of Management*, 38: 1115–1166; R. Agarwal, D. Audretsch, & M. B. Sarkar, 2010, Knowledge spillovers and strategic entrepreneurship, *Strategic Entrepreneurship Journal*, 4: 271–283.

63. M. Gottfredson, R. Puryear, & S. Phillips, 2005, Strategic sourcing: From periphery to the core, *Harvard Business Review*, 83(2): 132–139.

64. R.-J. Jean, R. R. Sinkovics, & T. P. Hiebaum, 2014, The effects of supplier involvement and knowledge protection on product innovation in customer-supplier relationships: A study of global automotive suppliers in China. *Journal of Product Innovation Management*, 31: 98–113.

65. M. J. Donate & J. D. Sánchez de Pablo, 2015, The role of knowledge-oriented leadership in knowledge management practices and innovation, *Journal of Business Research*, 68: 360–370; J. T. Macher & C. Boerner, 2012, Technological development at the boundary of the firm: A knowledge-based examination in drug development, *Strategic Management Journal*, 33: 1016–1036.

66. E. Sherman, 2010, Climbing the corporate ladder, *Continental Magazine*, November, 54–56.

67. K. Srikanth & P. Puranam, 2014, The Firm as a coordination system: Evidence from software services offshoring, *Organization Science*, 25: 1253–1271; K. Z. Zhou & C. B. Li, 2012, How knowledge affects radical innovation: Knowledge base, market knowledge acquisition, and internal knowledge sharing, *Strategic Management Journal*, 33: 1090–1102.

68. D. Laureiro-Martínez, S. Brusoni, N. Canessa, & M. Zollo, 2015, Understanding the exploration-exploitation dilemma: An fMRI study of attention control and decision-making performance, *Strategic Management Journal*, 36, 319–338; C. A. Siren, M. Kohtamaki, & A. Kuckertz, 2012, Exploration and exploitation strategies, profit performance and the mediating role of strategic learning: Escaping the exploitation trap, *Strategic Entrepreneurship Journal*, 6: 18–41.

69. A. Cuervo-Cazurra & C. A. Un, 2010, Why some firms never invest in formal R&D, *Strategic Management Journal*, 31: 759–779.

70. S. Carnahan & D. Somaya, 2013, Alumni effects and relational advantage: The impact on outsourcing when a buyer hires employees from a supplier's competitors, *Academy of Management Journal*, 56: 1578–1600; H. Yang, C. Phelps, & H. K. Steensma, 2010, Learning from what others have learned from you: The effects of knowledge spillovers on originating firms, *Academy of Management Journal*, 53: 371–389.

71. R. Aalbers, W. Dolfsma, & O. Koppius, 2014, Rich ties and innovative knowledge transfer within a firm, *British Journal of Management*, 25: 833–848; A. Jain, 2013, Learning by doing and the locus of innovative capability in biotechnology research, *Organization Science*, 24: 1683–1700.

72. D. Herhausen, R. E. Morgan, & H. W. Volberda, 2014, A meta analysis of the antecedents and consequences of strategic flexibility, *Academy of Management Annual Meeting Proceedings* 1051–1057; S. Kortmann, C. Gelhard, C. Zimmermann, & F. T. Piller, 2014, Linking strategic flexibility and operational efficiency: The mediating role of ambidextrous operational capabilities, *Journal of Operations Management*, 32(7/8): 475–490.

73. Garcia-Sanchez, Mesquita, & Vassolo, What doesn't kill you makes you; R. G. McGrath, 2013, *The end of competitive advantage*, Boston: Harvard Business School Press.

74. E. G. Anderson Jr. & K. Lewis, 2014, A dynamic model of individual and collective learning amid disruption, *Organization Science*, 25: 356–376; M. L. Santos-Vijande, J. A. Lopez-

Sanchez, & J. A. Trespalacios, 2011, How organizational learning affects a firm's flexibility, competitive strategy and performance, *Journal of Business Research*, 65: 1079–1089; A. C. Edmondson, 2008, The competitive imperative of learning, *Harvard Business Review*, 86(7/8): 60–67.

75. R. E. Hoskisson, M. A. Hitt, W. P. Wan, & D. Yiu, 1999, Swings of a pendulum: Theory and research in strategic management, *Journal of Management*, 25: 417–456.

76. Karniouchina, Carson, Short, & Ketchen, Extending the firm vs. industry debate: Does industry life cycle stage matter; E. H. Bowman & C. E. Helfat, 2001, Does corporate strategy matter? *Strategic Management Journal*, 22: 1–23.

77. S. F. Karabag & C. Berggren, 2014, Antecedents of firm performance in emerging economies: Business groups, strategy, industry structure, and state support, *Journal of Business Research*, 67: 2212–2223; J. T. Mahoney & L. Qian, 2013, Market frictions as building blocks of an organizational economics approach to strategic management, *Strategic Management Journal*, 34: 1019–1041.

78. Schramm & Hu, Perspective: The evolution of R&D conduct in the pharmaceutical; J. Galbreath & P. Galvin, 2008, Firm factors, industry structure and performance variation: New empirical evidence to a classic debate, *Journal of Business Research*, 61: 109–117.

79. R. Casadesus-Masanell & F. Zhu, 2013, Business model innovation and competitive imitation: The case of sponsor-based business models, *Strategic Management Journal*, 34: 464–482; H. E. Posen, J. Lee, & S. Yi, 2013, The power of imperfect imitation, *Strategic Management Journal*, 34: 149–164; M. B. Lieberman & S. Asaba, 2006, Why do firms imitate each other? *Academy of Management Journal*, 31: 366–385.

80. M. E. Porter, 1985, *Competitive Advantage*, New York: Free Press; M. E. Porter, 1980, *Competitive Strategy*, New York: Free Press.

81. F. J. Mas-Ruiz, F. J., Ruiz-Moreno, & A. Ladrón de Guevara Martínez, 2014, Asymmetric rivalry within and between strategic groups, *Strategic Management Journal*, 35: 419–439; J. C. Short, D. J. Ketchen, Jr., T. B. Palmer, & G. T. M. Hult, 2007, Firm, strategic group, and industry influences on performance, *Strategic Management Journal*, 28: 147–167.

82. B. Kowitt, 2014, Fallen arches, *Fortune*, December 1, 106–116.

83. S. D. Pathak, Z. Wu, & D. Johnston, D. 2014, Toward a structural view of co-opetition in supply networks, *Journal of Operations Management*, 32: 254–267; T. W. Tong & J. J. Reuer, 2010, Competitive consequences of interfirm collaboration: How joint ventures shape industry profitability, *Journal of International Business Studies*, 41: 1056–1073.

84. P. Brody & V. Pureswaran, 2015, The next digital gold rush: How the internet of things will create liquid, transparent

markets, *Strategy & Leadership*, 43(1): 36–41; C. Moschieri, 2011, The implementation and structuring of divestitures: The unit's perspective, *Strategic Management Journal*, 32: 368–401.

85. A. M. McGahan & M. E. Porter, 2003, The emergence and sustainability of abnormal profits, *Strategic Organization*, 1: 79–108; M. McGahan, 1999, Competition, strategy and business performance, *California Management Review*, 41(3): 74–101.

86. N. J. Foss & P. G. Klein, 2014, Why managers still matter, *MIT Sloan Management Review*, 56(1): 73–80; J. W. Upson, D. J. Ketchen, B. L. Connelly, & A. L. Ranft, 2012, Competitor analysis and foothold moves, *Academy of Management Journal*, 55: 93–110; A. Zavyalova, M. D. Pfarrer, R. K. Reger, & D. K. Shapiro, 2012, Managing the message: The effects of firm actions and industry spillovers on media coverage following wrongdoing, *Academy of Management Journal*, 55: 1079–1101.

87. L. A., Costa, K. Cool, & I. Dierickx, 2013, The competitive implications of the deployment of unique resources, *Strategic Management Journal*, 34: 445–463; M. G. Jacobides, S. G. Winter, & S. M. Kassberger, 2012, The dynamics of wealth, profit and sustainable advantage, *Strategic Management Journal*, 33: 1384–1410; J. Kraaijenbrink, J.-C. Spender, & A. J. Groen, 2010, The resource-based view: A review and assessment of its critiques, *Journal of Management*, 38: 349–372.

88. M. Naor, J. S. Jones, E. S. Bernardes, S. M. Goldstein, & R. Schroeder, 2014, The culture-effectiveness link in a manufacturing context: A resource-based perspective, *Journal of World Business*, 49, 321–331; A. Arora & A. Nandkumar, 2012, Insecure advantage? Markets for technology and the value of resources for entrepreneurial ventures, *Strategic Management Journal*, 33: 231–251.

89. O. Schilke, 2014, On the contingent value of dynamic capabilities for competitive advantage: The nonlinear moderating effect of environmental dynamism, *Strategic Management Journal*, 35: 179–203; Teece, The foundations of enterprise performance: Dynamic and ordinary capabilities in an (economic) theory of firms.

90. P. J. Holahan, Z. Z. Sullivan, & S. K. Markham, 2014, Product development as core competence: How formal product development practices differ for radical, more innovative, and incremental product innovations, *Journal of Product Innovation Management*, 31: 329–345.

91. J. R. Lecuona & M. Reitzig, 2014, Knowledge worth having in 'excess': The value of tacit and firm-specific human resource slack, *Strategic Management Journal*, 35: 954–973; H. Wang & K. F. E. Wong, 2012, The effect of managerial bias on employees' specific human capital investments, *Journal of Management*

Studies, 49: 1435–1458.

92. Y. Lin & L. Wu, 2014, Exploring the role of dynamic capabilities in firm performance under the resource-based view framework, *Journal of Business Research*, 67: 407–413; C. Weigelt, 2013, Leveraging supplier capabilities: The role of locus of capability development, *Strategic Management Journal*, 34: 1–21; S. L. Newbert, 2007, Empirical research on the resource-based view of the firm: An assessment and suggestions for future research, *Strategic Management Journal*, 28: 121–146.

93. R. Nag & D. A. Gioia, 2012, From common to uncommon knowledge: Foundations of firm-specific use of knowledge as a resource, *Academy of Management Journal*, 55: 421–455; D. M. DeCarolis, 2003, Competencies and imitability in the pharmaceutical industry: An analysis of their relationship with firm performance, *Journal of Management*, 29: 27–50.

94. Y. Y. Kor & A. Mesko, 2013, Dynamic managerial capabilities: Configuration and orchestration of top executives' capabilities and the firm's dominant logic, *Strategic Management Journal*, 34: 233–244; M. Gruber, F. Heinemann, & M. Brettel, 2010, Configurations of resources and capabilities and their performance implications: An exploratory study on technology ventures, *Strategic Management Journal*, 31: 1337–1356.

95. R. Kapoor & N. R. Furr, 2015, Complementarities and competition: Unpacking the drivers of entrants' technology choices in the solar photovoltaic industry, *Strategic Management Journal*, 36: 416–436; E. Levitas & H. A. Ndofor, 2006, What to do with the resource-based view: A few suggestions for what ails the RBV that supporters and opponents might accept, *Journal of Management Inquiry*, 15: 135–144.

96. B. Larrañeta, S. A. Zahra, & J. L. Galán González, 2014, Strategic repertoire variety and new venture growth: The moderating effects of origin and industry dynamism, *Strategic Management Journal*, 35: 761–772; M. Makhija, 2003, Comparing the source-based and market-based views of the firm: Empirical evidence from Czech privatization, *Strategic Management Journal*, 24: 433–451.

97. S. E. Reid & U. Brentani, 2015, Building a measurement model for market visioning competence and its proposed antecedents: organizational encouragement of divergent thinking, divergent thinking attitudes, and ideational behavior, *Journal of Product Innovation Management*, 32: 243–262.

98. C. Gallo, 2010, *The Innovation Secrets of Steve Jobs*, NY: McGraw-Hill.

99. G. Christ, 2014, Leadership & strategy: Life after Steve Jobs: CEO succession. *Industry Week*, April, 28.

100. A. M. Carton, C. Murphy, & J. R. Clark, 2014, A (blurry) vision of the future: How leader rhetoric about ultimate goals influences

performance, *Academy of Management Journal*, 57: 1544–1570; Foss & Klein, Why managers still matter.

101. P. Bolton, M. K. Brunnermeier, & L Veldkamp, L. 2013, Leadership, coordination, and corporate culture, *Review of Economic Studies*, 80: 512–537; R. D. Ireland & M. A. Hitt, 1992, Mission statements: Importance, challenge, and recommendations for development, *Business Horizons*, 35: 34–42.

102. B. E. Perrott, 2015, Building the sustainable organization: An integrated approach, *Journal of Business Strategy*, 36(1): 41–51; S. Khalifa, 2012, Mission, purpose, and ambition: Redefining the mission statement, *Journal of Business and Strategy*, 5: 236–251.

103. R. Srinivasan, 2014, Visioning: The method and process, *OD Practitioner*, 46(1): 34–41; J. H. Davis, J. A. Ruhe, M. Lee, & U. Rajadhyaksha, 2007, Mission possible: Do school mission statements work? *Journal of Business Ethics*, 70: 99–110.

104. A. Ebrahim & V. K. Rangan, V. K. 2014, What Impact?, *California Management Review*, 56(3): 118–141; L. W. Fry & J. W. Slocum, Jr., 2008, Maximizing the triple bottom line through spiritual leadership, *Organizational Dynamics*, 37: 86–96; A. J. Ward, M. J. Lankau, A. C. Amason, J. A. Sonnenfeld, & B. A. Agle, 2007, Improving the performance of top management teams, *MIT Sloan Management Review*, 48(3): 85–90.

105. M. Cording, J. S. Harrison, R. E. Hoskisson, & K. Jonsen, 2014, "Walking the talk": A multi-stakeholder exploration of organizational authenticity, employee productivity and post-merger performance, *Academy of Management Perspectives*, 28: 38–56; K. Basu & G. Palazzo, 2008, Corporate social responsibility: A process model of sensemaking, *Academy of Management Review*, 33: 122–136.

106. R. Garcia-Castro & R. Aguilera, 2015, Incremental value creation and appropriation in a world with multiple stakeholders, *Strategic Management Journal*, forthcoming; G. Kenny, 2012, From a stakeholder viewpoint: Designing measurable objectives, *Journal of Business Strategy*, 33(6): 40–46; D. A. Bosse, R. A. Phillips, & J. S. Harrison, 2009, Stakeholders, reciprocity, and firm performance, *Strategic Management Journal*, 30: 447–456.

107. N. Darnell, I. Henrique, & P. Sadorsky, 2010, Adopting proactive environmental strategy: The influence of stakeholders and firm size, *Journal of Management Studies*, 47: 1072–1122; G. Donaldson & J. W. Lorsch, 1983, *Decision Making at the Top: The Shaping of Strategic Direction*, New York: Basic Books, 37–40.

108. S. Sharma & I. Henriques, 2005, Stakeholder influences on sustainability practices in the Canadian forest products industry, *Strategic Management Journal*, 26: 159–180.

109. Y. Mishina, E. S. Block, & M. J. Mannor, 2015, The path dependence of organizational reputation: How social judgment influences assessments of capability and character, *Strategic Management Journal*, forthcoming; D. Crilly & P. Sloan, 2012, Enterprise logic: Explaining corporate attention to stakeholders from the 'inside-out', *Strategic Management Journal*, 33: 1174–1193.

110. Jacobides, BlackBerry forgot to manage the ecosystem.

111. K. Chang, I. Kim, & Y. Li, 2014, The heterogeneous impact of corporate social responsibility activities that target different stakeholders, *Journal of Business Ethics*, 125: 211–234.

112. J. Wolf, J. 2014, The relationship between sustainable supply chain management, stakeholder pressure and corporate sustainability performance, *Journal of Business Ethics*, 119: 317–328; A. Soleimani, W. D. Schneper, & W. Newburry, 2014, The impact of stakeholder power on corporate reputation: A cross-country corporate governance perspective, *Organization Science*, 25: 991–1008; G. Pandher & R. Currie, 2013, CEO compensation: A resource advantage and stakeholder-bargaining perspective, *Strategic Management Journal*, 34: 22–41.

113. A. H. Reilly & K. A. Hynan, 2014, Corporate communication, sustainability, and social media: It's not easy (really) being green, *Business Horizons*, 57: 747–758; D. Bush & B. D. Gelb, 2012, Antitrust enforcement: An inflection point? *Journal of Business Strategy*, 33(6): 15–21; J. L. Murrillo-Luna, C. Garces-Ayerbe, & P. Rivera-Torres, 2008, Why do patterns of environmental response differ? A stakeholders' pressure approach, *Strategic Management Journal*, 29: 1225–1240.

114. J. P. Doh & N. R. Quigley, 2014, Responsible leadership and stakeholder management: Influence pathways and organizational outcomes, *Academy of Management Perspectives*, 28: 255–274; R. Boutilier, 2009, *Stakeholder Politics: Social Capital, Sustainable Development, and the Corporation*, Sheffield, U.K.: Greenleaf Publishing.

115. W. J. Henisz, S. Dorobantu, & L. J. Nartey, 2014, Spinning gold: The financial returns to stakeholder engagement, *Strategic Management Journal*, 35: 1727–1748; F. G. A. de Bakker & F. den Hond, 2008, Introducing the politics of stakeholder influence, *Business & Society*, 47: 8–20.

116. M. Goranova & L. V. Ryan, 2014, Shareholder activism: A multidisciplinary review, *Journal of Management*, 40: 1230–1268.

117. I. Filatotchev & O. Dotsenko, 2015, Shareholder activism in the UK: Types of activists, forms of activism, and their impact on a target's performance, *Journal of Management & Governance*, 19: 5–24; B. L. Connelly, L. Tihanyi, S. T. Certo, & M. A. Hitt, 2010, Marching to the beat of different drummers: The influence of institutional owners on competitive actions, *Academy of Management Journal*, 53: 723–742.

118. L. Jiang & Y. Zhu, 2014, Effects of foreign institutional ownership on foreign bank lending: Some evidence for emerging markets, *International Review of Finance*, 14: 263–293.

119. S. Wilkins & J. Huisman, 2014, Corporate images' impact on consumers' product choices: The case of multinational foreign subsidiaries, *Journal of Business Research*, 67: 2224–2230; L. Pierce, 2009, Big losses in ecosystems niches: How core firm decisions drive complementary product shakeouts, *Strategic Management Journal*, 30: 323–347.

120. M. Bertini & O. Koenigsberg, 2014, When customers help set prices, *MIT Sloan Management Review*, 55(4): 57–64; O. D. Fjeldstad & A. Sasson, 2010, Membership matters: On the value of being embedded in customer networks, *Journal of Management Studies*, 47: 944–966.

121. B. Batjargal, M. A. Hitt, A. S. Tsui, J.-L. Arregle, J. Webb, & T. Miller, 2013, Institutional polycentrism, entrepreneurs' social networks and new venture growth, *Academy of Management Journal*, in press.

122. H. Su, 2014, Business ethics and the development of intellectual capital, *Journal of Business Ethics*, 119: 87–98; D. A. Ready, L. A. Hill, & J. A. Conger, 2008, Winning the race for talent in emerging markets, *Harvard Business Review*, 86(11): 62–70.

123. S. E. Jackson, R. S. Schuler, & K. Jiang, 2014, An aspirational framework for strategic human resource management, *Academy of Management Annals*, 8: 1–56; T. R. Crook, S. Y. Todd, J. G. Combs, D. J. Woehr, & D. J. Ketchen, 2011, Does human capital matter? A meta-analysis of the relationship between human capital and firm performance, *Journal of Applied Psychology*, 96: 443–456.

124. R. Eckardt, B. C. Skaggs, & M. Youndt, 2014, Turnover and knowledge loss: An examination of the differential impact of production manager and worker turnover in service and manufacturing firm, *Journal of Management Studies*, 51: 1025–1057; J. I. Hancock, D. G. Allen, F. A. Bosco, K. R. McDaniel, & C. A. Pierce, 2013, Meta-analytic review of employee turnover as a predictor of firm performance, *Journal of Management*, 39: 573–603.

125. W. A. Schiemann, 2014, From talent management to talent optimization, *Journal of World Business*, 49: 281–288; R. Takeuchi, 2010, A critical review of expatriate adjustment research through a multiple stakeholder view: Progress, emerging trends and prospects, *Journal of Management*, 36: 1040–1064.

126. S. E. Reid & U. Brentani, 2015, Building a measurement model for market visioning competence and its proposed antecedents: organizational

encouragement of divergent thinking, divergent thinking attitudes, and ideational behavior, *Journal of Product Innovation Management*, 32: 243–262; M. A. Hitt, K. T. Haynes, & R. Serpa, 2010, Strategic leadership for the 21st century, *Business Horizons*, 53: 437–444.

127. S. Gunz & L. Thorne, 2015, Introduction to the special issue on tone at the top, *Journal of Business Ethics*, 126: 1–2; C. Crossland, J. Zyung, N. Hiller, & D. Hambrick, 2014. CEO career variety: Effects on firm–level strategic and social novelty. *Academy of Management Journal*, 57: 652–674; D. C. Hambrick, 2007, Upper echelons theory: An update, *Academy of Management Review*, 32: 334–339.

128. G. Bhalla, 2014, How to plan and manage a project to co-create value with stakeholders, *Strategy & Leadership*, 42: 19–25; J. C. Camillus, 2008, Strategy as a wicked problem, *Harvard Business Review* 86(5): 99–106; A. Priestland & T. R. Hanig, 2005, Developing first-level managers, *Harvard Business Review*, 83(6): 113–120.

129. M. Voronov, D. De Clercq, & C. R. Hinings, 2013, Conformity and distinctiveness in a global institutional framework: The legitimation of Ontario fine wine, *Journal of Management Studies*, 50: 607–645; B. Gutierrez, S. M. Spencer, & G. Zhu, 2012, Thinking globally, leading locally: Chinese, Indian, and Western leadership, *Cross Cultural Management*, 19: 67–89.

130. D. B. Wangrow, D. J. Schepker, & V. L. Barker, 2014, Managerial discretion: An empirical review and focus on future research directions, *Journal of Management*, 41: 99–135; J. Li & Y. Tang, 2010, CEO hubris and firm risk taking in China: The moderating role of managerial discretion, *Academy of Management Journal*, 53: 45–68.

131. C. A. O'Reilly, D. F. Caldwell, J. A. Chatman, & B. Doerr, B. 2014, The promise and problems of organizational culture: CEO personality, culture, and firm performance, *Group & Organization Management*, 39: 595–625.

132. D. C. Hambrick, S. E. Humphrey, & A. Gupta, 2015, Structural interdependence within top management teams: A key moderator of upper echelons predictions, *Strategic Management Journal*, 36: 449–461; K. D. Clark & P. G. Maggitti, 2012, TMT potency and strategic decision making in high technology firms, *Journal of Management Studies*, 49: 1168–1193.

133. M. M. Heyden, S. van Doorn, M. Reimer, F. J. Van Den Bosch, & H. W. Volberda, 2013, Perceived environmental dynamism, relative competitive performance, and

top management team heterogeneity: Examining correlates of upper echelons' advice-seeking, *Organization Studies:* 34: 1327–1356; R. Shambaugh, 2011, Leading in today's economy: The transformational leadership model, in *What's Next 2011*, NY: McGraw-Hill.

134. S. Khavul & G. D. Bruton, 2013, Harnessing innovation for change: Sustainability and poverty in developing countries, *Journal of Management Studies*, 50: 285–306; A. Leiponen & C. E. Helfat, 2010, Innovation objectives, knowledge sources and the benefits of breadth, *Strategic Management Journal*, 31: 224–236.

135. L. Wei & L. Wu, 2013, What a diverse top management team means: Testing an integrated model, *Journal of Management Studies*, 50: 389–412; T. Buyl, C. Boone, W. Hendriks, & P. Matthyssens, 2011, Top management team functional diversity and firm performance: The moderating role of CEO characteristics, *Journal of Management Studies*, 48: 151–177.

136. Stettner & Lavie, Ambidexterity under scrutiny: Exploration and exploitation via internal organization, alliances, and acquisitions; Q. Cao, Z. Simsek, & H. Zhang, 2010, Modelling the joint impact of the CEO and the TMT on organizational ambidexterity, *Journal of Management Studies*, 47: 1272–1296.

137. N. Gaffney, D. Cooper, B. Kedia, & J. Clampit, 2014, Institutional transitions, global mindset, and EMNE internationalization, *European Management Journal*, 32: 383–391; M.-J. Chen & D. Miller, 2010, West meets east: Toward an ambicultural approach to management, *Academy of Management Perspectives*, 24: 17–37.

138. M. Loeb, 1993, Steven J. Ross, 1927–1992, *Fortune*, January 25, 4.

139. F. Jing, G. Avery, & H. Bergsteiner, 2014, Enhancing performance in small professional firms through vision communication and sharing, *Asia Pacific Journal of Management*, 31: 599–620.

140. R. F. Everett, 2014, A crack in the foundation: Why SWOT might be less than effective in market sensing analysis, *Journal of Marketing & Management*, 1: 58–78; M. M. Helms & J. Nixon, 2010, Exploring SWOT analysis—where are we now? A review of the academic research from the last decade, *Journal of Strategy and Management*, 3: 215–251.

141. T. Keil, T. Laamanen, & R. G. McGrath, 2013, Is a counterattack the best defense? Competitive dynamics through acquisitions, *Long Range Planning*, 46: 195–215; T. Yu, M. Subramaniam, & A. A.

Cannella, Jr., 2009, Rivalry deterrence in international markets: Contingencies governing the mutual forbearance hypothesis, *Academy of Management Journal*, 52: 127–147.

142. O. Schilke & K. S. Cook, 2015, Sources of alliance partner trustworthiness: Integrating calculative and relational perspectives, *Strategic Management Journal*, 36: 276–297; K. H. Heimeriks, C. B. Bingham, & T. Laamanen, 2015, Unveiling the temporally contingent role of codification in alliance success, *Strategic Management Journal*, 36: 462–473.

143. L. A. Cunningham, 2015, The secret sauce of corporate leadership, *Wall Street Journal*, www.wsj.com, January 26; S. D. Julian, J. C. Ofori-Dankwa, & R. T. Justis, 2008, Understanding strategic responses to interest group pressures, *Strategic Management Journal*, 29: 963–984; C. Eesley & M. J. Lenox, 2006, Firm responses to secondary stakeholder action, *Strategic Management Journal*, 27: 765–781.

144. Y. Luo, Y. Liu, Q. Yang, V. Maksimov, & J. Hou, 2015, Improving performance and reducing cost in buyer–supplier relationships: The role of justice in curtailing opportunism, *Journal of Business Research*, 68: 607–615; Y. Luo, 2008, Procedural fairness and interfirm cooperation in strategic alliances, *Strategic Management Journal*, 29: 27–46.

145. H. S. James, D. Ng, & P. J. Klein, 2015, Complexity, novelty, and ethical judgment by entrepreneurs, *International Journal of Entrepreneurial Venturing*, forthcoming; B. A. Scott, A. S. Garza, D. E. Conlon, & K. You Jin, 2014, Why do managers act fairly in the first place? A daily investigation of "hot" and "cold" motives and discretion, *Academy of Management Journal*, 57: 1571–1591.

146. M. Sharif & T. Scandura, T. 2014, Do perceptions of ethical conduct matter during organizational change? Ethical leadership and employee involvement, *Journal of Business Ethics*, 124: 185–196; B. W. Heineman Jr., 2007, Avoiding integrity land mines, *Harvard Business Review*, 85(4): 100–108.

147. D. C. Hambrick & T. J. Quigley, 2014, Toward more accurate contextualization of the CEO effect on firm performance, *Strategic Management Journal*, 35: 473–491; P. Klarner & S. Raisch, 2013, Move to the beat—Rhythms of change and firm performance, *Academy of Management Journal*, 56: 160–184.

第 2 章

1. R. Krause, M. Semadeni & A. A. Cannella, 2013, External COO/presidents as expert directors: A new look at the service of

role of boards, *Strategic Management Journal*, 34: 1628–1641; Y. Y. Kor & A. Mesko, 2013, Dynamic managerial capabilities:

Configuration and orchestration of top executives' capabilities and the firm's dominant logic, *Strategic Management*

Journal, 34: 233–234.

2. K.-Y. Hsieh, W. Tsai, & M.-J. Chen, 2015, If they can do it, why not us? Competitors as reference points for justifying escalation of commitment, *Academy of Management Journal*, 58: 38–58; R. Kapoor & J. M. Lee, 2013, Coordinating and competing in ecosystems: How organizational forms shape new technology investments, *Strategic Management Journal*, 34: 274–296.

3. C. E. Stevens, E. Xie, & M. W. Peng, 2015, Toward a legitimacy-based view of political risk: The case of Google and Yahoo in China, *Strategic Management Journal*, 36: in press; E.-H. Kim, 2013, Deregulation and differentiation: Incumbent investment in green technologies, *Strategic Management Journal*, 34: 1162–1185.

4. R. J. Sawant, 2012, Asset specificity and corporate political activity in regulated industries, *Academy of Management Review*, 37: 194–210; S. Hanson, A. Kashyap, & J. Stein, 2011, A macroprudential approach to financial regulation. *Journal of Economic Perspectives*, 25: 3–28.

5. S. Garg, 2013, Venture boards: Distinctive monitoring and implications for firm performance, *Academy of Management Review*, 38: 90–108; J. Harrison, D. Bosse, & R. Phillips, 2010, Managing for stakeholders, stakeholder utility functions, and competitive advantage, *Strategic Management Journal*, 31: 58–74.

6. S. C. Schleimer & T. Pedersen, 2013, The driving forces of subsidiary absorptive capacity, *Journal of Management Studies*, 50: 646–672; M. T. Lucas & O. M. Kirillova, 2011, Reconciling the resource-based and competitive positioning perspectives on manufacturing flexibility, *Journal of Manufacturing Technology Management*, 22: 189–203.

7. M. Taissig & A. Delios, 2015, Unbundling the effects of institutions on firm resources: The contingent value of being local in emerging economy private equity, *Strategic Management Journal*, 36: in press; C. Qian, Q. Cao, & R. Takeuchi, 2013, Top management team functional diversity and organizational innovation in China: The moderating effects of environment, *Strategic Management Journal*, 34: 110–120.

8. EY, 2015, Middle class growth in emerging markets entering the global middle class, www.ey.com, March 6; EY, 2015 Middle class growth in emerging markets hitting the sweet spot, www.ey.com, March 6.

9. E. V. Karniouchina, S. J. Carson, J. C. Short, & D. J. Ketchen, 2013, Extending the firm vs. industry debate: Does industry life cycle stage matter? *Strategic Management Journal*, 34: 1010–1018.

10. R. B. MacKay & R. Chia, 2013, Choice, chance, and unintended consequences in strategic change: A process understanding of the rise and fall of NorthCo Automotive, *Academy of Management Journal*, 56: 208–230; J. P. Murmann, 2013, The coevolution of industries and important features of their environments, *Organization Science*, 24: 58–78; G. J. Kilduff, H. A. Elfenbein, & B. M. Staw, 2010, The psychology of rivalry: A relationally dependent analysis of competition, *Academy of Management Journal*, 53: 943–969.

11. R. E. Hoskisson, M. Wright, I. Filatotchev, & M. W. Peng, 2013, Emerging multinationals from mid-range economies: The influence of institutions and factor markets, *Journal of Management Studies*, 50: 127–153; A. Hecker & A. Ganter, 2013, The influence of product market competition on technological and management innovation: Firm-level evidence from a large-scale survey, *European Management Review*, 10: 17–33.

12. Walmart, 2015, Our locations. www.corporate. walmart.com, March 6; Metro Cash and Carry, 2015, International Operations, en.wikipedia. org, February 1; BBC news, 2014, Carrefour to exit India business, www.bbc.com, July 8; BBC news, 2014, Tesco signs deal to enter India's supermarket sector, www.bbc.com, March 21.

13. F. Bridoux & J. W. Stoelhorst, 2014, Microfoundations for stakeholder theory: Managing stakeholders with heterogeneous motives, *Strategic Management Journal*, 35: 107–125; B. Gilad, 2011, The power of blindspots. What companies don't know, surprises them. What they don't want to know, kills them, *Strategic Direction*, 27(4): 3–4.

14. B. Bradlee, 2014, Patent battle between Nokia and HTC ends with the signing of a patent and technology collaboration agreement, Capital Technologies, www. captees.com, February 9; A. Poon & J. Rossi, 2013, Patent battle between Nokia, HTC heats up, *Wall Street Journal*, www.wsj.com, May 24.

15. D. Li, 2013, Multilateral R&D alliances by new ventures, *Journal of Business Venturing*, 28: 241–260; A. Graefe, S. Luckner, & C. Weinhardt, 2010, Prediction markets for foresight, *Futures*, 42: 394–404.

16. J. Tang, K. M. Kacmar, & L. Busenitz, 2012, Entrepreneurial alertness in the pursuit of new opportunities, *Journal of Business Venturing*, 27: 77–94; D. Chrusciel, 2011, Environmental scan: Influence on strategic direction, *Journal of Facilities Management*, 9(1): 7–15.

17. D. E. Hughes, J. Le Bon, & A. Rapp, 2013, Gaining and leveraging customer-based competitive intelligence: The pivotal role of social capital and salesperson adaptive selling skills, *Journal of the Academy of Marketing Science*, 41: 91–110; J. R. Hough & M. A. White, 2004, Scanning actions and environmental dynamism: Gathering information for strategic decision making, *Management Decision*, 42: 781–793; V. K. Garg, B. A. Walters, & R. L. Priem, 2003, Chief executive scanning emphases, environmental dynamism, and manufacturing firm performance, *Strategic Management Journal*, 24: 725–744.

18. C.-H. Lee & T.-F. Chien, 2013, Leveraging microblogging big data with a modified density-based clustering approach for event awareness and topic ranking, *Journal of Information Science*, 39: 523–543.

19. The Culturist, 2013, More than 2 billion people use the Internet, here's what they're up to, www.theculturist.com, May 9.

20. S. Garg, 2013, Venture boards: Distinctive monitoring and implications for firm performance, *Academy of Management Review*, 38: 90–108; L. Fahey, 1999, *Competitors*, New York: John Wiley & Sons, 71–73.

21. K. Greene & V. Monga, 2013, Workers saving too little to retire, *Wall Street Journal*, www. wsj.com, March 19.

22. M. Hadley, 2014, Americans still don't have enough savings, *USA Today*, www.usatoday. com, June 23.

23. B. L. Connelly & E. J. Van Slyke, 2012, The power and peril of board interlocks, *Business Horizons*, 55: 403–408; C. Dellarocas, 2010, Online reputation systems: How to design one that does what you need, *MIT Sloan Management Review*, 51: 33–37.

24. G. Martin, R. Gozubuyuk, & M. Becerra, 2015, Interlocks and firm performance: The role of uncertainty in the directorate interlock-performance relationship, *Strategic Management Journal*, 36: 235–253.

25. K. L. Turner & M. V. Makhija, 2012, The role of individuals in the information processing perspective, *Strategic Management Journal*, 33: 661–680; X. Zhang, S. Majid, & S. Foo, 2010, Environmental scanning: An application of information literacy skills at the workplace, *Journal of Information Science*, 36: 719–732.

26. L. Sleuwaegen, 2013, Scanning for profitable (international) growth, *Journal of Strategy and Management*, 6: 96–110; J. Calof & J. Smith, 2010, The integrative domain of foresight and competitive intelligence and its impact on R&D management, *R & D Management*, 40(1): 31–39.

27. S. Phandis, C. Caplice, Y. Sheffi, & M. Singh, 2015, Effect of scenario planning on field experts judgment of long-range investment decisions, *Strategic Management Journal*, in press; A. Chwolka & M. G. Raith, 2012, The value of business planning before start-up—A decision-theoretical perspective, *Journal of Business Venturing*, 27: 385–399.

28. S. D. Wu, K. G. Kempf, M. O. Atan, B. Aytac, S. A. Shirodkar, & A. Mishra, 2010, Improving new-product forecasting at Intel Corporation, *Interfaces*, 40: 385–396.

29. K. D. Miller & S.-J. Lin, 2015, Analogical reasoning for diagnosing strategic issues in dynamic and complex environments, *Strategic Management Journal*, in press; R. Klingebiel, 2012, Options in the implementation plan of entrepreneurial initiatives: Examining firms' attainment of flexibility benefit, *Strategic Entrepreneurship Journal*, 6: 307–334; T. Sueyoshi & M. Goto, 2011, Methodological comparison between two unified (operational and environmental) efficiency measurements for environmental assessment, *European Journal of Operational Research*, 210:

684–693.

30. P. Jarzabkowski & S. Kaplan, 2015, Strategy tools-in-use: A framework for understanding "technologies of rationality" in practice, *Strategic Management Journal*, 36: 537–558; N. J. Foss, J. Lyngsie, & S. A. Zahra, 2013, The role of external knowledge sources and organizational design in the process of opportunity exploitation, *Strategic Management Journal*, 34: 1453–1471.

31. D. Grewal, A. Roggeveen, & R. C. Runyan, 2013, Retailing in a connected world, *Journal of Marketing Management*, 29: 263–270; R. King, 2010, Consumer demographics: Use demographic resources to target specific audiences, *Journal of Financial Planning*, 23(12): S4–S6.

32. 2015, World, population clock: 7 billion people (2015), www.worldometers.info/world-population, March 6; 2013, U.S. Census Bureau, International Programs World Population, www.census.gov/population/international/data/worldpop/, May 21.

33. World population clock; 2013, The world population and the top ten countries with the highest population, *Internet World Stats*, www.internetworldstats.com, May 21.

34. T. Kambayashi, 2011, Brief: Aging Japan sees slowest population growth yet, *McClatchy-Tribune Business News*, www.mcclatchy.com, February 25; S. Moffett, 2005, Fast-aging Japan keeps its elders on the job longer, *Wall Street Journal*, June 15, A1, A8.

35. D. Bloom & D. Canning, 2012, How companies must adapt for an aging workforce, *HBR Blog Network*, www.hbr.org, December 3.

36. 2012, Humanity's aging, *National Institute on Aging*, www.nia.nih.gov, March 27.

37. M. B. Dougherty, 2012, Stunning facts about Japan's demographic implosion, *Business Insider*, www.businessinsider.com, April 24.

38. M. Chand & R. L. Tung, 2014, The aging of the world's population and its effects on global business, *Academy of Management Perspectives*, 28: 409–429.

39. 2013, The aging workforce: Finding the silver lining in the talent gap, *Deloitte*, www.deloitte.com, February.

40. D. Cumming, T. Leung, & O. Rui, 2015, Gender diversity and securities fraud, *Academy of Management Journal*, in press; A. Joshi, J. Son, & H. Roh, 2015, When can women close the gap? A meta-analytic test of sex differences in performance and rewards, *Academy of Management Journal*, in press.

41. 2015, List of U.S. states and territories by population, *Wikipedia*, en.wikipedia.org, March 9.

42. 2013, 2013 Cal Facts, Legislative Analysts' Office, www.lao.ca.gov, January 2.

43. J. Goudreau, 2013, The states people are fleeing in 2013, *Forbes*, www.forbes.com, February 7.

44. R. Dobbs, S. Smit, J. Remes, J. Manyika, C. Roxburgh & A. Restrepo, 2011, *Urban world: Mapping the economic power of cities*, Chicago: McKinsey Global Institute, March.

45. 2012, Population and population change statistics, *European Commission*, www.epp.eurostat.ec.europa.eu, October.

46. S. Reddy, 2011, U.S. News: Latinos fuel growth in decade, *Wall Street Journal*, March 25, A2.

47. 2015, New census bureau report analyzes U.S. population projects, www.census.gov, March 3.

48. G. Andrrevski, O. C. Richard, J.D. Shaw, & W. J. Ferrier, 2014, Racial diversity and firm performance: The mediating role of competitive intensity, *Journal of Management*, 40: 820–844.

49. M. Fisher, 2013, A revealing map of the world's most and least ethnically diverse countries, *The Washington Post*, www.washingtonpost.com, May 16.

50. A. Hain-Cole, 2010, Companies juggle cost cutting with competitive benefits for international assignments, *Benefits & Compensation International: A Magazine for Global Companies*, 40: 26.

51. J. Lee, 2010, Don't underestimate India's consumers, *Bloomberg Businessweek*, www.businessweek.com, January 21.

52. W. Q. Judge, A. Fainschmidt, & J. L. Brown, 2014, Which model of capitalism best delivers both wealth and equality? *Journal of International Business Studies*, 45: 363–386.

53. G. A. Shinkle & B. T. McCann, 2013, New product deployment: The moderating influence of economic institutional context, *Strategic Management Journal*, 35: 1090–1101; L. Fahey & V. K. Narayanan, 1986, *Macroenvironmental Analysis for Strategic Management (The West Series in Strategic Management)*, St. Paul, Minnesota: West Publishing Company, 105.

54. A. Chakrabarti, 2015, Organizational adaptation in an economic shock: The role of growth reconfiguration, *Strategic Management Journal*, in press; N. Bloom, M. A. Kose, & M. E. Terrones, 2013, Held back by uncertainty, *Finance & Development*, 50: 38–41, March.

55. 2015, Global economic prospects: Having physical space and using it, The World bank, www.worldbank.org, January.

56. J. K. Ault & A. Spicer, 2014, The institutional context of poverty: State fragility as a predictor of cross-national variation in commercial microfinance lending, *Strategic Management Journal*, 36; R. J. Sawant, 2012, Asset specificity and corporate political activity in regulated industries, *Academy of Management Review*, 37: 194–210.

57. T. A. Khoury, M. Junkunc, & S. Mingo, 2015, Navigating political hazard risks and legal system quality: Venture capital investments in Latin America, *Journal of Management*, 41: 808–840; M. R. King, 2015, Political bargaining and multinational bailouts, *Journal of International Business Studies*, 46: 206–222; N. Jia, 2014, Are collective political actions and private political actions substitutes or complements? Empirical evidence from China's private sector, *Strategic Management Journal*, 35: 292–315.

58. S. G. Lazzarini, 2015, Strategizing by the government: Can industrial policy create firm-level competitive advantage, *Strategic*

59. S. Zeidler, 2013, MGM assessing costs of operating online poker in Nevada, *Reuters*, www.mobile,reuters.com, May 2.

60. R. Ayadi, E. Arbak, W. P. de Goren, & D. T. Llewellyn, 2013, *Regulation of European Banks and Business Models: Towards a New Paradigm?* Brookings Institution Press, Washington, D.C.

61. K. J. O'Brien, 2013, Firms brace for new European data privacy law, *New York Times*, www.nytimes.com, May 13.

62. C. Jiang, S. Yao, & G. Feng, 2013, Bank ownership, privatization, and performance: Evidence from a transition country, *Journal of Banking & Finance*, 37: 3364–3372; N. Boubakri & L. Bouslimi, 2010, Analysts following of privatized firms around the world: The role of institutions and ownership structure, *International Journal of Accounting*, 45: 413–442.

63. L. Richards, 2013, The effects of socio-culture on business, *The Houston Chronicle*, www.chron.com, May 26.

64. J. G. York & M. J. Lennox, 2014, Exploring the sociocultural determinants of de novo and de alio entry into emerging industries, *Strategic Management Journal*, 35: 1930–1951.

65. 2013, Health strategy, *European Commission Public Health*, www.europa.eu, May 23.

66. M. Toosi, 2012, Projections of the labor force to 2050: A visual essay, *Monthly Labor Review*, October.

67. Ibid., 13.

68. T. Grenness, 2011, The impact of national culture on CEO compensation and salary gaps between CEOs and manufacturing workers, *Compensation & Benefits Review*, 43: 100–108.

69. G. Lucke, T. Kostova, & K. Roth, 2014, Multiculturalism from a cognitive perspective: Patterns and implications, *Journal of International Business Studies*, 45:169–190; Y. Zeng, O. Shenkar, S.-H. Lee, & S. Song, 2013, Cultural differences, MNE learning abilities, and the effect of experience on subsidiary mortality in a dissimilar culture: Evidence from Korean MNEs, *Journal of International Business Studies*, 44: 42–65.

70. J. Liu, C. Hui, C. Lee, & Z. X. Chen, 2013, Why do I feel valued and why do I contribute? A relational approach to employee's organization-based self-esteem and job performance, *Journal of Management Studies*, 50: 1018–1040; C. M. Chan, S. Makino, & T. Isobe, 2010, Does subnational region matter? Foreign affiliate performance in the United States and China, *Strategic Management Journal*, 31: 1226–1243; P. J. Buckley, J. Clegg, & H. Tan, 2006, Cultural awareness in knowledge transfer to China—The role of guanxi and mianzi, *Journal of World Business*, 41: 275–288.

71. S. Grodal, 2015, The co-evolution of technologies and categories during industry emergence, *Academy of Management Review*, in press; N. R. Furr & D. C. Snow, Intergenerational hybrids:

Management Journal, 36: 97–112.

Spillbacks, spillforwards and adapting to technological discontinuities, *Organization Science*, in press; J. P. Eggers, 2014, Competing technologies and industry evolution: The benefits of making mistakes in the flat panel display industry, *Strategic Management Journal*, 35: 159–178.

72. L. Fuentelsaz, E. Garrido, & J. P. Maicas, 2015, Incumbents, technological change and institutions: How the value of complementary resources varies across markets, *Strategic Management Journal*, in press; A. Furlan, A. Cabigiosu, & A. Camuffo, 2014, When the mirror gets misted up: Modularity and technological change, *Strategic Management Journal*, 35; 789–807.

73. 2013, Consumers (everywhere) know a good deal when they see it, *bcg.perspectives*, www.bcgperspectives.com, January 11.

74. W. Bock, D. Field, P. Zwillenberg, & K. Rogers, 2015, The growth of the global mobile Internet economy, *bcg.perspectives, www.bcgperspectives.com*; The Culturist, 2013.

75. P. Buckley & R. Strange, 2015, The governance of the global factory: Location and control of world economic activity, *Academy of Management Perspectives*, in press; J.-E. Vahlne & I. Ivarsson, 2014, The globalization of Swedish MNEs: Empirical evidence and theoretical explanations, *Journal of International Business Studies*, 45: 227–247; E. R. Banalieva & C. Dhanaraj, 2013, Home-region orientation in international expansion strategies, *Journal of International Business Studies*, 44: 89–116.

76. K. Kyung-Tae, R. Seung-Kyu, & O. Joongsan, 2011, The strategic role evolution of foreign automotive parts subsidiaries in China, *International Journal of Operations & Production Management*, 31: 31–55.

77. S. T. Cavusgil & G. Knight, 2015, The born global firm: An entrepreneurial and capabilities perspective on early and rapid internationalization, *Journal of International Business Studies*, 46: 3–16; S. Sui & M. Baum, 2014, Internationalization strategy, firm resources and the survival of SMEs in the export market, *Journal of International Business Studies*, 45: 821–841.

78. 2013, Growth and globalization: Keeping a lid on capacity, KPMG, Automotive executive survey, www.kpmb.com, January 15.

79. T.J. Pukall & A. Calabro, 2014, The internationalization of family firms: A critical review and integrative model, *Family Business Review*, 27: 103–125; K. E. Meyer, 2006, Globalfocusing: From domestic conglomerates to global specialists, *Journal of Management Studies*, 43: 1110–1144.

80. R. G. Flores, R. V. Aguilera, A. Mahdian, & P. M. Vaaler, 2013, How well do supra-national regional grouping schemes fit international business research models? *Journal of International Business Studies*, 44: 451–474; Hoskisson, Wright, Filatotchev, & Peng, Emerging multinationals.

81. F. J. Froese, 2013, Work values of the next generation of business leaders in Shanghai, Tokyo, and Seoul, *Asia Pacific Journal of Management*, 30: 297–315; M. Muethel & M. H. Bond, 2013, National context and individual employees' trust of the out-group: The role of societal trust, *Journal of International Business Studies*, 4: 312–333; M. A. Hitt, M. T. Dacin, B. B. Tyler, & D. Park, 1997, Understanding the differences in Korean and U.S. executives' strategic orientations, *Strategic Management Journal*, 18: 159–167.

82. D. Ahlstrom, E. Levitas, M. A. Hitt, T. Dacin, & H. Zhu, 2014, The three faces of China: Strategic alliance partner selection in three Chinese economies," *Journal of World Business*, 49: 572–585; X. Li, 2012, Behind the recent surge of Chinese patenting: An institutional view, *Research Policy*, 41: 236–249.

83. T. Yu, M. Subramaniam, & A. A. Cannella, Jr., 2013, Competing globally, allying locally: Alliances between global rivals and host-country factors, *Journal of International Business Studies*, 44: 117–137; T. K. Das & R. Kumar, 2011, Regulatory focus and opportunism in the alliance development process, *Journal of Management*, 37: 682–708.

84. B. Perrott, 2014, The sustainable organization: Blueprint for an integrated model, *Journal of Business Strategy*, 35: 26–37; A. G. Scherer, G. Palazzo, & D. Seidl, 2013, Managing legitimacy in complex and heterogeneous environments: Sustainable development in a globalized world, *Journal of Management Studies*, 50: 259–284; J. Harris, 2011, Going green to stay in the black: Transnational capitalism and renewable energy, *Perspectives on Global Development & Technology*, 10: 41–59.

85. B. W. Lewis, J. L. Walls, & G. W. S. Dowell, 2014, Difference in degrees: CEO characteristics and firm environmental disclosure, *Strategic Management Journal*, 35: 712–722; P. Berrone, A. Fosfuri, L. Gelabert, & L. R. Gomez-Mejia, 2013, Necessity as the mother of 'green' inventions: Institutional pressures and environmental innovations, *Strategic Management Journal*, 34: 891–909; M. Delmas, V. H. Hoffmann, & M. Kuss, 2011, Under the tip of the iceberg: Absorptive capacity, environmental strategy, and competitive advantage, *Business & Society*, 50: 116–154.

86. 2013, What is sustainable development? International institute for sustainable development, www.iisd.org, May 5.

87. J. K. Hall, G. A. Daneke, & M. J. Lenox, 2010, Sustainable development and entrepreneurship: Past contributions and future directions, *Journal of Business Venturing*, 25: 439–448.

88. M. A. Delmas & O. Gergaud, 2014, Sustainable certification for future generations: The case of family firms, *Family Business Review*, 27: 228–243.

89. D. Ferris, 2012, Will economic growth destroy the environment—or save it? *Forbes*, www.forbes.com, October 17.

90. S. M. Ben-Menahern, Z. Kwee, H. W. Volberda, & F. A. J. Van Den Bosch, 2013, Strategic renewal over time: The enabling role of potential absorptive capacity in aligning internal and external rates of change, *Long Range Planning*, 46: 216–235; V. Souitaris & B. Maestro, 2010, Polychronicity in top management teams: The impact on strategic decision processes and performance of new technology ventures, *Strategic Management Journal*, 31: 652–678.

91. S.-J. Chang & B. Wu, 2014, Institutional barriers and industry dynamics, *Strategic Management Journal*, 35: 1103–1121.

92. M. Schimmer & M. Brauer, 2012, Firm performance and aspiration levels as determinants of a firm's strategic repositioning within strategic group structures, *Strategic Organization*, 10: 406–435; J. Galbreath & P. Galvin, 2008, Firm factors, industry structure and performance variation: New empirical evidence to a classic debate, *Journal of Business Research*, 61: 109–117.

93. J. J. Tarzijan & C. C. Ramirez, 2011, Firm, industry and corporation effects revisited: A mixed multilevel analysis for Chilean companies, *Applied Economics Letters*, 18: 95–100; V. F. Misangyl, H. Elms, T. Greckhamer, & J. A. Lepine, 2006, A new perspective on a fundamental debate: A multilevel approach to industry, corporate, and business unit effects, *Strategic Management Journal*, 27: 571–590.

94. E. T. Fukui, A. B. Hammer, & L. Z. Jones, 2013, Are U.S. exports influenced by stronger IPR protection measures in recipient markets? *Business Horizons*, 56: 179–188; D. Sullivan & J. Yuening, 2010, Media convergence and the impact of the Internet on the M&A activity of large media companies, *Journal of Media Business Studies*, 7(4): 21–40.

95. G. D. Markman & T. L. Waldron, 2014, Small entrants and large incumbents: A framework of micro entry, *Academy of Management Perspectives*, 28: 179–197; K. Muller, K. Huschelrath, & V. Bilotkach, 2012, The construction of a low-cost airline network—facing competition and exploring new markets, *Managerial and Decision Economics*, 33: 485–499.

96. F. Karakaya & S. Parayitam, 2013, Barriers to entry and firm performance: A proposed model and curvilinear relationships, *Journal of Strategic Marketing*, 21: 25–47; B. F. Schivardi & E. Viviano, 2011, Entry barriers in retail trade, *Economic Journal*, 121: 145–170; A. V. Mainkar, M. Lubatkin, & W. S. Schulze, 2006, Toward a product-proliferation theory of entry barriers, *Academy of Management Review*, 31: 1062–1075.

97. V. Niu, L. C. Dong, & R. Chen, 2012, Market entry barriers in China, *Journal of Business Research*, 65: 68–76.

98. R. Vandaie & A. Zaheer, 2014, Surviving bear hugs: Firm capability, large partner alliances and growth, *Strategic Management Journal*, 35: 566–577; V. K. Garg, R. L. Priem, & A. A. Rasheed, 2013, A theoretical explanation of the cost advantages of multi-unit franchising, *Journal of Marketing Channels*, 20: 52–72.

99. P. Jackson & M. Iwata, 2012, Global deal: Mitsubishi Heavy, Hitachi to merge businesses, *Wall Street Journal*, www.wsj.com, November 30.

100. C. G. Asmussen, 2015, Strategic factor markets, scale free resources and economic performance: The impact of product

market rivalry, *Strategic Management Journal*, in press.

101. G. A. Shinkle & B. T. McCann, 2014, New produce deployment: The moderating influence of economic institutional context, *Strategic Management Journal*, 35: 1090–1101.

102. J. J. Ebbers & N. M. Wijnberg, 2013, Nascent ventures competing for start-up capital: Matching reputations and investors, *Journal of Business Venturing*, 27: 372–384; T. Rice & P. E. Strahan, 2010, Does credit competition affect small-firm finance? *Journal of Finance*, 65: 861–889.

103. Z. Khan, Y. K. Lew, & R. R. Sinkovics, 2015, International joint ventures as boundary spanners: Technological knowledge transfer in an emerging economy, *Global Strategy Journal*, 5: 48–68.

104. 2013, Zara-owned Inditex's profits rise by 22%, *BBC News Business*, www.bbc.co.uk, March 13.

105. M. Hume, 2011, The secrets of Zara's success, *Telegraph.co.uk*, www.telegraph.co.uk, June 22.

106. Y. Pan, L. Teng, A. B. Supapol, X. Lu, D. Huang, & Z. Wang, 2014, Firms; FDI ownership: The influence of government ownership and legislative connections, *Journal of International Business*, 45: 1029–1043; 2011, Airline deregulation, revisited, *Bloomberg Businessweek*, www.businessweek.com, January 21.

107. S. H. Ang, M. H. Benischke, & J. P. Doh, 2015, The interactions of institutions on foreign market entry mode, *Strategic Management Journal*, in press.

108. J. Jaeger, 2010, Anti-trust reviews: Suddenly, they're a worry, *Compliance Week*, 7(80): 48–59.

109. N. Argyes, L. Bigelow, & J. A. Nickerson, 2015, Dominant designs, innovation shocks and the follower's dilemma, *Strategic Management Journal*, 36: 216–234.

110. J. B. Heide, A. Kumar, & K. H. Wathne, 2014, Concurrent sourcing, governance mechanisms and performance outcomes in industrial value chains, *Strategic Management Journal*, 35: 1164–1185; L. Poppo & K. Z. Zhou, 2014, Managing contracts for fairness in buyer-supplier exchanges, *Strategic Management Journal*, 35: 1508–1527.

111. M. J. Mol & C. Brewster, 2014, The outsourcing strategy of local and multinational firms: A supply base perspective, *Global Strategy Journal*, 4: 20–34.

112. J. Roloff, M. S. ABländer, & D. Z. Nayir, 2015, The supplier perspective: Forging strong partnerships with buyers; *Journal of Business Strategy*, 36(1): 25–32; L. Poppo, K. Z. Zhou, & J. J. Li, 2015, When can you trust "trust?" Calculative trust, relational trust and supplier performance, *Strategic Management Journal*, in press.

113. F. H. Liu, 2014, OEM supplier impact on buyer competence development, *Journal of Strategy and Management*, 7: 2–18; S. Bhattacharyya & A. Nain, 2011, Horizontal acquisitions and buying power: A product market analysis, *Journal of Financial Economics*, 99: 97–115.

114. 2015, Computer sales statistics, *Statistic Brain*, www.statisticbrain.com, January 14; I. Sherr & S. Ovide, 2013, Computer sales in free fall, *Wall Street Journal*, www.wsj.com, April 11.

115. C. Giachetti & G. B. Dagnino, 2014, Detecting the relationship between competitive intensity and firm product line length: Evidence from the worldwide mobile phone industry, *Strategic Management Journal*, 35: 138–1409.

116. G. Pacheco-de-Almeida, A. Hawk, & B. Yeung, 2015, The right speed and its value, *Strategic Management Journal*, 36: 159–176.

117. M.-J. Lee & J. Cheng, 2015, Samsung vs. Apple: who was no. 1? *Wall Street Journal Digits*, blog.wsj.com, January 29; P. Cohan, 2013, Samsung trouncing Apple, *Forbes*, www.forbes.com, April 26.

118. K. Bradsher, 2014, China's embrace of foreign cars, *New York Times*, www.nytimes.com, April 8; K. Bradsher, 2013, Chinese auto buyers grow hungry for larger cars, *New York Times*, www.nytimes.com, April 21.

119. H. Martin, 2014, Global airline industry expects record profits in 2014, *Los Angeles Times*, articles.latimes.com, February 9; R. Wall, 2013, Airline profits to top $10 billion on improving sales outlook, *Bloomberg*, www.bloomberg.com, March 20.

120. M. A. Hitt, D. Li, & K Xu, 2015, International Strategy: From local to global and beyond, *Journal of World Business*, in press; A. Goerzen, C. G. Asmussen, & B. B. Nielsen, 2013, Global cities and multinational enterprise location strategy, *Journal of International Business Studies*, 44: 427–450.

121. M. E. Porter, 1980, *Competitive Strategy*, New York: Free Press.

122. F. J. Mas-Ruiz, F. Ruiz-Moreno, & A. L. de Guevara Martinez, 2013, Asymmetric rivalry within and between strategic groups, *Strategic Management Journal*, in press; M. S. Hunt, 1972, Competition in the major home appliance industry, 1960–1970 (doctoral dissertation, Harvard University); Porter, *Competitive Strategy*, 129.

123. D. Miller, I. Le Breton-Miller, & R. H. Lester, 2013, Family firm governance, strategic conformity, and performance: Institutional vs. strategic perspectives, *Organization Science*, 24: 189–209; S. Cheng & H. Chang, 2009, Performance implications of cognitive complexity: An empirical study of cognitive strategic groups in semiconductor industry, *Journal of Business Research*, 62: 1311–1320; G. McNamara, D. L. Deephouse, & R. A. Luce, 2003, Competitive positioning within and across a strategic group structure: The performance of core, secondary, and solitary firms, *Strategic Management Journal*, 24: 161–181.

124. B. P. S. Murthi, A. A. Rasheed, & I. Goll, 2013, An empirical analysis of strategic groups in the airline industry using latent class regressions, *Managerial and Decision Economics*, 34(2): 59–73; J. Lee, K. Lee, & S. Rho, 2002, An evolutionary perspective on strategic group emergence: A genetic algorithm-based model, *Strategic Management Journal*, 23: 727–746.

125. K.-Y. Hsieh, W. Tsai, & M.-J. Chen, 2015, If they can do it, why not us? Competitors as reference points in justifying escalation of commitment, *Academy of management Journal*, 58: 38–58; T. Keil, T. Laarmanen, & R. G. McGrath, 2013, Is a counterattack the best defense? Competitive dynamics through acquisitions, *Long Range Planning*, 46: 195–215.

126. Porter, *Competitive Strategy*, 49.

127. R. L. Priem, S. Li, & J. C. Carr, 2012, Insights and new directions from demand-side approaches to technology innovation, entrepreneurship, and strategic management research, *Journal of Management*, 38: 346–374; J. E. Prescott & R. Herko, 2010, TOWS: The role of competitive intelligence, *Competitive Intelligence Magazine*, 13(3): 8–17.

128. D. E. Hughes, J. Le Bon, & A. Rapp, 2013. Gaining and leveraging customer-based competitive intelligence: The pivotal role of social capital and salesperson adaptive selling skills, *Journal of the Academy of Marketing Science*, 41: 91–110; D. B. Montgomery, M. C. Moore, & J. E. Urbany, 2005, Reasoning about competitive reactions: Evidence from executives, *Marketing Science*, 24: 138–149.

129. H. Akbar & N. Tzokas, 2012, An exploration of new product development's front-end knowledge conceptualization process in discontinuous innovations, *British Journal of Management*, 24: 245–263; K. Xu, S. Liao, J. Li, & Y. Song, 2011, Mining comparative opinions from customer reviews for competitive intelligence, *Decision Support Systems*, 50: 743–754; S. Jain, 2008, Digital piracy: A competitive analysis, *Marketing Science*, 27: 610–626.

130. S. Wright, 2013, Converting input to insight: Organising for intelligence-based competitive advantage. In S. Wright (ed.), *Competitive Intelligence, Analysis and Strategy: Creating Organisational Agility*. Abingdon: Routledge, 1–35; J. G. York, 2009, Pragmatic sustainability: Translating environmental ethics into competitive advantage, *Journal of Business Ethics*, 85: 97–109.

131. R. Huggins, 2010, Regional competitive intelligence: Benchmarking and policy-making. *Regional Studies*, 44: 639–658.

132. L. T. Tuan, 2013, Leading to learning and competitive intelligence, *The Learning Organization*, 20: 216–239; K. A. Sawka, 2008 The ethics of competitive intelligence, *Kiplinger Business Resource Center Online*, www.kiplinger.com, March.

133. R. B. Bouncken & S. Kraus, 2013, Innovation in knowledge-intensive industries: The double-edged sword of coopetition, *Journal of Business Research*, 66: 2060–2070; T. Mazzarol & S. Reboud, 2008, The role of complementary actors in the development

of innovation in small firms, *International Journal of Innovation Management*, 12: 223–253; A. Brandenburger & B. Nalebuff,

1996, *Co-opetition*, New York: Currency Doubleday.

134. 2015, SCIP Code of ethics for CI professionals, www.scip.org, March 25.

第 3 章

1. A. Gambardella, C. Panico, & G. Valentini, 2015, Strategic incentives to human capital, *Strategic Management Journal*, 36: 37–52; C. Gilbert, M. Eyring, & R. N. Foster, 2012, Two routes to resilience. *Harvard Business Review*, 90(12): 65–73; H. A. Ndofor, D. G. Sirmon, & X. He, 2011, Firm resources, competitive actions and performance: Investigating a mediated model with evidence from the in-vitro diagnostics industry, *Strategic Management Journal*, 32: 640–657.

2. R. Khanna, I. Guler, & A. Nerkar, 2015, Fail often, fail big, and fail fast: Learning from small failures and R&D performance in the pharmaceutical industry, *Academy of Management Journal*, in press; C. Engel & M. Kleine, 2015, Who is afraid of pirates? An experiment on the deterrence of innovation by imitation, *Research Policy*, 44: 20–33; K. Wilson & Y. L. Doz, 2012, 10 rules for managing global innovation, *Harvard Business Review*, 90(10): 84–90.

3. S. Denning, 2015, How Agile and Zara are transforming the U.S. fashion industry, *Forbes Online*, www.forbes.com, March 13; M. Schoultz, 2015, Is Zara the most innovative fashion retailer? *Digital Spark Marketing*, www.digitalsparkmarketing. com, April 10.

4. J. Ostrower, 2015, At Boeing, innovation means small steps, not giant leaps, *Wall Street Journal Online*, www.wsj.com, April 2.

5. M. Beck, 2015, Innovation is sweeping through U.S. medical schools, *Wall Street Journal Online*, www.wsj.com, February 16.

6. M. Keyhani, M. Levesque, & A. Madhok, 2015, Toward a theory of entrepreneurial rents: A simulation of the market process, *Strategic Management Journal*, 36: 76–96; L. Ngo & A. O'Cass, 2012, In search of innovation and customer-related performance superiority: The role of market orientation, marketing capability, and innovation capability interactions, *Journal of Product Innovation Management*, 29: 861–877; D. G. Sirmon, M. A. Hitt, & R. D. Ireland, 2007, Managing firm resources in dynamic markets to create value: Looking inside the black box, *Academy of Management Review*, 32: 273–292.

7. M.-J. Chen & D. Miller, 2015, Reconceptualizing competitive dynamics: A multidimensional framework, *Strategic Management Journal*, 36: 758–775; F. Polidoro, Jr. & P. K. Toh, 2011, Letting rivals come close or warding them off? The effects of substitution threat on imitation deterrence, *Academy of Management Journal*, 54: 369–392; A. W. King, 2007, Disentangling interfirm and intrafirm

causal ambiguity: A conceptual model of causal ambiguity and sustainable competitive advantage, *Academy of Management Review*, 32: 156–178.

8. I. Le Breton-Miller & D. Miller, 2015, The paradox of resource vulnerability: Considerations for organizational curatorship, *Strategic Management Journal*, 36: 397–415; M. Semadeni & B. S. Anderson, 2010, The follower's dilemma: Innovation and imitation in the professional services industry, *Academy of Management Journal*, 53: 1175–1193.

9. U. Stettner & D. Lavie, 2014, Ambidexterity under scrutiny: Exploration and exploitation via internal organization, alliances, and acquisitions, *Strategic Management Journal*, 35: 1903–1929; M. G. Jacobides, S. G. Winter, & S. M. Kassberger, 2012, The dynamics of wealth, profit, and sustainable advantage, *Strategic Management Journal*, 33: 1384–1410.

10. S. Nadkarni, T. Chen, & J. Chen, 2015, The clock is ticking: Executive temporal depth, industry velocity and competitive aggressiveness, *Strategic Management Journal*, in press; L. A. Costa, K. Cool, & I. Dierickx, 2013, The competitive implications of the deployment of unique resources, *Strategic Management Journal*, 34: 445–463; M. A. Peteraf & J. B. Barney, 2003, Unraveling the resource-based tangle, *Managerial and Decision Economics*, 24: 309–323; J. B. Barney, 2001, Is the resource-based "view" a useful perspective for strategic management research? Yes, *Academy of Management Review*, 26: 41–56.

11. R. Roy & M. B. Sarkar, 2015, Knowledge, firm boundaries, and innovation: Mitigating the incumbent's curse during radical technological change, *Strategic Management Journal*: in press; G. Zied & J. McGuire, 2011, Multimarket competition, mobility barriers, and firm performance, *Journal of Management Studies*, 48: 857–890.

12. P. Wahba, 2014, Neiman Marcus goes after international luxury with e-commerce deal, *Fortune Online*, www. fortune.com, September 15.

13. D. Piaskowska & G. Trojanowski, 2014, Twice as smart? The importance of managers' formative-years' international experience for their international orientation and foreign acquisition decisions, *British Journal of Management*, 25: 40–57; M. Javidan, R. M. Steers, & M. A. Hitt (eds.), 2007, *The Global Mindset*: Amsterdam: Elsevier Ltd.

14. H. Liang, B. Ren, & S. Li Sun, 2015, An anatomy of state control in the globalization of state-owned enterprises,

Journal of International Business Studies, 46: 223–240; A. Diaz, M. Magni, & F. Poh, 2012, From oxcart to Wal-Mart: Four keys to reaching emerging-market consumers, *McKinsey Quarterly*, October, 58–67; O. Levy, S. Taylor, & N. A. Boyacigiller, 2010, On the rocky road to strong global culture, *MIT Sloan Management Review*, 51: 20–22.

15. J. J. Ebbers, 2014, Networking behavior and contracting relationships among entrepreneurs in business incubators, *Entrepreneurship Theory and Practice*, 38: 1159–1181; R. A. D'Aveni, G. B. Dagnino, & K. G. Smith, 2010, The age of temporary advantage, *Strategic Management Journal*, 31: 1371–1385; E. Danneels, 2008, Organizational antecedents of second-order competences, *Strategic Management Journal*, 29: 519–543.

16. R. Vandaie & A. Zaheer, 2015, Alliance partners and firm capability: Evidence from the motion picture industry, *Organization Science*, in press; S. A. Zahra & S. Nambisan, 2012, Entrepreneurship and strategic thinking in business ecosystems, *Business Horizons*, 55: 219–229.

17. A. Waeraas & H. L. Sataoen, 2015, Being all things to all customers: Building reputation in an institutionalized field, *British Journal of Management*, 26: 310–326; D. G. Sirmon, M. A. Hitt, R. D. Ireland, & B. A. Gilbert, 2011, Resource orchestration to create competitive advantage: Breadth, depth, and life cycle effects, *Journal of Management*, 37: 1390–1412; R. Adner & R. Kapoor, 2010, Value creation in innovation ecosystems: How the structure of technological interdependence affects firm performance in new technology generations, *Strategic Management Journal*, 31: 306–333.

18. C. Grimpe & K. Hussinger, 2014, Resource complementarity and value capture in firm acquisitions: The role of intellectual property rights, *Strategic Management Journal*, 35: 1762–1780; M. A. Hitt, R. D. Ireland, D. G. Sirmon, & C. A. Trahms, 2011, Strategic entrepreneurship: Creating value for individuals, organizations, and society, *Academy of Management Perspectives*, 25: 57–75; D. G. Sirmon, S. Gove, & M. A. Hitt, 2008, Resource management in dyadic competitive rivalry: The effects of resource bundling and deployment, *Academy of Management Journal*, 51: 919–935.

19. B. Clarysse, M. Wright, J. Bruneel, & A. Mahajan, 2014, Creating value in ecosystems: Crossing the chasm between knowledge and business ecosystems, *Research Policy*, 43: 1164–1176; J. S. Harrison, D. A. Bosse, & R. A. Phillips, 2010,

Managing for stakeholders, stakeholder utility functions, and competitive advantage, *Strategic Management Journal*, 31: 58–74; J. L. Morrow, Jr., D. G. Sirmon, M. A. Hitt, & T. R. Holcomb, 2007, Creating value in the face of declining performance: Firm strategies and organizational recovery, *Strategic Management Journal*, 28: 271–283.

20. P. Bromiley & D. Rau, 2014, Towards a practice-based view of strategy, *Strategic Management Journal*, 35: 1249–1256; V. Rindova, W. J. Ferrier, & R. Wiltbank, 2010, Value from gestalt: How sequences of competitive actions create advantage for firms in nascent markets, *Strategic Management Journal*, 31: 1474–1497.

21. C. Tantalo & R. L. Priem, 2015, Value creation through stakeholder synergy, *Strategic Management Journal*, in press; E. R. Brenes, D. Montoya, & L. Ciravegna, 2014, Differentiation strategies in emerging markets: The case of Latin American agribusinesses, *Journal of Business Research*, 67: 847–855; D. G. Sirmon, M. A. Hitt, J.-L. Arregle, & J. T. Campbell, 2010, The dynamic interplay of capability strengths and weaknesses: Investigating the bases of temporary competitive advantage, *Strategic Management Journal*, 31: 1386–1409.

22. S. Nadkarni & J. Chen, 2015, Bridging yesterday, today, and tomorrow: CEO temporal focus, environmental dynamism, and rate of new product introduction, *Academy of Management Journal*, in press; S. Nadkarni, T. Chen, & J. Chen, 2014, The clock is ticking: Executive temporal depth, industry velocity, and competitive aggressiveness, *Strategic Management Journal*, in press; F. Aime, S. Johnson, J. W. Ridge, & A. D. Hill, 2010, The routine may be stable but the advantage is not: Competitive implications of key employee mobility, *Strategic Management Journal*, 31: 75–87.

23. M. Arrfelt, R. M. Wiseman, G. McNamara, & G. T. M. Hult, 2015, Examining a key corporate role: The influence of capital allocation competency on business unit performance, *Strategic Management Journal*, in press; D. Li & J. Liu, 2014, Dynamic capabilities, environmental dynamism, and competitive advantage: Evidence from China, *Journal of Business Research*, 67: 2793–2799; D. J. Teece, 2012, Dynamic capabilities: Routines versus entrepreneurial action, *Journal of Management Studies*, 49: 1395–1401.

24. A. M. Kleinbaum & T. E. Stuart, 2015, Network responsiveness: The social structural microfoundations of dynamic capabilities, *Academy of Management Perspectives*, in press; M. H. Kunc & J. D. W. Morecroft, 2010, Managerial decision making and firm performance under a resource-based paradigm, *Strategic Management Journal*, 31: 1164–1182.

25. C. M. Christensen, 2001, The past and future of competitive advantage, *Sloan Management Review*, 42(2): 105–109.

26. J. Gomez, R. Orcos, & S. Palomas, 2015, Competitors' strategic heterogeneity and firm performance, *Long Range Planning*, in press; S. K. Parker & C. G. Collins, 2010, Taking stock: Integrating and differentiating multiple proactive behaviors, *Journal of Management*, 36: 633–662.

27. M. G. Butler & C. M. Callahan, 2014, Human resource outsourcing: Market and operating performance effects of administrative HR functions, *Journal of Business Research*, 67: 218–224; Y. Y. Kor & A. Mesko, 2013, Dynamic managerial capabilities: Configuration and orchestration of top executives' capabilities and the firm's dominant logic, *Strategic Management Journal*, 34: 233–244; D. P. Forbes, 2007, Reconsidering the strategic implications of decision comprehensiveness, *Academy of Management Review*, 32: 361–376.

28. E. Maitland & A. Sammartino, 2015, Decision making and uncertainty: The role of heuristics and experience in assessing a politically hazardous environment, *Strategic Management Journal*, in press; L. B. Mulder, J. Jordan, & F. Rink, 2015, The effect of specific and general rules on ethical decisions, *Organizational Behavior and Human Decision Processes*, 126: 115–129; T. M. Jones, W. Felps, & G. A. Bigley, 2007, Ethical theory and stakeholder-related decisions: The role of stakeholder culture, *Academy of Management Review*, 32: 137–155.

29. D. C. Hambrick & T. J. Quigley, 2014, Toward a more accurate contextualization of the CEO effect on firm performance, *Strategic Management Journal*, 35: 473–491; M. S. Gary & R. E. Wood, 2011, Mental models, decision rules, and performance heterogeneity, *Strategic Management Journal*, 32: 569–594.

30. T. W. Tong, J. J. Reuer, B. B. Tyler, & S. Zhang, 2015, Host country executives' assessments of international joint ventures and divestitures: An experimental approach, *Strategic Management Journal*, 36: 254–275; A. Arrighetti, F. Landini, & A. Lasagni, 2014, Intangible assets and firm heterogeneity: Evidence from Italy, *Research Policy*, 43: 202–213; C. B. Bingham & K. M. Eisenhardt, 2011, Rational heuristics: The 'simple rules' that strategists learn from process experience, *Strategic Management Journal*, 32: 1437–1464.

31. R. Mudambi & T. Swift, 2014, Knowing when to leap: Transitioning between exploitative and explorative R&D, *Strategic Management Journal*, 35: 126–145; Y. Zhang & J. Gimeno, 2010, Earnings pressure and competitive behavior: Evidence from the U.S. electricity industry, *Academy of Management Journal*, 53: 743–768; L. M. Lodish & C. F. Mela, 2007, If brands are built over years, why are they managed over quarters? *Harvard Business Review*, 85(7/8): 104–112.

32. M. Jenkins, 2014, Innovate or imitate? The role of collective beliefs in competences in competing firms, *Long Range Planning*,

47: 173–185; P. Madsen & V. Desai, 2010, Failing to learn? The effects of failure and success on organizational learning in the global orbital launch vehicle industry, *Academy of Management Journal*, 53: 451–476; P. C. Nutt, 2002, *Why Decisions Fail*, San Francisco, Barrett-Koehler Publishers.

33. A. O. Laplume & P. Dass, 2015, Outstreaming for ambidexterity: Evolving a firm's core business from components to systems by serving internal and external customers, *Long Range Planning*, in press; D. Maslach, 2015, Change and persistence with failed technological innovation, *Strategic Management Journal*, in press; J. P. Eggers, 2012, All experience is not created equal: Learning, adapting and focusing in product portfolio management, *Strategic Management Journal*, 33: 315–335.

34. S. Singh, P. D. Corner, & K. Pavlovich, 2015, Failed, not finished: A narrative approach to understanding venture failure stigmatization, *Journal of Business Venturing*, 30: 150–166; S. Mousavi & G. Gigerenzer, 2014, Risk, uncertainty, and heuristics, *Journal of Business Research*, 67: 1671–1678; J. D. Ford & L. W. Ford, 2010, Stop blaming resistance to change and start using it, *Organizational Dynamics*, 39: 24–36.

35. V. Desai, 2015, Learning through the distribution of failures within an organization: Evidence from heart bypass surgery performance, *Academy of Management Journal*, in press; J. P. Eggers & L. Song, 2015, Dealing with failure: Serial entrepreneurs and the costs of changing industries between ventures, *Academy of Management Journal*, in press; K. Muehlfeld, P. Rao Sahib, & A. Van Witteloostuijn, 2012, A contextual theory of organizational learning from failures and successes: A study of acquisition completion in the global newspaper industry, 1981–2008, *Strategic Management Journal*, 33: 938–964.

36. L. Colby, 2015, News Corp.'s $1 billion plan to overhaul education is riddled with failures, *Bloomberg Online*, www.bloomberg.com, April 7.

37. W. Smith, 2015, Dynamic decision making: A model of senior leaders managing strategic paradoxes, *Academy of Management Journal*, in press; 2013, Strategy in a world of "biblical change": Our era of uncertainty calls for business leaders with vision, foresight and a global perspective, *Strategic Direction*, 29(3): 19–22; G. S. Dowell, M. B. Shackell & N. V. Stuart, 2011, Boards, CEOs, and surviving a financial crisis: Evidence from the internet shakeout, *Strategic Management Journal*, 32: 1025–1045.

38. S. R. Hiatt & W. D. Sine, 2014, Clear and present danger: Planning and new venture survival amid political and civil violence, *Strategic Management Journal*, 35: 773–785; A. Arora & A. Nandkumar, 2012, Insecure advantage? Markets for technology and the value of resources

for entrepreneurial ventures, *Strategic Management Journal*, 33: 231–251; S. S. K. Lam & J. C. K. Young, 2010, Staff localization and environmental uncertainty on firm performance in China, *Asia Pacific Journal of Management*, 27: 677–695.

39. B. Kendall & A. Harder, 2015, Litigation awaits new EPA emissions rules, *Wall Street Journal Online*, www.wsj.com, March 22.

40. C. Dulaney, 2015, Peabody Energy names new CEO, *Wall Street Journal Online*, www.wsj.com, January 22.

41. J. Winkler, C. P. Jian-Wej Kuklinski, & R. Moser, 2015, Decision making in emerging markets: The Delphi approach's contribution to coping with uncertainty and equivocality, *Journal of Business Research*, 68: 1118–1126; O. H. Azar, 2014, The default heuristic in strategic decision making: When is it optimal to choose the default without investing in information search? *Journal of Business Research*, 67: 1744–1748.

42. D. M. Cain, D. A. Moore, & U. Haran, 2015, Making sense of overconfidence in market entry, *Strategic Management Journal*, 36: 1–18; M. Gary, R. E. Wood, & T. Pillinger, 2012, Enhancing mental models, analogical transfer, and performance in strategic decision making, *Strategic Management Journal*, 33: 1229–1246; J. R. Mitchell, D. A. Shepherd, & M. P. Sharfman, 2011, Erratic strategic decisions: When and why managers are inconsistent in strategic decision making, *Strategic Management Journal*, 32: 683–704.

43. D. Laureiro-Martinez, 2014, Cognitive control capabilities, routinization propensity, and decision-making performance, *Organization Science*, 25: 1111–1133; P. D. Windschitl, A. M. Scherer, A. R. Smith, & J. P. Rose, 2013, Why so confident? The influence of outcome desirability on selective exposure and likelihood judgment, *Organizational Behavior & Human Decision Processes*, 120: 73–86.

44. D. Albert, M. Kreutzer, & C. Lechner, 2015, Resolving the paradox of interdependency and strategic renewal in activity systems, *Academy of Management Review*, 40: 210–234; L. Alexander & D. van Knippenberg, 2014, Teams in pursuit of radical innovation: A goal orientation perspective, *Academy of Management Review*, 39: 423–438; C. Weigelt, 2013, Leveraging supplier capabilities: The role of locus of capability deployment, *Strategic Management Journal*, 34: 1–21.

45. A. Lipparini, G. Lorenzoni, & S. Ferriani, 2014, From core to periphery and back: A study on the deliberate shaping of knowledge flows in interfirm dyads and networks, *Strategic Management Journal*, 35: 578–595; J. M. Shaver, 2011, The benefits of geographic sales diversification: How exporting facilitates capital investment, *Strategic Management Journal*, 32: 1046–1060.

46. J. Bloomberg, 2015, Is Rackspace the Nordstrom of cloud? *Forbes Online*, www.forbes.com, January 21.

47. S. Raithel & M. Schwaiger, 2015, The effects of corporate reputation perceptions of the general public on shareholder value, *Strategic Management Journal*: in press; B. S. Anderson & Y. Eshima, 2013, The influence of firm age and intangible resources on the relationship between entrepreneurial orientation and firm growth among Japanese SMEs, *Journal of Business Venturing*, 28: 413–429.

48. A. Vomberg, C. Homburg, & T. Bornemann, 2015, Talented people and strong brands: The contribution of human capital and brand equity to firm value, *Strategic Management Journal*, 36: in press; J. Choi, G. W. Hecht, & W. B. Tayler, 2012, Lost in translation: The effects of incentive compensation on strategy surrogation, *Accounting Review*, 87: 1135–1163.

49. A. M. Webber, 2000, New math for a new economy, *Fast Company*, January/February, 214–224.

50. R. Sydler, S. Haefliger, & R. Pruksa, 2014, Measuring intellectual capital with financial figures: Can we predict firm profitability? *European Management Journal*, 32: 244–259; F. Neffke & M. Henning, 2013, Skill relatedness and firm diversification, *Strategic Management Journal*, 34: 297–316; E. Danneels, 2011, Trying to become a different type of company: Dynamic capability at Smith Corona, *Strategic Management Journal*, 32: 1–31.

51. F. Honore, F. Munari, & B. van Pottelsberghe de La Potterie, 2015, corporate governance practices and companies' R&D intensity: Evidence from European countries, *Research Policy*, 44: 533–543; J. Gómez & P. Vargas, 2012, Intangible resources and technology adoption in manufacturing firms, *Research Policy*, 41: 1607–1619; K. E. Meyer, R. Mudambi, & R. Narula, 2011, Multinational enterprises and local contexts: The opportunities and challenges of multiple embeddedness, *Journal of Management Studies*, 48: 235–252.

52. J.-Y. Lee, D. G. Bachrach, & D. M. Rousseau, 2015, Internal labor markets, firm-specific human capital, and heterogeneity antecedents of employee idiosyncratic deal requests, *Organization Science*, in press.

53. J. Raffiee & R. Coff, 2015, Micro-foundations of firm-specific human capital: When do employees perceive their skills to be firm-specific? *Academy of Management Journal*, in press.

54. A. Jain & R.-A. Thietart, 2014, Capabilities as shift parameters for the outsourcing decision, *Strategic Management Journal*, 35: 1881–1890; R. E. Ployhart, C. H. Van Iddekinge, & W. I. MacKenzie, Jr., 2011, Acquiring and developing human capital in service contexts: The interconnectedness of human capital resources, *Academy of Management Journal*, 54: 353–368.

55. S. Raithel & M. Schwaiger, 2015, The effects of corporate reputation perceptions of the general public on shareholder value, *Strategic Management Journal*, in press; K. Kim, B. Jeon, H. Jung, W. Lu, & J. Jones, 2012, Effective employment brand equity through sustainable competitive advantage, marketing strategy, and corporate image, *Journal of Business Research*, 65: 1612–1617; L. Diestre & N. Rajagopalan, 2011, An environmental perspective on diversification: The effects of chemical relatedness and regulatory sanctions, *Academy of Management Journal*, 54: 97–115.

56. W.-Y. Hun, H. Kim, & J. Woo, 2014, How CSR leads to corporate brand equity: Mediating mechanisms of corporate brand credibility and reputation, *Journal of Business Ethics*, 125: 75–86; G. Dowling & P. Moran, 2012, Corporate reputations: Built in or bolted on? *California Management Review*, 54(2): 25–42; M. D. Pfarrer, T. G. Pollock, & V. P. Rindova, 2010, A tale of two assets: The effects of firm reputation and celebrity on earnings surprises and investors' reactions, *Academy of Management Journal*, 53: 1131–1152; T. G. Pollock, G. Chen, & E. M. Jackson, 2010, How much prestige is enough? Assessing the value of multiple types of high-status affiliates for young firms, *Journal of Business Venturing*, 25: 6–23.

57. A. P. Petkova, A. Wadhwa, X. Yao, & S. Jain, 2014, Reputation and decision making under ambiguity: A study of U.S. venture capital firms' investments in the emerging clean energy sector, *Academy of Management Journal*, 57: 422–448; Y. Wang, G. Berens, & C. van Riel, 2012, Competing in the capital market with a good reputation, *Corporate Reputation Review*, 15: 198–221; J. J. Ebbers & N. M. Wijnberg, 2012, Nascent ventures competing for start-up capital: Matching reputations and investors, *Journal of Business Venturing*, 27: 372–384.

58. P. Foroudi, T.C. Melewar, & S. Gupta, 2014, Linking corporate logo, corporate image, and reputation: An examination of consumer perceptions in the financial setting, *Journal of Business Research*, 67: 2269–2281; S. Tischer & L. Hildebrandt, 2014, Linking corporate reputation and shareholder value using the publication of reputation rankings, *Journal of Business Research*, 67: 1007–1017.

59. C. A. Roster, 2014, Cultural influences on global firms' decisions to cut the strategic brand ties that bind: A commentary essay, *Journal of Business Research*, 67: 486–488; N. Rosenbusch & J. Brinckmann, 2011, Is innovation always beneficial? A meta-analysis of the relationship between innovation and performance in SMEs, *Journal of Business Venturing*, 26: 441–457.

60. 2015, Harley-Davidson Motor Apparel, www.harley-davidson.com, April 5.

61. T. Arbel, 2015, Comcast gets social to

shake bad customer-service reputation, Yahoo.com, www.yahoo.com, March 24.

62. V. Goel, 2014, G.M. uses social media to manage customers and its reputation, *New York Times Online*, www.nytimes.com, March 23.

63. Social media principles, 2015, Coca-Cola Company Home page, www.coca-colacompany.com, April 6.

64. Y. Lin & L.-Y. Wu, 2014, Exploring the role of dynamic capabilities in firm performance under the resource-based view framework, *Journal of Business Research*, 67: 407–413; R. W. Coff, 2010, The coevolution of rent appropriation and capability development, *Strategic Management Journal*, 31: 711–733; J. Bitar & T. Hafsi, 2007, Strategizing through the capability lens: Sources and outcomes of integration, *Management Decision*, 45: 403–419.

65. S. Chowdhury, E. Schulz, M. Milner, & D. Van De Voort, 2014, Core employee based human capital and revenue productivity in small firms: An empirical investigation, *Journal of Business Research*, 67: 2473–2479; A. M. Subramanian, 2012, A longitudinal study of the influence of intellectual human capital on firm exploratory innovation, *IEEE Transactions on Engineering Management*, 59: 540–550; T. Dalziel, R. J. Gentry, & M. Bowerman, 2011, An integrated agency-resource dependence view of the influence of directors' human and relational capital on firms' R&D spending, *Journal of Management Studies*, 48: 1217–1242.

66. K. Freeman, 2015, CEOs must prioritize human capital, *Wall Street Journal Online*, www.wsj.com, February 27.

67. S. Moore, 2015, How pizza became a growth stock, *Wall Street Journal Online*, www.wsj.com, March 13.

68. D. J. Teece, 2014, The foundations of enterprise performance: Dynamic and ordinary capabilities in an (economic) theory of firms, *Academy of Management Perspectives*, 28: 328–352; K. M. Heimeriks, M. Schijven, & S. Gates, 2012, Manifestations of higher-order routines: The underlying mechanisms of deliberate learning in the context of postacquisition integration, *Academy of Management Journal*, 55: 703–726; C. Zott, 2003, Dynamic capabilities and the emergence of intraindustry differential firm performance: Insights from a simulation study, *Strategic Management Journal*, 24: 97–125.

69. Y. Zhao, E. Cavusgil, & S. T. Cavusgil, 2014, An investigation of the black-box supplier integration in new product development, *Journal of Business Research*, 67: 1058–1064; H. R. Greve, 2009, Bigger and safer: The diffusion of competitive advantage, *Strategic Management Journal*, 30: 1–23; C. K. Prahalad & G. Hamel, 1990, The core competence of the corporation, *Harvard Business Review*, 68(3): 79–93.

70. D. Reisinger, 2015, Apple's genius bar to get smarter with 'concierge'—report,

CNET.com, www.cnet.com, February 24; Y. I. Kane & I. Sherr, 2011, Secrets from Apple's genius bar: Full loyalty, no negativity, *Wall Street Journal*, www.wsj.com, June 15.

71. J. Schmidt, R. Makadok, & T. Keil, 2015, Customer-specific synergies and market convergence, *Strategic Management Journal*, in press; M. Makri, M. A. Hitt, & P. J. Lane, 2010, Complementary technologies, knowledge relatedness, and invention outcomes in high technology mergers and acquisitions, *Strategic Management Journal*, 31: 602–628; S. Newbert, 2008, Value, rareness, competitive advantage, and performance: A conceptual-level empirical investigation of the resource-based view of the firm, *Strategic Management Journal*, 29: 745–768.

72. J. Boynton, 2015, Walmart unveils virtual sustainability shop, *Triple Pundit.com*, www.triplepundit.com, February 24.

73. Walmart environmental sustainability, 2015, *Wall-Mart Homepage*, www.walmart.com, March 30; A. Winston, 2015, Can Walmart get us to buy sustainable products? *Harvard Business Review blog*, www.hbr.org, February 24.

74. A. Kaul & Z (Brian) Wu, 2015, A capabilities-based perspective on target selection in acquisitions, *Strategic Management Journal*: in press; D. S. K. Lim, N. Celly, E. A. Morse, & W. G. Rowe, 2013, Rethinking the effectiveness of asset and cost retrenchment: The contingency effects of a firm's rent creation mechanism, *Strategic Management Journal*, 34: 42–61.

75. D. Roos, 2011, How does Groupon work? *Howstuffworks.com*, www.howstuffworks.com, June 12.

76. S. D. Anthony, 2012, The new corporate garage, *Harvard Business Review*, 90(9): 44–53.

77. H. A. Ndofor, D. G. Sirmon, & X. He, 2015, Utilizing the firm's resources: How TMT heterogeneity and resulting faultlines affect TMT tasks, *Strategic Management Journal*: in press; Q. Gu & J. W. Lu, 2011, Effects of inward investment on outward investment: The venture capital industry worldwide—1985–2007, *Journal of International Business Studies*, 42: 263–284.

78. Sustainability, 2015, Target Home Page, www.target.com, April 10.

79. S. G. Lazzarini, 2015, Strategizing by the government: Can industrial policy create firm-level competitive advantage? *Strategic Management Journal*, 36: 97–112; H. Rahmandad, 2012, Impact of growth opportunities and competition on firm-level capability development trade-offs, *Organization Science*, 23: 138–154; C. A. Coen & C. A. Maritan, 2011, Investing in capabilities: The dynamics of resource allocation, *Organization Science*, 22: 199–217.

80. J. B. Barney, 1991, Firm resources and sustained competitive advantage, *Journal of Management*, 17: 99–120.

81. M. E. B. Herrera, 2015, Creating competitive advantage by

institutionalizing corporate social innovation, *Journal of Business Research*: in press; C. M. Wilderom, P. T. van den Berg, & U. J. Wiersma, 2012, A longitudinal study of the effects of charismatic leadership and organizational culture on objective and perceived corporate performance, *Leadership Quarterly*, 23: 835–848; C. C. Maurer, P. Bansal, & M. M. Crossan, 2011, Creating economic value through social values: Introducing a culturally informed resource-based view, *Organization Science*, 22: 432–448.

82. J. Jargon, 2014, McDonald's plans to change U.S. structure, *Wall Street Journal Online*, www.wsj.com, October 30.

83. T. Alnuaimi & G. George, 2015, Appropriability and the retrieval of knowledge after spillovers, *Strategic Management Journal*: in press; L. Mulotte, P. Dussauge, & W. Mitchell, 2013, Does pre-entry licensing undermine the performance of subsequent independent activities? Evidence from the global aerospace industry, 1944–2000, *Strategic Management Journal*, 34: 358–372; A. W. King & C. P. Zeithaml, 2001, Competencies and firm performance: Examining the causal ambiguity paradox, *Strategic Management Journal*, 22: 75–99.

84. Barney, Firm resources, 111.

85. Z. Erden, D. Klang, R. Sydler, & G. von Krogh, 2014, Knowledge-flows and firm performance, *Journal of Business Research*, 67: 2777–2785; E. Beleska-Spasova & K. W. Glaister, 2013, Intrafirm causal ambiguity in an international context, *International Business Review*, 22: 32–46; K. Srikanth & P. Puranam, 2011, Integrating distributed work: Comparing task design, communication, and tacit coordination mechanisms, *Strategic Management Journal*, 32: 849–875.

86. M. G. Jacobides & C. J. Tae, 2015, Kingpins, bottlenecks, and value dynamics along a sector, *Organization Science*: in press; J. B. Heide, A. Kumar, & K. H. Wathne, 2014, Concurrent sourcing, governance mechanisms, and performance outcomes in industrial value chains, *Strategic Management Journal*, 35: 1164–1185; G. K. Acharyulu & B. Shekhar, 2012, Role of value chain strategy in healthcare supply chain management: An empirical study in India, *International Journal of Management*, 29: 91–97.

87. M. E. Porter, 1985, *Competitive Advantage*, New York: Free Press, 33–61.

88. P. Frow, S. Nenonen, A. Payne, & K. Storbacka, 2015, Managing co-creation design: A strategic approach to innovation, *British Journal of Management*: in press; R. Garcia-Castro & C. Francoeur, 2015, When more is not better: Complementarities, costs and contingencies in stakeholder management, *Strategic Management Journal*, in press; J. Alcacer, 2006, Location choices across the value chain: How activity and capability influence co-location, *Management Science*, 52: 1457–1471.

89. Y. M. Zhou, 2015, Supervising across

borders: The case of multinational hierarchies, *Organization Science*, in press; S. T. Cavusgil & G. Knight, 2014, The born global firm: An entrepreneurial and capabilities perspective on early and rapid internationalization, *Journal of International Business Studies*, 46: 3–16; N. Haworth, 2013, Compressed development: Global value chains, multinational enterprises and human resource development in 21st century Asia, *Journal of World Business*, 48: 251–259.

90.　R. Garcia-Castro & R. V. Aguilera, 2015, Incremental value creation and appropriation in a world with multiple stakeholders, *Strategic Management Journal*, 36: 137–147; S. Manning, M. M. Larsen, & P. Bharati, 2015, Global delivery models: The role of talent, speed and time zones in the global outsourcing industry, *Journal of International Business Studies*, in press; A. Jara & H. Escaith, 2012, Global value chains, international trade statistics and policymaking in a flattening world, *World Economics*, 13(4): 5–18.

91.　C. Boulton & S. Norton, 2015, Deutsche Bank, H-P divide IT responsibility in cloud deal, *Wall Street Journal Online*, www.wsj.com, February 26.

92.　R. Lungeanu & E. Zajac, 2015, Venture capital ownership as a contingent resource: How owner/firm fit influences IPO outcomes, *Academy of Management Journal*, in press; J.-Y. Lee, D. G. Bachrach, & K. Lewis, 2014, Social network ties, transactive memory, and performance in groups, *Organization Science*, 25: 951–967.

93.　S. G. Lazzarini, 2015, Strategizing by the government: Can industrial policy create firm-level competitive advantage? *Strategic Management Journal*, 36: 97–112; H. Yang, Y. Zheng, & X. Zhao, 2014, Exploration or exploitation: Small firms' alliance strategies with large firms, *Strategic Management Journal*, 35: 146–157.

94.　C. Lioukas & J. Reuer, 2015, Isolating trust outcomes from exchange relationships: Social exchange and learning benefits of prior ties in alliances, *Academy of Management Journal*, in press; J. Song, 2014, Subsidiary absorptive capacity and knowledge transfer within multinational corporations, *Journal of International Business Studies*, 45: 73–84.

95.　G. E. Mitchell, 2014, Collaborative propensities among transnational NGOs registered in the United States, *The American Review of Public Administration*, 44: 575–599.

96.　S. M. Handley & C. M. Angst, 2015, The impact of culture on the relationship between governance and opportunism in outsourcing relationships, *Strategic Management Journal*, in press; D. J. Teece, 2014, A dynamic capabilities-

based entrepreneurial theory of the multinational enterprise, *Journal of International Business Studies*, 45: 8–37.

97.　C. Peeters, C. Dehon, & P. Garcia-Prieto, 2015, The attention stimulus of cultural differences in global services sourcing, *Journal of International Business Studies*, 46: 241–251; D. O. Kazmer, 2014, Manufacturing outsourcing, onshoring, and global equilibrium, *Business Horizons*, 57: 463–472; A. J. Mauri & J. Neiva de Figueiredo, 2012, Strategic patterns of internationalization and performance variability: Effects of US-based MNC cross-border dispersion, integration, and outsourcing, *Journal of International Management*, 18: 38–51.

98.　A. Gunasekaran, Z. Irani, K.-L. Choy, L. Filippi, & T. Papadopoulos, 2015, Performance measures and metrics in outsourcing decisions: A review for research and applications, *International Journal of Production Economics*, 161: 153–166; W. L. Tate, L. M. Ellram, T. Schoenherr, & K. J. Petersen, 2014, Global competitive conditions driving the manufacturing location decision, *Business Horizons*, 57: 381–390; C. Weigelt & M. B. Sarkar, 2012, Performance implications of outsourcing for technological innovations: Managing the efficiency and adaptability trade-off, *Strategic Management Journal*, 33: 189–216.

99.　A. Jain & R.-A. Thietart, 2014, Capabilities as shift parameters for the outsourcing decision, *Strategic Management Journal*, 35: 1881–1890; J. Li, 2012, The alignment between organizational control mechanisms and outsourcing strategies: A commentary essay, *Journal of Business Research*, 65: 1384–1386.

100.　R. Kapoor & N. R. Furr, 2015, Complementarities and competition: Unpacking the drivers of entrants' technology choices in the solar photovoltaic industry, *Strategic Management Journal*, 36: 416–436; N. Raassens, S. Wuyts, & I. Geyskens, 2012, The market valuation of outsourcing new product development, *Journal of Marketing Research*, 49: 682–695.

101.　S. Holloway & A. Parmigiani, 2015, Friends and profits don't mix: The performance implications of repeated partnerships, *Academy of Management Journal*, in press; A. Arino, J. J. Reuer, K. J. Mayer, & J. Jane, 2014, Contracts, negotiation, and learning: An examination of termination provisions, *Journal of Management Studies*, 51: 379–405; A. Martinez-Noya, E. Garcia-Canal, & M. F. Guillen, 2013, R&D outsourcing and the effectiveness of intangible investments: Is proprietary core knowledge walking out of the door? *Journal of Management Studies*, 50: 67–91.

102.　J. Alcacer & J. Oxley, 2014, Learning by supplying, *Strategic Management Journal*, 35: 204–223; S. Sonenshein, 2013, How organizations foster the creative use of resources, *Academy of Management Journal*, 57: 814–848; C. Grimpe & U. Kaiser, 2010, Balancing internal and external knowledge acquisition: The gains and pains from R&D outsourcing, *Journal of Management Studies*, 47: 1483–1509.

103.　T. Obloj & P. Zemsky, 2015, Value creation and value capture under moral hazard: Exploring the micro-foundations of buyer-supplier relationships, *Strategic Management Journal*, in press; S. M. Handley, 2012, The perilous effects of capability loss on outsourcing management and performance, *Journal of Operations Management*, 30: 152–165; P. D. O. Jensen & T. Pederson, 2011, The economic geography of offshoring: The fit between activities and local context, *Journal of Management Studies*, 48: 352–372.

104.　S. M. Handley & C. M. Angst, 2015, The impact of culture on the relationship between governance and opportunism in outsourcing relationships, *Strategic Management Journal*, in press; M. Kang, X. Wu, P. Hong, & Y. Park, 2012, Aligning organizational control practices with competitive outsourcing performance, *Journal of Business Research*, 65: 1195–1201.

105.　M. Taussig & A. Delios, 2015, Unbundling the effects of institutions on firm resources: The contingent value of being local in emerging economy private equity, *Strategic Management Journal*, in press; O. Baumann & N. Stieglitz, 2014, Rewarding value-creating ideas in organizations: The power of low-powered incentives, *Strategic Management Journal*, 35: 358–375.

106.　U. Stettner & D. Lavie, 2014, Ambidexterity under scrutiny: Exploration and exploitation via internal organization, alliances, and acquisitions, *Strategic Management Journal*, 35: 1903–1929; E. Rawley, 2010, Diversification, coordination costs, and organizational rigidity: Evidence from microdata, *Strategic Management Journal*, 31: 873–891.

107.　D. L. Barton, 1995, *Wellsprings of Knowledge: Building and Sustaining the Sources of Innovation*, Boston: Harvard Business School Press, 30–31.

108.　J. Linkner, 2014, Book highlight—Disrupt or be disrupted, *Global Business and Organizational Excellence*, 34: 78–87; J. Milliot, 2013, As e-books grow, so does Amazon, *Publishers Weekly*, February 11, 4.

第 4 章

1.　J. Garcia-Sanchez, L. F. Mesquita, &　R. S. Vassolo, 2014, What doesn't kill you　makes you stronger: The evolution of competition and entry-order advantages in economically turbulent contexts, *Strategic Management Journal*, 35: 1972–1992; H. Greve, 2009, Bigger and safer: The diffusion of competitive advantage, *Strategic Management Journal*, 30: 1–23.

2. O. Schilke, 2014, On the contingent value of dynamic capabilities for competitive advantage: The nonlinear moderating effect of environmental dynamism, *Strategic Management Journal*, 35: 179–203; M. A. Delmas & M. W. Toffel, 2008, Organizational responses to environmental demands: Opening the black box, *Strategic Management Journal*, 29: 1027–1055.

3. M. E. Porter & J. E. Heppelmann, 2014, How smart, connected products are transforming competition, *Harvard Business Review*, 92(11): 64–88; M. G. Jacobides, S. G. Winter, & S. M. Kassberger, 2012, The dynamics of wealth, profit, and sustainable advantage, *Strategic Management Journal*, 33: 1384–1410.

4. A. Gasparro, 2015, Indigestion hits food giants, *Wall Street Journal*, February 13, B1.

5. F. F. Suarez, S. Grodal, & A. Gotsopoulos, 2015, Perfect timing? Dominant category, dominant design, and the window of opportunity for firm entry, *Strategic Management Journal*, 36: 437–448; J. Schmidt & T. Keil, 2013, What makes a resource valuable? Identifying the drivers of firm-idiosyncratic resource value, *Academy of Management Review*, 38: 208–228; C. Zott & R. Amit, 2008, The fit between product market strategy and business model: Implications for firm performance, *Strategic Management Journal*, 29: 1–26.

6. S. E. Reid & U. Brentani, 2015, Building a measurement model for market visioning competence and its proposed antecedents: Organizational encouragement of divergent thinking, divergent thinking attitudes, and ideational behavior, *Journal of Product Innovation Management*, 32: 243–262; S. Kaplan, 2008, Framing contests: Strategy making under uncertainty, *Organization Science*, 19: 729–752.

7. J. R. Lecuona & M. Reitzig, 2014, Knowledge worth having in 'excess': The value of tacit and firm-specific human resource slack. *Strategic Management Journal*, 35: 954–973; L. A. Costa, K. Cool, & I. Dierickx, 2013, The competitive implications of the deployment of unique resources, *Strategic Management Journal*, 34: 445–463; K. Shimizu & M. A. Hitt, 2004, Strategic flexibility: Organizational preparedness to reverse ineffective strategic decisions, *Academy of Management Executive*, 18: 44–59.

8. C. Eesley, D. H. Hsu, & E. B. Roberts, 2014, The contingent effects of top management teams on venture performance: Aligning founding team composition with innovation strategy and commercialization environment, *Strategic Management Journal*, 35: 1798–1817; J. A. Lamberg, H. Tikkanen, T. Nokelainen, & H. Suur-Inkeroinen, 2009, Competitive dynamics, strategic

9. R. Kapoor & N. R. Furr, 2015, Complementarities and competition: Unpacking the drivers of entrants' technology choices in the solar photovoltaic industry, *Strategic Management Journal*, 36: 416–436; I. Goll, N. B. Johnson, & A. A. Rasheed, 2008, Top management team demographic characteristics, business strategy, and firm performance in the U.S. airline industry: The role of managerial discretion, *Management Decision*, 46: 201–222.

10. S. L. Fourné, J. P. Jansen, & T. M. Mom, 2014, Strategic agility in MNEs: Managing tensions to capture opportunities across emerging and established markets, *California Management Review*, 56(3): 13–38; J. W. Spencer, 2008, The impact of multinational enterprise strategy on indigenous enterprises: Horizontal spillovers and crowding out in developing countries, *Academy of Management Review*, 33: 341–361.

11. D. Gallagher, 2015, King not yet fit to wear a crown, *Wall Street Journal*, Feb 14–15, B14.

12. R. E. Hoskisson, M. A. Hitt, R. D. Ireland, & J. S. Harrison, 2013, *Competing for Advantage*, Mason, OH: Cengage Learning.

13. M. Subramony & S. D. Pugh, 2015, Services management research: Review, integration, and future directions, *Journal of Management*, 41: 349–373; R. J. Harrington & A. K. Tjan, 2008, Transforming strategy one customer at a time, *Harvard Business Review*, 86(3): 62–72.

14. M. J. Mol & C. Brewster, 2014, The outsourcing strategy of local and multinational firms: A supply base perspective, *Global Strategy Journal*, 4: 20–34; K. R. Fabrizio & L. G. Thomas, 2012, The impact of local demand on innovation in a global industry, *Strategic Management Journal*, 33: 42–64.

15. M. E. Porter, 1980, *Competitive Strategy*, New York: Free Press.

16. J. Calandro Jr., 2015, A leader's guide to strategic risk management, *Strategy & Leadership*, 43: 26–35; M. Baghai, S. Smit, & P. Viguerie, 2009, Is your growth strategy flying blind?, *Harvard Business Review*, 87(5): 86–96.

17. I. Le Breton-Miller & D. Miller, 2015, The paradox of resource vulnerability: Considerations for organizational curatorship, *Strategic Management Journal*, 36(3): 397–415; D. G. Sirmon, S. Gove, & M. A. Hitt, 2008, Resource management in dyadic competitive rivalry: The effects of resource bundling and deployment, *Academy of Management Journal*, 51: 919–935.

18. L. A. Bettencourt, R. F. Lusch, & S. L. Vargo, 2014, A service lens on value creation: Marketing's role in achieving strategic advantage, *California Management Review*, 57(1): 44–66.

19. F. J. Gouillart, 2014, The race to implement co-creation of value with stakeholders: Five approaches to competitive advantage, *Strategy & Leadership*, 42: 2–8.

20. L. A. Bettencourt, C. P. Blocker,

M. B. Houston, & D. J. Flint, 2015, Rethinking customer relationships, *Business Horizons*, 58: 99–108; P. E. Frown & A. F. Payne, 2009, Customer relationship management: A strategic perspective, *Journal of Business Market Management*, 3: 7–27.

21. M. Ritson, 2014, Amazon has seen the future of predictability, *Marketing Week*, January 23, 10; H. Green, 2009, How Amazon aims to keep you clicking, *BusinessWeek*, March 2: 34–35.

22. S. Ramachandran & T. Stynes, 2015, Netflix steps up foreign expansion: Subscriber editions top streaming service's forecast, helped by growth in markets abroad, *Wall Street Journal*, www.wsj.com, January 21.

23. R. Parmar, I. Mackenzie, D. Cohn, & D. Gann, 2014, The new patterns of innovation, *Harvard Business Review*, 92(1/2): 86–95; M. Bogers, A. Afuah, & B. Bastian, 2010, Users as innovators: A review, critique and future research directions, *Journal of Management*, 36: 857–875.

24. D. Yagil & H. Medler-Liraz, 2013, Moments of truth: Examining transient authenticity and identity in service encounters. *Academy of Management Journal*, 56: 473–497.

25. A. S. Balaji & B. C. Krishnan, 2015, How customers cope with service failure? A study of brand reputation and customer satisfaction, *Journal of Business Research*, 68: 665–674; L-Y Jin, 2010, Determinants of customers' complaint intention, *Nankai Business Review International*, 1: 87–99.

26. R. Mortimer, 2014, The creation of a chief customer officer role at Tesco signals a quiet revolution in marketing thinking, *Marketing Week*, June 6, 3.

27. P. Skålén, J. Gummerus, C. Koskull, & P. Magnusson, 2015, Exploring value propositions and service innovation: A service-dominant logic study, *Journal of the Academy of Marketing Science*, 43: 137–158; M. Dixon, E. V. Karniouchina, B. D. Rhee, R. Verma, & L. Victorino, 2014, The role of coordinated marketing-operations strategy in services: Implications for managerial decisions and execution, *Journal of Service Management*, 25: 275–294; S. F. Slater, E. M. Olson, & G. T. Hult, 2010, Worried about strategy implementation? Don't overlook marketing's role, *Business Horizons*, 53: 469–479.

28. S. Han, Y. Ye, X. Fu, & Z. Chen, 2014, Category role aided market segmentation approach to convenience store chain category management, *Decision Support Systems*, 57: 296–308; P. Riefler, A. Diamantopoulos, & J. A. Siguaw, 2012, Cosmopolitan consumers as a target group for segmentation, *Journal of International Business Studies*, 43: 285–305.

29. 2015, About Hill's pet nutrition, Hill's Pet Nutrition, www.hillspet.com, February 23.

30. H. B. Corrigan, G. Craciun, & A. M. Powell, 2014, How does Target know so much about its customers? Utilizing customer analytics to make marketing decisions, *Marketing Education Review*, 24(2): 159–166.

31. J. Jargon, 2014, Millennials lose taste for McDonald's, *Wall Street Journal*, August 25, B1.

32. A. S. Sengupta, M. Balaji, & B. C. Krishnan,

2015, How customers cope with service failure? A study of brand reputation and customer satisfaction, *Journal of Business Research*, 68: 665–674; C. A. Funk, J. D. Arthurs, L. J. Trevino, & J. Joireman, 2010, Consumer animosity in the global value chain: The effect of international shifts on willingness to purchase hybrid products. *Journal of International Business Studies*, 41: 639–651.

33. Schilke, On the contingent value of dynamic capabilities for competitive advantage; P. J. Holahan, Z. Z. Sullivan, & S. K. Markham, 2014, Product development as core competence: How formal product development practices differ for radical, more innovative, and incremental product innovations, *Journal of Product Innovation Management*, 31: 329–345.

34. D. J. Teece, 2014, The foundations of enterprise performance: Dynamic and ordinary capabilities in an (economic) theory of firms, *Academy of Management Perspectives*, 28: 328–352; D. J. Teece, 2012, Dynamic capabilities: Routines versus entrepreneurial action, *Journal of Management Studies*, 49: 1395–1401; P. L. Drnevich & A. P. Kriauciunas, 2011, Clarifying the conditions and limits of the contributions of ordinary and dynamic capabilities to relative firm performance, *Strategic Management Journal*, 32: 254–279.

35. R. Mudambi & T. Swift, 2014, Knowing when to leap: Transitioning between exploitative and explorative R&D, *Strategic Management Journal*, 35: 126–145; M. Gruber, F. Heinimann, M. Brietel, & S. Hungeling, 2010, Configurations of resources and capabilities and their performance implications: An exploratory study on technology ventures, *Strategic Management Journal*, 31: 1337–1356.

36. J. Haas, 2014, Focus on the core: Merck claims R&D restructuring poised to produce results, *In Vivo*, 32: 6–8.

37. 2015, About SAS, www.sas.com, February 24.

38. WWD: Women's Wear Daily, 2014, Change agents set the agenda, *WWD: Women's Wear Daily*, May 23, 8–10.

39. M. E. Porter, 1985, *Competitive Advantage*, New York: Free Press, 26.

40. R. Rumelt, 2011, *Good Strategy/Bad Strategy*, New York: Crown Business.

41. M. E. Porter, 1996, What is strategy?, *Harvard Business Review*, 74(6): 61–78.

42. Porter, What is strategy?

43. A. Agnihotri, 2014, The role of the upper echelon in the value chain management, *Competitiveness Review*, 24: 240–255; J. S. Srai & L. S. Alinaghian, 2013, Value chain reconfiguration in highly disaggregated industrial systems: Examining the emergence of health care diagnostics, *Global Strategy Journal*, 3: 88–108.

44. M. E. Porter, 1994, Toward a dynamic theory of strategy. In R. P. Rumelt, D. E. Schendel, & D. J. Teece (eds.), *Fundamental Issues in Strategy*. Boston: Harvard Business School Press: 423–461.

45. Porter, What is strategy?, 62.

46. Porter, *Competitive Advantage*, 15.

47. J. Block, K. Kohn, D. Miller, & K. Ullrich, 2015, Necessity entrepreneurship and competitive strategy, *Small Business Economics*, 44: 37–54; J. Gonzales-Benito & I. Suarez-Gonzalez, 2010, A study of the role played by manufacturing strategic objectives and capabilities in understanding the relationship between Porter's generic strategies and business performance, *British Journal of Management*, 21: 1027–1043.

48. Schilke, On the contingent value of dynamic capabilities for competitive advantage: The nonlinear moderating effect of environmental dynamism; Hoskisson, Ireland, Hitt, & Harrison, *Competing for Advantage*.

49. Porter, *Competitive Strategy*, 35–40.

50. B. Berman, 2015, How to compete effectively against low-cost competitors, *Business Horizons*, 58: 87–97; P. D. Orberg Jensen & B. Petersen, 2013, Global sourcing of services: Risk, process, and collaborative architecture, *Global Strategy Journal*, 3: 67–87; C. Weigelt, 2013, Leveraging supplier capabilities: The role of locus of capability deployment, *Strategic Management Journal*, 34: 1–21.

51. K. Grind, 2015, Vanguard problem riddles Fidelity, *Wall Street Journal*, Feb 13, C2.

52. J.-K. Park & Y. K. Ro, 2013, Product architectures and sourcing decisions: Their impact on performance, *Journal of Management*, 39: 814–846; M. Kotabe & R. Mudambi, 2009, Global sourcing and value creation: Opportunities and challenges, *Journal of International Management*, 15: 121–125.

53. S. Carnahan & D. Somaya, 2013, Alumni effects and relational advantage: The impact on outsourcing when a buyer hires employees from a supplier's competitors, *Academy of Management Journal*, 56: 1578–1600; R. Liu, D. J. Feils, & B. Scholnick, 2011, Why are different services outsources to different countries?, *Journal of International Business Studies*, 42: 558–571.

54. M. J. Lennox, S. F. Rockart, & A. Y. Lewin, 2010, Does interdependency affect firm and industry profitability? An empirical test, *Strategic Management Journal*, 31: 121–139.

55. 2015, Company overview, Big Lots, www.biglots.com, February 25.

56. A. Hinterhuber & S. M. Liozu, 2014, Is innovation in pricing your next source of competitive advantage?, *Business Horizons*, 57: 413–423; J. Morehouse, B. O'Mera, C. Hagen, & T. Huseby, 2008, Hitting back: Strategic responses to low-cost rivals, *Strategy & Leadership*, 36: 4–13.

57. J. Alcácer, C. L. Dezső, & M. Zhao, 2013, Firm rivalry, knowledge accumulation, and MNE location choices, *Journal of International Business Studies*, 44: 504–520; G. J. Kilduff, H. A. Elfenbein, & B. W. Staw, 2010, The psychology of rivalry: A relationally dependent analysis of competition, *Academy of Management Journal*, 53: 943–969.

58. S. D. Pathak, Z. Wu, & D, Johnston, 2014, Toward a structural view of co-opetition in supply networks, *Journal of Operations Management*, 32: 254–267; T. W. Tong &

J. J. Reuer, 2010, Competitive consequences of interfirm collaboration: How joint ventures shape industry profitability, *Journal of International Business Studies*, 41: 1056–1073.

59. Y. Luo, Y. Huang, & S. L. Wang, 2011, Guanxi and organizational performance: A meta-analysis, *Management and Organization Review*, 8: 139–172.

60. G. Bhalla, 2014, How to plan and manage a project to co-create value with stakeholders, *Strategy & Leadership*, 42: 19–25; O. D. Fjeldstad & A. Sasson, 2010, Membership matters: On the value of being embedded in customer networks, *Journal of Management Studies*, 47: 944–966.

61. 2015, Our story, http://corporate.walmart.com, accessed February 25.

62. F. J. Contractor, V. Kumar, S. K. Kundu, & T. Pedersen, 2010, Reconceptualizing the firm in a world of outsourcing and offshoring: The organizational and geographical relocation of high-value company functions. *Journal of Management Studies*, 47: 1417–1433.

63. Y. Zhang & J. Gimeno, 2010, Earnings pressure and competitive behavior: Evidence from the U.S. electricity industry, *Academy of Management Journal*, 53: 743–768.

64. Heppelmann & Porter, How smart, connected products are transforming competition.

65. M. M. Larsen, S. Manning, & T. Pedersen, 2013, Uncovering the hidden costs of offshoring: The interplay of complexity, organizational design, and experience, *Strategic Management Journal*, 34: 533–552.

66. S. Chang & B. Wu, 2014, Institutional barriers and industry dynamics, *Strategic Management Journal*, 35: 1103–1123; Heppelmann & Porter, How smart, connected products are transforming competition; T. J. Kull, S. C. Ellis, & R. Narasimhan, 2013, Reducing behavioral constraints to supplier integration: A socio-technical systems perspective, *Journal of Supply Chain Management*, 49: 64–86; J. Dyer & W. Chu, 2011, The determinants of trust in supplier-automaker relations in the U.S., Japan and Korea: A retrospective, *Journal of International Business Studies*, 42: 28–34.

67. Heppelmann & Porter, How smart, connected products are transforming competition; O. Ormanidhi & O. Stringa, 2008, Porter's model of generic competitive strategies, *Business Economics*, 43: 55–64; J. Bercovitz & W. Mitchell, 2007, When is more better? The impact of business scale and scope on long-term business survival, while controlling for profitability, *Strategic Management Journal*, 28: 61–79.

68. Heppelmann & Porter, How smart, connected products are transforming competition; A. Kaul, 2012, Technology and corporate scope: Firm and rival innovation as antecedents of corporate transactions, *Strategic Management Journal*, 33: 347–367; K. Z. Zhou & F. Wu, 2010, Technological

capability, strategic flexibility and product innovation, *Strategic Management Journal*, 31: 547–561.

69. Porter, *Competitive Strategy*, 35–40.

70. 2015, Product innovation, www.1000ventures.com, March 5.

71. H. Ryu, J. Lee, & B. Choi, 2015, Alignment between service innovation strategy and business strategy and its effect on firm performance: An empirical investigation, *IEEE Transactions on Engineering Management*, 62: 100–113; C. A. Siren, M. Kohtamaki, & A. Kuckertz, 2012, Exploration and exploitation strategies, profit performance and the mediating role of strategic learning: Escaping the exploitation trap, *Strategic Entrepreneurship Journal*, 6: 18–41.

72. M. Terpstra & F. H. Verbeeten, 2014, Customer satisfaction: Cost driver or value driver? Empirical evidence from the financial services industry, *European Management Journal*, 32: 499–508; U. Lichtenthaler & H. Ernst, 2012, Integrated knowledge exploitation: The complementarity of product development and technology licensing, *Strategic Management Journal*, 33: 513–534.

73. K. Rahman & C. S. Areni, 2014, Generic, genuine, or completely new? Branding strategies to leverage new products. *Journal of Strategic Marketing*, 22: 3–15; R. Kotha, Y. Zheng, & G. George, 2011, Entry into new niches: The effects of firm age and the expansion of technological capabilities on innovative output and impact, *Strategic Management Journal*, 32: 1011–1024.

74. M. J. Donate, & J. D. Sánchez de Pablo, 2015, The role of knowledge-oriented leadership in knowledge management practices and innovation, *Journal of Business Research*, 68: 360–370; J. T. Macher & C. Boerner, 2012, Technological development at the boundaries of the firm: A knowledge-based examination in drug development, *Strategic Management Journal*, 33: 1016–1036.

75. R. Kapoor & J. M. Lee, 2013, Coordinating and competing in ecosystems: How organizational forms shape new technology investments, *Strategic Management Journal*, 34: 274–296; F. T. Rothaermel, M. A. Hitt, & L. A. Jobe, 2006, Balancing vertical integration and strategic outsourcing: Effects on product portfolio, product success and firm performance, *Strategic Management Journal*, 27: 1033–1056.

76. Kapoor & Furr, 2015, Complementarities and competition: Unpacking the drivers of entrants' technology choices in the solar photovoltaic industry; D. Somaya, 2012, Patent strategy and management: An integrative review and research agenda, *Journal of Management*, 38: 1084–1114.

77. S. Germano, 2015, UnderArmour grows online, *Wall Street Journal*, Feb 5, B3.

78. Bettencourt, Lusch, & Vargo, A service lens on value creation; N. E. Levitas & T. Chi,

2010, A look at the value creation effects of patenting and capital investment through a real-option lens: The moderation role of uncertainty, *Strategic Entrepreneurship Journal*, 4: 212–233; L. A. Bettencourt & A. W. Ulwick, 2008, The customer-centered innovation map, *Harvard Business Review*, 86(5): 109–114.

79. R. Simons, 2014, Choosing the right customer. *Harvard Business Review*, 92(3): 48–55; M. Abbott, R. Holland, J. Giacomin, & J. Shackleton, 2009, Changing affective content in brand and product attributes, *Journal of Product & Brand Management*, 18: 17–26.

80. H. E. Posen, J. Lee, & S. Yi, 2013, The power of imperfect imitation, *Strategic Management Journal*, 34: 149–164.

81. Y. Mishina, E. S. Block, & M. J. Mannor, 2015, The path dependence of organizational reputation: How social judgment influences assessments of capability and character, *Strategic Management Journal*, forthcoming; B. K. Boyd, D. D. Bergh, & D. J. Ketchen, 2010, Reconsidering the reputation-performance relationship: A resource-based view, *Journal of Management*, 36: 588–609.

82. D. Laureiro-Martínez, S. Brusoni, N. Canessa, & M. Zollo, 2015, Understanding the exploration-exploitation dilemma: An fMRI study of attention control and decision-making performance, *Strategic Management Journal*, 36, 319–338; R. Mudambi & T. Swift, 2013, Knowing when to leap: Transitioning between exploitative and explorative R&R, *Strategic Management Journal*, in press.

83. S. Wilkins & J. Huisman, 2014, Corporate images' impact on consumers' product choices: The case of multinational foreign subsidiaries, *Journal of Business Research*, 67: 2224–2230; O. Chatain, 2011, Value creation, competition and performance in buyer-supplier relationships, *Strategic Management Journal*, 32: 76–102.

84. A. Marinez-Noya, E. Garcia-Canal, & M. F. Guillen, 2013, R&D outsourcing and the effectiveness of intangible investments: Is proprietary core knowledge walking out the door?, *Journal of Management Studies*, 5: 67–91.

85. Heppelmann & Porter, How smart, connected products are transforming competition; J. W. Upson, S. J. Ketchen, B. L. Connelly, & A. L. Ranft, 2012, Competitor analysis and foothold moves, *Academy of Management Journal*, 55: 93–110.

86. J. Harvey, P. Cohendet, L Simon, & S. Borzillo, 2015, Knowing communities in the front end of innovation, *Research Technology Management*, 58: 46–54; S. Anokhin & J. Wincent, 2012, Start-up rates and innovation: A cross-country examination, *Journal of International Business Studies*, 43: 41–60.

87. T. Bajarin, 2014, How tiny tech firms are disrupting the giants, *PC Magazine*, December, 36–38. B. Einhorn, B. Shrivastava, & J. Lee, 2014, Samsung's China problems

come to India, *Bloomberg BusinessWeek*, October 27, 44–45.

88. J. West & M. Bogers, 2014, Leveraging external sources of innovation: A review of research on open innovation, *Journal of Product Innovation Management*, 31: 814–831; M. M. Crossan & M. Apaydin, 2010, A multi-dimensional framework of organizational innovation: A systematic review of the literature, *Journal of Management Studies*, 47: 1154–1180.

89. J. Chen, L. Teng, L., S. Liu, & H. Zhu, 2015, Anticipating regret and consumers' preferences for counterfeit luxury products, *Journal of Business Research*, 68: 507–515; X. Bian & L. Moutinho, 2009, An investigation of determinants of counterfeit purchase consideration, *Journal of Business Research*, 62: 368–378.

90. Porter, *Competitive Strategy*; M. Selove, 2014, How do firms become different? A dynamic model, *Management Science*, 60: 980–989.

91. 2015, About Goya foods, www.goyafoods.com, March 3.

92. Porter, *Competitive Advantage*, 15.

93. J. Mcintosh, 2015, IKEA profits flat in fiscal 2014. *Furniture/Today*, February 2, 47; K. Kling & I. Goteman, 2003, IKEA CEO Andres Dahlvig on international growth and IKEA's unique corporate culture and brand identity, *Academy of Management Executive*, 17: 31–37.

94. 2015, About IKEA, IKEA, www.ikea.com, March 3.

95. 2015, about Green Truck, www.greentruckonthego.com; March 3; A. Kadet, 2015, City news–metro money: Wheelin' and dealin' from a truck, *Wall Street Journal*, www.wsj.com, February 28. K. McLaughlin, 2009, Food truck nation, *Wall Street Journal*, www.wsj.com, June 5.

96. A. Barroso & M. S. Giarratana, 2013, Product proliferation strategies and firm performance: The moderating role of product space complexity, *Strategic Management Journal*, 34: 1435–1452.

97. C. E. Armstrong, 2012, Small retailer strategies for battling the big boxes: A "Goliath" victory?, *Journal of Strategy and Management*, 5: 41–56.

98. A. Gasparro & T. Stynes, 2015, Whole Foods benefits from increase in customers, *Wall Street Journal*, February 12, B4.

99. R. D. Banker, R. Mashruwala, & A. Tripathy, 2014, Does a differentiation strategy lead to more sustainable financial performance than a cost leadership strategy?, *Management Decision*, 56: 872–896; C. L. Hill, 1988, Differentiation versus low cost or differentiation and low cost: A contingency framework, *Academy of Management Review*, 13: 401–412.

100. C. Cennamo & J. Santalo, 2013, Platform competition: Strategic trade-offs in platform markets, *Strategic Management Journal*, 34: 1331–1350; H. A. Ndofor, D. G. Sirmon, & X. He, 2011, Firm resources, competitive actions and performance: Investigating a mediated model with evidence from the in-vitro diagnostics

industry, *Strategic Management Journal*, 32: 640–657; R. A. D'Aveni, G. B. Dagnino, & K. G. Smith, 2010, The age of temporary advantage, *Strategic Management Journal*, 31: 1371–1385.

101. 2015, Mission and Value, www.target.com, March 5.

102. S. Awate, M. M. Larsen, & R. Mudambi, 2015, Accessing vs sourcing knowledge: A comparative study of R&D internationalization between emerging and advanced economy firms, *Journal of International Business Studies*, 46: 63–86; E. R. Brenes, D. Montoya, & L. Ciravegna, 2014, Differentiation strategies in emerging markets: The case of Latin American agribusinesses, *Journal of Business Research*, 67: 847–855; G. A. Shinkle, A. P. Kriauciunas, & G. Hundley, 2013, Why pure strategies may be wrong for transition economy firms, *Strategic Management Journal*, 34: 1244–1254.

103. C. Eckel, L. Iacovone, B. Javorcik, & J. P. Neary, 2015, Multi-product firms at home and away: Cost-versus quality-based competence, *Journal of International Economics*, 95: 216–232; H. Wang & C. Kimble, 2010, Low-cost strategy through product architecture: Lessons from China, *Journal of Business Strategy*, 31(3): 12–20.

104. M. I. M. Wahab, D. Wu, and C.-G. Lee, 2008, A generic approach to measuring the machine flexibility of manufacturing systems, *European Journal of Operational Research*, 186: 137–149.

105. 2014, Rethinking car assembly, *Automotive Manufacturing Solutions*, November, 2–3.

106. A. Furlan, A. Cabigiosu, & A. Camuffo, 2014, When the mirror gets misted up: Modularity and technological change, *Strategic Management Journal*, 35, 789–807; M. Kotabe, R. Parente, & J. Y. Murray, 2007, Antecedents and outcomes of modular production in the Brazilian automobile industry: A grounded theory approach, *Journal of International Business Studies*, 38: 84–106.

107. P. Theodorou & G. Florou, 2008, Manufacturing strategies and financial performance—the effect of advanced information technology: CAD/CAM systems, *Omega*, 36: 107–121.

108. N. A. Morgan & L. L. Rego, 2009, Brand portfolio strategy and firm performance, *Journal of Marketing*, 73: 59–74.

109. P. Barlas, 2015, Salesforce.com large deals boom, fueling growth, *Investors Business Daily*, www.investors.com, February 26; D. Elmuti, H. Jia, & D. Gray, 2009, Customer relationship management strategic application and organizational effectiveness: An empirical investigation, *Journal of Strategic Marketing*, 17: 75–96.

110. D. J. Ketchen, T. R. Crook, & C. W. Craighead, 2014, From Supply chains to supply ecosystems: Implications for strategic sourcing research and practice, *Journal of Business Logistics*, 35: 165–171; B. Huo, Y. Qi, Z. Wang, & X. Zhao, 2014, The impact of supply chain integration on firm performance: The moderating role of competitive strategy, *Supply Chain Management*, 19: 369–384.

111. J. D. Westphal, R. Gulati, & S. M. Shortell, 1997, Customization or conformity: An institutional and network perspective on the content and consequences of TQM adoption, *Administrative Science Quarterly*, 42: 366–394.

112. H. Su, K. Linderman, R. G. Schroeder, & A. H. Van de Ven, 2014, A comparative case study of sustaining quality as a competitive advantage, *Journal of Operations Management*, 32: 429–445; S. Modell, 2009, Bundling management control innovations: A field study of organisational experimenting with total quality management and the balanced scorecard, *Accounting, Auditing & Accountability Journal*, 22: 59–90.

113. C. D. Zatzick, T. P. Moliterno, & T. Fang, 2012, Strategic (mis)fit: The implementation of TQM in manufacturing organizations, *Strategic Management Journal*, 33: 1321–1330.

114. J. Singh & H. Singh, 2015, Continuous improvement philosophy—literature review and directions, *Benchmarking: An International Journal*, 22: 75–119; A. Keramati & A. Albadvi, 2009, Exploring the relationship between use of information technology in total quality management and SMEs performance using canonical correlation analysis: A survey on Swedish car part supplier sector, *International Journal of Information Technology and Management*, 8: 442–462; R. J. David & S. Strang, 2006, When fashion is fleeting: Transitory collective beliefs and the dynamics of TQM consulting, *Academy of Management Journal*, 49: 215–233.

115. Porter, *Competitive Advantage*, 16.

116. Ibid., 17.

117. Y. Wang & N. Rajagopalan, 2014, Alliance capabilities: Review and research agenda, *Journal of Management*, 41: 236–260; M. A. Hitt, L. Bierman, K. Uhlenbruck, & K. Shimizu, 2006, The importance of resources in the internationalization of professional service firms: The good, the bad, and the ugly, *Academy of Management Journal*, 49: 1137–1157.

118. C. Christensen, 2015, Disruptive innovation is a strategy, not just the technology, *Business Today*, 23: 150–158; P. Puranam, H. Singh, & M. Zollo, 2006, Organizing for innovation: Managing the coordination-autonomy dilemma in technology acquisitions, *Academy of Management Journal*, 49: 263–280.

119. S. Thornhill & R. E. White, 2007, Strategic purity: A multi-industry evaluation of pure vs. hybrid business strategies, *Strategic Management Journal*, 28: 553–561.

120. A. Faelten, M. Gietzmann, & V. Vitkova, 2015, Learning from your investors: Can the geographical composition of institutional investors affect the chance of success in international M&A deals?, *Journal of Management & Governance*, 19: 47–69; B. Connelly, L. Tihanyi, S. T. Certo, & M. A. Hitt, 2010, Marching to the beat of different drummers: The influence of institutional owners on competitive actions, *Academy of Management Journal*, 53: 723–742.

第 5 章

1. S. Carnahan & D. Somaya, 2013, Alumni effects and relational advantage: The impact of outsourcing when your buyer hires employees from your competitors, *Academy of Management Journal*, 56: 1578–1600; M.-J. Chen & D. Miller, 2012, Competitive dynamics: Themes, trends, and a prospective research platform, *Academy of Management Annals*, 6: 135–210; M.-J. Chen, 1996, Competitor analysis and interfirm rivalry: Toward a theoretical integration, *Academy of Management Review*, 21: 100–134.

2. M. G. Jacobides & C. J. Tae, 2015, Kingpins, bottlenecks, and value dynamics along a sector, *Organization Science*, in press; P. C. Patel, S. A. Fernhaber, P. P. McDougall-Covin, & R. P. van der Have, 2014, Beating competitors to international markets: The value of geographically balanced networks for innovation, *Strategic Management Journal*, 35: 691–711.

3. S. B. Choi & C. Williams, 2014, The impact of innovation intensity, scope and spillovers on sales growth in Chinese firms, *Asia Pacific Journal of Management*, 31: 25–46; T. Zahavi & D. Lavie, 2013, Intra-industry diversification and firm performance, *Strategic Management Journal*, 34: 978–998.

4. K. M. Park, K. Jung, & K. C. Noh, 2014, Strategic actions and customer mobility: Antecedents and consequences of strategic actions in the Korean mobile telecommunications service industry, *Asia Pacific Journal of Management*, 31: 171–193; P. T. M. Ingenbleek & I. A. van der Lans, 2013, Relating price strategies and price-setting practices, *European Journal of Marketing*, 47: 27–48.

5. F. J. Mas-Ruiz, F. Ruiz-Moreno, & A. L. de Guevara Martinez, 2014, Asymmetric rivalry within and between strategic groups, *Strategic Management Journal*, 35: 419–439; P. J. Derfus, P. G. Maggitti, C. M. Grimm, & K. G. Smith, 2008, The red queen effect: Competitive actions and firm performance, *Academy of Management Journal*, 51: 61–80; C. M. Grimm, H. Lee, & K. G. Smith, 2006, *Strategy as Action: Competitive Dynamics and Competitive Advantage*, New York: Oxford University Press.

6. C. Giachetti & G. B. Dagnino, 2014, Detecting the relationship between competitive intensity and firm product line length: Evidence from the worldwide mobile phone industry, *Strategic Management Journal*, 35: 1398–1409; R. B. Mackay & R. Chia, 2012, Choice, chance,

and unintended consequences in strategic change: A process understanding of the rise and fall of NorthCo Automotive, *Academy of Management Journal*, 56: 1–13.

7. M. Srivastava, A. Frankly, & L. Martinette, 2013, Building a sustainable competitive advantage, *Journal of Technology Management & Innovation*, 8: 47–60; G. J. Kilduff, H. A. Elfenbein, & B. M. Staw, 2010, The psychology of rivalry: A relationally dependent analysis of competition, *Academy of Management Journal*, 53: 943–969; D. G. Sirmon, S. Gove, & M. A. Hitt, 2008, Resource management in dyadic competitive rivalry: The effects of resource bundling and deployment, *Academy of Management Journal*, 51: 919–935.

8. R. Kapoor & N. R. Furr, 2015, Complementarities and competition: Unpacking the drivers of entrants' technology choices in the solar photovoltaic industry, *Strategic Management Journal*, 6: 416–436; S.-J. Chang & S. H. Park, 2012, Winning strategies in China: Competitive dynamics between MNCs and local firms, *Long Range Planning*, 45: 1–15.

9. A. Nair & D. D. Selover, 2012, A study of competitive dynamics, *Journal of Business Research*, 65: 355–361; Grimm, Lee, & Smith, *Strategy as Action*.

10. R. Chellappa, V. Sambamurthy, & N. Saraf, 2010, Competing in crowded markets: Multimarket contact and the nature of competition in the enterprise systems software industry, *Information Systems Research: Special Issue on Digital Systems and Competition*, 21: 614–630.

11. T. Yu, M. Subramaniam, & A. A. Cannella, 2009, Rivalry deterrence in international markets: Contingencies governing the mutual forbearance hypothesis, *Academy of Management Journal*, 52: 127–147; K. G. Smith, W. J. Ferrier, & H. Ndofor, 2001, Competitive dynamics research: Critique and future directions. In M. A. Hitt, R. E. Freeman, & J. S. Harrison (eds.), *Handbook of Strategic Management*, Oxford, U.K.: Blackwell Publishers, 326.

12. F. Bridoux, K. G. Smith, & C. M. Grimm, 2011, The management of resources: Temporal effects of different types of actions on performance, *Journal of Management*, 33: 1281–1310; G. Young, K. G. Smith, & C. M. Grimm, 1996, "Austrian" and industrial organization perspectives on firm-level competitive activity and performance, *Organization Science*, 73: 243–254.

13. R. Duprey, 2015, Giant tobacco merger finds itself at the mercy of a tiny rival, *Motley Fool*, www.motleyfool.com, March 23; 2014, Altria set to pose a stiff challenge to existing e-cigarette leaders, *Forbes*, www.forbes.com, June 3; M. Esteri, 2013, Big tobacco is about to dive into e-cigarettes, *Wall Street Journal*, www.wsj.com, May 29.

14. R. Katila, E. L. Chen, & H. Piezunka, 2012, All the right moves: How entrepreneurial firms compete effectively, *Strategic Entrepreneurship Journal*, 6: 116–132; J. Marcel, P. Barr, & I. Duhaime, 2011, The influence of executive cognition on competitive dynamics, *Strategic Management Journal*, 32: 115–138.

15. R. Casadesus-Masanell & F. Zhu, 2013, Business model innovation and competitive imitation: The case of sponsor-based business models, *Strategic Management Journal*, 34: 464–482; M.-J. Chen & D. C. Hambrick, 1995, Speed, stealth, and selective attack: How small firms differ from large firms in competitive behavior, *Academy of Management Journal*, 38: 453–482.

16. M. A. Abebe & A. Angriawan, 2014, Organizational and competitive influences of exploration and exploitation activities in small firms, *Journal of Business Research*, 67: 339–345; V. Rindova, W. Ferrier, & R. Wiltbank, 2010, Value from gestalt: How sequences of competitive actions create advantage for firms in nascent markets, *Strategic Management Journal*, 31: 1474–1497; T. Yu & A. A. Cannella, Jr., Rivalry between multinational enterprises: An event history approach, *Academy of Management Journal*, 50: 665–686.

17. A. E. Bass & S. Chakrabarti, 2014, Resource security: Competition for global resources, strategic intent and governments as owners, *Journal of International Business Studies*, 45: 961–979; J. Villanueva, A. H. Van de Ven, & H. Sapienza, 2012, Resource mobilization in entrepreneurial firms, *Journal of Business Venturing*, 27: 19–30; Smith, Ferrier, & Ndofor, Competitive dynamics research, 319.

18. C. Boone, F. C. Wezel, & A. van Witteloostuijn, 2013, Joining the pack or going solo? A dynamic theory of new firm positioning, *Journal of Business Venturing*, 28: 511–527; H. Ndofor, D. G. Sirmon, & X. He, 2011, Firm resources, competitive actions and performance: Investigating a mediated model with evidence from the in-vitro diagnostics industry, *Strategic Management Journal*, 32: 640–657.

19. S.-J. Chang & B. Wu, 2014, Institutional barriers and industry dynamics, *Strategic Management Journal*, 35: 1103–1123; L. M. Ellram, W. L. Tate, & E. G. Feitzinger, 2013, Factor-market rivalry and competition for supply chain resources, *Journal of Supply Chain Management*, 49: 29–46; D. G. Sirmon, M. A. Hitt, J. Arregle, & J. Campbell, 2010, The dynamic interplay of capability strengths and weaknesses: Investigating the bases of temporary competitive advantage, *Strategic Management Journal*, 31: 1386–1409.

20. H. Rahmandad, 2012, Impact of growth opportunities and competition on firm-level capability development trade-offs, *Organization Science*, 34: 138–154; Y. Y. Kor & J. T. Mahoney, 2005, How dynamics, management, and governance of resource deployments influence firm-level performance, *Strategic Management Journal*, 26: 489–496.

21. Y. Zhang, Y. Li, & H. Li, 2014, FDI Spillovers over time in an emerging market: The roles of entry tenure and barriers to imitation, *Academy of Management Journal*, 57: 698–722; L. Mulotte, P. Dussauge, & W. Mitchell, 2013, Does pre-entry licensing undermine the performance of subsequent independent activities? Evidence from the global aerospace industry, 1944–2000, *Strategic Management Journal*, 34: 358–372.

22. L. K. S. Lim, 2013, Mapping competitive prediction capability: Construct conceptualization and performance payoffs, *Journal of Business Research*, 66: 1576–1586; J. C. Baum & A. Satorra, 2007, The persistence of abnormal returns at industry and firm levels: Evidence from Spain, *Strategic Management Journal*, 28: 707–722.

23. M. A. Hitt & K. Xu, 2015, The transformation of China: Effects of the institutional environment on business actions, *Long Range Planning*, in press; J.-L. Arregle, T. L. Miller, M. A. Hitt, & P. W. Beamish, 2013, Do regions matter? An integrated institutional and semiglobalization perspective on the internationalization of MNEs, *Strategic Management Journal*, 34: 910–934.

24. R. M. Holmes, H. Li, M. A. Hitt, & K. DeGetto, 2015, The effects of China's location advantages and location disadvantages on MNCs' establishment of China R&D centers, *Long Range Planning*, in press; O. Alexy, G. George, & A. Salter, 2013, Cui Bono? The selective revealing of knowledge and its implications for innovative activity, *Academy of Management Review*, 38: 270–291; Chen, Competitor analysis, 109.

25. T. Lawton, T. Rajwani, & P. Reinmoeller, 2012, Do you have a survival instinct? Leveraging genetic codes to achieve fit in hostile business environments, *Business Horizons*, 55: 81–91; 2011, The power of blindspots. What companies don't know, surprises them. What they don't want to know, kills them, *Strategic Direction*, 27(4): 3–4; D. Ng, R. Westgren, & S. Sonka, 2009, Competitive blind spots in an institutional field, *Strategic Management Journal*, 30: 349–369.

26. E. Metayer, 2013, How intelligent is your company? *Competia*, www.competia.com, March.

27. J. Neff, 2011, P&G e-commerce chief sees blurring of sales, marketing, *Advertising Age*, April 11, 8.

28. 2015, About YRC, YRC homepage, www.yrc.com, April 13.

29. J. W. Upson, D. J. Ketchen, Jr., B. L. Connelly, & A. L. Ranft, 2012, Competitor analysis and foothold moves, *Academy of Management Journal*, 55: 93–110; Chen, Competitor analysis, 106.

30. T. Yu & A. A. Cannella, Jr., 2013, A comprehensive review of multimarket competition research, *Journal of Management*, 39: 76–109; J. Anand, L. F. Mesquita, & R. S. Vassolo, 2009, The dynamics of multimarket competition in exploration and exploitation activities, *Academy of Management Journal*, 52: 802–821.

31. S. P. L. Fourne, J. J. P. Jansen, & T. J. M. Mom, 2014, Strategic agility in MNEs: Managing tensions to capture opportunities across

emerging and established markets, *California Management Review*, 56(3): 1–26.

32. W. Kang, B. Bayus, & S. Balasubramanian, 2010, The strategic effects of multimarket contact: Mutual forbearance and competitive response in the personal computer industry, *Journal of Marketing Research*, 47: 415–427.

33. V. Bilotkach, 2011, Multimarket contact and intensity of competition: Evidence from an airline merger, *Review of Industrial Organization*, 38: 95–115; H. R. Greve, 2008, Multimarket contact and sales growth: Evidence from insurance, *Strategic Management Journal*, 29: 229–249; J. Gimeno, 1999, Reciprocal threats in multimarket rivalry: Staking out "spheres of influence" in the U.S. airline industry, *Strategic Management Journal*, 20: 101–128.

34. M. Liu, 2015, Davids against goliaths? Collective identities and the market success of peripheral organizations during resource partitioning, *Organization Science*, in press; L. A. Costa, K. Cool, & I. Dierickx, 2013, The competitive implications of the deployment of unique resources, *Strategic Management Journal*, 34: 445–463; Chen, Competitor analysis, 107.

35. P. J. Patel, S. A. Fernhaber, P. P. McDougal-Covin, & R. P. Van Der Have, 2014, Beating competitors to international markets: The value of geographically balanced networks for innovation, *Strategic Management Journal*, 35: 691–711; J. Haleblian, G. McNamara, K. Kolev, & B. J. Dykes, 2012, Exploring firm characteristics that differentiate leaders from followers in industry merger waves: A competitive dynamics perspective, *Strategic Management Journal*, 33: 1037–1052; Chen, Competitor analysis, 110.

36. K.-Y. Hsieh, W. Tsai, & M.-J. Chen, 2015, If they can do it, why not us? Competitors reference points for justifying escalation of commitment, *Academy of Management Journal*, 58: 38–58; C. Flammer, 2013, Corporate social responsibility and shareholder reaction: The environmental awareness of investors, *Academy of Management Journal*, 56: 758–781.

37. B. Larraneta, S. A. Zahra, & J. L. Galan, 2014, Strategic repertoire variety and new venture growth: The moderating effects of origin and industry dynamism, *Strategic Management Journal*, 35: 761–772; J. Tang & B. S.-C. Liu, 2012, Strategic alignment and foreign entry performance: A holistic approach of the impact of entry timing, mode and location, *Business and Systems Research*, 6: 456–478; R. S. Livengood & R. K. Reger, 2010, That's our turf! Identity domains and competitive dynamics, *Academy of Management Review*, 35: 48–66.

38. S. D. Singh, 2015, Caterpillar faces 'aggressive' Komatsu fueled by yen, *Yahoo*, finance.yahoo.com, March 23; B. Tita, 2013, Caterpillar expected to cut 2013 forecasts, *Wall Street Journal*, www.wsj.com, April 21.

39. A. Compagni, V. Mele, & D. Ravasi, 2015, How early implementations influence later adoptions of innovation: Social positioning and skill reproduction in the diffusion of robotic surgery, *Academy of Management Journal*, 58: 242–278; S. H. Park & D. Zhou, 2005, Firm heterogeneity and competitive dynamics in alliance formation, *Academy of Management Review*, 30: 531–554.

40. T.-J. A. Peng, S. Pike, J. C.-H. Yang, & G. Roos, 2012, Is cooperation with competitors a good idea? An example in practice, *British Journal of Management*, 23: 532–560; Chen, Competitor analysis, 113.

41. L.-H. Lin, 2014, Subsidiary performance: The contingency of the multinational corporation's strategy, *European Management Journal*, 32: 928–937; C. Williams & S. Lee, 2011, Entrepreneurial contexts and knowledge coordination within the multinational corporation, *Journal of World Business*, 46: 253–264; M. Leiblein & T. Madsen, 2009, Unbundling competitive heterogeneity: Incentive structures and capability influences on technological innovation, *Strategic Management Journal*, 30: 711–735.

42. R. Makadok, 2010, The interaction effect of rivalry restraint and competitive advantage on profit: Why the whole is less than the sum of the parts, *Management Science*, 56: 356–372.

43. C. M. Grimm & K. G. Smith, 1997, *Strategy as Action: Industry Rivalry and Coordination*, Cincinnati: South-Western Publishing Co., 125.

44. H. Brea-Solis, R. Casadesus-Masanell, & E. Grifell-Tatje, 2015, Business model evaluation: Quantifying Walmart's sources of advantage, *Strategic Entrepreneurship Journal*, 9: 12–33.

45. M. A. Cusumano, S. J. Kahl, & F. F. Suarez, 2015, Services, industry evolution and the competitive strategies of product firms, *Strategic Management Journal*, 36: 559–575; J. Alcacer, C. L. Dezso, & M. Zhao, 2013, Firm rivalry, knowledge accumulation, and MNE location choices, *Journal of International Business Studies*, 44: 504–520.

46. G. Gavetti, 2012, Perspective—Toward a behavioral theory of strategy, *Organization Science*, 23: 267–285; B. L. Connelly, L. Tihanyi, S. T. Certo, & M. A. Hitt, 2010, Marching to the beat of different drummers: The influence of institutional owners on competitive actions, *Academy of Management Journal*, 53: 723–742.

47. T. B. Lee, 2013, Here's why Microsoft is buying Nokia's phone business, *Washington Post*, www.washingtonpost. com, September 3; 2011, Nokia and Microsoft announce plans for a broad strategic partnership to build a new global mobile ecosystem, Microsoft Home Page, www.microsoft.com, February 10.

48. J. Schumpeter, 1934, *The Theory of Economic Development*, Cambridge, MA: Harvard University Press.

49. N. Argyres, L. Bigelow, & J. A. Nickersoon, 2015, Dominant designs, innovation schocks and the follower's dilemma, *Strategic Management Journal*, 36: 216–234; S. Bakker, H. van Lente, & M. T. H. Meeus, 2012, Dominance in the prototyping phase—The case of hydrogen passenger cars, *Research Policy*, 41: 871–883.

50. C. B. Bingham, N. R. Furr, & K. M. Eisenhardt, 2014, The opportunity paradox, *MIT Sloan Management Review*, 56(1): 29–39; L. Sleuwaegen & J. Onkelinx, 2014, International commitment, post-entry growth and survival of international new ventures, *Journal of Business Venturing*, 29: 106–120; F. F. Suarez & G. Lanzolla, 2007, The role of environmental dynamics in building a first mover advantage theory, *Academy of Management Review*, 32: 377–392.

51. G. M. McNamara, J. Haleblian, & B. J. Dykes, 2008, The performance implications of participating in an acquisition wave: Early mover advantages, bandwagon effects, and the moderating influence of industry characteristics and acquirer tactics, *Academy of Management Journal*, 51, 113–130.

52. R. K. Sinha & C. H. Noble, 2008, The adoption of radical manufacturing technologies and firm survival, *Strategic Management Journal*, 29: 943–962; D. P. Forbes, 2005, Managerial determinants of decision speed in new ventures, *Strategic Management Journal*, 26: 355–366.

53. H. R. Greve, 2009, Bigger and safer: The diffusion of competitive advantage, *Strategic Management Journal*, 30: 1–23; W. T. Robinson & S. Min, 2002, Is the first to market the first to fail? Empirical evidence for industrial goods businesses, *Journal of Marketing Research*, 39: 120–128.

54. J. C. Short & G. T. Payne, 2008, First-movers and performance: Timing is everything, *Academy of Management Review*, 33: 267–270.

55. E. de Oliveira & W. B. Werther, Jr., 2013, Resilience: Continuous renewal of competitive advantages, *Business Horizons*, 56: 333–342.

56. A. Hawk, G. Pacheco-De-Almeida, & B. Yeung, 2013, Fast-mover advantages: Speed capabilities and entry into the emerging submarket of Atlantic basin LNG, *Strategic Management Journal*, 34: 1531–1550; N. M. Jakopin & A. Klein, 2012, First-mover and incumbency advantages in mobile telecommunications, *Journal of Business Research*, 65: 362–370.

57. E. R. Banalieva, 2014, Embracing the second best? Synchronization of reform speeds, excess high discretion slack and performance of transition economy firms, *Global Strategy Journal*, 4: 104–126; K. Mellahi & A. Wilkinson, 2010, A study of the association between level of slack reduction following downsizing and innovation output, *Journal of Management Studies*, 47: 483–508.

58. R. Mudambi & T. Swift, 2014, Knowing when to leap: Transitioning between exploitative and explorative R&D, *Strategic Management Journal*, 35: 126–145; M. B. Lieberman & D. B. Montgomery, 1988, First-mover advantages, *Strategic Management Journal*, 9: 41–58.

59. H. R. Greve & M.-D. L. Seidel, 2015, The

thin red line between success and failure: Path dependence in the diffusion of innovative production technologies, *Strategic Management Journal*, 36: 475–496; G. Pacheco-De-Almeida, 2010, Erosion, time compression, and self-displacement of leaders in hypercompetitive environments, *Strategic Management Journal*, 31: 1498–1526.

60. J. Y. Yang, J. Li, & A, Delios, 2015, Will a second mouse get the cheese? Learning from early entrant's failures in a foreign market, *Organization Science*, in press; F. Zhu & M. Iansiti, 2012, Entry into platform-based markets, *Strategic Management Journal*, 33: 88–106.

61. M. A. Stanko & J. D. Bohlmann, 2013, Demand-side inertia factors and their benefits for innovativeness, *Journal of the Academy of Marketing Science*, 41: 649–668; M. Poletti, B. Engelland, & H. Ling, 2011, An empirical study of declining lead times: Potential ramifications on the performance of early market entrants, *Journal of Marketing Theory and Practice*, 19: 27–38.

62. S. Bin, 2011, First-mover advantages: Flexible or not?, *Journal of Management & Marketing Research*, 7: 1–13; J. Gimeno, R. E. Hoskisson, B. B. Beal, & W. P. Wan, 2005, Explaining the clustering of international expansion moves: A critical test in the U.S. telecommunications industry, *Academy of Management Journal*, 48: 297–319; K. G. Smith, C. M. Grimm, & M. J. Gannon, 1992, *Dynamics of Competitive Strategy*, Newberry Park, CA: Sage Publications.

63. A. Picchi, 2014, Why Angie's list is getting a rash of bad reviews, CBS News, www.cbsnews.com, January 16.

64. N. K. Park, J. M. Mezias, J Lee, & J.-H. Han, 2014, Reverse knowledge diffusion: competitive dynamics and the knowledge seeking behavior of Korean high-tech firms, *Asia Pacific Journal of Management*, 31: 355–37; A. Fleury & M. Fleury, 2009, Understanding the strategies of late-movers in international manufacturing, *International Journal of Production Economics*, 122: 340–350; J. Li & R. K. Kozhikode, 2008, Knowledge management and innovation strategy: The challenge for latecomers in emerging economies, *Asia Pacific Journal of Management*, 25: 429–450.

65. E. Golovko & G. Valentini, 2014, Selective learning-by-exporting: Firm size and product versus process innovation, *Global Strategy Journal*, 4: 161–180; F. Karakaya & P. Yannopoulos, 2011, Impact of market entrant characteristics on incumbent reactions to market entry, *Journal of Strategic Marketing*, 19: 171–185; S. D. Dobrev & G. R. Carroll, 2003, Size (and competition)

among organizations: Modeling scale-based selection among automobile producers in four major countries, 1885–1981, *Strategic Management Journal*, 24: 541–558.

66. W. Stam, S. Arzianian, & T. Elfring, 2014, Social capital of entrepreneurs and small firm performance: A meta-analysis of contextual and methodological moderators, *Journal of Business Venturing*, 29: 152–173; L. F. Mesquita & S. G. Lazzarini, 2008, Horizontal and vertical relationships in developing economies: Implications for SMEs access to global markets, *Academy of Management Journal*, 51: 359–380.

67. G. D. Markman & T. L. Waldron, 2014, Small entrants and large incumbents: A framework of micro entry, *Academy of Management Perspectives*, 28: 178–197; C. Zhou & A. Van Witteloostuijn, 2010, Institutional constraints and ecological processes: Evolution of foreign-invested enterprises in the Chinese construction industry, 1993–2006, *Journal of International Business Studies*, 41: 539–556; M. A. Hitt, L. Bierman, & J. D. Collins, 2007, The strategic evolution of U.S. law firms, *Business Horizons*, 50: 17–28.

68. Young, Smith, & Grimm, "Austrian" and industrial organization perspectives.

69. P. B. Crosby, 1980, *Quality Is Free*, New York: Penguin; W. E. Deming, 1986, *Out of the Crisis*, Cambridge, MA: MIT Press.

70. X. Luo, V. K. Kanuri, & M. Andrews, 2014, How does CEO tenure matter? The mediating role of firm-employee and firm-customer relationships, *Strategic Management Journal*, 35: 492–511; R. C. Ford & D. R. Dickson, 2012, Enhancing customer self-efficacy in co-producing service experiences, *Business Horizons*, 55: 179–188.

71. B. G. King & E. T. Walker, 2014, Winning hearts and minds: Field theory and the three dimensions of strategy, *Strategic Organization*, 12: 134–141; L. A. Bettencourt & S. W. Brown, 2013, From goods to great: Service innovation in a product-dominated company, *Business Horizons*, 56: 277–283.

72. F. Pakdil, 2010, The effects of TQM on corporate performance. *The Business Review*, 15: 242–248; A. Azadegan, K. J. Dooley, P. L. Carter, & J. R. Carter, 2008, Supplier innovativeness and the role of interorganizational learning in enhancing manufacturing capabilities, *Journal of Supply Chain Management*, 44(4): 14–35.

73. M. Terziovski & P. Hermel, 2011, The role of quality management practice in the performance of integrated supply chains: A multiple cross-case analysis, *The Quality Management Journal*, 18(2): 10–25; K. E. Weick & K. M. Sutcliffe, 2001, *Managing*

the Unexpected, San Francisco: Jossey-Bass, 81–82.

74. D. P. McIntyre, 2011, In a network industry, does product quality matter? *Journal of Product Innovation Management*, 28: 99–108; G. Macintosh, 2007, Customer orientation, relationship quality, and relational benefits to the firm, *Journal of Services Marketing*, 21: 150–159.

75. K. R. Sarangee & R. Echambadi, 2014, Firm-specific determinants of product line technology strategies in high technology markets, *Strategic Entrepreneurship Journal*, 8: 149–166; S. Thirumalai & K. K. Sinha, 2011, Product recalls in the medical device industry: An empirical exploration of the sources and financial consequences, *Management Science*, 57: 376–392.

76. M. Su & V. R. Rao, 2011, Timing decisions of new product preannouncement and launch with competition, *International Journal of Production Economics*, 129: 51–64.

77. M. L. Sosa, 2013, Decoupling market incumbency from organizational prehistory: Locating the real sources of competitive advantage in R&D for radical innovation, *Strategic Management Journal*, 34: 245–255; T. R. Crook, D. J. Ketchen, J. G. Combs, & S. Y. Todd, 2008, Strategic resources and performance: A meta-analysis, *Strategic Management Journal*, 29: 1141–1154.

78. S. W. Smith, 2014, Follow me to the innovation frontier? Leaders, laggards and the differential effects of imports and exports on technological innovation, *Journal of International Business Studies*, 45: 248–274; C. Lutz, R. Kemp, & S. Gerhard Dijkstra, 2010, Perceptions regarding strategic and structural entry barriers, *Small Business Economics*, 35: 19–33; M. J. Chen & I. C. MacMillan, 1992, Nonresponse and delayed response to competitive moves, *Academy of Management Journal*, 35: 539–570.

79. S. Awate, M. M. Larsen, & R. Mudambi, 2015, Accessing vs sourcing knowledge: A comparative study of R&D internationalization between emerging and advanced economy firms, *Journal of International Business Studies*, 46: 63–86; S. M. Ben-Menahern, Z. Kwee, H. W. Volberda, & F. A. J. Van Den Bosch, 2013, Strategic renewal over time: The enabling role of potential absorptive capacity in aligning internal and external rates of change, *Long Range Planning*, 46: 216–235; M. J. Chen, K. G. Smith, & C. M. Grimm, 1992, Action characteristics as predictors of competitive responses, *Management Science*, 38: 439–455.

第 6 章

1. M. E. Porter, 1980, *Competitive Strategy*, New York: The Free Press, xvi.

2. J. P. O'Brien, P. David, T. Yoshikawa, &

A. Delios, 2014, How capital structure influences diversification performance: A transaction cost perspective, *Strategic*

A transaction cost perspective, *Strategic Management Journal*, 35: 1013–1031; M. D. R. Chari, S. Devaraj, & P. David, 2008, investments and diversification strategies on firm performance, *Management Science*, 54: 224–234.

3. M. Gottfried, 2015, Walt Disney has built a better mousetrap, *Wall Street Journal*, Feb 5, C8.

4. M. E. Porter, 1987, From competitive advantage to corporate strategy, *Harvard Business Review*, 65(3): 43–59.

5. P. C. Nell & B. Ambos, 2013, Parenting advantage in the MNC: An embeddedness perspective on the value added by headquarters, *Strategic Management Journal*, 34: 1086–1103; M. E. Raynor, 2007, What is corporate strategy, really? *Ivey Business Journal*, 71: 1–3.

6. Queen, P. 2015, Enlightened shareholder maximization: Is this strategy achievable?, *Journal of Business Ethics*, 127: 683–694; W. P. Wan, R. E. Hoskisson, J. C. Short, & D. W. Yiu, 2011, Resource-based theory and corporate diversification: Accomplishments and opportunities, *Journal of Management*, 37: 1335–1368.

7. C. Custódio, 2014, Mergers and acquisitions accounting and the diversification discount, *Journal of Finance*, 69: 219–240; K. Lee, M. W. Peng, & K. Lee, 2008, From diversification premium to diversification discount during institutional transitions, *Journal of World Business*, 43: 47–65.

8. Campbell, M. Goold, & M. Alexander, 1995, Corporate strategy: The question for parenting advantage, *Harvard Business Review*, 73(2): 120–132.

9. W. Su & E. W. K. Tsang, 2015, Product diversification and financial performance: The moderating role of secondary stakeholders, *Academy of Management Journal*, forthcoming; K. Favaro, 2013, We're from corporate and we are here to help: Understanding the real value of corporate strategy and the head office, *Strategy+Business Online*, www.strategy-business.com, April 8; D. Collis, D. Young, & M. Goold, 2007, The size, structure, and performance of corporate headquarters, *Strategic Management Journal*, 28: 283–405.

10. M. Kleinbaum & T. E. Stuart, 2014, Inside the black box of the corporate staff: Social networks and the implementation of corporate strategy, *Strategic Management Journal*, 35: 24–47; G. Kenny, 2012, Diversification: Best practices of the leading companies, *Journal of Business Strategy*, 33(1): 12–20; D. Miller, 2006, Technological diversity, related diversification performance, *Strategic Management Journal*, 27: 601–619.

11. D. D. Bergh, 2001, Diversification strategy research at a crossroads: Established, emerging and anticipated paths. In M. A. Hitt, R. E. Freeman, & J. S. Harrison (eds.), *Handbook of Strategic Management*, Oxford, U.K.: Blackwell Publishers, 363–383.

12. S. F. Matusik & M. A. Fitza, 2012, Diversification in the venture capital industry: Leveraging knowledge under uncertainty, *Strategic Management Journal*, 33: 407–426.

13. J. R. Lecuona & M. Reitzig, 2014, Knowledge worth having in 'excess': The value of tacit and firm-specific human resource slack, *Strategic Management Journal*, 35: 954–973; G. Ray, X. Ling, & J. B. Barney, 2013, Impact of information technology capital on firm scope and performance: The role of asset characteristics, *Academy of Management Journal*, 56: 1125–1147.

14. D. H. Zhu & G. Chen, 2015, CEO narcissism and the impact of prior board experience on corporate strategy, *Administrative Science Quarterly*, 60: 31–65; J. J. Marcel, 2009, Why top management team characteristics matter when employing a chief operating officer: A strategic contingency perspective, *Strategic Management Journal*, 30: 647–658.

15. R. P. Rumelt, 1974, *Strategy, Structure, and Economic Performance*, Boston: Harvard Business School; L. Wrigley, 1970, *Divisional Autonomy and Diversification* (Ph.D. dissertation), Harvard Business School.

16. 2015, Tabasco Products, www.tabasco.com, March 24.

17. 2015, United Parcel Service 2014 Annual Report, www.ups.com, March 24.

18. R. Rumelt, 2011, *Good Strategy/Bad Strategy: The Difference and Why It Matters*, New York: Crown Business Publishing.

19. L. R. Gomez-Mejia, J. T. Campbell, G. Martin, R. E. Hoskisson, M. Makri, & D. G. Sirmon, 2014, Socioemotional wealth as a mixed gamble: Revisiting family firm R&D investments with the behavioral agency model, *Entrepreneurship: Theory & Practice*, 38: 1351–1374; L. R. Gomez-Mejia, M. Makri, & M. L. Kintana, 2010, Diversification decisions in family controlled firms, *Journal of Management Studies*, 47: 223–252.

20. 2015, About SANY, www.sanygroup.com, accessed on March 27.

21. A. Barroso & M. S. Giarratana, 2013, Product proliferation strategies and firm performance: The moderating role of product space complexity, *Strategic Management Journal*, 34: 1435–1452.

22. 2015, Publicis Groupe, Wikipedia, http://en.wikipedia.org/wiki/Publicis, March 24.

23. J.-H. Lee & A. S. Gaur, 2013, Managing multi-business firms: A comparison between Korean chaebols and diversified U.S. firms, *Journal of World Business*, 48: 443–454; J. L. Stimpert, I. M. Duhaime, & J. Chesney, 2010, Learning to manage a large diversified firm, *Journal of Leadership and Organizational Studies*, 17: 411–425.

24. G. Smith, 2015, Hutchison Whampoa close to buying UK's O2 for $15 billion, *Fortune*, www.fortune.com, February 3; 2015, Hutchison Whampoa Limited 2014 Annual Report, www.hutchison-whampoa.com, accessed March 25, 2015.

25. R. E. Hoskisson, W, Shi, X. Yi, & J. Jing, 2013, The evolution and strategic positioning of private equity firms, *Academy of Management Perspectives*, 27: 22–38.

26. T. M. Alessandri & A. Seth, 2014, The effects of managerial ownership on international and business diversification: Balancing incentives and risks, *Strategic Management Journal*, 35: 2064–2075; C.-N. Chen & W. Chu, 2012, Diversification, resource concentration and business group performance: Evidence from Taiwan, *Asia Pacific Journal of Management*, 29: 1045–1061.

27. S. Pathak, R. E. Hoskisson, & R. A. Johnson, 2014, Settling up in CEO compensation: The impact of divestiture intensity and contextual factors in refocusing firms, *Strategic Management Journal*, 35: 1124–1143; D. H. Ming Chng, M. S. Rodgers, E. Shih, & X.-B. Song, 2012, When does incentive compensation motivate managerial behavior? An experimental investigation of the fit between incentive compensation, executive core self-evaluation and firm performance, *Strategic Management Journal*, 33: 1343–1362; J. E. Core & W. R. Guay, 2010, Is CEO pay too high and are incentives too low? A wealth-based contracting framework, *Academy of Management Perspectives*, 24: 5–19.

28. C. Chadwick, J. F. Super, & K. Kwon, 2015, Resource orchestration in practice: CEO emphasis on SHRM, commitment-based HR systems, and firm performance, *Strategic Management Journal*, 36, 360–376; D. G. Sirmon, M. A. Hitt, R. D. Ireland, & B. A. Gilbert, 2011, Resource orchestration to create competitive advantage: Breadth, depth and life cycle effects, *Journal of Management*, 37: 1390–1412.

29. T. Zahavi & D. Lavie, 2013, Intra-industry diversification and firm performance, *Strategic Management Journal*, 34: 978–998; H. Tanriverdi & C.-H. Lee, 2008, Within-industry diversification and firm performance in the presence of network externalities: Evidence from the software industry, *Academy of Management Journal*, 51: 381–397.

30. F. Bauer & K. Matzler, 2014, Antecedents of M&A success: The role of strategic complementarity, cultural fit, and degree and speed of integration, *Strategic Management Journal*, 35: 269–291; M. E. Graebner, K. M. Eisenhardt, & P. T. Roundy, 2010, Success and failure of technology acquisitions: Lessons for buyers and sellers, *Academy of Management Perspectives*, 24: 73–92.

31. G. M. Kistruck, I. Qureshi, & P. W. Beamish, 2013, Geographic and product diversification in charitable organizations, *Journal of Management*, 39: 496–530.

32. A. Arora, S. Belenzon, & L. A. Rios, 2014, Make, buy, organize: The interplay between research, external knowledge, and firm structure, *Strategic Management Journal*, 35: 317–337; F. Neffke & M. Henning, 2013, Skill relatedness and firm diversification, *Strategic Management Journal*, 34: 297–316.

33. Y. Chen, Y. Jiang, C. Wang, & W. C. Hsu, 2014, How do resources and diversification strategy explain the performance consequences of internationalization?, *Management Decision*, 52, 897–915; M. Makri, M. A. Hitt, & P. J. Lane, 2010, Complementary technologies, knowledge relatedness and invention outcomes in high technology mergers and acquisitions,

Strategic Management Journal, 31: 602–628.

34. A. V. Sakhartov & T. B. Folta, 2014, Resource relatedness, redeployability, and firm value, *Strategic Management Journal*, 35: 1781–1797; D. Miller, 2006, Technological diversity, related diversification, and firm performance, *Strategic Management Journal*, 27: 601–619.

35. M. V. S. Kumar, 2013, The costs of related diversification: The impact of core business on the productivity of related segments, *Organization Science*, 24: 1827–1846.

36. M. A. Hitt, D. King, H. Krishnan, M. Makri, M. Schijven, K. Shimizu, & H. Zhu, 2012, Creating value through mergers and acquisitions: Challenges and opportunities. In D. Faulkner, S. Teerikangas, & R. Joseph (eds.), *Oxford Handbook of Mergers and Acquisitions*, Oxford, U.K.: Oxford University Press, 2012, 71–113; P. Puranam & K. Srikanth, 2007, What they know vs. what they do: How acquirers leverage technology acquisitions, *Strategic Management Journal*, 28: 805–825.

37. E. R. Feldman, 2014, Legacy divestitures: Motives and implications, *Organization Science*, 25: 815–832; L. B. Lien, 2013, Can the survivor principle survive diversification? *Organization Science*, in press; D. D. Bergh, 1995, Size and relatedness of units sold: An agency theory and resource-based perspective, *Strategic Management Journal*, 16: 221–239.

38. M. Lubatkin & S. Chatterjee, 1994, Extending modern portfolio theory into the domain of corporate diversification: Does it apply? *Academy of Management Journal*, 37: 109–136.

39. M. Menz, S. Kunisch, & D. J. Collis 2015, The corporate headquarters in the contemporary corporation: Advancing a multimarket firm perspective, *Academy of Management Annals*, forthcoming; T. Kono, 1999, A strong head office makes a strong company, *Long Range Planning*, 32: 225–236.

40. A. Caimo & A. Lomi, 2015, Knowledge sharing in organizations: A Bayesian analysis of the role of reciprocity and formal structure. *Journal of Management*, 41: 665–691; Puranam & Srikanth, What they know vs. what they do; F. T. Rothaermel, M. A. Hitt, & L. A. Jobe, 2006, Balancing vertical integration and strategic outsourcing: Effects on product portfolio, product success, and firm performance, *Strategic Management Journal*, 27: 1033–1056.

41. M. Cui & S. L. Pan, 2015, Developing focal capabilities for e-commerce adoption: A resource orchestration perspective, *Information & Management*, 52: 200–209.

42. C. Huston, 2013, The value of a good name, *Wall Street* Journal, July 18, B5; J. Thottam, 2008, Branson's flight plan, *Time*, April 28, 40.

43. 2015, Operations overview, Honda Motor Company, www.honda.com, Accessed March 29.

44. N. D. Nguyen & A, Aoyama, A. 2014, Achieving efficient technology transfer through a specific corporate culture facilitated by management practices, *Journal of High Technology Management Research*, 25: 108–122; L. C. Thang, C. Rowley, T. Quang, & M. Warner, 2007, To what extent can management practices be transferred between countries?: The case of human resource management in Vietnam, *Journal of World Business*, 42: 113–127; G. Stalk Jr., 2005, Rotate the core, *Harvard Business Review*, 83(3): 18–19.

45. U. Andersson, P. J. Buckley, & H. Dellestrand, 2015, In the right place at the right time!: The influence of knowledge governance tools on knowledge transfer and utilization in MNEs, *Global Strategy Journal*, 5: 27–47; J. A. Martin & K. M. Eisenhardt, 2010, Rewiring: Cross-business unit collaborations in multibusiness organizations, *Academy of Management Journal*, 53: 265–301.

46. T. Hutzschenreuter & J. Horstkotte, 2013, Performance effects of top management team demographic faultlines in the process of product diversification, *Strategic Management Journal*, 34: 704–726.

47. E. Linares-Navarro, T. Pedersen, & J. Pla-Barber, 2014, Fine slicing of the value chain and offshoring of essential activities: Empirical evidence from European multinationals, *Journal of Business Economics & Management*, 15: 111–134; S. Gupta, A. Woodside, C. Dubelaar, & D. Bradmore, 2009, Diffusing knowledge-based core competencies for leveraging innovation strategies: Modeling outsourcing to knowledge process organizations (KPOs) in pharmaceutical networks, *Industrial Marketing Management*, 38: 219–227.

48. A. Pehrsson, 2010, Business-relatedness and the strategy of moderations: Impacts on foreign subsidiary performance, *Journal of Strategy and Management*, 3: 110–133; S. Chatterjee & J. Singh, 1999, Are trade-offs inherent in diversification moves? A simultaneous model for type of diversification and mode of expansion decisions, *Management Science*, 45: 25–41.

49. D. Cimilluca, D. Mattioli, & A. Gasparro, 2015, Brazil's 3G in serious talks for Kraft, *Wall Street Journal*, www.wsj.com, March 25.

50. A. Ewing, 2014, Ericsson looks for a home in the cloud, *Bloomberg Businessweek*, November 17, 36–37.

51. H. Kai-Yu & F. Vermeulen, 2014, The structure of competition: How competition between one's rivals influences imitative market entry, *Organization Science*, 25: 299–319; L. Fuentelsaz & J. Gomez, 2006, Multipoint competition, strategic similarity and entry into geographic markets, *Strategic Management Journal*, 27: 477–499; J. Gimeno & C. Y. Woo, 1999, Multimarket contact, economies of scope, and firm performance, *Academy of Management Journal*, 42: 239–259.

52. M. J. De La Merced, 2015, Smucker to buy Big Heart Pet Brands for $5.8 billion, *New York Times*, www.nyt.com, February 3.

53. F. Brahm & J. Tarziján, 2014, Transactional hazards, institutional change, and capabilities: Integrating the theories of the firm, *Strategic Management Journal*, 35: 224–245; T. A. Shervani, G. Frazier, & G. Challagalla, 2007, The moderating influence of firm market power on the transaction cost economics model: An empirical test in a forward channel integration context, *Strategic Management Journal*, 28: 635–652.

54. N. Lahiri & S. Narayanan, 2013, Vertical integration, innovation and alliance portfolio size: Implications for firm performance, *Strategic Management Journal*, 34: 1042–1064; D. J. Teece, 2012, *Strategy, Innovation and the Theory of the Firm*, Northampton, MA: Edward Elgar Publishing Ltd.

55. R. Kapoor & J. M. Lee, 2013, Coordinating and competing in ecosystems: How organizational forms shape new technology investments, *Strategic Management Journal*, 34: 274–296; R. Carter & G. M. Hodgson, 2006, The impact of empirical tests of transaction cost economics on the debate on the nature of the firm, *Strategic Management Journal*, 27: 461–476; O. E. Williamson, 1996, Economics and organization: A primer, *California Management Review*, 38(2): 131–146.

56. R. Kapoor, 2013, Persistence of integration in the face of specialization: How firms navigated the winds of disintegration and shaped the architecture of the semiconductor industry, *Organization Science*, 24: 1195–1213; S. Novak & S. Stern, 2008, How does outsourcing affect performance dynamics? Evidence from the automobile industry, *Management Science*, 54: 1963–1979.

57. C. Weigelt & D. J. Miller, 2013, Implications of internal organization structure for firm boundaries *Strategic Management Journal*, 34: 1411–1434; E. Rawley, 2010, Diversification, coordination costs and organizational rigidity: Evidence from microdata, *Strategic Management Journal*, 31: 873–891.

58. M. Bucheli & M. Kim, 2015, Attacked from both sides: A dynamic model of multinational corporations' strategies for protection of their property rights, *Global Strategy Journal*, 5: 1–26; C. Wolter & F. M. Veloso, 2008, The effects of innovation on vertical structure: Perspectives on transaction costs and competences, *Academy of Management Review*, 33: 586–605.

59. W. L. Tate, L. M. Ellram, T. Schoenherr, & K. L. Petersen, 2014, Global competitive conditions driving the manufacturing location decision, *Business Horizons*, 57: 381–390; T. Hutzschenreuter & F. Grone, 2009, Changing vertical integration strategies under pressure from foreign competition: The case of U.S. and German multinationals, *Journal of Management Studies*, 46: 269–307.

60. 2015, Flextronics International Ltd., www.flextronics.com, March 28.

61. S. Cabral, B. Quelin, & W. Maia, 2014, Outsourcing failure and reintegration:

The influence of contractual and external factors, *Long Range Planning*, 47: 365–378.

62. J. Sears & G. Hoetker, 2014, Technological overlap, technological capabilities, and resource recombination in technological acquisitions, *Strategic Management Journal*, 35: 48–67; K. M. Eisenhardt & D. C. Galunic, 2000, Coevolving: At last, a way to make synergies work, *Harvard Business Review*, 78(1): 91–111.

63. O. Schilke, 2014, On the contingent value of dynamic capabilities for competitive advantage: The nonlinear moderating effect of environmental dynamism, *Strategic Management Journal*, 35: 179–203; P. David, J. P. O'Brien, T. Yoshikawa, & A. Delios, 2010, Do shareholders or stakeholders appropriate the rents from corporate diversification? The influence of ownership structure, *Academy of Management Journal*, 53: 636–654; J. A. Nickerson & T. R. Zenger, 2008, Envy, comparison costs, and the economic theory of the firm, *Strategic Management Journal*, 13: 1429–1449.

64. M. Gottfried, 2015, Walt Disney has built a better mousetrap, *Wall Street Journal*, Feb 5, C8.

65. T. Zenger, 2013, Strategy: The uniqueness challenge, *Harvard Business Review*, 91(11): 52–58.

66. F. Anjos & C. Fracassi, 2015, Shopping for Information? Diversification and the Network of Industries, *Management Science*, 61: 161–183; C. Rudolph & B. Schwetzler, 2013, Conglomerates on the rise again? A cross-regional study on the impact of the 2008–2009 financial crisis on the diversification discount, *Journal of Corporate Finance*, 22: 153–165; D. W. Ng, 2007, A modern resource-based approach to unrelated diversification. *Journal of Management Studies*, 44: 1481–1502.

67. Porter, *Competitive Advantage*.

68. G. Matvos & A. Seru, 2014, Resource allocation within firms and financial market dislocation: Evidence from diversified conglomerates, *Review of Financial Studies*, 27: 1143–1189; D. Collis, D. Young, & M. Goold, 2007, The size, structure, and performance of corporate headquarters, *Strategic Management Journal*, 28: 283–405; O. E. Williamson, 1975, *Markets and Hierarchies: Analysis and Antitrust Implications*, NY: Macmillan Free Press.

69. A. Ataullah, I. Davidson, H. Le, & G. Wood, 2014, Corporate diversification, information asymmetry and insider trading, *British Journal of Management*, 25: 228–251.

70. B. N. Cline, J. L. Garner, & S. A. Yore, 2014, Exploitation of the internal capital market and the avoidance of outside monitoring, *Journal of Corporate Finance*, 25: 234–250; R. Aggarwal & N. A. Kyaw, 2009, International variations in transparency and capital structure: Evidence from European firms. *Journal of International Financial Management & Accounting*, 20: 1–34.

71. D. Buchuk, B. Larrain, F. Muñoz, & I. F. Urzúa, 2014, The internal capital markets of business groups: Evidence from intra-group loans, *Journal of Financial Economics*, 112: 190–212.

72. M. Sengul & J. Gimeno, 2013, Constrained delegation: Limiting subsidiaries' decision rights and resources in firms that compete across multiple industries, *Administrative Science Quarterly*, 58: 420–471; E. Dooms & A. A. Van Oijen, 2008, The balance between tailoring and standardizing control, *European Management Review*, 5: 245–252; M. E. Raynor & J. L. Bower, 2001, Lead from the center: How to manage divisions dynamically, *Harvard Business Review*, 79(5): 92–100.

73. G. Smith, 2015, Siemens' long-feared slimdown isn't as drastic as feared, *Fortune*, www.fortune.com; B. Quint. 2009, Companies deal with tough times through diversification, *Information Today*, 26: 7–8.

74. H. Zhu & C. Chung, 2014, Portfolios of political ties and business group strategy in emerging economies: Evidence from Taiwan, *Administrative Science Quarterly*, 59: 599–638; S. L. Sun, X. Zhoa, & H. Yang, 2010, Executive compensation in Asia: A critical review, *Asia Pacific Journal of Management*, 27: 775–802; A. Delios, D. Xu, & P. W. Beamish, 2008, Within-country product diversification and foreign subsidiary performance, *Journal of International Business Studies*, 39: 706–724.

75. S. F. Karabag & C. Berggren, 2014, Antecedents of firm performance in emerging economies: Business groups, strategy, industry structure, and state support, *Journal of Business Research*, 67: 2212–2223; Lee, Park, Shin, Disappearing internal capital markets: Evidence from diversified business groups in Korea; A. Chakrabarti, K. Singh, & I. Mahmood, 2006, Diversification and performance: Evidence from East Asian firms, *Strategic Management Journal*, 28: 101–120.

76. S. Schönhaar, U. Pidun, & M. Nippa, M. 2014, Transforming the business portfolio: How multinationals reinvent themselves, *Journal of Business Strategy*, 35(3): 4–17; D. D. Bergh, R. A. Johnson, & R. L. Dewitt, 2008, Restructuring through spin-off or sell-off: Transforming information asymmetries into financial gain, *Strategic Management Journal*, 29: 133–148; C. Decker & M. Mellewigt, 2007, Thirty years after Michael E. Porter: What do we know about business exit? *Academy of Management Perspectives*, 2: 41–55; S. J. Chang & H. Singh, 1999, The impact of entry and resource fit on modes of exit by multibusiness firms, *Strategic Management Journal*, 20: 1019–135.

77. Hoskisson, Wei, Yi, Jing, The evolution and strategic positioning of private equity firms.

78. 2015, About us, Danaher, www.danaher. com, March 30; S. Ward, 2014, Danaher's best recent deal: Its shares, *Barron's*, June 9, 21.

79. D. H. Frank & T. Obloj, 2014, Firm-specific human capital, organizational incentives, and agency costs: Evidence from retail banking, *Strategic Management Journal*, 35: 1279–1301; R. Coff, 2003, Bidding wars over R&D-intensive firms: Knowledge, opportunism, and the market for corporate control, *Academy of Management Journal*, 46: 74–85.

80. I. Ioannou, 2014, When do spinouts enhance parent firm performance? Evidence from the U.S. automobile industry, 1890–1986, *Organization Science*, 25: 529–551; J. Xia & S. Li, 2013, The divestiture of acquired subunits: A resource-dependence approach, *Strategic Management Journal*, 34: 131–148; C. Moschieri & J. Mair, 2012, Managing divestitures through time— Expanding current knowledge, *Academy of Management Perspectives*, 26: 35–50.

81. T. W. Tong, J. J. Reuer, B. B. Tyler, & S. Zhang, 2015, Host country executives' assessments of international joint ventures and divestitures: An experimental approach, *Strategic Management Journal*, 36: 254–275; H. Berry, 2013, When do firms divest foreign operations? *Organization Science*, 24: 246–261; D. Ma, 2012, A relational view of organizational restructuring: The case of transitional China, *Management and Organization Review*, 8: 51–75.

82. P. Pautler, 2015, A brief history of the FTC's Bureau of Economics: Reports, mergers, and information regulation. *Review of Industrial Organization*, 46: 59–94; M. Lubatkin, H. Merchant, & M. Srinivasan, 1997, Merger strategies and shareholder value during times of relaxed antitrust enforcement: The case of large mergers during the 1980s, *Journal of Management*, 23: 61–81.

83. D. P. Champlin & J. T. Knoedler, 1999, Restructuring by design? Government's complicity in corporate restructuring, *Journal of Economic Issues*, 33: 41–57.

84. R. M. Scherer & D. Ross, 1990, *Industrial Market Structure and Economic Performance*, Boston: Houghton Mifflin.

85. A. Shleifer & R. W. Vishny, 1994, Takeovers in the 1960s and 1980s: Evidence and implications. In R. P. Rumelt, D. E. Schendel, & D. J. Teece (eds.), *Fundamental Issues in Strategy*, Boston: Harvard Business School Press, 403–422.

86. S. Chatterjee, J. S. Harrison, & D. D. Bergh, 2003, Failed takeover attempts, corporate governance and refocusing, *Strategic Management Journal*, 24: 87–96; Lubatkin, Merchant, & Srinivasan, Merger strategies and shareholder value; D. J. Ravenscraft, & R. M. Scherer, 1987, *Mergers, Sell-Offs and Economic Efficiency*, Washington, DC: Brookings Institution, 22.

87. D. A. Zalewski, 2001, Corporate takeovers, fairness, and public policy, *Journal of Economic Issues*, 35: 431–437; P. L. Zweig, J. P. Kline, S. A. Forest, & K. Gudridge, 1995, The case against mergers, *BusinessWeek*, October 30, 122–130.

88. E. J. Lopez, 2001, New anti-merger theories: A critique, *Cato Journal*, 20: 359–378; 1998, The trustbusters' new tools, *The Economist*, May 2, 62–64.

89. D. Bush & B. D. Gelb, 2012 Anti-trust enforcement: An inflection point? *Journal of Business Strategy*, 33(6): 15–21.

90. M. C. Jensen, 1986, Agency costs of free cash flow, corporate finance, and takeovers, *American Economic Review*, 76: 323–329.

91. M. A. Hitt, J. S. Harrison, & R. D. Ireland, 2001, *Mergers and Acquisitions: A Guide to Creating Value for Stakeholders*, NY: Oxford University Press.

92. M. T. Brouwer, 2008, Horizontal mergers and efficiencies; theory and antitrust practice, *European Journal of Law and Economics*, 26: 11–26.

93. T. Afza, C. Slahudin, & M. S. Nazir, 2008, Diversification and corporate performance: An evaluation of Pakistani firms, *South Asian Journal of Management*, 15: 7–18; J. M. Shaver, 2006, A paradox of synergy: Contagion and capacity effects in mergers and acquisitions, *Academy of Management Journal*, 31: 962–976.

94. C. Sundaramurthy, K. Pukthuanthong, & Y. Kor, 2014, Positive and negative synergies between the CEO's and the corporate board's human and social capital: A study of biotechnology firms, *Strategic Management Journal*, 35: 845–868; Bauer & Matzler, Antecedents of M&A success: The role of strategic complementarity, cultural fit, and degree and speed of integration;

95. L. E. Palich, L. B. Cardinal, & C. C. Miller, 2000, Curvilinearity in the diversification-performance linkage: An examination of over three decades of research, *Strategic Management Journal*, 21: 155–174.

96. J. P. O'Brien, P. David, T. Yoshikawa, & A. Delios, 2014, How capital structure influences diversification performance: A transaction cost perspective, *Strategic Management Journal*, 35: 1013–1031; Sirmon, Hitt, Ireland, & Gilbert, Resource orchestration to create competitive advantage; A. E. Bernardo & B. Chowdhry, 2002, Resources, real options, and corporate strategy, *Journal of Financial Economics*, 63: 211–234.

97. T. B. Mackey & J. B. Barney, 2013, Incorporating opportunity costs in strategic management research: The value of diversification and payout as opportunities forgone when reinvesting in the firm, *Strategic Organization*, 11: 347–363; W. H. Tsai, Y. C. Kuo, J.-H. Hung, 2009, Corporate diversification and CEO turnover in family businesses: Self-entrenchment or risk reduction? *Small Business Economics*, 32: 57–76; N. W. C. Harper & S. P. Viguerie, 2002, Are you too focused? *McKinsey Quarterly*, Mid-Summer, 29–38.

98. J. W. Miller, 2015, Alcoa looks to shed more capacity, *Wall Street Journal*, March 10, B3

99. J. W. Miller, 2015, Alcoa makes deal to broaden reach in aircraft industry, *Wall Street Journal*, March 10, B3.

100. Sakhartov & Folta, Resource relatedness, redeployability, and firm value; T. B. Folta & J. P. O'Brien, 2008, Determinants of firm-specific thresholds in acquisition decisions, *Managerial and Decision Economics*, 29: 209–225.

101. N. M. Kay & A. Diamantopoulos, 1987, Uncertainty and synergy: Towards a formal model of corporate strategy, *Managerial and Decision Economics*, 8: 121–130.

102. R. W. Coff, 1999, How buyers cope with uncertainty when acquiring firms in knowledge-intensive industries: Caveat emptor, *Organization Science*, 10: 144–161.

103. P. B. Carroll & C. Muim 2008, 7 ways to fail big, *Harvard Business Review*, 86(9): 82–91.

104. Y. R. Choi, S. A. Zahra, T. Yoshikawa, & B. H. Han, 2015, Family ownership and R&D investment: The role of growth opportunities and business group membership, *Journal of Business Research*, 68: 1053–1061; S. K. Kim, J. D. Arthurs, A. Sahaym, & J. B. Cullen, 2013, Search behavior of the diversified firm: The impact of fit on innovation, *Strategic Management Journal*, 34: 999–1009; J. Kang, 2013, The relationship between corporate diversification and corporate social performance, *Strategic Management Journal*, 34: 94–109.

105. Sears & Hoetker, Technological overlap, technological capabilities, and resource recombination in technological acquisitions; D. G. Sirmon, S. Gove, & M. A. Hitt, 2008, Resource management in dyadic competitive rivalry: The effects of resource bundling and deployment, *Academy of Management Journal*, 51: 919–935; S. J. Chatterjee & B. Wernerfelt, 1991, The link between resources and type of diversification: Theory and evidence, *Strategic Management Journal*, 12: 33–48.

106. G. Ertug & F. Castellucci, 2015, Who shall get more? How intangible assets and aspiration levels affect the valuation of resource providers, *Strategic Organization*, 13: 6–31; O'Brien, David, Yoshikawa, & Delios, How capital structure influences diversification performance; E. N. K. Lim, S. S. Das, & A. Das, 2009, Diversification strategy, capital structure, and the Asian financial crisis (1997–1998): Evidence from Singapore firms, *Strategic Management Journal*, 30: 577–594; W. Keuslein, 2003, The Ebitda folly, *Forbes*, March 17, 165–167.

107. C. Zillman, 2014, Michael Dell: Long live the PC, *Fortune*, www.fortune.com, May 23;

108. L. Capron & J. Hull 1999, Redeployment of brands, sales forces, and general marketing management expertise following horizontal acquisitions: A resource-based view, *Journal of Marketing*, 63: 41–54.

109. C. Mims, 2015, In battery revolution, a clean leap forward, *Wall Street Journal*, March 16, B4.

110. M. V. S. Kumar, 2009, The relationship between product and international diversification: The effects of short-run constraints and endogeneity. *Strategic Management Journal*, 30: 99–116; C. B. Malone & L. C. Rose, 2006. Intangible assets and firm diversification, *International Journal of Managerial Finance*, 2: 136–153.

111. J. Chekler, 2015, Alvarez & Marsal to launch investment arm, *Wall Street Journal*, www.wsj.com, March 25.

112. M. Rogan & O. Sorenson, 2014, Picking a (poor) partner: A relational perspective on acquisitions, *Administrative Science Quarterly*, 59: 301–329; C. Moschieri, 2011, The implementation and structuring of divestitures: The unit's perspective, *Strategic Management Journal*, 32: 368–401; K. Shimizu & M. A. Hitt, 2005, What constrains or facilitates divestitures of formerly acquired firms? The effects of organizational inertia, *Journal of Management*, 31: 50–72.

113. J. Bunge & L. Hoffman, 2014, Tables turn for Hillshire CEO as an acquirer becomes prey, *Wall Street Journal*, June 2, B1; D. Cimilluca & R. Van Daalen, 2013,. A year after its creation, Sara Lee coffee spinoff fetches $9.8 billion. *Wall Street Journal*, April 13, B3; D. Cimilluca & J. Jargon, 2009, Corporate news: Sara Lee weighs sale of European business, *Wall Street Journal*, March 13, B3.

114. M. van Essen, J. Otten, & E. J. Carberry, 2015, Assessing managerial power theory: A meta-analytic approach to understanding the determinants of CEO compensation, *Journal of Management*, 41: 164–202; A. J. Nyberg, I. S. Fulmer, B. Gerhart, & M. A. Carpenter, 2010, Agency theory revisited: CEO return, and shareholder interest alignment, *Academy of Management Journal*, 53: 1029–1049.

115. X. Castañer & N. Kavadis, 2013, Does good governance prevent bad strategy? A study of corporate governance, financial diversification, and value creation by French corporations, 2000–2006, *Strategic Management Journal*, 34: 863–876; D. Souder, Z. Simsek, & S. G. Johnson, 2012, The differing effects of agent and founder CEOs on the firm's market expansion, *Strategic Management Journal*, 33: 23–41; R. E. Hoskisson, M. W. Castleton, & M. C. Withers, 2009, Complementarity in monitoring and bonding: More intense monitoring leads to higher executive compensation, *Academy of Management Perspectives*, 23: 57–74.

116. D. E. Black, S. S. Dikolli, & S. D. Dyreng, 2014, CEO pay-for-complexity and the risk of managerial diversion from multinational diversification, *Contemporary Accounting Research*, 31: 103–135; Pathak, Hoskisson, & Johnson, 2014.

117. E. M. Fich, L. T. Starks, & A. S. Yore, 2014, CEO deal-making activities and compensation, *Journal of Financial Economics*, 114: 471–492; M. van Essen, P. P. Heugens, J. Otto, & J. van Oosterhout, 2012, An institution-based view of executive compensation: A multilevel meta-analytic review, *Journal of International Business Studies*, 43: 396–423; Y. Deutsch, T. Keil, & T. Laamanen, 2011, A dual agency view of board compensation: The joint effects of outside director and CEO options on firm risk, *Strategic Management Journal*, 32: 212–227.

118. R. Krause, K. A. Whitler, & M. Semadeni, 2014, Power to the principals! An experimental look at shareholder say-on-pay voting, *Academy of Management Journal*, 57: 94–115.

119. Zhu & Chen, CEO narcissism and the impact of prior board experience on corporate strategy; A. J. Wowak &

D. C. Hambrick, 2010, A model of person-pay interaction: How executives vary in their responses to compensation arrangements, *Strategic Management Journal*, 31: 803–821; J. Bogle, 2008, Reflections on CEO compensation, *Academy of Management Perspectives*, 22: 21–25.

120. E. Y. Rhee & P. C. Fiss, 2014, Framing controversial actions: Regulatory focus, source credibility, and stock market reaction to poison pill adoption, *Academy of Management Journal*, 57: 1734–1758; M. Kahan & E. B. Rock, 2002, How I learned to stop worrying and love the pill: Adaptive responses to takeover law, *University of Chicago Law Review*, 69: 871–915.

121. B. W. Benson, W. N. Davidson, T. R. Davidson, & H. Wang, 2015, Do busy directors and CEOs shirk their responsibilities? Evidence from mergers and acquisitions, *Quarterly Review of Economics & Finance*, 55: 1–19; R. C. Anderson, T. W. Bates, J. M. Bizjak, & M. L. Lemmon, 2000, Corporate governance and firm diversification, *Financial Management*, 29: 5–22; J. D. Westphal, 1998, Board games: How CEOs adapt to increases in structural board independence from management, *Administrative Science Quarterly*, 43: 511–537.

122. C. E. Devers, G. Mcnamara, J. Haleblian, & M. E. Yoder, 2013, Do they walk the talk? Gauging acquiring CEO and director confidence in the value creation potential of announced acquisitions, *Academy of Management Journal*, 56: 1679–1702; S. M. Campbell, A. J. Ward, J. A. Sonnenfeld, & B. R. Agle, 2008, Relational ties that bind: Leader-follower relationship dimensions and charismatic attribution, *Leadership Quarterly*, 19: 556–568; M. Wiersema, 2002, Holes at the top: Why CEO firings backfire, *Harvard Business Review*, 80(12): 70–77.

123. R. E. Hoskisson, J. D. Arthurs, R. E. White, & C. M. Wyatt, 2013, Multiple agency theory: An emerging perspective on corporate governance. In M. Wright, D. S. Siegel, K. Keasey, & I. Filatotchev (eds.), *The Oxford Handbook of Corporate Governance*, Oxford: Oxford University Press; D. Allcock & I. Filatotchev, 2010, Executive incentive schemes in initial public offerings: The effects of multiple-agency conflicts and corporate governance, *Journal of Management*, 36: 663–686; N. Wasserman, 2006, Stewards, agents, and the founder discount: Executive compensation in new ventures, *Academy of Management Journal*, 49: 960–976.

124. E. F. Fama, 1980, Agency problems and the theory of the firm, *Journal of Political Economy*, 88: 288–307.

125. H. Kim, R. E. Hoskisson, & S. Lee, 2015, Why strategic factor markets matter: 'New' multinationals' geographic diversification and firm profitability, *Strategic Management Journal*, 36: 518–536; M. Y. Brannen & M. F. Peterson, 2009, Merging without alienating: Interventions promoting cross-cultural organizational integration and their limitations, *Journal of International Business Studies*, 40: 468–489; M. L. A. Hayward, 2002, When do firms learn from their acquisition experience? Evidence from 1990–1995, *Strategic Management Journal*, 23: 21–39.

126. R. E. Hoskisson, R. A. Johnson, L. Tihanyi, & R. E. White, 2005, Diversified business groups and corporate refocusing in emerging economies, *Journal of Management*, 31: 941–965.

127. R. Chittoor, P. Kale, & P. Puranam, 2015, Business groups in developing capital markets: Towards a complementary perspective, *Strategic Management Journal*, forthcoming; C. N. Chung & X. Luo, 2008, Institutional logics or agency costs: The influence of corporate governance models on business group restructuring in emerging economies, *Organization Science*, 19: 766–784; W. P. Wan & R. E. Hoskisson, 2003, Home country environments, corporate diversification strategies, and firm performance, *Academy of Management Journal*, 46: 27–45.

第 7 章

1. M. Menz, S. Kunisch, & D. J. Collis, 2015, The corporate headquarters in the contemporary corporation: Advancing a multimarket firm perspective, *Academy of Management Annals*, 9: 633–714; M. Gruber, I. C. MacMillan, & J. D. Thompson, 2012, From minds to markets: How human capital endowments shape market opportunity identification of technology start-ups, *Journal of Management*, 38: 1421–1449; D. J. Teece, 2010, Alfred Chandler and "capabilities" theories of strategy and management, *Industrial and Corporate Change*, 19: 297–316.

2. R. Ragozzino & D. P. Blevins, 2015, Venture-backed firms: How does venture capital involvement affect their likelihood of going public or being acquired? *Entrepreneurship Theory and Practice*, in press; H. R. Greve, 2011, Positional rigidity: Low performance and resource acquisition in large and small firms, *Strategic Management Journal*, 32: 103–114; R. Ragozzino & J. J. Reuer, 2010, The opportunities and challenges of entrepreneurial acquisitions, *European Management Review*, 70: 80–90.

3. P.-X. Meschi & E. Metais, 2015, Too big to learn: The effects of major acquisition failures on subsequent acquisition divestment, *British Journal of Management*, in press; K. Muehlfeld, P. Rao Sahib, & A. Van Witteloostuijn, 2012, A contextual theory of organizational learning from failures and successes: A study of acquisition completion in the global newspaper industry, 1981–2008, *Strategic Management Journal*, 33: 938–964; M. A. Hitt, D. King, H. Krishnan, M. Makri, M. Schijven, K. Shimizu, & H. Zhu, 2009, Mergers and acquisitions: Overcoming pitfalls, building synergy and creating value, *Business Horizons*, 52: 523–529.

4. D. A. Basuil & D. K. Datta, 2015, Effects of industry- and region-specific acquisition experience on value creation in cross-border acquisitions: The moderating role of cultural similarity, *Journal of Management Studies*, in press; A. S. Gaur, S. Malhotra, & P. Zhu, 2013, Acquisition announcements and stock market valuations of acquiring firms' rivals: A test of the growth probability hypothesis in China, *Strategic Management Journal*, 34: 215–232; G. M. McNamara, J. Haleblian, & B. J. Dykes, 2008, The performance implications of participating in an acquisition wave: Early mover advantages, bandwagon effects, and the moderating influence of industry characteristics and acquirer tactics, *Academy of Management Journal*, 51: 113–130.

5. C. Moschieri & J. M. Campa, 2014, New trends in mergers and acquisitions: Idiosyncrasies of the European market, *Journal of Business Research*, 67: 1478–1485; J. J. Reuer, T. W. Tong, & C. Wu, 2012, A signaling theory of acquisition premiums: Evidence from IPO targets, *Academy of Management Journal*, 55: 667–683.

6. J. B. Edwards, 2015, M&A deal-makers are dealing in 2014: A commentary, *Journal of Corporate Accounting & Finance*, 26: 19–24.

7. J. S. Ang & A. K. Ismail, 2015, What premiums do target shareholders expect? Explaining negative returns upon offer announcement, *Journal of Corporate Finance*, 30: 245–256; M. Cornett, B. Tanyeri, & H. Tehranian, 2011, The effect of merger anticipation on bidder and target firm announcement period returns, *Journal of Corporate Finance*, 17: 595–611.

8. A. Kaul & X. (Brian) Wu, 2015, A capabilities-based perspective on target selection in acquisitions, *Strategic Management Journal*, in press; J. Cicon, J. Clarke, S. P. Ferris, & N. Jayaraman, 2014, Managerial expectations of synergy and the performance of acquiring firms: The contribution of soft data, *Journal of Behavioral Finance*, 15: 161–175; J. Sears & G. Hoetker, 2014, Technological overlap, technological capabilities, and resource recombination in technological acquisitions, *Strategic Management Journal*, 35: 48–67.

9. P. Loftus, J. D. Rockoff, & M. Farrell, 2015, Alexion-Synageva deal shows lure of rare-disease drugs, *Wall Street Journal Online*, www.wsj.com, May 6.

10. J.-Y. (Jay) Kim, S. Finkelstein, & J. Haleblian, 2015, All aspirations are not created equal: The differential effects of historical and social aspirations on acquisition behavior, *Academy of Management Journal*, in press; V. Ambrosini, C. Bowman, & R. Schoenberg, 2011, Should acquiring firms pursue more than one value creation strategy? An empirical test of acquisition performance, *British Journal of Management*, 22: 173–185; K. J. Martijn Cremers, V. B. Nair, & K. John, 2009, Takeovers and the cross-section of returns, *Review of Financial Studies*, 22: 1409–1445.

11. J. McKinnon, 2015, Canada's Alamos Gold and AuRico Gold to merge, *Wall Street Journal Online*, www.wsj.com, April 13.

12. M. Curtin, 2015, A 'merger of equals' is more fragile, *Wall Street Journal Online*, www.wsj.com, March 16.

13. N. Aktas, E. Croci, & S. A. Simsir, 2015, Corporate governance and takeover outcomes, *Corporate Governance: An International Review*, in press; M. Humphery-Jenner, 2014, Takeover defenses as drivers of innovation and value-creation, *Strategic Management Journal*, 35: 668–690.

14. R. Barusch, 2015, Dealpolitik: Three ways to look at the three-way pharma scrum, *Wall Street Journal Online*, www.wsj.com, April 23.

15. K. Huschelrath & K. Muller, 2015, Market power, efficiencies, and entry evidence from an airline merger, *Managerial and Decision Economics*, 36: 239–255; J. Garcia-Quevedo, G. Pellegrino, & M. Vivarelli, 2014, R&D drivers and age: Are young firms different? *Research Policy*, 43: 1544–1556.

16. V. Bilotkach & P. A. Lakew, 2014, On sources of market power in the airline industry: Panel data evidence from the US airports, *Transportation Research Part A: Policy and Practice*, 59: 288–305; M. A. Hitt, D. King, H. Krishnan, M. Makri, M. Schijven, K. Shimizu, & H. Zhu, 2012, Creating value through mergers and acquisitions: Challenges and opportunities, in D. Faulkner, S. Teerikangas, & R. Joseph (eds.), *Oxford Handbook of Mergers and Acquisitions*, Oxford, U.K.: Oxford University Press, 71–113; J. Haleblian, C. E. Devers, G. McNamara, M. A. Carpenter, & R. B. Davison, 2009, Taking stock of what we know about mergers and acquisitions: A review and research agenda, *Journal of Management*, 35: 469–502.

17. P. Mourdoukoutas, 2014, Amazon's big problem, *Forbes*, www.forbes.com, May 7.

18. H. Furchtgott-Roth, 2015, Comcast and Time Warner Cable: Autopsy of a failed merger, *Forbes*, www.forbes.com, April 24.

19. D. Burghardt & M. Helm, 2015, Firm growth in the course of mergers and acquisitions, *Small Business Economicx*, 44: 889–904; D. K. Oler, J. S. Harrison, & M. R. Allen, 2008, The danger of misinterpreting short-window event study findings in strategic management research: An empirical illustration using horizontal acquisitions, *Strategic Organization*, 6: 151–184.

20. J. D. Rockoff & J. Walker, 2015, Meet pharma's newest movers and shakers, *Wall Street Journal Online*, www.wsj.com, April 22.

21. W. Moatti, C. R. Ren, J. Anand, & P. Dussauge, 2015, Disentangling the performance effects of efficiency and bargaining power in horizontal growth strategies: An empirical investigation in the global retail industry, *Strategic Management Journal*, 36: 745–757; C. E. Fee & S. Thomas, 2004, Sources of gains in horizontal mergers: Evidence from customer, supplier, and rival firms, *Journal of Financial Economics*, 74: 423–460.

22. T. H. Reus, B. T. Lamont, & K. M. Ellis, 2015, A darker side of knowledge transfer following international acquisitions, *Strategic Management Journal*, in press; G. E. Halkos & N. G. Tzeremes, 2013, Estimating the degree of operational efficiency gains from a potential bank merger and acquisition: A DEA bootstrapped approach, *Journal of Banking & Finance*, 37: 1658–1668; L. Capron, W. Mitchell, & A. Swaminathan, 2001, Asset divestiture following horizontal acquisitions: A dynamic view, *Strategic Management Journal*, 22: 817–844.

23. C.-H. Chou, 2014, Strategic delegation and vertical integration, *Managerial and Decision Economics*, 35: 580–586; J. Shenoy, 2012, An examination of the efficiency, foreclosure, and collusion rationales for vertical takeovers, *Management Science*, 58: 1482–1501.

24. K. Favaro, 2015, Vertical integration 2.0: An old strategy makes a comeback, *Strategy & Business*, www.strategy-business.com, May 6.

25. N. Wilson, 2014, Nutella maker Ferrero buys Turkey's biggest Hazelnut company, *International Business Times*, www.ibtimes.co/uk, July 7.

26. P. Burrows, 2015, Cisco CEO says company remains in hunt for software makers, *Bloomberg*, www.bloomberg.com, February 19; C. Talbot, 2015, Cisco targets software companies for acquisition, *FierceEnterpriseCommunications*, www.fierceenterprisecommunications.com, February 3.

27. L. Beilfuss, 2015, Scripps Networks profit falls on acquisitions, restructuring costs, *Wall Street Journal Online*, www.wsj.com, May 7.

28. 2015, Scripps Networks Interactive to acquire controlling interest in Polish TV operator TVN, Scripps Networks Interactive Home Page, www.scrippsnetworksinteractive.com, March 16.

29. B. B. Fancis, I. Hasan, X. Sun, & M. Waisman, 2014, Can firms learn by observing? Evidence from cross-border M&As, *Journal of Corporate Finance*, 25: 202–215; I. Erel, R. C. Liao, & M. S. Weisbach, 2012, Determinants of cross-border mergers and acquisitions, *Journal of Finance*, 67: 1045–1082; K. Boeh, 2011, Contracting costs and information asymmetry reduction in cross-border M&A, *Journal of Management Studies*, 48: 568–590; R. Chakrabarti, N. Jayaraman, & S. Mukherjee, 2009,

Mars-Venus marriages: Culture and cross-border M&A, *Journal of International Business Studies*, 40: 216–237.

30. Y. Chen, W. Li, & K. J. Lin, 2015, Cumulative voting: Investor protection or antitakeover? Evidence from family firms in China, *Corporate Governance: An International Review*, 23: 234–238; J. Lahart, 2012, Emerging risk for multinationals, *Wall Street Journal*, November 15, C12; Y. W. Chin, 2011, M&A under China's Anti-Monopoly Law, *Business Law Today*, 19: 1–5.

31. 2015, China 2015 regulatory transparency scorecard, *The US-China Business Council*, www.uschina.org, March; L. Burkitt, 2015, Nine out of 10 Chinese charities fail transparency text, report finds, *Wall Street Journal Online*, www.wsj.com, April 1.

32. 2014, Special report—How Caterpillar got bulldozed in China, *Reuters Industries*, www.reteurs.com, January 22; S. Montlake, 2013, Cat scammed, *Forbes*, March 4, 36–38.

33. H. Liu, X.-H. Ding, H. Guo, & J.-H. Luo, 2014, How does slack affect product innovation in high-tech Chinese firms: The contingent value of entrepreneurial orientation, *Asia Pacific Journal of Management*, 31: 47–68; L. Capron & W. Mitchell, 2012, *Build, Borrow or Buy: Solving the Growth Dilemma*, Cambridge: Harvard Business Review Press; G. K. Lee & M. B. Lieberman, 2010, Acquisition vs. internal development as modes of market entry, *Strategic Management Journal*, 31: 140–158.

34. H. Berends, M. Jelinek, I. Reymen, & R. Stultiens, 2014, Product innovation processes in small firms: Combining entrepreneurial effectuation and managerial causation, *Journal of Product Innovation Management*, 31: 616–635; H. Evanschitzky, M. Eisend, R. J. Calantone, & Y. Jiang, 2012, Success factors of product innovation: An updated meta-analysis, *Journal of Product Innovation Management*, 29: 21–37; H. K. Ellonen, P. Wilstrom, & A. Jantunen, 2009, Linking dynamic-capability portfolios and innovation outcomes, *Technovation*, 29: 753–762.

35. U. Stettner & D. Lavie, 2014, Ambidexterity under scrutiny: Exploration and exploitation via internal organization, alliances, and acquisitions, *Strategic Management Journal*, 35: 1903–1929; M. Makri, M. A. Hitt, & P. J. Lane, 2010, Complementary technologies, knowledge relatedness, and invention outcomes in high technology M&As, *Strategic Management Journal*, 31: 602–628; M. A. Hitt, R. E. Hoskisson, R. A. Johnson, & D. D. Moesel, 1996, The market for corporate control and firm innovation, *Academy of Management Journal*, 39: 1084–1119.

36. 2015, Welch Allyn continues acquisitions, buys scale maker, *Wall Street Journal Online*, www.wsj.com, May 6.

37. C. Grimpe & K. Hussinger, 2014, Resource complementarity and value capture in firm acquisitions: The role of intellectual property rights, *Strategic Management Journal*, 35: 1762–1780; W. P. Wan &

D. W. Yiu, 2009, From crisis to opportunity: Environmental jolt, corporate acquisitions, and firm performance, *Strategic Management Journal*, 30: 791–801; G. Ahuja & R. Katila, 2001, Technological acquisitions and the innovation performance of acquiring firms: A longitudinal study, *Strategic Management Journal*, 22: 197–220.

38. O. Koryak, K. F. Mole, A. Lockett, J. C. Hayton, D. Ucbasaran, & G. P. Hodgkinson, 2015, Entrepreneurial leadership, capabilities and firm growth, *International Small Business Journal*, 33: 89–105; N. Zhou & A. Delios, 2012, Diversification and diffusion: A social networks and institutional perspective, *Asia Pacific Journal of Management*, 29: 773–798; M. A. Hitt, R. E. Hoskisson, R. D. Ireland, & J. S. Harrison, 1991, Effects of acquisitions on R&D inputs and outputs, *Academy of Management Journal*, 34: 693–706.

39. 2015, Campbell announces plans for a reorganization of its business operations and appoints the presidents of its three new business divisions, Campbell Soup Home Page, www.campbellsoupcompany.com, January 29.

40. J. Kell, 2015, Campbell Soup is still searching for its recipe for success, *Fortune*, www.fortune, February 25.

41. M.-J. Lee, 2015, Samsung's latest acquisition: Utah-based Yesco Electronics, *Wall Street Journal Online*, www.wsj.com, March 5.

42. A. Chakrabarti & W. Mitchell, 2015, The role of geographic distance in completing related acquisitions: Evidence from U.S. chemical manufacturers, *Strategic Management Journal*, in press; F. Bauer & K. Matzler, 2014, Antecedents of M&A success: The role of strategic complementarity, cultural fit, and degree and speed of integration, *Strategic Management Journal*, 35: 269–291; T. Laamanen & T. Keil, 2008, Performance of serial acquirers: Toward an acquisition program perspective, *Strategic Management Journal*, 29: 663–672.

43. T. J. Hannigan, R. D. Hamilton, III, & R. Mudambi, 2015, Competition and competitiveness in the US airline industry, *Competitiveness Review*, 25: 134–155; D. G. Sirmon, S. Gove, & M. A. Hitt, 2008, Resource management in dyadic competitive rivalry: The effects of resource bundling and deployment, *Academy of Management Journal*, 51: 919–933.

44. S. Banerjee, J. C. Prabhu, & R. K. Chandy, 2015, Indirect learning: How emerging-market firms grow in developed markets, *Journal of Marketing*, 79: 10–28; A. Kaul, 2012, Technology and corporate scope: Firm and rival innovation as antecedents of corporate transactions, *Strategic Management Journal*, 33: 347–367; M. Zollo & J. J. Reuer, 2010, Experience spillovers across corporate development activities, *Organization Science*, 21: 1195–1212.

45. A. Hajro, 2015, Cultural influences and the mediating role of socio-cultural integration processes on the performance of cross-border mergers and acquisitions, *International Journal of Human Resource Management*, 26: 192–215; A. Ataullahm, H. Le, & A. S. Sahota, 2014, Employee productivity, employment growth, and the cross-border acquisitions by emerging market firms, *Human Resource Management*, 53: 987–1004; T. Gantumur & A. Stephan, 2012, Mergers & acquisitions and innovation performance in the telecommunications equipment industry, *Industrial & Corporate Change*, 21: 277–314.

46. 2015, CenturyLink acquires Orchestrate to enhance cloud platform with new database capabilities, CenturyLink Home Page, www.centurylink.com, April 20.

47. M. G. Colombo & L. Rabbiosi, 2014, Technological similarity, post-acquisition R&D reorganization, and innovation performance in horizontal acquisitions, *Research Policy*, 2014, 43: 1039–1054; M. E. Graebner, K. M. Eisenhardt, & P. T. Roundy, 2010, Success and failure in technology acquisitions: Lessons for buyers and sellers, *Academy of Management Perspectives*, 24, 73–92; J. A. Schmidt, 2002, Business perspective on mergers and acquisitions, in J. A. Schmidt (ed.), *Making Mergers Work*, Alexandria, VA: Society for Human Resource Management, 23–46.

48. A. Trichterborn, D. Z. Knyphausen-Aufseb, & L. Schweizer, 2015, How to improve acquisition performance: The role of a dedicated M&A function, M&A learning process, and M&A capability, *Strategic Management Journal*, in press; A. Zaheer, X. Castañer, & D. Souder, 2013, Synergy sources, target autonomy, and integration in acquisitions, *Journal of Management*, 39: 604–632; K. M. Ellis, T. H. Reus, & B. T. Lamont, 2009, The effects of procedural and informational justice in the integration of related acquisitions, *Strategic Management Journal*, 30: 137–161.

49. R. Shen, Y. Tang, & G. Chen, 2014, When the role fits: How firm status differentials affect corporate takeovers, *Strategic Management Journal*, 35: 2012–2030; T. H. Reus, 2012, Culture's consequences for emotional attending during cross-border acquisition implementation, *Journal of World Business*, 47: 342–351.

50. H. Zhu, J. Xia, & S. Makino, 2015, How do high-technology firms create value in international M&A? Integration, autonomy and cross-border contingencies, *Journal of World Business*, in press; J. Q. Barden, 2012, The influences of being acquired on subsidiary innovation adoption, *Strategic Management Journal*, 33: 1269–1285; H. G. Barkema & M. Schijven, 2008, Toward unlocking the full potential of acquisitions: The role of organizational restructuring, *Academy of Management Journal*, 51: 696–722.

51. T. Hua, 2015, Nokia can't cut its way to success with Alcatel, *Wall Street Journal Online*, wsj.com, April 14.

52. T. Hua, 2015, Nokia's ambitions could crack under integration pressure, *Wall Street Journal Online*, www.wsj.com, April 15.

53. S. F. Rockart & N. Dutt, 2015, The rate and potential of capability development trajectories, *Strategic Management Journal*, 36: 53–75; A. Sleptsov, J. Anand, & G. Vasudeva, 2013, Relationship configurations with information intermediaries: The effect of firm-investment bank ties on expected acquisition performance, *Strategic Management Journal*, 34: 957–977.

54. J. B. Edwards, 2014, The urge to merge, *Journal of Corporate Accounting & Finance*, 25: 51–55; R. Duchin & B. Schmidt, 2013, Riding the merger wave: Uncertainty, reduced monitoring, and bad acquisitions, *Journal of Financial Economics*, 107: 69–88; J. DiPietro, 2010, Responsible acquisitions yield growth, *Financial Executive*, 26: 16–19.

55. 2015, Capgemini to acquire iGate for $4 billion, *livemint*, www.livemint.com, April 28.

56. J. Wieczner, 2015, Fat pharma: Pfizer-Hospira and the top 10 overpriced drug deals ever, *Fortune*, www.fortune.com, February 6.

57. B. Becker & V. Ivashiina, 2015, Reaching for yield in the bond market, *Journal of Finance*, in press; G. Yago, 1991, *Junk Bonds: How High Yield Securities Restructured Corporate America*, NY: Oxford University Press, 146–148.

58. D. H. Kim & D. Stock, 2014, The effect of interest rate volatility and equity volatility on corporate bond yield spreads: A comparison of noncallables and callables, *Journal of Corporate Finance*, 26: 20–35.

59. M. C. Jensen, 1986, Agency costs of free cash flow, corporate finance, and takeovers, *American Economic Review*, 76: 323–329.

60. I. M. Pandey & V. Ongpipattanakul, 2015, Agency behavior and corporate restructuring choices during performance decline in an emerging economy, *International Journal of Managerial Finance*, 11: 244–267; S. Guo, E. S. Hotchkiss, & W. Song, 2011, Do buyouts (still) create value? *Journal of Finance*, 66: 479–517.

61. K. Craninckx & N. Huyghebaert, 2015, Large shareholders and value creation through corporate acquisitions in Europe: The identity of the controlling shareholder matters, *European Management Journal*, 33: 116–131; M. Rahman & M. Lambkin, 2015, Creating or destroying value through mergers and acquisitions: A marketing perspective, *Industrial Marketing Management*, 46: 24–35; S. W. Bauguess, S. B. Moeller, F. P. Schlingemann, & C. J. Zutter, 2009, Ownership structure and target returns, *Journal of Corporate Finance*, 15: 48–65; H. Donker & S. Zahir, 2008, Takeovers, corporate control, and return to target shareholders, *International Journal of Corporate Governance*, 1: 106–134.

62. J. Jaffe, J. Jindra, D. Pedersen, & T. Voetmann, 2015, Returns to acquirers of public and subsidiary targets, *Journal of Corporate Finance*, 31: 246–270; C. Tantalo & R. L. Priem, 2015, Value creation through stakeholder synergy, *Strategic Management Journal*, in press; Y. M. Zhou, 2011, Synergy,

Journal, in press; Y. M. Zhou, 2011, Synergy, coordination costs, and diversification choices, *Strategic Management Journal*, 32: 624–639.

63. G. Speckbacher, K. Neumann, & W. H. Hoffmann, 2015, Resource relatedness and the mode of entry into new businesses: Internal resource accumulation vs. access by collaborative arrangement, *Strategic Management Journal*, in press; J. B. Barney, 1988, Returns to bidding firms in mergers and acquisitions: Reconsidering the relatedness hypothesis, *Strategic Management Journal*, 9 (Special Issue): 71–78.

64. Trefis team, 2014, What has AirTran done for Southwest Airlines? *Forbes*, www.forbes. com, December 11.

65. A. Chakrabarti, 2015, Organizational adaptation in an economic shock: The role of growth reconfiguration, *Strategic Management Journal*, in press; O. E. Williamson, 1999, Strategy research: Governance and competence perspectives, *Strategic Management Journal*, 20: 1087–1108.

66. R. Stunda, 2014, The market impact of mergers and acquisitions on firms in the U.S., *Journal of Accounting and Taxation*, 6: 30–37; S. Snow, 2013, How to avoid a post-acquisition idea slump, *Fast Company*, February, 50; M. Cleary, K. Hartnett, & K. Dubuque, 2011, Road map to efficient merger integration, *American Banker*, March 22, 9; S. Chatterjee, 2007, Why is synergy so difficult in mergers of related businesses? *Strategy & Leadership*, 35: 46–52.

67. P. Page, 2015, Canada acquisition weighs on Radiant's earnings in recent quarter, *Wall Street Journal Online*, www.wsj.com, May 18.

68. P.-X. Meschi & E. Metais, 2015, Too big to learn: The effects of major acquisition failures on subsequent acquisition divestment, *British Journal of Management*, in press; W. P. Wan, R. E. Hoskisson, J. C. Short, & D. W. Yiu, 2011, Resource-based theory and corporate diversification: Accomplishments and opportunities, *Journal of Management*, 37: 1335–1368; E. Rawley, 2010, Diversification, coordination costs and organizational rigidity: Evidence from microdata, *Strategic Management Journal*, 31: 873–891.

69. S. Schonhaar, U. Pidun, & M. Nippa, 2014, Transforming the business portfolio: How multinational reinvent themselves, *Journal of Business Strategy*, 35: 4–17; S. Pathak, R. E. Hoskisson, & R. A. Johnson, 2014, Settling up in CEO compensation: The impact of divestiture intensity and contextual factors in refocusing firms, *Strategic Management Journal*, 35: 1124–1143; M. L. A. Hayward & K. Shimizu, 2006, De-commitment to losing strategic action: Evidence from the divestiture of poorly performing acquisitions, *Strategic Management Journal*, 27: 541–557.

70. J. B. Edwards, 2015, M&A deal-makers are dealing in 2014: A commentary, *Journal of Corporate Accounting & Finance*, 26: 19–24; J. Hagedoorn & N. Wang, 2012, Is

there complementarity or substitutability between internal and external R&D strategies? *Research Policy*, 41: 1072–1083; P. David, J. P. O'Brien, T. Yoshikawa, & A. Delios, 2010, Do shareholders or stakeholders appropriate the rents from corporate diversification? The influence of ownership structure, *Academy of Management Journal*, 53: 636–654; R. E. Hoskisson & R. A. Johnson, 1992, Corporate restructuring and strategic change: The effect on diversification strategy and R&D intensity, *Strategic Management Journal*, 13: 625–634.

71. F. Szucs, 2014, M&A and R&D: Asymmetric effects on acquirers and targets? *Research Policy*, 43: 1264–1273; R. D. Banker, S. Wattal, & J. M. Plehn-Dujowich, 2011, R&D versus acquisitions: Role of diversification in the choice of innovation strategy by information technology firms, *Journal of Management Information Systems*, 28: 109–144; J. L. Stimpert, I. M. Duhaime, & J. Chesney, 2010, Learning to manage a large diversified firm, *Journal of Leadership and Organizational Studies*, 17: 411–425; T. Keil, M. V. J. Maula, H. Schildt, & S. A. Zahra, 2008, The effect of governance modes and relatedness of external business development activities on innovative performance, *Strategic Management Journal*, 29: 895–907.

72. B. E. Perrott, 2015, Building the sustainable organization: An integrated approach, *Journal of Business Strategy*, 36: 41–51; A. Kacperczyk, 2009, With greater power comes greater responsibility? Takeover protection and corporate attention to stakeholders, *Strategic Management Journal*, 30: 261–285; M. L. Barnett, 2008, An attention-based view of real options reasoning, *Academy of Management Review*, 33: 606–628.

73. M. V. S. Kumar, J. Dixit, & B. Francis, 2015, The impact of prior stock market reactions on risk taking in acquisitions, *Strategic Management Journal*, in press; J. A. Martin & K. J. Davis, 2010, Learning or hubris? Why CEOs create less value in successive acquisitions, *Academy of Management Perspectives*, 24: 79–81; M. L. A. Hayward & D. C. Hambrick, 1997, Explaining the premiums paid for large acquisitions: Evidence of CEO hubris, *Administrative Science Quarterly*, 42: 103–127; R. Roll, 1986, The hubris hypothesis of corporate takeovers, *Journal of Business*, 59: 197–216.

74. F. Vermeulen, 2007, Business insight (a special report): Bad deals: Eight warning signs that an acquisition may not pay off, *Wall Street Journal*, April 28, R10.

75. D. H. Zhu, 2013, Group polarization on corporate boards: Theory and evidence on board decisions about acquisition premiums, *Strategic Management Journal*, 34: 800–822.

76. G. Kling, A. Ghobadian, M. A. Hitt, U. Weitzel, & N. O'Regan, 2014, The effects of cross-border and cross-industry mergers and acquisitions on home-region and global multinational enterprises, *British*

Journal of Management, 25: S116–S132; V. Swaminathan, F. Murshed, & J. Hulland, 2008, Value creation following merger and acquisition announcements: The role of strategic emphasis alignment, *Journal of Marketing Research*, 45: 33–47.

77. O.-P. Kauppila, 2014, So, what am I supposed to do? A multilevel examination of role clarity, *Journal of Management Studies*, 51: 737–763; M. Wagner, 2011, To explore or to exploit? An empirical investigation of acquisitions by large incumbents, *Research Policy*, 40: 1217–1225; H. Greve, 2011, Positional rigidity: Low performance and resource acquisition in large and small firms, *Strategic Management Journal*, 32: 103–114.

78. D. N. Angwin, S. Paroutis, & R. Connell, 2015, Why good things don't happen: The micro-foundations of routines in the M&A process, *Journal of Business Research*, 68: 1367–1381; E. Gomes, D. N. Angwin, Y. Weber, & S. Tarba, 2013, Critical success factors through the mergers and acquisitions process: Revealing pre- and post-M&A connections for improved performance, *Thunderbird International Business Review*, 55: 13–35; M. Cording, P. Christmann, & C. Weigelt, 2010, Measuring theoretically complex constructs: The case of acquisition performance, *Strategic Organization*, 8: 11–41.

79. D. Gamache, G. McNamara, M. Mannor, & R. Johnson, 2015, Motivated to acquire? The impact of CEO regulatory focus on firm acquisitions, *Academy of Management Journal*, inn press; A. Riviezzo, 2013, Acquisitions in knowledge-intensive industries: Exploring the distinctive characteristics of the effective acquirer, *Management Research Review*, 36: 183–212; S. Chatterjee, 2009, The keys to successful acquisition programmes, *Long Range Planning*, 42: 137–163.

80. O. Ahlers, A. Hack, & F. W. Kellermanns, 2014, Stepping into the buyers' shoes: Looking at the value of family firms through the eyes of private equity investors, *Journal of Family Business Strategy*, 6: 384–396; M. A. Hitt, R. D. Ireland, J. S. Harrison, & A. Best, 1998, Attributes of successful and unsuccessful acquisitions of U.S. firms, *British Journal of Management*, 9: 91–114.

81. S. R. Jory & T. N. Nog, 2014, Cross-border acquisitions of state-owned enterprises, *Journal of International Business Studies*, 45: 1096–1114; K. Uhlenbruck, M. A. Hitt, & M. Semadeni, 2006, Market value effects of acquisitions involving Internet firms: A resource-based analysis, *Strategic Management Journal*, 27: 899–913.

82. 2015, TE Connectivity to acquire AdvancedCath, *Pr NewsWire*, www. prnewswire.com, March 4.

83. M. Humphery-Jenner, 2014, Takeover defenses, innovation, and value creation: Evidence from acquisition decisions, *Strategic Management Journal*, 35: 668–690; A. Rouzies & H. L. Colman, 2012, Identification processes in post-acquisition

integration: The role of social interactions, *Corporate Reputation Review*, 15: 143–157; D. K. Ellis, T. Reus, & B. Lamont, 2009, The effects of procedural and informational justice in the integration of related acquisitions, *Strategic Management Journal*, 30: 137–161.

84. S. Graffin, J. Haleblian, & J. T. Kiley, 2015, Ready, AIM, acquire: Impression offsetting and acquisitions, *Academy of Management Journal*, in press; R. Agarwal, J. Anand, J. Bercovitz, & R. Croson, 2012, Spillovers across organizational architectures: The role of prior resource allocation and communication in post-acquisition coordination outcomes, *Strategic Management Journal*, 33: 710–733; M. E. Graebner, 2009, Caveat venditor: Trust asymmetries in acquisitions of entrepreneurial firms, *Academy of Management Journal*, 52: 435–472.

85. F. Szucs, 2014, M&A and R&D: Asymmetric effects on acquirers and targets? *Research Policy*, 43: 1264–1273; Y. Suh, J. You, & P. Kim, 2013, The effect of innovation capabilities and experience on cross-border acquisition performance, *Global Journal of Business Research*, 7: 59–74; J. Jwu-Rong, H. Chen-Jui, & L. Hsieh-Lung, 2010, A matching approach to M&A, R&D, and patents: Evidence from Taiwan's listed companies, *International Journal of Electronic Business Management*, 8: 273–280.

86. 2015, Nokia and Alcatel-Lucent to combine to create an innovation leader in next generation technology and services for an IP connected world, Nokia Home Page, www.nokia.com, April 15.

87. D. N. Angwin & M. Meadows, 2015, New integration strategies for post-acquisition management, *Long Range Planning*, in press; K. H. Heimeriks, M. Schijven, & S. Gates, 2013, Manifestations of higher-order routines: The underlying mechanisms of deliberate learning in the context of postacquisition integration, *Academy of Management Journal*, 55: 703–726; M. L. McDonald, J. D. Westphal, & M. E. Graebner, 2008, What do they know? The effects of outside director acquisition experience on firm acquisition performance, *Strategic Management Journal*, 29: 1155–1177.

88. M. McCann & R. Ackrill, 2015, Managerial and disciplinary responses to abandoned acquisitions in bidding firms: A new perspective, *Corporate Governance: An International Review*, in press; C. Moschieri & J. Mair, 2012, Managing divestitures through time—Expanding current knowledge, *Academy of Management Perspectives*, 26: 35–50; D. Lee & R. Madhaven, 2010, Divestiture and firm performance: A meta-analysis, *Journal of Management*, 36: 1345–1371.

89. N. Kavadis & X. Castaner, 2015, Who drives corporate restructuring? Co-existing owners in French firms, *Corporate Governance: An International Review*, in press; Y. G. Suh & E. Howard, 2009, Restructuring retailing in Korea: The case

of Samsung-Tesco, *Asia Pacific Business Review*, 15: 29–40; Z. Wu & A. Delios, 2009, The emergence of portfolio restructuring in Japan, *Management International Review*, 49: 313–335.

90. E. R. Feldman, 2015, Corporate spinoffs and analysts' coverage decisions: The implications for diversified firms, *Strategic Management Journal*, in press; A. Fortune & W. Mitchell, 2012, Unpacking firm exit at the firm and industry levels: The adaptation and selection of firm capabilities, *Strategic Management Journal*, 33: 794–819; J. L. Morrow, Jr., D. G. Sirmon, M. A. Hitt, & T. R. Holcomb, 2007, Creating value in the face of declining performance: Firm strategies and organizational recovery, *Strategic Management Journal*, 28: 271–283.

91. W. McKinley, S. Latham, & M. Braun, 2014, Organizational decline and innovation: Turnarounds and downward spirals, *Academy of Management Review*, 39: 88–110.

92. C. Tangpong, M. Agebe, & Z. Li, 2015, A temporal approach to retrenchment and successful turnaround in declining firms, *Journal of Management Studies*, in press; H. A. Krishnan, M. A. Hitt, & D. Park, 2007, Acquisition premiums, subsequent workforce reductions and post-acquisition performance, *Journal of Management*, 44: 709–732.

93. I. Paeleman & T. Vanacker, 2015, Less is more, or not? On the interplay between bundles of slack resources, firm performance and firm survival, *Journal of Management Studies*, in press; D. K. Lim, N. Celly, E. A. Morse, & W. Rowe, 2013, Rethinking the effectiveness of asset and cost retrenchment: The contingency effects of a firm's rent creation mechanism, *Strategic Management Journal*, 34: 42–61.

94. L. S. Alberet, D. G. Allen, J. E. Biggane, & Q. (Kathy) Ma, 2015, Attachment and responses to employment dissolution, *Human Resource Management*, 25: 94–106; R. Iverson & C. Zatzick, 2011, The effects of downsizing on labor productivity: The value of showing consideration for employees' morale and welfare in high-performance work systems, *Human Resource Management*, 50: 29–43; C. O. Trevor & A. J. Nyberg, 2008, Keeping your headcount when all about you are losing theirs: Downsizing, voluntary turnover rates, and the moderating role of HR practices, *Academy of Management Journal*, 51: 259–276.

95. T. J. Chemmanur, K. Krishnan, & D. K. Nandy, 2014, The effects of corporate spin-offs on productivity, *Journal of Corporate Finance*, 27: 72–98; R. E. Hoskisson & M. A. Hitt, 1994, *Downscoping: How to Tame the Diversified Firm*, NY: Oxford University Press.

96. E. R. Feldman, R. (Raffi) Amit, & B. Villalonga, 2015, Corporate divestitures and family control, *Strategic Management Journal*, in press; A. T. Nicolai, A. Schulz, & T. W. Thomas, 2010, What Wall Street wants—Exploring the role of security analysts in the evolution and spread

of management concepts, *Journal of Management Studies*, 47: 162–189; L. Dranikoff, T. Koller, & A. Schneider, 2002, Divestiture: Strategy's missing link, *Harvard Business Review*, 80(5): 74–83.

97. A. Nadolska & H. G. Barkema, 2014, Good learners: How top management teams affect the success and frequency of acquisitions, *Strategic Management Journal*, 35: 1483–1507; R. E. Hoskisson & M. A. Hitt, 1990, Antecedents and performance outcomes of diversification: A review and critique of theoretical perspectives, *Journal of Management*, 16: 461–509.

98. E. Vidal & W. Mitchell, 2015, Adding by subtracting: The relationship between performance feedback and resource reconfiguration through divestitures, *Organization Science*, in press; S. Schonhaar, U. Pidun, & M. Nippa, 2014, Transforming the business portfolio: How multinationals reinvent themselves, *Journal of Business Strategy*, 35: 4–17.

99. W. G. Xavier, R. Bandeira-de-Mello, & R. Marcon, 2014, Institutional environment and business groups' resilience in Brazil, *Journal of Business Research*, 67: 900–907; H. Berry, 2013, When do firms divest foreign operations? *Organization Science*, 24: 246–261; C. Chi-Nien & L. Xiaowei, 2008, Institutional logics or agency costs: The influence of corporate governance models on business group restructuring in emerging economies, *Organization Science*, 19: 766–784; R. E. Hoskisson, R. A. Johnson, L. Tihanyi & R. E. White, 2005, Diversified business groups and corporate refocusing in emerging economies, *Journal of Management*, 31: 941–965.

100. H. D. Park & P. C. Patel, 2015, How does ambiguity influence IPO underpricing? The role of the signaling environment, *Journal of Management Studies*, in press.

101. A. N. Link, C. J. Ruhm, & D. S. Siegel, 2014, Private equity and the innovation strategies of entrepreneurial firms: Empirical evidence form the small business innovation research program, *Managerial and Decision Economics*, 35: 103–113; S. N. Kaplan & P. Stromberg, 2009, Leveraged buyouts and private equity, *Journal of Economic Perspectives*, 23: 121–146.

102. S. Pathak, R. E. Hoskisson, & R. A. Johnson, 2014, Settling up in CEO compensation: The impact of divestiture intensity and contextual factors in refocusing firms, *Strategic Management Journal*, 35: 1124–1143; N. Wilson, M. Wright, D. S. Siegel, & L. Scholes, 2012, Private equity portfolio company performance during the global recession, *Journal of Corporate Finance*, 18: 193–205; R. Harris, D. S. Siegel, & M. Wright, 2005, Assessing the impact of management buyouts on economic efficiency: Plant-level evidence from the United Kingdom, *Review of Economics and Statistics*, 87: 148–153.

103. E. Autio, M. Kenney, P. Mustar, D. Siegel, & M. Wright, 2014, Entrepreneurial innovation: The importance of context, *Research Policy*, 43: 1097–1108; H. Bruining,

E. Verwaal, & M. Wright, 2013, Private equity and entrepreneurial management in management buy-outs, *Small Business Economics*, 40: 591–605; M. Meuleman, K. Amess, M. Wright, & L. Scholes, 2009, Agency, strategic entrepreneurship, and the performance of private equity-backed buyouts, *Entrepreneurship Theory and Practice*, 33: 213–239.

104. F. Castellaneta & O. Gottschalg, 2015, Does ownership matter in private equity? The sources of variance in buyouts' performance, *Strategic Management Journal*, in press; W. Kiechel III, 2007, Private equity's long view, *Harvard Business Review*, 85(4): 18–20; M. Wright, R. E. Hoskisson, & L. W. Busenitz, 2001, Firm rebirth: Buyouts as facilitators of strategic growth and entrepreneurship, *Academy of Management Executive*, 15: 111–125.

105. Y.-Y. Ji, J. P. Guthrie, & J. G. Messersmith, 2014, The tortoise and the hare: The impact of employment instability on firm performance, *Human Resource Management Journal*, 24: 355–373; E. G. Love & M. Kraatz, 2009, Character, conformity, or the bottom line? How and why downsizing affected corporate reputation, *Academy of Management Journal*, 52: 314–335; J. P. Guthrie & D. K. Datta, 2008, Dumb and dumber: The impact of downsizing on firm performance as moderated by industry conditions, *Organization Science*, 19: 108–123.

106. M. Brauer & T. Laamanen, 2014, Workforce downsizing and firm performance: An organizational routine perspective, *Journal of Management Studies*, 51: 1311–1333; H. A. Krishnan & D. Park, 2002, The impact

of work force reduction on subsequent performance in major mergers and acquisitions: An exploratory study, *Journal of Business Research*, 55: 285–292; P. M. Lee, 1997, A comparative analysis of layoff announcements and stock price reactions in the United States and Japan, *Strategic Management Journal*, 18: 879–894.

107. S. Mariconda & F. Lurati, 2015, Ambivalence and reputation stability: An experimental investigation on the effects of new information, *Corporate Reputation Review*, 18: 87–98; D. J. Flanagan & K. C. O'Shaughnessy, 2005, The effect of layoffs on firm reputation, *Journal of Management*, 31: 445–463.

108. J. Habel & M. Klarmann, 2015, Customer reactions to downsizing: When and how is satisfaction affected? *Journal of the Academy of Marketing Science*, in press; P. Williams, K. M. Sajid, & N. Earl, 2011, Customer dissatisfaction and defection: The hidden costs of downsizing, *Industrial Marketing Management*, 40: 405–413.

109. F. Bertoni & A. P. Groh, 2014, Cross-border investments and venture capital exits in Europe, *Corporate Governance: An International Review*, 22: 84–99; C. Moschieri & J. Mair, 2011, Adapting for innovation: Including divestitures in the debate, *Long Range Planning*, 44: 4–25; K. Shimizu & M. A. Hitt, 2005, What constrains or facilitates divestitures of formerly acquired firms? The effects of organizational inertia, *Journal of Management*, 31: 50–72.

110. J X. Cao, D. Cumming, M. Qian, & X. Wang, 2015, Cross-border LBOs, *Journal of Banking and Finance*, 50: 69–80.

111. K. Cao, J. Coy, & T. Nguyen, 2015, The likelihood of management involvement, offer premiums, and target shareholder wealth effects: Evidence from the 2002–2007 LBO wave, *Research in International Business and Finance*, in press; P. G. Klein, J. L. Chapman, & M. P. Mondelli, 2013, Private equity and entrepreneurial governance: Time for a balanced view, *Academy of Management Perspectives*, 27: 39–51; D. T. Brown, C. E. Fee, & S. E. Thomas, 2009, Financial leverage and bargaining power with suppliers: Evidence from leveraged buyouts, *Journal of Corporate Finance*, 15: 196–211.

112. H.-C. Huang, Y.-C. Su, & Y.-H. Chang, 2014, Dynamic return-order imbalance relationship response to leveraged buyout announcements, *Global Journal of Business Research*, 8: 55–63; S. B. Rodrigues & J. Child, 2010, Private equity, the minimalist organization and the quality of employment relations, *Human Relations*, 63: 1321–1342; G. Wood & M. Wright, 2009, Private equity: A review and synthesis, *International Journal of Management Reviews*, 11: 361–380.

113. L. Bouvier & T. M. Misar, 2015, Design and impacts of securitized leveraged buyouts, *Cogent Economics & Finance*, 3: http://dx.doi.org/10.1080/23322039.2015.1009307; M. Goergen, N. O'Sullivan, & G. Wood, 2011, Private equity takeovers and employment in the UK: Some empirical evidence, *Corporate Governance: An International Review*, 19: 259–275; W. F. Long & D. J. Ravenscraft, 1993, LBOs, debt, and R&D intensity, *Strategic Management Journal*, 14 (Special Issue): 119–135.

第 8 章

1. C. G. Asmussen & N. J. Foss, 2014, Competitive advantage and the existence of the multinational corporation: Earlier research and the role of frictions, *Global Strategy Journal*, 4: 49–54; C. N. Pitelis & D. J. Teece, 2012, Cross-border market co-creation, dynamic capabilities and the entrepreneurial theory of the multinational enterprise. In D. J. Teece (ed.), *Strategy, Innovation and the Theory of the Firm*, Cheltenham, U.K.: Edward Elgar, 341–364; M. J. Nieto & A. Rodriguez, 2011, Offshoring of R&D: Looking abroad to improve innovation performance, *Journal of International Business Studies*, 42: 345–361.

2. S. K. Majumdar & A. Bhattacharjee, 2014, Firms, markets, and the state: Institutional change and manufacturing sector profitability variances in India, *Organization Science*, 25: 509–528; R. M. Holmes, T. Miller, M. A. Hitt, & M. P. Salmador, 2013, The interrelationship among informal institutions, formal institutions and inward foreign direct investment, *Journal of Management*, 39: 531–566.

3. A. Gaur & A. Delios, 2015, International

diversification of emerging market firms: The role of ownership structure and group affiliation, *Management International Review*, 55: 235–253; J.-L. Arregle, L. Naldi, M. Nordqvist, & M. A. Hitt, 2012, Internationalization of family-controlled firms: A study of the effects of external involvement in governance, *Entrepreneurship Theory and Practice*, 36: 1115–1143; M. A. Hitt, L. Tihanyi, T. Miller, & B. Connelly, 2006, International diversification: Antecedents, outcomes and moderators, *Journal of Management*, 32: 831–867.

4. H. Kim, R. E. Hoskisson, & S. Lee, 2015, Why strategic factor markets matter: 'New' multinationals' geographic diversification and firm profitability, *Strategic Management Journal*, 36: 518–536; M. F. Wiersema & H. P. Bowen, 2011, The relationship between international diversification and firm performance: Why it remains a puzzle, *Global Strategy Journal*, 1: 152–170.

5. R. Vernon, 1996, International investment

and international trade in the product cycle, *Quarterly Journal of Economics*, 80: 190–207.

6. 2015, Our strategy, Rio Tinto homepage, www.riotinto.com, accessed on June 16.

7. J. Hookway, Vietnam's mobile revolution, *Wall Street Journal*, June 15, B4.

8. M. J. Mol & C. Brewster, 2014, The outsourcing strategy of local and multinational firms: A supply base perspective, *Global Strategy Journal*, 4: 20–34; J. Li, Y. Li, & D. Shapiro, 2012, Knowledge seeking and outward FDI of emerging market firms: The moderating effect of inward FDI, *Global Strategy Journal*, 2: 277–295.

9. J. P. Murmann, S. Z. Ozdemir, & D. Sardana, 2015, The role of home country demand in the internationalization of new ventures, *Research Policy*, 44: 1207–1225; K. E. Meyer, R. Mudambi, & R. Nanula, 2011, Multinational enterprises and local contexts: The opportunities and challenges of multiple embeddedness, *Journal of Management Studies*, 48: 235–252.

10. 2015, Our stores, Carrefour Group

homepage, www.carrefour.com, June 18.

11. D. Gray, 2014, What Tesco can learn from Carrefour, *Stores Magazine*, September, 66.

12. V. Mallet, 2014, Narendra Modi prepares to raise India's FDI limits, *Financial Times*, www.ft.com, May 30; T. R. Annamalai & A. Deshmukh, 2011, Venture capital and private equity in India: An analysis of investments and exits, *Journal of Indian Business Research*, 3: 6–21.

13. S. L. Fourné, J. P. Jansen, & T. M. Mom, 2014, Strategic agility in MNEs: Managing tensions to capture opportunities across emerging and established markets, *California Management Review*, 56(3): 13–38; R. Ramamurti, 2012, What is really different about emerging market multinationals? *Global Strategy Journal*, 2: 41–47.

14. P. Regnér & J. Edman, 2014, MNE institutional advantage: How subunits shape, transpose and evade host country institutions, *Journal of International Business Studies*, 45: 275–302; M. Carney, E. R. Gedajlovic, P. M. A. R. Heugens, M. van Essen, & J. van Oosterhout, 2011, Business group affiliation, performance, context, and strategy: A meta-analysis, *Academy of Management Journal*, 54: 437–460; B. Elango, 2009, Minimizing effects of "liability of foreignness": Response strategies of foreign firm in the United States, *Journal of World Business*, 44: 51–62.

15. 2013, Midrange growth strategy starting from fiscal year 2013, News Release, www.takeda.com, May 9; K. Inagaki & J. Osawa, 2011, Takeda, Toshiba make $16 billion M&A push, *Wall Street Journal*, www.wsj.com, May 20; K. Iagaki, 2011, Takeda buys Nycomed for $14 billion, *Wall Street Journal*, www.wsj.com, May 20.

16. K. Kalasin, P. Dussauge, & M. Rivera-Santos, 2014, the expansion of emerging economy firms into advanced markets: The influence of intentional path-breaking change, *Global Strategy Journal*, 4: 75–103; A. Verbeke & W. Yuan, 2013, The drivers of multinational enterprise subsidiary entrepreneurship in China: A resource-based view perspective, *Journal of Management Studies*, 50: 236–258; S. B. Choi, S. H. Lee, & C. Williams, 2011, Ownership and firm innovation in transition economy: Evidence from China, *Research Policy*, 40: 441–452.

17. 2015, Corporate, Ford Motor Company, www.ford.com, accessed June 19; N. E. Boudette, 2011, Ford forecasts sharp gains from Asian sales, *Wall Street Journal*, www.wsj.com, June 8.

18. D. McCann, 2014, One Ford, One Finance. *CFO*, July, 16–17.

19. R. Erkelens, B. Hooff, M. Huysman, & P. Vlaar, 2015, Learning from locally embedded knowledge: Facilitating organizational learning in geographically dispersed settings, *Global Strategy Journal*, 5: 177–197; A. H. Kirka, G. T. Hult, S. Deligonul, M. Z. Perry, & S. T. Cavusgil, 2012, A multilevel examination of the drivers of firm multinationality: A meta-analysis, *Journal of Management*, 38: 502–530;

L. Nachum & S. Song, 2011, The MNE as a portfolio: Interdependencies in MNE growth trajectory, *Journal of International Business Studies*, 42: 381–405.

20. M. Kim, 2015, Geographic scope, isolating mechanisms, and value appropriation, *Strategic Management Journal*, in press; G. Qian, T. A. Khoury, M. W. Peng, & Z. Qian, 2010, The performance implications of intra- and inter-regional geographic diversification, *Strategic Management Journal*, 31: 1018–1030; H. Zou & P. N. Ghauri, 2009, Learning through international acquisitions: The process of knowledge acquisition in China, *Management International Review*, 48: 207–226.

21. R. Sambharya & J. Lee, 2014, Renewing dynamic capabilities globally: An empirical study of the world's largest MNCs, *Management International Review*, 54: 137–169; Y. Zhang, H. Li, Y. Li, & L.-A. Zhou, 2010, FDI spillovers in an emerging market: The role of foreign firms' country origin diversity and domestic firms' absorptive capacity, *Strategic Management Journal*, 31: 969–989; J. Song & J. Shin, 2008, The paradox of technological capabilities: A study of knowledge sourcing from host countries of overseas R&D operations, *Journal of International Business Studies*, 39: 291–303.

22. N. Hashai & P. J. Buckley, 2014, Is competitive advantage a necessary condition for the emergence of the multinational enterprise? *Global Strategy Journal*, 4: 35–48; F. J. Froese, 2013, Work values of the next generation of business leaders in Shanghai, Tokyo and Seoul, *Asia Pacific Journal of Management*, 30: 297–315.

23. F. Lo & F. Lin, 2015, Advantage transfer on location choice and subsidiary performance, *Journal of Business Research*, 68: 1527–1531; A. Gambardella & M. S. Giarratana, 2010, Localized knowledge spillovers and skill-based performance, *Strategic Entrepreneurship Journal*, 4: 323–339; A. M. Rugman & A. Verbeke, 2009, A new perspective on the regional and global strategies of multinational services firms, *Management International Review*, 48: 397–411.

24. C. Peeters, C. Dehon, & P. Garcia-Prieto, 2015, The attention stimulus of cultural differences in global services sourcing, *Journal of International Business Studies*, 46: 241–251; O. Shenkar, 2012, Cultural distance revisited: Towards a more rigorous conceptualization and measurement of cultural differences, *Journal of International Business Studies*, 43: 1–11; R. Chakrabarti, Gupta-Mukherjee, & N. Jayaraman, 2009, Mars-Venus marriages: Culture and cross-border M&A, *Journal of International Business Studies*, 40: 216–236.

25. S. L. Sun, M. W. Peng, R. P. Lee, & W. Tan, 2015, Institutional open access at home and outward internationalization, *Journal of World Business*, 50: 234–246; B. T. McCann & G. Vroom, 2010, Pricing response to entry and agglomeration effects, *Strategic Management Journal*, 31: 284–305.

26. Sambharya & Lee, Renewing dynamic capabilities globally: An empirical study of the world's largest MNCs; Y. Y. Chang, Y. Gong, & M. Peng, 2012, Expatriate knowledge transfer, subsidiary absorptive capacity and subsidiary performance, *Academy of Management Journal*, 55: 927–948; P. Kappen, 2011, Competence-creating overlaps and subsidiary technological evolution in the multinational corporation, *Research Policy*, 40: 673–686.

27. H. Liang, B. Ren, & S. L. Sun, 2015, An anatomy of state control in the globalization of state-owned enterprises, *Journal of International Business Studies*, 46: 223–240; Y. Fang, M. Wade, A. Delios, & P. W. Beamish, 2013, An exploration of multinational enterprise knowledge resources and foreign subsidiary performance, *Journal of World Business*, 48: 30–38; A. Arino, 2011, Building the global enterprise: Strategic assembly, *Global Strategy Journal*, 1: 47–49.

28. M. E. Porter, 1990, *The Competitive Advantage of Nations*, NY: The Free Press.

29. Ibid., 84.

30. D. Dulaney, 2014, Chiquita agrees to $742 million buyout, *Wall Street Journal*, www.wsj.com, October 28; D. Englander, 2013, Chiquita Brands—Stocks with appeal, *Wall Street Journal*, www.wsj.com, April 28.

31. M. Bucheli & M. Kim, M. 2015, Attacked from both sides: A dynamic model of multinational corporations' strategies for protection of their property rights, *Global Strategy Journal*, 5: 1–26; C. Wang, J. Hong, M. Kafouros, & M. Wright, 2012, Exploring the role of government involvement in outward FDI from emerging economies, *Journal of International Business Studies*, 43: 655–676; J. Nishimura & H. Okamuro, 2011, Subsidy and networking: The effects of direct and indirect support programs of the cluster policy, *Research Policy*, 40: 714–727.

32. C. Trundell & Y Hagiwara, 2015, Lexus flag China ambitions with new ES's Shanghai debut, *Bloomberg Business*, www.bloombergbusiness.com, April 9.

33. S. Song, M. Makhija, & S. Lee, 2014, Within-country growth options versus across-country switching options in foreign direct investment, *Global Strategy Journal*, 4: 127–142.

34. Kim, Hoskisson, & Lee, Why strategic factor markets matter: 'New multinationals' geographic diversification and firm profitability; M. Musteen, D. K. Datta, & J. Francis, 2014, Early internationalization by firms in transition economies into developed markets: The role of international networks, *Global Strategy Journal*, 4: 221–237.

35. R. Qu & Z. Zhang, 2015, Market orientation and business performance in MNC foreign subsidiaries—moderating effects of integration and responsiveness, *Journal of Business Research*, 68: 919–924.

36. W. Aghina, A. De Smet, & S Heywood, 2014, The past and future of global organizations, *McKinsey Quarterly*, March, 97–106;

S. Zaheer & L. Nachum, 2011, Sense of place: From location resources to MNE locational capital, *Global Strategy Journal*, 1: 96–108; N. Guimaraes-Costs & M. P. E. Cunha, 2009, Foreign locals: A liminal perspective of international managers, *Organizational Dynamics*, 38: 158–166.

37. S. C. Schleimer & T. Pedersen, T. 2014, The effects of MNC parent effort and social structure on subsidiary absorptive capacity, *Journal of International Business Studies*, 45: 303–320; J.-S. Chen & A. S. Lovvorn, 2011, The speed of knowledge transfer within multinational enterprises: The role of social capital, *International Journal of Commerce and Management*, 21: 46–62; H. Kasper, M. Lehrer, J. Muhlbacher, & B. Muller, 2009, Integration-responsiveness and knowledge-management perspectives on the MNC: A typology and field study of cross-site knowledge-sharing practices, *Journal of Leadership & Organizational Studies*, 15: 287–303.

38. 2015, Introduction to Unilever global, Unilever homepage, www.unilever.com, accessed on June 19; J. Neff, 2008, Unilever's CMO finally gets down to business, *Advertising Age*, July 11.

39. K. E. Meyer & S. Estrin, 2014, Local context and global strategy: Extending the integration responsiveness framework to subsidiary strategy, *Global Strategy Journal*, 4: 1–19; M. P. Koza, S. Tallman, & A. Ataay, 2011, The strategic assembly of global firms: A microstructural analysis of local learning and global adaptation, *Global Strategy Journal*, 1: 27–46; P. J. Buckley, 2009, The impact of the global factory on economic development, *Journal of World Business*, 44: 131–143.

40. H. Berry, 2014, Global integration and innovation: Multicountry knowledge generation within MNCs, *Strategic Management Journal*, 35: 869–890; A. Zaheer & E. Hernandez, 2011, The geographic scope of the MNC and its alliance portfolio: Resolving the paradox of distance, *Global Strategy Journal*, 1: 109–126.

41. C. Wang, 2014, Accounting standards harmonization and financial statement comparability: Evidence from transnational information transfer, *Journal of Accounting Research*, 52: 955–992; L. Hail, C. Leuz, & P. Wysocki, 2010, Global accounting convergence and the potential adoption of IFRS by the U.S. (part II): Political factors and future scenarios for U.S. accounting standards, *Accounting Horizons*, 24: 567–581; R. G. Barker, 2003, Trend: Global accounting is coming, *Harvard Business Review*, 81(4): 24–25.

42. J. U. Kim & R. V. Aguilera, 2015, The world is spiky: An internationalization framework for a semi-globalized world, *Global Strategy Journal*, 5: 113–132; J.-L. Arregle, T. Miller, M. A. Hitt, & P. W. Beamish, 2013, Do regions matter? An integrated institutional and semiglobalization perspective on the internationalization of MNEs, *Strategic Management Journal*, 34: 910–934; L. H. Shi, C. White, S. Zou, & S. T. Cavusgil, 2010,

Global account management strategies: Drivers and outcomes, *Journal of International Business Studies*, 41: 620–638.

43. S. Morris, R. Hammond, & S. Snell, 2014, A microfoundations approach to transnational capabilities: The role of knowledge search in an ever-changing world, *Journal of International Business Studies*, 45: 405–427; R. Greenwood, S. Fairclough, T. Morris, & M. Boussebaa, 2010, The organizational design of transnational professional service firms, *Organizational Dynamics*, 39: 173–183.

44. K. J. Breunig, R. Kvålshaugen, & K. M. Hydle, 2014, Knowing your boundaries: Integration opportunities in international professional service firms, *Journal of World Business*, 49: 502–511; C. Stehr, 2010, Globalisation strategy for small and medium-sized enterprises, *International Journal of Entrepreneurship and Innovation Management*, 12: 375–391; A. M. Rugman & A. Verbeke, 2008, A regional solution to the strategy and structure of multinationals, *European Management Journal*, 26: 305–313.

45. X. Zhang, W. Zhong, & S. Makino, 2015, Customer involvement and service firm internationalization performance: An integrative framework, *Journal of International Business Studies*, 46: 355–380; 2010, Regional resilience: Theoretical and empirical perspectives, *Cambridge Journal of Regions, Economy and Society*, 3–10; Rugman & Verbeke, A regional solution to the strategy and structure of multinationals.

46. 2015, Unleashing a global snacking powerhouse, Mondelez International, www.mondelezinternational.com, accessed on June 22.

47. A. Millington, 2015, Mondelez splashes £10m to grow savoury snacks business as it looks to balance its portfolio, *Marketing Week*, www.marketingweek.com, April 10.

48. M. W. Peng & Y. Jiang, 2010, Institutions behind family ownership and control in large firms, *Journal of Management Studies*, 47: 253–273; A. M. Rugman & A. Verbeke, 2003, Extending the theory of the multinational enterprise: Internationalization and strategic management perspectives, *Journal of International Business Studies*, 34: 125–137.

49. I. Bremmer, E. Fry, & D. Shanker, 2015 The new world of business, *Fortune*, February 1, 86–92; D. Klonowski, 2011, Private equity in emerging markets: Stacking up the BRICs, *Journal of Private Equity*, 14: 24–37.

50. F. Jiang, L. Liu, & B. W. Stening, 2014, Do Foreign Firms in China Incur a Liability of Foreignness? The Local Chinese Firms' Perspective, *Thunderbird International Business Review*, 56: 501–518; J. Mata & E. Freitas, 2012, Foreignness and exit over the life cycle of firms, *Journal of International Business Studies*, 43: 615–630. R. G. Bell, I. Filatotchev, & A. A. Rasheed, 2012, The liability of foreignness, in capital markets: Sources and remedies, *Journal of International Business Studies*, 43: 107–122.

51. J. Aguilera-Caracuel, E. M. Fedriani, & B. L. Delgado-Márquez, 2014, Institutional distance among country influences and environmental performance standardization in multinational enterprises, *Journal of Business Research*, 67: 2385–2392; R. Salomon & Z. Wu, 2012, Institutional distance and local isomorphism strategy, *Journal of International Business Studies*, 43: 347–367.

52. T. Hutzschenreuter, I. Kleindienst, & S. Lange, 2014, Added psychic distance stimuli and MNE performance: Performance effects of added cultural, governance, geographic, and economic distance in MNEs' international expansion, *Journal of International Management*, 20: 38–54; J. T. Campbell, L. Eden, & S. R. Miller, 2012, Multinationals and corporate social responsibility in host countries: Does distance matter? *Journal of International Business Studies*, 43: 84–106; P. Ghemawat, 2001, Distance still matters, *Harvard Business Review*, 79(8): 137–145.

53. N. Y. Brannen, 2004, When Mickey loses face: Recontextualization, semantic fit and semiotics of foreignness, *Academy of Management Review*, 29: 593–616.

54. M. Schuman, 2006, Disney's Hong Kong headache, *Time*, www.time.com, May 8.

55. G. Suder, P. W. Liesch, S. Inomata, I. Mihailova, & B. Meng, 2015, The evolving geography of production hubs and regional value chains across East Asia: Trade in value-added, *Journal of World Business*, 50: 404–416; Arregle, Miller, Hitt, & Beamish, Do regions matter?; J. Cantwell & Y. Zhang, 2011, Innovation and location in the multinational firm, *International Journal of Technology Management*, 54: 116–132.

56. L. Stevens, 2015, Borders matter less and less in e-commerce, *Wall Street Journal*, June 24, B8; K. Ito & E. L. Rose, 2010, The implicit return on domestic and international sales: An empirical analysis of U.S. and Japanese firms, *Journal of International Business Studies*, 41: 1074–1089; A. M. Rugman & A. Verbeke, 2007, Liabilities of foreignness and the use of firm-level versus country level data: A response to Dunning et al. (2007), *Journal of International Business Studies*, 38: 200–205.

57. A. Ghobadian, A. M. Rugman, & R. L. Tung, 2014, Strategies for firm globalization and regionalization, *British Journal of Management*, 25: S1–S5; Arregle, Miller, Hitt, & Beamish, Do regions matter?; E. R. Banalieva, M. D. Santoro, & R. J. Jiang, 2012, Home region focus and technical efficiency of multinational enterprises: The moderating role of regional integration, *Management International Review*, 52: 493–518.

58. B. V. Dimitrova, B. Rosenbloom, & T. L. Andras, 2014, Does the degree of retailer international involvement affect retailer performance? *International Review of Retail, Distribution & Consumer Research*, 24: 243–277; A. M. Rugman & S. Girod, 2003, Retail multinationals and globalization:

The evidence is regional, *European Management Journal*, 21: 24–37.

59. D. E. Westney, 2006, Review of the regional multinationals: MNEs and global strategic management (book review), *Journal of International Business Studies*, 37: 445–449.

60. S. Arita & K. Tanaka, 2014, Heterogeneous multinational firms and productivity gains from falling FDI barriers, *Review of World Economics*, 150: 83–113; R. D. Ludema, 2002, Increasing returns, multinationals and geography of preferential trade agreements, *Journal of International Economics*, 56: 329–358.

61. L Caliendo & F. Parro, 2015, Estimates of the trade and welfare effects of NAFTA, *Review of Economic Studies*, 82: 1–44; M. Aspinwall, 2009, NAFTA-ization: Regionalization and domestic political adjustment in the North American economic area, *Journal of Common Market Studies*, 47: 1–24.

62. N. Åkerman, 2015, Knowledge-acquisition strategies and the effects on market knowledge—profiling the internationalizing firm, *European Management Journal*, 33: 79–88; D. Zu & O. Shenar, 2002, Institutional distance and the multinational enterprise, *Academy of Management Review*, 27: 608–618.

63. P. J. Buckley & N. Hashai, 2014, The role of technological catch up and domestic market growth in the genesis of emerging country based multinationals, *Research Policy*, 43: 423–437; A. Ojala, 2008, Entry in a psychically distant market: Finnish small and medium-sized software firms in Japan, *European Management Journal*, 26: 135–144.

64. V. Hernández & M. J. Nieto, 2015, The effect of the magnitude and direction of institutional distance on the choice of international entry modes, *Journal of World Business*, 50: 122–132; K. D. Brouthers, 2013, Institutional, cultural and transaction cost influences on entry mode choice and performance, *Journal of International Business Studies*, 44: 1–13.

65. J.-F. Hennart & A. H. L. Slangen, A. 2015, Yes, we really do need more entry mode studies! A commentary on Shaver, *Journal of International Business Studies*, 46: 114–122; B. Maekelburger, C. Schwens, & R. Kabst, 2012, Asset specificity and foreign market entry mode choice of small and medium-sized enterprises: The moderating influence of knowledge safeguards and institutional safeguards, *Journal of International Business Studies*, 43: 458–476.

66. S. Gerschewski, E. L. Rose, & V. J. Lindsay, 2015, Understanding the drivers of international performance for born global firms: An integrated perspective, *Journal of World Business*, 50: 558–575; C. A. Cinquetti, 2009, Multinationals and exports in a large and protected developing country, *Review of International Economics*, 16: 904–918.

67. S. T. Cavusgil & G. Knight, 2015, The born global firm: An entrepreneurial and capabilities perspective on early and rapid internationalization, *Journal of International Business Studies*, 46: 3–16; P. Ganotakis & J. H. Love, 2012, Export propensity, export

intensity and firm performance: The role of the entrepreneurial founding team, *Journal of International Business Studies*, 43: 693–718.

68. I. Zander, P. McDougall-Covin, & E. L. Rose, 2015, Born globals and international business: Evolution of a field of research, *Journal of International Business Studies*, 46: 27–35; M. Bandyk, 2008, Now even small firms can go global, *U.S. News & World Report*, March 10, 52.

69. S. Sui & M. Baum, 2014, Internationalization strategy, firm resources and the survival of SMEs in the export market, *Journal of International Business Studies*, 45: 821–841; B. Cassiman & E. Golovko, 2010, Innovation and internationalization through exports, *Journal of International Business Studies*, 42: 56–75.

70. E. Golovko & G. Valentini, 2014, Selective learning-by-exporting: Firm size and product versus process innovation, *Global Strategy Journal*, 4: 161–180; X. He, K. D. Brouthers, & I. Filatotchev, 2013, Resource-based and institutional perspectives on export channel selection and export performance, *Journal of Management*, 39: 27–47; M. Hughes, S. L. Martin, R. E. Morgan, & M. J. Robson, 2010, Realizing product-market advantage in high-technology international new ventures: The mediating role of ambidextrous innovation, *Journal of International Marketing*, 18: 1–21.

71. A. Troianovski, 2014, German seeds web shopping in the developing world, *Wall Street Journal*, January 14, A1, A12; P. Ganotakis & J. H. Love, 2011, R&D, product innovation, and exporting: Evidence from UK new technology-based firms, *Oxford Economic Papers*, 63: 279–306; M. Gabrielsson & P. Gabrielsson, 2011, Internet-based sales channel strategies of born global firms, *International Business Review*, 20: 88–99.

72. B. Bozeman, H. Rimes, & J. Youtie, J. 2015, The evolving state-of-the-art in technology transfer research: Revisiting the contingent effectiveness model, *Research Policy*, 44: 34–49; P. S. Aulakh, M. Jiang, & Y. Pan, 2010, International technology licensing: Monopoly rents transaction costs and exclusive rights, *Journal of International Business Studies*, 41: 587–605; R. Bird & D. R. Cahoy, 2008, The impact of compulsory licensing on foreign direct investment: A collective bargaining approach, *American Business Law Journal*, 45: 283–330.

73. M. Bianchi, M. Frattini, J. Lejarraga, & A. Di Minin, 2014, Technology exploitation paths: combining technological and complementary resources in new product development and licensing, *Journal of Product Innovation Management*, 31: 146–169; M. S. Giarratana, & S. Torrisi, 2010, Foreign entry and survival in a knowledge-intensive market: Emerging economy countries' international linkages, technology competences, and firm experience, *Strategic Entrepreneurship Journal*, 4: 85–104; U. Lichtenthaler, 2008,

Externally commercializing technology assets: An examination of different process stages, *Journal of Business Venturing*, 23: 445–464.

74. N. Byrnes & F. Balfour, 2009, Philip Morris unbound, *BusinessWeek*, May 4, 38–42.

75. 2015, PMI around the world, Philip Morris International homepage, www.pmi.com, accessed on June 23.

76. J. Li-Ying & Y. Wang, 2015, Find them home or abroad? The relative contribution of international technology in-licensing to "indigenous innovation" in China, *Long Range Planning*, 48: 123–134; E. Dechenaux, J. Thursby, & M. Thursby, 2011, Inventor moral hazard in university licensing: The role of contracts, *Research Policy*, 40: 94–104; S. Hagaoka, 2009, Does strong patent protection facilitate international technology transfer? Some evidence from licensing contrasts of Japanese firms, *Journal of Technology Transfer*, 34: 128–144.

77. A. Agarwal, I. Cockburn, & I. Zhang, L. Deals not done: Sources of failure in the market for ideas, *Strategic Management Journal*, 36: 976–986; U. Lichtenthaler, 2011, The evolution of technology licensing management: Identifying five strategic approaches, *R&D Management*, 41: 173–189; M. Fiedler & I. M. Welpe, 2010, Antecedents of cooperative commercialisation strategies of nanotechnology firms, *Research Policy*, 39: 400–410.

78. C. A. Barlett & S. Rangan, 1992, Komatsu Limited. In C. A. Bartlett & S. Ghoshal (eds.), *Transnational Management: Text, Cases and Readings in Cross-Border Management*, Homewood, IL: Irwin, 311–326.

79. F. J. Contractor & J. J. Reuer, 2014, Structuring and governing alliances: New directions for research, *Global Strategy Journal*, 4: 241–256; S. Veilleux, N. Haskell, & F. Pons, 2012, Going global: How smaller enterprises benefit from strategic alliances, *Journal of Business Strategy*, 33(5): 22–31; C. Schwens, J. J. Eiche, & R. Kabst, 2011, The moderating impact of informal institutional distance and formal institutional risk on SME entry mode choice, *Journal of Management Studies*, 48: 330–351.

80. J. J. Reuer & R. Ragozzino, 2014, Signals and international alliance formation: The roles of affiliations and international activities, *Journal of International Business Studies*, 45: 321–337; T. Barnes, S. Raynor, & J. Bacchus, 2012, A new typology of forms of international collaboration, *Journal of Business and Strategy*, 5: 81–102; S. Prashantham & S. Young, 2011, Post-entry speed of international new ventures, *Entrepreneurship Theory and Practice*, 35: 275–292.

81. F. J. Contractor & J. A. Woodley, 2015, How the alliance pie is split: Value appropriation by each partner in cross-border technology transfer alliances, *Journal of World Business*, 50: 535–547; Z. Bhanji & J. E. Oxley, 2013, Overcoming the dual liability of foreignness and privateness in international corporate

privateness in international corporate citizenship partnerships, *Journal of International Business Studies*, 44: 290–311; J. S. Harrison, M. A. Hitt, R. E. Hoskisson, & R. D. Ireland, 2001, Resource complementarity in business combinations: Extending the logic to organization alliances, *Journal of Management*, 27: 679–690.

82. W. Shi, S. L. Sun, B. C. Pinkham, & M. W. Peng, 2014, Domestic alliance network to attract foreign partners: Evidence from international joint ventures in China, *Journal of International Business Studies*, 45: 338–362; R. A. D'Aveni, G. B. Dagnino, & K. G. Smith, 2010, The age of temporary advantage, *Strategic Management Journal*, 31: 1371–1385; M. A. Hitt, D. Ahlstrom, M. T. Dacin, E. Levitas, & L. Svobodina, 2004, The institutional effects on strategic alliance partner selection in transition economies: China versus Russia, *Organization Science*, 15: 173–185.

83. Z. Khan, R. R. Sinkovics, & Y. K. Lew, 2015, International joint ventures as boundary spanners: Technological knowledge transfer in an emerging economy, *Global Strategy Journal*, 5: 48–68; G. Vasudeva, J. W. Spencer, & H. J. Teegen, 2013, Bringing the institutional context back in: A cross-national comparison of alliance partner selection and knowledge acquisition, *Organization Science*, 24: 319–338; R. A. Corredoira & L. Rosenkopf, 2010, Should auld acquaintance be forgot? The reverse transfer of knowledge through mobility ties, *Strategic Management Journal*, 31: 159–181.

84. X. Jiang, F. Jiang, X. Cai, & H. Liu, 2015, How does trust affect alliance performance? The mediating role of resource sharing, *Industrial Marketing Management*, 45: 128–138; J-P. Roy, 2012, IJV partner trustworthy behavior: The role of host country governance and partner selection criteria, *Journal of Management Studies*, 49: 332–355; M. J. Robson, C. S. Katsikeas, & D. C. Bello, 2008, Drivers and performance outcomes of trust in international strategic alliances: The role of organizational complexity, *Organization Science*, 19: 647–668.

85. 2015, A culture of partnership in favor of collective intelligence, Limagrain, www.limagrain.com, accessed on June 23; 2011, Limagrain signs strategic alliance to enter Brazilian corn market, *Great Lakes Hybrids*, www.greatlakeshybrids.com, February 14.

86. M. del Mar Benavides-Espinosa & D. Ribeiro-Soriano, 2014, Cooperative learning in creating and managing joint ventures, *Journal of Business Research*, 67: 648–655; S. Kotha & K. Srikanth, 2013, Managing a global partnership model: Lessons from the Boeing 787 'dreamliner' program, *Global Strategy Journal*, 3: 41–66; C. Schwens, J. Eiche, & R. Kabst, 2011, The moderating impact of informal institutional distance and formal institutional risk on SME entry mode choice, *Journal of Management Studies*, 48: 330–351.

strategic alliances, *California Management Review*, 56(4): 82–102; Y. Luo, O. Shenkar, & H. Gurnani, 2008, Control-cooperation interfaces in global strategic alliances: A situational typology and strategic responses, *Journal of International Business Studies*, 39: 428–453.

88. I. Arikan & O. Shenkar, 2013, National animosity and cross-border alliances, *Academy of Management Journal*, 56:516–1544; T. K. Das, 2010, Interpartner sensemaking in strategic alliances: Managing cultural differences and internal tensions, *Management Decision*, 48: 17–36.

89. A. Iriyama & R. Madhavan, 2014, Post-formation inter-partner equity transfers in international joint ventures: the role of experience, *Global Strategy Journal*, 4: 331–348; B. B. Nielsen, 2010, Strategic fit, contractual, and procedural governance in alliances, *Journal of Business Research*, 63: 682–689; D. Li, L. Eden, M. A. Hitt, & R. D. Ireland, 2008, Friends, acquaintances and stranger? Partner selection in R&D alliances, *Academy of Management Journal*, 51: 315–334.

90. A. M. Joshi & N. Lahiri, 2015, Language friction and partner selection in cross-border R&D alliance formation, *Journal of International Business Studies*, 46: 123–152; P. D. O. Jensen & B. Petersen, 2013, Global sourcing of services: Risk, process and collaborative architecture, *Global Strategy Journal*, 3: 67–87.

91. T. W. Tong, J. J. Reuer, B. B. Tyler, & S. Zhang, 2015, Host country executives' assessments of international joint ventures and divestitures: An experimental approach, *Strategic Management Journal*, 36: 254–275; S.-F. S. Chen, 2010, A general TCE model of international business institutions: market failure and reciprocity, *Journal of International Business Studies*, 41: 935–959; J. Wiklund & D. A. Shepherd, 2009, The effectiveness of alliances and acquisitions: The role of resource combination activities, *Entrepreneurship Theory and Practice*, 33:193–212.

92. G. Kling, A. Ghobadian, M. A. Hitt, U. Weitzel, & N. O'Regan, 2014, The effects of cross-border and cross-industry mergers and acquisitions on home-region and global multinational enterprises, *British Journal of Management*, 25: S116–S132.

93. A. Arslan & Y. Wang, Y. 2015, Acquisition entry strategy of Nordic multinational enterprises in China: An analysis of key determinants, *Journal of Global Marketing*, 28: 32–51; A. Guar, S. Malhotra, & P. Zhu, 2013, Acquisition announcements and stock market valuations of acquiring firms' rivals: A test of the growth probability hypothesis in China, *Strategic Management Journal*, 34: 215–232; M. A. Hitt & V. Pisano, 2003, The cross-border merger and acquisition strategy, *Management Research*, 1: 133–144.

94. I. Walker & A. Gasparro, 2015, Merge unites major supermarket players, *Wall Street Journal*, June 25, B1

95. P. C. Narayan & M. Thenmozhi, 2014, Do

cross-border acquisitions involving emerging market firms create value: Impact of deal characteristics, *Management Decision*, 52: 1–23; S. Malhotra, P.-C. Zhu, & W. Locander, 2010, Impact of host-country corruption on U.S. and Chinese cross-border acquisitions, *Thunderbird International Business Review*, 52: 491–507; P. X. Meschi, 2009, Government corruption and foreign stakes in international joint ventures in emerging economies, *Asia Pacific Journal of Management*, 26: 241–261.

96. F. J. Contractor, S. Lahiri, B. Elango, & S. K. Kundu, Institutional, cultural and industry related determinants of ownership choices in emerging market FDI acquisitions, *International Business Review*, 23: 931–941; J. Li & C. Qian, 2013, Principal-principal conflicts under weak institutions: A study of corporate takeovers in China, *Strategic Management Journal*, 34: 498–508; A. Madhok & M. Keyhani, 2012, Acquisitions as entrepreneurship: Asymmetries, opportunities, and the internationalization of multinationals from emerging economies, *Global Strategy Journal*, 2: 26–40.

97. S. Lee, J. Kim, & B. I. Park, 2015, Culture clashes in cross-border mergers and acquisitions: A case study of Sweden's Volvo and South Korea's Samsung, *International Business Review*, 24: 580–593; E. Vaara, R. Sarala, G. K. Stahl, & I. Bjorkman, 2012, *Journal of Management Studies*, 49: 1–27; D. R. Denison, B. Adkins, & A. Guidroz, 2011, Managing cultural integration in cross-border mergers and acquisitions. In W. H. Mobley, M. Li, & Y. Wang (eds.), *Advances in Global Leadership*, vol. 6, Bingley, U.K.: Emerald Publishing Group, 95–115.

98. U. Stettner & D. Lavie, 2014, Ambidexterity under scrutiny: Exploration and exploitation via internal organization, alliances, and acquisitions, *Strategic Management Journal*, 35: 1903–1929; S.-J. Chang, J. Chung, & J. J. Moon, 2013, When do wholly owned subsidiaries perform better than joint ventures? *Strategic Management Journal*, 34: 317–337; Y. Fang, G.-L. F. Jiang, S. Makino, & P. W. Beamish, 2010, Multinational firm knowledge, use of expatriates, and foreign subsidiary performance, *Journal of Management Studies*, 47: 27–54.

99. S. Lahiri, B. Elango, & S. K. Kundu, 2014, Cross-border acquisition in services: Comparing ownership choice of developed and emerging economy MNEs in India, *Journal of World Business*, 49: 409–420; C. Bouquet, L. Hebert, & A. Delios, 2004, Foreign expansion in service industries: Separability and human capital intensity, *Journal of Business Research*, 57: 35–46.

100. O. Bertrand & L. Capron, L. 2015, Productivity enhancement at home via cross-border acquisitions: The roles of learning and contemporaneous domestic investments, *Strategic Management Journal*, 36: 640–658; C. Schwens, J. Eiche, & R. Kabst, 2011, The moderating impact of

informal institutional distance and formal institutional risk on SME entry mode choice, *Journal of Management Studies*, 48: 330–351; K. F. Meyer, S. Estrin, S. K. Bhaumik, & M. W. Peng, 2009, Institutions, resources, and entry strategies in emerging economies, *Strategic Management Journal*, 30: 61–80.

101. G. O. White, T. A. Hemphill, J. R. Joplin, & L. A. Marsh, 2014, Wholly owned foreign subsidiary relation-based strategies in volatile environments, *International Business Review*, 23: 303–312; Chang, Chung & Moon, When do wholly owned subsidiaries perform better than joint ventures?; K. D. Brouthers & D. Dikova, 2010, Acquisitions and real options: The greenfield alternative, *Journal of Management Studies*, 47: 1048–1071.

102. 2015. Walmart's China expansion won't be easy, *Fortune*, www.fortune.com, May 6; Y. Parke & B. Sternquist, 2008, The global retailer's strategic proposition and choice of entry mode, *International Journal of Retail & Distribution Management*; 36: 281–299.

103. X. He, J. Zhang, & J. Wang, 2015, Market seeking orientation and performance in China: The impact of institutional environment, subsidiary ownership structure and experience. *Management International Review*, 55: 389–419; L. Q. Siebers, 2012, Foreign retailers in China: The first ten years, *Journal of Business Strategy*, 33(1): 27–38.

104. White, Hemphill, Joplin, & Marsh, Wholly owned foreign subsidiary relation-based strategies in volatile environments; A. M. Rugman, 2010, Reconciling internalization theory and the eclectic paradigm, *Multinational Business Review*, 18: 1–12; J. Che & G. Facchini, 2009, Cultural differences, insecure property rights and the mode of entry decision, *Economic Theory*, 38: 465–484.

105. J. Muller, 2015, Toyota is laying down deeper roots in Michigan. *Forbes*, June 11, 24.

106. 2014, Corporate with the best regional strategy, *LatinFinance*, July–August, 31.

107. A. Cuervo-Cazurra, A. Inkpen, A. Musacchio, & K. Ramaswamy, 2014, Governments as owners: State-owned multinational companies, *Journal of International Business Studies*, 45: 919–942; B. Batjargal, M. Hitt, A. S. Tsui, J.-L. Arregle, J. Webb, & T. Miller, 2013, Institutional polycentrism, entrepreneurs' social networks and new venture growth, *Academy of Management Journal*, 56: 1024–1049.

108. C. Giersch, 2011, Political risk and political due diligence, *Global Risk Affairs*, www.globalriskaffairs.com, March 4.

109. G. G. Goswami & S. Haider, 2014, Does political risk deter FDI inflow? An analytical approach using panel data and factor analysis, *Journal of Economic Studies*, 41: 233–252; J. Li & Y. Tang, 2010, CEO hubris and firm risk taking in China: The moderating role of managerial discretion, *Academy of Management Journal*, 53: 45–68;

110. A. Jiménez, I. Luis-Rico, & D. Benito-Osorio, 2014, The influence of political risk on the scope of internationalization of regulated companies: Insights from a Spanish sample, *Journal of World Business*, 49: 301–311; D. Quer, E. Claver, & L. Rienda, 2012, Political risk, cultural distance, and outward foreign direct investment: Empirical evidence from large Chinese firms, *Asia Pacific Journal of Management*, 29: 1089–1104; O. Branzei & S. Abdelnour, 2010, Another day, another dollar: Enterprise resilience under terrorism in developing countries, *Journal of International Business Studies*, 41: 804–825.

111. G. Bekaert, C. R. Harvey, C. T. Lundblad, & S. Siegel, 2014, Political risk spreads, *Journal of International Business Studies*, 45: 471–493.

112. C. L. Brown, S. T. Cavusgil, & A. W. Lord, 2015, Country-risk measurement and analysis: A new conceptualization and managerial tool, *International Business Review*, 24: 246–265; Giersch, Political risk and political due diligence.

113. D. L. Keig, L. E. Brouthers, & V. B. Marshall, 2015, Formal and informal corruption environments and multinational enterprise social irresponsibility, *Journal of Management Studies*, 52: 89–116; J. Surroca, J. A. Tribo & S. A. Zahra, 2013, Stakeholder pressure on MNEs and the transfer of socially irresponsible practices to subsidiaries, *Academy of Management Journal*, 56: 549–572.

114. A. Flynn, 2015, Questions re-emerge on World Cup venues, *Wall Street Journal*, May 28, A10.

115. R. Johnson, R. Jelmaye, & L. Magalhaes, Scandal spurs overhaul of Brazil's soccer body, *Wall Street Journal*, June 12, A9.

116. O. Matthews, 2015, Russia retreats. *Newsweek Global*, June 19, 12–16.

117. C. Grimpe & K. Hussinger, 2014, Resource complementarity and value capture in firm acquisitions: The role of intellectual property rights, *Strategic Management Journal*, 35: 1762–1780.

118. A. Wexler, 2015, Power outages mar South Africa's economic expansion, *Wall Street Journal*, www.wsj.com, May 8.

119. P. Kiernan & P. Trevisani, 2015, China seeks to keep its ties tight with South America, *Wall Street Journal*, May 20, A14; G. Fornes & A. Butt-Philip, 2011, Chinese MNEs and Latin America: A review, *International Journal of Emerging Markets*, 6: 98–117; S. Globerman & D. Shapiro, 2009, Economic and strategic considerations surrounding Chinese FDI in the United States, *Asia Pacific Journal of Management*, 26: 163–183.

120. E. Beckmann & H. Stix, 2015, Foreign currency borrowing and knowledge about exchange rate risk, *Journal of Economic Behavior & Organization*, 11: 21–16; C. R. Goddard, 2011, Risky business: Financial-sector liberalization and China, *Thunderbird International Business Review*, 53: 469–482; I. G. Kawaller, 2009, Hedging currency exposures by multinationals: Things to consider, *Journal of Applied Finance*, 18: 92–98.

121. P. Loftus & T. Stynes, 2015, J&J'S weak results tied to U.S. Dollar, device revenues, *Wall Street Journal*, April 15, B6; P. Evans, 2015, Unilever gets boost from Euro's weakness, *Wall Street Journal*, April 17, B6.

122. R. G. Bell, I. Filatotchev, & R. Aguilera, 2014, Corporate governance and investors' perceptions of foreign IPO value: An institutional perspective, *Academy of Management Journal*, 57: 301–320.

123. M. Alessandri & A. Seth, 2014, The effects of managerial ownership on international and business diversification: Balancing incentives and risks, *Strategic Management Journal*, 35: 2064–2075; F. J. Contractor, 2012, Why do multinational firms exist? A theory note about the effect of multinational expansion on performance and recent methodological critiques, *Global Strategy Journal*, 2: 318–331; P. David, J. P. O'Brien, T. Yoshikawa, & A. Delios, 2010, Do shareholders or stakeholders appropriate the rents from corporate diversification? The influence of ownership structure, *Academy of Management Journal*, 53: 636–654.

124. L. Zhou & A. Wu, A. 2014, Earliness of internationalization and performance outcomes: Exploring the moderating effects of venture age and international commitment, *Journal of World Business*, 49: 132–142; L. Li, 2007, Multinationality and performance: A synthetic review and research agenda, *International Journal of Management Reviews*, 9: 117–139; J. A.Doukas & O. B. Kan, 2006, Does global diversification destroy firm value? *Journal of International Business Studies*, 37: 352–371

125. H. Tan & J. A. Mathews, 2015, Accelerated internationalization and resource leverage strategizing: The case of Chinese wind turbine manufacturers, *Journal of World Business*, 50: 417–427; J. H. Fisch, 2012, Information costs and internationalization performance, *Global Strategy Journal*, 2: 296–312; S. E. Christophe & H. Lee, 2005, What matters about internationalization: A market-based assessment, *Journal of Business Research*, 58: 636–643.

126. S. Kraus, T. C. Ambos, F. Eggers, & B. Cesinger, 2015, Distance and perceptions of risk in internationalization decisions, *Journal of Business Research*, 68: 1501–1505; H. Berry, 2013, When do firms divest foreign operations? *Organization Science*, 24: 246–261; T. J. Andersen, 2011, The risk implications of multinational enterprise, *International Journal of Organizational Analysis*, 19: 49–70.

127. Berry, Global integration and innovation: Multi-country knowledge generation within MNCs; A. Y. Lewin, S. Massini, & C. Peeters, 2011, Microfoundations of

internal and external absorptive capacity routines, *Organization Science*, 22: 81–98.

128. P. C. Patel, S. A. Fernhaber, P. P. McDougal-Covin, & R. P. van der Have, 2014, Beating competitors to international markets: The value of geographically balanced networks for innovation, *Strategic Management Journal*, 35: 691–711.

129. S. Awate, M. M. Larsen, & R. Mudambi, 2015, Accessing vs sourcing knowledge: A comparative study of R&D internationalization between emerging and advanced economy firms, *Journal of International Business Studies*, 46: 63–86; O. Bertrand & M. J. Mol, 2013, The antecedents and innovation effects of domestic and offshore R&D outsourcing: The contingent impact of cognitive distance and absorptive capacity, *Strategic Management Journal*, 34: 751–760; B. S. Reiche, 2012, Knowledge benefits of social capital upon repatriation: A longitudinal study of international assignees, *Journal of Management Studies*, 49: 1052–1072.

130. J. Alcacer & J. Oxley, 2014, Learning by supplying, *Strategic Management Journal*, 35: 204–223; G. R. G. Benito, R. Lunnan & S. Tomassen, 2011, Distant encounters of the third kind: Multinational companies locating divisional headquarters abroad, *Journal of Management Studies*, 48: 373–394; M. A. Hitt, L. Tihanyi, T. Miller, & B. Connelly, 2006, International diversification: Antecedents, outcomes, and moderators, *Journal of Management*, 32: 831–867.

131. R. Belderbos, B. Lokshin, & B. Sadowski, 2015, The returns to foreign R&D, *Journal of International Business Studies*, 46, 491–504; I. Guler & A. Nerkar, 2012, The impact of global and local cohesion on innovation in the pharmaceutical industry, *Strategic Management Journal*, 33: 535–549.

132. M. Alessandri & A. Seth, 2014, The effects of managerial ownership on international and business diversification: Balancing incentives and risks, *Strategic Management Journal*, 35: 2064–2075; X. Fu, 2012, Foreign direct investment and managerial knowledge spillovers through diffusion of management practices, *Journal of Management Studies*, 49: 970–999; D. Holtbrugge & A. T. Mohr, 2011, Subsidiary interdependencies and international human resource management practices in German MNCs, *Management International Review*, 51: 93–115.

133. B. B. Nielsen & S. Nielsen, S. 2013, Top management team nationality diversity and firm performance: A multilevel study. *Strategic Management Journal*, 34, 373–382; M. Halme, S. Lindeman, & P. Linna, 2012, Innovation for inclusive business: Intrapreneurial bricolage in multinational corporations, *Journal of Management Studies*, 49: 743–784; I. Filatotchev & M. Wright, 2010, Agency perspectives on corporate governance of multinational enterprises, *Journal of Management Studies*, 47: 471–486.

134. C. Hsu, Y. Lien, & H. Chen, H. 2015, R&D internationalization and innovation performance, *International Business Review*, 24: 187–195; J. I. Siegel & S. H. Schwartz, 2013, Egalitarianism, cultural distance and foreign direct investment: A new approach, *Organization Science*, 24: 1174–1194; G. A. Shinkle & A. P. Kriauciunas, 2012, The impact of current and founding institutions on strength of competitive aspirations in transition economies, *Strategic Management Journal*, 33: 448–458.

135. R. Chittoor, P. S. Aulakh, & S. Ray, 2015, Accumulative and assimilative learning, institutional infrastructure, and innovation orientation of developing economy firms, *Global Strategy Journal*, 5: 133–153; P. C. Nell & B. Ambos, 2013, Parenting advantage in the MNC: An embeddedness perspective on the value added by headquarters, *Strategic Management Journal*, 34: 1086–1103; J.-F. Hennart, 2012, Emerging market multinationals and the theory of the multinational enterprise, *Global Strategy Journal*, 2: 168–187.

136. S. Schmid & T. Dauth, 2014, Does internationalization make a difference? Stock market reaction to announcements of international top executive appointments, *Journal of World Business*, 49: 63–77; Wiersema & Bowen, The relationship between international diversification and firm performance; C.-F. Wang, L.-Y. Chen, & S.-C. Change, 2011, International diversification and the market value of new product introduction, *Journal of International Management*, 17: 333–347.

137. J. U. Kim & R. V. Aguilera, 2015, The world is spiky: An internationalization framework for a semi-globalized world, *Global Strategy Journal*, 5: 113–132; R. Belderbos, T. W. Tong, & S. Wu, 2013, Multinationality and downside risk: The roles of option portfolio and organization, *Strategic Management Journal*, in press; W. Shi, S. L. Sun, & M. W. Peng, 2012, Sub-national institutional contingencies, network positions and IJV partner selection, *Journal of Management Studies*, 49: 1221–1245.

138. P. Regnér & J. Edman, J. 2014, MNE institutional advantage: How subunits shape, transpose and evade host country institutions, *Journal of International Business Studies*, 45: 275–302; B. Baik, J.-K. Kang, J.-M. Kim, & J. Lee, 2013, The liability of foreignness in international equity investments: Evidence from the U.S. stock market, *Journal of International Business Studies*, 44: 391–411.

139. S. Song, 2014, Entry mode irreversibility, host market uncertainty, and foreign subsidiary exits, *Asia Pacific Journal of Management*, 31: 455–471; S.-H. Lee & S. Song, 2012, Host country uncertainty, intra-MNC production shifts, and subsidiary performance, *Strategic Management Journal*, 33: 1331–1340.

140. D. W. Williams & D. A. Grégoire, 2015, Seeking commonalities or avoiding differences? Re-conceptualizing distance and its effects on internationalization decisions, *Journal of International Business Studies*, 46: 253–284; L. Berchicci, A. King, & C. L. Tucci, 2011, Does the apple always fall close to the tree? The geographical proximity choice of spin-outs, *Strategic Entrepreneurship Journal*, 5: 120–136; A. Ojala, 2008, Entry in a psychically distant market: Finnish small and medium-sized software firms in Japan, *European Management Journal*, 26: 135–144.

141. W. Shi, R. E. Hoskisson, & Y. Zhang, 2015. A geopolitical perspective into the opposition to globalizing state-owned enterprises in target states. *Global Strategy Journal*, in press; M. L. L. Lam, 2009, Beyond credibility of doing business in China: Strategies for improving corporate citizenship of foreign multinational enterprises in China, *Journal of Business Ethics*, 87: 137–146.

142. M. H. Ho & F. Wang, 2015, Unpacking knowledge transfer and learning paradoxes in international strategic alliances: Contextual differences matter, *International Business Review*, 24: 287–297; E. Fang & S. Zou, 2010, The effects of absorptive capacity and joint learning on the instability of international joint ventures in emerging economies, *Journal of International Business Studies*, 41: 906–924; D. Lavie & S. Miller, 2009, Alliance portfolio internationalization and firm performance, *Organization Science*, 19: 623–646.

第 9 章

1. B. B. Tyler & T. Caner, 2015, New product introductions below aspirations, slack and R&D alliances: A behavioral perspective, *Strategic Management Journal*, in press; O. Schilke, 2014, Second-order dynamic capabilities: How do they matter? *Academy of Management Perspectives*, 28: 368–380; U. Wassmer & P. Dussauge, 2012, Network resource stocks and flows: How do alliance portfolios affect the value of new alliance formations? *Strategic Management Journal*, 33: 871–883.

2. A. L. Brito, E. P. Z. Brito, & L. H. Hashiba, 2014, What type of cooperation with suppliers and customers leads to superior performance? *Journal of Business Research*, 67: 952–959; R. A. Heidl, H. K. Steensma, & C. Phelps, 2014, Divisive faultlines and the unplanned dissolutions of multipartner alliances, *Organization Science*, 25: 1351–1371; D. Lavie, P. R. Haunschild, & P. Khanna,

2012, Organizational differences, relational mechanisms, and alliance performance, *Strategic Management Journal*, 33: 1453–1479.

3. Z. Khan, O. Shenkar, & Y. K. Lew, 2015, Knowledge transfer from international joint ventures to local suppliers in a developing economy, *Journal of International Business Studies*, in press.

4. S. J. D. Schillebeeckx, S. Chaturvedi, G. George, & Z. King, 2015, What do I want? The effects of individual aspiration and relational capability on collaboration preferences, *Strategic Management Journal*, in press; R. J. Arend, P. C. Patel, & H. D. Park, 2014, Explaining post-IPO venture performance through a knowledge-based view typology, *Strategic Management Journal*, 35: 376–397; J. H. Dyer & H. Singh, 1998, The relational view: Cooperative strategy and sources of interorganizational competitive advantage, *Academy of Management Review*, 23: 660–679.

5. R. R. Kehoe & D. Tzabbar, 2015, Lighting the way or stealing the shine? An examination of the duality in star scientists' effects on firm innovative performance, *Strategic Management Journal*, 36: 709–727; R. Vandaie & A. Zaheer, 2014, Surviving bear hugs: Firm capability, large partner alliances, and growth, *Strategic Management Journal*, 35: 566–577; J. Walter, F. W. Kellermanns, & C. Lechner, 2012, Decision making within and between organizations: Rationality, politics, and alliance performance, *Journal of Management*, 38: 1582–1610.

6. C. Lioukas & J. Reuer, 2015, Isolating trust outcomes from exchange relationships: Social exchange and learning benefits of prior ties in alliances, *Academy of Management Journal*, in press; J. Charterina & J. Landeta, 2013, Effects of knowledge-sharing routines and dyad-based investments on company innovation and performance: An empirical study of Spanish manufacturing companies, *International Journal of Management*, 30: 197–216.

7. J. Wu & P. Olk, 2014, Technological advantage, alliances with customers, local knowledge and competitor identification, *Journal of Business Research*, 67: 2106–2114; J. L. Cummings & S. R. Holmberg, 2012, Best-fit alliance partners: The use of critical success factors in a comprehensive partner selection process, *Long Range Planning*, 45: 136–159.

8. N. Rahman & H. J. Korn, 2014, Alliance longevity: Examining relational and operational antecedents, *Long Range Planning*, 47: 245–261; S. Xu, A. P. Fenik, & M. B. Shaner, 2014, Multilateral alliances and innovation output: The importance of equity and technological scope, *Journal of Business Research*, 67: 2403–2410.

9. Treflis team, 2015, Juniper collaborates with Aruba to expand converged networking solutions portfolio, *Forbes Online*, www.forbes.com, June 13.

10. Y. Liu & T. Ravichandran, 2015, Alliance experience, IT-enabled knowledge integration, and ex-ante value gains, *Organization Science*, 26: 511–530; J. Roy, 2012, IJV partner trustworthy behaviour: The role of host country governance and partner selection criteria, *Journal of Management Studies*, 49: 332–355.

11. C. Murphy, 2015, GM China venture to spend $16 billion to develop new products, *Wall Street Journal Online*, www.wsj.com, April 19.

12. R. Yu, 2015, SAIC Motor's tie-ups with Volkswagen, GM rev up 2014 profit, *Wall Street Journal Online*, www.wsj.com, April 2.

13. J. H. Love, S. Roper, & P. Vahter, 2014, Learning from openness: The dynamics of breadth in external innovation linkages, *Strategic Management Journal*, 35: 1703–1716; E. Chrysostome, R. Nigam, & C. Jarilowski, 2013, Revisiting strategic learning in international joint ventures: A knowledge creation perspective, *International Journal of Management*, 30(1): 88–98; D. Tan & K. E. Meyer, 2011, Country-of-origin and industry FDI agglomeration of foreign investors in an emerging economy, *Journal of International Business Studies*, 42: 504–520.

14. 2015, Boston Scientific signs strategic alliance with Frankenman Medical Equipment Company, Boston Scientific Company Home Page, www.bostonscientific.com, April 14.

15. W. (Stone) Shi, S. L. Sun, B. C. Pinkham, & M. W. Peng, 2014, Domestic alliance network to attract foreign partners: Evidence from international joint ventures in China, *Journal of International Business Studies*, 45: 338–362; L. Cui & F. Jiang, 2012, State ownership effect on firms' FDI ownership decisions under institutional pressure: A study of Chinese outward-investing firms, *Journal of International Business Studies*, 43: 264–284; J. Xia, J. Tan, & D. Tan, 2008, Mimetic entry and bandwagon effect: The rise and decline of international equity joint venture in China, *Strategic Management Journal*, 29: 195–217.

16. C. Dulaney, 2015, Johnson Controls auto-interiors spinoff expected to begin operations in July, *Wall Street Journal Online*, www.wsj.com, April 14.

17. J. Reuer & S. Devarakonda, 2015, Mechanisms of hybrid governance: Administrative committees in non-equity alliances, *Academy of Management Journal*, in press; A. Majocchi, U. Mayrhofer, & J. Camps, 2013, Joint ventures or non-equity alliances? Evidence from Italian firms, *Management Decision*, 51: 380–395.

18. B. T. McCann, J. J. Reuer, & N. Lahiri, 2015, Agglomeration and the choice between acquisitions and alliances: An information economics perspective, *Strategic Management Journal*, in press; S. P. Gudergan, T. Devinney, N. Richter, & R. Ellis, 2012, Strategic implications of non-equity alliance performance, *Long Range Planning*, 45: 451–476.

19. F. J. Contractor & J. J. Reuer, 2014, Structuring and governing alliances: New directions for research, *Global Strategy Journal*, 4: 241–256; J. J. Reuer, E. Klijn, & C. S. Lioukas, 2014, Board involvement in international joint ventures, *Strategic Management Journal*, 35: 1626–1644; J. Schweitzer & S. P. Gudergan, 2011, Contractual complexity, governance and organisational form in alliances, *International Journal of Strategic Business Alliances*, 2: 26–40.

20. 2015, Will Tim Cook stop outsourcing the manufacture of Apple products to homophobic China? *Ricochet*, www.ricochet.com, March 31.

21. B. Shobert, 2015, Will Apple's business model work on pharmaceuticals? *Forbes Online*, www.forbes, March 11.

22. J. Righetti, 2014, 5 reasons why China will remain the world's factory, www.linkedin.com/pulse, August 21.

23. D. Aristie, M. Vecchi, & F. Venturini, 2015, University and inter-firm R&D collaborations: Propensity and intensity of cooperation in Europe, *Journal of Technology Transfer*, in press; D. Mindruta, 2013, Value creation in university-firm research collaborations: A matching approach, *Strategic Management Journal*, 34: 644–665.

24. K. Lange, M. Geppert, A. Saka-Helmhout, & F. Becker-Ritterspach, 2015, Changing business models and employee representation in the airline industry: A comparison of British Airways and Deutsche Lufthansa, *British Journal of Management*, in press; X. Hu, R. Caldentey, & G. Vulcano, 2013, Revenue sharing in airline alliances, *Management Science*, 59: 1177–1195; U. Wassmer, 2010, Alliance portfolios: A review and research agenda, *Journal of Management*, 36: 141–171.

25. W. Yang & K. E. Meyer, 2015, Competitive dynamics in an emerging economy: Competitive pressures, resources, and the speed of action, *Journal of Business Research*, 68: 1176–1185; T. de Leeuw, B. Lokshin, & G. Duysters, 2014, Returns to alliance portfolio diversity: The relative effects of partner diversity on firm's innovative performance and productivity, *Journal of Business Research*, 67: 1839–1849.

26. J. Marshall, 2015, News publishers for programmatic advertising alliance, *CMO Today*, www.blogs.wsj.com/cmo, March 18.

27. Treflis team, 2015, Expedia seeks Latin American dominance: Strengthens partnership with Decolar.com, *Forbes Online*, www.forbes.com, March 12.

28. D. J. Teece, 2014, A dynamic capabilities-based entrepreneurial theory of the multinational enterprise, *Journal of International Business Studies*, 45: 8–37; J. R. Williams, 1998, *Renewable Advantage: Crafting Strategy Through Economic Time*, New York: Free Press.

29. L. Burkitt, 2015, Carnival in talks with China Merchants on cruise ports, ships, *Wall Street Journal Online*, www.wsj.com, January 26.

30. S. Artinger & T. C. Powell, 2015, Entrepreneurial failure: Statistical and

psychological explanations, *Strategic Management Journal*, in press; H. Rahmandad & N. Repenning, 2015, Capability erosion dynamics, *Strategic Management Journal*, in press; A. Tafti, S. Mithas, & M. S. Krishnan, 2013, The effect of information technology-enabled flexibility on formation and market value of alliances, *Management Science*, 59: 207–225.

31. J. J. Reuer & R. Ragozzino, 2014, Signals and international alliance formation: The roles of affiliations and international activities, *Journal of International Business Studies*, 45: 321–337; H. K. Steensma, J. Q. Barden, C. Dhanaraj, M. Lyles, & L. Tihanyi, 2008, The evolution and internalization of international joint ventures in a transitioning economy, *Journal of International Business Studies*, 39: 491–507.

32. C. B. Bingham, K. H. Heimeriks, M. Schijven, & S. Gates, 2015, Concurrent learning: How firms develop multiple dynamic capabilities in parallel, *Strategic Management Journal*, in press; S. T. Cavusgil & G. Knight, 2014, The born global firm: An entrepreneurial and capabilities perspective on early and rapid internationalization, *Journal of International Business Studies*, 46: 3–16; H. E. Posen & D. A. Levinthal, 2012, Chasing a moving target: Exploitation and exploration in dynamic environments, *Management Science*, 58: 587–601.

33. H. Milanov & S. A. Fernhaber, 2014, When do domestic alliances help ventures abroad? Direct and moderating effects from a learning perspective, *Journal of Business Venturing*, 29: 377–391; X. Yin, J. Wu, & W. Tsai, 2012, When unconnected others connect: Does degree of brokerage persist after the formation of a multipartner alliance? *Organization Science*, 23: 1682–1699.

34. 2015, Micron, Seagate announce strategic alliance, Micron Home Page, www.micron.com, February 12.

35. H. M. Khameseh & M. Nasiriyar, 2014, Avoiding alliance myopia: Forging learning outcomes for long-term success, *Journal of Business Strategy*, 35: 37–44; A.-P. de Man, N. Roijakkers, & H. de Graauw, 2010, Managing dynamics through robust alliance governance structures: The case of KLM and Northwest Airlines, *European Management Journal*, 28: 171–181.

36. Airline alliances, Micron Home Page, www.mapsoftheworld.com, April 22.

37. Q. Gu & X. Lu, 2014, Unraveling the mechanisms of reputation and alliance formation: A study of venture capital syndication in China, *Strategic Management Journal*, 35: 739–750; G. Vasudeva, J. W. Spencer, & H. J. Teegen, 2013, Bringing the institutional context back in: A cross-national comparison of alliance partner selection and knowledge acquisition, *Organization Science*, 24: 319–338; W. Shi & J. E. Prescott, 2011, Sequence patterns of firms' acquisition and alliance behavior and their performance implications, *Journal of Management Studies*, 48: 1044–1070.

38. U. Stettner & D. Lavie, 2014, Ambidexterity under scrutiny: Exploration and exploitation via internal organization, alliances, and acquisitions, *Strategic Management Journal*, 35: 1903–1929; N. Lahiri & S. Narayanan, 2013, Vertical integration, innovation and alliance portfolio size: Implications for firm performance, *Strategic Management Journal*, 34: 1042–1064; S. M. Mudambi & S. Tallman, 2010, Make, buy or ally? Theoretical perspectives on knowledge process outsourcing through alliances, *Journal of Management Studies*, 47: 1434–1456.

39. R. Kapoor & P. J. McGrath, 2014, Unmasking the interplay between technology evolution and R&D collaboration: Evidence from the global semiconductor manufacturing industry, 1990–2010, *Research Policy*, 43: 555–569; J. Hagedoorn & N. Wang, 2012, Is there complementarity or substitutability between internal and external R&D strategies? *Research Policy*, 41: 1072–1083; M. Meuleman, A. Lockett, S. Manigart, & M. Wright, 2010, Partner selection decisions in interfirm collaborations: The paradox of relational embeddedness, *Journal of Management Studies*, 47: 995–1019.

40. E. Revilla, M. Sáenz, & D. Knoppen, 2013, Towards an empirical typology of buyer–supplier relationships based on absorptive capacity, *International Journal of Production Research*, 51: 2935–2951; J. Zhang & C. Baden-Fuller, 2010, The influence of technological knowledge base and organizational structure on technology collaboration, *Journal of Management Studies*, 47: 679–704; J. Wiklund & D. A. Shepherd, 2009, The effectiveness of alliances and acquisitions: The role of resource combination activities, *Entrepreneurship Theory and Practice*, 33: 193–212.

41. 2015, GE intelligent lighting to transform retail experience through Qualcomm collaboration, GE Home Page, www.ge.com, May 4.

42. T. Stynes, 2015, Sorrento reaches collaboration deal valued at $110 million, *Wall Street Journal Online*, www.wsj.com, March 16.

43. J. Wieczner, 2014, Can drugmakers find profit in collaboration? *Fortune Online*, www.fortune.com, February 11.

44. H. Parker & Z. Brey, 2015, Collaboration costs and new product development performance, *Journal of Business Research*, 68: 1653–1656; C. Häeussler, H. Patzelt, & S. A. Zahra, 2012, Strategic alliances and product development in high technology new firms: The moderating effect of technological capabilities, *Journal of Business Venturing*, 27: 217–233; M. Makri, M. A. Hitt, & P. J. Lane, 2010, Complementary technologies, knowledge relatedness, and invention outcomes in high technology mergers and acquisitions, *Strategic Management Journal*, 31: 602–628.

45. D. Cameron, 2015, Boeing-Lockheed venture plans new rocket with reusable engine, *Wall Street Journal Online*,

www.wsj.com, April 13.

46. A. Martin, 2007, Merger for SABMiller and Molson Coors, *New York Times Online*, www.nytimes.com, October 10.

47. T. Mickle, 2015, Molson Coors, U.S. joint venture MillerCoors facing stiff challenges, *Wall Street Journal Online*, www.wsj.com, May 7.

48. H. Yang & H. K. Steensma, 2014, When do firms rely on their knowledge spillover recipients for guidance in exploring unfamiliar knowledge? *Research Policy*, 43: 1496–1507; N. Mouri, M. B. Sarkar, & M. Frye, 2012, Alliance portfolios and shareholder value in post-IPO firms: The moderating roles of portfolio structure and firm-level uncertainty, *Journal of Business Venturing*, 27: 355–371; J. J. Reuer & T. W. Tong, 2005, Real options in international joint ventures, *Journal of Management*, 31: 403–423.

49. 2014, Tesla Motors in talks with BMW, possible alliance in batteries, carbon fiber body parts, Tesla Home Page, www.myteslamotors.com, November 23.

50. H.-T. Normann, J. Rosch, & L. M. Schultz, 2015, Do buyer groups facilitate collusion? *Journal of Economic Behavior & Organization*, 109: 72–84; M. A. Fonseca & H. Normann, 2012, Explicit vs. tacit collusion—The impact of communication in oligopoly experiments, *European Economic Review*, 56: 1759–1772; M. Escrihuela-Villar & J. Guillén, 2011, On collusion and industry size, *Annals of Economics and Finance*, 12: 31–40.

51. J. Boone & K. Zigic, 2015, Trade policy in markets with collusion: The case of North-South R&D spillovers, *Research in Economics*, in press; M. Van Essen & W. B. Hankins, 2013, Tacit collusion in price-setting oligopoly: A puzzle redux, *Southern Economic Journal*, 79: 703–726; Y. Lu & J. Wright, 2010, Tacit collusion with price-matching punishments, *International Journal of Industrial Organization*, 28: 298–306.

52. J. Handy, 2014, Can a DRAM oligopoly really work? *Forbes Online*, www.forbes.com, May 30.

53. F. J. Mas-Ruiz, F. Ruiz-Moreno, & A. L. de Guevara Martinez, 2014, Asymmetric rivalry within and between strategic groups, *Strategic Management Journal*, 35: 419–439; R. W. Cooper & T. W. Ross, 2009, Sustaining cooperation with joint ventures, *Journal of Law, Economics, and Organization*, 25: 31–54.

54. M. T. Gustafson, I. T. Ivanov, & J. Ritter, 2015, Financial condition and product market cooperation, *Journal of Corporate Finance*, 31: 1–16; L. Zou, C. Yu, & M. Dresner, 2012, Multimarket contact, alliance membership, and prices in international airline markets, *Transportation Research Part E: Logistics and Transportation Review*, 48: 555–565; J. T. Prince & D. H. Simon, 2009, Multi-market contact and service quality: Evidence from on-time performance in the U.S. airline industry, *Academy of Management Journal*, 52: 336–354.

55. B. Chidmi, 2012, Vertical relationships in the ready-to-eat breakfast cereal industry in Boston, *Agribusiness*, 28: 241–259;

N. Panteva, 2011, IBISWorld Industry Report 31123: Cereal production in the U.S., January.

56. E. Shroeder, 2014, Global breakfast cereal market to reach $43.2 billion by 2019, *Food Business News Online*, www.foodbusinessnews.com, February 14.

57. P. F. Skilton & E. Bernardes, 2015, Competition network structure and product market entry, *Strategic Management Journal*, in press; R. M. Bakker & J. Knoben, 2014, Built to last or meant to end: Intertemporal choice in strategic alliance portfolios, *Organization Science*, 26: 256–276; Z. Guedri & J. McGuire, 2011, Multimarket competition, mobility barriers, and firm performance, *Journal of Management Studies*, 48: 857–890.

58. I. K. Wang, H.-S. Yang, & D. J. Miller, 2015, Collaboration in the shadow of the technology frontier: Evidence from the flat panel display industry, *Managerial and Decision Economics*, in press; P. Massey & M. McDowell, 2010, Joint dominance and tacit collusion: Some implications for competition and regulatory policy, *European Competition Journal*, 6: 427–444.

59. A.H. Bowers, H. R. Greve, H. Mitsuhashi, & J. A. C. Baum, 2014, Competitive parity, status disparity, and mutual forbearance: Securities analysts' competition for investor attention, *Academy of Management Journal*, 57: 38–62.

60. Y. Liu & T. Ravichandran, 2015, Alliance experience, IT-enabled knowledge integration, and ex-ante value gains, *Organization Science*, 26: 511–530; P. Dussauge, B. Garrette, & W. Mitchell, 2004, Asymmetric performances: The market share impact of scale and link alliances in the global auto industry, *Strategic Management Journal*, 25: 701–711.

61. M. Rogan & H. R. Greve, 2014, Resource dependence dynamics: Partner reactions to mergers, *Organization Science*, 26: 239–255; L. Capron & W. Mitchell, 2012, *Build, Borrow or Buy: Solving the Growth Dilemma*, Cambridge: Harvard Business Review Press; C. Häussler, 2011, The determinants of commercialization strategy: Idiosyncrasies in British and German biotechnology, *Entrepreneurship Theory and Practice*, 35: 653–681.

62. F. Castellaneta & M. Zollo, 2014, The dimensions of experiential learning in the management of activity load, *Organization Science*, 26: 140–157; Y. Lew & R. R. Sinkovics, 2013, Crossing borders and industry sectors: Behavioral governance in strategic alliances and product innovation for competitive advantage, *Long Range Planning*, 46: 13–38; P. Ritala & H.-K. Ellonen, 2010, Competitive advantage in interfirm cooperation: Old and new explanations, *Competitiveness Review*, 20: 367–383.

63. H. M. Khamesh & M. Nasiriyar, 2014, Avoiding alliance myopia: Forging learning outcomes for long-term success, *Journal of Business Strategy*, 35(4): 37–44; H. Liu, X. Jiang, J. Zhang, & X. Zhao, 2013, Strategic flexibility and international venturing by emerging market firms: The moderating

effects of institutional and relational factors, *Journal of International Marketing*, 21: 79–98; J. Anand, R. Oriani, & R. S. Vassolo, 2010, Alliance activity as a dynamic capability in the face of a discontinuous technological change, *Organization Science*, 21: 1213–1232.

64. B. T. McCann, J. J. Reuer, & N. Lahiri, 2015, Agglomeration and the choice between acquisitions and alliances: An information economics perspective, *Strategic Management Journal*, in press; S. Chang & M. Tsai, 2013, The effect of prior alliance experience on acquisition performance, *Applied Economics*, 45: 765–773.

65. 2013, TATA Sikorsky JV delivers first fully indigenous S-92 helicopter cabin, United Technologies Home Page, www.utc.com, October 24.

66. 2014, BMW expands joint venture with Chinese carmaker Brilliance, *DW*, www.dw.de, December 14.

67. I. Ater & O. Rigbi, 2015, Price control and advertising in franchising chains, *Strategic Management Journal*, in press; V. K. Garg, R. L. Priem, & A. A. Rasheed, 2013, A theoretical explanation of the cost advantages of multi-unit franchising, *Journal of Marketing Channels*, 20: 52–72; J. G. Combs, D. J. Ketchen, Jr., C. L. Shook, & J. C. Short, 2011, Antecedents and consequences of franchising: Past accomplishments and future challenges, *Journal of Management*, 37: 99–126.

68. B. R. Barringer & R. D. Ireland, 2016, *Entrepreneurship: Successfully Launching New Ventures*, 5th ed., Prentice-Hall, 510.

69. C.-W. Wu, 2015, Antecedents of franchise strategy and performance, *Journal of Business Research*, 68: 1581–1588; W. E. Gillis, J. G. Combs, & D. J. Ketchen, Jr., 2014, Using resource-based theory to help explain plural form franchising, *Entrepreneurship Theory and Practice*, 38: 449–472; D. Grewal, G. R. Iyer, R. G. Javalgi, & L. Radulovich, 2011, Franchise partnership and international expansion: A conceptual framework and research propositions, *Entrepreneurship Theory and Practice*, 35: 533–557.

70. J.-S. Chiou & C. Droge, 2015, The effects of standardization and trust on franchisee's performance and satisfaction: A study on franchise systems in the growth stage, *Journal of Small Business Management*, 53: 129–144; N. Mumdziev & J. Windsperger, 2013, An extended transaction cost model of decision rights allocation in franchising: The moderating role of trust, *Managerial and Decision Economics*, 34: 170–182; J. McDonnell, A. Beatson & C.-H. Huang, 2011, Investigating relationships between relationship quality, customer loyalty and cooperation: An empirical study of convenience stores' franchise chain systems, *Asia Pacific Journal of Marketing and Logistics*, 23: 367–385.

71. A. El Akremi, R. Perrigot, & I. Piot-Lepetit, 2015, Examining the drivers for franchised chains performance through the lens of the dynamic capabilities approach, *Journal of Small Business Management*, 53: 145–165; B. Merrilees & L. Frazer, 2013, Internal

branding: Franchisor leadership as a critical determinant, *Journal of Business Research*, 66: 158–164; T. M. Nisar, 2011, Intellectual property securitization and growth capital in retail franchising, *Journal of Retailing*, 87: 393–405.

72. I. Alon, M. Boulanger, E. Misati, & M. Madanoglu, 2015, Are the parents to blame? Predicting franchisee failure, *Competitiveness Review*, 25: 205–217; D. Grace, S. Weaven, L. Frazer, & J. Giddings, 2013, Examining the role of franchisee normative expectations in relationship evaluation, *Journal of Retailing*, 89: 219–230; W. R. Meek, B. Davis-Sramek, M. S. Baucus, & R. N. Germain, 2011, Commitment in franchising: The role of collaborative communication and a franchisee's propensity to leave, *Entrepreneurship Theory and Practice*, 35: 559–581.

73. M. W. Nyadzayo, M. J. Matanda, & M. T. Ewing, 2015, The impact of franchisor support, brand commitment, brand citizenship behavior, and franchisee experience on franchisee-perceived brand image, *Journal of Business Research*, in press; N. Gorovaia & J. Windsperger, 2013, Real options, intangible resources and performance of franchise networks, *Managerial and Decision Economics*, 34: 183–194; T. W. K. Leslie & L. S. McNeill, 2010, Towards a conceptual model for franchise perceptual equity, *Journal of Brand Management*, 18: 21–33.

74. H. Parker & Z. Brey, 2015, Collaboration costs and new product development performance, *Journal of Business Research*, 68: 1653–1656; S. Demirkan & I. Demirkan, 2014, Implications of strategic alliances for earnings quality and capital market investors, *Journal of Business Research*, 67: 1806–1816; M. Onal Vural, L. Dahlander, & G. George, 2013, Collaborative benefits and coordination costs: Learning and capability development in science, *Strategic Entrepreneurship Journal*, 7: 122–137.

75. C. E. Eesley, D. H. Hsu, & E. B. Roberts, 2014, The contingent effects of top management teams on venture performance: Aligning founding team composition with innovation strategy and commercialization environment, *Strategic Management Journal*, 35: 1798–1817; G. Ahuja, C. M. Lampert, & E. Novelli, 2013, The second face of appropriability: Generative appropriability and its determinants, *Academy of Management Review*, 38: 248–269; C. Choi & P. Beamish, 2013, Resource complementarity and international joint venture performance in Korea, *Asia Pacific Journal of Management*, 30: 561–576.

76. Z. Khan, O. Shenkar, & Y. K. Lew, 2015, Knowledge transfer from international joint ventures to local suppliers in a developing economy, *Journal of International Business Studies*, in press; R. Belderbos, T. W. Tong, & S. Wu, 2014, Multinationality and downside risk: The roles of option portfolio and organization, *Strategic Management Journal*, 35: 88–106; S. Veilleux, N. Haskell, & F. Pons,

2012, Going global: How smaller enterprises benefit from strategic alliances, *Journal of Business Strategy*, 33(5): 22–31;

77. A. Dechezlepretre, E. Neumayer, & R. Perekins, 2015, Environmental regulation and the cross-border diffusion of new technology: Evidence from automobile patents, *Research Policy*, 44: 244–257; I. Arikan & O. Shenkar, 2013, National animosity and cross-border alliances, *Academy of Management Journal*, 56: 1516–1544.

78. Y. Kubota & J. Chow, 2015, French clout at Renault roils Nissan deal, *Wall Street Journal Online*, www.wsj.com, April 20.

79. Q. Gu & X. Lu, 2014, Unraveling the mechanisms of reputation and alliance formation: A study of venture capital syndication in China, *Strategic Management Journal*, 35: 739–750; L. Li, G. Qian, & Z. Qian, 2013, Do partners in international strategic alliances share resources, costs, and risks? *Journal of Business Research*, 66: 489–498; A. Zaheer & E. Hernandez, 2011, The geographic scope of the MNC and its alliance portfolio: Resolving the paradox of distance, *Global Strategy Journal*, 1: 109–126.

80. Z. Khan, Y. K. Lew, & R. R. Sinkovics, 2015, International joint ventures as boundary spanners: Technological knowledge transfer in an emerging economy, *Global Strategy Journal*, 5: 48–68; M. Meuleman & M. Wright, 2011, Cross-border private equity syndication: Institutional context and learning, *Journal of Business Venturing*, 26: 35–48.

81. J. J. Hotho, M. A. Lyles, & M. Easterby-Smith, 2015, The mutual impact of global strategy and organizational learning: Current themes and future directions, *Global Strategy Journal*, 5: 85–112; B. B. Nielsen & S. Gudergan, 2012, Exploration and exploitation fit and performance in international strategic alliances, *International Business Review*, 21: 558–574; D. Kronborg & S. Thomsen, 2009, Foreign ownership and long-term survival, *Strategic Management Journal*, 30: 207–219.

82. I.-S. Nam & R. Wall, 2015, Airbus, Korea Aerospace sign helicopter deal, *Wall Street Journal Online*, www.wsj.com, March 16.

83. S. Xu, A. P. Fenik, & M. B. Shaner, 2015, Multilateral alliances and innovation output: The importance of equity and technological scope, *Journal of Business Research*, 67: 2403–2410; D. Lavie, C. Lechner, & H. Singh, 2007, The performance implications of timing of entry and involvement in multipartner alliances, *Academy of Management Journal*, 50: 578–604.

84. 2015, Cisco Partner Summit, Cisco homepage, www.cisco.com, May 7.

85. 2015, Strategic alliances—IBM, Cisco Home Page, www.cisco.com, May 7.

86. C. Geldes, C. Felzensztein, E. Turkina, & A. Durand, 2015, How does proximity affect interfirm marketing cooperation? A study of an agribusiness cluster, *Journal of Business Research*, 68: 263–272; W. Fu, J. Revilla Diez, & D. Schiller, 2013,

Interactive learning, informal networks and innovation: Evidence from electronics firm survey in the Pearl River Delta, China, *Research Policy*, 42: 635–646; A. T. Ankan & M. A. Schilling, 2011, Structure and governance in industrial districts: Implications for competitive advantage, *Journal of Management Studies*, 48: 772–803.

87. A. Phene & S. Tallman, 2014, Knowledge spillovers and alliance formation, *Journal of Management Studies*, 51: 1058–1090; C. Casanueva, I. Castro, & J. L. Galán, 2013, Informational networks and innovation in mature industrial clusters, *Journal of Business Research*, 66: 603–613; J. Vincent, S. Anokhin, D. Örtqvist, & E. Autio, 2010, Quality meets structure: Generalized reciprocity and firm-level advantage in strategic networks, *Journal of Management Studies*, 47: 597–624; D. Lavie, 2007, Alliance portfolios and firm performance: A study of value creation and appropriation in the U.S. software industry, *Strategic Management Journal*, 28: 1187–1212.

88. Y. Zheng & H. Yang, 2015, Does familiarity foster innovation? The impact of alliance partner repeatedness on breakthrough innovations, *Journal of Management Studies*, 52: 213–230; L. Dobusch & E. Schübler, 2013, Theorizing path dependence: A review of positive feedback mechanisms in technology markets, regional clusters, and organizations, *Industrial & Corporate Change*, 22: 617–647; A. M. Joshi & A. Nerkar, 2011, When do strategic alliances inhibit innovation by firms? Evidence from patent pools in the global optical disc industry, *Strategic Management Journal*, 32: 1139–1160.

89. S. Perkins, R. Morck, & B. Yeung, 2014, Innocents abroad: The hazards of international joint ventures with pyramidal group firms, *Global Strategy Journal*, 4: 310–330; J. P. MacDuffie, 2011, Inter-organizational trust and the dynamics of distrust, *Journal of International Business Studies*, 42: 35–47; H. Kim, R. E. Hoskisson, & W. P. Wan, 2004, Power, dependence, diversification strategy and performance in keiretsu member firms, *Strategic Management Journal*, 25: 613–636.

90. B. Kang & K. Motohashi, 2015, Essential intellectual property rights and inventors' involvement in standardization, *Research Policy*, 44: 483–492; V. Van de Vrande, 2013, Balancing your technology-sourcing portfolio: How sourcing mode diversity enhances innovative performance, *Strategic Management Journal*, 34: 610–621; A. V. Shipilov, 2009, Firm scope experience, historic multimarket contact with partners, centrality, and the relationship between structural holes and performance, *Organization Science*, 20: 85–106.

91. K.-H. Huarng & A. Mas-Tur, 2015, Spirit of strategy (S.O.S.): The new S.O.S. for competitive business, *Journal of Business Research*, 68: 1383–1387; S. Gupta & M. Polonsky, 2014, Inter-firm learning and knowledge-sharing in multinational

networks: An outsourced organization's perspective, *Journal of Business Research*, 67: 615–622; A. S. Cui & G. O'Connor, 2012, Alliance portfolio resource diversity and firm innovation, *Journal of Marketing*, 76: 24–43.

92. F. Collet & D. Philippe, 2014, From hot cakes to cold feet: A contingent perspective on the relationship between market uncertainty and status homophily in the formation of alliances, *Journal of Management Studies*, 51: 406–432; G. Cuevas-Rodriguez, C. Cabello-Medina, & A. Carmona-Lavado, 2014, Internal and external social capital for radical product innovation: Do they always work well together? *British Journal of Management*, 25: 266–284; G. Soda, 2011, The management of firms' alliance network positioning: Implications for innovation, *European Management Journal*, 29: 377–388.

93. E. Lam & C. Pellegrini, 2014, Apple-IBM deal snaps Blackberry rally on turnaround doubt, *BloombergBusiness*, www.bloomberg.com, July 17.

94. I. Castro & J. L. Roldan, 2015, Alliance portfolio management: Dimensions and performance, *European Management Review*, in press; C. Martin-Rios, 2014, Why do firms seek to share human resource management knowledge? The importance of inter-firm networks, *Journal of Business Research*, 67: 190–199.

95. A. Gambardella, C. Panico, & G. Valentini, 2015, Strategic incentives to human capital, *Strategic Management Journal*, 36: 37–52; A. G. Karamanos, 2012, Leveraging micro- and macro-structures of embeddedness in alliance networks for exploratory innovation in biotechnology, *R&D Management*, 42: 71–89; D. Somaya, Y. Kim, & N. S. Vonortas, 2011, Exclusivity in licensing alliances: Using hostages to support technology commercialization, *Strategic Management Journal*, 32: 159–186.

96. U. Ozmel & I. Guler, 2015, Small fish, big fish: The performance effects of the relative standing in partners' affiliate portfolios, *Strategic Management Journal*, in press; M. J. Nieto & L. Santamaría, 2010, Technological collaboration: Bridging the innovation gap between small and large firms, *Journal of Small Business Management*, 48: 44–69; P. Ozcan & K. M. Eisenhardt, 2009, Origin of alliance portfolios: Entrepreneurs, network strategies, and firm performance, *Academy of Management Journal*, 52: 246–279.

97. L.-Y. Wu, P.-Y. Chen, & K.-Y. Chen, 2015, Why does loyalty-cooperation behavior vary over buyer-seller relationship? *Journal of Business Research*, in press; H. R. Greve, H. Mitsuhashi, & J. A. C. Baum, 2013, Greener pastures: Outside options and strategic alliance withdrawal, *Organization Science*, 24: 79–98; H. R. Greve, J. A. C. Baum, H. Mitsuhashi, & T. J. Rowley, 2010, Built to last but falling apart: Cohesion, friction, and withdrawal from interfirm alliances, *Academy of Management Journal*, 53:

302–322.

98. S. Dasi-Rodriguez & M. Pardo-del-Val, 2015, Seeking partners in international alliances: The influence of cultural factors, *Journal of Business Research*, 68: 1522–1526; G. Vasudeva & J. Anand, 2011, Unpacking absorptive capacity: A study of knowledge utilization from alliance portfolios, *Academy of Management Journal*, 54: 611–623; J.-Y. Kim & A. S. Miner, 2007, Vicarious learning from the failures and near-failures of others: Evidence from the U.S. commercial banking industry, *Academy of Management Journal*, 50: 687–714.

99. J. Marson, 2013, TNK-BP investors appeal to Rosneft's chief over shares, *Wall Street Journal Online*, www.wsj.com, April 17.

100. B. Kang & R. P. Jindal, 2015, Opportunism in buyer-seller relationships: Some unexplored antecedents, *Journal of Business Research*, 68: 735–742; L.-Y. Wu, P.-Y. Chen, & K.-Y. Chen, 2015, Why does loyalty-cooperation behavior vary over buyer-seller relationship? *Journal of Business Research*, in press; K. Zhou & D. Xu, 2012, How foreign firms curtail local supplier opportunism in China: Detailed contracts, centralized control, and relational governance, *Journal of International Business Studies*, 43: 677–692.

101. A. Spithoven & P. Teirlinck, 2015, Internal capabilities, network resources and appropriate mechanisms as determinants of R&D outsourcing, *Research Policy*, 44: 711–725; A. V. Werder, 2011, Corporate governance and stakeholder opportunism, *Organization Science*, 22: 1345–1358; T. K. Das & R. Kumar, 2011, Regulatory focus and opportunism in the alliance development process, *Journal of Management*, 37: 682–708.

102. I. Stern, J. M. Dukerich, & E. Zajac, 2014, Unmixed signals: How reputation and status affect alliance formation, *Strategic Management Journal*, 35: 512–531; A. S. Cui, 2013, Portfolio dynamics and alliance termination: The contingent role of resource dissimilarity, *Journal of Marketing*, 77: 15–32; M. B. Sarkar, P. S. Aulakh, & A. Madhok, 2009, Process capabilities and value generation in alliance portfolios, *Organization Science*, 20: 583–600.

103. S. McLain, 2015, New outsourcing frontier in India: Monitoring drug safety, *Wall Street*

Journal Online, www.wsj.com, February 1.

104. M. Kafouros, C. Wang, P. Piiperopoulos, & M. Zhang, 2015, Academic collaborations and firm innovation performance in China: The role of region-specific institutions, *Research Policy*, 44: 803–817; S. Kraus, T. C. Ambos, F. Eggers, & B. Cesinger, 2015, Distance and perceptions of risk in internationalization decisions, *Journal of Business Research*, 68: 1501–1505; M. Nippa & S. Beechler, 2013, What do we know about the success and failure of international joint ventures? In search of relevance and holism, in T. M. Devinney, T. Pedersen, & L. Tihanyi (eds.), *Philosophy of Science and Meta-knowledge in International Business and Management*, 26: 363–396

105. M. Menz & C. Scheef, 2014, Chief strategy officers: Contingency analysis of their presence in top management teams, *Strategic Management Journal*, 35: 461–471; I. Neyens & D. Faems, 2013, Exploring the impact of alliance portfolio management design on alliance portfolio performance, *Managerial & Decision Economics*, 34: 347–361; D. G. Sirmon, M. A. Hitt, R. D. Ireland, & B. A. Gilbert, 2011, Resource orchestration to create competitive advantage: Breadth, depth, and life cycle effects, *Journal of Management*, 37: 1390–1412; M. H. Hansen, R. E. Hoskisson, & J. B. Barney, 2008, Competitive advantage in alliance governance: Resolving the opportunism minimization-gain maximization paradox, *Managerial and Decision Economics*, 29: 191–208.

106. G. Speckbacher, K. Neumann, & W. H. Hoffmann, 2015, Resource relatedness and the mode of entry into new businesses: Internal resource accumulation vs. access by collaborative arrangement, *Strategic Management Journal*, in press; C. C. Chung & P. W. Beamish, 2010, The trap of continual ownership change in international equity joint ventures, *Organization Science*, 21: 995–1015.

107. D. J. Harmon, P. H. Kim, & K. J. Mayer, 2015, Breaking the letter vs. spirit of the law: How the interpretation of contract violations affects trust and the management of relationships, *Strategic Management Journal*, 36: 497–517; M. H. Hansen, R. E. Hoskisson, & J. B. Barney, 2008, Competitive advantage

in alliance governance: Resolving the opportunism minimization-gain maximization paradox, *Managerial and Decision Economics*, 29: 191–208.

108. J. Marshall, 2015, News publishers for programmatic advertising alliance, *Wall Street Journal Online*, ww.wsj.com, March 18.

109. T. Felin & T. R. Zenger, 2014, Closed or open innovation? Problem solving and the governance choice, *Research Policy*, 43: 914–925; N. N. Arranz & J. C. F. de Arroyabe, 2012, Effect of formal contracts, relational norms and trust on performance of joint research and development projects, *British Journal of Management*, 23: 575–588.

110. B. S. Vanneste, P. Puranam, & T. Kretschmer, 2014, Trust over time in exchange relationships: Meta-analysis and theory, *Strategic Management Journal*, 35: 1891–1902; G. Ertug, I. Cuypers, N. Noorderhaven, & B. Bensaou, 2013, Trust between international joint venture partners: Effects of home countries, *Journal of International Business Studies*, 44: 263–282; J. J. Li, L. Poppo, & K. Z. Zhou, 2010, Relational mechanisms, formal contracts, and local knowledge acquisition by international subsidiaries, *Strategic Management Journal*, 31: 349–370.

111. H. Yang, Y. Zheng, & X. Zhao, 2014, Exploration or exploitation? Small firms' alliance strategies with large firms, *Strategic Management Journal*, 35: 146–157; S. E. Fawcett, S. L. Jones, & A. M. Fawcett, 2012, Supply chain trust: The catalyst for collaborative innovation, *Business Horizons*, 55: 163–178; H. C. Dekker & A. Van den Abbeele, 2010, Organizational learning and interfirm control: The effects of partner search and prior exchange experience, *Organization Science*, 21: 1233–1250.

112. A. Shipilov, R. Gulati, M. Kilduff, S. Li, & W. Tsai, 2014, Relational pluralism within and between organizations, *Academy of Management Journal*, 57: 449–459; R. Kumar & A. Nathwani, 2012, Business alliances: Why managerial thinking and biases determine success, *Journal of Business Strategy*, 33(5): 44–50; C. C. Phelps, 2010, A longitudinal study of the influence of alliance network structure and composition on firm exploratory innovation, *Academy of Management Journal*, 53: 890–913.

第 10 章

1. G. Subramanian, 2015, Corporate governance 2.0. *Harvard Business Review*, 93(3): 96–105; X. Castaner & N. Kavadis, 2013, Does good governance prevent bad strategy? A study of corporate governance, financial diversification, and value creation by French corporations, 2000–2006, *Strategic Management Journal*, 34: 863–876.

2. I. Filatotchev & C. Nakajima, C. 2014, Corporate governance, responsible managerial behavior, and corporate social responsibility: Organizational efficiency

versus organizational legitimacy? *Academy of Management Perspectives*, 28: 289–306; A. P. Cowen & J. J. Marcel, 2011, Damaged goods: Board decisions to dismiss reputationally compromised directors, *Academy of Management Journal*, 54: 509–527.

3. J. Joseph, W. Ocasio, & M. McDonnell, 2014, The structural elaboration of board independence: Executive power, institutional logics, and the adoption of CEO-only board structures in U.S.

corporate governance, *Academy of Management Journal*, 57: 1834–1858; P. J. Davis, 2013, Senior executives and their boards: Toward a more involved director, *Journal of Business Strategy*, 34(1): 3–40.

4. S. Ayuso, M. A. Rodríguez, R. García-Castro, & M. A. Ariño, 2014, Maximizing stakeholders' interests: An empirical analysis of the stakeholder approach to corporate governance, *Business & Society*, 53: 414–439; D. R. Dalton, M. A. Hitt, S. T. Certo, & C. M. Dalton, 2008, The

fundamental agency problem and its mitigation: Independence, equity and the market for corporate control, in J. P. Walsh and A. P. Brief (eds.), *The Academy of Management Annals*, NY: Lawrence Erlbaum Associates, 1–64; E. F. Fama & M. C. Jensen, 1983, Separation of ownership and control, *Journal of Law and Economics*, 26: 301–325.

5. H. Zeitoun, M. Osterloh, & B. S. Frey, 2014, Learning from ancient Athens: Demarchy and corporate governance, *Academy of Management Perspectives*, 28: 1–14; J. S. Harrison, D. A. Bosse, & R. A. Phillips, 2010, Managing for stakeholders, stakeholder utility functions, and competitive advantage, *Strategic Management Journal*, 31: 58–74.

6. B. Soltani & C. Maupetit, 2015, Importance of core values of ethics, integrity and accountability in the European corporate governance codes, *Journal of Management & Governance*, 19: 259–284; T. J. Boulton, S. B. Smart, & C. J. Zutter, 2010, IPO underpricing and international corporate governance, *Journal of International Business Studies*, 41: 206–222.

7. A. Capasso, G. Dagnino, & W. Shen, 2014, Special issue on 'corporate governance and strategic management in different contexts: Fostering interchange of a crucial relationship', *Journal of Management & Governance*, 18: 921–927; E. Vaara, R. Sarala, G. K. Stahl, & I. Bjorkman, 2012, The impact of organizational and national cultural differences on social conflict and knowledge transfer in international acquisitions, *Journal of Management Studies*, 49: 1–27; W. Judge, 2010, Corporate governance mechanisms throughout the world, *Corporate Governance: An International Review*, 18: 159–160.

8. L. S. Tsui-Auch & T. Yoshikawa, 2015, Institutional change versus resilience: A study of incorporation of independent directors in Singapore banks, *Asian Business & Management*, 14: 91–115.

9. G. Bell, I. Filatotchev, & R. Aguilera, 2014, Corporate governance and investors' perceptions of foreign IPO value: An institutional perspective, *Academy of Management Journal*, 57: 301–320; W. Kim, T. Sung, & S.-J. Wei, 2011, Does corporate governance risk at home affect investment choice abroad? *Journal of International Economics*, 85: 25–41.

10. H. Servaes & A. Tamayo, 2014, How do industry peers respond to control threats?. *Management Science*, 60: 380–399; J. Lee, 2013, Dancing with the enemy? Relational hazards and the contingent value of repeat exchanges in M&A markets, *Organization Science*, 24: 1237–1256; M. A. Hitt, R. E. Hoskisson, R. A. Johnson, & D. D. Moesel, 1996, The market for corporate control and firm innovation, *Academy of Management Journal*, 45: 697–716.

11. G. E. Davis & T. A. Thompson, 1994, A social movement perspective on corporate control, *Administrative Science Quarterly*, 39: 141–173.

12. F. Bertoni, M. Meoli, & S. Vismara, 2014, Board Independence, Ownership structure and the valuation of IPOs in Continental Europe, *Corporate Governance: An International Review*, 22:116–131; V. V. Acharya, S. C. Myers, & R. G. Rajan, 2011, The internal governance of firms, *Journal of Finance*, 66: 689–720; R. Bricker & N. Chandar, 2000, Where Berle and Means went wrong: A reassessment of capital market agency and financial reporting, *Accounting, Organizations, and Society*, 25: 529–554.

13. T. M. Alessandri & A. Seth, 2014, The effects of managerial ownership on international and business diversification: Balancing incentives and risks, *Strategic Management Journal*, 35: 2064–2075; A. M. Colpan, T. Yoshikawa, T. Hikino, & E. G. Del Brio, 2011, Shareholder heterogeneity and conflicting goals: Strategic investments in the Japanese electronics industry, *Journal of Management Studies*, 48: 591–618; R. M. Wiseman & L. R. Gomez-Mejia, 1999, A behavioral agency model of managerial risk taking, *Academy of Management Review*, 23: 133–153.

14. M. Essen, M. Carney, E. R. Gedajlovic, & P. R. Heugens, 2015, How does family control influence firm strategy and performance? A meta-analysis of US publicly listed firms, *Corporate Governance: An International Review*, 23: 3–24; D. L. Deephouse & P. Jaskiewicz, 2013, Do family firms have better reputations than non-family firms? An integration of socioemotional wealth and social identity theory, *Journal of Management Studies*, 50: 337–360; A. Minichilli, G. Corbetta, & I. C. MacMillan, 2010, Top management teams in family-controlled companies: 'Familiness', 'faultlines', and their impact on financial performance, *Journal of Management Studies*, 47: 205–222.

15. D. Miller, I. Le Breton-Miller, & R. Lester, 2013, Family firm governance, strategic conformity and performance: Institutional vs. strategic perspectives, *Organization Science*, in press; M. W. Peng & Y. Jiang, 2010, Institutions behind family ownership and control in large firms, *Journal of Management Studies*, 47: 253–273.

16. Essen, Carney, Gedajlovic, & Heugens, How does family control influence firm strategy and performance? A. meta-analysis of US publicly listed firms; E. Gedajlovic, M. Carney, J. J. Chrisman, & F. W. Kellermans, 2012, The adolescence of family firm research: Taking stock and planning for the future, *Journal of Management*, 38: 1010–1037; R. C. Anderson & D. M. Reeb, 2004, Board composition: Balancing family influence in S&P 500 firms, *Administrative Science Quarterly*, 49: 209–237.

17. Y. Cheung, I. Haw, W. Tan, & W. Wang, 2014, Board Structure and intragroup propping: Evidence from family business groups in Hong Kong. *Financial* Management, 43: 569–601; E. Lutz & S. Schrami, 2012, Family firms: Should they hire an outside CFO? *Journal of Business Strategy*, 33(1): 39–44;

E.-T. Chen & J. Nowland, 2010, Optimal board monitoring in family-owned companies: Evidence from Asia, *Corporate Governance: An International Review*, 18: 3–17.

18. J. L. Arregle, L. Naldi, M. Nordquvist, & M. A. Hitt, 2012, Internationalization of family controlled firm: A study of the effects of external involvement in governance, *Entrepreneurship Theory and Practice*, 36: 1115–1143; D. G. Sirmon, J.-L. Arregle, M. A. Hitt, & J. W. Webb, 2008, Strategic responses to the threat of imitation, *Entrepreneurship Theory and Practice*, 32: 979–998.

19. R. M. Wiseman, G. Cuevas-Rodriguez, & L. R. Gomez-Mejia, 2012, Towards a social theory of agency, *Journal of Management Studies*, 49: 202–222; G. Dushnitsky & Z. Shapira, 2010, Entrepreneurial finance meets organizational reality: Comparing investment practices and performance of corporate and independent venture capitalists, *Strategic Management Journal*, 31: 990–1017.

20. A. K. Hoenen & T. Kostova, 2014, Utilizing the broader agency perspective for studying headquarters-subsidiary relations in multinational companies, *Journal of International Business Studies*, 46: 104–113; T. J. Quigley & D. C. Hambrick, 2012, When the former CEO stays on as board chair: Effects on successor discretion, strategic change and performance, *Strategic Management Journal*, 33: 834–859.

21. R. Krause, M. Semadeni, & A. A. Cannella, 2013, External COO/presidents as expert directors: A new look at the service role of boards, *Strategic Management Journal*, 34: 1628–1641; A. Mackey, 2008, The effects of CEOs on firm performance, *Strategic Management Journal*, 29: 1357–1367.

22. W. Li & Y. Lu, 2012, CEO dismissal, institutional development and environmental dynamism, *Asia Pacific Journal of Management*, 29: 1007–1026; L. L. Lan & L. Heracleous, 2010, Rethinking agency theory: The view from law, *Academy of Management Review*, 35: 294–314; Dalton, Hitt, Certo, & Dalton, 2008, The fundamental agency problem and its mitigation: Independence, equity and the market for corporate control.

23. B. Kang & R. P Jindal, 2015, Opportunism in buyer-seller relationships: Some unexplored antecedents, *Journal of Business Research*, 68: 735–742; K. Vafai, 2010, Opportunism in organizations, *Journal of Law, Economics, and Organization*, 26: 158–181; O. E. Williamson, 1996, *The Mechanisms of Governance*, NY: Oxford University Press, 6.

24. Y. Luo, Y. Liu, Q. Yang, V. Maksimov, & J. Hou, 2015, Improving performance and reducing cost in buyer-supplier relationships: The role of justice in curtailing opportunism, *Journal of Business Research*, 68: 607–615; F. Lumineau & D. Malhotra, 2011, Shadow of the contract: How contract structure shapes interfirm dispute resolution, *Strategic Management Journal*, 32: 532–555.

25. B. Balsmeier, A. Buchwald, & J. Stiebale, 2014, Outside directors on the board and innovative firm performance, *Research Policy*, 43: 1800–1815; M. L. McDonald, P. Khanna, & J. D. Westphal, 2008, Getting them to think outside the circle: Corporate governance CEOs' external advice networks, and firm performance, *Academy of Management Journal*, 51: 453–475.

26. Y. Ning, X. Hu, & X. Garza-Gomez, 2015, An empirical analysis of the impact of large changes in institutional ownership on CEO compensation risk, *Journal of Economics & Finance*, 39: 23–47; J. Harris, S. Johnson, & D. Souder, 2013, Model theoretic knowledge accumulation: The case of agency theory and incentive alignment, *Academy of Management Review*, 38: 442–454; L. Weber & K. J. Mayer, 2011, Designing effective contracts: Exploring the influence of framing and expectations, *Academy of Management Review*, 36: 53–75.

27. T. J. Boulton, M. V. Braga-Alves, & F. P. Schlingemann, 2014, Does equity-based compensation make CEOs more acquisitive?, *Journal of Financial Research*, 37: 267–294; T. Hutzschenreuter & J. Horstkotte, 2013, Performance effects of top management team demographic faultlines in the process of product diversification, *Strategic Management Journal*, 34: 704–726; E. Levitas, V. L. Barker, III, & M. Ahsan, 2011, Top manager ownership levels and incentive alignment in inventively active firms, *Journal of Strategy and Management*, 4: 116–135.

28. D. E. Black, S. S. Dikolli, & S. D. Dyreng, 2014, CEO pay-for-complexity and the risk of managerial diversion from multinational diversification, *Contemporary Accounting Research*, 31: 103–135 P. David, J. P. O'Brien, T. Yoshikawa, & A. Delios, 2010, Do shareholders or stakeholders appropriate the rents from corporate diversification? The influence of ownership structure, *Academy of Management Journal*, 53: 636–654; G. P. Baker & B. J. Hall, 2004, CEO incentives and firm size, *Journal of Labor Economics*, 22: 767–798.

29. A. S. Hornstein & Z. Nguyen, 2014, Is more less? Propensity to diversify via M&A and market reaction, *International Review of Financial Analysis*, 34: 76–88; S. W. Geiger & L. H. Cashen, 2007, Organizational size and CEO compensation: The moderating effect of diversification in downscoping organizations, *Journal of Managerial Issues*, 9: 233–252.

30. B. W. Benson, J. C. Park, & W. N. Davidson, 2014, Equity-based incentives, risk aversion, and merger-related risk-taking behavior, *Financial Review*, 49: 117–148; M. Larraza-Kintana, L. R. Gomez-Mejia, & R. M. Wiseman, 2011, Compensation framing and the risk-taking behavior of the CEO: Testing the influence of alternative reference points, *Management Research: The Journal of the Iberoamerican Academy of Management*, 9: 32–55.

31. 2014, Lockheed Martin, Annual Report, www.lockheedmartin.com, May 20;

B. Kowitt, 2013, Lockheed's secret weapon, *Fortune*, May 20, 196–204.

32. M. S. Jensen, 1986, Agency costs of free cash flow, corporate finance, and takeovers, *American Economic Review*, 76: 323–329.

33. J. P. O'Brien, P. David, T. Yoshikawa, & A. Delios, 2014, How capital structure influences diversification performance: A transaction cost perspective, *Strategic Management Journal*, 35: 1013–1031; R. E. Meyer & M. A. Hollerer, 2010, Meaning structures in a contested issue field: A topographic map of shareholder value in Austria, *Academy of Management Journal*, 53: 1241–1262; M. Jensen & E. Zajac, 2004, Corporate elites and corporate strategy: How demographic preferences and structural position shape the scope of the firm, *Strategic Management Journal*, 25: 507–524.

34. T. B. Mackey & J. B. Barney, 2013, Incorporating opportunity costs in strategic management research: The value of diversification and payout as opportunities forgone when reinvesting in the firm. *Strategic Organization*, 11: 347–363; S. F. Matusik & M. A. Fitza, 2012, Diversification in the venture capital industry: Leveraging knowledge under uncertainty, *Strategic Management Journal*, 33: 407–426; G. Kenny, 2012, Diversification: Best practices of the leading companies, *Journal of Business Strategy*, 33(1): 12–20.

35. T. M. Alessandri & A. Seth, 2014, The effects of managerial ownership on international and business diversification: Balancing incentives and risks, *Strategic Management Journal*, 35: 2064–2075; M. V. S. Kumar, 2013, The costs of related diversification: The impact of the core business on the productivity of related segments, *Organization Science*, 24: 1827–1846; F. Neffke & M. Henning, Skill relatedness and firm diversification, *Strategic Management Journal*, 34: 297–316.

36. S. Pathak, R. E. Hoskisson, & R. A. Johnson, 2014, Settling up in CEO compensation: The impact of divestiture intensity and contextual factors in refocusing firms, *Strategic Management Journal*, 35: 1124–1143; D. D. Bergh, R. A. Johnson, & R.-L. Dewitt, 2008, Restructuring through spin-off or sell-off: Transforming information asymmetries into financial gain, *Strategic Management Journal*, 29: 133–148.

37. S. K. Kim, J. D. Arthurs, A. Sahaym, & J. B. Cullen, 2013, Search behavior of the diversified firm: The impact of fit on innovation, *Strategic Management Journal*, 34: 999–1009.

38. J. Kang, 2013, The relationship between corporate diversification and corporate social performance, *Strategic Management Journal*, 34: 94–109.

39. K Kong-Hee & A. A. Rasheed, 2014, board heterogeneity, corporate diversification and firm performance, *Journal of Management Research*: 14: 121–139; E. Rawley, 2010, Diversification, coordination costs, and organizational rigidity: Evidence from microdata, *Strategic Management Journal*, 31: 873–891; T. K. Berry, J. M.

Bizjak, M. L. Lemmon, & L. Naveen, 2006, Organizational complexity and CEO labor markets: Evidence from diversified firms, *Journal of Corporate Finance*, 12: 797–817.

40. U. V. Lilienfeld-Toal & S. Ruenzi, 2014, CEO ownership, stock market performance, and managerial discretion, *Journal of Finance*, 69: 1013–1050; R. Krause & M. Semadeni, 2013, Apprentice, departure and demotion: An examination of the three types of CEO-board chair separation, *Academy of Management Journal*, 56: 805–826.

41. W. Rees & T. Rodionova, 2015, The Influence of family ownership on corporate social responsibility: An international analysis of publicly listed companies, *Corporate Governance: An International Review*, 23: 184–202; J. L. Walls, P. Berrone, & P. H. Phan, 2012, Corporate governance and environmental performance: Is there really a link? *Strategic Management Journal*, 33: 885–913; C. J. Kock, J. Santalo, & L. Diestre, 2012, Corporate governance and the environment: What type of governance creates greener companies? *Journal of Management Studies*, 49: 492–514.

42. J. C. Coates & S. Srinivasan, 2014, SOX after ten years: A multidisciplinary review, *Accounting Horizons*, 28: 627–671; M. Hossain, S. Mitra, Z. Rezaee, & B. Sarath, 2011, Corporate governance and earnings management in the pre- and post-Sarbanes-Oxley act regimes: Evidence from implicated option backdating firms, *Journal of Accounting Auditing & Finance*, 28: 279–315; V. Chhaochharia & Y. Grinstein, 2007, Corporate governance and firm value: The impact of the 2002 governance rules, *Journal of Finance*, 62: 1789–1825.

43. S. C. Rice, D. P. Weber, & W. Biyu, 2015, Does SOX 404 have teeth? Consequences of the failure to report existing internal control weaknesses, *Accounting Review*, 90: 1169–1200; Z. Singer & H. You, 2011, The effect of Section 404 of the Sarbanes-Oxley Act on earnings quality, *Journal of Accounting and Finance*, 26: 556–589.

44. 2010, The Dodd-Frank Act: Financial reform update index, Faegre & Benson, www. faegre.com, September 7.

45. B. Appelmaum, 2011, Dodd-Frank supporters clash with currency chief, *New York Times*, www.nytimes.com, July 23.

46. B. J. Bushee, M. E. Carter, & J. Gerakos, 2014, Institutional investor preferences for corporate governance mechanisms, *Journal of Management Accounting Research*, 26: 123–149; M. Goranova, R. Dhanwadkar, & P. Brandes, 2010, Owners on both sides of the deal: Mergers and acquisitions and overlapping institutional ownership, *Strategic Management Journal*, 31: 1114–1135; F. Navissi & V. Naiker, 2006, Institutional ownership and corporate value, *Managerial Finance*, 32: 247–256.

47. J. C. Hartzell, L Sun, & S. Titman, S. 2014, Institutional investors as monitors of corporate diversification decisions: Evidence from real estate investment trusts, *Journal of Corporate Finance*, 25: 61–72; B. L. Connelly, R. E. Hoskisson,

L. Tihanyi, & S. T. Certo, 2010, Ownership as a form of corporate governance, *Journal of Management Studies*, 47: 1561–1589; M. Singh, I. Mathur, & K. C. Gleason, 2004, Governance and performance implications of diversification strategies: Evidence from large U.S. firms, *Financial Review*, 39: 489–526.

48. I. Busta, E. Sinani, & S. Thomsen, 2014, Ownership concentration and market value of European banks, *Journal of Management & Governance*, 18: 159–183; K. A. Desender, R. A. Aguilera, R. Crespi, & M. Garcia-Cestona, 2013, When does ownership matter? Board characteristics and behavior, *Strategic Management Journal*, 34: 823–842; J. Wu, D. Xu, & P. H. Phan, 2011, The effects of ownership concentration and corporate debt on corporate divestitures in Chinese listed firms, *Asia Pacific Journal of Management*, 28: 95–114.

49. M. van Essen, J. van Oosterhout, & P. Heugens, 2013, Competition and cooperation in corporate governance: The effects of labor institutions on blockholder effectiveness in 23 European countries, *Organization Science*, 24: 530–551.

50. C. Inoue, S. Lazzarini, & A. Musacchio, 2013, Leviathan as a minority shareholder: Firm-level implications of equity purchases by the state, *Academy of Management Journal*, 56: 1775–1801.

51. C. Singla, R. Veliyath, & R. George, 2014, Family firms and internationalization-governance relationships: Evidence of secondary agency issues, *Strategic Management Journal*, 35: 606–616; S.-Y. Collin & J. Ahlberg, 2012, Blood in the boardroom: Family relationships influencing the functions of the board, *Journal of Family Business Strategy*, 3: 207–219.

52. A. Zattoni, L. Gnan, & M. Huse, 2015, Does family involvement influence firm performance? Exploring the mediating effects of board processes and tasks, *Journal of Management*, 41: 1214–1243; D. Miller, A. Minichilli, & G. Corbetta, 2013, Is family leadership always beneficial? *Strategic Management Journal*, 34: 553–571; J. J. Chrisman, J. H. Chua, A. W. Pearson, & T. Barnett, 2012, Family involvement, family influence and family-centered non-economic goals in small firms, *Entrepreneurship Theory and Practice*, 36: 1103–1113.

53. L. R. Gomez-Mejia, J. T. Campbell, G. Martin, R. E. Hoskisson, M. Makri, & D. G. Sirmon, 2014, Socioemotional wealth as a mixed gamble: Revisiting family firm R&D investments with the behavioral agency model, *Entrepreneurship: Theory & Practice*, 38: 1351–1374; A. Konig, N. Kammerlander, & A. Enders, 2013, The family innovator's dilemma: How family influence affects the adoption of discontinuous technologies by incumbent firms, *Academy of Management Review*, 38: 418–441; J. J. Chrisman & P. C. Patel, 2012, Variations in R&D investments of family and nonfamily firms: Behavioral

agency and myopic loss aversion perspectives, *Academy of Management Journal*, 55: 976–997.

54. A. Berle & G. Means, 1932, *The Modern Corporation and Private Property*, NY: Macmillan.

55. M. Wang, 2014, Which types of institutional investors constrain abnormal accruals?, *Corporate Governance: An International Review*, 22: 43–67; R. A. Johnson, K. Schnatterly, S. G. Johnson, & S.-C. Chiu, 2010, Institutional investors and institutional environment: A comparative analysis and review, *Journal of Management Studies*, 47: 1590–1613; M. Gietzmann, 2006, Disclosure of timely and forward-looking statements and strategic management of major institutional ownership, *Long Range Planning*, 39: 409–427.

56. D. Marchick, 2011, Testimony of David Marchick—The power of pensions: Building a strong middle class and a strong economy, The Carlyle Group homepage, www.carlyle.com, July 12.

57. J. Chou, L. Ng, V. Sibilkov, & Q. Wang, 2011, Product market competition and corporate governance, *Review of Development Finance*, 1: 114–130; S. D. Chowdhury & E. Z. Wang, 2009, Institutional activism types and CEO compensation: A time-series analysis of large Canadian corporations, *Journal of Management*, 35: 5–36.

58. R. Krause, K. A. Whitler, & M. Semadeni, 2014, Power to the principals! An experimental look at shareholder say-on-pay voting, *Academy of Management Journal*, 57: 94–115; Y. Ertimur, F. Ferri, & S. R. Stubben, 2010, Board of directors' responsiveness to shareholders: Evidence from shareholder proposals, *Journal of Corporate Finance*, 16: 53–72.

59. C. Mallin, 2012, Institutional investors: the vote as a tool of governance, *Journal of Management & Governance*, 16: 177–196; D. Brewster, 2009, U.S. investors get to nominate boards, *Financial Times*, www.ft.com, May 20.

60. S. Craig, 2013, The giant of shareholders, quietly stirring, *New York Times*, www.nytimes.com, May 18.

61. 2015, BlackRock's Fink tells S&P 500 firms to think long-term, *Fortune*, www.fortune.com, April 29

62. X. Liu, D. D. van Jaarsveld, R. Batt, & A. C. Frost, 2014, The influence of capital structure on strategic human capital: Evidence from U.S. And Canadian firms. *Journal of Management*, 40: 422–448; M. Hadani, M. Goranova, & R. Khan, 2011, Institutional investors, shareholder activism, and earnings management, *Journal of Business Research*, 64: 1352–1360; L. Tihanyi, R. A. Johnson, R. E. Hoskisson, & M. A. Hitt, 2003, Institutional ownership differences and international diversification: The effects of boards of directors and technological opportunity, *Academy of Management Journal*, 46: 195–211.

63. M. L. Heyden, J. Oehmichen, S. Nichting, & H. W. Volberda, 2015, Board background

heterogeneity and exploration-exploitation: The role of the institutionally adopted board model, *Global Strategy Journal*, 5: 154–176; S. Garg, 2013, Venture boards: Differences with public boards and implications for monitoring and firm performance, *Academy of Management Review*, 38: 90–108; O. Faleye, R. Hoitash, & U. Hoitash, 2011, The costs of intense board monitoring, *Journal of Financial Economics*, 101: 160–181.

64. D. Barton & M. Wiseman, 2015, Where boards fall short, *Harvard Business Review*, 93(1/2): 98–104; J. T. Campbell, T. C. Campbell, D. G. Sirmon, L. Bierman, & C. S. Tuggle, 2012, Shareholder influence over director nomination via proxy access: Implications for agency conflict and stakeholder value, *Strategic Management Journal*, 33: 1431–1451; C. M. Dalton & D. R. Dalton 2006, Corporate governance best practices: The proof is in the process, *Journal of Business Strategy*, 27(4): 5–7.

65. A. Tushke, W. G. Sanders, & E. Hernandez, 2014, Whose experience matters in the boardroom? The effects of experiential and vicarious learning on emerging market entry, *Strategic Management Journal*, 35: 398–418; T. Dalziel, R. J. Gentry, & M. Bowerman, 2011, An integrated agency-resource dependence view of the influence of directors' human and relational capital on firms' R&D spending, *Journal of Management Studies*, 48: 1217–1242.

66. P. Khanna, C. D. Jones, & S. Boivie, 2014, Director human capital, information processing demands, and board effectiveness, *Journal of Management*, 40: 557–585; O. Faleye, 2011, CEO directors, executive incentives, and corporate strategic initiatives, *Journal of Financial Research*, 34: 241–277; C. S. Tuggle, D. G. Sirmon, C. R. Reutzel, & L. Bierman, 2010, Commanding board of director attention: Investigating how organizational performance and CEO duality affect board members' attention to monitoring, *Strategic Management Journal*, 31: 946–968.

67. C. Sundaramurthy, K. Pukthuanthong, & Y. Kor, 2014, Positive and negative synergies between the CEO's and the corporate board's human and social capital: A study of biotechnology firms, *Strategic Management Journal*, 35: 845–868; S. Chahine, I. Filatotchev, & S. A. Zahra, 2011, Building perceived quality of founder-involved IPO firms: Founders' effects on board selection and stock market performance, *Entrepreneurship Theory and Practice*, 35: 319–335; Y. Ertimur, F. Ferri, & S. R. Stubben, 2010, Board of directors' responsiveness to shareholders: Evidence from shareholder proposals, *Journal of Corporate Finance*, 16: 53–72.

68. E. Peni, 2014, CEO and Chairperson characteristics and firm performance, *Journal of Management & Governance*, 18: 185–205; M. A. Valenti, R. Luce, & C. Mayfield, 2011, The effects of firm performance on corporate governance, *Management*

Research Review, 34: 266–283; D. Reeb & A. Upadhyay, 2010, Subordinate board structures, *Journal of Corporate Finance*, 16: 469–486.

69. A. D. Upadhyay, R. Bhargava, & S. D. Faircloth, 2014, Board structure and role of monitoring committees, *Journal of Business Research*, 67: 1486–1492; B. Bolton, 2014, Audit committee performance: ownership vs. independence—Did SOX get it wrong?, *Accounting & Finance*, 54: 83–112.

70. D. H. Zhu, W. Shen, & A. J. Hillman, 2014, Recategorization into the in-group: The appointment of demographically different new directors and their subsequent positions on corporate boards, *Administrative Science Quarterly*, 59: 240–270; A. Holehonnur & T. Pollock, 2013, Shoot for the stars? Predicting the recruitment of prestigious directors at newly public firms, *Academy of Management Journal*, 56: 1396–1419; M. McDonald & J. Westphal, 2013, Access denied: Low mentoring of women and minority first-time directors and its negative effects on appointments to additional boards, *Academy of Management Journal*, 56: 1169–1198.

71. Joseph, Ocasio, & McDonnell, The structural elaboration of board independence: Executive power, institutional logics, and the adoption of CEO-only board structures in U.S. corporate governance; R. C. Anderson, D. M. Reeb, A. Upadhyay, & W. Zhao, 2011, The economics of director heterogeneity, *Financial Management*, 40: 5–38; S. K. Lee & L. R. Carlson, 2007, The changing board of directors: Board independence in S&P 500 firms, *Journal of Organizational Culture, Communication and Conflict*, 11: 31–41.

72. R. Krause, M. Semadeni, & A. A. Cannella, 2014, CEO Duality: A review and research agenda, *Journal of Management*, 40: 256–286; S. Crainer, 2011, Changing direction: One person can make a difference, *Business Strategy Review*, 22: 10–16; R. C. Pozen, 2006, Before you split that CEO/chair, *Harvard Business Review* 84(4): 26–28.

73. E. Glazer, 2014, J.P. Morgan's decade of Dimon, *Wall Street Journal*, June 30, C1.

74. Barton & Wiseman, Where boards fall short; M. Huse, R. E. Hoskisson, A. Zattoni, & R. Vigano, 2011, New perspectives on board research: Changing the research agenda, *Journal of Management and Governance*, 15: 5–28; M. Kroll, B. A. Walters, & P. Wright, 2008, Board vigilance, director experience and corporate outcomes, *Strategic Management Journal*, 29: 363–382.

75. J. L. Coles, N. D. Daniel, & L. Naveen, 2014, Co-opted boards, *Review of Financial Studies*, 27: 1751–1796; S. Boivie, S. D. Graffin, & T. G. Pollock, 2012, Time for me to fly: Predicting director exit at large firms, *Academy of Management Journal*, 55: 1334–1359; A. Agrawal & M. A. Chen, 2011, Boardroom brawls: An empirical analysis of disputes involving directors, http://ssrn.com/abstracts=1362143.

76. J. C. Bedard, R. Hoitash, & U. Hoitash, 2014, Chief financial officers as inside directors,

Contemporary Accounting Research, 31: 787–817; S. Muthusamy, P. A. Bobinski, & D. Jawahar, 2011, Toward a strategic role for employees in corporate governance, *Strategic Change*, 20: 127–138; Y. Zhang & N. Rajagopalan, 2010, Once an outsider, always an outsider? CEO origin, strategic change, and firm performance, *Strategic Management Journal*, 31: 334–346.

77. R. Krause & G. Bruton, 2014, Agency and monitoring clarity on venture boards of directors, *Academy of Management Review*, 39: 111–114; B. Baysinger & R. E. Hoskisson, 1990, The composition of boards of directors and strategic control: Effects on corporate strategy, *Academy of Management Review*, 15: 72–87.

78. B. Balsmeier, A. Buchwald, & J. Stiebale, 2014, Outside directors on the board and innovative firm performance, *Research Policy*, 43: 1800–1815; D. H. Zhu, 2013, Group polarization on corporate boards: Theory and evidence on board decisions about acquisition premiums, *Strategic Management Journal*, 800–822; G. A. Ballinger & J. J. Marcel, 2010, The use of an interim CEO during succession episodes and firm performance, *Strategic Management Journal*, 31: 262–283.

79. 2014, Low director turnover draws investor scrutiny, *Directors & Boards*, 38: 61; Boivie, Graffin, & Pollock, Time for me to fly; C. Shropshire, 2010, The role of the interlocking director and board receptivity in the diffusion of practices, *Academy of Management Review*, 35: 246–264.

80. 2015, Lead director charter, www.franklinresources.com, accessed on June 6; D. Carey, J. J. Keller, & M. Patsalos-Fox, 2010, How to choose the right nonexecutive board leader, *McKinsey Quarterly*, May.

81. A. J. Hillman, 2015, Board diversity: Beginning to unpeel the onion, *Corporate Governance: An International Review*, 23: 104–107; M. K. Bednar, 2012, Watchdog or lapdog? A behavioral role view of the media as a corporate governance mechanism, *Academy of Management Journal*, 55: 131–150; D. Northcott & J. Smith, 2011, Managing performance at the top: A balanced scorecard for boards of directors, *Journal of Accounting & Organizational Change*, 7: 33–56.

82. E. K. Lim & B. T. Mccann, 2013, The influence of relative values of outside director stock options on firm strategic risk from a multiagent perspective, *Strategic Management Journal*, 34: 1568–1590; I. Okhmatovskiy & R. J. David, 2011, Setting your own standards: Internal corporate governance codes as a response to institutional pressure, *Organization Science*, 1–22; J. L. Koors, 2006, Director pay: A work in progress, *The Corporate Governance Advisor*, 14: 14–31.

83. Y. Deutsch & M. Valente, 2013, The trouble with stock compensation, *MIT Sloan Management Review*, 54: 19–20; Y. Deutsch, T. Keil, & T. Laamanen, 2007, Decision making in acquisitions: The effect of outside directors' compensation

on acquisition patterns, *Journal of Management*, 33: 30–56.

84. C. Post & K Byron, 2015, Women on boards and firm financial performance: A metaanalysis, *Academy of Management Journal*, in press; D. Cumming, T. Y. Leung, & O. Rui, 2015, Gender diversity and securities fraud, *Academy of Management Journal*, in press; A. J. Hillman, C. Shropshire, & A. A. Cannella, Jr., 2007, Organizational predictors of women on corporate boards, *Academy of Management Journal*, 50: 941–952.

85. E. A. Fong, X. Xing, W. H. Orman, & W. I. Mackenzie, 2015, Consequences of deviating from predicted CEO labor market compensation on long-term firm value, *Journal of Business Research*, 68: 299–305; M. van Essen, P. Heugens, J. Otten, & J. van Oosterhout, 2012, An institution-based view of executive compensation: A multilevel meta-analytic test, *Journal of International Business Studies*, 43: 396–423; M. J. Conyon, J. E. Core, & W. R. Guay, 2011, Are U.S. CEOs paid more than U.K. CEOs? Inferences from risk-adjusted pay, *Review of Financial Studies*, 24: 402–438.

86. M. van Essen, J. Otten, & E. J. Carberry, 2015, Assessing managerial power theory: a meta-analytic approach to understanding the determinants of CEO compensation, *Journal of Management*, 41: 164–202; C. Mangen & M. Magnan, 2012, "Say on pay": A wolf in sheep's clothing? *Academy of Management Perspectives*, 26: 86–104; E. A. Fong, V. F. Misangyi, Jr., & H. L. Tosi, 2010, The effect of CEO pay deviations on CEO withdrawal, firm size, and firm profits, *Strategic Management Journal*, 31: 629–651; J. P. Walsh, 2009, Are U.S. CEOs overpaid? A partial response to Kaplan, *Academy of Management Perspectives*, 23: 73–75.

87. A. Pepper & J. Gore, 2015, Behavioral agency theory: New foundations for theorizing about executive compensation, *Journal of Management*, 41: 1045–1068; G. P. Martin, L. R. Gomez-Mejia, & R. M. Wiseman, 2013, Executive stock options as mixed gambles: Revisiting the behavioral agency model, *Academy of Management Journal*, 56: 451–472; K. Rehbein, 2007, Explaining CEO compensation: How do talent, governance, and markets fit in? *Academy of Management Perspectives*, 21: 75–77.

88. E. Croci & D. Petmezas, 2015, Do risk-taking incentives induce CEOs to invest? Evidence from acquisitions, *Journal of Corporate Finance*, 32: 1–23; T. M. Alessandri, T. W. Tong, & J. J. Reuer, 2012, Firm heterogeneity in growth option value: The role of managerial incentives, *Strategic Management Journal*, 33: 1557–1566; D. H. M. Chng, M. S. Rodgers, E. Shih, & X.-B. Song, 2012, When does incentive compensation motivate managerial behaviors? An experimental investigation of the fit between compensation, executive core self-evaluation, and firm performance, *Strategic Management Journal*, 33: 1343–1362.

89. S. Jayaraman & T. Milbourn, 2015,

CEO equity incentives and financial misreporting: The role of auditor expertise, *Accounting Review*, 90: 321–350; E. A. Fong, 2010, Relative CEO underpayment and CEO behavior towards R&D spending, *Journal of Management Studies*, 47: 1095–1122; X. Zhang, K. M. Bartol, K. G. Smith, M. D. Pfarrer, & D. M. Khanin, 2008, CEOs on the edge: Earnings manipulations and stock-based incentive misalignment, *Academy of Management Journal*, 51: 241–258; J. P. O'Connor, R. L. Priem, J. E. Coombs, & K. M. Gilley, 2006, Do CEO stock options prevent or promote fraudulent financial reporting? *Academy of Management Journal*, 49: 483–500.

90. J. J. Gerakos, J. D. Piotroski, & S. Srinivasan, 2013, Which U.S. market interactions affect CEO pay? Evidence from U.S. companies, *Management Science*, 59: 2413–2434; Y. Du, M. Deloof, & A Jorissen, 2011, Active boards of directors in foreign subsidiaries, *Corporate Governance: An International Review*, 19: 153–168; J. J. Reuer, E. Klijn, F. A. J. van den Bosch, & H. W. Volberda, 2011, Bringing corporate governance to international joint ventures, *Global Strategy Journal*, 1: 54–66.

91. S. Tsao, C. Lin, & V. Y. Chen, V. Y. 2015, Family ownership as a moderator between R&D investments and CEO compensation, *Journal of Business Research*, 68: 599–606; A. Ghosh, 2006, Determination of executive compensation in an emerging economy: Evidence from India, *Emerging Markets, Finance & Trade*, 42: 66–90.

92. J. J. Reuer, E. Klijn, & C. S. Lioukas, 2014, Board involvement in international joint ventures, *Strategic Management Journal*, 35: 1626–1644; M. Ederhof, 2011, Incentive compensation and promotion-based incentives of mid-level managers: Evidence from a multinational corporation, *The Accounting Review*, 86: 131–154; C. L. Staples, 2007, Board globalization in the world's largest TNCs 1993–2005, *Corporate Governance*, 15: 311–332.

93. G. Pandher & R. Currie, 2013, CEO compensation: A resource advantage and stakeholder-bargaining perspective, *Strategic Management Journal*, 34: 22–41; Y. Deutsch, T. Keil, & T. Laamanen, 2011, A dual agency view of board compensation: The joint effects of outside director and CEO stock options on firm risk, *Strategic Management Journal*, 32: 212–227.

94. Krause, Whitler, & Semadeni, Power to the principals! An experimental look at shareholder say-on-pay voting; L. K. Meulbroek, 2001, The efficiency of equity-linked compensation: Understanding the full cost of awarding executive stock options, *Financial Management*, 30: 5–44.

95. L H. Chan, K. W. Chen, C. Tai Yuan, & Y. Yangxin, 2015, Substitution between real and accruals-based earnings management after voluntary adoption of compensation clawback provisions, *Accounting Review*, 90: 147–174; 2013, The experts: Do companies spend too much on 'superstar' CEOs? *Wall Street Journal*, www.wsj.com, March 14.

96. E. K. Lim, 2015, The role of reference point in CEO restricted stock and its impact on R&D intensity in high-technology firms, *Strategic Management Journal*, 36: 872–889; Z. Dong, C. Wang, & F. Xie, 2010, Do executive stock options induce excessive risk taking? *Journal of Banking & Finance*, 34: 2518–2529; C. E. Devers, R. M. Wiseman, & R. M. Holmes, Jr., 2007, The effects of endowment and loss aversion in managerial stock option valuation, *Academy of Management Journal*, 50: 191–208.

97. C. Veld & B. H. Wu, 2014, What drives executive stock option backdating?, *Journal of Business Finance & Accounting*, 41: 1042–1070; T. G. Pollock, H. M. Fischer, & J. B. Wade, 2002, The role of politics in reprising executive options, *Academy of Management Journal*, 45: 1172–1182.

98. P. Berrone & L. R. Gomez-Mejia, 2009, Environmental performance and executive compensation: An integrated agency-institutional perspective, *Academy of Management Journal*, 52: 103–126.

99. R. V. Aguilera, K. Desender, M. K. Bednar, & J. H. Lee, 2015, Connecting the dots: Bringing external corporate governance into the corporate governance puzzle, *Academy of Management Annals*, 9:483–573; V. V. Acharya, S. C. Myers, & R. G. Rajan, 2011, The internal governance of firms, *Journal of Finance*, 66: 689–720; R. Sinha, 2006, Regulation: The market for corporate control and corporate governance, *Global Finance Journal*, 16: 264–282.

100. T. Laamanen, M. Brauer, & O. Junna, 2014, Performance of divested assets: Evidence from the U.S. software industry, *Strategic Management Journal*, 35: 914–925; T. Yoshikawa & A. A. Rasheed, 2010, Family control and ownership monitoring in family-controlled firms in Japan, *Journal of Management Studies*, 47: 274–295; R. W. Masulis, C. Wang, & F. Xie, 2007, Corporate governance and acquirer returns, *Journal of Finance*, 62: 1851–1889.

101. A. Macias & C. Pirinsky, C. 2015, Employees and the market for corporate control, *Journal of Corporate Finance*, 31: 33–53; C. Devers, G. McNamara, J. Haleblian, & M. Yoder, 2013, Do they walk the talk? Gauging acquiring CEO and director confidence in the value-creation potential of announced acquisitions, *Academy of Management Journal*, 56: 1679–1702; P.-X. Meschi & E. Metais, 2013, Do firms forget about their past acquisitions? Evidence from French acquisitions in the United States (1988–2006), *Journal of Management*, 39: 469–495; J. A. Krug & W. Shill, 2008, The big exit: Executive churn in the wake of M&As, *Journal of Business Strategy*, 29(4): 15–21.

102. H. Touryalai, 2014, Everybody loves hedge funds, assets hit record $3 trillion, *Forbes*, www.forbes.com, March 25.

103. M. Hitoshi, 2014, Hedge Fund activism in Japan: The limits of shareholder primacy, *Administrative Science Quarterly*, 59: 366–369; N. M. Boyson & R. M. Mooradian, 2011, Corporate governance and hedge fund

activism, *Review of Derivatives Research*, 169–204; L. A. Bebchuk & M. S. Weisbach, 2010, The state of corporate governance research, *Review of Financial Studies*, 23: 939–961.

104. A. Gara, 2015, Breakup artist hedge funds betting billions on corporate marriages, Forbes, February 18, 6.

105. S. Bainbridge, 2011, Hedge funds as activist investors, *ProfessorBainbridge.com*, www.professorbainbridge.com, March 21.

106. D. Benoit & J. Bear, 2015, Goldman Sachs recaptures mojo with DuPont win, *Wall Street Journal*, www.wsj.com, May 22.

107. S. Ovide & D. Clark, 2015, Silicon Valley grits teeth over activist investors, *Wall Street Journal*, May 27, B1.

108. M. Cremers & A. Ferrell, 2014, Thirty years of shareholder rights and firm value, *Journal of Finance*, 69: 1167–1196; M. L. Humphery-Jenner & R. G. Powell, 2011, Firm size, takeover profitability, and the effectiveness of the market for corporate control: Does the absence of anti-takeover provisions make a difference? *Journal of Corporate Finance*, 17: 418–437.

109. J. P. Walsh & R. Kosnik, 1993, Corporate raiders and their disciplinary role in the market for corporate control, *Academy of Management Journal*, 36: 671–700.

110. K. Amess, S. Girma, & M. Wright, 2014, The wage and employment consequences of ownership change, *Managerial & Decision Economics*, 35: 161–171; M. Schijven & M. A. Hitt, 2012, The vicarious wisdom of crowds: Toward a behavioral perspective on investor reactions to acquisition announcements, *Strategic Management Journal*, 33: 1247–1268; J. Haleblian, C. E. Devers, G. McNamara, M. A. Carpenter, & R. B. Davison, 2009, Taking stock of what we know about mergers and acquisitions: A review and research agenda, *Journal of Management*, 35: 469–502.

111. F. Bauer & K. Matzler, 2014, Antecedents of M&A success: The role of strategic complementarity, cultural fit and degree and speed of integration, *Strategic Management Journal*, 35: 269–291; S. Mingo, 2013, The impact of acquisitions on the performance of existing organizational units In the acquiring firm: The case of the agribusiness company, *Management Science*, 59: 2687–2701; A. Sleptsov, J. Anand, & G. Vasudeva, 2013, Relational configurations with information intermediaries: The effect of firm-investment bank ties on expected acquisition performance, *Strategic Management Journal*, 34: 957–977.

112. 2014, Hostile takeover, *Investopedia*, www.investopedia.com, accessed on June 8.

113. M. Straska & G. Waller, 2014, Antitakeover provisions and shareholder wealth: A survey of the literature, *Journal of Financial & Quantitative Analysis*, 49: 1–32; P. Jiraporn & Y. Liu, 2011, Staggered boards, accounting discretion and firm value, *Applied Financial Economics*, 21: 271–285; O. Faleye, 2007, Classified boards, firm value, and managerial entrenchment,

Journal of Financial Economics, 83: 501–529.

114. M. Holmén, E. Nivorozhkin, & R. Rana, 2014, Do anti-takeover devices affect the takeover likelihood or the takeover premium? *European Journal of Finance*, 20: 319–340; T. Sokoly, 2011, The effects of antitakeover provisions on acquisition targets, *Journal of Corporate Finance*, 17: 612–627; 2007, Leaders: Pay slips; management in Europe, *Economist*, June 23, 14.

115. J. A. Pearce II & R. B. Robinson, Jr., 2004, Hostile takeover defenses that maximize shareholder wealth, *Business Horizons* 47: 15–24.

116. M. Humphery-Jenner, 2014, Takeover defenses, innovation and value creation: Evidence from acquisition decisions, *Strategic Management Journal*, 35: 668–690; A. Kacperzyk, 2009, With greater power comes greater responsibility? Takeover protection and corporate attention to stakeholders, *Strategic Management Journal*, 30: 261–285.

117. P. Sieger, T. Zellweger, & K. Aquino, 2013, Turning agents into psychological principals: Aligning interests of non-owners through psychological ownership, *Journal of Management Studies*, 50: 361–388.

118. B. M. Galvin, D. Lange, & B. E. Ashforth, 2015, Narcissistic organizational identification: Seeing oneself as central to the organization's identity, *Academy of Management Review*, 40: 163–181.

119. E. Schiehll, C. Ahmadjian, & I. Filatotchev, 2014, National governance bundles perspective: Understanding the diversity of corporate governance practices at the firm and country levels, *Corporate Governance: An International Review*, 22: 179–184; A. Rasheed & T. Yoshikawa, 2012, *The convergence of corporate governance: Promise and prospects*, Basingstoke: Palgrave Macmillan; I. Haxhi & H. Ees, 2010, Explaining diversity in the worldwide diffusion of codes of good governance, *Journal of International Business Studies*, 41: 710–726.

120. M. P. Leitterstorf & S. B. Rau, 2014, Socioemotional wealth and IPO underpricing of family firms, *Strategic Management Journal*, 35: 751–760; P. C. Patel & J. J. Chrisman, 2014, Risk abatement as a strategy for R&D investments in family firms, *Strategic Management Journal*, 35: 617–627.

121. A. Haller, 2013, German corporate governance in international and European context, *International Journal of Accounting*, 48: 420–423; P. Witt, 2004, The competition of international corporate governance systems—a German perspective, *Management International Review*, 44: 309–333; A. Tuschke & W. G. Sanders, 2003, Antecedents and consequences of corporate governance reform: The case of Germany, *Strategic Management Journal*, 24: 631–649.

122. Tuschke, Sanders, & Hernandez, Whose experience matters in the boardroom?;

D. Hillier, J. Pinadado, V. de Queiroz, & C. de la Torre, 2010, The impact of country-level corporate governance on research and development, *Journal of International Business Studies*, 42: 76–98.

123. Tuschke, Sanders, & Hernandez, Whose experience matters in the boardroom?

124. T. Duc Hung, 2014, Multiple corporate governance attributes and the cost of capital—Evidence from Germany, *British Accounting Review*, 46: 179–197; J. T. Addison & C. Schnabel, 2011, Worker directors: A German product that did not export? *Industrial Relations: A Journal of Economy and Society*, 50: 354–374; P. C. Fiss & E. J. Zajac, 2004, The diffusion of ideas over contested terrain: The (non)adoption of a shareholder value orientation among German firms, *Administrative Science Quarterly*, 49: 501–534.

125. M. Roth, 2013, Independent directors, shareholder empowerment and long-termism: The transatlantic perspective, *Fordham Journal of Corporate & Financial Law*, 18: 751–820; A. Chizema, 2010, Early and late adoption of American-style executive pay in Germany: Governance and institutions, *Journal of World Business*, 45: 9–18; W. G. Sanders & A. C. Tuschke, 2007, The adoption of the institutionally contested organizational practices: The emergence of stock option pay in Germany, *Academy of Management Journal*, 50: 33–56.

126. J. P. O'Brien & P. David, 2014, Reciprocity and R&D search: Applying the behavioral theory of the firm to a communitarian context, *Strategic Management Journal*, 35: 550–565.

127. N. Kosaku, 2014, Japan seeks to lure investors with improved corporate governance, *Wall Street Journal*, www.wsj.com, June 28.

128. S. Varma, R. Awasthy, K. Narain, & R. Nayyar, 2015, Cultural determinants of alliance management capability—an analysis of Japanese MNCs in India, *Asia Pacific Business Review*, 21: 424–448; D. R. Adhikari & K. Hirasawa, 2010, Emerging scenarios of Japanese corporate management, *Asia-Pacific Journal of Business Administration*, 2: 114–132; M. A. Hitt, H. Lee, & E. Yucel, 2002, The importance of social capital to the management of multinational enterprises: Relational networks among Asian and Western firms, *Asia Pacific Journal of Management*, 19: 353–372.

129. T. Yeh, 2014, Large shareholders, shareholder proposals, and firm performance: Evidence from Japan, *Corporate Governance: An International Review*, 22: 312–329; W. P. Wan, D. W. Yiu, R. E. Hoskisson, & H. Kim, 2008, The performance implications of relationship banking during macroeconomic expansion and contraction: A study of Japanese banks' social relationships and overseas expansion, *Journal of International Business Studies*, 39: 406–427.

130. H. Aslan & P. Kumar, P. 2014, National governance bundles and corporate agency costs: A cross-country analysis,

Corporate Governance: An International Review, 22: 230–251; P. M. Lee & H. M. O'Neill, 2003, Ownership structures and R&D investments of U.S. and Japanese firms: Agency and stewardship perspectives, *Academy of Management Journal*, 46: 212–225.

131. H. Sakawa, M. Ubukata, & N. Watanabel, 2014, Market liquidity and bank-dominated corporate governance: Evidence from Japan, *International Review of Economics & Finance*, 31: 1–11; X. Wu & J. Yao, 2012, Understanding the rise and decline of the Japanese main bank system: The changing effects of bank rent extraction, *Journal of Banking & Finance*, 36: 36–50.

132. K. Harrigan, 2014, Comparing corporate governance practices and exit decisions between US and Japanese firms, *Journal of Management & Governance*, 18: 975–988; K. Kubo & T. Saito, 2012, The effect of mergers on employment and wages: Evidence from Japan, *Journal of the Japanese and International Economics*, 26: 263–284; N. Isagawa, 2007, A theory of unwinding of cross-shareholding under managerial entrenchment, *Journal of Financial Research*, 30: 163–179.

133. D. G. Litt, 2015, Japan's new corporate governance code: Outside directors find a role under 'Abenomics,' *Corporate Governance Advisor*, 23: 19–23.

134. F. Jiang & K. A. Kim, 2015, Corporate governance in China: A modern perspective, *Journal of Corporate Finance*, 32: 190–216; J. Yang, J. Chi, & M. Young, 2011, A review of corporate governance in China, *Asian-Pacific Economic Literature*, 25: 15–28.

135. R. Morck & B. Yeung, 2014, Corporate governance in China, *Journal of Applied Corporate Finance*, 26: 20–41; H. Berkman, R. A. Cole, & L. J. Fu, 2010, Political connections and minority-shareholder protection: Evidence from securities-market regulation in China, *Journal of Financial and Quantitative Analysis*, 45: 1391–1417; S. R. Miller, D. Li, E. Eden, & M. A. Hitt, 2008, Insider trading and the valuation of international strategic alliances in emerging stock markets, *Journal of International Business Studies*, 39: 102–117.

136. X. Yu, P. Zhang, & Y. Zheng, 2015, Corporate governance, political connections, and intra-industry effects: Evidence from corporate scandals in China, *Financial Management*, 44: 49–80; W. A. Li & D. T. Yan, 2013, Transition from administrative to economic model of corporate governance, *Nankai Business Review International*, 4: 4–8.

137. T. M. Rooker, 2015, Corporate governance or governance by corporates? Testing governmentality in the context of China's national oil and petrochemical business groups, *Asia Pacific Business Review*, 21: 60–76; J. Chi, Q. Sun, & M. Young, 2011, Performance and characteristics of acquiring firms in the Chinese stock markets, *Emerging Markets Review*, 12: 152–170; Y.-L. Cheung, P. Jiang, P. Limpaphayom, & T. Lu, 2010, Corporate

governance in China: A step forward, *European Financial Management*, 16: 94–123.

138. G. Jiang, P. Rao, & H. Yue, 2015, Tunneling through non-operational fund occupancy: An investigation based on officially identified activities, *Journal of Corporate Finance*, 32: 295–311; J. Li & C. Qian, 2013, Principal-principal conflicts under weak institutions: A study of corporate takeovers in China, *Strategic Management Journal*, 34: 498–508; S. Globerman, M. W. Peng, & D. M. Shapiro, 2011, Corporate governance and Asian companies, *Asia Pacific Journal of Management*, 28: 1–14.

139. W. M Peng, S. L. Sun, & L. Markóczy, 2015, Human capital and CEO compensation during institutional transitions, *Journal of Management Studies*, 52: 117–147; P. Adithipyangkul, I. Alon, & T. Zhang, 2011, Executive perks: Compensation and corporate performance in China, *Asia Pacific Journal of Management*, 28: 401–425; T. Buck, X. Lui, & R. Skovoroda, 2008, Top executives' pay and firm performance in China, *Journal of International Business Studies*, 39: 833–850.

140. R. Amit, Y. Ding, B Villalonga, & H. Zhang, H. 2015, The role of institutional development in the prevalence and performance of entrepreneur and family-controlled firms, *Journal of Corporate Finance*, 31: 284–305; A. Cai, J.-H. Luo, & D.-F. Wan, 2012, Family CEOs: Do they benefit firm governance In China? *Asia Pacific Journal of Management*, 29: 923–947.

141. H. Berkman, R. A. Cole, & L. J. Fu, 2014, Improving corporate governance where the state is the controlling block holder: Evidence from China, *European Journal of Finance*, 20: 752–777; L. Oxelheim, A. Gregoric, T. Randoy, & S. Thomsen, 2013,

On the internationalization of corporate boards: The case of Nordic firms, *Journal of International Business Studies*, 44: 173–194.

142. S. Young & V. Thyil, 2014, Corporate social responsibility and corporate governance: Role of context in international settings, *Journal of Business Ethics*, 122: 1–24; S. Muthusamy, P. A. Bobinski, & D. Jawahar, 2011, Toward a strategic role for employees in corporate governance, *Strategic Change*, 20: 127–138; C. Shropshire & A. J. Hillman, 2007, A longitudinal study of significant change in stakeholder management, *Business & Society*, 46: 63–87.

143. G. K. Stahl & M. S. De Luque, 2014, Antecedents of responsible leader behavior: A research synthesis, conceptual framework, and agenda for future research, *Academy of Management Perspectives*, 28: 235–254; J. M. Schaubroeck, S. T. Hannah, B. J. Avolio, S. W. J. Kozlowski, R. G. Lord, L. K. Trevino, N. Dimotakis, & A. C. Peng, 2012, Embedding ethical leadership within and across organizational levels, *Academy of Management Journal*, 55: 1053–1078; R. A. G. Monks & N. Minow, 2011, *Corporate governance*, 5th ed., NY: John Wiley & Sons.

144. A. Soleimani, W. D. Schneper, & W. Newbury, 2014, The impact of stakeholder power on corporate reputation: A cross-country corporate governance perspective, *Organization Science*, 25: 991–1008; J. S. Chun, Y. Shin, J. N. Choi, & M. S. Kim, 2013, How does corporate ethics contribute to firm financial performance? The mediating role of collective organizational commitment and organizational citizenship behavior, *Journal of Management*, 39: 853–877; S. P. Deshpande, J. Joseph, & X. Shu, 2011,

Ethical climate and managerial success in China, *Journal of Business Ethics*, 99: 527–534.

145. S. Kaplan, J. Samuels, & J. Cohen, 2015, An examination of the effect of CEO social ties and CEO reputation on nonprofessional investors' say-on-pay judgments, *Journal of Business Ethics*, 126: 103–117; A. P. Cowan & J. J. Marcel, 2011, Damaged goods: Board decisions to dismiss reputationally compromised directors, *Academy of Management Journal*, 54: 509–527; J. R. Knapp, T. Dalziel, & M. W. Lewis, 2011, Governing top managers: Board control, social categorization, and their unintended influence on discretionary behaviors, *Corporate Governance: An International Review* 19: 295–310.

146. D. Gomulya & W. Boeker, 2014, How firms respond to financial restatement: CEO successors and external reactions, *Academy of Management Journal*, 57: 1579–1785.

147. Y. Li, F. Yao, & D. Ahlstrom, 2015, The social dilemma of bribery in emerging economies: A dynamic model of emotion, social value, and institutional uncertainty, *Asia Pacific Journal of Management*, 32: 311–334; Y. Jeong & R. J. Weiner, 2012, Who bribes? Evidence from the United Nations' oil-for-food program, *Strategic Management Journal*, 33: 1363–1383.

148. S.-H. Lee & D. H. Weng, 2013, Does bribery in the home country promote or dampen firm exports? *Strategic Management Journal*, 34: 1472–1487; J. O. Zhou & M. W. Peng, 2012, Does bribery help or hurt firm growth around the world? *Asia Pacific Journal of Management*, 29: 907–921.

149. 2015, Corporate governance awards 2015, *World Finance*, www.worldfinance.com/awards, March 4.

第 11 章

1. A. Arora, S. Belenzon, & L. A. Rios, 2014, Make, buy, organize: The interplay between research, external knowledge, and firm structure, *Strategic Management Journal*, 35: 317–337; T. Felin, N. J. Foss, K. H. Heimeriks, & T. L. Madsen, 2012, Microfoundations of routines and capabilities: Individuals, processes, and structure, *Journal of Management Studies*, 49: 1351–1374; K. M. Eisenhardt, N. R. Furr, & C. B. Bingham, 2010, Microfoundations of performance: Balancing efficiency and flexibility in dynamic environments, *Organization Science*, 21: 1263–1273.

2. D. A. Levinthal & A. Marino, 2015, Three facets of organizational adaptation: Selection, variety, and plasticity, *Organization Science*, in press; R. Wilden, S. P. Gudergan, B. Nielsen, & I. Lings, 2013, Dynamic capabilities and performance: Strategy, structure and environment, *Long Range Planning*, 46: 72–96; R. E. Miles & C. C. Snow, 1978, *Organizational Strategy, Structure and Process*, NY: McGraw-Hill.

3. C. Heavey & Z. Simsek, 2015, Transactive memory systems and firm performance: An upper echelons perspective, *Organization Science*, in press; M. A. Valentine & A. C. Edmondson, 2015, Team scaffolds: How mesolevel structures enable role-based coordination in temporary groups, *Organization Science*, in press; Y. Y. Kor & A. Mesko, 2013, Dynamic managerial capabilities: Configuration and orchestration of top executives' capabilities and the firm's dominant logic, *Strategic Management Journal*, 34: 233–244; E. M. Olson, S. F. Slater, & G. T. M. Hult, 2007, The importance of structure and process to strategy implementation, *Business Horizons*, 48: 47–54.

4. M. Josefy, S. Kuban, R. D. Ireland, & M. A. Hitt, 2015, All things great and small: Organizational size, boundaries of the firm, and a changing environment, *Academy of Management Annals*, 9: 715–802; P. Boumgarden, J. Nickerson, & T. R. Zenger, 2012, Sailing into the wind: Exploring the relationships among ambidexterity,

vacillation, and organizational performance, *Strategic Management Journal*, 33: 587–610; T. Amburgey & T. Dacin, 1994, As the left foot follows the right? The dynamics of strategic and structural change, *Academy of Management Journal*, 37: 1427–1452.

5. M. Menz, S. Kunisch, & D. J. Collis, 2015, The corporate headquarters in the contemporary corporation: Advancing a multimarket firm perspective, *Academy of Management Annals*, 9: 633–714; L. F. Monteiro, N. Arvidsson, & J. Birkinshaw, 2008, Knowledge flows within multinational corporations: Explaining subsidiary isolation and its performance implications, *Organization Science*, 19: 90–107; B. Keats & H. O'Neill, 2001, Organizational structure: Looking through a strategy lens, in M. A. Hitt, R. E. Freeman, & J. S. Harrison (eds.), *Handbook of Strategic Management*, Oxford, U.K.: Blackwell Publishers, 520–542.

6. A. Shipilov, R. Gulati, M. Kilduff, S. Li, & W. Tsai, 2014, Relational pluralism within and between organizations, *Academy*

of *Management Journal*, 57: 449–459; R. E. Hoskisson, C. W. L. Hill, & H. Kim, 1993, The multidivisional structure: Organizational fossil or source of value? *Journal of Management*, 19: 269–298.

7.　B. Grøgaard, 2012, Alignment of strategy and structure in international firms: An empirical examination, *International Business Review*, 21: 397–407; E. M. Olson, S. F. Slater, & G. T. M. Hult, 2005, The performance implications of fit among business strategy, marketing organization structure, and strategic behavior, *Journal of Marketing*, 69: 49–65.

8.　M. Ahearne, S. K. Lam, & F. Kraus, 2014, Performance impact of middle managers' adaptive strategy implementation: The role of social capital, *Strategic Management Journal*, 35: 68–87; F. A. Csaszar, 2012, Organizational structure as a determinant of performance: Evidence from mutual funds, *Strategic Management Journal*, 33: 611–632; T. Burns & G. M. Stalker, 1961, *The Management of Innovation*, London: Tavistok; P. R. Lawrence & J. W. Lorsch, 1967, *Organization and Environment*, Homewood, IL: Richard D. Irwin; J. Woodward, 1965, *Industrial Organization: Theory and Practice*, London: Oxford University Press.

9.　A. K. Hoenen & T. Kostova, 2014, Utilizing the broader agency perspective for studying headquarters-subsidiary relations in multidivisional companies, *Journal of International Business Studies*, 46: 104–113; A. M. Rugman & A. Verbeke, 2008,

4.　M. Josefy, S. Kuban, R. D. Ireland, & M. A. Hitt, 2015, All things great and small: Organizational size, boundaries of the firm, and a changing environment, *Academy of Management Annals*, 9: 715–802; P. Boumgarden, J. Nickerson, & T. R. Zenger, 2012, Sailing into the wind: Exploring the relationships among ambidexterity, vacillation, and organizational performance, *Strategic Management Journal*, 33: 587–610; T. Amburgey & T. Dacin, 1994, As the left foot follows the right? The dynamics of strategic and structural change, *Academy of Management Journal*, 37: 1427–1452.

5.　M. Menz, S. Kunisch, & D. J. Collis, 2015, The corporate headquarters in the contemporary corporation: Advancing a multimarket firm perspective, *Academy of Management Annals*, 9: 633–714; L. F. Monteiro, N. Arvidsson, & J. Birkinshaw, 2008, Knowledge flows within multinational corporations: Explaining subsidiary isolation and its performance implications, *Organization Science*, 19: 90–107; B. Keats & H. O'Neill, 2001, Organizational structure: Looking through a strategy lens, in M. A. Hitt, R. E. Freeman, & J. S. Harrison (eds.), *Handbook of Strategic Management*, Oxford, U.K.: Blackwell Publishers, 520–542.

6.　A. Shipilov, R. Gulati, M. Kilduff, S. Li, & W. Tsai, 2014, Relational pluralism within and between organizations, *Academy of Management Journal*, 57: 449–459; R. E. Hoskisson, C. W. L. Hill, & H. Kim, 1993, The multidivisional structure:

Organizational fossil or source of value? *Journal of Management*, 19: 269–298.

7.　B. Grøgaard, 2012, Alignment of strategy and structure in international firms: An empirical examination, *International Business Review*, 21: 397–407; E. M. Olson, S. F. Slater, & G. T. M. Hult, 2005, The performance implications of fit among business strategy, marketing organization structure, and strategic behavior, *Journal of Marketing*, 69: 49–65.

8.　M. Ahearne, S. K. Lam, & F. Kraus, 2014, Performance impact of middle managers' adaptive strategy implementation: The role of social capital, *Strategic Management Journal*, 35: 68–87; F. A. Csaszar, 2012, Organizational structure as a determinant of performance: Evidence from mutual funds, *Strategic Management Journal*, 33: 611–632; T. Burns & G. M. Stalker, 1961, *The Management of Innovation*, London: Tavistok; P. R. Lawrence & J. W. Lorsch, 1967, *Organization and Environment*, Homewood, IL: Richard D. Irwin; J. Woodward, 1965, *Industrial Organization: Theory and Practice*, London: Oxford University Press.

9.　A. K. Hoenen & T. Kostova, 2014, Utilizing the broader agency perspective for studying headquarters-subsidiary relations in multinational companies, *Journal of International Business Studies*, 46: 104–113; A. M. Rugman & A. Verbeke, 2008, A regional solution to the strategy and structure of multinationals, *European Management Journal*, 26: 305–313; H. Kim, R. E. Hoskisson, & J. Hong, 2004, Evolution and restructuring of diversified business groups in emerging markets: The lessons from chaebols in Korea, *Asia Pacific Journal of Management*, 21: 25–48.

10.　B. McEvily, G. Soda, & M. Tortoriello, 2014, More formally: Rediscovering the missing link between formal organization and informal social structure, *Academy of Management Annals*, 8: 299–345; M. Reilly, P. Scott, & V. Mangematin, 2012, Alignment or independence? Multinational subsidiaries and parent relations, *Journal of Business Strategy*, 33(2): 4–11.

11.　T. Felin, N. J. Foss, & R. E. Ployhart, 2015, The microfoundations movement in strategy and organization theory, *Academy of Management Annals*, 9: 575–632; J. Qiu, L. Donaldson, & B. Luo, 2012, The benefits of persisting with paradigms in organizational research, *Academy of Management Perspectives*, 26: 93–104; R. Greenwood & D. Miller, 2010, Tackling design anew: Getting back to the heart of organization theory, *Academy of Management Perspectives*, 24: 78–88.

12.　M. Dobrajska, S. Billinger, & S. Karim, 2015, Delegation within hierarchies: How information processing and knowledge characteristics influence the allocation of formal and real decision authority, *Organization Science*, in press; D. Laureiro-Martinez, 2014, Cognitive control capabilities, routinization propensity, and decision-making authority, *Organization Science*, 25: 1111–1133.

13.　M. Loock & G. Hinnen, 2015, Heuristics in organizations: A review and a research agenda, *Journal of Business Research*, in press; S. E. Perkins, 2014, When does prior experience pay? Institutional experience and the multinational corporation, *Administrative Science Quarterly*, 59: 145–181.

14.　J. Reuer & S. Devarakonda, 2015, Mechanisms of hybrid governance: Administrative committees in non-equity alliances, *Academy of Management Journal*, in press; C. Cella, A. Ellul, & M. Giannetti, 2013, Investors' horizons and the amplification of market shocks, *Review of Financial Studies*, 26: 1607–1648; T. Yu, M. Sengul, & R. H. Lester, 2008, Misery loves company: The spread of negative impacts resulting from an organizational crisis, *Academy of Management Review*, 33: 452–472; R. L. Priem, L. G. Love, & M. A. Shaffer, 2002, Executives' perceptions of uncertainty sources: A numerical taxonomy and underlying dimensions, *Journal of Management*, 28: 725–746.

15.　A. Engelen, H. Kube, S. Schmidt, & T. C. Flatten, 2014, Entrepreneurial orientation in turbulent environments: The moderating role of absorptive capacity, *Research Policy*, 43: 1353–1369; E. Claver-Cortés, E. M. Pertusa-Ortega, & J. F. Molina-Azorín, 2012, Characteristics of organizational structure relating to hybrid competitive strategy: Implications for performance, *Journal of Business Research*, 65: 993–1002.

16.　J. B. Craig, C. Dibrell, & R. Garrett, 2014, Examining relationships among family influence, family culture, flexible planning systems, innovativeness and firm performance, *Journal of Family Business Strategy*, 5: 229–238; R. Kapoor & J. Lee, 2013, Coordinating and competing in ecosystems: How organizational forms shape new technology investments, *Strategic Management Journal*, 34: 274–296.

17.　H. Merchant, 2014, Configurations of governance structure, generic strategy, and firm size: Opening the black box of value creation in international joint ventures, *Global Strategy Journal*, 4: 292–309; M. S. Feldman & W. J. Orlikowski, 2011, Theorizing practice and practicing theory, *Organization Science*, 22: 1240–1253; J. Rivkin & N. Siggelkow, 2003, Balancing search and stability: Interdependencies among elements of organizational design, *Management Science*, 49: 290–311.

18.　A. N. Kiss & P. S. Barr, 2015, New venture strategic adaptation: The interplay of belief structures and industry context, *Strategic Management Journal*, in press; A. J. Bock, T. Opsahl, G. George, & D. M. Gann, 2012, The effects of culture and structure on strategic flexibility during business model innovation, *Journal of Management Studies*, 49: 279–305; S. Nadkarni & V. K. Narayanan, 2007, Strategic schemas, strategic flexibility, and firm performance: The moderating role of industry clockspeed, *Strategic Management Journal*, 28: 243–270.

19.　V. Gerasymenko, D. De Clercq, &

H. J. Sapienza, 2015, Changing the business model: Effects of venture capital firms and outside CEOs on portfolio company performance, *Strategic Entrepreneurship Journal*, 9: 79–98; S. A. Fernhaber & P. C. Patel, 2012, How do young firms manage product portfolio complexity? The role of absorptive capacity and ambidexterity, *Strategic Management Journal*, 33: 1516–1539; S. Raisch & J. Birkinshaw, 2008, Organizational ambidexterity: Antecedents, outcomes, and moderators, *Journal of Management*, 34: 375–409.

20. C.-A. Chen, 2014, Revisiting organizational age, inertia, and adaptability: Developing and testing a multi-stage model in the nonprofit sector, *Journal of Organizational Change Management*, 27: 251–272; M. Zhao, S. H. Park, & N. Zhour, 2014, MNC strategy and social adaptation in emerging markets, *Journal of International Business Studies*, 45: 842–861; B. W. Keats & M. A. Hitt, 1988, A causal model of linkages among environmental dimensions, macroorganizational characteristics, and performance, *Academy of Management Journal*, 31: 570–598.

21. A. Chandler, 1962, *Strategy and Structure*, Cambridge, MA: MIT Press.

22. D. Martin, 2007, Alfred D. Chandler, Jr., a business historian, dies at 88, *New York Times*, www.nytimes.com, May 12.

23. D. Albert, M. Kreutzer, & C. Lechner, 2015, Resolving the paradox of interdependency and strategic renewal in activity systems, *Academy of Management Review*, 40: 210–234; B. T. Pentland, M. S. Feldman, M. C. Becker, & P. Liu, 2012, Dynamics of organizational routines: A generative model, *Journal of Management Studies*, 49: 1484–1508; R. E. Hoskisson, R. A. Johnson, L. Tihanyi, & R. E. White, 2005, Diversified business groups and corporate refocusing in emerging economies, *Journal of Management*, 31: 941–965.

24. P. Wahba, 2015, J.C. Penney still blaming Ron Johnson-era for flow profit, growth, *Fortune*, www.fortune.com, February 26; D. Moin & E. Clark, 2013, Ullman returns as Johnson exits, *WWD: Women's Wear Daily*, April 9, 1.

25. M. Townsend, 2015, J.C. Penney marks two years since Johnson nearly ruined it, *Bloomberg*, www.bloombergnews.com, April 8.

26. R. V. D. Jordao, A. A. Souza, & E. A. Avelar, 2014, Organizational culture and post-acquisition changes in management control systems: An analysis of a successful Brazilian case, *Journal of Business Research*, 67: 542–549; S. Sonenshein, 2014, How organizations foster the creative use of resources, *Academy of Management Journal*, 57: 814–848.

27. M. R. Allen, G. K. Adomdza, & M. H. Meyer, 2015, Managing for innovation: Managerial control and employee level outcomes, *Journal of Business Research*, 68: 371–379; G. Valentini, 2015, The impact of M&A on rivals' innovation strategy, *Long Range Planning*, in press; L. Marengo & C. Pasquali, 2012, How to get what you want when you do not know what you want: A model of incentives, organizational structure, and learning, *Organization Science*, 23: 1298–1310;

28. D. F. Kuratko, J. G. Covin, & J. S. Hornsby, 2014, Why implementing corporate innovation is so difficult, *Business Horizons*, 57: 647–655; D. W. Lehman & J. Hahn, 2013, Momentum and organizational risk taking: Evidence from the National Football League, *Management Science*, 59: 852–868; M. A. Hitt, K. T. Haynes, & R. Serpa, 2010, Strategic leadership for the 21st century, *Business Horizons*, 53: 437–444.

29. L. Thomas & V. Ambrosini, 2015, Materializing strategy: The role of comprehensiveness and management controls in strategy formation in volatile environments, *British Journal of Management*, 26: S105–S124; R. MacKay & R. Chia, 2013, Choice, chance, and unintended consequences in strategic change: A process understanding of the rise and fall of Northco Automotive, *Academy of Management Journal*, 56: 208–230; I. Filatotchev, J. Stephan, & B. Jindra, 2008, Ownership structure, strategic controls and export intensity of foreign-invested firms in transition economies, *Journal of International Business Studies*, 39: 1133–1148.

30. S. Groda., A. J. Nelson, & R. M. Slino, 2015, Help-seeking and help-giving as an organizational routine: Continual engagement in innovative work, *Academy of Management Journal*, 58: 136–168; D. Minbaeva, T. Pedersen, I. Bjorkman, C. F. Fey, & H. J. Park, 2014, MNC knowledge transfer, subsidiary absorptive capacity and HRM, *Journal of International Business Studies*, 45: 38–51; D. M. Cable, F. Gino, & B. R. Staats, 2013, Breaking them in or eliciting their best? Reframing socialization around newcomers' authentic self-expression, *Administrative Science Quarterly*, 58: 1–36.

31. M. Menz & C. Scheef, 2014, Chief strategy officers: Contingency analysis of their presence in top management teams, *Strategic Management Journal*, 35: 461–471; K. Favaro, 2013, We're from corporate and we are here to help: Understanding the real value of corporate strategy and the head office, *Strategy+Business Online*, www.strategy-business.com, April 8; M. A. Hitt, R. E. Hoskisson, R. A. Johnson, & D. D. Moesel, 1996, The market for corporate control and firm innovation, *Academy of Management Journal*, 39: 1084–1119.

32. S. Karim & A. Kaul, 2015, Structural recombination and innovation: Unlocking intraorganizational knowledge synergy through structural change, *Organization Science*, 26: 439–455; W. P. Wan, R. E. Hoskisson, J. C. Short, & D. W. Yiu, 2011, Resource-based theory and corporate diversification: Accomplishments and opportunities, *Journal of Management*, 37: 1335–1368; M. A. Hitt, L. Tihanyi, T. Miller, & B. Connelly, 2006, International diversification: Antecedents, outcomes, and moderators, *Journal of Management*, 32: 831–867; R. E. Hoskisson & M. A. Hitt, 1988, Strategic control and relative R&D investment in multiproduct firms, *Strategic Management Journal*, 9: 605–621.

33. W. Su & E. Tsang, 2015, Product diversification and financial performance: The moderating role of secondary stakeholders, *Academy of Management Journal*, in press; I. Clark, 2013, Templates for financial control? Management and employees under the private equity business model, *Human Resource Management Journal*, 23: 144–159; D. Collis, D. Young, & M. Goold, 2007, The size, structure, and performance of corporate headquarters, *Strategic Management Journal*, 28: 383–405.

34. R. Amit & C. Zott, 2015, Crafting business architecture: The antecedents of business model design, *Strategic Entrepreneurship Journal*, in press; X. S. Y. Spencer, T. A. Joiner, & S. Salmon, 2009, Differentiation strategy, performance measurement systems and organizational performance: Evidence from Australia, *International Journal of Business*, 14: 83–103.

35. P. Almodovar & A. M. Rugman, 2014, The M curve and the performance of Spanish international new ventures, *British Journal of Management*, 25: S6–S23; M. Dass & S. Kumar, 2014, Bringing product and consumer ecosystems to the strategic forefront, *Business Horizons*, 57: 225–234; X. Yin & E. J. Zajac, 2004, The strategy/governance structure fit relationship: Theory and evidence in franchising arrangements, *Strategic Management Journal*, 25: 365–383.

36. A. Gasparro, 2015, McDonald's puts its plan on display, *Morningstar*, www.morningstar.com, May 3.

37. G. Shani & J. Westphal, 2015, Persona non grata? Determinants and consequences of social distancing from journalists who engage in negative coverage of firm leadership, *Academy of Management Journal*, in press; E. Kulchina, 2014, Media coverage and location choice, *Strategic Management Journal*, 35: 596–605; M. K. Bednar, S. Boivie, & N. R. Prince, 2013, Burr under the saddle: How media coverage influences strategic change, *Organization Science*, 24: 910–925.

38. D. C. Mowery, 2010, Alfred Chandler and knowledge management within the firm, *Industrial & Corporate Change*, 19: 483–507; Chandler, *Strategy and Structure*.

39. Keats & O'Neill, Organizational structure, 524.

40. K. Srikanth & P. Puranam, 2014, The firm as a coordination system: Evidence from software services offshoring, *Organization Science*, 25: 1253–1271; E. Rawley, 2010, Diversification, coordination costs and organizational rigidity: Evidence from microdata, *Strategic Management Journal*,

31: 873–891.

41. S. M. Wagner, K. K. R. Ullrich, & S. Transchel, 2014, The game plan for aligning the organization, *Business Horizons*, 57: 189–201; A. Campbell & H. Strikwerda, 2013, The power of one: Towards the new integrated organization, *Journal of Business Strategy*, 34: 4–12.

42. S. Amdouni & S. Boubaker, 2015, Multiple large shareholders and owner-manager compensation: Evidence from French listed firms, *Journal of Applied Business Research*, 31: 1111–1129; C. Levicki, 1999, *The Interactive Strategy Workout*, 2nd ed., London: Prentice Hall.

43. M. Perkmann & A. Spicer, 2014, How emerging organizations take form: The role of imprinting and values in organizational bricolage, *Organization Science*, 25: 1785–1806; P. L. Drnevich & D. C. Croson, 2013, Information technology and business-level strategy: Toward an integrated theoretical perspective, *MIS Quarterly*, 37: 483–509; H. M. O'Neill, R. W. Pouder, & A. K. Buchholtz, 1998, Patterns in the diffusion of strategies across organizations: Insights from the innovation diffusion literature, *Academy of Management Review*, 23: 98–114.

44. J. Davoren, 2015, Functional structure organization strength & weaknesses, *Small Business*, http://smallbusiness.chron.com, May 10.

45. D. Antons & F. Piller, 2015, Opening the black box of 'not-invented-here': *Academy of Management Perspectives*, in press; P. Leinwand & C. Mainardi, 2013, Beyond functions, *Strategy+Business*, www.strategy-business.com, Spring, 1–5.

46. O. E. Williamson, 1975, *Markets and Hierarchies: Analysis and Anti-Trust Implications*, NY: The Free Press.

47. M. J. Sanchez-Bueno & B. Usero, 2014, How may the nature of family firms explain the decisions concerning international diversification? *Journal of Business Research*, 67: 1311–1320; T. Hutzschenreuter & J. Horstkotte, 2013, Performance effects of top management team demographic faultlines in the process of product diversification, *Strategic Management Journal*, 34: 704–726; Chandler, *Strategy and Structure*.

48. Y. M. Zhou, 2015, Supervising across borders: The case of multinational hierarchies, *Organization Science*, 26: 277–292; J. Joseph & W. Ocasio, 2012, Architecture, attention, and adaptation in the multibusiness firm: General Electric from 1951 to 2001, *Strategic Management Journal*, 33: 633–660; J. Greco, 1999, Alfred P. Sloan, Jr. (1875–1966): The original "organization" man, *Journal of Business Strategy*, 20(5): 30–31.

49. R. E. Hoskisson, C. E. Hill, & H. Kim, 1993, The multidivisional structure: Organizational fossil or source of value? *Journal of Management*, 19: 269–298.

50. A. Zimmermann, S. Raisch, & J. Birkinshaw, 2015, How is ambidexterity initiated? The emergent charter definition process, *Organization Science*, in press; V. Binda, 2012, Strategy and structure in large Italian and Spanish firms, 1950–2002, *Business History Review*, 86: 503–525.

51. J. Hautz, M. Mayer, & C. Stadler, 2014, Macro-competitive context and diversification: The impact of macroeconomic growth and foreign competition, *Long Range Planning*, 47: 337–352; C. E. Helfat & K. M. Eisenhardt, 2004, Inter-temporal economies of scope, organizational modularity, and the dynamics of diversification, *Strategic Management Journal*, 25: 1217–1232; A. D. Chandler, 1994, The functions of the HQ unit in the multibusiness firm, in R. P. Rumelt, D. E. Schendel, & D. J. Teece (eds.), *Fundamental Issues in Strategy*, Cambridge, MA: Harvard Business School Press, 327.

52. O. E. Williamson, 1994, Strategizing, economizing, and economic organization, in R. P. Rumelt, D. E. Schendel, & D. J. Teece (eds.), *Fundamental Issues in Strategy*, Cambridge, MA: Harvard Business School Press, 361–401.

53. V. A. Aggarwal & B. Wu, 2014, Organizational constraints to adaptation: Intrafirm asymmetry in the locus of coordination, *Organization Science*, 26: 218–238; Hoskisson, Hill, & Kim, The multidivisional structure: Organizational fossil or source of value?

54. D. J. Teece, 2014, A dynamic capabilities-based entrepreneurial theory of the multinational enterprise, *Journal of International Business Studies*, 45: 8–37; R. Duchin & D. Sosyura, 2013, Divisional managers and internal capital markets, *Journal of Finance*, 68: 387–429; O. E. Williamson, 1985, *The Economic Institutions of Capitalism: Firms, Markets, and Relational Contracting*, New York: Macmillan.

55. M. F. Wolff, 1999, In the organization of the future, competitive advantage will lie with inspired employees, *Research Technology Management*, 42(4): 2–4.

56. S. Y. Lee, M. Pitesa, S. Thau, & M. Pillutla, 2015, Discrimination in selection decisions: Integrating stereotype fit and interdependence theories, *Academy of Management Journal*, in press; E. Schulz, S. Chowdhury, & D. Van de Voort, 2013, Firm productivity moderated link between human capital and compensation: The significance of task-specific human capital, *Human Resource Management*, 52: 423–439.

57. N. Malhotra, C. R. (Bob) Hinings, 2015, Unpacking continuity and change as a process of organizational transformation, *Long Range Planning*, 48: 1–22; L. G. Love, R. L. Priem, & G. T. Lumpkin, 2002, Explicitly articulated strategy and firm performance under alternative levels of centralization, *Journal of Management*, 28: 611–627.

58. S. Biancani, D. A. McFarland, & L. Dahlander, 2014, The semiformal organizational, *Organization Science*, 25: 1306–1324; T. F. Gonzalez-Cruz, A. Huguet-Roig, & S. Cruz-Ros, 2012, Organizational technology as a mediating variable in centralization-formalization fit, *Management Decision*, 50: 1527–1548.

59. D. G. Sirmon, M. A. Hitt, R. D. Ireland, & B. A. Gilbert, 2011, Resource orchestration to create competitive advantage: Breadth, depth and life cycle effects, *Journal of Management*, 37: 1390–1412.

60. N. J. Foss, J. Lyngsie, & S. A. Zahra, 2015, Organizational design correlates of entrepreneurship: The roles of decentralization and formalization for opportunity discovery and realization, *Strategic Organization*, in press. J. B. Barney, 2001, *Gaining and Sustaining Competitive Advantage*, 2nd ed., Upper Saddle River, NJ: Prentice Hall, 257.

61. H. Brea-Solis, R. Casadesus-Masanell, & E. Grifell-Tatje, 2015, Business model evaluation: Unifying Walmart's sources of advantage, *Strategic Entrepreneurship Journal*, 9: 12–33.

62. D. Martinez-Simarro, C. Devece, & C. Liopis-Albert, 2015, How information systems strategy moderates the relationship between business strategy and performance, *Journal of Business Research*, 68: 1592–1594; V. K. Garg, R. L. Priem, & A. A. Rasheed, 2013, A theoretical explanation of the cost advantages of multi-unit franchising, *Journal of Marketing Channels*, 20: 52–72; H. Wang & C. Kimble, 2010, Low-cost strategy through product architecture: Lessons from China, *Journal of Business Strategy*, 31: 12–20.

63. M. Dobrajska, S. Billinger, & S. Karim, 2015, Delegation within hierarchies: How information processing and knowledge characteristics influence the allocation of formal and real decision authority, *Organization Science*, in press.

64. P. Soni, 2015, What investors need to know about Walmart's US segment, *Finance.yahoo*, www.finance.yahoo.com, May 14.

65. 2015, Our story, Walmart Corporate, www.walmartstores.com, May 13.

66. J. Schmidt, R. Makadok, & T. Keil, 2015, Customer-specific synergies and market convergence, *Strategic Management Journal*, in press; A. Ma, Z. Yang, & M. Mourali, 2014, Consumer adoption of new products: Independent versus interdependent self-perspectives, *Journal of Marketing*, 78: 101–117; N. Takagoshi & N. Matsubayashi, 2013, Customization competition between branded firms: Continuous extension of product line from core product, *European Journal of Operational Research*, 225: 337–352.

67. P. C. Patel, S. Thorgren, & J. Wincent, 2015, Leadership, passion, and performance: A study of job creation projects during the recession, *British Journal of Management*, 26: 211–224; D. Singh & J. S. Oberoi, 2014, A rule-based fuzzy-logic approach for evaluating the strategic flexibility in manufacturing organizations, *International Journal of Strategic Change Management*, 5: 281–296; K. Z. Zhou & F. Wu, 2010, Technological capability, strategic flexibility and product innovation, *Strategic Management Journal*, 31: 547–561.

68. 2015, About Under Armour, www. underarmour.com, May 15.

69. J. H. Burgers & J. G. Covin, 2015, The contingent effects of differentiation and integration on corporate entrepreneurship, *Strategic Management Journal*, in press; L. Mirabeau & S. Maguire, 2014, From autonomous strategic behavior to emergent strategy, *Strategic Management Journal*, 35: 1202–1229; E. Claver-Cortés, E. M. Pertusa-Ortega, & J. F. Molina-Azorín, 2012, Characteristics of organizational structure relating to hybrid competitive strategy: Implications for performance, *Journal of Business Research*, 65: 993–1002.

70. Chandler, *Strategy and Structure*.

71. 2015, Strength in structure, Procter & Gamble Home Page, www.pg.com, May 9.

72. D. Maslach, 2015, Change and persistence with failed technological innovation, *Strategic Management Journal*, in press; S. Wagner, K. Hoisl, & G. Thoma, 2014, Overcoming localization of knowledge— the role of professional service firms, *Strategic Management Journal*, 35: 1671–1688; Y. M. Zhou, 2011, Synergy, coordination costs, and diversification choices, *Strategic Management Journal*, 32: 624–639; C. W. L. Hill, M. A. Hitt, & R. E. Hoskisson, 1992, Cooperative versus competitive structures in related and unrelated diversified firms, *Organization Science*, 3: 501–521.

73. M. Tortoriello, 2015, The social underpinnings of absorptive capacity: The moderating effects of structural holes on innovation generation based on external knowledge, *Strategic Management Journal*, 36: 586–597; M. Makri, M. A. Hitt, & P. J. Lane, 2010, Complementary technologies, knowledge relatedness and invention outcomes in high technology mergers and acquisitions, *Strategic Management Journal*, 31: 602–628.

74. M. Palmie, M. M. Keupp, & O. Gassmann, 2014, Pull the right levers: Creating internationally "useful" subsidiary competence by organizational architecture, *Long Range Planning*, 47: 32–48; J. Wolf & W. G. Egelhoff, 2013, An empirical evaluation of conflict in MNC matrix structure firms, *International Business Review*, 22: 591–601; S. H. Appelbaum, D. Nadeau, & M. Cyr, 2008, Performance evaluation in a matrix organization: A case study (part two), *Industrial and Commercial Training*, 40: 295–299.

75. T. W. Tong, J. J. Reuer, B. B. Tyler, & S. Zhang, 2015, Host country executives' assessments of international joint ventures and divestitures: An experimental approach, *Strategic Management Journal*, 36: 254–275; S. H. Appelbaum, D. Nadeau, & M. Cyr, 2009, Performance evaluation in a matrix organization: A case study (part three), *Industrial and Commercial Training*, 41: 9–14.

76. A. V. Sakhartov & T. B. Folta, 2014, Resource relatedness, redeployability, and firm value, *Strategic Management Journal*, 35: 1781–1797; O. Alexy, G. George, & A. J. Salter, 2013, Cui bono? The selective revealing of knowledge and its implications for innovative activity, *Academy of Management Review*, 38: 270–291; E. Rawley, 2010, Diversification, coordination costs, and organizational rigidity: Evidence from microdata, *Strategic Management Journal*, 31: 873–891.

77. E. R. Feldman, S. C. Gilson, & B. Villalonga, 2014, Do analysts add value when they most can? Evidence from corporate spin-offs, *Strategic Management Journal*, 35: 1446–1463; M. Kruehler, U. Pidun, & H. Rubner, 2012, How to assess the corporate parenting strategy? A conceptual answer, *Journal of Business Strategy*, 33(4): 4–17; M. M. Schmid & I. Walter, 2009, Do financial conglomerates create or destroy economic value? *Journal of Financial Intermediation*, 18: 193–216.

78. T. M. Alessandri & A. Seth, 2014, The effects of managerial ownership on international and business diversification: Balancing incentives and risks, *Strategic Management Journal*, 35: 2064–2075; N. T. Dorata, 2012, Determinants of the strengths and weaknesses of acquiring firms in mergers and acquisitions: A stakeholder perspective, *International Journal of Management*, 29: 578–590; R. E. Hoskisson & M. A. Hitt, 1990, Antecedents and performance outcomes of diversification: A review and critique of theoretical perspectives, *Journal of Management*, 16: 461–509.

79. Y. Yang, V. K. Narayanan, & D. M. De Carolis, 2014, The relationship between portfolio diversification and firm value: The evidence from corporate venture capital activity, *Strategic Management Journal*, 35: 1993–2011; A. Varmaz, A. Varwig, & T. Poddig, 2013, Centralized resource planning and yardstick competition, *Omega*, 41: 112–118; Hill, Hitt, & Hoskisson, Cooperative versus competitive structures, 512.

80. M. Arrfelt, R. M. Wiseman, G. McNamara, & G. T. M. Hult, 2015, Examining a key corporate role: The influence of capital allocation competency on business unit performance, *Strategic Management Journal*, in press; D. Holod, 2012, Agency and internal capital market inefficiency: Evidence from banking organizations, *Financial Management*, 41: 35–53.

81. 2015, How is Textron organized? Textron Home Page, www.textron.com, May 15.

82. 2015, Our company, Textron Home Page, www.textron.com, May 15

83. C. Custodio, 2014, Mergers and acquisitions accounting and the diversification discount, *Journal of Finance*, 69: 219–240.

84. R. Belderbos, T. W. Tong, & S. Wu, 2014, Multinationality and downside risk: The roles of option portfolio and organization, *Strategic Management Journal*, 35: 88–106; R. M. Holmes, Jr., T. Miller, M. A. Hitt, & M. P. Salmador, 2013, The interrelationships among informal institutions, formal institutions and inward foreign direct investment, *Journal of Management*, 39: 531–566; T. Yu & A. A. Cannella, Jr., 2007, Rivalry between multinational enterprises: An event history approach, *Academy of Management Journal*, 50: 665–686.

85. T. Huang, F. Wu, J. Yu, & B. Zhang, 2015, Political risk and dividend policy: Evidence from international political crises, *Journal of International Business Studies*, in press; A. H. Kirca, G. T. M. Hult, S. Deligonul, M. Z. Perryy, & S. T. Cavusgil, 2012, A multilevel examination of the drivers of firm multinationality: A meta-analysis, *Journal of Management*, 38: 502–530.

86. G. Vasudeva, E. A. Alexander, & S. L. Jones, 2015, Institutional logics and interorganizational learning in technological arenas: Evidence from standard-setting organizations in the mobile handset industry, *Organization Science*, in press; J.-L. Arregle, T. Miller, M. A. Hitt, & P. W. Beamish, 2013, Do regions matter? An integrated institutional and semiglobalization perspective on the internationalization of MNEs, *Strategic Management Journal*, 34: 910–934.

87. L. Li, G. Qian, & Z. Ian, 2014, Inconsistencies in international product strategies and performance of high-tech firms, *Journal of International Marketing*, 22: 94–113; P. Almodóvar, 2012, The international performance of standardizing and customizing Spanish firms: The M curve relationships, *Multinational Business Review*, 20: 306–330; G. R. G. Benito, R. Lunnan, & S. Tomassen, 2011, Distant encounters of the third kind: Multinational companies locating divisional headquarters abroad, *Journal of Management Studies*, 48: 373–394.

88. 2015, Our company, Uber Home Page, www.uber.com, May 15.

89. R. Fannin, 2015, Uber proves going local and partnering works in China, *Forbes*, www.forbes.com, April 30.

90. H. Merchant, 2014, Configurations of governance structure, generic strategy, and firms size: Opening the black box of value creation in international joint ventures, *Global Strategy Journal*, 4: 292–309; B. Brenner & B. Ambos, 2013, A question of legitimacy? A dynamic perspective on multinational firm control, *Organization Science*, 24: 773–795; M. P. Koza, S. Tallman, & A. Ataay, 2011, The strategic assembly of global firms: A microstructural analysis of local learning and global adaptation, *Global Strategy Journal*, 1: 27–46.

91. K. Bondy & K. Starkey, 2014, The dilemmas of internationalization: Corporate social responsibility in the multinational corporation, *British Journal of Management*, 25: 4–22; J. Qiu & L. Donaldson, 2012, Stopford and Wells were right! MNC matrix structures do fit a "high-high" strategy, *Management International Review*, 52: 671–689; B. Connelly, M. A. Hitt, A. DeNisi, & R. D. Ireland, 2007, Expatriates and corporate-level international strategy: Governing with the knowledge contract, *Management Decision*, 45: 564–581.

92. T. Wakayama, J. Shintaku, & A. Tomofumi, 2012, What Panasonic learned in China, *Harvard Business Review*, 90(12): 109–113.

93. Wakayama, Shintaku, & Tomofumi, What

Panasonic learned in China.

94.　2015, A better life, a better world, Panasonic Home Page, www.panasonic.com, May 15.

95.　Y. Lku & T. Ravichandran, 2015, Alliance experience, IT-enable knowledge integration, and ex-ante value gains, *Organization Science*, 26: 511–530; I. Neyens & D. Faems, 2013, Exploring the impact of alliance portfolio management design on alliance portfolio performance, *Managerial & Decision Economics*, 34: 347–361.

96.　D. Filiou & S. Golesorkhi, 2015, Influence of institutional differences on firm innovation from international alliances, *Long Range Planning*, in press; V. A. Aggarwal, N. Siggelkow, & H. Singh, 2011, Governing collaborative activity: Interdependence and the impact of coordination and exploration, *Strategic Management Journal*, 32: 705–730; J. Li, C. Zhou, & E. J. Zajac, 2009, Control, collaboration, and productivity in international joint ventures: Theory and evidence, *Strategic Management Journal*, 30: 865–884.

97.　W. (Stone) Shi, S. L. Sun, B. C. Pinkham, & M. W. Peng, 2014, Domestic alliance network to attract foreign partners: Evidence from international joint ventures in China, *Journal of International Business Studies*, 45: 338–362; R. Gulati, P. Puranam, & M. Tushman, 2012, Meta-organization design: Rethinking design in interorganizational and community context, *Strategic Management Journal*, 33: 571–586; J. Wincent, S. Anokhin, D. Örtqvist, & E. Autio, 2010, Quality meets structure: Generalized reciprocity and firm-level advantage in strategic networks, *Journal of Management Studies*, 47: 597–624.

98.　P. C. Patel, S. A. Fernhaber, P. P. McDougall-Covin, & R. P. van der Have, 2014, Beating competitors to international markets: The value of geographically balanced networks for innovation, *Strategic Management Journal*, 35: 691–711; V. Van de Vrande, 2013, Balancing your technology-sourcing portfolio: How sourcing mode diversity enhances innovative performance, *Strategic Management Journal*, 34: 610–621; T. P. Moliterno & D. M. Mahony, 2011, Network theory of organization: A multilevel approach, *Journal of Management*, 37: 443–467.

99.　F. J. Contractor & J. J. Reuer, 2014, Structuring and governing alliances: New directions for research, *Global Strategy Journal*, 4: 241–256; L. Dooley, D. Kirk, & K. Philpott, 2013, Nurturing life-science knowledge discovery: Managing multi-organisation networks, *Production Planning & Control*, 24: 195–207; A. T. Arikan & M. A. Schilling, 2011, Structure and governance of industrial districts: Implications for competitive advantage, *Journal of Management Studies*, 48: 772–803.

100.　C. Bellavitis, I. Filatotchev, & D. S. Kamuriwo, 2014, The effects of intra-industry and extra-industry networks on performance: A case of venture capital portfolio firms, *Managerial and Decision Economics*, 35: 129–144; R. Vandaie & A. Zaheer, 2014,

Alliance partners and firm capability: Evidence from the motion picture industry, *Organization Science*, 26: 22–36.

101.　M. A. O. Dos Santos, G. Svensson, & C. Padin, 2014, Implementation, monitoring and evaluation of sustainable business practices: Framework and empirical illustration, *Corporate Governance*, 14: 515–530; B. Baudry & V. Chassagnon, 2012, The vertical network organization as a specific governance structure: What are the challenges for incomplete contracts theories and what are the theoretical implications for the boundaries of the (hub-) firm? *Journal of Management & Governance*, 16: 285–303.

102.　Z. Kahn, Y. K. Lew, & R. R. Sinkovics, 2015, International joint ventures as boundary spanners: Technological knowledge transfer in an emerging economy, *Global Strategy Journal*, 5: 48–68; R. Gulati, F. Wohlgezogen, & P. Zhelyazkov, 2012, The two facets of collaboration: Cooperation and coordination in strategic alliances, *Academy of Management Annals*, 6: 531–583; M. H. Hansen, R. E. Hoskisson, & J. B. Barney, 2008, Competitive advantage in alliance governance: Resolving the opportunism minimization-gain maximization paradox, *Managerial and Decision Economics*, 29: 191–208; G. Lorenzoni & C. Baden-Fuller, 1995, Creating a strategic center to manage a web of partners, *California Management Review*, 37: 146–163.

103.　F. Zambuto, G. L. Nigro, & J. P. O'Brien, 2015, The importance of alliances in firm capital structure decisions: Evidence from biotechnology firms, *Managerial and Decision Economics*, in press; A. C. Inkpen, 2008, Knowledge transfer and international joint ventures: The case of NUMMI and General Motors, *Strategic Management Journal*, 29: 447–453; J. H. Dyer & K. Nobeoka, 2000, Creating and managing a high-performance knowledge-sharing network: The Toyota case, *Strategic Management Journal*, 21: 345–367.

104.　A. Lipparini, G. Lorenzoni, & S. Ferriani, 2014, From core to periphery and back: A study on the deliberate shaping of knowledge flows in interfirm dyads and networks, *Strategic Management Journal*, 35: 578–595; N. Lahiri & S. Narayanan, 2013, Vertical integration, innovation and alliance portfolio size: Implications for firm performance, *Strategic Management Journal*, 34: 1042–1064; L. F. Mesquita, J. Anand, & J. H. Brush, 2008, Comparing the resource-based and relational views: Knowledge transfer and spillover in vertical alliances, *Strategic Management Journal*, 29: 913–941; M. Kotabe, X. Martin, & H. Domoto, 2003, Gaining from vertical partnerships: Knowledge transfer, relationship duration and supplier performance improvement in the U.S. and Japanese automotive industries, *Strategic Management Journal*, 24: 293–316.

105.　Y. Luo, Y. Liu, Q. Yang, V. Maksimov, & J. Hou, 2015, Improving performance and reducing cost in buyer-supplier relationships: The

role of justice in curtailing opportunism, *Journal of Business Research*, 68: 607–615; S. G. Lazzarini, D. P. Claro, & L. F. Mesquita, 2008, Buyer-supplier and supplier-supplier alliances: Do they reinforce or undermine one another? *Journal of Management Studies*, 45: 561–584; P. Dussauge, B. Garrette, & W. Mitchell, 2004, Asymmetric performance: The market share impact of scale and link alliances in the global auto industry, *Strategic Management Journal*, 25: 701–711.

106.　Treflis team, 2015, Walgreens reports a strong Q2 driven by growth in holiday sales and Medicare Part D scripts, *Forbes*, www.forbes.com, April 10.

107.　2015, Strategic alliances: Not so niche anymore, *Coherence*, www.coherence360.com, May 10.

108.　W. E. Gillis, J. G. Combs, & D. J. Ketchen, Jr., 2014, Using resource-based theory to help explain plural form franchising, *Entrepreneurship Theory and Practice*, 38: 449–472; A. M. Hayashi, 2008, How to replicate success, *MIT Sloan Management Review*, 49: 6–7; M. Tuunanen & F. Hoy, 2007, Franchising: Multifaceted form of entrepreneurship, *International Journal of Entrepreneurship and Small Business*, 4: 52–67.

109.　R. Hahn & S. Gold, 2014, Resources and governance in "base of the pyramid"-partnerships: Assessing collaborations between businesses and non-business actors, *Journal of Business Research*, 67: 1321–1333; W. Vanhaverbeke, V. Gilsing, & G. Duysters, 2012, Competence and governance in strategic collaboration: The differential effect of network structure on the creation of core and noncore technology, *Journal of Product Innovation Management*, 29: 784–802; A. Zaheer, R. Gözübüyük, & H. Milanov, 2010, It's the connections: The network perspective in interorganizational research, *Academy of Management Perspectives*, 24: 62–77.

110.　L. Baertlein, 2015, McDonald's reset to change structure, cut costs, boost franchises, *Reuters*, www.reuters.com, May 4.

111.　C. Lioukas & J. Reuer, 2015, Isolating trust outcomes from exchange relationships: Social exchange and learning benefits of prior ties in alliances, *Academy of Management Journal*, in press; Y. Lew & R. R. Sinkovics, 2013, Crossing borders and industry sectors: Behavioral governance in strategic alliances and product innovation for competitive advantage, *Long Range Planning*, 46: 13–38; T. W. Tong, J. J. Reuer, & M. W. Peng, 2008, International joint ventures and the value of growth options, *Academy of Management Journal*, 51: 1014–1029.

112.　A. Peterman, A. Kourula, & R. Levitt, 2014, Balancing act: Government roles in an energy conservation network, *Research Policy*, 43: 1067–1082; H. Liu, X. Jiang, J. Zhang, & X. Zhao, 2013, Strategic flexibility and international venturing by emerging market firms: The moderating effects of institutional and relational factors, *Journal of International Marketing*, 21(2): 79–98; M. W. Hansen, T. Pedersen, & B. Petersen, 2009, MNC strategies and linkage effects in developing countries, *Journal of World Business*, 44: 121–130; A. Goerzen, 2005, Managing alliance networks: Emerging practices of

multinational corporations, *Academy of Management Executive*, 19(2): 94–107.

113. M. de Vaan, 2014, Interfirm networks in periods of technological turbulence and stability, *Research Policy*, 43: 1666–1680; C. C. Phelps, 2010, A longitudinal study of the influence of alliance network structure and composition on firm exploratory

innovation, *Academy of Management Journal*, 53: 890–913; L. H. Lin, 2009, Mergers and acquisitions, alliances and technology development: An empirical study of the global auto industry, *International Journal of Technology Management*, 48: 295–307.

第 12 章

1. M. C. Diaz-Fernandez, M. R. Gonzales-Rodriguez, & B. Simonetti, 2015, Top Management team's intellectual capital and firm performance *European Management Journal*, in press; D. C. Hambrick & T. J. Quigley, 2014, Toward more accurate contextualization of the CEO effect on firm performance, *Strategic Management Journal*, 35: 473–491; A. Mackey, 2008, The effect of CEOs on firm performance, *Strategic Management Journal*, 29: 1357–1367.

2. V. Govindarajan, 2012, The timeless strategic value of unrealistic goals, *HBR Blog Network*, www.hbr.org, October 22.

3. D. Martin, 2014, Thinking about thinking, *Journal of Business Strategy*, 35(5): 49–54; B.-J. Moon, 2013, Antecedents and outcomes of strategic thinking, *Journal of Business Research*, 66: 1698–1708; M. A. Hitt, K. T. Haynes, & R. Serpa, 2010, Strategic leadership for the 21st century, *Business Horizons*, 53: 437–444; R. D. Ireland & M. A. Hitt, 2005, Achieving and maintaining strategic competitiveness in the 21st century: The role of strategic leadership, *Academy of Management Executive*, 19: 63–77.

4. D. Cooper, P. C. Patel, & S. M. B, Thatcher, 2014, It depends: Environmental context and the effects of faultlines on top management team performance, *Organization Science*, 25: 633–652.

5. T. von den Driesch, M. E. S. da Costa, T. C. Flatten, & M. Brettel, 2015, How CEO experience, personality, and network affect firms' dynamic capabilities, *European Management Journal*, in press; M. T. Hansen, H. Ibarra, & U. Peyer, 2013, The best-performing CEOs in the world, *Harvard Business Review*, 91(1): 81–95.

6. M. A. Hitt, C. Miller, & A. Colella, 2015, *Organizational Behavior*, 4th ed., Hoboken, NJ: John Wiley & Sons; D. Frank & T. Obloj, 2014, Firm-specific human capital, organizational incentives, and agency costs: Evidence from retail banking, *Strategic Management Journal*, 35: 1279–1301; B. A. Campbell, R. Coff, & D. Kryscynski, 2012, Rethinking sustained competitive advantage from human capital, *Academy of Management Review*, 37: 376–395.

7. M. A. Axtle-Ortiz, 2013, Perceiving the value of intangible assets in context, *Journal of Business Research*, 56: 417–424.

8. P. J. H. Schoemaker, S. Krupp, & S. Howland, 2013, Strategic leadership: The essential skills, *Harvard Business Review*, 91(1-2):

131–134.

9. C. Chadwick, J. F. Super, & K. Kwon, 2015, Resource orchestration in Practice: CEO emphasis on shrm, commitment-based hr systems and firm performance, *Strategic Management Journal*, 36: 360–376; J. J. Sosik, W. A. Gentry, & J. U. Chun, 2012, The value of virtue in the upper echelons: A multisource examination of executive character strengths and performance, *Leadership Quarterly*, 23: 367–382.

10. D. M. Cable, F. Gino, & B. R. Staats, 2013, Breaking them in or eliciting their best? Reframing socialization and newcomers' authentic self-expression, *Administrative Science Quarterly*, 58: 1–36; T. Hulzschenreuter, I. Kleindienst, & C. Greger, 2012, How new leaders affect strategic change following a succession event: A critical review of the literature, *The Leadership Quarterly*, 23: 729–755.

11. C. Crossland, J. Zyung, N. J. Hiller, & D. C. Hambrick, 2014, CEO career variety: Effects on firm-level strategic and social novelty, *Academy of Management Journal*, 57: 652–674.

12. C. Alessi, 2015, ThyssenKrup swings to profit on cost-cutting, weaker euro, *Wall Street Journal*, www.wsj.com, February 13; S. Reed, 2014, ThyssenKrup post first annual profit in 3 years, *New York Times*, www.nytimes.com, November 20; T. Andresen, 2013, Thyssen woes tarnish 99-year-old steel baron's legacy, *Bloomberg*, www.bloomberg.com, May 21; J. Hromadko, 2013, ThyssenKrupp offers workers amnesty to resolve corruption case, *Wall Street Journal*, www.wsj.com, April 16.

13. J. Ewing, 2012, Embattled German steel maker reports a huge loss, *New York Times*, www.nytimes.com, December 11.

14. F. Briscoe, M. K. Chin, & D. C. Hambrick, 2014, CEO ideology as an element of the corporate opportunity structure for social activists, *Academy of Management Journal*, 57: 1786–1809.

15. J. P. Doe & N. R. Quigley, 2014, Responsible leadership and stakeholder management: Influence pathways and organizational outcomes, *Academy of Management Perspectives*, 28: 255–274.

16. X. Zhang, N. Li, J Ulrich, & R. von Dick, 2015, Getting everyone on board: The effect of differentiated transformational leadership by CEOs on top management team effectiveness and leader-rated firm performance, *Journal of Management*,

in press; J. C. Ryan & S. A. A. Tipu, 2013, Leadership effects on innovation propensity: A two-factor full range of leadership model, *Journal of Business Research*, 66: 2116–2129; A. E. Colbert, A. L. Kristof-Brown, B. H. Bradley, & M. R. Barrick, 2008, CEO transformational leadership: The role of goal importance congruence in top management teams, *Academy of Management Journal*, 51: 81–96.

17. H. S. Givray, 2007, When CEOs aren't leaders, *BusinessWeek*, September 3, 102.

18. Y. Dong, M.-G. Seo, & K. Bartol, 2014, No pain, no gain: An affect-based model of developmental job experience and the buffering effects of emotional intelligence, *Academy of Management Journal*, 57: 1056–1077; D. Goleman, 2004, What makes a leader? *Harvard Business Review*, 82(1): 82–91.

19. C. M. Leitch, C. McMullan, & R. T. Harrison, 2013, The development of entrepreneurial leadership: The role of human, social and institutional capital, *British Journal of Management*, 24: 347–366; Y. Ling, Z. Simsek, M. H. Lubatkin, & J. F. Veiga, 2008, Transformational leadership's role in promoting corporate entrepreneurship: Examining the CEO-TMT interface, *Academy of Management Journal*, 51: 557–576.

20. T. Hutzschenreuter & I. Kleindienst, 2013, (How) does discretion change over time? A contribution toward a dynamic view of managerial discretion, *Scandinavian Journal of Management*, 29: 264–281; T. L. Waldron, S. D. Graffin, J. F. Porac, & J. B. Wade, 2013, Third-party endorsements of CEO quality, managerial discretion, and stakeholder reactions, *Journal of Business Research*, 66: 2592–2599.

21. B. E. Lewis, J. L. Walls, & G. W. S. Dowell, 2014, Difference in degrees: CEO characteristics and firm environmental disclosure, *Strategic Management Journal*, 35: 712–722; R. Klingebiel, 2012, Options in the implementation plan of entrepreneurial initiatives: Examining firms' attainment of flexibility benefit, *Strategic Entrepreneurship Journal*, 6: 307–334; D. G. Sirmon, J.-L. Arregle, M. A. Hitt, & J. W. Webb, 2008, The role of family influence in firms' strategic responses to threat of imitation, *Entrepreneurship Theory and Practice*, 32: 979–998.

22. O. R. Mihalache, J. J. P. Jansen, F. A. J. van den Bosch, & H. W. Volberda, 2014, Top

management team shared leadership and organizational ambidexterity: A moderated mediation framework, *Strategic Entrepreneurship Journal*, 8: 128–148.

23. M. Menz, 2012, Functional top management team members: A review, synthesis, and research agenda, *Journal of Management*, 38: 45–80; A. M. L. Raes, U. Glunk, M. G. Heijitjes, & R. A. Roe, 2007, Top management team and middle managers, *Small Group Research*, 38: 360–386.

24. A. Ganter & A. Hecker, 2014, Configurational paths to organizational innovation: Qualitative comparative analyses of antecedents and contingencies, *Journal of Business Research*, 67:1285–1292; O. R. Mihalach, J. J. P. Jansen, F. A. J. Van Den Bosch, & H. W. Volberda, 2012, Offshoring and firm innovation: The moderating role of top management team attributes, *Strategic Management Journal*, 33: 1480–1498.

25. K. T. Haynes, M. A. Hitt, & J. T. Campbell, 2015, The dark side of leadership: Toward a mid-range theory of hubris and greed in entrepreneurial contexts, *Journal of Management Studies*, 52: 479–505; J. Li & Y. Tang, 2010, CEO hubris and firm risk taking in China: The moderating role of managerial discretion, *Academy of Management Journal*, 53: 45–68; M. L. A. Hayward, V. P. Rindova, & T. G. Pollock, 2004, Believing one's own press: The causes and consequences of CEO celebrity, *Strategic Management Journal*, 25: 637–653.

26. A. Y. Ou, A. S Tsui, A. J. Kinicki, D. A. Waldman, Z. Xiao, & L. J. Song, 2014, Humble chief executive officers' connections to top management team integration and middle manager response, *Administrative Science Quarterly*, 59: 34–72; P. J. C. Patel & D. Cooper, 2014, The harder they fall, the faster they rise: Approach avoidance focus in Narcissistic CEOs, *Strategic Management Journal*, 35: 1528–1540.

27. A. Carmeli, A. Tishler, & A. C. Edmondson, 2012, CEO relational leadership and strategic decision quality in top management teams: The role of team trust and learning from failure, *Strategic Organization*, 10: 31–54; V. Souitaris & B. M. M. Maestro, 2010, Polychronicity in top management teams: The impact on strategic decision processes and performance in new technology ventures, *Strategic Management Journal*, 31: 652–678.

28. D. C. Hambrick, S. E. Humphrey, & A. Gupta, 2015, Structural interdependence, within top management teams: A key moderator of upper echelon predictions, *Strategic Management Journal*, 36: 449–461.

29. O. Levy, S. Taylor, N. A. Boyacigiller, T. E. Bodner, M. A. Peiperl, & S. Beechler, 2015, Perceived senior leadership opportunities in MNCs: The effect of social hierarchy and capital, *Journal of International Business Studies*, 46: 285–307.

30. R. Olie, A. van Iteraon, & Z. Simsek, 2012–13, When do CEOs versus top management teams matter in explaining strategic decision-making processes? Toward an institutional view of strategic leadership effects, *International Studies of Management and Organization*, 42(4): 86–105; Y. Ling & F. W. Kellermans, 2010, The effects of family firm specific sources of TMT diversity: The moderating role of information exchange frequency, *Journal of Management Studies*, 47: 322–344.

31. R. Klingebiel & A. De Meyer, 2013, Becoming aware of the unknown: Decision making during the implementation of a strategic initiative, *Organization Science*, 24: 133–153; A. Srivastava, K. M. Bartol, & E. A. Locke, 2006, Empowering leadership in management teams: Effects on knowledge sharing, efficacy, and performance, *Academy of Management Journal*, 49: 1239–1251; D. Knight, C. L. Pearce, K. G. Smith, J. D. Olian, H. P. Sims, K. A. Smith, & P. Flood, 1999, Top management team diversity, group process, and strategic consensus, *Strategic Management Journal*, 20: 446–465.

32. A. Nadolska & H. G. Barkema, 2014, Good learners: How top management teams affect the success and frequency of acquisitions, *Strategic Management Journal*, 35: 1483–1507.

33. T. Buyl, C. Boone, W. Hendricks, & P. Matthyssens, 2011, Top management team functional diversity and firm performance: The moderating role of CEO characteristics, *Journal of Management Studies*, 48: 151–177; B. J. Olson, S. Parayitam, & Y. Bao, 2007, Strategic decision making: The effects of cognitive diversity, conflict, and trust on decision outcomes, *Journal of Management*, 33: 196–222.

34. S. Finkelstein, D. C. Hambrick, & A. A. Cannella, Jr., 2008, *Strategic Leadership: Top Executives and Their Effects on Organizations*, NY: Oxford University Press.

35. A Minichilli, G. Corbetta, & I. C. Macmillan, 2010, Top management teams in family-controlled companies: 'Familiness', 'faultlines', and their impact on financial performance, *Journal of Management Studies*, 47: 205–222; J. J. Marcel, 2009, Why top management team characteristics matter when employing a chief operating officer: A strategic contingency perspective, *Strategic Management Journal*, 30: 647–658.

36. T. Buyl, C. Boone, & W. Hendriks, 2014, Top management team members' decision influence and cooperative behavior: An empirical study in the information technology industry, *British Journal of Management*, 25: 285–304; Z. Simsek, J. F. Veiga, M. L. Lubatkin, & R. H. Dino, 2005, Modeling the multilevel determinants of top management team behavioral integration, *Academy of Management Journal*, 48: 69–84.

37. A. A. Cannella, J. H. Park, & H. U. Lee, 2008, Top management team functional background diversity and firm performance: Examining the roles of team member collocation and environmental uncertainty, *Academy of Management Journal*, 51: 768–784.

38. J. W. Ridge, F. Aime, & M. A. White, 2015, When much more of a difference makes a difference: Social comparison and tournaments in the CEO's top team, *Strategic Management Journal*, 36: 618–636; A. S. Cui, R. J. Calantone, & D. A. Griffith, 2011, Strategic change and termination of interfirm partnerships, *Strategic Management Journal*, 32: 402–423.

39. P. Herrmann & S. Nadkarni, 2014, Managing strategic change: The duality of CEO personality, *Strategic Management Journal*, 35: 1318–1342; A. E. Colbert, M. R. Barrick, & B. H. Bradley, 2014, Personality and leadership composition in top management teams: Implications for organizational effectiveness, *Personnel Psychology*, 67: 351–387.

40. C. Shalley, M. A. Hitt, & J. Zhou, 2015, Integrating creativity, innovation and entrepreneurship to successfully navigate in the new competitive landscape, in C. Shalley, M. A. Hitt, & J. Zhou (eds.) *Handbook of Creativity, Innovation and Entrepreneurship*, NY: Oxford University Press, pp. 1–14; K. Liu, J. Li, W. Hesterly, & A. A. Cannella, Jr., 2012, Top management team tenure and technological inventions at post-IPO biotechnology firms, *Journal of Business Research*, 65: 1349–1356.

41. J. Tian, J. Haleblian, & N. Rajagopalan, 2011, The effects of board human and social capital on investor reactions to new CEO selection, *Strategic Management Journal*, 32: 731–747; Y. Zhang & N. Rajagopalan, 2003, Explaining the new CEO origin: Firm versus industry antecedents, *Academy of Management Journal*, 46: 327–338.

42. X. Luo, V. K. Kanuri, & M. Andrews, 2014, How does CEO tenure matter? The mediating role of firm-employee and firm-customer relationships, *Strategic Management Journal*, 35: 492–511.

43. P. Y. T. Sun & M. H. Anderson, 2012, Civic capacity: Building on transformational leadership to explain successful integrative public leadership, *The Leadership Quarterly*, 23: 309–323; I. Barreto, 2010, Dynamic capabilities: A review of the past research and an agenda for the future, *Journal of Management*, 36: 256–280.

44. D. H. Zhu & G. Chen, 2015, CEO narcissism and the impact of prior board experience on firm strategy, *Administrative Science Quarterly*, 60: 31–65; M. L. McDonald & J. D. Westphal, 2010, A little help here? Board control, CEO identification with the corporate elite, and strategic help provided to CEOs at other firms, *Academy of Management Journal*, 53: 343–370; L. Tihanyi, R. A. Johnson, R. E. Hoskisson, & M. A. Hitt, 2003, Institutional ownership and international diversification: The effects of boards of directors and technological opportunity, *Academy of Management Journal*, 46: 195–211.

45. K. B. Lewellyn & M. I. Muller-Kahle, 2012, CEO power and risk taking: Evidence from

the subprime lending industry, *Corporate Governance: An International Review*, 20: 289–307; S. Wu, X. Quan, & L. Xu, 2011, CEO power, disclosure quality and the variability in firm performance, *Nankai Business Review International*, 2: 79–97.

46. J. Joseph, W. Ocasio, & M.-H. McDonnell, 2014, The structural elaboration of board independence: Executive power, institutional logics, and the adoption of CEO-only board structures in U.S. corporate governance, *Academy of Management Journal*, 57: 1834–1858; S. Kaczmarek, S. Kimino, & A. Pye, 2012, Antecedents of board composition: The role of nomination committees, *Corporate Governance: An International Review*, 20: 474–489.

47. M. van Essen, P.-J. Engelen, & M. Carney, 2013, Does 'good' corporate governance help in a crisis? The impact of country- and firm-level governance mechanisms in the European financial crisis, *Corporate Governance: An International Review*, 21: 201–224; M. A. Abebe, A. Angriawan, & Y. Lui, 2011, CEO power and organizational turnaround in declining firms: Does environment play a role? *Journal of Leadership and Organizational Studies*, 18: 260–273.

48. C.-H. Liao & A. W.-H. Hsu, 2013, Common membership and effective corporate governance: Evidence from audit and compensation committees, *Corporate Governance: An International Review*, 21: 79–92.

49. P. Cullinan, P. B. Roush, & X. Zheng, 2012, CEO/Chair duality in the Sarbanes-Oxley era; Board independence versus unity of command, *Research on Professional Responsibility and Ethics in Accounting*, 16: 167–183; C. S. Tuggle, D. G. Sirmon, C. R. Reutzel, & L. Bierman, 2010, Commanding board of director attention: Investigating how organizational performance and CEO duality affect board members' attention to monitoring, *Strategic Management Journal*, 32: 640–657; J. Coles & W. Hesterly, 2000, Independence of the chairman and board composition: Firm choices and shareholder value, *Journal of Management*, 26: 195–214.

50. R. Krause & M. Semadeni, 2013, Apprentice, departure, and demotion: An examination of the three types of CEO-board chair separation, *Academy of Management Journal*, 56: 805–826.

51. M. van Essen, P.-J. Engelen, & M. Carney, 2013, Does "good" corporate governance help in a crisis? The impact of country- and firm-level governance mechanisms in the European financial crisis, *Corporate Governance: An International Review*, 21: 201–224.

52. R. Krause & M. Semadeni, 2014, Last dance or second chance? Firm performance, CEO career horizon, and the separation of board leadership roles, *Strategic Management Journal*, 35: 808–825.

53. P. C. Patel & D. Cooper, 2014, Structural power equality between family and non-family TMT members and the performance of family firms, *Academy of Management Journal*, 57: 1624–1649.

54. E. Matta & P. W. Beamish, 2008, The accentuated CEO career horizon problem: Evidence from international acquisitions, *Strategic Management Journal*, 29: 683–700; N. Rajagopalan & D. Datta, 1996, CEO characteristics: Does industry matter? *Academy of Management Journal*, 39: 197–215.

55. W. Lewis, J. L. Walls, & G. W. S. Dowell, 2014, Difference in degrees: CEO characteristics and firm environmental disclosure, *Strategic Management Journal*, 35: 712–722; R. A. Johnson, R. E. Hoskisson, & M. A. Hitt, 1993, Board involvement in restructuring: The effect of board versus managerial controls and characteristics, *Strategic Management Journal*, 14 (Special Issue): 33–50.

56. Z. Simsek, 2007, CEO tenure and organizational performance: An intervening model, *Strategic Management Journal*, 28: 653–662.

57. M. A. Fitza, 2014, The use of variance decomposition in the investigation of CEO effects: How large must the CEO effect be to rule out chance? *Strategic Management Journal*, 35: 1839–1852; X. Luo, V. K. Kanuri, & M. Andrews, 2014, How does CEO tenure matter? The mediating role of firm-employee and firm-customer relationships, *Strategic Management Journal*, 35: 492–511.

58. M. Hernandez, 2012, Toward an understanding of the psychology of stewardship, *Academy of Management Review*, 37: 172–193.

59. J. W. Ridge & A. Ingram, 2015, Modesty in the top management team: Investor reaction and performance implications, *Journal of Management*, in press; K. Boyd, D. Miller, I. LeBreton-Miller, & B. Scholnick, 2008, Stewardship vs. stagnation: An empirical comparison of small family and non-family businesses, *Journal of Management Studies*, 51: 51–78; J. H. Davis, F. D. Schoorman, & L. Donaldson, 1997, Toward a stewardship theory of management, *Academy of Management Review*, 22: 20–47.

60. M. Menz & C. Scheef, 2014, Chief strategy officers: Contingency analysis of their presence in top management teams, *Strategic Management Journal*, 35: 461–471; A. Holehonnur & T. Pollock, 2013, Shoot for the stars? Predicting the recruitment of prestigious directors at newly public firms, *Academy of Management Journal*, 56: 1396–1419; B. Espedal, O. Kvitastein, & K. Gronhaug, 2012, When cooperation is the norm of appropriateness: How does CEO cooperative behavior affect organizational performance? *British Journal of Management*, 23: 257–271.

61. X. Zhang, N. Li, J. Ullrich, & R. van Dick, 2015, Getting everyone on board: The effect of differentiated transformational leadership by CEOs on top management team effectiveness and leader-related firm performance, *Journal of Management*, in press; J. G. Messersmith, J.-Y. Lee, J P. Guthrie, & Y.-Y Ji, 2014, Turnover at the top: Executive team departures and firm performance, *Organization Science*, 25: 776–793.

62. C. H. Mooney, M. Semadeni, & I. F. Kesner, 2015, The selection of an interim CEO: Boundary conditions and the pursuit of temporary leadership, *Journal of Management*, in press; S. D. Graffin, S. Boivie, & M. A. Carpenter, 2013, Examining CEO succession and the role of heuristics in early-stage CEO evaluation, *Strategic Management Journal*, 34: 383–403.

63. J. P. Donlon, 2013, 40 best companies for leaders 2013, *Chief Executive*, www.chiefexecutive.net, January 12.

64. 2013, Deloitte, Perspectives on family-owned businesses: Governance and succession planning, www.deloitte.com, January.

65. C. Peterson-Withorn, 2015, new survey pinpoints what keeps family businesses going for generations, *Forbes*, www.forbes.com, April 23.

66. 2013, Intersearch survey reveals status of CEO succession plans in companies around the world, Intersearch, www.pendlpiswanger.at/images/content/file/Artikel/CEOsuccession, February.

67. S. Mobbs & C. G. Raheja, 2012, Internal managerial promotions: Insider incentives and CEO succession, *Journal of Corporate Finance*, 18: 1337–1353; S. Rajgopal, D. Taylor, & M. Venkatachalam, 2012, Frictions in the CEO labor market: The role of talent agents in CEO compensation, *Contemporary Accounting Research*, 29: 119–151.

68. 2015, CEO Statistics, Statistic Brain Research Institute, www.statisticbrain.com, March 11.

69. M. Nakauchi & M. F. Wiersema, 2015, Executive succession and strategic change, *Strategic Management Journal*, 36: 298–306; M. Elson & C. K. Ferrere, 2012, When searching for a CEO, there's no place like home, *Wall Street Journal*, www.wsj.com, October 29.

70. W. Li & J. Lu, 2014, Board independence, CEO succession and the scope of strategic change, *Nankai Business Review International*, 5: 309–325.

71. J. J. Marcel, A. P. Cowen, & G. A. Ballinger, 2015, Are disruptive CEO successions viewed as a governance lapse? Evidence from board turnover, *Journal of Management*, in press; Y. Zhang & N. Rajagopalan, 2010, Once an outsider, always an outsider? CEO origin, strategic change and firm performance, *Strategic Management Journal*, 31: 334–346.

72. V. Mehrotra, R. Morck, J. Shim, & Y. Wiwattanakantang, 2013, Adoptive expectations: Rising sons in Japanese family firms, *Journal of Financial Economics*, 108: 840–854; G. A. Ballinger & J. J. Marcel, 2010, The use of an interim CEO during succession episodes and firm performance, *Strategic Management Journal*, 31: 262–283.

73. S. Pandey & S. Rhee, 2015, An inductive study of foreign CEOs of Japanese firms, *Journal of Leadership and Organizational Studies*, 22: 202–216.

74. J. A. Krug, P. Wright, & M. J. Kroll, 2014, Top management turnover following mergers

and acquisitions; Solid research to date but still much to be learned, *Academy of Management Journal*, 28: 147–163.

75. T. Buyl, C. Boone, & J. B. Wade, 2015, non-CEO executive mobility: The impact of poor firm performance and TMT attention, *European Management Review*, in press.

76. J. Baer, 2015, Google hires Morgan Stanley's Porat as finance chief, *Wall Street Journal*, www.wsj.com, March 24; C. Dougherty, 2015, Google CFO is retiring to spend more time with family (No, really), *New York Times*, bits.blogs.nytimes.com, March 10.

77. D. H. Weng & Z. Lin, 2014, Beyond CEO tenure: The effect of CEO newness on strategic changes, *Journal of Management*, 40: 2009–2032; T. Hutzschenreuter, I. Kleindienst, & C. Greger, 2012, How new leaders affect strategic change following a succession event: A critical review of the literature, *The Leadership Quarterly*, 23: 729–755; J. Kotter, 2012, Accelerate! *Harvard Business Review*, 90(11): 45–58.

78. F. F. Jing, G. C. Avery, & H. Bergsteiner, 2014, Enhancing performance in small professional firms through vision communication and sharing, *Asia Pacific Journal of Management*, 31: 599–620; L. Mirabeau & S. Maguire, 2014, From autonomous strategic behavior to emergent strategy, *Strategic Management Journal*, 35: 1202–1229; G. A. Shinkle, A. P. Kriauciunas, & G. Hundley, 2013, Why pure strategies may be wrong for transition economy firms, *Strategic Management Journal*, 34: 1244–1254.

79. Herrmann & Nadkarni, 2014, Managing strategic change; T. Barnett, R. G. Long, & L. E. Marler, 2012, Vision and exchange in intra-family succession: Effects on procedural justice climate among nonfamily managers, *Entrepreneurship Theory and Practice*, 36: 1207–1225.

80. S. Mantere, H. A. Schildt, & J. A. A. Sillince, 2012, Reversal of strategic change, *Academy of Management Journal*, 55: 172–196; S. Sonenshein, 2012, Explaining employee engagement with strategic change implementation: A meaning-making approach, *Organization Science*, 23: 1–23.

81. P. Chaigneau, 2013, Explaining the structure of CEO incentive pay with decreasing relative risk aversion, *Journal of Economics and Business*, 67: 4–23; G. Chen & D. C. Hambrick, 2012, CEO replacement in turnaround situations: Executive (mis)fit and its performance implications, *Organization Science*, 23: 225–243; P. L. McClelland, X. Ling, & V. L. Barker, 2010, CEO commitment to the status quo: Replication and extension using content analysis, *Journal of Management*, 36: 1251–1277.

82. S. Nankarni & J. Chen, 2014, Bridging yesterday, today and tomorrow: CEO temporal focus, environmental dynamism and rate of new product introduction, *Academy of Management Journal*, 57: 1810–1833; J. R. Mitchell, D. A. Shepherd, & M. P. Sharfman, 2011, Erratic strategic decisions: When and why managers are inconsistent in strategic decision making, *Strategic Management Journal*, 32: 683–704.

83. R. Mudambi & T. Swift, 2014, Knowing when to leap: Transitioning between exploitative and explorative R&D, *Strategic Management Journal*, 35: 126–145; J. Wowak & D. C. Hambrick, 2010, A model of person-pay interaction: How executives vary in their response to compensation arrangements, *Strategic Management Journal*, 31: 803–821.

84. G. A. Shinkle & B. T. McCann, 2014, New product deployment: The moderating influence of economic institutional context, *Strategic Management Journal*, 35: 1090–1101; P. M. Wilderom, P. T. van den Berg, & U. J. Wiersma, 2012, A longitudinal study of the effects of charismatic leadership and organizational culture on objective and perceived corporate performance, *The Leadership Quarterly*, 23: 835–848.

85. M.-J. Chen & D. Miller, 2012, West meets east: Toward an ambicultural approach to management, *Academy of Management Perspectives*, 24: 17–24; M.-J. Chen & D. Miller, 2011, The relational perspective as a business mindset: Managerial implications for East and West, *Academy of Management Perspectives*, 25: 6–18.

86. U. Stettner & D. Lavie, 2014, Ambidexterity under scrutiny: Exploration and exploitation via internal organization, alliances and acquisitions, *Strategic Management Journal*, 35: 1903–1925; M. Y. C. Chen, C. Y. Y. Lin, H.-E. Lin, & E. F. McDonough, III, 2012, Does transformational leadership facilitate technological innovation? The moderating roles of innovative culture and incentive compensation, *Asia Pacific Journal of Management*, 29: 239–264.

87. A. Gambardella, C. Panico, & G. Valentini, 2015, Strategic incentives to human capital, *Strategic Management Journal*, 36: 37–52; M. D. Huesch, 2013, Are there always synergies between productive resources and resource deployment capabilities? *Strategic Management Journal*, 34: 1288–1313; J. Kraaijenbrink, J.-C. Spender, & A. J. Groen, 2010, The resource-based view: A review and assessment of its critiques, *Journal of Management*, 36: 349–372.

88. S. D. Julian & J. C. Ofori-dankwa, 2013, Financial resource availability and corporate social responsibility expenditures in a sub-Saharan economy: The institutional difference hypothesis, *Strategic Management Journal*, 34: 1314–1330; T. Vanacker, V. Collewaert, & I. Pacleman, 2013, The relationship between slack resources and the performance of entrepreneurial firms: The role of venture capital and angel investors, *Journal of Management Studies*, 50: 1070–1096.

89. Y. Li, H. Chen, Y. Liu, & M. W. Peng, 2014, Managerial ties, organizational learning, and opportunity capture: A social capital perspective, *Asia Pacific Journal of Management*, 31: 271–291; E. A. Clinton, S. Sciascia, R. Yadav, & F. Roche, 2013, Resource acquisition in family firms: The role of family-influenced human and social capital, *Entrepreneurship Research Journal*, 3: 44–61; H. A. Ndofor, D. G. Sirmon, & X. He, 2011, Firm resources, competitive actions and performance: Investigating a mediated model with evidence from the in-vitro diagnostics industry, *Strategic Management Journal*, 32: 640–657.

90. A. Carr, 2013, Death to core competency: Lessons from Nike, Apple, Netflix, *Fast Company*, www.fastcompany.com, February 14.

91. P. M. Wright, R. Coff, & T. P. Moliterno, 2014, Strategic human capital: Crossing the great divide, *Journal of Management*, 40: 353–370; R. E. Ployhart, C. H. Van Idderkinge, & W. J. MacKenzie, 2011, Acquiring and developing human capital in service contexts: The interconnectedness of human capital resources, *Academy of Management Journal*, 54: 353–368.

92. M. A. Hitt, L. Bierman, K. Uhlenbruck, & K. Shimizu, 2006, The importance of resources in the internationalization of professional service firms: The good, the bad and the ugly, *Academy of Management Journal*, 49: 1137–1157; M. A. Hitt, L. Bierman, K. Shimizu, & R. Kochhar, 2001, Direct and moderating effects of human capital on strategy and performance in professional service firms: A resource-based perspective, *Academy of Management Journal*, 44: 13–28.

93. A. Mackey, J. C. Molloy, & S. S. Morris, 2014, Scarce human capital in managerial labor markets, *Journal of Management*, 40: 399–421; H. Aquinis, H. Joo, & R. K. Gottfredson, 2013, What monetary rewards can and cannot do: How to show employees the money, *Business Horizons*, 56: 241–249.

94. A. Chatterji & A. Patro, 2014, Dynamic capabilities and managing human capital, *Academy of Management Perspectives*, 28: 395–408; R. R. Kehoe & P. M. Wright, 2013, The impact of high-performance human resource practices on employees' attitudes and behaviors, *Journal of Management*, 39: 366–391.

95. Z. J. Zhao & J. Anand, 2013, Beyond boundary spanners: The 'collective bridge' as an efficient interunit structure for transferring collective knowledge, *Strategic Management Journal*, 34: 1513–1530; J. Pfeffer, 2010, Building sustainable organizations: The human factor, *Academy of Management Perspectives*, 24(1): 34–45.

96. K. Z. Zhou & C. B. Li, 2012, How knowledge affects radical innovation: Knowledge base, market knowledge acquisition, and internal knowledge sharing, *Strategic Management Journal*, 33: 1090–1102.

97. J. R. Lecuona & M. Reitzig, 2014, Knowledge worth having in 'excess': The value of tacit and firm-specific human resource slack, *Strategic Management Journal*, 35: 954–973; T. R. Holcomb, R. D. Ireland, R. M. Holmes, & M. A. Hitt, 2009, Architecture of entrepreneurial learning: Exploring the link among heuristics, knowledge, and action, *Entrepreneurship, Theory & Practice*,

33: 173–198.

98. Y. Zheng, A. S. Miner, & G. George, 2013, Does the learning value of individual failure experience depend on group-level success? Insights from a university technology transfer office, *Industrial and Corporate Change*, 22: 1557–1586; R. Hirak, A. C. Peng, A. Carmeli, & J. M. Schaubroeck, 2012, Linking leader inclusiveness to work unit performance: The importance of psychological safety and learning from failure, *The Leadership Quarterly*, 23: 107–117.

99. Hitt, Miller, & Colella, *Organizational Behavior*.

100. A. Cook & C. Glass, 2014, Above the glass ceiling: When are women and racial/ethnic minorities promoted to CEO? *Academy of Management Journal*, 35: 1080–1089.

101. R. Hoskisson, W. Shi, H. Yi, & J. Jin, 2013, The evolution and strategic positioning of private equity firms, *Academy of Management Perspectives*, 27: 22–38; P. M. Norman, F. C. Butler, & A. L. Ranft, 2013, Resources matter: Examining the effects of resources on the state of firms following downsizing, *Journal of Management*, 39: 2009–2038; R. D. Nixon, M. A. Hitt, H. Lee, & E. Jeong, 2004, Market reactions to corporate announcements of downsizing actions and implementation strategies, *Strategic Management Journal*, 25: 1121–1129.

102. R. J. Bies, 2013, The delivery of bad news in organizations: A framework for analysis, *Journal of Management*, 39: 136–162; B. C. Holtz, 2013, Trust primacy: A model of the reciprocal relations between trust and perceived justice, *Journal of Management*, 39: 1891–1923.

103. C. Galunic, G. Krtug, & M. Gargiulo, 2012, The positive externalities of social capital: Benefiting from senior brokers, *Academy of Management Journal*, 55: 1213–1231; P. S. Adler & S. W. Kwon, 2002, Social capital: Prospects for a new concept, *Academy of Management Review*, 27: 17–40.

104. M. Ahearne, S. K. Lam, & F. Krause, 2014, Performance impact of middle managers' adaptive strategy implementation: The role of social capital, *Strategic Management Journal*, 35: 68–87; Y.-Y. Chang, Y. Gong, & M. W. Peng, 2012, Expatriate knowledge transfer, subsidiary absorptive capacity, and subsidiary performance, *Academy of Management Journal*, 55: 927–948; S. Gao, K. Xu, & J. Yang, 2008, Managerial ties, Absorptive capacity & innovation, *Asia Pacific Journal of Management*, 25: 395–412.

105. K. H. Heimeriks, M. Schijven, & S. Gates, 2012, Manifestations of higher-order routines: The underlying mechanisms of deliberate learning in the context of postacquisition integration, *Academy of Management Journal*, 55: 703–726; P. Ozcan & K. M. Eisenhardt, 2009, Origin of alliance portfolios: Entrepreneurs, network strategies, and firm performance, *Academy of Management Journal*, 52: 246–279; W. H. Hoffmann, 2007, Strategies for managing a portfolio of alliances, *Strategic Management Journal*, 28: 827–856.

106. A. M. Kleinbaum & T. E. Stuart, 2014, Inside the black box of the corporate staff: Social networks and the implementation of corporate strategy, *Strategic Management Journal*, 35: 24–47.

107. D. K. Panda, 2014, Managerial networks and strategic orientation in SMEs: Experience from a transition economy, *Journal of Strategy and Management*, 7: 376–397; B. J. Hallen & K. M. Eisenhardt, 2012, Catalyzing strategies and efficient tie formation: How entrepreneurial firms obtain investment ties, *Academy of Management Journal*, 55: 35–70.

108. A. Klein, 2011, Corporate culture: Its value as a resource for competitive advantage, *Journal of Business Strategy*, 32(2): 21–28; J. B. Barney, 1986, Organizational culture: Can it be a source of sustained competitive advantage? *Academy of Management Review*, 11: 656–665.

109. B. Schneider, M. G. Ehrhart, & W. H. Macey, 2013, Organizational climate and culture, *Annual Review of Psychology*, 64: 361–388; E. F. Goldman & A. Casey, 2010, Building a culture that encourages strategic thinking, *Journal of Leadership and Organizational Studies*, 17: 119–128.

110. C. B. Dobni, M. Klassen, & W. T. Nelson, 2015, Innovation strategy in the US: Top executives offer their views, *Journal of Business Strategy*, 36(1): 3–13; P. G. Klein, J. T. Mahoney, A. M. McGahan, & C. N. Pitelis, 2013, Capabilities and strategic entrepreneurship in public organizations, *Strategic Entrepreneurship Journal*, 7: 70–91; R. D. Ireland, J. G. Covin, & D. F. Kuratko, 2009, Conceptualizing corporate entrepreneurship strategy, *Entrepreneurship Theory and Practice*, 33: 19–46.

111. M. S. Wood, A. McKelvie, & J. M. Haynie, 2014, Making it personal: Opportunity individuation and the shaping of opportunity beliefs, *Journal of Business Venturing*, 29: 252–272; R. D. Ireland & J. W. Webb, 2007, Strategic entrepreneurship: Creating competitive advantage through streams of innovation, *Business Horizons*, 50: 49–59.

112. P. L. Schultz, A. Marin, & K. B. Boal, 2014, The impact of media on the legitimacy of new market categories: The case of broadband internet, *Journal of Business Venturing*, 29: 34–54; S. A. Alvarez & J. B. Barney, 2008, Opportunities, organizations and entrepreneurship, *Strategic Entrepreneurship Journal*, 2: 171–174.

113. Y. Tang, J. Li, & H. Yang, 2015, What I see, what I do: How executive hubris affects firm innovation, *Journal of Management*, in press; R. E. Hoskisson, M. A. Hitt, R. D. Ireland, & J. S. Harrison, 2013, *Competing for Advantage*, 3rd ed., Mason, OH: Thomson Publishing.

114. G. Cao, Z. Simsek, & J. J. P. Jansen, 2105, CEO social capital and entrepreneurial orientation of the firm: Bonding and bridging effects, *Journal of Management*, in press; T. W. Tong & S. Li, 2013, The assignment of call option rights between partners in international joint ventures, *Strategic Management Journal*, 34: 1232–1243.

115. C. Bjornskov & N. Foss, 2013, How strategic entrepreneurship and the institutional context drive economic growth, *Strategic Entrepreneurship Journal*, 7: 50–69; M. A. Hitt, R. D. Ireland, D. G. Sirmon, & C. A. Trahms, 2011, Strategic entrepreneurship: Creating value for individuals, organizations and society, *Academy of Management Perspectives*, 25: 57–75; P. G. Kein, 2008, Opportunity discovery, entrepreneurial action and economic organization, *Strategic Entrepreneurship Journal*, 2: 175–190.

116. A. Engelen, C. Neumann, & S. Schmidt, 2015, Should entrepreneurially oriented firms have narcissistic CEOs? *Journal of Management*, in press; G. T. Lumpkin & G. G. Dess, 1996, Clarifying the entrepreneurial orientation construct and linking it to performance, *Academy of Management Review*, 21: 135–172.

117. Lumpkin & Dess, Clarifying the entrepreneurial orientation construct, 142.

118. Ibid., 137.

119. C. L. Wang & M. Rafiq, 2014, Ambidextrous organizational culture, contextual ambidexterity and new product innovation: A comparative study of UK and Chinese high-tech firms, *British Journal of Management*, 25: 58–76; P. Pyoria, 2007, Informal organizational culture: The foundation of knowledge workers' performance, *Journal of Knowledge Management*, 11: 16–30.

120. C. Kane & J. Cunningham, 2014, Turnaround leadership core tensions during the company turnaround process, *European Management Review*, 32: 968–980; W. Langvardt, 2012, Ethical leadership and the dual roles of examples, *Business Horizons*, 55: 373–384.

121. M. N. Kastanakis & B. G. Voyer, 2014, The effect of culture on perception and cognition: A conceptual framework, *Journal of Business Research*, 67: 425–433; J. Kotter, 2011, Corporate culture: Whose job is it? *Forbes*, http://blog.forbes.com/johnkotter, February 17.

122. M. I. Garces & P. Morcillo, 2012, The role of organizational culture in the resource-based view: An empirical study of the Spanish nuclear industry, *International Journal of Strategic Change Management*, 4: 356–378; E. Mollick, 2012, People and process, suits and innovators: the role of individuals in firm performance, *Strategic Management Journal*, 33: 1001–1015.

123. W. McKinley, S. Latham, & M. Braun, 2014, Organizational decline and innovation: Turnarounds and downward spirals, *Academy of Management Review*, 39: 88–110; R. Fehr & M. J. Gelfand, 2012, The forgiving organization: A multilevel model of forgiveness at work, *Academy of Management Review*, 37: 664–688; E. G. Love & M. Kraatz, 2009, Character, conformity, or the bottom line? How and why downsizing affected corporate reputation, *Academy of Management Journal*, 52: 314–335.

124. Adler & Kwon, Social capital.
125. J. L. Campbell & A. S. Goritz, 2014, Culture corrupts! A qualitative study of organizational culture in corrupt organizations, *Journal of Business Ethics*, 120: 291–311; J. Pinto, C. R. Leana, & F. K. Pil, 2008, Corrupt organizations or organizations of corrupt individuals? Two types of organization-level corruption, *Academy of Management Review*, 33: 685–709.
126. A. Arnaud & M. Schminke, 2012, The ethical climate and context of organizations: A comprehensive model, *Organization Science*, 23: 1767–1780; M. E. Scheitzer, L. Ordonez, & M. Hoegl, 2004, Goal setting as a motivator of unethical behavior, *Academy of Management Journal*, 47: 422–432.
127. J. A. Pearce, 2013, Using social identity theory to predict managers' emphases on ethical and legal values in judging business issues, *Journal of Business Ethics*, 112: 497–514; M. Zhao, 2013, Beyond cops and robbers: The contextual challenge driving the multinational corporation public crisis in China and Russia, *Business Horizons*, 56: 491–501.
128. H. A. Ndofor, C. Wesley, & R. L. Priem, 2015, Providing CEOs with opportunities to cheat: The effects of complexity based information asymmetries on financial reporting fraud, *Journal of Management*, in press; I. Okhmaztovksiy & R. J. David, 2012, Setting your own standards: Internal corporate governance codes as a response to institutional pressure, *Organization Science*, 23: 155–176; X. Zhang, K. M. Bartol, K. G. Smith, M. D. Pfaffer, & D. M. Khanin, 2008, CEOs on the edge: Earnings manipulation and stock-based incentive misalignment, *Academy of Management Journal*, 51: 241–258.
129. K. T. Haynes, J. T. Campbell, & M. A. Hitt, 2015, When more is not enough: Executive greed and its influence on shareholder wealth. *Journal of Management*, in press; Haynes, Hitt, & Campbell, The Dark Side of Leadership; P. M. Picone, G. B. Dagnino, &

A. Mina, 2014, The origin of failure: A multidisciplinary appraisal of the hubris hypothesis and proposed research agenda, *Academy of Management Perspectives*, 28(4): 447–468.
130. K. A, Gangloff, B. L. Connelly, & C. L. Shook, 2015, Of scapegoats and signals: Investor reactions to CEO succession in the aftermath of wrongdoing, *Journal of Management*, in press; D. Gomulya & W. Boeker, 2014, How firms respond to financial restatement: CEO successors and external reactions, *Academy of Management Journal*, 57: 1759–1785.
131. M. S. Schwartz, 2013, Developing and sustaining an ethical corporate culture: The core elements, *Business Horizons*, 56: 39–50; J. M. Stevens, H. K. Steensma, D. A. Harrison, & P. L. Cochran, 2005, Symbolic or substantive document? Influence of ethics codes on financial executives' decisions, *Strategic Management Journal*, 26: 181–195.
132. W. H. Bishop, 2013, The role of ethics in 21st century organizations, *Journal of Business Ethics*, 118: 635–637; B. E. Ashforth, D. A. Gioia, S. L. Robinson, & L. K. Trevino, 2008, Re-viewing organizational corruption, *Academy of Management Review*, 33: 670–684.
133. Control (management), 2015, *Wikipedia*, http://en.wikipedia.org/wiki/control, May 18; M. D. Shields, F. J. Deng, & Y. Kato, 2000, The design and effects of control systems: Tests of direct- and indirect-effects models, *Accounting, Organizations and Society*, 25: 185–202.
134. M. Rapoport, 2013, KPMG finds its safeguards 'sound and effective,' *Wall Street Journal*, www.wsj.com, June 4.
135. Balanced scorecard, 2015, *Wikipedia*, en.wikipedia.org/wiki/Balanced_scorecard, May 18; M. Friesl & R. Silberzahn, 2012, Challenges in establishing global collaboration: Temporal, strategic and operational decoupling, *Long Range Planning*, 45: 160–181; R. S. Kaplan & D. P. Norton, 2009, The balanced scorecard: Measures that drive performance (HBR OnPoint Enhanced Edition), *Harvard

Business Review*, March.
136. B. E. Becker, M. A. Huselid, & D. Ulrich, 2001, *The HR Scorecard: Linking People, Strategy, and Performance*, Boston, MA: Harvard Business School Press, 21.
137. K. T. Haynes, M. A. Josefy, & M. A. Hitt, 2015, Tipping point: Managers' self-interest, greed, and altruism, *Journal of Leadership & Organizational Studies*, 22: 265–279; R. S. Kaplan & D. P. Norton, 2001, Transforming the balanced scorecard from performance measurement to strategic management: Part I, *Accounting Horizons*, 15 (1): 87–104.
138. R. S. Kaplan, 2012, The balanced scorecard: Comments on balanced scorecard commentaries, *Journal of Accounting and Organizational Change*, 8: 539–545; R. S. Kaplan & D. P. Norton, 1992, The balanced scorecard—measures that drive performance, *Harvard Business Review*, 70(1): 71–79.
139. A. Danaei & A. Hosseini, 2013, Performance measurement using balanced scorecard: A case study of pipe industry, *Management Science Letters*, 3: 1433–1438; M. A. Mische, 2001, *Strategic Renewal: Becoming a High-Performance Organization*, Upper Saddle River, NJ: Prentice Hall, 181.
140. G. Rowe, 2001, Creating wealth in organizations: The role of strategic leadership, *Academy of Management Executive*, 15: 81–94.
141. J. Xia & S. Li, 2013, The divestiture of acquired subunits: A resource dependence approach, *Strategic Management Journal*, 34: 131–148; R. E. Hoskisson, R. A. Johnson, D. Yiu, & W. P. Wan, 2001, Restructuring strategies of diversified business groups: Differences associated with country institutional environments, in M. A. Hitt, R. E. Freeman, & J. S. Harrison (eds.), *Handbook of Strategic Management*, Oxford, UK: Blackwell Publishers, 433–463.
142. J. Wincent, S. Thorgren, & S. Anokhin, 2013, Managing maturing government-supported networks: The shift from monitoring to embeddedness controls, *British Journal of Management*, 24: 480–497.

第 13 章

1. B. Fritz, 2015, Disney unveils details on 'Star Wars: VIII' and 'Frozen' Sequel, *Wall Street Journal*, www.wsj.com, March 12; M. Lev-Ram, 2015, Empire of Tech, *Fortune*, January 1, 48–56.
2. B. Yu, S. Hao, D. Ahlstrom, S. Si, & D Liang, 2014, Entrepreneurial firms' network competence, technological capability, and new product development performance, *Asia Pacific journal of Management*, 31: 687–704; A. Lipparini, G. Lorenzoni, & S. Ferriani, 2014, From core to periphery and back: A study on the deliberate shaping of knowledge flows in interfirm dyads and networks, *Strategic Management Journal*, 35: 578–595.
3. L. Dai, V. Maksimov, B. A. Gilbert, &

S. A. Fernhaber, 2014, Entrepreneurial orientation, and international scope: The differential roles of innovativeness, proactiveness and risk taking, *Journal of Business Venturing*, 29: 511–524; P. C. Patel, S. A. Fernhaber, P. P. McDougall-Covin, & R. P. van der Have, 2014, Beating competitors to international markets: The value of geographically balanced networks for innovation, *Strategic Management Journal*, 35: 691–711.
4. M. Gruber, S. M. Kim, & J. Brinckmann, 2015, What is an attractive business opportunity? An empirical study of opportunity evaluation decisions of technologists, managers and entrepreneurs, *Strategic Entrepreneurship Journal*, in press.

5. M. Wright, B. Clarysse, & S. Mosey, 2012, Strategic entrepreneurship, resource orchestration and growing spin-offs from universities, *Technology Analysis & Strategic Management*, 24: 911–927.
6. T. Felin, S. Kauffman, R. Koppl, & G. Longo, 2014, Economic opportunity and evolution: Beyond landscapes and bounded rationality, *Strategic Entrepreneurship Journal*, 8: 269–282; M. A. Hitt, R. D. Ireland, D. G. Sirmon, & C. A. Trahms, 2011, Strategic entrepreneurship: Creating value for individuals, organizations, and society. *Academy of Management Perspectives*, 25: 57–75.
7. H. Yang, Y. Zheng, & X. Zhao, 2014, Exploration or exploitation? Small

firms' alliance strategies with large firms, *Strategic Management Journal*, 35: 146–157; J. Q. Barden, 2012, The influences of being acquired on subsidiary innovation adoption, *Strategic Management Journal*, 33: 1269–1285.

8. D. Kuratko, 2015, Corporate entrepreneurship: Accelerating creativity and innovation in organizations, in C. Shalley, M. A. Hitt, & J. Zhou (eds.), *The Oxford Handbook of Creativity, Innovation and Entrepreneurship*, NY: Oxford University Press, 477–488; D. F. Kuratko & D. B. Audretsch, 2013, Clarifying the domains of corporate entrepreneurship, *International Entrepreneurship and Management Journal*, 9: 323–335; K. Shimizu, 2012, Risks of corporate entrepreneurship: Autonomy and agency issues, *Organization Science*, 23: 194–206.

9. S. L. Sun, X. Yang, & W. Li, 2014, Variance-enhancing corporate entrepreneurship under deregulation: an option portfolio approach, *Asia Pacific Journal of Management*, 31: 733–761; D. Urbano & A. Turro, 2013, Conditioning factors for corporate entrepreneurship: An in(ex)ternal approach, *International Entrepreneurship and Management Journal*, 9: 379–396.

10. V. Hinz & S. Ingerfurth, 2013, Does ownership matter under challenging conditions? *Public Management Review*, 15: 969–991.

11. M. Keyhani, M. Levesque, & A. Madhok, 2015, Toward a theory of entrepreneurial rents: A simulation of the market process, *Strategic Management Journal*, 36: 76–96; P. M. Moroz & K. Hindle, 2012, Entrepreneurship as a process: Toward harmonizing multiple perspectives, *Entrepreneurship Theory and Practice*, 36: 781–818.

12. J. T. Perry, G. N. Chandler, & G. Markova, 2012, Entrepreneurial effectuation: A review and suggestions for future research, *Entrepreneurship Theory and Practice*, 36: 837–861; S. A. Alvarez & J. B. Barney, 2008, Opportunities, organizations and entrepreneurship, *Strategic Entrepreneurship Journal*, 2: 265–267.

13. N. J. Foss, J. Lyngsie, & S. A. Zahra, 2013, The role of external knowledge sources and organizational design in the process of opportunity exploitation, *Strategic Management Journal*, 34: 1453–1471; P. G. Klein, 2008, Opportunity discovery, entrepreneurial action and economic organization, *Strategic Entrepreneurship Journal*, 2: 175–190.

14. D. A. Shepherd, T. A. Williams, & H. Patselt, 2015, Thinking about entrepreneurial decision making: Review and research agenda, *Journal of Management*, 41: 11–46; J. Tang, K. M. Kacmar, & L. Busenitz, 2012, Entrepreneurial alertness in the pursuit of new opportunities, *Journal of Business Venturing*, 27: 77–94; S. A. Zahra, 2008, The virtuous cycle of discovery and creation of entrepreneurial opportunities, *Strategic Entrepreneurship Journal*, 2: 243–257.

15. J. Schumpeter, 1934, *The Theory of Economic*

Development, Cambridge, MA: Harvard University Press.

16. E. E. Powell & T. Baker, 2014, It's what you make of it: Founder identity and enacting strategic responses to adversity, *Academy of Management Journal*, 57: 1406–1433; C. A. Siren, M. Kohtamaki, & A. Kuckertz, 2012, Exploration and exploitation strategies, profit performance, and the mediating role of strategic learning: Escaping the exploitation trap, *Strategic Entrepreneurship Journal*, 6: 18–41; J. H. Dyer, H. B. Gregersen, & C. Christensen, 2008, Entrepreneur behaviors and the origins of innovative ventures, *Strategic Entrepreneurship Journal*, 2: 317–338.

17. C. Bjornskov & N. Foss, 2013, How strategic entrepreneurship and the institutional context drive economic growth, *Strategic Entrepreneurship Journal*, 7: 50–69; W. J. Baumol, R. E. Litan, & C. J. Schramm, 2007, *Good Capitalism, Bad Capitalism, and the Economics of Growth and Prosperity*, New Haven, CT: Yale University Press.

18. Schumpeter, *The Theory of Economic Development*.

19. L. Aarikka-Stenroos & B. Sandberg, 2012, From new-product development to commercialization through networks, *Journal of Business Research*, 65: 198–206.

20. M. I. Leone & T. Reichstein, 2012, Licensing-in fosters rapid invention! The effect of the grant-back clause and technological unfamiliarity, *Strategic Management Journal*, 33: 965–985; R. A. Burgelman & L. R. Sayles, 1986, *Inside Corporate Innovation: Strategy, Structure, and Managerial Skills*, NY: Free Press.

21. K. R. Fabrizio & L. G. Thomas, 2012, The impact of local demand on innovation in a global industry, *Strategic Management Journal*, 33: 42–64; M. W. Johnson, 2011, Making innovation matter. *Bloomberg Businessweek*, www.businessweek.com, March 3.

22. R. Aalbers & W. Dolfsma, 2014, Innovation despite reorganization, *Journal of Business Strategy*, 35(3): 18–25; S. F. Latham & M. Braun, 2009, Managerial risk, innovation and organizational decline, *Journal of Management*, 35: 258–281.

23. L. Marengo, C. Pasquali, M. Valente, & G. Dosi, 2012, Appropriability, patents, and rates of innovation in complex products industries, *Economics of Innovation and New Technology*, 21: 753–773; S. Moon, 2011, How does the management of research impact the disclosure of knowledge? Evidence from scientific publications and patenting behavior, *Economics of Innovation & New Technology*, 20: 1–32.

24. M. Ridley, 2013, A welcome turn away from patents, *Wall Street Journal*, www.wsj.com, June 21.

25. P. F. Drucker, 1998, The discipline of innovation, *Harvard Business Review*, 76(6): 149–157.

26. Ibid.

27. C. B. Dobni, M. Klassen, & T. Nelson, 2015, Innovation strategy in the U.S.: Top executives share their views, *Journal of*

Business Strategy, 36(1): 3–13; B. R. Bhardwaj, Sushil, & K. Momaya, 2011, Drivers and enablers of corporate entrepreneurship: Case of a software giant from India, *Journal of Management Development*, 30: 187–205.

28. J. Brinckmann & S. M. Kim, 2015, Why we plan: The impact of nascent entrepreneurs' cognitive characteristics and human capital on business planning, *Strategic Entrepreneurship Journal*, in press; Y. Yanadori & V. Cui, 2013, Creating incentives for innovation? The relationship between pay dispersion in R&D groups and firm innovation performance, *Strategic Management Journal*, 34: 1502–1511.

29. C. Shalley, M. A. Hitt, & J. Zhou, 2015, Introduction: Integrating creativity, innovation, and entrepreneurship to enhance the organizations capability to navigate in the new competitive landscape, in C. Shalley, M. A. Hitt, & J. Zhou (eds.), *The Oxford Handbook of Creativity, innovation and Entrepreneurship*, NY: Oxford University Press, 1–14; J. Lampel, P. P. Jha, & A. Bhalla, 2012, Test-driving the future: How design competitions are changing innovation, *Academy of Management Perspectives*, 26: 71–85.

30. J. Raffiee & J. Feng, 2014, Should I quit my day job?: A hybrid path to entrepreneurship, *Academy of Management Journal*, 57: 936–963; D. Ucbasaran, P. Westhead, M. Wright, & M. Flores, 2010, The nature of entrepreneurial experience, business failure and comparative optimism, *Journal of Business Venturing*, 25: 541–555; K. M. Hmielski & R. A. Baron, 2009, Entrepreneurs' optimism and new venture performance: A social cognitive perspective, *Academy of Management Journal*, 52: 473–488.

31. Y. Yamakawa, M. W. Peng, & D. L. Deeds, 2015, Rising from the ashes: Cognitive determinants of venture growth after entrepreneurial failure, *Entrepreneurship Theory and Practice*, 39: 209–236; M.-D. Foo, 2011, Emotions and entrepreneurial opportunity evaluation, *Entrepreneurship: Theory & Practice*, 35: 375–393; M. S. Cardon, J. Wincent, J. Singh, & M. Drovsek, 2009, The nature and experience of entrepreneurial passion, *Academy of Management Review*, 34: 511–532.

32. C. Schlaegel & M. Koenig, 2014, Determinants of entrepreneurial intent: A meta-analytic test and integration of competing models, *Entrepreneurship Theory and Practice*, 38: 291–332; M. McCaffrey, 2014, On the theory of entrepreneurial incentives and alertness, *Entrepreneurship Theory and Practice*, 38: 891–911; M. S. Wood, A. McKelvie, & J. M. Haynie, 2014, Making it personal: Opportunity individuation and the shaping of opportunity beliefs, *Journal of Business Venturing*, 29: 252–272.

33. Y. Bammens & V. Collewaert, 2014, Trust between entrepreneurs and angel investors: Exploring the positive and negative implications for venture performance assessments, *Journal of*

Management, 40: 1980–2008; S. W. Smith & S. K. Shah, 2013, Do innovative users generate more useful insights? An analysis of corporate venture capital investments in the medical device industry, Strategic Entrepreneurship Journal, 7: 151–167; W. Stam, S. Arzlanian, & T. Elfring, 2014, Social capital of entrepreneurs and small firm performance: A meta-analysis of contextual and methodological moderators, Journal of Business Venturing, 29: 152–173.

34. T. Prive, 2013, Top 32 quotes every entrepreneur should live by, Forbes, www.forbes.com, May 2.

35. J. G. Covin & D. Miller, 2014, International entrepreneurial orientation: Conceptual considerations, research themes, measurement issues, and future research directions, Entrepreneurship Theory and Practice, 38: 11–44.

36. J. York, S. Sarasvathy, & A. Wicks, 2013, An entrepreneurial perspective on value creation in public-private ventures, Academy of Management Review, 28: 307–309; A. Chwolka & M. G. Raith, 2012, The value of business planning before start-up—A decision-theoretical perspective, Journal of Business Venturing, 27: 385–399.

37. W. Drechsler & M. Natter, 2012, Understanding a firm's openness decisions in innovation, Journal of Business Research, 65: 438–445; W. Tsai, 2001, Knowledge transfer in intraorganizational networks: Effects of network position and absorptive capacity on business unit innovation and performance, Academy of Management Journal, 44: 996–1004.

38. S. Artinger & T. C. Powell, 2015, Entrepreneurial failure: Statistical and psychological explanations, Strategic Management Journal, in press; M. Spraggon & V. Bodolica, 2012, A multidimensional taxonomy of intra-firm knowledge transfer processes, Journal of Business Research, 65: 1273–1282; S. A. Zahra & G. George, 2002, Absorptive capacity: A review, reconceptualization, and extension, Academy of Management Review, 27:185–203.

39. G. Cassar, 2014, Industry and startup experience on entrepreneur forecast performance in new firms, Journal of Business Venturing, 29: 137–151.

40. 2015, The world's 50 most innovative companies, Fast Company, March, 67–134.

41. M. Chafkin, 2015, #1—Warby Parker, Fast Company, March, 68–71.

42. S. Terjesen, J. Hessels, & D. Li, 2015, Comparative international entrepreneurship: A review and research agenda, Journal of Management, in press; P. McDougall-Covin, M. V. Jones, & M. G. Serapio, 2014, High-potential concepts, phenomena, and theories for the advancement of international entrepreneurship research, Entrepreneurship Theory and Practice, 38: 1–10.

43. A. Al-Aali & D. J. Teece, 2014, International entrepreneurship and the theory of the (long-lived) international firm: A capabilities perspective, Entrepreneurship Theory and Practice, 38: 95–116; A. N. Kiss, W. M. Davis, & S. T. Cavusgil, 2012, International entrepreneurship research in emerging economies: A critical review and research agenda, Journal of Business Venturing, 27: 266–290.

44. H. Berry, 2014, Global integration and innovation: Multicountry knowledge generation within MNCs, Strategic Management Journal, 35: 869–890.

45. L. Sleuwaegen & J. Onkelinx, 2014, International commitment, post-entry growth and survival of international new ventures, Journal of Business Venturing, 29: 106–120; P. Almodovar & A. M. Rugman, 2014, The M curve and the performance of Spanish international new ventures, British Journal of Management, 25: S6–S23.

46. K. D. Brouthers, G. Nakos, & P. Dimitratos, 2015, SME entrepreneurial orientation, international performance and the moderating role of strategic alliances, Entrepreneurship Theory and Practice, in press; T. A. Khoury, A. Cuervo-Cazurra, & L. A. Dau, 2014, Institutional outsiders and insiders: The response of foreign and domestic inventors to the quality of intellectual property rights protection, Global Strategy Journal, 4: 200–220; P. Stenholm, Z. J. Acs, & R. Wuebker, 2013, Exploring country-level institutional arrangements on the rate and type of entrepreneurial activity, Journal of Business Venturing, 28: 176–193.

47. 2014, New report ranks world's most entrepreneurial countries, Oracle Capital Group, orcap.co.uk, June 23.

48. W. Q. Judge, Y. Liu-Thompkins, J. L. Brown, & C. Pongpatipat, 2015, The impact of home country institutions on corporate technological entrepreneurship via R&D investments and virtual world presence, Entrepreneurship Theory and Practice, 39: 237–266; E. Autio, S. Pathak, & K. Wennberg, 2013, Consequences of cultural practices for entrepreneurial behaviors, Journal of International Business Studies, 44: 334–362; U. Stephan & L. M. Uhlaner, 2010, Performance-based vs. socially supportive culture: A cross-cultural study of descriptive norms and entrepreneurship, Journal of International Business Studies, 41: 1347–1364.

49. J.-F. Hennart, 2014, The accidental internationalists: A theory of born globals, Entrepreneurship Theory and Practice, 38: 117–135; T. K. Madsen, 2013, Early and rapidly internationalizing ventures: Similarities and differences between classifications based on the original international new venture and born global literatures, Journal of International Entrepreneurship, 11: 65–79.

50. S. T. Cavusgil & G. Knight, 2015, The born global firm: An entrepreneurial and capabilities perspective on early and rapid internationalization, Journal of International Business Studies, 46: 3–16; S. A. Fernhaber & D. Li, 2013, International exposure through network relationships: Implications for new venture internationalization, Journal of Business Venturing, 28: 316–334; S. A. Zahra, R. D. Ireland, & M. A. Hitt, 2000, International expansion by new venture firms: International diversity, mode of market entry, technological learning and performance, Academy of Management Journal, 43: 925–950.

51. M. Musteen, D. K. Datta, & M. M. Butts, 2014, Do international networks and foreign market knowledge facilitate SME internationalization? Evidence from the Czech Republic, Entrepreneurship Theory and Practice, 38: 749–774; G. Nakos, K. D. Brouthers, & P. Dimitratos, International alliances with competitors and non-competitors: The disparate impact on SME international performance, Strategic Entrepreneurship Journal, 8: 167–182.

52. D. J. McCarthy, S. M. Puffer, & S. V. Darda, 2010, Convergence in entrepreneurial leadership style: Evidence from Russia, California Management Review, 52(4): 48–72; H. U. Lee & J. H. Park, 2008, The influence of top management team international exposure on international alliance formation, Journal of Management Studies; 45: 961–981; H. G. Barkema & O. Chvyrkov, 2007, Does top management team diversity promote or hamper foreign expansion? Strategic Management Journal, 28: 663–680.

53. R. Belderbos, B. Lokshin, & B. Sadowski, 2015, The returns to foreign R&D, Journal of International Business Studies, 46: 491–504; S. Awate, M. M. Larsen, & R. Mudambi, 2015, Accessing vs sourcing knowledge: A comparative study of R&D internationalization between emerging and advanced economy firms, Journal of International Business Studies, 46: 63–86.

54. K. Grigoriou & F. T. Rothaermel, 2014, Structural microfoundations of innovation: The role of relational stars, Journal of Management, 40: 586–615; A. Teixeira & N. Fortuna, 2010, Human capital, R&D, trade, and long-run productivity: Testing the technological absorption hypothesis for the Portuguese economy, 1960–2001, Research Policy, 39: 335–350.

55. R. J. Genry & W. Shen, 2013, The impacts of performance relative to analyst forecasts and analyst coverage on firm R&D intensity, Strategic Management Journal, 34: 121–130; L. A. Bettencourt & S. L. Bettencourt, 2011, Innovating on the cheap, Harvard Business Review, 89(6): 88–94.

56. A. K. Chatterji & K. R. Fabrizio, 2014, Using users: When does external knowledge enhance corporate product innovation? Strategic Management Journal, 35: 1427–1445.

57. R. Funk, 2014, Making the most of where you are: Geography, networks, and innovation in organizations, Academy of Management Journal, 57: 193–222; M. Sytch & A. Tatarynowicz, 2014, Exploring the locus of innovation: The dynamics of network communities and firms' invention productivity, Academy of Management Journal, 57: 249–279.

58. E. Operti & G. Carnabuci, 2014, Public knowledge, private gain: The effect of spillover networks on firms' innovation performance, *Journal of Management*, 40: 1042–1074.

59. J. Morgan, 2015, Five examples of companies with internal innovation programs, *Huffington Post*, www. huffingtonpost.com, April 9.

60. R. Mudambi & T. Swift, 2014, Knowing when to leap: Transitioning between exploitative and explorative R&D, *Strategic Management Journal*, 35: 126–145; P. Ritala & P. Hurmelinna-Laukkanen, 2013, Incremental and radical innovation in coopetition—The role of absorptive capacity and appropriability, *Journal of Product Innovation Management*, 30: 154–169; C. B. Bingham & J. P. Davis, 2012, Learning sequences: Their existence, effect, and evolution, *Academy of Management Journal*, 55: 611–641.

61. S. Roy & K. Sivakumar, 2012, Global outsourcing relationships and innovation: A conceptual framework and research propositions, *Journal of Product and Innovation Management*, 29: 513–530.

62. S. W. Smith, 2014, Follow me to the innovation frontier? Leaders, laggards and the differential effects of imports and exports on technological innovation, *Journal of International Business Studies*, 45: 248–274.

63. D. McKendrick & J. Wade, 2010, Frequent incremental change, organizational size, and mortality in high-technology competition, *Industrial and Corporate Change*, 19: 613–639.

64. N. Argyres, L. Bigelow, & J. A. Nickerson, 2015, Dominant designs, innovation shocks and the follower's dilemma, *Strategic Management Journal*, 36: 216–234.

65. B. R. Fitzgerald, 2015, Google taking its self-driving cars to the open road, *Wall Street Journal*, www.wsj.com, May 15.

66. T. Magnusson & C. Berggren, 2011, Entering an era of ferment—radical vs incrementalist strategies in automotive power train development, *Technology Analysis & Strategic Management*, 23: 313–330; 2005, Getting an edge on innovation, *BusinessWeek*, March 21, 124.

67. R. Roy & M. B. Sarkar, 2015, Knowledge, firm boundaries, and innovation: Mitigating the incumbent's curse during radical technological change, *Strategic Management Journal*, in press; B. Buisson & P. Silberzahn, 2010, Blue Ocean or fast-second innovation? A four-breakthrough model to explain successful market domination, *International Journal of Innovation Management*, 14: 359–378.

68. R. K. Mitchell, J. B. Smith, J. A. Stamp, & J. Carlson, 2015, Organizing creativity: Lessons from the *Eureka! Ranch* experience, in C. Shalley, M. A. Hitt, & J. Zhou (eds.), *The Oxford Handbook of Creativity, Innovation and Entrepreneurship*, NY: Oxford University Press, 301–337; Z. Lindgardt & B. Shaffer, 2012, Business model innovation in social-sector organizations, *bcg.perspectives*, bcgperspectives.com, November 7.

69. 2013, The power of imagination, *Wall Street Journal*, www.wsj.com, February 25.

70. S. Harvey, 2014, Creative synthesis: Exploring the process of extraordinary group creativity, *Academy of Management Review*, 39: 324–343; D. Lavie & I. Drori, 2012, Collaborating for knowledge creation and application: The case of nanotechnology research programs, *Organization Science*, 23: 704–724.

71. A. K. Chatterji & K. Fabrizio, 2012, How do product users influence corporate invention? *Organization Science*, 23: 971–987.

72. Kuratko, Corporate entrepreneurship; N. R. Furr, F. Cavarretta, & S. Garg, 2012, Who changes course? The role of domain knowledge and novel framing in making technology changes, *Strategic Entrepreneurship Journal*, 6: 236–256; J. M. Oldroyd & R. Gulati, 2010, A learning perspective on intraorganizational knowledge spill-ins, *Strategic Entrepreneurship Journal*, 4: 356–372.

73. M. L. Sosa, 2013, Decoupling market incumbency from organizational prehistory: Locating the real sources of competitive advantage in R&D for radical innovation, *Strategic Management Journal*, 34: 245–255; S. A. Hill, M. V. J. Maula, J. M. Birkinshaw, & G. C. Murray, 2009, Transferability of the venture capital model to the corporate context: Implications for the performance of corporate venture units, *Strategic Entrepreneurship Journal*, 3: 3–27.

74. J. Brady, 2013, Some companies foster creativity, others fake it, *Wall Street Journal*, www.wsj.com, May 21.

75. B. Wu, Z. Wan, & D. A. Levinthal, 2014, Complementary assets as pipes and prisms: Innovation incentives and trajectory choices, *Strategic Management Journal*, 35: 1257–1278; A. Sahaym, H. K. Steensma, & J. Q. Barden, 2010, The influence of R&D investment on the use of corporate venture capital: An industry-level analysis, *Journal of Business Venturing*, 25: 376–388; R. A. Burgelman, 1995, *Strategic Management of Technology and Innovation*, Boston, MA: Irwin.

76. D. Kandemir & N. Acur, 2012, Examining proactive strategic decision-making flexibility in new product development, *Journal of Product Innovation Management*, 29: 608–622.

77. K. B. Kahn, G. Barczak, J. Nicholas, A. Ledwith, & H. Perks, 2012, An examination of new product development best practice, *Journal of Product Innovation Management*, 29: 180–192.

78. S. S. Durmusoglu, 2013, Merits of task advice during new product development: Network centrality antecedents and new product outcomes of knowledge richness and knowledge quality, *Journal of Product Innovation Management*, 30: 487–499; D. Kelley & H. Lee, 2010, Managing innovation champions: The impact of project characteristics on the direct

manager role, *Journal of Product Innovation Management*, 27: 1007–1019.

79. N. Kim, S. Im, & S. F. Slater, 2013, Impact of knowledge type and strategic orientation on new product creativity and advantage in high-technology firms, *Journal of Product Innovation Management*, 30: 136–153; U. de Brentani & S. E. Reid, 2012, The fuzzy front-end of discontinuous innovation: Insights for research and management, *Journal of Product Innovation Management*, 29: 70–87.

80. L. Mirabeau & S. Maguire, 2014, From autonomous strategic behavior to emergent strategy, *Strategic Management Journal*, 35: 1202–1229.

81. N. Anderson, K. Potocnik, & J. Zhou, 2014, Innovation and creativity in organizations: A state-of-the-science review, prospective commentary and guiding framework, *Journal of Management*, 40: 1297–1333; S. Im, M. M. Montoya, & J. P. Workman, Jr., 2013, Antecedents and consequences of creativity in product innovation teams, *Journal of Product Innovation Management*, 30: 170–185; S. Borjesson & M. Elmquist, 2012, Aiming at innovation: A case study of innovation capabilities in the Swedish defence industry, *International Journal of Business Innovation and Research*, 6: 188–201.

82. S. E. Ante, 2013, IBM's chief to employees: Think fast, move faster, *Wall Street Journal*, www.wsj.com, April 24.

83. A. Caldart, R. S. Vassolo, & L. Silvestri, 2014, Induced variation in administrative systems: Experimenting with contexts for innovation, *Management Research*, 12: 123–151.

84. S. B. Choi & C. Williams, 2014, The impact of innovation intensity, scope, and spillovers on sales growth in Chinese firms, *Asia Pacific Journal of Management*, 31: 25–46.

85. P. T. Gianiodis, J. E. Ettlie, & J. J. Urbana, 2014, Open service innovation in the global banking industry: Inside-out versus outside-in strategies, *Academy of Management Perspectives*, 28: 76–91.

86. A. Compagni, V. Mele, & D. Ravasi, 2015, How early implementations influence later adoptions of innovation: Social positioning and skill reproduction in the diffusion of robotic surgery, *Academy of Management Journal*, 58: 242–278; T. Vanacker, S. Manigart, & M. Meuleman, 2014, Path-dependent evolution versus intentional management of investment ties in science-based entrepreneurial firms, *Entrepreneurship Theory and Practice*, 38: 671–690.

87. J. Jia, G. Wang, X. Zhao, & X. Yu, 2014, Exploring the relationship between entrepreneurial orientation and corporate performance: The role of competency of executives in entrepreneurial-oriented corporations, *Nankai, Business Review*, 5: 326–344.

88. T. Kollmann & C. Stockmann, 2014, Filling the entrepreneurial orientation—performance gap: The mediating effects of exploratory and exploitative innovations, *Entrepreneurship Theory and Practice*, 38: 1001–1026.

89. P. Patanakul, J. Chen, & G. S. Lynn, 2012, Autonomous teams and new product development, *Journal of Product Innovation Management*, 29: 734–750.

90. S. Kuester, C. Homburg, & S. C. Hess, 2012, Externally directed and internally directed market launch management: The role of organizational factors in influencing new product success, *Journal of Product Innovation Management*, 29: 38–52.

91. G. Barcjak & K. B. Kah, 2012, Identifying new product development best practice, *Business Horizons*, 56: 291–305; C. Nakata & S. Im, 2010, Spurring cross-functional integration for higher new product performance: A group effectiveness perspective, *Journal of Product Innovation Management*, 27: 554–571.

92. J. P. Eggers, 2012, All experience is not created equal: Learning, adapting, and focusing in product portfolio management, *Strategic Management Journal*, 33: 315–335; R. Slotegraaf & K. Atuahene-Gima, 2011, Product development team stability and new product advantage: The role of decision-making processes, *Journal of Marketing*, 75: 96–108; R. Cowan & N. Jonard, 2009, Knowledge portfolios and the organization of innovation networks, *Academy of Management Review*, 34: 320–342.

93. P. R. Kehoe & D. Tzabbar, 2015, Lighting the way or stealing the shine? An examination of the duality in star scientists' effects on firm innovation performance, *Strategic Management Journal*, 36: 709–727.

94. M. Brettel, F. Heinemann, A. Engelen, & S. Neubauer, 2011, Cross-functional integration of R&D, marketing, and manufacturing in radical and incremental product innovations and its effects on project effectiveness and efficiency, *Journal of Product Innovation Management*, 28: 251–269.

95. D. De Clercq, N. Thongpapanl, & D. Dimov, 2013, Getting more from cross-functional fairness and product innovativeness: Contingency effects of internal resource and conflict management, *Journal of Product Innovation Management*, 30: 56–69; G. Gemser & M. M. Leenders, 2011, Managing cross-functional cooperation for new product development success, *Long Range Planning*, 44: 26–41.

96. F. Aime, S. Humphrey, D. DeRue, & J. Paul, 2014, The riddle of heterarchy: Power transitions in cross-functional teams, *Academy of Management Journal*, 57: 327–352

97. E. L. Anthony, S. G. Green, & S. A. McComb, 2014, Crossing functions above the cross-functional project team: The value of lateral coordination among functional department heads, *Journal of Engineering and Technology Management*, 31: 141–158; V. V. Baunsgaard & S. Clegg, 2013, 'Walls or boxes': The effects of professional identity, power and rationality on strategies for cross-functional integration, *Organization Studies*, 34: 1299–1325.

98. M. Baer, K. T. Dirks, & J. A. Nickerson, 2013, Microfoundations of strategic problem formulation, *Strategic Management Journal*, 34: 197–214; R. Oliva & N. Watson, 2011, Cross-functional alignment in supply chain planning: A case study of sales and operations planning, *Journal of Operations Management*, 29: 434–448; A. C. Amason, 1996, Distinguishing the effects of functional and dysfunctional conflict on strategic decision making: Resolving a paradox for top management teams, *Academy of Management Journal*, 39: 123–148.

99. T. A. De Vries, F. Walter, G. S. van der Vegt, & P. J. M. D. Essens, 2014, Antecedents of individuals' inter-team coordination: Broad functional experiences as a mixed blessing, *Academy of Management Journal*, 57: 1334–1359; H. K. Gardner, 2012, Performance pressure as a double-edged sword: Enhancing team motivation while undermining the use of team knowledge, *Administrative Science Quarterly*, 57: 1–46; D. Clercq, B. Menguc, & S. Auh, 2009, Unpacking the relationship between an innovation strategy and firm performance: The role of task conflict and political activity, *Journal of Business Research*, 62: 1046–1053;.

100. V. Gupta & S. Singh, 2015, Leadership and creative performance behaviors in R&D laboratories: Examining the mediating role of justice perceptions, *Journal of Leadership and Organizational Studies*, 22: 21–36; Y. Chung & S. E. Jackson, 2013, The internal and external networks of knowledge-intensive teams: The role of task routineness, *Journal of Management*, 39: 442–468; J. Daspit, C. J. Tillman, N. G. Boyd, & V. McKee, 2013, Cross-functional team effectiveness: An examination of internal team environment, shared leadership, and cohesion influences, *Team Performance Management*, 19: 34–56.

101. W. Sun, A. Su, & Y. Shang, 2014, Transformational leadership, team climate, and team performance within the NPD team: Evidence from China, *Asia Pacific Journal of Management*, 31: 127–147; H. K. Gardner, F. Gino, & B. R. Staats, 2012, Dynamically integrating knowledge in teams: Transforming resources into performance, *Academy of Management Journal*, 55: 998–1022.

102. Q. Li, P. Maggitti, K. Smith, P. Tesluk, & R. Katila, 2013, Top management attention to innovation: The role of search selection and intensity in new product introductions, *Academy of Management Journal*, 56: 893–916; N. Stieglitz & L. Heine, 2007, Innovations and the role of complementarities in a strategic theory of the firm, *Strategic Management Journal*, 28: 1–15.

103. V. Gaba & S. Bhattacharya, 2012, Aspirations, innovation, and corporate venture capital: A behavioral perspective, *Strategic Entrepreneurship Journal*, 6: 178–199; K. Wennberg, J. Wiklund, D. R. DeTienne, & M. S. Cardon, 2010, Reconceptualizing entrepreneurial exit: Divergent exit routes and their drivers, *Journal of Business Venturing*, 25: 361–375.

104. U. Stettner & D. Lavie, 2014, Ambidexterity under scrutiny: Exploration and exploitation via internal organization, alliances and acquisitions, *Strategic Management Journal*, 35:1903–1929; H. Milanov & S. A. Fernhaber, 2014, When do domestic alliances help ventures abroad? Direct and moderating effects from a learning experience, *Journal of Business Venturing*, 29: 377–391; S. Terjesen, P. C. Patel, & J. G. Covin, 2011, Alliance diversity, environmental context and the value of manufacturing capabilities among new high technology ventures, *Journal of Operations Management*, 29: 105–115.

105. H. Kim, N. K. Park, & J. Lee, 2014, How does the second-order learning process moderate the relationship between innovation inputs and outputs of large Korean firms? *Asia Pacific Journal of Management*, 31: 69–103; S. Zu, F. Wu, & E. Cavusgil, 2013, Complements or substitutes? Internal technological strength, competitors alliance participation, and innovation development, *Journal of Product Innovation Management*, 30: 750–762.

106. J. West & M. Bogers, 2014, Leveraging external sources of innovation: A review of research on open innovation, *Journal of Product Innovation Management*, 31: 814–831; D. Li, 2013, Multilateral R&D alliances by new ventures, *Journal of Business Venturing*, 28: 241–260; D. Li, L. Eden, M. A. Hitt, & R. D. Ireland, 2008, Friends, acquaintances, or strangers? Partner selection in R&D alliances, *Academy of Management Journal*, 51: 315–334.

107. C. Shu, C. Liu, S. Gao, & M. Shanley, 2014, The knowledge spillover theory of entrepreneurship in alliances, *Entrepreneurship Theory and Practice*, 38: 913–940; C. Beckman, K. Eisenhardt, S. Kotha, A. Meyer, & N. Rajagopalan, 2012, Technology entrepreneurship, *Strategic Entrepreneurship Journal*, 6: 89–93.

108. Yang, Zheng & Zhao, Exploration or exploitation?; G. Dushnitsky & D. Lavie, 2010, How alliance formation shapes corporate venture capital investment in the software industry: A resource-based perspective, *Strategic Entrepreneurship Journal*, 4: 22–48.

109. G. Oates, 2014, Marriott wants Moxy to deliver the millennial customer with help from Ikea, *Skift*, skift.com, February 3; A. Berzon & K. Hudson, 2013, IKEA's parent plans a hotel brand, *Wall Street Journal*, www.wsj.com, March 5.

110. H. Van Kranenburg, J. Hagedoorn, & S. Lorenz-Orlean, 2014, *Global Strategy Journal*, 4: 280–291; X. Jiang, M. Li, S. Gao, Y. Bao, & F. Jiang, 2013, Managing knowledge leakage in strategic alliances: The effects of trust and formal contracts, *Industrial Marketing Management*, 42: 983–991; A. Kaul, 2013, Entrepreneurial action, unique assets, and appropriation risk: Firms as a means of appropriating profit from capability

creation, *Organization Science*, 24: 1765–1781.

111. J. Partanen, S. K. Chetty, & A. Rajala, 2014, Innovation types and network relationships, *Entrepreneurship Theory and Practice*, 38: 1027–1055; G. Cuevas-Rodriguez, C. Cabello-Medina, & A. Carmona-Lavado, 2014, Internal and external social capital for radical product innovation: Do they always work well together? *British Journal of Management*, 25: 266–284; M. A. Hitt, M. T. Dacin, E. Levitas, J. L. Arregle, & A. Borza, 2000, Partner selection in emerging and developed market contexts: Resource-based and organizational learning perspectives, *Academy of Management Journal*, 43: 449–467.

112. B. B. Tyler & T. Caner, 2015, New product introductions below aspirations, slack and R&D alliances: A behavioral perspective, *Strategic Management Journal*, in press; R. Vandaie & A. Zaheer, 2014, Surviving bear hugs: Firm capability, large partner alliances, and growth, *Strategic Management Journal*, 35: 566–577.

113. J. Sears & G. Hoetker, 2014, Technological overlap, technological capabilities and resource recombinations by technological acquisitions, *Strategic Management Journal*, 35: 48–67; A. Madhok & M. Keyhani, 2012, Acquisitions as entrepreneurship: Asymmetries, opportunities, and the internationalization of multinationals from emerging economies, *Global Strategy Journal*, 2: 26–40;

114. M. A. Hitt, D. King, H. Krishnan, M. Makri, M. Schijven, K. Shimizu, & H. Zhu, 2009, Mergers and acquisitions: Overcoming pitfalls, building synergy and creating value, *Business Horizons*, 52: 523–529; H. G. Barkema & M. Schijven, 2008, Toward unlocking the full potential of acquisitions: The role of organizational restructuring, *Academy of Management Journal*, 51: 696–722.

115. I. Mochari, 2014, Gaming DIY: How Minecraft became an innovation powerhouse, *Inc.*, www.inc.com, September 2.

116. C. Grimpe & K. Hussinger, 2014, Resource complementarity and value capture in firm acquisitions: The role of intellectual property rights, *Strategic Management Journal*, 35: 1762–1780; M. Humphrey-Jenner, 2014, Takeover defenses, innovation, and value creation: Evidence from acquisition decisions, *Strategic Management Journal*,

35: 668–690; M. Makri, M. A. Hitt, & P. J. Lane, 2010, Complementary technologies, knowledge relatedness, and invention outcomes in high technology M&As, *Strategic Management Journal*, 31: 602–628.

117. R. Lungeanu, I. Sgtern, & E. J. Zajac, 2015, When do firms change technology-sourcing vehicles? The role of poor innovative performance and financial slack, *Strategic Management Journal*, in press.

118. M. Wagner, 2013, Determinants of acquisition value: The role of target and acquirer characteristics, *International Journal of Technology Management*, 62: 56–74; M. E. Graebner, K. M. Eisenhardt, & P. T. Roundy, 2010, Success and failure in technology acquisitions: Lessons for buyers and sellers, *Academy of Management Perspectives*, 24: 73–92; M. A. Hitt, J. S. Harrison, & R. D. Ireland, 2001, *Mergers and Acquisitions: A Guide to Creating Value for Stakeholders*, NY: Oxford University Press.

119. A. Arora, S. Belenzon, & L. A. Rios, 2014, Make, buy, organize: The interplay between research, external knowledge and firm structure, *Strategic Management Journal*, 35: 317–337.

120. S. K. Majumdar, R. Moussawi, & U. Yaylacicegi, 2014, Do incumbents' mergers influence entrepreneurial entry? An evaluation, *Entrepreneurship Theory and Practice*, 38: 601–633.

121. R. Fini, R. Grimaldi, G. L. Marzocchi, & M. Sobrero, 2012, The determinants of corporate entrepreneurial intention within small and newly established firms, *Entrepreneurship Theory and Practice*, 36: 387–414; D. Elfenbein & B. Hamilton, 2010, The small firm effect and the entrepreneurial spawning of scientists and engineers, *Management Science*, 56: 659–681.

122. A. Hyytinen, M. Pajarinen, & P. Rouvinen, 2014, Does innovativeness reduce startup survival rates?, *Journal of Business Venturing*, 29: 564–581.

123. J. Ostrower, 2015, At Boeing, innovation means small steps, not giant leaps, *Wall Street Journal*, www.wsj.com, April 2.

124. B. Larraneta, S. A. Zahra, & J. L. G. Gonzalez, 2012, Enriching strategic variety in new ventures through external knowledge, *Journal of Business Venturing*, 27: 401–413; H. Greve, 2011,

Venturing, 27: 401–413; H. Greve, 2011, Positional rigidity: Low performance and resource acquisition in large and small firms, *Strategic Management Journal*, 32: 103–114.

125. L. Naldi & P. Davidsson, 2014, Entrepreneurial growth: The role of international knowledge acquisition as moderated by firm age, *Journal of Business Venturing*, 29: 687–703.

126. R, Klingbiel & C. Rammer, 2014, Resource allocation strategy for innovation portfolio management, *Strategic Management Journal*, 35: 246–268; G. Wu, 2012, The effect of going public on innovative productivity and exploratory search, *Organization Science*, 23: 928–950; D. G. Sirmon & M. A. Hitt, 2009, Contingencies within dynamic managerial capabilities: Interdependent effects of resource investment and deployment on firm performance, *Strategic Management Journal*, 30: 1375–1394.

127. R. B. Tucker, 2013, Are chief innovation officers delivering results? *Innovation Excellence*, www.innovationexcellence.com, March 22.

128. J. Behrens & H. Patzelt, 2015, Corporate entrepreneurship managers' project terminations: Integrating portfolio-level, individual-level and firm-level effects, *Entrepreneurship Theory and Practice*, in press; Y. Yang, V. K. Narayanan, & D. M. De Carolis, 2014, The relationship between portfolio diversification and firm value: The evidence from corporate venture capital activity, *Strategic Management Journal*, 35: 1993–2011.

129. J. P. Eggers, 2014, Competing technologies and industry evolution: The benefits of making mistakes in the flat panel display industry, *Strategic Management Journal*, 35: 159–178.

130. H. R. Greve & M.-D. Seidel, 2015, The thin red line between success and failure: Path dependence in the diffusion of innovative production technologies, *Strategic Management Journal*, 36: 475–496.

131. J. Ostrower, 2015, With jet, Honda enters new realm, *Wall Street Journal*, www.wsj.com, May 17.

132. P. Coy, 2015, What's in the innovation sandwich? *Bloomberg BusinessWeek*, January 19, 49–51.

推荐阅读

中文书名	作者	书号	定价
公司理财（原书第11版）	斯蒂芬 A. 罗斯（Stephen A. Ross）等	978-7-111-57415-6	119.00
财务管理（原书第14版）	尤金 F. 布里格姆（Eugene F. Brigham）等	978-7-111-58891-7	139.00
财务报表分析与证券估值（原书第5版）	斯蒂芬·佩因曼（Stephen Penman）等	978-7-111-55288-8	129.00
会计学：企业决策的基础（财务会计分册）（原书第17版）	简 R. 威廉姆斯（Jan R. Williams）等	978-7-111-56867-4	75.00
会计学：企业决策的基础（管理会计分册）（原书第17版）	简 R. 威廉姆斯（Jan R. Williams）等	978-7-111-57040-0	59.00
营销管理（原书第2版）	格雷格 W. 马歇尔（Greg W. Marshall）等	978-7-111-56906-0	89.00
市场营销学（原书第12版）	加里·阿姆斯特朗（Gary Armstrong），菲利普·科特勒（Philip Kotler）等	978-7-111-53640-6	79.00
运营管理（原书第12版）	威廉·史蒂文森（William J. Stevens）等	978-7-111-51636-1	69.00
运营管理（原书第14版）	理查德 B. 蔡斯（Richard B. Chase）等	978-7-111-49299-3	90.00
管理经济学（原书第12版）	S. 查尔斯·莫瑞斯（S. Charles Maurice）等	978-7-111-58696-8	89.00
战略管理：竞争与全球化（原书第12版）	迈克尔 A. 希特（Michael A. Hitt）等	978-7-111-61134-9	79.00
战略管理：概念与案例（原书第10版）	查尔斯 W. L. 希尔（Charles W. L. Hill）等	978-7-111-56580-2	79.00
组织行为学（原书第7版）	史蒂文 L. 麦克沙恩（Steven L. McShane）等	978-7-111-58271-7	65.00
组织行为学精要（原书第13版）	斯蒂芬 P. 罗宾斯（Stephen P. Robbins）等	978-7-111-55359-5	50.00
人力资源管理（原书第12版）（中国版）	约翰 M. 伊万切维奇（John M. Ivancevich）等	978-7-111-52023-8	55.00
人力资源管理（亚洲版·原书第2版）	加里·德斯勒（Gary Dessler）等	978-7-111-40189-6	65.00
数据、模型与决策（原书第14版）	戴维 R. 安德森（David R. Anderson）等	978-7-111-59356-0	109.00
数据、模型与决策：基于电子表格的建模和案例研究方法（原书第5版）	弗雷德里克 S. 希利尔（Frederick S. Hillier）等	978-7-111-49612-0	99.00
管理信息系统（原书第15版）	肯尼斯 C. 劳顿（Kenneth C. Laudon）等	978-7-111-60835-6	79.00
信息时代的管理信息系统（原书第9版）	斯蒂芬·哈格（Stephen Haag）等	978-7-111-55438-7	69.00
创业管理：成功创建新企业（原书第5版）	布鲁斯 R. 巴林格（Bruce R. Barringer）等	978-7-111-57109-4	79.00
创业学（原书第9版）	罗伯特 D. 赫里斯（Robert D. Hisrich）等	978-7-111-55405-9	59.00
领导学：在实践中提升领导力（原书第8版）	理查德·哈格斯（Richard L. Hughes）等	978-7-111-52837-1	69.00
企业伦理学（中国版）（原书第3版）	劳拉 P. 哈特曼（Laura P. Hartman）等	978-7-111-51101-4	45.00
公司治理	马克·格尔根（Marc Goergen）	978-7-111-45431-1	49.00
国际企业管理：文化、战略与行为（原书第8版）	弗雷德·卢森斯（Fred Luthans）等	978-7-111-48684-8	75.00
商务与管理沟通（原书第10版）	基蒂 O. 洛克（Kitty O. Locker）等	978-7-111-43944-8	75.00
管理学（原书第2版）	兰杰·古拉蒂（Ranjay Gulati）等	978-7-111-59524-3	79.00
管理学：原理与实践（原书第9版）	斯蒂芬 P. 罗宾斯（Stephen P. Robbins）等	978-7-111-50388-0	59.00
管理学原理（原书第10版）	理查德 L. 达夫特（Richard L. Daft）等	978-7-111-59992-0	79.00

推荐阅读

中文书名	作者	书号	定价
创业管理（第4版）（"十二五"普通高等教育本科国家级规划教材）	张玉利等	978-7-111-54099-1	39.00
创业八讲	朱恒源	978-7-111-53665-9	35.00
创业画布	刘志阳	978-7-111-58892-4	59.00
创新管理：获得竞争优势的三维空间	李宇	978-7-111-59742-1	50.00
商业计划书：原理、演示与案例（第2版）	邓立治	978-7-111-60456-3	39.00
生产运作管理（第5版）	陈荣秋，马士华	978-7-111-56474-4	50.00
生产与运作管理（第3版）	陈志祥	978-7-111-57407-1	39.00
运营管理（第4版）（"十二五"普通高等教育本科国家级规划教材）	马风才	978-7-111-57951-9	45.00
战略管理	魏江等	978-7-111-58915-0	45.00
战略管理：思维与要径（第3版）（"十二五"普通高等教育本科国家级规划教材）	黄旭	978-7-111-51141-0	39.00
管理学原理（第2版）	陈传明等	978-7-111-37505-0	36.00
管理学（第2版）	郝云宏	978-7-111-60890-5	45.00
管理学高级教程	高良谋	978-7-111-49041-8	65.00
组织行为学（第3版）	陈春花等	978-7-111-52580-6	39.00
组织理论与设计	武立东	978-7-111-48263-5	39.00
人力资源管理	刘善仕等	978-7-111-52193-8	39.00
战略人力资源管理	唐贵瑶等	978-7-111-60595-9	45.00
市场营销管理：需求的创造与传递（第4版）（"十二五"普通高等教育本科国家级规划教材）	钱旭潮	978-7-111-54277-3	40.00
管理经济学（"十二五"普通高等教育本科国家级规划教材）	毛蕴诗	978-7-111-39608-6	45.00
基础会计学（第2版）	潘爱玲	978-7-111-57991-5	39.00
公司财务管理：理论与案例（第2版）	马忠	978-7-111-48670-1	65.00
财务管理	刘淑莲	978-7-111-50691-1	39.00
企业财务分析（第3版）	袁天荣	978-7-111-60517-1	49.00
数据、模型与决策	梁樑等	978-7-111-55534-6	45.00
管理伦理学	苏勇	978-7-111-56437-9	35.00
商业伦理学	刘爱军	978-7-111-53556-0	39.00
领导学：方法与艺术（第2版）	仵凤清	978-7-111-47932-1	39.00
管理沟通：成功管理的基石（第3版）	魏江等	978-7-111-46992-6	39.00
管理沟通：理念、方法与技能	张振刚等	978-7-111-48351-9	39.00
国际企业管理	乐国林	978-7-111-56562-8	45.00
国际商务（第2版）	王炜瀚	978-7-111-51265-3	40.00
项目管理（第2版）（"十二五"普通高等教育本科国家级规划教材）	孙新波	978-7-111-52554-7	45.00
供应链管理（第5版）	马士华等	978-7-111-55301-4	39.00
企业文化（第3版）（"十二五"普通高等教育本科国家级规划教材）	陈春花等	978-7-111-58713-2	45.00
管理哲学	孙新波	978-7-111-61009-0	49.00
论语的管理精义	张钢	978-7-111-48449-3	59.00
大学·中庸的管理释义	张钢	978-7-111-56248-1	40.00